डॉ. चित्रा चतुर्वेदी 'कार्तिका'

डॉ. चित्रा चतुर्वेदी 'कार्तिका' का जन्म 20 सितम्बर, 1939 को ग्राम होलीपुरा, आगरा, उत्तर प्रदेश में हुआ। उनकी प्रारम्भिक शिक्षा ग्वालियर, इन्दौर तथा जबलपुर में हुई। उन्होंने इलाहाबाद विश्वविद्यालय से 1962 में जनीतिशास्त्र में एम.ए. तथा 1967 में डॉक्टरेट की उपाधि प्राप्त की। शासकीय महाकौशल कला एवं वाणिज्य स्वशासी महाविद्यालय, जबलपुर में राजनीतिशास्त्र की अध्यापक रहीं।

उनकी प्रमुख पुस्तकें हैं—'महाभारती', 'तनया' (उपन्यास); 'अटपटे बैन' (व्यंग्य-संग्रह)। पत्र-पत्रिकाओं में लेख, व्यंग्य, कविताएँ, कहानियाँ व समीक्षाएँ प्रकाशित। आकाशवाणी से प्रहसन, नाटक, वार्ताएँ भी प्रसारित।

1989 में उनके उपन्यास 'महाभारती' को उत्तर प्रदेश हिन्दी संस्थान द्वारा पुरस्कृत किया गया। 1993 में वे मध्य प्रदेश साहित्य परिषद द्वारा भी पुरस्कृत हुईं।

निधन : 8 सितम्बर, 2009

वैजयंती

(प्रथम खण्ड)

डॉ. चित्रा चतुर्वेदी 'कार्तिका'

लोकभारती पेपरबैक्स

पहला पुस्तकालय संस्करण
लोकभारती प्रकाशन द्वारा
1999 में प्रकाशित

लोकभारती पेपरबैक्स में
पहला संस्करण : 2023

लोकभारती पेपरबैक्स : उत्कृष्ट साहित्य के लोकप्रिय संस्करण

लोकभारती प्रकाशन
पहली मंजिल, दरबारी बिल्डिंग, महात्मा गांधी मार्ग,
प्रयागराज-211 001
द्वारा प्रकाशित

वेबसाइट : www.lokbhartiprakashan.com
ईमेल : info@lokbhartiprakashan.com

शाखाएँ : 1-बी, नेताजी सुभाष मार्ग, दरियागंज, नई दिल्ली-110 002
अशोक राजपथ, साइंस कॉलेज के सामने, पटना-800 006

बी.के. ऑफसेट
नवीन शाहदरा, दिल्ली-110 032
द्वारा मुद्रित

मूल्य : ₹999

VAIJYANTI
PART-I
by Dr. Chitra Chaturvedi 'Kartika'

ISBN : 978-81-19133-12-3

ब्रह्मलीन तपोनिष्ठ गुरुवर

स्वामी अखंडानन्दजी सरस्वती

की पावन स्मृति को निवेदित

एक विनम्र प्रयास-

पुष्प

आभार

यह पुस्तक आस्था से लिखी गई है, आस्थावानों के लिए लिखी गई है।

द्रौपदी पर आधारित उपन्यास 'महाभारती' लिखते समय ही न जाने कब श्रीकृष्ण चुपचाप मन में पधार गए थे। फिर तो मन को उनके रंग में रंगना ही था।

"ज्यों ज्यों बूड़े श्याम रंग

त्यों त्यों उज्ज्वल होय………" !

कितने वर्षों से 'वैजयंती' माला गूँथ रही हूँ, इसका कोई हिसाब नहीं। कुछ अंश तो सन् 82 के लिये हुए हैं। सांसारिक कर्तव्यों, महाविद्यालयीन कार्यों आदि के कारण कई बार तो एक-एक साल तक 'वैजयंती' की फाइल बन्द पड़ी रह जाती थी। कड़ियाँ छिन्न भिन्न हो जातीं, सूत्र टूट जाते। यह भी शायद चमत्कार ही हो जो विपरीत परिस्थितियों में भी वनलीला, नगरलीला तथा श्मशानलीला को जैसे तैसे कुछ आकार दे सकी हूँ।

सर्वप्रथम मैं ब्रह्मलीन महाराज श्री स्वामी अखंडानंद जी के प्रति आभार व्यक्त करना चाहूँगी जिन्होंने समय-समय पर श्रीकृष्ण के क्रांतिकारी स्वरूप पर रुचि लेकर चर्चा की तथा मुझे प्रेरणा दी।

मैं आदरणीय डॉ. विद्यानिवास जी मिश्र के प्रति भी आभारी हूँ, जिन्होंने सदा प्रोत्साहन दिया तथा सुझाव भी दिए। अग्रज श्री भरतचन्द्र चतुर्वेदी (अवकाश प्राप्त आई.ए.एस. भोपाल) ने पांडुलिपि आद्योपान्त पढ़ी और निरन्तर रुचि लेते रहे। भाई ब्रजेन्द्र चतुर्वेदी का योगदान भी इसी प्रकार सकारात्मक रहा, उन्हें भी धन्यवाद। विगत दस-बारह वर्षों की इस साधना में कई बार मनोबल हारी हूँ, किन्तु मित्रों के सहयोग के कारण पुनः साहस अर्जित कर लेती थी। मैं अपने उन सभी मित्रों और विशेष रूप से सुश्री उषा शुक्ला (जिला एवं सत्र न्यायाधीश) को हार्दिक धन्यवाद देती हूँ। भतीजे चिरंजीव हेरम्ब चतुर्वेदी (सुपुत्र स्व. श्री शरद चन्द्र जी) से काफी भाग दौड़ करवाई है, उन्हें स्नेहाशीष।

श्रीधाम वृंदावनवासियों और 'आनन्द-वृंदावन' आश्रम के प्रति हार्दिक कृतज्ञता अनुभव करती हूँ। भाई श्रीवत्स गोस्वामी से समय-समय पर चर्चा होती रही, वे धन्यवाद के पात्र हैं। मैं इस अवसर पर स्व. मगनलाल जी शर्मा तथा उनकी पत्नी स्व. श्रीमती उमा शर्मा को भरे मन से स्मरण करती हूँ जिन्होंने 'वैजयंती' के लेखन में सदा रुचि ली किन्तु प्रकाशित रूप में इसे न देख पाए।

आदरणीय स्वामी ओंकारानन्द जी एवं स्वामी गोविन्दानन्द जी के प्रति कृतज्ञता व्यक्त करने हेतु मेरे पास शब्द नहीं हैं। आनन्द-वृंदावन' के सुरम्य वातावरण में दीर्घ अवकाशों

में अध्ययन, मनन, मंथन व लेखन उन्हीं के कारण संभव रहा। आश्रम के ग्रंथालय का लाभ भी उनकी कृपा से उपलब्ध रहा। उनके प्रति मैं हृदय से आभारी हूँ।

'वैजयन्ती' को बार-बार टाइप करवाना पड़ा है और श्री आर.जी. तँवर ने जिस दक्षता और रुचि से यह कार्य किया, इसके लिए उन्हें भी धन्यवाद।

'वैजयन्ती' के आवरण के चित्रकार के प्रति भी मैं आभार व्यक्त करना चाहूँगी जिन्होंने 'वैजयन्ती' की मूल भावना को समझा तथा शायद उसमें अन्तर्निहित भावना को ही उकेर दिया है। यह चित्र वृन्दावन की प्रीति-विह्वल गोपी का भी हो सकता है और जयदेव के गीत-गोविन्द की मुग्धा नायिका राधा का भी।

अन्त में मैं 'लोकभारती प्रकाशन' को हृदय से धन्यवाद प्रेषित करती हूँ। युगल बंधु श्री रमेश चन्द्र जी तथा श्री दिनेश चन्द्र जी ने 'वैजयन्ती' के न केवल प्रकाशन में ही गहरी रुचि ली बल्कि वे सतत प्रयासशील रहे कि 'वैजयन्ती' को एक गरिमामय तथा सुन्दर स्वरूप भी मिले। 'वैजयन्ती' के सुरुचिपूर्ण प्रकाशन के पीछे उनका अथक परिश्रम तथा मनोयोग है। उन्हें पुनः धन्यवाद।

अभी और भी बहुत कुछ कहना शेष है, पर वह तब कहूँगी जब आप 'वैजयंती' के दोनों खंड पढ़ चुके होंगे। अर्थात् द्वितीय खंड के अन्त में।

"उपासिका" **'कार्तिका'**

बी-२, ८१, नर्मदा रोड अनन्त चतुर्दशी, ८ सितंबर, १९९५

जबलपुर (म.प्र.)

●

अनुक्रम

वैजयंती

प्रथम खण्ड

वेणुवन

सांझ उतरती आ रही थी। झुटपुटा गहराता जा रहा था। मथुरा के कारागार की दैत्याकार प्राचीरें और अधिक भयावह होती जा रही थीं। कुछ प्रहरी हाथों में प्रज्ज्वलित उल्काएं लिए विराट स्तंभों में बने दीपाधारों में दीप प्रज्ज्वलित करते हुए घूम रहे थे। किंतु कारागार की ऊंची भित्तियों और चौड़े स्तंभों पर जमी हुई मोटी काई और धुएं की परतों के कारण, दीपों से भी उन अंधेरे गलियारों में पर्याप्त प्रकाश संभव न था। कारागार के बुर्जों में बसने वाले असंख्य कपोत अपने-अपने आश्रयस्थलों में लौटने लगे थे। दूसरी ओर रात्रि-विहग अपने-अपने आश्रयस्थल से निकल कर अब भयानक चीत्कार करते हुए चारों ओर फड़फड़ाने लगे थे। बूढ़ा पुरातन उलूक अपनी विशाल काया को किसी भांति खींच, हर सांझ की भांति सबसे ऊंचे बुर्ज पर आकर बैठ चुका था। धीरे-धीरे उस विशाल उलूक-परिवार के अन्य असंख्य सदस्य भी अंधेरे में गोल-गोल नेत्र चमकाते और भांति-भांति की भयंकर ध्वनियां करते हुए समूचे कारागार पर अपने अपशकुनी स्वामित्व का बोध कराने लगे।

प्रांगण में एक अलिन्द पर पद्मासन में बैठे वसुदेव ध्यान-मग्न थे। अनायास उनका ध्यान भंग हुआ। वे चौंक पड़े।

अस्त-व्यस्त रूखे बालों को बिखेरे, दोनों हाथों की बंधी हुई मुट्ठियां आकाश में उठाए वह उन्मादिनी सी उनके सामने खड़ी थी। मोटे-मोटे होंठों के मध्य उसके उभरे हुए दांत बाहर निकल आए थे। कोई और होता तो उसका यह प्रेतनी सा रूप देखकर कांप जाता भय से।

'अहो! माया! क्या हो गया तुझे? ऐसे क्यों खड़ी है। कंस तुझे 'कराला' पुकारता है तो क्या आज सचमुच ही कराल रूप धारण कर मुझे डरा रही है?'—वसुदेव स्मित हास्य से बोले।

उसके फटे नेत्र, किंतु, वैसे ही स्थिर थे। आकाश की ओर तने हाथों की मुट्ठियां और कस कर भिंच गईं।

'माया! तू जानती है कि मैं तुझसे कभी भयभीत नहीं हो सकता। किंतु इस भंगिमा में उस कोमलमना के सामने न पहुंच जाना। देवकी तो भय से चीत्कार कर उठेगी। हां, किंतु पहचानते ही लिपट जाएगी तुझसे। तेरे ही कारण तो जीवित है बेचारी। तू तो उस दुखिया के लिए माता के समान है।'

एकाएक माया के विस्फारित नेत्रों में बाढ़ आ गई। आकाश में तने हुए हाथ शिथिल हो झूल गए और वह पंख-कटी पक्षिणी की भांति गिर पड़ी भूमि पर।

'अरे···अरे! तू आज इतनी विचलित क्यों है? कुछ कष्ट है तुझे?'—वसुदेव ने विस्मित होकर स्नेह से पूछा।

'कष्ट! हां देव! भयंकर कष्ट! भयंकर यातना। देव! एक भीख मांगने आई हूं आज···मना न करना प्रभो!'—भर्रा कंठ से माया ने कहा और आंचल फैला कर रो पड़ी।

'भीख? और मुझ से? मैं तो स्वयं ही इतना दीनहीन हूं। प्रतिवर्ष मेरा वैभव, मेरी पूंजी लुट जाती है। मुझसे भिक्षा में क्या मांगना चाहती है? धीरज?···क्षमा?···सहनशक्ति? यही तो है मेरे पास···और यह भी धीरे-धीरे चुकता जा रहा है'—वसुदेव कहते-कहते अन्त में उद्विग्न हो उठे।

'नहीं देव! धरे रहें अपनी यह सहनशक्ति अपने ही पास।···यह धीरज और यह उदारता धरे रहें अपनी। आपका यह मौन···यह क्षमाशीलता मेरे शत्रु हैं। मुझे नहीं चाहिये इनमें से कुछ भी। किंतु मेरी एक विनती न ठुकराएं देव···बस मेरी···एक अनुनय मान लें प्रभो! मुझे उपकृत करें'—वह दीन भाव से गिड़गिड़ा उठी।

वसुदेव आश्चर्यचकित थे।

'बोल···क्या चाहती है, माया! इतनी उद्विग्न क्यों है आज तू?'

'प्रभो!'—अचानक उसका स्वर सुस्थिर और सुदृढ़ हो चला! मुट्ठियां भिंच गईं और पुनः दोनों मुट्ठियां आकाश की ओर तन गईं।

'प्रभो! अब जन्म लेने वाला···अपना सातवां शिशु आप कंस को नहीं सौंपेंगे, यही भिक्षा चाहिये।'

वसुदेव के नेत्र विस्फारित रह गए। वे सहसा कुछ बोल न पाए।

'नहीं देव! अब बहुत हो गया। मुझ पर विश्वास रखें। ऐसे वज्र न बने रहें। अपनी सातवीं सन्तान मुझे सौंप दें। मैं रक्षा करूँगी। बोलें देव!···'हां' कह दें प्रभो!'

वसुदेव स्तंभित थे अद्‌भुत विनती सुनकर।

'एक बार! बस एक बार देव! एक बार मुझे अवसर दें! देवी देवकी का दुःख देखा नहीं जाता। राजा की निर्दयता सही नहीं जाती। और आप जो ऐसे हिमालय की भांति धीर-गंभीर वीतराग साधु बने रहते हैं, इस महामौन के पीछे अनवरत होती रहती हलचल को क्या मैं समझ नहीं पाती? नहीं प्रभो! अब नहीं। बस एक बार मेरी विनती मान लें···सातवें शिशु की रक्षा का भार मुझे सौंपें प्रभो।'—माया वसुदेव के चरणों पर शीश रख कर फूट-फूट कर रो पड़ी।

× × ×

माया सुदृढ़ काठी और मझोले कद की एक चौड़ी सी महिला थी। वह कंस की अत्यंत विश्वासपात्र धात्री थी जो कारागार में देवकी की देखभाल व उस पर सतत निगरानी रखने हेतु नियुक्त थी। कुरूपता और कठोरता के साथ-साथ मात्र एक ही नेत्र की स्वामिनी होने के कारण उसका नाम विरूपाक्षी पड़ गया था। किन्तु राजा कंस ने उसके हृदय की कठोरता को राजकीय मान्यता देकर उसका नाम 'कराला' कर दिया था। इन दो नामों के अतिरिक्त उसका 'माया' नाम अधिक प्रचलित था जो उसके द्वारा

मायाविनी शक्ति को सिद्ध करने के कारण पड़ गया था। उसके लिए 'असंभव' शब्द का कोई अर्थ न था। संसार में ऐसा कोई कार्य न था जो वह माया द्वारा न कर सकती हो।

राजा ने उसकी सेवाओं से प्रसन्न होकर जो समय-समय पर उसे स्वर्णाभूषण दिए थे, उन्हें अपने श्यामवर्ण पर चाँदी और गजदंत के आभूषणों के मध्य पहन कर गर्वोन्मत्त होना कभी उसे बड़ा भाता रहा था।

वास्तव में वह पाषाण-हृदया थी। प्रारंभ में देवकी उससे थर-थर कांपती थी। किंतु कंस ने देवकी के नवजात, मृदुल-पारिजात से प्रथम शिशु को जिस क्षण पाषाण-शिला पर पछीटा, माया का पाषाणहृदय एक अनपेक्षित भूकम्प के धक्के से हिला' दरका' और चटक गया। अन्तर के किसी कोने में सिमटी-सिमटाई, दबी बैठी हुई मां हाहाकार कर उठी। उसे लगा जैसे उसके पुत्र लौहक को ही शिला पर पछीट दिया गया हो। कंस के निर्मम अट्टहास को सुनकर तब पहली बार उसकी इकलौती आंख छोटी होकर कंस पर चिपकी रह गई थी। घृणा-पूरित दृष्टि!

उस एक नेत्र में बिजली की कौंध भी थी और खड्ग की तीक्ष्ण धार भी थी जो उसी समय कंस को दो फांक कर सकती थी।

अनायास वह आंधी बन उठी। झंझा बन गई। कंस के जाते ही वह चक्रवात सी तीव्र गति से देवकी के कक्ष की ओर दौड़ चली। द्वार पर आकर ठूंठ सी खड़ी रह गई निश्चल।

सत्रह वर्षीया अल्पवयस देवकी दारुण पुत्र-शोक से व्याकुल हो शय्या पर जलहीन मछली सी तड़पं-तड़प कर हाहाकार कर रही थी।

और...फिर! वह आंधी अथवा झंझा न रही। माया तत्काल घटा बनकर सावन-भादों सी झरझराकर बरस पड़ी देवकी को अपने वक्ष में भर कर।

देवकी के सघन केशों को सहलाते और उसके आहत मर्मस्थल को अपनी करुणा से भिगोते हुए विरूपाक्षी माया सारी रात देवकी को अंक में थामे बैठी रह गयी थी। उसका मन उसे धिक्कार उठा था। अति सौम्या देवकी के कातर-मुख की ओर देखना भी दुरूह हो गया उसके लिये।

'किस पाप का फल दे रहा है विधाता तुझे, मेरी पुत्री?' देवकी और माया प्रतिदिन ऐसे ही लिपट कर रोती रहतीं। अनजाने में माया की भूमिका बदल चली। वह कंस की विश्वासपात्र परिचारिका व धात्री थी परन्तु अब वह दुखिया देवकी की माता सी बन चली। उसे स्वयं को भी भान न हो पाया कि कब से वह अपने आप वसुदेव-देवकी की संरक्षिका बन गई।

जब कभी अकेली होती तो माया घंटों बातें करती रहती कारागार की प्राचीरों और स्तंभों से। लौह शृंखलाओं से। पूछती उनसे—कि जब सुदृढ़ प्रस्तर-भित्तियां भी कांप सकती हैं, तो मेरा हृदय क्यों न कांपे? हा, देवकी के उस नवजात शिशु के नन्हे से कंठ से पक्षी-शावक की भांति एक 'चीं' तक न निकल सकी और.....उसका क्षतविक्षत नन्हा तन छितर गया शिला पर। तो क्या इस सौम्य वसुदेव-पत्नी का जीवनक्रम सदा यों ही चलता रहेगा? प्रति डेढ़-दो वर्ष पर उसके हृदय के अंशों का ऐसे निर्दयता से वध होता

ही रहेगा और लोचनों से धार-धार आंसू बहाती यह कपिला मूक बनी सहती जाएगी? अरेऽऽ! होगी यह सहनशीला इतनी···किंतु मैं तो नहीं! नहीं! नहीं!

जिस शिशु को मैं जन्म दिलाती हूं, धोती पोंछती हूं···उस नन्हे से गात के पलक झपकते चिथड़े-चिथड़े उड़ा डाले वह क्रूरकर्मा! और मैं देखती रहूं? मैं कोई पाषाण हूं? मैं कोई कपिला हूं? मैं क्या देवकी हूँ जो दुःख सहने के लिए बनी हूँ? हा! मैं घोर पापिनी हूँ जो राजा के इस पैशाचिक कर्म में भागीदारी निभाती हूं। एकांत में माया हुलक-हुलक कर रोती।

कंस दिन पर दिन क्रूर होता गया। देवकी दिन पर दिन घुल-घुल कर पीड़ा की मूर्ति बनती गई। वसुदेव दिन पर दिन हिमालय से मौन और गंभीर होते गए और कठोर-हृदया माया दिन पर दिन मृदुल होती गई। देवकी की पीड़ा उसके कठोर-काष्ठ से अंतर को घिस-घिस कर पावन चंदन बनाती जा रही थी।

प्रतिबार देवकी के हाथ फैलते शिशु को अपने दग्ध-अंतर से चिपटा लेने को और प्रतिबार वसुदेव, देवकी के पहले ही माया के हाथों से शिशु लेकर आंखें मूंद कर कंस को सौंप देते। देवकी के हाथ फैले रह जाते शून्य में। वह किसी नन्हे शिशु को न अंक में ले पाई···न चूम पाई···न हृदय से लगा पाई। वक्ष में भरा क्षीर-सागर घुमड़-घुमड़ कर अंतर को मथता रहा... मथता रहा। किंतु उस पुत्रवती का कोई शिशु उसके मातृत्व को संतुष्ट करने और उसके मातृत्व की भूख मिटाने को उसके वक्ष से न लग सका। हर बार देवकी असहाय और विवश हो कातर लोचनों से निहारती रह जाती अपने मातृत्व की भ्रूण-हत्या को।

अब तक माया छह निर्मम बालवध देख चुकी थी। वसुदेव का मौन धैर्य उसें अवाक् कर जाता! देवकी की दारुण यातना उसे दहला जाती। उसकी स्वयं की अंतरात्मा उसे दिन-रात, प्रतिपल, प्रतिक्षण कचोटती रहती। जब-जब देवकी के शिशु का जन्म-समय निकट आता तो कराला माया उन्मादिनी हो उठती।

कारागार की काली भित्तियों, प्राचीरों और स्तंभों के बीच रात-रात भर एकाकी घूमती रहती। उनके कठोर प्रस्तरों पर विक्षिप्त सी होकर अपने हाथों से प्रहार करती। रोती। बिलखती। अपना कपाल पीटती। सिर धुनती। और फिर हाहाकार करती पागल सी उन स्तंभों और भित्तियों से लिपटती फिरती। गत तेरह-चौदह वर्षों से इस बालघाती पैशाचिक-नाटक की वही तो सूत्रधार थी!

कंस से पुरस्कार में मिले स्वर्णाभूषण न जाने कब उसके तन से उतर चुके थे। कई दिनों तक एक मलिन वस्त्र की पोटली में वे प्रकोष्ठ के अंधेरे कोने में धूल-धूसरित पड़े रहे। किसी को पता नहीं चला कि देवकी के छठे पुत्र के वध के पश्चात् कब किस गहन रात्रि को फफक-फफक कर रोती हुई माया के आभूषणों की उस पोटली को पहले तो पदाघात कर-कर के खूब रौंदा और फिर यमुना की काल-तरंगिणी में सदा के लिए प्रवाहित कर दिया।

बाह्य-सौन्दर्य से शून्य थी वह। किंतु उसके अंतर में सौन्दर्य न केवल प्रस्फुटित हुआ था बल्कि पूर्णिमा के चन्द्र की भांति दिन प्रतिदिन बढ़ रहा था। देवकी के पारस-स्पर्श से

वह लौह-हृदया धीरे-धीरे हिरण्यमयी बन चली। दिन प्रतिदिन उसका अन्तर कलुषता खोता जा रहा था। और निर्मल…और निर्मल होता जा रहा था। पर कोई भांप न पाया। कंस का अडिग विश्वास था उस पर।

× × ×

देवकी तथा वसुदेव ने किंकर्तव्यविमूढ़ होकर माया की अनुनय स्वीकार कर ली थी और अब माया का कार्य प्रारंभ हो गया था। अदम्य उत्साह और लगन थी उसमें। एक दिन मलिन वस्त्र पहने हुए उसकी एक अनुजा कारागार में आई जो देर रात तक गर्भगृह के अंधेरे कोने में मुख पर दीर्घ घूंघट डाले चुपचाप बैठी रही।

उस दिन माया कुछ अधिक प्रमुदित रही। कारागार के नायक दण्डक तथा अन्य प्रहरियों के लिए वह ताम्बूल की टोकनी भरकर लाई थी। देर तक सुवासित ताम्बूल बनाती रही और रसबतियां कर-कर के मीठे सुगंधित ताम्बूलों की रहस्यमय गिलौरियाँ सबको बांटती रही।

देवकी क्लान्त पड़ी हुई उसकी विचित्र गतिविधियों को कौतूहल से देखती रही। उसकी दृष्टि बार-बार टिक जाती कोने में रखी एक पुंजिका और कंडी पर। न जाने क्या क्या रहस्यमय सामग्री भरी हुई है उसमें!

ताम्बूल के रहस्यमय मद में लड़खड़ाते हुए प्रहरी व नायक दण्डक एक-एक करके विदा हुए। वसुदेव उद्विग्न से टहलते हुए प्रकोष्ठ से निकल कर बाहर प्रांगण में आ गए। प्रकोष्ठ का लौह-द्वार लौहक ने बाहर से बन्द किया। शृंखला बंध गई। ताला लग गया। किंतु चाबी सीखचों में से भीतर माया के हाथ में पहुंच गई।

जब वातावरण स्तब्ध हो गया तब वह मलिनवस्त्रा आगंतुका आवेग में अपना दीर्घ घूंघट हटा कर दौड़ पड़ी देवकी की ओर।

देवकी अवाक् रह गई।

रोहिणी! यहां! कैसे? हस्तिनापुर के स्वर्गीय राजा शान्तनु के भाई बाल्हीक की पुत्री रोहिणी वसुदेव की चौदह पत्नियों में ज्येष्ठ थी। कंस के आतंक के कारण रोहिणी तथा अन्य पत्नियां वसुदेव के अभिन्न मित्र नन्दगोप के घर गोकुल में छिप कर वास करती थीं।

रोहिणी देवकी की पीड़ा देख कर रो पड़ी। देवकी और रोहिणी एक दूसरे से लिपट कर रो रही थीं।

कुछ और घड़ियां बीतीं, तब माया ने अपनी रहस्यमय भानुमती की पिटारी खोली। छोटे-छोटे दो-तीन मृत्तिका-कुंभ थे और छोटे-बड़े कई प्रकार के क्षुर, चाकू, रज्जु। घृत, मधु और विभिन्न प्रकार की जड़ी-बूटी, चूर्ण आदि की विचित्र सी गंध फैल गई।

कार्य प्रारंभ हुआ। देवकी व रोहिणी अचेत थीं। माया धीरज से कार्य संपन्न करती रही।

भोर से पूर्व ही माया ने वसुदेव को सूचना दी कि शल्यक्रिया कुशलतापूर्वक संपन्न हो गई। रोहिणी अशक्त है, अभी गोकुल तक न जा सकेगी। उसे यदुश्रेष्ठ सात्यक के गृह मथुरा में ही दो दिन रखना होगा।

वसुदेव चकित थे। संकर्षण-प्रक्रिया संपन्न हो गई!

तभी बहुत भोर ही माया पांव में असह्य पीड़ा बताकर एक बन्द शिविका में बैठ कर अपने घर चली गई ताकि वैद्यराज से औषधि ले सके। नायक दण्डक व प्रहरियों ने देखा कि माया के पाँव में इतनी पीड़ा थी कि चरण भी न रख पा रही थी भूमि पर। अतः शिविका प्रकोष्ठ में ही लाकर रखी गई। अपने पुत्र लौहक की सहायता से वह चढ़ी। कोई न जान पाया कि उसी शिविका में रोहिणी को यदुश्रेष्ठ सात्यक के घर पहुंचा दिया गया है। कोई नहीं जान पाया कि देवकी की सपत्नी रोहिणी कैसे गोकुल से मथुरा आ गई थी। कोई नहीं जान पाया कि देवकी के तीन माह के गर्भ का, माया ने शल्यकौशल से रोहिणी के उदर में कैसे प्रत्यारोपण कर दिया। कोई न जान पाया कि इस संकर्षण-प्रक्रिया द्वारा देवकी का सातवां गर्भस्थ शिशु कंस से बचा लिया गया, जिसे अब गोकुल में रोहिणी जन्म देगी।

जान कैसे पाता कोई? कंस और उसके अनुचरों का माया तथा उसके पुत्र पर पूर्ण विश्वास था। प्रारंभ में ही माया के हाथों में देवकी को सौंपते हुए कंस ने हंसते हुए कहा था—

'अब जब तक यह कराला यहां है, मुझे लेशमात्र चिंता नहीं अपने जीवन की। ले कराले! अपनी उत्तम सेवा का अग्रिम पुरस्कार।' —और कंस ने प्रसन्नता से कंठ का मुक्ताहार उसकी ओर फेंक दिया था।

जाते समय कंस कारागार के नायक दण्डक व अन्य सबको यह आदेश दे गया था कि माया जो कहे उसे माना जाए। जो मांगे वह दिया जाए।

'यह मायाविनी महाकराला है! इसे रुष्ट न करना। यदि यह मायाविनी निश्चय कर ले तो तुम लोगों का तो क्या, कंस का जीवन भी हर सकती है! क्यों न कराले?…' —और कठोरता अट्टहास से कारागार की भित्तियां कंपाता हुआ कंस निश्चिंत हो वहां से चला गया था।

एक के बाद एक देवकी के छह शिशु कालकवलित हो चुके थे। कंस माया की सेवा से प्रसन्न था और उसकी राजभक्ति पर न्यौछावर। कंस समझ न पाया था कि इन तेरह-चौदह वर्षों में महाकराला कितनी बदल चुकी है। कोई भांप न पाया कि वसुदेव और देवकी की सतत पीड़ा-ताप ने उसके लौह-मर्म को भी पिघला कर तरल कर दिया है। एक-एक प्रहार जो वसुदेव-देवकी के हृदय पर पड़ता था, उसे माया अपने पाषाण-हृदय पर झेलती रही थी। देवकी व वसुदेव के संसर्ग ने उसकी मायाविनी शक्ति की दिशा ही बदल डाली थी। अब विनाश-विध्वंस के स्थान पर वह अपनी अनोखी मायाविनी सिद्धि को सृजन हेतु प्रयुक्त करने लगी थी।

देवकी के सातवें गर्भ को रोहिणी के उदर में प्रत्यारोपित करके पूर्ण आत्मविश्वास के साथ माया ने कंस को सूचना दी कि इस बार देवकी का गर्भपात हो गया। किसी को सन्देह न हुआ।

वसुदेव कृतज्ञता से भर गए। देवकी ने अपना हर्षाश्रुओं से भीगा हुआ मुख माया के अंक में रख दिया।

× × ×

'विरूपे!'

'आज्ञा नायक!'

'विरूपे? अभी कितने माह और शेष हैं अपने पवित्र कर्तव्य पालन हेतु?'—कारागार के नायक दण्डक ने परिहास करते हुए पूछा।

विगत घटना को अब डेढ़-दो वर्ष हो रहे होंगे। देवकी पुनः गर्भवती थी।

'अरे नायक! अभी तो बहुत विलंब है देवकी को। उतरते भाद्रपद तक होगा। शुक्लपद के अंत-अंत तक…'—विरूपाक्षी ने अपना इकलौता नेत्र और भी छोटा करके ताम्बूल-पत्र को मोड़कर उसमें लवंग फंसाते हुए उत्तर दिया।

'इतनी रात गए भी ताम्बूल खा रही है विरूपे। तेरी माया समझ पाना असंभव है'—दण्डक विरूपाक्षी के द्वार के लोहे के सींखचों से झांकते हुए हंस कर बोला।

'अरे नायक! न तुम्हें चैन। न हमें चैन। रात्रि भर पहरा तो हमीं को देना रहता है न! ताम्बूल से ही तो रात भर जागती रह पाती हूं'—विरूपाक्षी ने पान की गिलौरी सींखचों में से दण्डक की ओर बढ़ाई।

'तेरे समान स्वादिष्ट ताम्बूल तो मथुरा और शौरसेन-प्रदेश में तो क्या, मैं सोचता हूं समूचे जंबूद्वीप में कोई न बना पाता होगा। लेकिन आश्चर्य तो इस बात का है कि तू तो रात भर जागरण के लिए ताम्बूल खाती है और मैंने तेरे हाथ का ताम्बूल मुंह में रखा नहीं कि तुरंत गहरी नींद के वशीभूत हो जाता हूं। क्या डालती है तू इसमें सुगंधि-मेवा के अतिरिक्त जो दिन भर की क्लान्ति छू हो जाती है तत्काल? इसमें भी कुछ न कुछ माया का प्रयोग अवश्य करती है तू।"

मद्धिम दीपालोक में सींखचों में से कोठरी की भित्ति पर पड़ती हुई दण्डक की परछांही दैत्याकार लग रही थी। हाथ बढ़ा कर उसने माया के हाथ से ताम्बूल की गिलौरी लेकर मुख में रख ली।

माया की एकमात्र ज्योतिवती आंख उस मद्धिम प्रकाश में दण्डक के मुख को एकटक देखती हुई संकुचित होती जा रही थी, और भी छोटी होती जा रही थी। उस एकमात्र आंख में उसके प्रति कितनी अपार घृणा समाई हुई थी, यह दण्डक देख न पाया।

'आनंद आ गया। माया की जय। मायाविनी की जय।'—दण्डक ने सुगंध-मिश्रित मीठा ताम्बूल-रस कंठ उतारते हुए तृप्ति से कहा। रस ले लेकर धीरे-धीरे पान चबाता और अपने भारी उपानहों की ध्वनि कारागार में गुंजाता हुआ दण्डक वहां से चला गया।

× × ×

उस दिन भाद्रपद कृष्णपक्ष की अष्टमी थी। रोहिणी नक्षत्र था। गत दो दिनों से वर्षा रुकने का नाम नहीं ले रही थी। विशेष रूप से उस दिन तो भोर से ही अनवरत मूसलाधार वर्षा ने लोकजन का मनोबल पूर्णतः ध्वस्त कर दिया था। मथुरा नगरी का जनजीवन बुरी भांति लड़खड़ा गया। लोग घरों में घुसे बैठे रह गए। श्रीमंत-जन आवासों में अपनी उकताहट मिटाने को भांति-भांति के मनोरंजन खोजने में उलझे रहे। सांझ आई। गहरी और काली। वर्षा-प्रकोप बढ़ चला। लोग सिमट चले शय्याओं में। रात्रि आई। वर्षा प्रलयंकारी हो चली। मथुरा नगरी पर मेघ पर मेघ असंख्य सैन्य-दलों से उतरे चले आ रहे थे। दामिनी कड़कती-कड़कड़ाती हुई दिगूदिगन्त में थिरक रही थी। लोगों ने भयभीत हो मुख ढांप लिये।

कारागार में उस दिन माया ने कुछ अधिक चाव से ताम्बूल सुवासित किए थे। मेघोच्छ्वासों, सृष्टि की हुंकारों और वज्र की कड़कड़ाहट में कारावास के समस्त प्रहरी ताम्बूलों के मीठे प्रभाव के कारण नायक सहित गहरी निद्रा में सिमटे-सिकुड़े पड़े थे।

महानिद्रा छाई थी शूरसेन-जनपद की राजधानी पर। घोर अंधकार था।

प्रकाश था तो कारावास के उस प्रकोष्ठ में जहां देवकी पीड़ा से कराहती हुई छटपटा रही थी। यह पीड़ा वह नहीं थी जिससे देवकी सदा त्रस्त थी या जो देवकी की चिरन्तन सखी हो चली थी। उस चिरन्तन पीड़ा में और आज की पीड़ा में भेद था। इस पीड़ा में एक सुखद आश्वासन था। मुक्ति का! आशा थी—स्वाधीनता की! संभावित उपलब्धि थी एक विलक्षण सुपुत्र की।

देवकी प्रसव-पीड़ा भोग रही थी। आशान्वित देवकी के मुख पर किन्तु शंकाओं के मेघ भी थे। वसुदेव चिन्तित थे। भाल पर हाथ फेरते हुए वे बार-बार बाहर मूसलाधार वृष्टि निहारते। आकाश की ओर हाथ फैला कर कुछ प्रार्थना करते।

परन्तु माया पूर्णतः निश्चित थी। आत्मविश्वास से उसका श्याम मुख चमक रहा था।

मध्यरात्रि निकट आ रही थी। जैसे-जैसे देवकी की पीड़ा बढ़ती, सृष्टि की छटपटाहट भी बढ़ती जाती। जैसे सृष्टि भी प्रसव-पीड़ा भोग रही हो। प्रकृति उलट-पुलट हुई जा रही थी आज कुछ अघटित कर देने को। आकुल-व्याकुल हुई पड़ रही थी किसी अजन्मा को जन्म दे देने को। देवकी की पीड़ा बढ़ी। सृष्टि की पीड़ा द्विगुणित हुई।

लक्ष-लक्ष वर्ष पीड़ा भोगनी पड़ती है सृष्टि को, तब कहीं वह किसी विभूति को जन्म दे पाती है।

अचानक वज्र कड़कड़ा उठा। मथुरा नगरी थरथरा उठी। पृथ्वी डोल गई असह्य पीड़ा से। स्वेद से लथपथ देवकी पीड़ा से रो पड़ी।

और···! तभी हुआ···दीर्घ-प्रतीक्षित जन्म।

एक सांवले-सलोने सुकुमार शिशु का कोमल रुदन देवकी के प्रकोष्ठ में गूंज गया।

माया थिरक उठी। समय नहीं गंवाना था। एक-एक पल बहुमूल्य था। दक्ष धात्री ने शिशु को तुरन्त धो-पोंछ, कोमल वस्त्रावरणों में लपेट कर रख दिया एक टोकरी में।

श्लथ पड़ी अर्धमूर्च्छित देवकी अधखुले नेत्रों से झलक मात्र पा सकी उस नील-सुनील नन्हीं काया की। नयनों के कोनों से अन्तर का दाह झर-झर बह निकला।

उसके देखते-देखते माया ने वह टोकरी वसुदेव को सौंप दी। माया व उसके पुत्र, प्रहरी लौहक ने तत्परता से ताले खोले। अन्य सभी प्रहरी प्रचंड मायाविनी शक्ति के प्रभाव से गहरी निद्रा के वशीभूत हुए पड़े थे।

घनघोर वर्षा थी। वसुदेव ने हाथ में टोकरी लिए बाहर देखा। हृदय कांप उठा। भयावह दृश्य था बाहर।

'विलंब न करें देव! बालक को बचाने हेतु कठोर बनें प्रभो! सृष्टि, राजा कंस से अधिक निर्मम नहीं हो सकती। प्रकृति माता बचा लेगी शिशु को, किंतु कंस नहीं छोड़ेगा। शीघ्रता करें प्रभो'—माया ने साहस दिलाया।

'आगे बढ़ें देव!'—कटि में खंग कसे और हाथ में लम्बा भाला लिये बीस वर्षीय सुदृढ़ काठी का लौहक वसुदेव से बोला।

वसुदेव ने नेत्र मूंदकर नारायण को स्मरण किया। मन को कठोर किया और दृढ़ता से मूसलाधार वर्षा में एक बार जो आगे चरण रखा तो पीछे मुड़ कर न देखा। लौहक तत्परता से लम्बे-लम्बे डग भरता हुआ उनके साथ चल पड़ा एक अद्भुत कर्तव्य को निभाने।

यमुना उस दिन विकराल सिंधु से कम न थी। भयावह थीं उत्ताल तरंगें। क्या यह यमुना है? कभी मेघ गरजते, तो कभी हरहराती हुई यमुना गरज उठती। यमुना आज सही अर्थों में यम की अनुजा ही प्रतीत हो रही थी। नहीं। अनुजा नहीं! यमुना आज यम की अग्रजा प्रतीत हो रही थी। किस पर ऐसी क्रोध-प्रकंपित है? किसी अन्यायी पर? अत्याचारी पर? अथवा किसी परम शक्तिवान् के आविर्भाव से यमुना के तन में भी प्रचण्ड शक्ति हिलोरें ले उठी हैं! उन्मत्त कालरूपिणी यमानुजा जैसे आज मथुरा के राजवैभव को लील जाने को उतारू हो चढ़ी चली आ रही है।

धीर-गंभीर वसुदेव अपने नवजात शिशु की टोकरी हृदय से लगाए तीव्र गति से चले जा रहे थे। तट पर आकर यमुना के विकट रूप देख किंचित् ठिठके।

उनके नागवंशीय मित्र शेष, अपने अनुचरों के साथ उन्हें वहां तैयार खड़े मिले। उन्हें देख मनोबल बढ़ा। वसुदेव ने लहरों से बचाने को बालक की टोकरी अपने सिर से भी ऊपर उठा ली और धंस चले यम की भगिनी का सामना करने। लौहक, शेषनाग तथा अन्य नाग-अनुचर साथ में धंस चले यमुना के प्रवाह में एक-दूसरे का हाथ पकड़े।

वर्षा के जल से नवजात शिशु को बचाने शेष ने अपना सर्प-त्वचा से निर्मित बड़ा सा छत्र तान दिया बालक पर। आगे बढ़ चले वे धीर-गंभीर जल यात्री रोमहर्षक यात्रा पर यमुना की उत्ताल तरंगों से जूझते हुए।

एक-एक चरण पर नदी गहरी होती जा रही थी। 'हे नाथ नारायण वासुदेवा'—सब के मुखों से निःसृत था। वही उनका बल था। सबका ध्यान था उस नवजात अनमोल हीरक से शिशु पर, जिसे किसी भी स्थिति में आज बचा ही लेना है अत्याचारी शासक से। यह बालक बड़ा होकर मुक्तिदाता बनेगा सहस्रों का। यह नन्हा कोमल गात बड़ा होकर दुष्टों को भय-प्रकंपित करेगा। साधुजनों का उद्धार करेगा। 'हे नाथ नारायण वासुदेवा'—सब तीव्र गति से चरण बढ़ाते चले जा रहे थे कालतरंगों में एक-दूसरे को थामे।

आज देव, मानव, सृष्टि, मेघ और सरिता आदि सबने संयुक्त षड़यंत्र रचा था। ऐसा षड़यंत्र कि मथुरा का अत्याचारी शासक घोर प्रलयंकारी वर्षा से आतंकित हो प्रगाढ़ निद्रा के अंक में पड़ा हुआ था। षड़यंत्र सफल था। समस्त राज-अधिकारी व प्रहरी गहन-निद्रा में पड़े थे। कहीं कोई ध्वनि सुनाई न देती थी मेघगर्जन के कारण। सौदामिनी दिग्‌दिगन्त में कौंध-कौंध कर, कड़क-कड़क कर आह्वान कर रही थी सज्जनों को संभावित मुक्तिदाता-शिशु की रक्षा हेतु। उस शिशु की रक्षा में संलग्न थे न केवल वसुदेव और शेषनाग, अपितु उस बालक के चारों ओर विकट रक्षा-व्यूह रचा हुआ था। यमुना, वर्षा, मेघ, अंधकार और सौदामिनी आदि सब अपने-अपने रौद्र अस्त्र-शस्त्र लपलपाते हुए दत्तचित्त थे अपना कर्तव्य निभाने में। ऐसे दैवीय व्यूह को कौन भेद सकता था जो नवजात विभूति के चारों ओर सुदृढ़ प्राचीरों के समान रचा गया था!

तभी वे चौंके यह देखकर कि एक प्रदीप यमुना की वेगवती लहरों को लांघता-फांदता उनकी ओर चला आ रहा है। वे समझ गए कि कोई नौका है।

'चढ़ जाएं नौका में देव'—केवट ने पुकारा गर्जन के मध्य। सब सशंकित हुए। लौहक का हाथ अपने खंग पर चला गया।

'किस को लेने आए हो?'—शेषनाग गरजे।

'हे नाथ नारायण वासुदेवा'—यमुना की हरहराहट में सुनाई दिया। वे समझे नहीं किंतु आश्वस्त हो गए। सुदृढ़ नौका थी किन्तु यमानुजा के प्रहारों से डोली जा रही थी। वसुदेव चढ़े। पुत्र को संभाला। शेषनाग, लौहक व अन्य नाग चढ़े। नौका में मुख ढापे बैठे हुए तीन चार जन बड़े रहस्यमय प्रतीत हो रहे थे।

'नौका किसकी है?'—शेषनाग ने तीक्ष्ण दृष्टि से देखते हुए पूछा।

'महाभाग! मैं अक्रूर हूं'—एक आवरण-युक्त युवक ने कहा।

'अहो! अक्रूर···तुम!'—वसुदेव चकित हुए।

'हां महाभाग! आर्य देवक भी हैं और महाभाग सात्यक भी साथ हैं।'

'अहो प्रभु!'—आश्वस्ति की दीर्घ निःश्वास निकली वसुदेव के कंठ से।

तो यदुवंशी पूर्णतः सचेत हैं क्रान्ति हेतु! अक्रूर युवक है और चतुर भी है। उधर उसने कंस का विश्वास जीत लिया है और इधर कंस के विरुद्ध क्रांति हेतु भी सघन और सफल अभियान भी संचालित कर लेता है।

हृष्टपुष्ट नाविकों ने दृढ़ता से नौका खेना प्रारंभ किया। देवकी के पिता देवक ने वसुदेव से कांपते हाथों में अपने नवजात दौहित्र को लिया। दीप-कुंभ उठा कर सात्यक ने बालक के मुख पर प्रकाश डाला। मद्धिम प्रकाश में देखा·····। इतनी झंझा और कोलाहल में वह सुकोमल श्यामल शिशु सुख-निद्रा में सो रहा था। उसे नहीं ज्ञात कि उसकी जन्मदात्री मां उसके विछोह में कारागार में पड़ी कैसी व्याकुल मीन सी तड़प रही है। कितनी पीड़ा उसने वर्षों से भोगी है इसको जन्म देने के लिए! सबकी पलकें भीग गयीं।

सात्यक व देवक ने एक-दूसरे की आंखों में देखा। प्रश्न था। क्या सचमुच यह शिशु यादवों का उद्धारक होगा? फिर दोनों की दृष्टि झुक कर टिक गई सद्य-प्रस्फुटित नील-

पंकज से शिशु पर। नौका हिचकोले खा रहीं थी। यमुना बढ़ी आ रही थीं। एकाएक सौदामिनी तीव्रता से कौंध पड़ी और देर तक उसका आलोक स्थिर रह गया शिशु पर। सात्यक एवं देवक की दृष्टि पुनः परस्पर मिली। अब प्रश्न नहीं था। उत्तर था। अवश्य करेगा उद्धार! सात्यक और देवक ने आंसू पोंछे। वसुदेव को आश्वस्त किया।

यमुना-पार गोकुल की ओर वाले तट पर प्रकाशवान छोटे-छोटे मृत्तिका-कुंभ हिल-डुल रहे थे। वहां कुछ लोग छिद्रों वाले कुंभों में दीपक जलाए हुए खड़े थे, जिनके ऊपर ढक्कन कस दिये गये थे ताकि वर्षा के जल से दीप बुझ न जाएं।

'वे खड़े हैं वहां प्रतीक्षारत लोग, कुंभों में प्रदीप बाले हुए'—केवट बोला।

नौका घाट से लगी। अब वर्षा का वेग कम था। नंद, उपनंद, सुनंद आदि खड़े थे। नंद आगे बढ़ आए। प्रेम से शिशु को ले लिया। वसुदेव और शेषनाग बैठ गए तनिक विश्राम हेतु घाट पर।

'वसुदेव महाभाग! सम्हालें इसे···।'—नंदगोप ने दूसरी टोकरी में सोती हुई अपनी नवजात कन्या को बढ़ाया वसुदेव की दिशा में।

'नहीं-नहीं! यह नहीं संभव।'—वसुदेव ने अचकचा कर हाथ खींच लिए अपने।

'कैसी बात करते हैं मित्र! राजा को क्या उत्तर देंगे कल भोर? उत्तर तो देना ही होगा।'—नंद ने बल देकर कहा।

'किन्तु आपकी सन्तान! कन्या वह भी! कंस को सौंप दूं? नहीं···मित्र नहीं! यह महापाप न होगा मुझसे।'

नंद लिपट गए वसुदेव से। प्रेमाश्रुओं से नहाते दोनों आलिंगबद्ध रह गए कुछ पल।

'वसुदेव! यह तो करना ही है! मोहमाया त्याग कर कर्तव्य पूर्ण करना है···मित्र! यहां इस अथवा उस बालक के जीवन-मृत्यु का प्रश्न नहीं है। यदुकुल के जीवन-मृत्यु का प्रश्न है। यही नहीं, यह समस्त मानवता के जीवन-मृत्यु का प्रश्न है। समूची सभ्यता और धर्म के जीवन-मृत्यु का प्रश्न है। वसुदेव! मेरी कन्या ले जाएं। कन्या को स्यात् जीवित छोड़ दे राजा। न भी जीवित छोड़े तो इसका बलिदान अनिवार्य है धर्म के रक्षक की रक्षा हेतु, यही मान लेना होगा। यदि जीवित रह गई तो आर्या देवकी के अमूल्य मातृत्व की पात्र होगी यह सौभाग्यशालिनी। यदि कंस ने इसे भी पछीट दिया शिलाओं पर तो भी इसका बलिदान अमूल्य होगा कंसहन्ता की प्राणरक्षा हेतु। इसे ले जाएं मित्र, अथवा विकट समस्या उत्पन्न हो जाएगी कल प्रातः। कंस किसी भी शिशु को न पाकर···कहीं आर्या देवकी पर···!

'अहो! अहो!···मित्र! तुम्हारा यह त्याग···कितना कठोर है। मित्र के पुत्र के लिए अपनी कन्या को हिंसक पशु के हाथ में दे रहे हो? अनुपम है तुम्हारा त्याग···धन्य हो नंद! धन्य हो सखा।'—वसुदेव का कंठ भर आया। कांपते हाथों में कन्या वाली टोकरी ले वसुदेव आदि अविलंब लौट पड़े नौका की ओर।

× × ×

दूसरे दिन सुबह कंस सिंहासन पर बैठा एक नवागंतुक से चर्चा कर रहा था। नवागंतुक सर्पचर्म की विभिन्न वस्तुएं कंस को उपहार-स्वरूप भेंट कर रहा था। अनुसेन उपहारों को सम्हाल कर रखता जा रहा था। तभी अक्रूर का आगमन हुआ।

'आप निश्चिंत हों राजन्! अब आपको भय करने का कोई हेतु नहीं। आपके जीवन का संकट सदा-सदा के लिये टल गया'—अक्रूर ने कंस को सूचना दी।

'कैसे?'—शंका से कंस की भवों में बल पड़ गए।

'देवकी ने इस बार पुत्र नहीं, पुत्री को जन्म दिया है!'

कंस अवाक् रह गया कुछ पल।

'क्या कहते हो?'

'सत्य ही राजन्!'

कंस ने अविश्वास से सिर हिलाया।

'असम्भव! क्या भविष्यवाणियां और महात्माओं के वचन भी मिथ्या होने लगे? देवकी की आठवीं सन्तान तो पुत्र ही होना था। क्या महर्षि नारद के वचन झूठे हो सकते हैं? उन्होंने स्पष्ट कहा था कि देवकी के आठवें पुत्र से मुझे प्राण-भय है। 'पुत्र' कहा था उन्होंने। अक्रूर! स्पष्ट रूप से उन्होंने 'पुत्र' ही कहा था···स्मरण है न?'

'हां राजन्! उन्होंने तो पुत्र ही कहा था। और यह वास्तव में बड़े आश्चर्य की बात है कि इसी बार देवकी ने पुत्री को जन्म दिया!'

अक्रूर ने अपने मनोभावों को छिपाते हुए पूर्ण आत्मविश्वास से कहा।

'महाराज! उस समय मैं भी उपस्थित था जब देवर्षि ने देवकी के आठवें पुत्र का उल्लेख किया था···'—अनुसेन ने भी समर्थन किया।

कुछ क्षण को कंस शीश झुकाए अपने भाल पर हाथ फेरते हुए विस्मय में डूबा रह गया।

'रथ तैयार कराओ। हम अभी क़ारागार जाएंगे। देखेंगे देवर्षि की वाणी असत्य करने वाली यह देवकी-सुता है कैसी!'

अक्रूर का मन अस्थिर हो उठा।

'किंतु···! पुत्री से तो आपके जीवन को भय नहीं राजन्!'

हा-हा-हा-हा···कंस का निर्मम अट्टहास फूट पड़ा।

'भय? भय तो मुझे किसी से भी नहीं। देवकी के पुत्र से नहीं है तो पुत्री से क्यों होगा? किंतु देवर्षि ने भविष्यवाणी की थी पुत्र की, और हुई पुत्री! बड़ा आश्चर्य है। मैं अपना कौतूहल और उत्सुकता दबा नहीं पा रहा। अक्रूर! अभी रथ तैयार कराओ। मैं कारागार जाऊंगा।'

'जो आज्ञा।'—कहकर अक्रूर चिंतित से चले गए।

मथुरापति कंस तब पुनः नवागंतुक की ओर मुड़ा।

'कालिय महाभाग! आपको हम नागराज की उपाधि से विभूषित कर रहे हैं। आप समूची नागजाति के अधिपति होंगे। यदि आपकी शेषनाग से स्पर्धा है तो हमारी भी

उससे शत्रुता है। वैसे भी वह आज भी उग्रसेन को ही राजा मानता है हमको नहीं। उसे हम बढ़ने न देंगे। बस, आप हमारी ओर से ब्रज भूमि के क्षेत्र का ध्यान रखें। हमारे विरुद्ध षड्यंत्रों की जानकारी देते रहें। हमारे विरुद्ध यदि आप किसी को पाएं तो नष्ट कर दें तुरंत। आज से आप समस्त नागों के राजा हैं। अनुसेन! अभिषेक की सामग्री लाओ!

कंस ने कालिय नाग के शीश पर रत्न-जटित मुकुट रखा। मालाएं व पुष्पहार पहना कर, तिलक करके अभिषेक किया।

× × ×

दिन था, तो भी उस दिन घटाटोप अंधकार था। कल रात के काले मेघ अभी भी छाए हुए थे। दिन में भी सांझ जैसा ही अंधकार लग रहा था। प्रकृति अभी भी क्रुद्ध थी।

कारागार में सदा की भांति नीरवता छाई हुई थी, किन्तु कोई भी दूरदर्शी व्यक्ति समझ सकता था कि कारागार की भित्तियों पर क्या लिखा हुआ है। कोई भी संवेदनशील व्यक्ति समझ सकता था कि कारागार की भयावह साँय-साँय में विद्रोह की अनुगूँज है। कोई भी सदाचारी व्यक्ति भांप सकता था कि इस निस्तब्ध शांति के गर्भ में छिपा हुआ है एक भयावह झंझावात्! एक महाक्रान्ति। कोई भी समझदार व्यक्ति अनुभव कर सकता था कि कारागार की प्रस्तर-प्राचीरों में तीव्र स्पंदन है। वे क्रूर प्राचीरें धड़क रही हैं टूट जाने को। ध्वस्त हो जाने को। धूल में मिल जाने को। किन्तु मदमत्त कंस को कुछ नहीं दिख रहा था। ज्ञानचक्षु उसके थे नहीं। हृदय संवेदन-शून्य था। न उसे कुछ दिख रहा था, न सूझ रहा था।

उसके लिये केवल अपना जीवन महत्त्वपूर्ण था। वह स्वयं से ही प्रेम करता था। अत्यधिक प्रेम। अपने स्वयं के मोह में वह अहंकारी सुध-बुध भुला बैठा था। पिता, माता, बहन, भाई, पत्नी, पुत्र, कोई उसे उतने प्रिय न थे जितने कि स्वयं के प्राण। स्वयं की प्रतिष्ठा । स्वयं का सम्मान। स्वयं की सुविधा और सुख। स्वयं की सत्ता, शक्ति और राजसिंहासन! वह पूर्णतः अंधा हो चुका था आत्मप्रेम में डूब कर।

कंस अपलक निहार रहा था सामने वस्त्रों में लिपटी रखी नवजात शिशु-कन्या को। हाँ! वह कन्या ही थी। आश्चर्य! विशाल नयन खोले वह नन्हीं बालिका अपलक कंस को देखती हुई मुस्कुरा रही थी। कभी दाहिने हाथ की नन्हीं सी मुट्ठी कंस की ओर बढ़ाती, कभी नन्हीं सी तर्जनी उसकी दिशा में उठाती, तो कभी मुख खोल अपनी कोमल जीभ बाहर कर देती।

देखते ही देखते कंस क्रोध से पागल हो उठा। यह खिलवाड़ कंस से? देवकी की सन्तान कभी मुष्टिक दिखाती है, तो कभी जीभ निकाल कर मथुरेश को चिढ़ाती है? और तर्जनी दिखा कर कुछ पाठ पढ़ाएगी क्या?

कंस का हाथ अपने खंग पर जा पहुंचा।

'राजन्!···यह कन्या है!'—वसुदेव ने व्याकुल स्वर में कहा।

'यह छल है'—कंस गरजा।

'छल?'

'हां! मुझे इसमें छल की गंध आ रही है। मैं देवकी की आठवीं सन्तान को कदापि जीवित नहीं छोड़ूंगा। वह पुत्र हो अथवा पुत्री।'

'राजन्!'—वसुदेव का हृदय कांप उठा। पहली बार कांपा था। अपने छह पुत्रों को वधिक के हाथों में सौंपते हुए वसुदेव सदा धीर-गंभीर रहे थे।

किन्तु आज! अपने सहृदय मित्र नंदगोप का करुणामय मुख आंखों में घूम गया। गोकुल में जन्मी कन्या! ब्रजेश्वर नंदगोप की पत्नी यशोदा की एकमात्र सन्तान! और यह हिंस्र पशु उसे लील जाने को व्यग्र है। व्याकुल वसुदेव के हाथ बढ़ गए कन्या को बचाने।

'दूर हट जाओ वसुदेव! निश्चित ही देवकी की आठवीं संतान को मुझे जीवित नहीं छोड़ना है।'

वसुदेव के मुख से शब्द निकल पड़ना चाह रहे थे कि इसे न मारो राजन्! पुत्री मेरी नहीं, नंदगोप की सुकन्या है। धीर-गंभीर हिमवान् से वसुदेव का मर्मस्थल विदीर्ण हुआ जा रहा था आज। हृदय लक्ष-लक्ष कातर गुहारें कर रहा था परमात्मा से कि कोई चमत्कार घट जाए और नंद की यह एकमात्र सन्तान जीवित रह जाए।

कंस ने झुक कर कन्या को उसके दोनों सुकुमार चरणों से पकड़, हाथ ऊंचा कर उल्टा लटका दिया और खिलौने की भांति उसे झुलाता हुआ अट्टहास कर उठा।

सबने नेत्र मूंद लिए।

'बड़ी विचित्र कन्या है देवकी की! रोती ही नहीं। इसके मुख से मन्द मुस्कान का भाव लुप्त ही नहीं हो रहा। अद्भुत शिशु है। इसकी दोनों भंवों के मध्य भाल पर क्या है? क्या तीसरा नेत्र? अथवा कुंकुम का टीका? क्या गर्भ से ही श्रृंगार करके आई है? इसके पदतल इतने अरुण कैसे? क्या गर्भ से ही अलक्त रचा कर आई है? इतने वेग से हिला रहा हूं...झुला रहा हूं...यह रोती नहीं। नहीं रोएगी तू? नहीं रोएगी?'—कंस विक्षिप्त हो उन्माद से उच्च स्वर में प्रलाप कर उठा।

'नहीं रोएगी? मृत्यु से डरती नहीं? मथुराधिपति कंस से डरती नहीं? नहीं डरेगी? नहीं रोएगी? तो ले!'

कंस कन्या को ऊपर की ओर चक्र की भांति वेग से घुमाने लगा तो कारागार में चारों ओर से दबी हुई गुहारें, चीत्कारें और रुदनस्वर फूट पड़े।

कंस ठठा कर हंस पड़ा और कन्या को दे मारा प्रस्तर-खण्ड पर।

गड़ गड़ गड़ गड़....तड़ तड़ तड़ तड़—अनायास दिग्दिगन्त को कंप-कंपाता हुआ भैरवनाद हुआ और मेघाच्छन्न आकाश में नग्न खंग की चमचमाती धार सी विद्युत कौंध गई।

लोग हकबका गए। आंखें चौंधिया गईं।

दामिनी लगातार लपलपाती चली गई। क्षितिज से क्षितिज तक हांफती-उन्मादिनी बावरी सी दामिनी जैसे थिरक-थिरक कर नृत्य करने लगी हो। आलोक स्थिर हो गया था।

उस विराट आलोक से झपकती आंखों से कंस को लगा जैसे एक अपूर्व सुन्दर षोडशी आकाश की ओर चली गई।

गड़ गड़ गड़ गड़-तड़ तड़ तड़ तड़…हा हा हा हा। चारों ओर से प्रकृति का भयंकर रौद्र घोष हो रहा था। मरुत् पर आरूढ़ ध्वंस अपना प्रतोद फटकारता हुआ उन्मत्त हो उठा। चक्रवात्! झंझावात्! कंस के प्राण सूख गए भय से।

गड़ गड़ गड़ गड़…तड़ तड़ तड़ तड़…।

भित्तियां चटक गयीं। प्राचीरें हिल गयीं। भूमि दरक गई। देखते-देखते कारागार का प्रमुख बुर्ज ढह गया।

लगा जैसे चारों ओर से कोई अदृश्य शक्ति अनेक कंठ-स्वरो में अट्टहास कर उठी हो। प्राचीरों के पीछे से अट्टहास उठ चला। भित्तियों में पड़ी दरारों में से अट्टहास मुखरित था। भूमि-गर्भ से अट्टहास निःसृत था। भूमि पर ध्वस्त पड़ा पुरातन बुर्ज अट्टहास कर रहा था।

कंस विक्षिप्त सा…बावरा सा कभी इधर देखता, कभी उधर। चारों ओर सर्वनाश अट्टहास कर रहा था।

…और तभी कंस को लगा कि समूची सृष्टि अट्टहास कर करके कठोर स्वर में गरज रही है। जैसे भित्तियों को वाणी मिल गई हो। स्तंभों के कंठ खुले पड़े हों। चारों ओर से गुर-गंभीर स्वर बोल पड़े हों—

'अरे अहंकारी! पापी! बालघाती! राजमद में चूर होकर इतने बालकों के वध से तेरा मन नहीं भरा जो अब कन्या-वध करके अपनी मृत्यु को और निकट बुला बैठा? मूढ़! जिस बालक के जन्म से तू इतना आतंकित है, वह तो जन्म ले चुका है और भली-भांति पल रहा है अन्यत्र कहीं। तेरा वध तो सुनिश्चित है उसी बालक के हाथों से! हा हा हा हा…असंख्य दामिनियों की खिलखिलाहटें गूंज गईं चारों ओर।

और फिर! झपाक् से सब शांत हो गया। जैसे कोई स्वप्न था।

कंस स्तंभित था। लोग काष्ठवत्! यह कैसी माया थी?

स्त्रीवध! महापाप!

कंस का मुख खुला रह गया था। नेत्र विस्फारित थे। हाथ शिथिल हो झूल गए थे दोनों ओर। प्राणहीन शरीर हो जैसे।

धीरे-धीरे चेतना लौटी। कंस ने चारों ओर दृष्टि फेरी।

लोग आकुल और भयातुर हो भूमि पर लोट रहे थे। गुहार रहे थे। पुकार रहे थे। अब क्या होगा? अब क्या होगा?

कन्यावध!! यह पाप क्या विधाता क्षमा कर सकेगा?

लोगों को विश्वास था कि निश्चित ही वह कन्या नहीं, देवी थीं। वे आदिशक्ति भगवती योगमाया स्वयं थीं जो तड़ित् वेग से ऊपर उठकर आकाश में विलीन हो गई थीं। विधाता क्या क्षमा कर देगा?

लोग भूमि पर लोट-लोट कर पुकार रहे थे। विकल स्वर में क्षमा याचना कर रहे थे। रो रहे थे। व्याकुल हो रहे थे अपनी मूढ़ता पर।

शुष्क अधरों पर जिह्वा फेरते हुए निढाल और श्रीहीन कंस बोझिल चरणों से धीरे-धीरे लौट चला।

× × ×

उधर समूचे ब्रज में उल्लास का सागर हिलोरें ले उठा। ग्राम-ग्राम में, घर-घर में ढोलकें धुनक उठीं और गोप-गोपियों के अभ्यस्त चरण ठुमुक उठे। वन, उपवन, पथ और वीथि, कोई स्थान न बचा जहां नंदगोप के पुत्रजन्म का हर्ष न फैला हो।

नंद ब्रजवासियों के नायक थे। उनके हृदयों के सम्राट थे। ब्रजेश्वर थे। नंद और यशोदा दोनों ही अत्यंत सरल, सहृदय, दयालु एवं सज्जन थे। गोप-गोपियों के मन में अपने स्वामी गोपश्रेष्ठ नंद एवं उनकी भार्या यशुमती के प्रति बड़ा आदर एवं स्नेह था। उनके दुःख में ब्रजवासी सहभागी रहे थे कि नंद-यशोदा अब तक निःसंतान थे। इतने सज्जन, इतने उदार और स्नेहशील नंद-यशोदा और विधि की विडंबना कि उनके न कोई पुत्र हुआ, न पुत्री। भोले-भाले इन गोप-गोपियों ने मनौतियां करने में कोई देवी-देवता न छोड़ा था कि उनके नंद-यशोदा को संतान प्राप्त हो जाए।

नंदगोप के पुत्र हुआ है, जब यह संवाद मिला तो ब्रजवासी हर्ष से बावले हो उछल पड़े। उनकी मनौतियां फलीभूत हो गई थीं। आनंद का छिपा हुआ स्रोत सहस्र-सहस्र धारों में निःसृत हो चला। शकटों में भर-भर कर गोप-गोपियों की भीड़ की भीड़ बधाई-गीत गाती चल दी नंद-भवन की ओर।

नंदगोप पुलकित होकर बधाइयां स्वीकार करते हुए अभ्यागतों का स्वागत कर रहे थे द्वार पर। मिष्ठान्न और पक्वान्न के थाल के थाल चले आ रहे थे। थाल के थाल मिष्ठान्न बांटे जा रहे थे।

भीतर सौर-गृह में गोपियों की भीड़ उमड़ी पड़ रही थी। नन्हा सा नवजात शिशु! और देखने वालों की अपार भीड़।

'अरे जसुमती! इसके नेत्र तो बड़े विशाल हैं। ऐसे सुन्दर नेत्र तो न तुम्हारे हैं, न नंदगोप के!

'और बरौनियां तो देखो तनिक... कैसी घनी और लहरदार हैं। और काजल तो लगवा आया है जैसे प्रकृति-धात्री से ही।'

'अरे! मैंने तो आज तक किसी नवजात-शिशु के सिर पर ऐसे घने केश न देखे। न ऐसे कोमल और घुंघराले।'

'अच्छा स्वस्थ-मस्त गोल-मटोल बालक है तेरा जसुमती! अब सम्हाल कर रखना जतन से, कहीं दीठ न लग जाए इसे!'

'अरे, मैं क्यों रखूंगी? यह क्या मेरा ही है? अरे यह तो तुम्हारा है! तुम सब का है! पूरे ब्रज का लाल है। तुम ही लोग रक्षा करना इसकी'— जसुमती ने नेह-पुलकित स्वर में कहा।

'लेकिन एक बात मुझे समझ में नहीं आ रही···!'

'क्या?···क्या?'—सब पूछ उठीं।

वह चपल गोपी बारी-बारी से यशोदा और नवजात शिशु को देखती रही कुछ पल।

'अच्छा जसुमती! सच बताना···यह तेरा ही पूत है न?'—उसने बड़ी गंभीरता से पूछा।

हंसी का फुहारा छूट पड़ा।

'बौरा गई है क्या तू? अरे मेरा नहीं, तो क्या कहीं से चील की भांति झपट्टा मार कर उड़ा लाई हूं?'—यशोदा ने हंसते-हंसते उत्तर दिया।

'तब तो सचमुच बड़ी अनोखी बात है···'—उस गोपी ने अपने चिबुक पर उंगली रख आश्चर्य दिखाया।

'ऐसी भी क्या अचरज की बात दिख रही है तुझे नंद के छौने में···?'—दूसरी गोपी ने पूछा।

'भला गोरे नंद, यशोदा गोरी, और सांवरे पूत से भर गई झोली!'

गोपियों की खिलखिलाहट गूंज गई फिर एक बार।

पितामही को यह बात सुहाई नहीं।

'अरे.भला हुआ जो गोरा न हुआ। ऐसा देव-बालक सा तो रूप है मेरे छौने का और ऊपर से गोरा भी होता···तो भला देख भी पातीं उसकी ओर? आंखें न चौंधिया जातीं तुम लोगों की! अरे जब ऐसा धकधकाता तेज है, रूप है, तो रंग थोड़ा दबता हुआ ही होना चाहिये!···निहार तो सकेंगे देर तक छौने को।'—पितामही ने लाड़ से कहा।

'यह बात तो सही कही अब तुमने। और ऐसा भी कौन बहुत सांवला है? उजला श्याम रंग है।'

'उजला श्याम तो है ही···लेकिन···कुछ और भी विचित्र बात लगती है इसके रंग में। देखो तनिक ध्यान से तो देखो'—रोहिणी ने मंदिरा के कंधे पर हाथ रख कर बालक को ध्यान से देखते हुए कहा।

'हां हां!···एक नीली सी आभा इसके तन में है। जैसे नीलमणि-कांति होती है न··· वैसी ही! नीलश्याम वर्ण है'—मुखरा गोपी बोली।

'तुम तो सब की सब बौरा गई हो। चलो हटो यहां से। जाओ काम करो अपने-अपने घर जाकर'—पितामही ने चिढ़कर कहा।

गोपियां आनन्द से और भी उच्च स्वर में हंस पड़ीं।

'अरे पितामही! गरियाती काहे हो! पोता क्या मिल गया···हमें ही भूल गयीं!! जब पोते का जन्म होते ही हमें घर से निकाले दे रही हो, तब आगे देखो क्या लिखा है हमारे भाग्य में!'—इठलाकर गोपी ने अपना कपाल ठोका।

हंसी की फुहारों के बीच पितामही ने गोपियों की ओर आँखें तरेरीं।

'अरे हाँSSS···। हो गया बहुत! जनम लिए बेचारे को बेर नहीं हुई कि लग गई मीन-मेख निकालने! कोई कहे उजला-श्याम है···तो कोई कहे सांवरा है। तो नीलश्याम है···नीलमणि-कांति है! अरे अभी से बोल-बोल तुम ही लोग दीठ लगा दोगी मेरे लाल

को। जाओ! बाहर तो निकलो सबकी सब! पकवान खाओ। गीत गाओ बाहर बैठ कर! अब क्या यहीं घुसी रहोगी ठिठोली करती हुई? चलो, बाहर निकलो सबकी सब। निकलो यहां से—' पितामही ने चिहुंक कर कहा।

गोपियों की टोली हंसती-झूमती, ठिठोली करती हुई पितामही की फटकार खाकर तुरन्त वहां से भाग खड़ी हुई।

ब्रज के इस नेह-पुलकित वातावरण में, दधि-माखन की गंध के बीच वह सुन्दर सलोना, नीलकांति-पद्म सा शनैः शनैः मुकुलित होने लगा। चारों ओर उस स्थल-पद्म की सुवास फैलने लगी और बावरे गोप-गोपी दूर-दूर ग्रामों से शकटों में भर भर कर भ्रमर-वृंद से उमड़े चले आते उसे देखने।

ऐसा विचित्र आकर्षण था उस श्यामवर्ण के शिशु में कि जितनी सरलता से दृष्टि उसकी ओर खिंचती, उतनी सरलता से तो क्या, कठिनाई से भी हटाए न हटती। प्रबल आकर्षण तथा श्यामल वर्ण होने के कारण उसका नाम कृष्ण पड़ गया।

टकटकी लग जाती थी मुग्ध नयनों की उसके भोले से प्यारे मुखड़े पर। यूथ के यूथ ग्रामीणों के बलिहार हो जाते उस सौन्दर्य-पुंज पर। बलैया ले ले वे अघाते नहीं। हाथों-हाथ रखा जाता उसे। उसे गोद में लेने को आतुर हाथों की संख्या कभी कम न होती। एक तो वह ब्रज-नायक का कुंवर था। दूसरे नंद-यशोदा जैसे महादयालु का पुत्र। तीसरा गोप-गोपियों के मनुहारों के फलस्वरूप जन्मा था। और फिर ऐसा रूप! ऐसा लावण्य! ऐसी मुस्कान! ऐसा विलक्षण आकर्षण कि वे ठगे रह जाते। समूचा ब्रज निछावर हो चला उस सांवरे पर।

× × ×

उधर इस नन्हे सांवरे की माता देवकी अभी भी मथुरा के बंदी गृह में यातना भोग रही थी। साथ में थे वसुदेव और साथिन थी माया।

एक दिन कारागार में माया से मिलने उसकी एक सुन्दर सी तरुण बहन आई। दोनों बहनों में कभी-कभी उग्र विवाद हो उठता था तो निकट के कक्ष से देवकी का भी ध्यान इधर आ जाता।

'बहुत दिनों तक जब कोई बालक मुझे वध करने को नहीं मिलता, तो सच कहती हूं भगिनी, मुझे चैन नहीं पड़ता। सुना है तेरे कारागार में भी बालकों के जन्म होते हैं। ला मुझे दे न एक बालक अपनी बन्दिनी का! पछीट डालूं उसी को...तो...'—कह कर नवागंतुका क्रूरता से खिलखिला उठी।

'तो?...तेरे पुत्र हो जाएगा?'—विरूपाक्षी माया का एकमात्र नेत्र अंधकार में भी विद्रूप से चमक उठा।

और फिर लगी माया धुआंधार अपनी बहन को फटकारने—'चेत जा अभागन! चेत जा! बालघातिनी! अब भी समय है। सुधर जा! सुधार ले अपना यह लोक! और सुधार ले अपना परलोक। उस बंदिनी के पुत्रों का वध कर-कर के तो राजा अब मनुष्य से पत्थर बन गया। और तू बनी जा रही है पाषाण-शिला। हतभागिनी! अरे जिस बन्दिनी को

इतने कष्ट दिए जा रहा है राजा, जानती है, वह देवी है देवी! कपिला है। सीधी सरल गौ जैसी है वह महादेवी। और अब उसके बालक पर तेरी भी गिद्ध-दृष्टि आ रही है। निपूती!'—विरूपाक्षी गरज उठी अपनी धृष्ट अनुजा पर।

नवागंतुका चकित हो उठी विरूपाक्षी की बातें सुनकर।

'अरेऽऽऽ! यह कैसी बातें सुन रही हूं कराला भगिनी मेरी! तू कितनी बदल गई है?

'हां! मैं बदल गई हूं···तू भी बदलेगी। सारी दुनियां बदलेगी। मथुरा बदलेगी। पत्थर-पानी सब बदलेंगे। युग बदलेगा। यह युग के जागरण की बेला है। उसी की कसमसाहट है। सोई चैतन्यता जागेगी। रत्नमाले! उस महादेवी के पारस-स्पर्श से मैं बदल ही नहीं गई, सुधर गई हूं। परिवर्तन जीवन का लक्षण है मूढ़, और परिमार्जन विकास का। आत्म-शुद्धि का। अब भी मनुष्य सही मार्ग पर लग जाए तभी अच्छा। चेत जा अभी भी! चेत जा! उस देवी के बालकों का वध करने को कंस पर्याप्त नहीं क्या, जो तू भी अब उसी के पुत्र पर अपनी ललचाई गिद्ध-दृष्टि लगा रही है पापिनी? मैं तो नहीं जानती थी कि वह अजन्मा कौन होगा या कैसा होगा। किंतु जिसने जन्म लेने से पूर्व ही मुझे नाथ लिया, मैं अब उसी की भक्त हूं। उसकी माता की भक्त हूं। मुझे लगता है मैं उस बालक की ही शक्ति हूं और यही मुझे रहस्य लगता है। वह अपनी इस दुखिया मां को मुक्त कर दे तो मैं भी उसी के चरणों में लिपट कर प्राण दे दूंगी। मुझे हर कर्म की प्रेरणा जैसे उसी से मिल रही है। जीवन का प्रयोजन जैसे वही है, जीवन का अंत भी जैसे वही है '—माया का श्याम-स्वरूप अंधेरे में भी दमक रहा था।

रत्नमाला हत्प्रभ रह गई अपनी कठोर-हृदय। अग्रजा के मुख से श्रेष्ठ भाषा में ऐसे नीति-वचन सुन कर। अविश्वास से उसका मुख खुला रह गया कुछ देर का। फिर वह बरस पड़ी विरूपाक्षी पर।

'यह झूठ है। बकवास है। राजा के विरुद्ध प्रचार है। पाखंड है। तू तो सब पर माया फेरती है पर तुझ पर किसने माया फेर दी? अग्रजा! अब तू भी मुझे पापिनी कहने लगी? तो मैं क्या करूं ? तू ही बता न! अब कोई पुकारता भी है मुझे रत्नमाला नाम से? मेरा नाम रत्नमाला रह गया क्या? जहां से निकलती हूं पीछे से, आगे से, दाएं से, बाएं से···'पूतना' शब्द मेरा पीछा करता है। मुझ पर व्यंग्य होते हैं। ताने होते हैं। 'पूतना' शब्द से मुझे कितनी धृणा है! मेरा रोम-रोम जल उठता है यह नाम सुनते ही। मेरे संतान नहीं हुई तो इसमें मेरा दोष क्या? किंतु, जब मैं मार्ग पर चलती हूं तब कोई पुत्रवती मार्ग पर नहीं चलती। मेरे साथ कोई सज्जन पुरुष नहीं चलता। मुझे समाज से तिरस्कार मिला है क्योंकि मैं निपूती हूं। कोई मुझे निपूती कहता है और कोई पूतना। मैं इस नाम से अपना पिंड छुड़ाना चाहती हूं। तो क्या करती जब प्रागज्योतिषपुर के तांत्रिक ने यही उपाय बताया कि बालवध कर। इक्कीस बालकों का वध कर डालूंगी तब मुझे सन्तानोत्पत्ति होगी। मैं भी मां बनना चाहती हूं। प्रतिष्ठा पाना चाहती हूं। भगिनी! मैं भी तो मनुष्य हूं! मातृत्व की भूख क्या मुझमें नहीं? मैं भी मां बनना चाहती हूं। चाहती हूं मेरे कंठ में कोई शिशु गलबहियां डालकर किलके, खेले, झूले। अहो! मेरी पीड़ा और कौन समझेगा···जब···तू ही नहीं समझी? अहो! मेरी पीड़ा तू भी नहीं समझी···'—और

रत्नमाला रो पड़ी।

अब माया की बारी थी अवाक् रहने की अपनी पाषाण-हृदया बालघातिनी बहन के आँसुओं को देख।

रत्नमाला उन्मादिनी सी हो उसे झकझोर उठी।

'तू बता मेरे लिये उपाय! तू तो माया जानती है, बता न! बोलती क्यों नहीं? चुप क्यों है? मैं क्या करूँ? कहां जाऊं? ऐसे तिरस्कार सह-सह कर जीने का भी अंततः प्रयोजन क्या है? किसके लिये जी रही हूं? कोई भी तो समझ नहीं पाया मुझे। तू भी नहीं समझी। मेरी अपनी सगी होकर! कभी चाहा नहीं मुझे समझना? कभी नहीं समझी मुझे···हू हू हू हू····'—रत्नमाला पुनः विलख पड़ी।

'माया! क्या दुःख है इसे? इसका विकल रुदन सहा नहीं जा रहा···क्या कष्ट है इसे?''—एक आर्द्र-कोमल स्वर प्रकोष्ठ में मिश्री की मिठास घोल गया।

रत्नमाला ने चौंक कर अश्रुपूरित दृष्टि उठाई। द्वार की चौखट में जड़ी खड़ी थी पीतवर्णा एक महादेवी। आजानु नील-केशराशि लहरा रही थी। विशाल नयनों के चारों ओर वैसी ही कालिमा थी जैसी कारागार की प्राचीन भित्तियों पर छाई हुई थी। विशाल व्यथापूरित नयंन। कृशकाया! करुणामयी! कौन है यह? माया भी चौंक पड़ी अपनी कोठरी के द्वार पर देवकी को खड़ा देख।

'देवी! यह मेरी अनुजा होती है सम्बंध में। यह सदा की अभागिन रही। जन्म होते ही माता को खो बैठी, दो-तीन वर्ष की होते-होते पिता को खो दिया इसने···

'अहो दुर्भाग्य! अहो कष्ट!'—देवकी के नयनों की व्यथा द्विगुणित हो उठी।

'माता-पिता-विहीन यह बच्ची सम्बंधियों के परिवारों में कभी कहीं तो कभी कहीं पलती रही। व्यंग्य और ताने सहती रही। रूप लावण्य तो इसका अभी भी दिख ही रहा है। किशोर वय पाते-पाते कितनों की गिद्ध-दृष्टि जम गयीं इस पर। स्वयं को बचाते-बचाते हृदय ही कठोर हो गया इसका। और देवी! इसका विवाह हुआ, तो भी इसे सुख न मिला। पति का प्रेम मिला किंतु यह निःसंतान ही रही। इसकी सभी सपत्नी पुत्रवती हैं।'

'अहो···कष्ट! हा कष्ट! रत्नमाले! तो तू मेरे पास क्यों न आ गई?'—देवकी का स्वर वेदना-प्रकंपित था।

रत्नमाला के प्रति देवकी की संवेदना माया को कुपात्र को दान जैसी प्रतीत हुई। उसने देवकी को हाथ के इंगित से रोक दिया।

'नहीं देवी! यह निकृष्ट है। दिन-रात ताने और व्यंग्य सुन सुनकर और संतान न होने से यह दिन पर दिन और भी कठोर होती गई। पूत नहीं हुआ इसलिये 'पूतना' कहाई जाने लगी। स्त्रियां, सुहागनें, माताएँ इससे पीठ फेर लेती हैं। जिस मार्ग से यह निकल जाए द्वार-गवाक्ष सब बन्द हो जाते हैं कि इसकी दृष्टि न लग जाए उन्हें।

'हे प्रभो!'—देवकी के मुख से निकला।

'यह भी लोकजन से चिढ़ने लगी। बच्चे इसे कभी चिढ़ा दें तो यह क्रोध से पागल हो जाती है। ऐसे ही कभी एक सात वर्षीय बालक ने चिढ़ा दिया था तो ऐसी क्रोध-

व्यांकुल हो उठी कि इसने उस बालक के दोनों पांव पकड़, उल्टा करके तुरन्त निकट के कुएं में फेंक दिया···

'हा प्रभो!'—अचेत होती देवकी थरथराती हुई भूमि पर बैठ गई भित्ति का अवलंबन लेकर।

माया घबराकर रो पड़ी और शीघ्र ही उसने जल दिया देवकी को। देवकी स्वस्थ हुई।

'क्षमा करें देवी। वृथा कष्ट पहुंचाया तुम्हारे आहत मर्म को।'—माया ग्लानि भरे स्वर में बोली।

'नहीं विरूपे! मुझे पूरी कथा सुना रत्नमाला की। कितना अन्याय हुआ इसके साथ! तभी तो यह ऐसी निठुर हो गई। इसका क्या दोष भला?

रत्नमाला काष्ठवत् थी। विस्फारित नेत्र एकटक लगे थे देवकी के करुणा-विगलित रक्तहीन मुख पर।

माया हिचकिचाहट के साथ हाथ मलती हुई धीरे-धीरे सुनाने लगी—'तो देवी! जिस क्षण इसने बालक को कुएं में फेंका, ठीक उसी समय वहां से महाराज कंस की रथारूढ़ सवारी निकली!···एक क्षण तो राजा भी स्तब्ध रह गये देखकर। दूसरे ही क्षण वे प्रसन्नता से झूम उठे। तुरन्त उन्होंने अपने कंठ का मूल्यवान स्वर्णहार इसके ऊपर फेंक इसे राजमहल आने का निमंत्रण दिया। जब यह राजमहल पहुंची तो पुनः इसे पुरस्कारों से लाद दिया। राजा ने इसे अपनी सेवा में नियुक्त कर लिया। इसके पति प्रद्योत को भी अच्छा पद दे दिया। इसने पूछा कि इसे क्या कार्य करना होगा, तो कह दिया कि जब कार्य होगा तब बता दिया जाएगा। इधर यह पुत्र पाने की इच्छा में बावली हो स्थान स्थान पर भटकती फिरती थी तंत्र-मंत्र पूछती हुई। तभी प्रागज्योतिषपुर से आए एक तांत्रिक ने इसे बताया कि यदि यह इक्कीस बालकों का वध कर देगी तो इसे पुत्र-प्राप्ति होगी और उधर भोजराज कंस ने इसे बुलवा कर आज्ञा दी कि शूरसेन जनपद में जितने भी बालक एक वर्ष की आयु के भीतर हैं, यह जाकर उनका वध कर दे। राजाज्ञा पाकर यह मतवाली उन्मादिनी अब समूचे राज्य में बालवध करती घूमती है। इसे देखते ही माताएँ द्वार बन्द कर लेती हैं बालक प्राण बचा कर भागने लगते हैं और गली-गली में कोलाहल मच जाता है—'पूतना आई···पूतना आई···।'

देवकी मूर्च्छित होने लगी थी। विरूपाक्षी ग्लानि में डूबी हुई थी।

'रत्नमाले! मेरे निकट आ···मेरे निकट आ'—देवकी स्वयं को संयत करती हुई अस्फुट स्वर से रत्नमाला को निकट बुलाने लगी।

रत्नमाला अभी भी पाषाण-शिला सी निश्चल बैठी थी।

'आ रत्नमाले···!'—देवकी ने दुर्बल हाथ से इंगित कर स्नेह-सिक्त स्वर में बुलाया। रत्नमाला नहीं हिली। अविश्वसनीय! उसे अपने कानों पर विश्वास न हो रहा था। अपने नेत्रों पर भी नहीं।

'आ रत्नमाले···मेरे निकट आ।'—देवकी ने पुनः स्नेह से कहा।

माया ने अपने आँसू पोंछते-पोंछते रत्नमाला को हौले से देवकी की दिशा में ठेला।

रत्नमाला के मुख पर विचित्र सा भय छा गया था। अधर शुष्क थे। तन थर-थर कांप रहा था। ऊपर से नीचे तक वह स्वेद से लथपथ थी। माया ने पुनः उसे हिलाया तो वह यंत्र-चालित सी, सम्मोहित सी देवकी की दिशा में बड़ी कठिनाई से बढ़ी।

'रत्नमाले। तूने इतनी पीड़ा पाई... तो मेरे निकट आकर कभी जी भर कर रो क्यों नहीं ली? मेरी और तेरी पीड़ा तो एक सी ही है?'—देवकी ने रत्नमाला का चिबुक उठा उसके विस्फारित नेत्रों में अपनी करुण दृष्टि डाल कर पूछा।

अचानक ही न जाने क्या हुआ कि रत्नमाला महादेवी के अंक में शीश रख फूट-फूट कर रो पड़ी।

'रो मत वत्से! मेरे छह पुत्र हुए··· किसी को हृदय से भी न लगा पाई। मैं मां हूं! किंतु पुत्र-सुख से हीन। रो मत रत्नमाले! अभी कुछ बिगड़ा नहीं है। तू भाग्यवान होगी। तू अवश्य शिशु को अंक में लेने का अनुभव पाएगी। उसे अपने हृदय लगाने का सुख भी पाएगी। मुझ जैसा दुर्भाग्यपूर्ण जीवन किसी को न मिले। तू मातृत्व-सुख एवं शांति अवश्य पाएगी। मत रो वत्से! मत रो!

कारागार की भित्ति पर दीपक के कांपते प्रकाश में तीन छायाएँ हिल डोल रही थीं। लौह सींखचों से टिकी खड़ी छाया अपने आंचल से आंसू पोंछ रही थी। एक छाया बैठी थी केश बिखेरे और दूसरी उसके अंक में पड़ी अपने जीवन भर की संचित पीड़ा शत-शत अश्रुमालों में बहाए दे रही थी।

देवकी की नेह-सिक्त अंगुलियां रत्नमाला के पुष्प-गुम्फित शीश को सहला रही थीं···और रत्नमाला रो पड़ी थी।

× × ×

महादेवी देवकी के पीड़ा-कातर दर्शन और निर्मल हृदय की उदारता ने पूतना के तन मन को झकझोर कर रख दिया। उस दिन से पूतना, पूतना न रह गई। ग्लानि व पश्चाताप की एक मौन मूर्ति बन गई थी। एकांत में अश्रु बहाती और संकल्प लेती कि अब नए ढंग से जीवन-यापन करेगी अथवा जीवित न रहेगी। देवकी ने इतनी पीड़ा भोगी! उसके छह नवजात पुत्रों को पछीट दिया राजा ने। और एक मैं स्वयं! अंधी! स्वार्थी! बुद्धिहीना! गली-गली घूमती हुई अपने निपूती होने का बदला कितनी देवकियों को निपूती कर-कर के लेती रहती हूँ! किन्तु हिंसा और हत्या से पीड़ा बढ़ती ही गई है। प्रतिशोध मन को कभी शांति नहीं दे पाता। अशान्ति ही बढ़ती गई। हा, मैं कैसी क्रूर-कर्मा हूं!

देवकी का पारस-स्पर्श क्या सच है? पहले तो मुझे कभी ऐसी ग्लानि न हुई थी। क्या भगिनी माया का कथन ही सत्य था कि देवकी के सम्पर्क में आकर लौह हृदय भी चटक जाता है और उसके भीतर से मधुस्रोत फूट पड़ता है!

उस दिन अंधक, प्रद्योत एवं रत्नमाला के घर में मथुरा-नरेश कंस के नए आदेश से भूकंप सा आ गया था।

'अब नहीं होता यह पैशाचिक-कर्म मुझसे'—रत्नमाला प्रस्तर-खंभ से टिकी हुई प्रस्तर-प्रतिमा सी बैठी थी भूमि पर।

प्रद्योत हतप्रभ था। यह पूतना बोल रही है!

'हम भोजराज कंस के अनुचर हैं। उसकी आज्ञा का उल्लंघन करके क्या शूरसेन-जनपद में एक पल भी जीवित रह सकते हैं?'—प्रद्योत ने गंभीर स्वर में समझाना चाहा।

'वह भोजराज! उसने मुझे नर्क के किस गर्त में पहुंचा दिया है! लोकजन मेरी पीठ पीछे मुझे राक्षसी कहते हैं। भविष्य में मुझे पिशाचिनी कहा जाएगा।'—उसके नेत्रों में दाहक अग्नि थी।

'किंतु रत्नमाले! तुझ पर किसने माया फेर दी? अभी तक तो तू यही कार्य करती आ रही थी। यह अनायास घृणा···?'—पति ने विस्मय से पूछा।

'जब सम्हल जाए मनुष्य···तभी उत्तम! परिवर्तन जीवन का लक्षण है और परिमार्जन विकास का। मैं ग्लानि और पश्चाताप की अग्नि में झुलस रही हूं। मुझे प्रायश्चित करने दें नाथ। अब कंस की आज्ञा-पालन को विवश न करें।'—उसके हाथ पति के सामने जुड़े हुए थे, किन्तु नेत्र कहीं और शून्य में स्थिर थे। प्रद्योत फिर चकित था। कंस से भयभीत था।

'धीमे-धीमे! रत्नमाले! कंस के राज्य में भित्तियों के भी कान होते हैं···।'

'होने दें! मुझे अब किसी का भय नहीं रहा। मैं लोक समाज में घृणा की पात्र बन चुकी हूं। नाथ! सत्य कहो, मेरी सपत्नियां क्या तुम्हारे किसी पुत्र को मेरे पास आने देती हैं? और तुम स्वयं भी? मेरे पाप मेरा गला घोंट रहे हैं। मन को मथे डाल रहे हैं। मेरी आत्मा को कचोट रहे हैं। भोजराज सुन ले या मुझे शूली पर चढ़ा दे। मेरा कहीं उद्धार नहीं।''

'किंतु रत्नमाले! राजा का कहना है कि बालघात की यह उसकी अन्तिम आज्ञा है।'

'हां! क्योंकि उसे पूरा विश्वास है कि यही बालक देवकी का पुत्र है। देवकी! महादेवी! कितने कष्ट सहे हैं उस महादेवी ने। उसके सारे नवजात पुत्रों को पछीट डाला अधम ने। और आठवें पुत्र के वध हेतु मुझसे अलग कितने बालकों का वध करवाया। अब गोकुल जाकर नंदगोप के दुधमुंहे शिशु के प्राण ले डालूं! क्यों? कितना हेय, घृणित और नारकीय है मेरा जीवन! हां प्रभो! मुझे मृत्यु दो। मुझे मृत्यु दो। मुझे मृत्यु दो।'

× × ×

विद्रोह भरी रत्नमाला ने पूतना की भूमिका निभाना दो टूक शब्दों में अस्वीकार कर दिया। देवकी का पारस-स्पर्श वास्तव में काम कर गया था। कराला के बाद अब एक और लौह-हृदय हिरण्यमय हो चला था। किंतु जितने वेग से रत्नमाला के हृदय में विद्रोह भड़का था, उतने ही वेग से प्रद्योत-परिवार में अशांति भड़क उठी थी।

प्रद्योत की अन्य पत्नियों ने कर्कश स्वर रात भर भित्तियों को भेद कर रत्नमाला के कानों मे जैसे पिघला हुआ गरम सीसा उड़ेलते रहे थे।

'उस निपूती के कारण सारा परिवार संकट में पड़ गया है।'

'नाथ! तुम्हारे पद-प्रतिष्ठा पर भारी आपत्ति बुला दी उस पुत्रहीना ने···।'

'तुम्हारे पुत्रों पर भी आपत्ति आ गई है।'

'राजा क्रोध में पुत्रों का और समूचे परिवार का वध करवा देगा।'

'तुम्हारे भविष्य और जीवन दांव पर लगा दिए निपूती ने।'

'उस पुत्रहीना को घर से निकाल दें, नहीं तो कल ही घर को मागध सेना घेर लेगी!'

घर से निकाल दें। निकाल दें पूतना को। निकाल दें। निपूती को निकाल दें।

रत्नमाला अपने प्रकोष्ठ में अंधेरे में बैठी सुनती रही। समाज और परिवार में उसका कोई स्थान नहीं क्योंकि वह निःसंतान है। निःसंतान तो गोप-यशोदा भी रहे! यदि यह शिशु सचमुच देवकीसुत है तो यशोदा तो उसे माँ की भांति पाल रही है। तो फिर मैं क्यों नहीं?

बिजली कौंधी उसके मस्तिष्क में।

भोर होते ही प्रद्योत ने फिर उसका द्वार खटखटाया और द्वार खुलते ही अचंभित रह गया। रत्नमाला सोलह सिंगार किए खड़ी थी।

'मैं गोकुल जा रही हूं'—प्रखरता से दृढ़ स्वर में वह बोली।

'तू धन्य है। अपने कार्य में तू अवश्य सफल होगी'—प्रद्योत ने गद्गद भाव से कहा।

'मैं जानती हूं। इन्द्र मेरा सहायक हो।'—रत्नमाला ने झुक कर पति की चरण धूलि ली।

प्रद्योत चौंका—'यह क्या! ऐसा लग रहा है जैसे तू दीर्घ प्रवास हेतु जा रही है। सन्ध्या तक तो लौट आएगी, फिर चरण स्पर्श क्यों?'

'कौन जाने एक पल में ही प्रवास कितना लम्बा हो जाए! और शुभ कार्य करने जा रही हूं, चरणरज लेने से कार्य निश्चित ही संपन्न होता है।'

'और वह···कालकूट विष?'—प्रद्योत ने पूछा।

वह विद्रूप से मुस्कुराई— 'निश्चिंत रहें स्वामी! तुम्हारे पद प्रतिष्ठा, पत्नियों तथा पुत्रों को मेरे रहते आंच नहीं आ सकती। यह रहा विष।'

'धीरज से कार्य करना'—प्रद्योत बोला।

'पहले उतावली रहती थी। आज तो धीरज ही धीरज है। आज गंभीर हूं क्योंकि आज भक्षक नहीं, रक्षक की भूमिका निभाने जा रही हूं। प्रभु मेरे सहायक हों, वह दिन शीघ्र आए जब देवकी पुत्र मथुरा को मुक्ति दे। हे ईश्वर! चिरायु हो देवकीनंदन। मैं जा रही हूं ताकि कंस के राजमहल की ईंट से ईंट बजवा सकूं। मैं न देख सकूंगी वह शुभ दिन, तुम देख लेना नाथ।'—उसके नेत्रों में चुनौती की दाहकता थी। विद्रोह की आग थी।

जब तक प्रद्योत कुछ समझ पाता, वह उमड़ते भावावेग को अंतर में समेटती बाढ़ की उफनती नदी सी जाकर रथ पर बैठ गई।

रथ चल पड़ा और झटके से बह निकला उसका आवेगपूर्ण रुदन का स्रोत।

वह जानती है कि उसी के कारण देखते-देखते प्रद्योत के द्वार पर हाथी बंधने लगे हैं। सपत्नियों पर सोने की लड़ियां झूलती हैं। बड़ी स्फूर्ति से सबको पीछे छोड़ता प्रद्योत एक के बाद एक ऊंचा पद प्राप्त करता जा रहा है। इतने भोग, विलास और सुविधा के कारण ही रत्नमाला को परिवार में सहा जाता है।

न सहने के भी कारण कई हैं। वह सब पत्नियों में सुन्दर है। सपत्नियों को उससे डाह है। पति उसके सुन्दर शरीर में अनुरक्त है। सपत्नियों को डाह है। यदि उसके पुत्र होता तो निश्चित ही पति उसके हाथों बिक गया होता। अच्छा हुआ कि वह निःसन्तान है—सपत्नियों को यही संतोष है। रत्नमाला को 'पूतना' का विकृत रूप देकर मथुरा नगरी में उसे अपयश दिलाने में उन लोगों ने कोई कसर न छोड़ी थी। अब उससे उन्हें अपनी संतानों के लिए भी भय लगने लगा था कि कहीं वह अपने अनुष्ठान अथवा राजाज्ञा पालन करने हेतु उन्हीं के पुत्र को न लील जाए।

रत्नमाला घर में समृद्धि और पद-प्रतिष्ठा लाने की एक साधन मात्र थी। इसलिए जिस क्षण उसने राजाज्ञा पालन करना अस्वीकार कर दिया, उसी क्षण वह किसी काम की नहीं रह गई। परिवार में उसका कोई प्रयोजन नहीं रह गया।

धार-धार बहती अश्रु मालाओं में वह देख रही थी स्वयं को राजा कंस के सामने खड़ी हुई। कंस! हिंस्र पशु! कितना प्रसन्न था उस दिन। बोला—'रत्नमाले! तेरी सेवा से न केवल मथुरानरेश, बल्कि समूचा भोज-राजकुल प्रसन्न है। आज तेरे लिए अग्रिम पुरस्कार है, यह रत्नजटित स्वर्णमंजूषा। यह मंजूषा तेरे लिए है। इसमें रखा हुआ कालकूट विष गोकुल में नंदगोप के छह माह के पुत्र कृष्ण के लिए है। तूने जीवन में कभी असफल होना नहीं जाना। इस उद्देश्य पूर्ति में भी सफल होगी। और रत्नमाले! यह कार्य पूर्ण हो जाय तथा नंदनंदन कृष्ण जीवित न रहे तो भोजराज प्रसन्न होकर न तुझे पुरस्कृत ही करेंगे, बल्कि तेरे पति को नगरनायक बना देंगे।'

रत्नमाला की मुट्ठियां भिंच गई थीं सुन कर। मुख कस कर उसने बन्द कर रखा था किंतु फिर भी चिबुक कंपकंपा रही थी क्रोध से।

विस्मित पति ने आगे बढ़कर स्थिति सम्हाल ली थी।

'भोजराज मथुरापति की सेवा करने में रत्नमाला सदा आनंद पाती है महाराज!'—प्रद्योत ने आदेश-पालन कराने का दायित्व ले लिया था।

तभी से वह भभकती हुई लौटी थी और घर आकर ज्वालामयी हो फरफरा उठी थी। वह कंस की आज्ञापालन नहीं करेगी। बालघात नहीं करेगी। नंदसुत के प्राण नहीं हरेगी।

किन्तु! आज वह रथ में बैठी चली जा रही है ब्रज की ओर। उसने आंसू पोंछे। वे फिर बह आए कपोलों पर। अपने जन्म की कुबेला और जीवन को कोसती, पीड़ा के लक्ष लक्ष आंसू बहाती हुई रत्नमाला चली जा रही थी एक दुंधमुंहे-सलोने शिशु के प्राण हरने

जिसके विषय में जनकथाएं कहती थीं कि वह साधारण बालक नहीं।

अचानक ही कुछ अनहोनी घट गई। हृदय की पीड़ा दुःख, क्रोध, क्षोभ एकाएक सुखद अनुभूति में परिवर्तित होने लगे। अश्रु दुःख के नहीं, उल्लास और हर्ष के हो चले। हृदय सरोवर में एक अपरिचित सी कल्लोल हो उठी। अजाने, अनदेखे नंदसुत के लिए अनजाने ही ममता उमड़ी पड़ रही है। मन में एक सांवला शिशु हंस रहा है, रो रहा है, किलकारियां मार रहा है। पूरी शक्ति से मचल रहा है। यह क्या हुआ प्रभु! यह क्या हुआ जा रहा है इन्द्र! मन में तीव्र हूक उठी है नंदसुत को वक्ष में भर लेने को। हृदय का गुप्त वात्सल्य हरहराते ज्वार सा वक्ष फाड़कर निकल बहना चाहता है। रत्नमाला आनंद मिश्रित व्याकुलता से तड़प रही है।

× × ×

उस दिन नंदनंदन का अन्नप्राशन था। अन्नप्राशन संपन्न हो चुका था। जब सब व्यस्त थे भोज-समारोह में। ब्राह्मण-भोज हो चुका था और सघन वृक्षों की छांह में ग्राम-भोज चल रहा था। चारों ओर जनरव था। उत्साह-उल्लास था। कहीं झुरमुट में मंगलगीत हो रहे थे तो कहीं अलिंदों पर मंत्रोच्चारण थे। कहीं ढोलकें धुनक रही थीं तो कहीं नर्तकदल नाच रहे थे। कैसा निश्चिंत और आनन्द से छका जीवन जीते हैं ये ग्रामवासी, नागरी रत्नमाला देख कर अभिभूत हुई।

वहीं एक अलिंद पर फूलमालाओं से सजे पालने में झूल रहा था गोकुल का नयनतारक।

धीमे-धीमे पग रखती वह आगे बढ़ी। इन्द्र मुझे बल दे। मुझे शक्ति दे। एकटक निहार लेने का साहस दे। वह पालने में झांकी और ठगी सी रह गई।

नया-नया खिला कोमल सा नीलकमल। शीश पर रेशमी घुंघराले केशों को लपेट कर मोर का पंख बांध दिया गया था। भाल पर चंदन का लेपन था। मध्य में रोली का तिलक जिस पर अक्षत चिपके हुए थे गले में मोतियों की माला। गोल-गोल कलाइयों में कंगन। कटि पर मोतियों की मेखला। बस! हृष्टपुष्ट गोलमटोले सांवरा-सलोना सुन्दर सा वस्त्रहीन गात। छोटे-छोटे हाथ-पांवों में चामत्कारिक स्फूर्ति भरी हुई थी जिन्हें वह निरंतर उछाल रहा था। अपने आप में ही मगन था। हँस रहा था। किलकार रहा था। अन्नप्राशन की थोड़ी सी खीर अभी भी अधरों के आसपास तथा छोटी सी गोलमटोल ठुड्डी पर लगी हुई थी। अंगूठे में वह खीर लग जाती तो अंगूठा चूसने लगता, हाथ में लग जाती तो पूरी मुट्ठी मुंह में भर कर चूसता।

और फिर मन में वही तड़प। वही आलोड़न। यह क्या हो रहा है प्रभु! यह क्या हुआ जा रहा है मुझे। हृदय इतने वेग से क्यों धड़क रहा है। तन स्वेद से भीगा क्यों जा रहा है। जैसे पहले कभी किसी शिशु को देखा नहीं। क्या सचमुच पहली बार शिशु देख रही हूं! अथवा पहले जब कभी कोई शिशु सामने होता था, तब शायद मैं नहीं होती थी। तब सदा एक पिशाचिनी होती थी। हाड़-मांस से निर्मित एक हृदयहीन राक्षसी। आज पहली बार मानवी के रूप आई हूं किसी शिशु के सामने, तो जैसे मां बनी जा रही हूं।

जीवन भर की संचित प्यास अथवा जन्मजन्मान्तर की प्यास! एक बालक को अंक लेने की क्षुधा, नेह बरसाने की तड़प, सब मिलकर एक साथ हृदय को मथ उठी हैं। अतृप्त मातृत्व बांध तोड़कर, शरीर छोड़कर सहस्रधारा में बह जाना चाहता है।

क्या करूं? उठा लूं! चूम लूं! हृदय में भर लूं! मन में बसा लूं! रे नटखट छौने! तू अबोध होते हुए भी दुष्ट है जो मेरे पाषाण-मर्म को पिघलाए दे रहा है।

तभी बालक ने अचानक रत्नमाला की ओर दृष्टि फेरी। रत्नमाला का हृदय हूक उठा।

यह तो अपरिचित नहीं! यह तो परिचित है! चिर परिचित! कौन है! कहां से आया? मैं कौन हूं!

बुला रहा है मुझे। उठना चाह रहा है। गोद में आना चाह रहा है।

किंतु यह कालकूट? रुक जा लाल! अभी उठाती हूं। रत्नमाला का तन थरथरा रहा था। कांपती उंगलियों से उसने वह छोटी-सी रत्नजटित मंजूषा खोली। उसमें रखा कालकूट विष सावधानी से अपने मुख में डाला और मंजूषा फेंक दी दूर। और तब उठा लिया नवकिसलय से कोमल गात को और झूम उठी।

किलकते हुए शिशु को कस कर वक्ष में भर कर अपार तृप्ति की दीर्घ श्वास ली। गहन सुखानुभूति। धन्य हो भोजराज कंस, जो मुझे सौभाग्य मंडित कर दिया कि और कोई भी नहीं, जिसे अवतार-शिशु कहा जा रहा है वह मेरे वक्ष से चिपका हुआ है!

तू कौन है? देवता! अवतार! तू ने मेरी साध पूरी कर दी मेरे नन्हे भगवान! कुछ क्षणों को ही सही मातृत्व सुख तो पाया। यही तो मांगा था। कब? किससे?

कालकूट प्रभाव दिखा रहा था। रत्नमाला के नेत्र मुंदे जा रहे थे। मुंदते नेत्रों में छाया जा रहा है एक सघन वन और सामने खड़ा है एक तरुण श्याम तपस्वी! वल्कल धारे। जटाधारी किंतु धनुर्धारी। दूर से हवा में तैरता आ रहा है एक पुलकित नारी-स्वर।

'हे प्रभो! यदि वरदान देना ही चाहते हो तो पल दो पल के लिए ही सही, अपनी माता बनने का सौभाग्य देना। मेरे पुत्र बनना, दुग्धपान करना। बस! और कुछ नहीं चाहिए'।

'तथास्तु!' धनुर्धारी तपस्वी का हाथ अभयमुद्रा में उठा हुआ है।

कौन है वह तपस्वी! कौन है वह पुलकित माता? शबरी! शबरी! हे राम! हे राम! आसन्नमृत रत्नमाला ने पुलक कर अंतिम बार शिशु को हृदय पर कस लिया। अनंत सुख। अनंत विश्राम! हे राम! हे राम! हे कृष्ण! हे घनश्याम।

तभी यशोदा का ध्यान गया शिशु की ओर और भयभीत यशोदा के मुख से उच्च स्वर में दारुण चीत्कार निकल पड़ा।

'बचाओऽऽ! बचाओऽऽ मेरे लाल को बचाओ ऽऽऽ...'

वातावरण का समस्त उल्लास व उत्साह भंग हो गया। आतंक फैल गया। भयातुर गोप-गोपियों की भीड़ लग गई वहां।

भय-विस्फारित नेत्रों से वे देख रहे थे भूमि पर पड़ी एक नारी-काया को। लम्बे-लम्बे केश बिखर कर चारों ओर फैले हुए थे। मालाएं टूट गई थीं। नेत्रों का अंजन अश्रुओं के साथ बह-बह कर पूरे मुख पर फैल गया था। ताम्बूल-रस के साथ-साथ मुख से फेन बन आया था। बड़े-बड़े नेत्र फटे रह गए थे। पूरा तन नीला पड़ कर काष्ठवत् अकड़ गया था। कालकूट-विष ने सुंदर नारी काया को भयावह राक्षसी रूप दे दिया था। राक्षसी!

'अरे यह तो बालघातिनी पूतना है। कंस की दासी। यहां कैसे आ गई यह राक्षसी! यह बालकों की हत्यारिनी। बचाओ! कान्हा को बचाओ। दौड़ो!'

भय से ठिठकते सहमते वे सब आगे आए और अचंभित रह गए। पूतना तो मरी पड़ी है और कान्हा सुरक्षित खेल रहा है उसके मृत शरीर पर।

शोर मच गया—पूतना मर गई। पूतना मर गई।

भय से आकुल-व्याकुल रोती हुई यशोदा आई और झपट कर उसने उठा लिया अपने छौने को।

गोप-गोपी चकित थे। यह कैसा चमत्कार कि बालघातिनी पूतना मर गई और अपना नंदलाल जीवित रह गया।

पितामही अश्रुविह्वल हो देवी-देवता मनाती हुई बच्चे की आरती उतार रही थी। न्यौछावर लुटा रही थी।

× × ×

ब्रज में यशोदा के वात्सल्य की छांह में देवकीसुत का बालपन आनन्द से बीतने लगा। ब्रज की सौंधी माटी खाता। धूल-धूसरित हो घूमता रहता मोर के पंख बटोरता हुआ।

छोटा सा था तब यशोदा दही बिलोती रहती और उसके अंक में नन्हा श्यामल छौना पड़ा रहता। मां के गोरे, कुछ पृथुल व कोमल, श्रम-स्वेद से शीतल गात से चिपके पड़ा रहना उसे बड़ा भाता। दधि बिलोती हुई मां के तन के निरन्तर एक ताल में हिलने-डुलने की गति धीरे-धीरे उसके अपने कोमल तन में भी पैठती गई। मां मधुर-मधुर गीत गुनगुनाती रहती दही मथते हुए और बालक भी उसी लय में अपनी काया हिलाता रहता। मां रुक जाती तो भी बालक अपने नन्हे तन को उसी लय में हिलाता रहता। दधि बिलोती मां के बाहुबन्द, करधनी, वलय व किंकिनि बजते रहते रुनझुन-रुनझुन। शिशु के कानों में वह मृदुल संगीत भी धीरे-धीरे गहरा पैठता गया और इस प्रकार नृत्य के साथ-साथ हृदय में संगीत आ समाया। नृत्य और संगीत उसका स्वभाव बन चला। नासापुटों में सदा-सदा के लिए एक साथ समा गई मां के तन की और छाछ-दधि की सौंधी गंध और उसमें रच बस गई ब्रजगंध।

थोड़ा सा बड़ा हुआ तो माता उसे निकट ही भूमि पर बिठा कर दधि बिलोती रहती। वह एकटक निहारता रहता मां के गोरे, पृथुल तन व सुन्दर मुख को। मां के कंगन-

करधनी की धुन पर बैठा-बैठा झूमता रहता। कभी मां को पकड़ कर उसकी पीठ से सट कर खड़ा होकर उसी ताल पर झूमता रहता।

दधि-माखन सा तो कोई अमृत नहीं। सदा भूखा ही रहता। माखन से तृप्ति कभी न हो पाती उसे। पग स्थिर न रह पाते। चंचल गति भर गई थी उसमें। तन में विलक्षण स्फूर्ति और नस-नस में संगीत था। पोर पोर में गीत थे और रोम-रोम में नृत्य था। अंग अंग में थी चपल थिरकन और अन्तर में थी ब्रज की माटी की सौंधी सुवास।

और बड़ा हुआ तो नित्य प्रतिदिन बाल-सुलभ लीलाएं कर करके सबको मोहता। बातें तो तुतला-तुतला कर ऐसी-ऐसी कहता जैसी कभी कोई बालक नहीं कहता! सुनकर गोप-गोपी दांतों तले उंगली दबा लेते। ऐसे-ऐसे कार्य करता जैसे उसके समवय तो क्या, उससे बड़े-बड़े बालक भी न कर पाते। भोले-भाले ग्रामीण-जन अचरज से भर उठते।

एक दिन मुट्ठी बांधे दोनों हाथ पीछे किये ठुमकता हुआ मुस्कुराता आ खड़ा हुआ यशोदा के समक्ष!

'क्या ले आया लाल, मुट्ठी में मेरे लिए?'—मां ने पूछा।

नन्हे बच्चे ने दोनों मुट्ठी आगे लाकर ऊपर की ओर हाथ करके खोल दी और बोला—

'आ काSSSSछ!'

'अरे! तूने मुट्ठी में आकाश बन्द कर लिया। वाह रे मेरे सपूत। आकाश को मुट्ठी में बांधे घूमता है मेरा लाल!'—यशोदा अपने पुत्र की विलक्षण बात पर न्यौछावर हो उसे चूम-चूम कर बावरी हो उठी।

फिर इसी प्रकार एक दिन और वह नन्हीं-नन्हीं मुट्ठियां पीछे बांधे मुस्कुराता हुआ आ खड़ा हुआ।

'आज क्या ले आया कान्हा मुट्ठी में?'—पितामही ने प्यार से पूछा।

वह पता नहीं क्या बोला। कोई न समझ पाया। मां ही समझ सकती थी उसकी भाषा। यशुमती दौड़ी आई। समझी बात।

'अहो! आज तू मुट्ठी में 'रंग' लेकर आया है। कहां से ले आया रंग?'—यशोदा ने पुलकित हो पूछा।

'वोSSS···वहां छेSSS—' नन्हे कन्हैया ने हाथ उठा कर आकाश में छाए इन्द्रधनुष की ओर इंगित किया।

पुनः सब चकित हो उठे इतने से बालक की बुद्धि पर। अन्य सब बालकों से कितना भिन्न है न कान्हा! कभी वह मुट्ठियों में चन्द्र-सूर्य ले आता, तो कभी ढेर सारे तारे बीन कर ले आता। बित्ते भर का तो शरीर और न जाने कितनी ऊंची-ऊंची कल्पनाएं भरी पड़ी थीं उसके नन्हे से मस्तिष्क में।

'और आज मुट्ठियों में क्या लिए चला आ रहा है लाल मेरे?'

उसने पुलक कर दोनों हथेली फैला दीं बोला—'गीत'।

लुट गए गोपजन उसकी बुद्धि पर। तो अब तू गायक भी बनेगा और नर्तक भी? नित नवीन बातें सोचता रहता है। ऐसी कल्पना की उड़ान क्या किसी के मन में कभी आती है?

नेह से छका, आनंद में पुलका-पुलका फिरता था वह हृष्ट-पुष्ट नंदनंदन। तन में नृत्य की थिरकन थी। वाणी से गीत निःसृत होने लगे थे।

एक दिन धूम मचाता हुआ आया और सबसे चुनौती भरे स्वर में बोला—'मुझे कोई छू सकता है? मुझे छुओ।'

'अरे! ये कौन बड़ी बात? ले छू लिया तुझे'—एक गोपी ने उसके शीश पर हौले से चपत लगाते हुए कहा।

'कहां?···मुझे कहां छुआ? यह तो मेरा शिर छुआ है।'

'तो ले! यह छू दिया तुझे'—मां ने उसके गाल पर हंसते हुए चूम लिया।

'न! यह तो मेरा गाल है, मैं थोड़े ही हूं। मुझे छू कर बताओ तब जानूं!'—वह बीच में खड़ा सबको ललकार कर बोला।

खेल हो गया यह तो। सभी गोप-गोपी, पितामही, माता-विमाता उसके कान, नाक, अधर, हाथ, पेट, पीठ को हाथ लगा-लगा कर छूने लगे।

'यह तो मेरा हाथ है··· यह तो मेरा पेट है। यह मेरा पांव है···यह तो मेरी नाक है··· यह सबमें थोड़े ही हूं। मुझे छुओ!'

'तो तू क्या इन सबसे अलग है? अरे तेरा शरीर ही तो तू है।'

'नहीं! यह तो शरीर है, मैं थोड़े ही, मुझे छुओ।'

वे सब हतप्रभ रह गए।

बात किन्तु सही कहता है बालक। उन लोगों ने प्रशंसा से शीश हिलाया। यह बात तो कभी किसी की बुद्धि में आई ही न थी कि हाथ-पांव, आंख-नाक, शरीर के अंग हैं किन्तु 'मैं' नहीं।

'अच्छा, तो तू ही बता दे कि तू कहां है तो तुझे छू लें हम।'

'मैं···मैं वहांऽऽऽ—' उसने आकाश की ओर तर्जनी उठाकर बताया।

'मैं वहां हूं। मुझे कोई नहीं छू सकता। मुझे कोई नहीं छू सकता। मुझे कोई नहीं पकड़ सकता। मुझे कोई नहीं पा सकता'—बालक कन्हैया कूद-कूद कर, नाच-नाच कर, कहता हुआ भाग गया वहां से सबको वैसे ही मुंह बाए छोड़।

× × ×

देवकी की आठवीं सन्तान पुत्र नहीं, पुत्री हुई। उसे भी कंस शिलाओं पर छितरा चुका था। फिर भी कंस इस तथ्य पर न तो विश्वास कर पाता, न ही अविश्वास। उसका सन्देह नंदगोप के बालक पर था कि हो न हो वही देवकीसुत है। अतः कृष्ण के प्राण

हरने हेतु कितने ही अपने क्रूर सेवकों को इस निमित्त भेजता रहता पर हताश हो कंस ने देवकी व वसुदेव को तो कारागृह से मुक्त कर ही दिया।

इतने वर्षों से सतत आघात सह-सह कर अब तक देवकी की मनःस्थिति असामान्य हो चुकी थी। कारागार से बाहर आई तो विक्षिप्तप्रायः थी। शून्य में ताकती हुई घण्टों चुपचाप बैठी रहती। न किसी से बोलती, न हंसती। परिवार, कुटुम्बीजन, देवक, देवभाग, वसुदेव आदि सब उसकी व्यथा बांटने का प्रयास करते किन्तु वह अपने व्यथा-सिंधु को हृदय में समेटे मौन प्रतिमा सी बैठी रहती। कभी शून्य में दोनों हाथ ऐसे झुलाती जैसे किसी बालक को सुला रही हो। कभी शून्य में ऐसे हाथ फिराती जैसे किसी बालमुख को सहला रही हो।

ऐसे में एक दिन गोकुल से एक कुम्हारिन मिट्टी के बर्तन व खिलौने बेचने आई। महिलाओं ने घेर लिया उसे। कोई दिये खरीदने लगी, तो कोई दही बिलोने का कुंभ, कोई जल भरने को गगरी, तो कोई दही जमाने का पात्र। निकट ही अनमनी बैठी देवकी ने अजाने ही एक खिलौना उठा लिया। माटी का सुन्दर सा बालक था वह जिस पर नीला रंग पुता हुआ था। देवकी फटे नेत्रों से घूरती रह गई उस खिलौने को।

'क्या देख रही है देवकी ऐसे?'—किसी ने पूछा नहीं कि टपाटप्-टपाटप् बड़े-बड़े आंसू टपकने लगे देवकी के लोचनों से।

माता आदि विचलित हो उठीं चिरन्तन दुखिया की मनोदशा पर। तभी खिलौने वाली का ध्यान गया देवकी की ओर। वह क्या जानती देवकी की पीड़ा! टोकरी में खिलौने जमाते-जमाते बोली—

'ले ले बेटी! तुझे यह अच्छा लगा, तू ले ले! कितना बड़ा है तेरा लाल? ले ले। खूब खेलेगा किलकारी मार कर इससे···ले ले! कितने पुत्र हैं तेरे?'

काठ मार गया देवकी को। जैसी की तैसी बैठी रह गई। माता व्याकुल हो उठीं। देवकी को उठा कर भीतर ले गयीं। देवकी भीतर गई किन्तु तुरन्त ही आंधी की भांति लौट पड़ी हांफती हुई। झपट कर उसने उस बाल-खिलौने को उठा लिया और भयभीत दृष्टि से चारों ओर देखती हुई उसे आंचल में छिपा कर भीतर दौड़ गई।

अपने कक्ष के कपाट फेर कर देवकी उसे घूरती रही कितनी ही देर तक फिर रो पड़ी हृदय से लगा कर। फिर नाच उठी पागल सी और फिर अभूतपूर्व आनन्द से गा उठी।

कुटुम्बीजन हतप्रभ रह गये। आंखें फाड़-फाड़ कर देखने पर भी उन्हें विश्वास नहीं हो रहा था कि वर्षों से जो देवकी रात भर जागरण करती आ रही थी, वह आज गहरी निद्रा में सो रही थी। सबने आंखों में आंसू भर-भर कर देखा कि उस माटी के शिशु की मूर्ति को देवकी अपने वक्ष से लगाए आनंद से सो रही थी।

देवकी को जैसे कोई गड़ा धन मिल गया हो। दिनरात मिट्टी के बालक को हृदय से चिपकाए फिरती। भोर उठ कर उसे नवीन वस्त्र पहनाती। मोतियों के हार बना-बना कर पहनाती। फूलों से सजाती। मुकुट पहनाती। आरती उतारती। बलैंया लेती। दीठ उतारती।

कलेवा कराती। पुलक-पुलक कर एक-एक ग्रास खिलाती और विभोर हो ऐसे अपलक निहारती उसे, जैसे वह सचमुच खा रहा हो।

कठोर से कठोर हृदय वाले वीर-पुरुष का भी हृदय दहल जाता यह देख किन्तु वसुदेव प्रस्तरशिला से अचल थे।

महिलाएं सुबक-सुबक कर पागल हो-हो जातीं। पुरुषगण दूसरी ओर मुख फेर कर अपने अश्रु पोंछते। किसका कलेजा था भला, माटी के बालक पर देवकी के उमड़ते वात्सल्य को देख सकने का!

देवकी व्यस्त हो चली। माटी की मूरत में उसे जीवन का आधार मिल गया। एक बिम्ब के मोहपाश में बंध चली। एक छाया के प्रेम में डूबी जा रही थी। एक प्रतीक को अपना सर्वस्व माने थिरक रही थी। कब भोर होता और कब दिन ढल जाता, देवकी को भान न होता। दिन भर वह व्यंजन बनाती बालमूर्ति के लिए। बीच में ही दौड़-दौड़ कर जाकर उसको अंक में उठा लेती। रोती-बिसूरती। पागलों सी बार-बार पूछती—कब आएगा मनमोहन?

सांझ होती। वह आरती उतारती। बालक की दीर्घायु हेतु देवी-देवताओं की मनौतियां करती। रात को रेशमी वस्त्र उढ़ा, उसे अपने वक्ष में समेट कर निश्चिंतता से सो जाती।

एक दिन फिर आई खिलौने वाली गोकुला कुम्हारिन। देवकी ने ललक कर ले लिये भांति-भांति की मुद्राओं वाले और भी दो-तीन माटी के नन्हे-नन्हें बालक। उसका बाल-परिवार बढ़ चला। समूचा कुटुम्ब देवकी को देख-देख कर हाहाकार कर उठता। लोग धार-धार रोते उस आठ पुत्रों की माता की दीनता पर।

किन्तु देवकी मगन थी। देवकी की पीड़ा और आनन्द में शामिल थीं उसकी सखियां, बहनें, माता, विमाताएं, भावजें, वसुदेव की बहनें, माता, विमाताएं आदि सब। वे सब धीरे-धीरे देवकी के साथ बाल-विग्रह के सम्मुख बैठने लगीं। उमड़ते हृदय से वे भी देवकी को सहयोग देतीं व्यंजन बनाने में, वस्त्र बनाने में, फूल गूंथने में, आरती व न्यौछावर करने में। देवकी की अभिन्न सखी थी परा अथवा पराशवीजा जो देवक की दासी पराशवी की पुत्री थी। पराशवीजा का विवाह हस्तिनापुर के विदुर से हुआ था। आजकल वह भी मथुरा आई हुई थी और छाया की भांति देवकी के साथ रहती।

एक दिन देवक समाचार लाए थे। वसुदेव ने पूछा—अब कैसा है वह? देवक के नेत्र चमक उठे हर्ष से। उन्होंने बताया कि गोकुल में उसका पालन-पोषण बड़ा अच्छा हो रहा है। उन्होंने बताया कि वह स्वस्थ और गोल-मटोल बालक है। चुरा-चुरा कर माखन-दधि खाता है। सुनते हैं सांवरा है किन्तु अपूर्व सुन्दर है। मोर का पंख बांधता है काकपक्षों पर। संटी लेकर मचलता है कि गोचारण को वह भी जाएगा। दो ही वर्ष का तो है।

देवकी ने सुना। समझा। कुछ सोचा।

और दूसरे दिन देवकी के माटी के लाल के शीश पर मोर पंख बंधा था। पास में ढेर सारी छोटी बड़ी मिट्टी की गढ़ी हुई गौएं थीं। देवकी चूम-चूम कर उससे कह रही थी—'तू गोपाल हो गया मेरे लाल? ले मन भर के माखन खा ले।'

गोकुला कुम्हारिन आई तो उससे देवकी की घुट-घुट कर न जाने क्या-क्या बातें हुई देर तक। अगली बार गोकुला आई तो साथ में लाई घुटनों चलते बालक की मूर्ति! माखन-चोर की मूर्ति! फिर लड्डू खाते हुए बालक की मूर्ति गढ़ लाई। फिर एक वेणु-बजैया बालक की। देवकी का बाल-परिवार बढ़ता ही जा रहा था। तृप्ति से छकी फिरती थी वह। इतनी व्यस्त थी अपने लाल की पूजा-सेवा में कि उसे और कहीं का कोई भान न होता। कभी-कभी बाल-प्रतिमाओं के सामने फूट-फूट कर रो भी पड़ती। रोती और पूछती—कब आएगा मनमोहन?

देवकी के भूखे और अतृप्त मातृत्व की टीस हर महिला अनुभव करती। जिस स्त्री को कहीं माटी की कोई बालमूर्ति दिखती, वह देवकी के लिये ले आती और डाल देती उसके आंचल में— 'ले देवकी! यह विसूर रहा था तेरे बिना।' देवकी हर्षित हो उंड़ेल देती वात्सल्य उस पर।

देवकी की गोद अब सूनी न थी। असंख्य माटी के कृष्ण, गोपाल, कन्हैया, मोहन, मनमोहन, श्याम और घनश्याम आदि से उसकी गोद सदा ही भरी रहती। वे सब उसकी गोद में सोते-जागते, खाते-पीते, खेलते-लुढ़कते, बतियाते और लड़ियाते रहते।

देवकी गीत रचती अपने लाल को जगाने के लिये, सुलाने के लिये, खिलाने के लिये। गीतों में आह्वान करती अपने दुःख दूर करने को। दुष्टों का दमन करने को। सखियों, बहनों, माता, विमाताओं और अन्यकुल स्त्रियों के साथ आरती के असंख्य प्रदीपों के प्रकाश में माटी के उन झिलमिलाते बाल-विग्रहों के समक्ष, वीणा बजा कर वेदनाकुल स्वर में गा-गा कर अपने वीर पुत्र को पुकारती तो समूचा भवन हिचकियों से भर जाता।

'कब आएगा लाल! मेरे उद्धारक। मेरे संकट-त्राता! मेरा तो तू ही भगवान है। तू ही विधाता है'—वह प्रलाप करती।

'देवकी! वह तेरा ही संकट-त्राता नहीं है। उस पर तो समूचे यदुवंश की आशा निर्भर है। दिन-रात हम अपलक बाट जोह रहे हैं कि कब वह प्रकट हो। हमारा सबका वही भगवान है। तू विचलित न हो। एक दिन अवश्य वह हमें मुक्ति देगा'—बहनें, सखियां, माताएं आदि अश्रुविगलित स्वर में उसे धीरज बंधातीं।

देवकी के प्रति हार्दिक सहानुभूति और संवेदना ने सभी के मर्म को आन्दोलित कर दिया था। चंदन, अक्षत, रोली, धूप-दीप नैवेद्य, फूलमालाओं से दिनरात पूजन होता बाल विग्रह का। वसुदेव व देवकी के परिवार के स्त्री-पुरुषों की आस्था भी उतनी ही दृढ़ थी देवकी के लाल में जितनी कि देवकी की स्वयं की थी।

धीरे-धीरे वसुदेव के नौ भाइयों—देवभाग, देवश्रवा, अनाधृष्टि, कनवक, वत्सावान, गृंजिम, श्याम, शमीक, गण्डूष तथा आहुक-अक्रूर व सात्यकि आदि के परिवारों में भी बाल-उपासना फैल चली थी। कितने ही स्त्री-पुरुष प्रतिदिन धीर-गंभीर भाव से आकर वीर बालक की उपासना में शामिल होने लगे। सबको एक नई आशा की किरण दिखी थी देवकीसुत की पूजा में। सबके मन का ताप उमड़कर बह निकलता था। सबके मन में अद्भुत उत्साह का संचार हुआ था। नव-जीवन का संचार हुआ था। देवकी के साथ-साथ उन ध्वस्त-मनोबल वाले वृष्णिवंशियों का मनोबल पुनर्जीवित हो उठा। गुरु-गंभीर समवेत स्वरों में तन्मय हो वे आह्वान करते थे कि उन्हें मुक्ति मिले अत्याचारी शासक से। उन्हें

स्वाधीनता मिले। न्याय मिले। विजय मिले।

पूजन के पश्चात् आबाल वृद्ध पुरुष तुरन्त ही न हट जाते वहाँ से। घंटों चर्चा करते रहते। भित्तियों की ओर संदेह से देखते हुए भी, उसमें गहन चर्चाएं होतीं।

किन्तु भित्तियों के कान, बात सुनना ही नहीं, उगलना भी जानते हैं। कंस ने सुना और क्रोध से पागल हो उठा। यह कैसा आयोजन होता है? माटी के शिशु-विग्रह की पूजा! यह कोई तांत्रिक-पूजन हैं? अभिचार है!

भयावह झंझावात् सा धड़धड़ाता हुआ कंस एक दिन देवकी के पूजागृह में आकर गरज उठा।

'देवकी! कौन आने वाला है? किसको पुकारती है तू दिनरात?'

आत्मविस्मृत देवकी सुधबुध खोए आनन्द-विभोर हो आरती उतारती रही अपने लाल की।

दसुदेव तुरन्त आगे बढ़े।

'कोई नहीं राजन्! यह देवकी के मन की कल्पना मात्र ही है। उसने मन ही मन ऐसा मान लिया है कि उसका कोई पुत्र है जो बड़ा ही मोहन है। उसे ही पुकारती है मनमोहन कहकर।'

'चुप रहो वसुदेव! तुमसे नहीं पूछा मैंने। उत्तर दे देवकी! किसको पुकारती है? कौन आने वाला है?'—कंस ने क्रोध से थर-थर कांपते हुए पूछा।

'नंदलाल! नंदलाल आएगा।'—देवकी बिना कंस की ओर देखे ही विभोर हो बैठे-बैठे झूमती हुई बोली।

'नंदलाल! कौन है यह? नंदगोप के लाल से तुझे क्या प्रयोजन?'

'राजन्! क्रोधित न हों। कोई प्रयोजन नहीं। किसी भी बच्चे के किसी श्रेष्ठ गुण को सुन लेती है तो यह दुखिया बावरी उस गुण को अपने मानस-शिशु का भी गुण मान लेती है। सुनते हैं कि नंदगोप का बालक बड़ा निडर और वीर है। आठ सन्तानों को खोकर इस पुत्रहीना ने अपने जिस मानसिक-शिशु की सृष्टि की है, उससे यह नंदगोप के बालक सा वीर होने की आशा या कल्पना करती है।'

'वीरपूजा!'—कंस हुंकारा।

कंस ने लात मारी और देवकी के बालगोपाल छितर गए इधर-उधर। देवक तथा देवभाग विकल हो कंस को रोकने लगे।

'न करें राजन्, यह अन्याय! उसके तो जीवित पुत्रों तक के प्राण ले चुके हो। वह बेचारी यदि अब मात्र माटी के निर्जीव खिलौने से खेल कर अपना जी बहलाती है तो बहला लेने दो। इस दुखिया पर दया करो।'

'वीरपूजा! हा हा हा हा…'

ठन्न्! ठन्न। झन्न्! झन्न्! बाल-विग्रहों को कंस ने उठा उठा कर भित्तियों से दे मारा। विक्षिप्त हाथी की भांति उन्हें पांवों से रौंद डाला।

हा हा हा हा हा हा…

जैसे अंधड़ की भांति आया था, वैसे ही धधकता-भभकता कंस चला गया वहां से।

देवकी अचेत पड़ी थी। उसकी सुख-बगिया उजाड़ हो गई थी। स्त्रियां अपने वक्ष पीट-पीट कर हाहाकार कर रही थीं। उन मूर्तियों को हृदय से लगा रही थीं। चूम रही थीं। भूमि पर लोट रही थीं।

उस मर्मान्तक पीड़ा ने जन्म दे दिया क्रान्ति के विचार को। एक-एक आह चिनगारी बन कर चटक उठी थी। रात भर वसुदेव निश्चल हो तपस्यारत रहे। किसी यदुवंशी के घर उस दिन चूल्हा नहीं जला। सबने व्रत किया। सबने व्रत लिया।

दूसरे ही भोर, कुम्हारिनें माटी की असंख्य बाल-प्रतिमाएं ले आईं।

'मत रो देवकी। ये ले!···तेरा लाल कितने रूपों में आ गया!' और फिर से देवकी के चारों ओर बालकृष्णों की भीड़ लग गयी।

किन्तु तभी मागध नगर-दण्डाधिकारी व प्रहरी आकर वसुदेव तथा अचेत पड़ी देवकी को उठा ले चले कारागार की ओर।

देवकी पुनः कारागार में पहुंच गई। पागलों की भांति वह चारों ओर आंखें फाड़-फाड़ कर भित्तियों को घूरने लगी।

'वे सब रो रहे हैं! वे रो रहे हैं।' कारागार की भित्तियों से उसे अपने मृत पुत्रों के रोने की ध्वनियां आ रही थीं।

उसे भित्तियों पर रक्त के छींटे दिखाई दे रहे थे। उसे भूमि रक्त-रंजित दिखाई दे रही थी।

किन्तु जो बालकृष्ण-पूजन आंधी तूफान सा उठा था वह सारी ऊंची प्राचीरों व मोटी दीवारों को फांद कर कारागार के भी भीतर तक पैठ चुका था। जिस शिशु की जीव-रक्षा हेतु माया ने अपना सर्वस्व दांव पर लगा दिया था, उसे वह सदा मन ही मन दुलराती रहती थी। जब घर-घर में बालकृष्ण में अद्भुत पूजन-अनुष्ठान का संवाद उसे मिला तो वह आनंद से रो पड़ी। उसे लगता था कि उसका सर्वस्व वही बालकृष्ण है। उसका समूचा जीवन उसी कृष्ण के निमित्त है, उसकी शक्ति कृष्ण के लिए है। यही नहीं, उसे प्रतीत होता कि कृष्ण ही उसकी शक्ति है और वह कृष्ण की एक दासी मात्र है। तब से माया की अंधेरी कोठरी के अंधेरे कोने में भी फूलों के ढेर में छिपा हुआ माटी का बालकृष्ण उसके जीवन में मुस्कान का झीना आलोक बिखेरने लगा था।

माया देवकी को सहारा देकर वहीं ले गई। देवकी ने देखा और उसके आंसू प्रेमाश्रु में बदल कर और भी वेग से झर झरा पड़े।

माया भी रो पड़ी—'मुझ पथभ्रष्ट को सत्पथ पर लगा कर तुम मेरे भगवान बन बैठे। तार दिया मुझ पापिनी को।''

माया बालकृष्ण पर अक्षत छोड़ रही थी, मनौतियां कर रही थी कि देवकीनंदन अक्षत रहे!

× × ×

उस दिन आंखों में आंसू भर कर चुपचाप खड़े होकर लोगों ने नगर-दण्डाधिकारी द्वारा देवकी व वसुदेव को बांध कर ले जाते देखा था। उन आंसुओं में कैसे अंगारे दहक

रहे हैं, यह कोई मूढ़ राज्याधिकारी भांप न पाया था। उस दिन नागरिक चुप रह गये थे विषघूंट पीकर। देवकी तथा वसुदेव पर कोई भी संकट आ सकता था यदि उनके विद्रोही मनोभाव किंचित् भी प्रकट हो जाते।

जिस पल देवकी के बालगोपाल पर कंस ने पदाघात किया था पुरुषों के हाथ सहसा वस्त्रों में छिपे अपने खड्गों पर चले गये थे। स्त्रियों की मुट्ठियां भिंच गई थीं दृढ़-संकल्प में। जिस दिन देवकी के बालकृष्ण पर पदाघात हुआ उस दिन से मथुरा में धू-धू कर ज्वालाएं छूट पड़ी थीं आबालवृद्ध नरनारी के मन से।

देवकी व वसुदेव के कारागृह में जाते ही आंधी की भांति स्त्रियों की भीड़ हरहराती हुई उमड़ पड़ी थी देवक के घर में। देवकी के एक-एक बालकृष्ण वे उठा कर ले चलीं, आंचल में छिपाकर अपने-अपने घर।

विद्रोह! प्रतिकार! स्त्रियों में जागरण! अब हर स्त्री पूजेगी शिशु-विग्रह को। देखें, कंस कहां तक तोड़ता है! जिनको बाद में ज्ञात हुआ वे भी दौड़ती-झपटती हुई आई कि कोई बालमूर्ति उन्हें भी मिल जाए।

घर-घर में कृष्ण-उपासना फैल चली। कंस द्वारा अन्याय, अत्याचार व उत्पीड़न का प्रतिशोध एक-एक स्त्री-पुरुष बाल-उपासना कर-कर के ले रहा था। कंस को चुनौती दे देकर घर-घर में बाल-उपासना हो रही थी। कृष्ण-उपासना के स्थल धीरे-धीरे क्रान्ति के गढ़ में बदल चले। विचारों का आदान-प्रदान स्वरों में होता। क्रान्ति की योजनाएं बनतीं। हर यदुवंशी की मर्मव्यथा के प्रतीक थे वसुदेव तथा देवकी और हर यदुवंशी की क्रांतिकारी आकांक्षा का प्रतीक था देवकी का माटी का बालकृष्ण। देवकी-सुत ब्रज में पल रहा है। बड़ा होगा तब कंस-वध करेगा। किन्तु तब तक माटी का बालक ही यादवों में अदम्य वीरता का संचार करता। मथुरा में माटी का बालकृष्ण क्रान्ति का प्रतीक बन गया था। निरंकुशता के विरोध का प्रतीक बन गया बाल-पूजन।

माली फूलों की टोकनी में बालकृष्ण की मूर्तियां छिपा कर दूर-दूर पहुंचाते। कुम्हारिनें कुंभों में छिपा-छिपा कर बालपूजन का प्रचार करतीं। स्त्रियां आंचल में छिपाकर देवकी के बालकृष्ण एक घर से दूसरे घर पहुंचातीं। पुरुषों के शीश पर बंधे ऊष्णीशों में छिपी मूर्तियां एक स्थान से दूसरे स्थान पर पहुंचाई जातीं। बालकृष्ण की मूर्ति के साथ पहुंचता क्रान्ति का संदेश! मौन आह्वान! सावधान होने का। तत्पर होने का। देवकी के पूत की छाया का प्रभाव दिन-दूना रात-चौगुना फैल रहा था।

बालविग्रह की मांग बढ़ती जा रही थी। कुम्हारों के चाक अब और वेग से घूमने लगे। कुम्हारिनें और भी मनोयोग से मूर्तियां गढ़तीं। गीत गा-गा कर मूर्तियां गढ़तीं। प्रेम उमड़-उमड़ पड़ता जब उस मूर्ति को कुम्हारिनें सजातीं। देवकी के पीड़ा गीत हर मुख पर थे। वे नागरियां क्रांति न समझतीं किन्तु मातृत्व पर चोट समझ सकती थीं। देवकी की पीड़ा हर मां की पीड़ा थी। हर मां निरंकुश शासन को चुनौती दे-दे कर बालपूजन कर रही थी। अन्यायी शासक को ललकार-ललकार कर बाल-उपासना कर रही थी।

अभी तक मगध से यज्ञपूजन की नई परंपरा मथुरा में स्थापित करने के लिये राजा द्वारा स्थान-स्थान पर मणिभद्र यज्ञ, जरायक्षी की मूर्तियां बनवायी जाती थीं। अब राज-शिल्पियों को मूर्तिशिल्प हेतु नई कल्पना, एक नया आयाम मिल गया था। वे छिप-छिप

कर भव्य मूर्तियां बना रहे थे। धीरे-धीरे घर-घर में मूर्तियां गढ़ी जाने लगीं। लोग मूर्तियां नहीं गढ़ रहे थे। क्रान्ति में अपनी आस्था उकेर रहे थे। अद्भुत उत्साह नर-नारी के मनप्राणों पर छाया था। सांझ होते ही घर-घर में आरती होती अपने काल्पनिक मुक्तिदाता की। वे बलैंया लेते। उसके दीर्घायु होने की कामना करते। सांझ होते ही घर घर में घंट-घड़ियाल बज उठते और चारों ओर से शंखों का महाघोष राजमहल की प्राचीरों से टकरा उठता।

और फिर कंस किसी भी घर में आंधी की भांति अचानक ही घुस कर उखाड़-पछाड़ मचा देता। देवकी के आठवें पुत्र के प्रतीक की पूजा है यह! वीरपूजा! हांफ-हांफ कर पांवों से कुचल देता मूर्तियों को। फूत्कार कर-कर के उन्हें भित्तियों से मार-मार कर चूर-चूर कर देता।

तुरन्त दूसरे ही दिन और भी वेगवान् बरसाती नदी की सबल धारा सी हरहरा उठती हर अबला। शिशु-पूजन और बढ़ता गया। देवकी के प्रति करुणा प्रतिपल बढ़ती गई। असंतोष और आक्रोश हर दिन उग्र होता गया।

रातों रात मथुरा के चौराहों पर वीरबालक की मूर्ति स्थापित कर दी जातीं। एक दिन प्रमुख चौराहे पर राज-देव मणिभद्र यक्ष की प्रतिमा के ठीक निकट ही एक मुरलीधर गोपाल का बड़ा सा विग्रह स्थापित था। फूलों, रोली-अक्षत व चन्दन से पूजित प्रतिमाओं के सामने असंख्य दीपक प्रज्ज्वलित किए जाते। भोर होते ही कंस के अधिकारी स्तब्ध रह जाते इस खुली चुनौती को देख। कंस आदेश देता फिरता। कर्मचारी मूर्तियों को तोड़कर गिराते। किंतु दूसरे दिन हर गली, हर पथ और हर चौराहे पर असंख्य बालकृष्ण विहंस उठते। बालकृष्णों की विराट वाहिनी से मथुरा नगरी पटी पड़ी थी। सशस्त्र वाहिनी भी उसके सामने निर्बल सिद्ध हो रही थी।

असंख्य स्त्री-पुरुषों के मुट्ठी बंधे हाथ चुनौती की भांति राजमहल की ओर दिन में न जाने कितनी बार दृढ़ता से उठ जाते। दमन की प्रतीक शिल्पकला को सचेत नागरिकों ने तुरंत क्रांति-कला में परिणित कर डाला था। मूर्तिपूजन दिन-दूना रात-चौगुना बढ़ रहा था।

देवकी के एक-एक बालक के तो प्राण ले डाले नराधम ने। अब बालक की परछाहीं से भी मरे को शत्रुता। तो क्या करे बेचारी? कहां जाए दुखियारी? अरे निठुर राजा? तुझे तो नरक में भी ठौर न मिलेगा। सत्यानाश हो जाए तेरा! सत्यानाश हो जाए तेरा! सत्यानाश हो जाए तेरा!

देवकी कीं पीड़ा को मथुरा के हर नागरिक ने मन में बसा लिया था। सबने उसकी पीड़ा को बांट लिया था। देवकी की पीड़ा को आत्मसात करके उसे घूंट-घूंट पिया था सबने। देवकी की पीड़ा हर स्त्री की पीड़ा थी, हर पुरुष की पीड़ा थी। देवकी की पीड़ा समूची मथुरा की पीड़ा बन गई थी।

हर स्त्री-पुरुष ने देवकी के प्रति अन्याय का विषघूंट कंठ में धारण कर रखा था। पी जाने को नहीं। विष पिया नहीं जाता। सहा नहीं जाता। फूट पड़ता है। उसका वमन कर देना ही उचित है। किन्तु अभी वमन नहीं। विष को और प्रगाढ़ होने दो। और प्रभावशाली होने दो। और तीक्ष्ण होने दो। और तीव्र होने दो।

सब शांत थे। मथुरा में अभूतपूर्व शांति छाई हुई थी। भयावह शांति। विराट झंझावात् के पूर्व की सी शांति। समूचा शौरसेन प्रदेश मृत शरीर की भांति रोमहर्षक काल-शांति में लिपटा पड़ा था। उस शांति के पीछे थी क्रांति की सुगबुगाहट।

सहस्रों हृदयों की आशा जुड़ गई थी मथुरा के एक काल्पनिक सपूत के आगमन से। एक नवीन आशा जागी थी। विश्वास था। कृष्ण-उपासना के साथ-साथ, घर-घर में अस्त्र-शस्त्रों को चमकाया जाता। उनकी धार तीक्ष्ण की जाती थी। तलघरों में नए नए अस्त्र शस्त्रों का निर्माण हो रहा था।

और! दूसरी ओर!

समूची राजधानी दिनरात जिसको स्मरण कर करके प्राण दिए दे रही थी, वह नन्हा सिंह-शावक गोकुल में माखन-मिश्री से तृप्त हो पेट फुलाए लकुटी हिला हिलाकर निर्द्वन्द गौएं चराता फिरतां था।

× × ×

गोकुल में उन दिनों वन्य-पशुओं का आतंक बढ़ चला था। वैसे भी जब से पूतना का आगमन व मृत्यु हुई थी तभी से गोकुलवासियों के मन में भय भर गया था। उनका दृढ़ विश्वास था कि कान्हा में कोई अलौकिक तत्व है जिसने पूतना का वध कर डाला। उसके बाद एक बार विकट धूल भरी आंधी आई और तीव्र वेग से घूमते हुए बवंडर के भंवर में नन्हा कान्हा फंस गया तथा आंधी काफी ऊपर ले गई उठाकर उसे। यह भी चमत्कार ही था कि कान्हा को खरोंच भी न आई। पर तब से अनिष्ट की आशंका से वे लोग और भी त्रस्त हो उठे। किसी निरापद स्थान पर जाकर बसने का विचार कर ही रहे थे कि अचानक वहां भयंकर हिंसक वृकों का विराट दल आकर प्रतिदिन उत्पात करने लगा। अब विलम्ब करना सम्भव न था। नन्द के परम मित्र वृषभानु यमुना पार वृन्दावन में रहते थे। अपने गांव बरसाना के निकट ही उन्होंने नन्द से बसने का आग्रह किया।

पांच वर्षीय कान्हा के लिये गोकुल से वृन्दावन की यात्रा एक रोमांचक अनुभव थी। शकट के शकट गोप-गोपियों से लद-लद कर चले जा रहे थे। साथ में सब गौएं, गोवत्स रंभाते हुए चल रहे थे। विकट कलरव-निनाद था पक्षियों की भांति। यही नहीं, गोकुल के पक्षी-वृंद पहले तो कुछ समझ न पाए थे कि यह कैसा प्रयाण हो चला गोकुल को सूना करके। फिर पक्षी भी उड़ चले उस यात्रा में साथ-साथ। कभी वे आकाश पर लम्बी-लम्बी उड़ानें भरते आगे निकल जाते और फिर किसी वृक्ष पर सुस्ता कर लौट आते यात्रा के साथ चलने को। कई बार वे भी शकटों, वृषभों और गायों पर बैठे-बैठे आनन्द से चहचहाते हुए चलते। गोप लोग भांति-भांति के पर्णवाद्य बजाते चल रहे थे। कान्हा भी एक बांसुरी बजाता शकट पर खड़ा-खड़ा झूम रहा था।

यमुना आई तो सब उतर कर नौकाओं में बैठे। कई युवक तैर कर पार करने को छपाछप्प कूद पड़े यमुना में। पशुओं और शकटों को भी धीरे-धीरे छिछली जलधारा की ओर से यमुना पार कराई गई।

यमुना पार करते ही तट पर वृषभानु, सुनंद, उपनंद खड़े मिले स्वागत में। अपूर्व मिलन दृश्य था। वृषभानुपुर से लगभग ढाई-तीन कोस दूर नन्द का पड़ाव पड़ा। शकटों

के कई अर्धचन्द्राकार ब्रज बना कर खड़े कर दिए गए और बीच में अलाव जला कर हास्य-विनोद में पूरी रात बिताई गई।

दूसरे दिन भोर से निर्माण कार्य प्रारंभ हुआ। वैसे वृषभान ने बहुत कुछ व्यवस्था तो पहले ही कर ली थी पत्थरों के, पक्की ईंटों के और मिट्टी के घर बन-बन कर खड़े होने लगे। दीवालें, आंगन व द्वारे-चौबारे आदि गीत गा-गा कर गोपियों ने गोबर से लीप डाले। उन पर आटे, गेरू आदि से रंग-बिरंगे फूल-पत्ते बेलबूटे उकेर कर सज्जा भी हो गई। लिप-पुत कर देखते-देखते सुन्दर-सा नंदग्राम बस गया।

वृन्दावन सघन द्वादश वनों को आवृत्त करता हुआ एक विराट वन था। यहां आकर गोपजन ने भयमुक्ति की श्वास ली। कम से कम कंस के चर तो नहीं पैठ पाएंगे बारह वनों की दुर्भेद्य प्राचीरों को लांघ कर।

विराट कदम्ब, तमालों की सघन छांह। असंख्य पुष्पों की मधुर सुवासें। पक्षियों का कूजन और मंद-मंद मलयानिल के झोंके। वृन्दावन नहीं जैसे इन्द्रलोक का नंदवन पा लिया हो। आनन्द ही जीवन था वृन्दावन के गोपजन का। दूध, दधि, माखन और छाछ के सेवन से हृष्ट-पुष्ट गात। गौएं चराना और वाद्यवृंद बजा कर, गीत गा-गा कर सामूहिक नृत्य करना। निश्चिंत्त सुखद जीवन।

नंदनंदन कृष्ण वृंदावन की सौंधी माटी में छाछ पी-पी कर माखन खाकर, कम वय में ही बड़े-बड़े मल्लों को पछाड़ने लगा। उसके समान निडर दुःसाहसी वीर यदि कोई और था, तो केवल बलराम। कृष्ण के भीतर बैठा हुआ कवि, गीतकार, संगीतज्ञ, मुरलीवादक, नटवर नागर, नर्तक और योद्धा वृंदावन में दिन-दूना रात-चौगुना विकसित होने लगा।

× × ×

कभी-कभी तो कृष्ण ऐसा अद्‌भुत आचरण करता कि नंद-यशोदा के प्राण कंठ तक आ जाते। घण्टों स्थिर बैठा रह जाता एक ही स्थान पर अलिप्त भाव से। मां घबरा जाती। ऐसे क्या देख रहा है? क्या सोच रहा है तू? तुझे क्या हो गया लाल?

तुरन्त उसके शीश और मुख पर शीतल जल के छींटे डाले जाते। जब तक वह ऐसे ही समाधिस्थ हो जाता और भोले गोपजन आकुल-व्याकुल हो उठते उसे रोग-ग्रस्त समझकर। वैद्य, ओझा बुलाए जाते और तत्काल झाड़-फूंक कराई जाती।

बाद में भयातुर यशुमती उसके शीश पर हाथ फेरती हौले से पूछती—'क्या हुआ लाल तुझे?.... जैसे यहां था ही नहीं! कहां चला गया था मुझे छोड़कर?'

'घर!'—खोए हुए नेत्रों से सुदूर देखता हुआ वह नन्हा सा बालक गंभीर स्वर में कहता!

घर! मां का मन कांप जाता। घर कहां?

'बहुत दूर!' विशाल नेत्रों से अपलक आकाश निहारता हुआ खोया सा उत्तर देता वह।

अद्‌भुत बालक था। एक ओर अत्यधिक चंचल और नटखट। दूसरी ओर महाशांत।

बालपन में ही उसके चरणों में नृत्यकला परिपूर्णता के साथ आ समाई। किन्तु

बाहुओं में धीरे-धीरे आ समाया था एक दुर्दान्त मल्ल! विशाल नेत्रों में चुपचाप आकर बैठ गया था एक मुग्ध सौन्दर्य-उपासक! और मन में आसन जमा लिया था एक योगयोगेश्वर दार्शनिक ने!

× × ×

'कितना माखन खाएगा? तेरी नवनीत की तृष्णा कभी बुझती ही नहीं। एक माखनपुर बसा ले और बन जा वहां का राजा!'—यशोदा ने झिड़क कर कहा।

'मुझे नहीं बनना राजा।'

'अरे राजा बन जाएगा तब तुझे कोई चोर थोड़े ही कह सकेगा। न कोई तुझे पकड़ सकेगा, न तुझे दण्ड दे सकेगा उलूखल से बांध कर। अभी तो चोरी करने पर अम्ब तुझे पकड़ कर कैसा कठोर पाठ पढ़ाती है!—रोहिणी हंसती हुई बोलीं।

'मैं माखनचोर भला! दे न अम्ब! थोड़ा सा नवनीत और दे दे न। मैं ही राजा को पकड़ कर बांध दूंगा।'—वह नवनीत खाने लगा स्वाद ले-ले कर अपार तृप्ति के साथ।

'अरे बस कर! हो गया बहुत! असुर है पूरा असुर। जैसे कृष्णासुर ही आ गया हो हमारे घर में।'

'कृष्णासुर कौन अम्ब?'

उसे सुर-असुर की कथाएं बड़ी प्रिय थीं।

'एक था पूर्वकाल में कृष्ण नाम का असुरराज। यमुना तट पर ही रहता था। दस सहस्र सैनिक थे उसके...'—पितामही ने पोपले मुख से कहा।

'फिर क्या हुआ पितामही?'

'अरे होना क्या था? इन्द्रदेव के होते भला कोई असुर जीवित रह सकता है? देवराज इन्द्र ने उसका वध कर डाला।'

मुख की ओर नवनीत का ग्रास ले जाता हाथ रुक गया। नेत्र विस्फारित हो एकटक लग गए पितामही के झुर्रियों वाले सुन्दर से मुख पर।

'पितामही! देवराज इन्द्र बहुत शक्तिशाली हैं क्या?'

'बहुत, वत्स! बहुत!'

'उसके समान और कोई बलशाली नहीं?'

'भूतल पर तो कोई नहीं लाल!'

'उहूं! तुम तो व्यर्थ ही उससे भय खाती हो। मैं तो उसे क्षणमात्र में हरा दूं...!'

'अहा रे मेरे बाल-मल्ल! तू तो पलक झपकते सबको परास्त कर सकता है'—यशोदा ने हंसते हुए कहा।

'अरी, तो अचरज काहे का जसुमती! भूल गई, जब मात्र तीन माह का था तो पांव से मारकर शकट नहीं पलट दिया था लाल ने?—पितामही गंभीरता से बोलीं।

'मैंने न? हांऽऽऽ! देखा अम्ब, पितामही क्या कह रही हैं! इन्द्र को हराने में क्या रखा है? कल मैंने मल्लयुद्ध में रायण गोप को कैसा चित्त किया था!'

'रायण गोप को?…सच क्या?'—दो तीन मुखों से एक साथ विस्मय से निकला। अचम्भे से यशोदा का हाथ अपनी चिबुक पर पहुंच गया।

'हां-हां अम्ब! पूछो किसी से भी। दो पल भी तो नहीं लगे मुझे उन्हें पछाड़ने में।'

'अहो! आश्चर्य! रायण गोप तो बहुत बलशाली और सुविख्यात मल्ल है। और आयु में तुझसे लगभग तिगुने बड़े। यह कैसे सम्भव हुआ? सच बोल रहा है न?'

'सच कहता हूं पितामही! पितामही, कभी-कभी मुझे ऐसा अनुभव होता है जैसे सहस्रों बलशाली गजराजों की शक्ति मुझमें आलोड़ित हो रही हो! जैसे मेरे भीतर कोई सिंह दहाड़ उठना चाहता हो! जैसे सहस्रों वृषभ मेरे भीतर हुंकार रहे हों! मन होता है कि समूची पृथ्वी को उठा कर पलट दूं।'

उभरी हुई सुदृढ़ मांसपेशियों वाली सुपुष्ट बाल-बाहुओं को हिला-हिला अभिनय करता हुआ वह उठ खड़ा हुआ।

'अच्छा नरसिंह! हरा देना इन्द्र को और उलट देना पृथ्वी! किन्तु पहले माखनचोरी तो छोड़।'

'माखन नहीं खाऊंगा तो बल कहां से पाऊंगा अम्ब?'

'तू तो ऐसे कह रहा है जैसे माखन तुझे खाने को दिया ही नहीं जाता इसलिये माखन चुरा-चुरा कर खाता हो। दिन में चार प्रहर तो मैं ही तुझे भर-भर कटोरे माखन दे देती हूं। फिर छिपकर पितामही के गले में बांहें डाल-डाल कर, उनकी चाटुकारी कर करके अलग से जाने कितनी बार खा लेता है। तो भी बिना चोरी किये तुझे माखन पूरा नहीं पड़ता। अहो रे मेरे वत्स! सुनी इसकी बातें? तीन लोक से मथुरा न्यारी!'

'मथुरा नगरी कितनी दूर है अम्ब यहां से?'—तुरन्त उसे दूसरा रोचक विषय मिल गया।

'क्यों? अब क्या वहां भी जाना है? नाम न लेना मथुरा नगरी का! बड़ा कुटिल राजा है वहां का। बालकों का तो काल है पूरा काल।'—पितामही अपने दोनों कान छू कर भय से कह उठीं।

'पितामही! कंस है न वहां का धूर्त राजा? दांत तोड़ दूंगा उसके।'—वक्ष तानकर वह बोला और हंसी की फुहार में उसकी बात ही पूरी न हो पाई।

'अरे जाऽऽ! अब हो गया बहुत नाटक। काम करने दे सबको। गौएं रुकी हुई हैं तेरे लिये। चराने जा रहा है या नहीं? नट बना अभिनय कर रहा है तब से।—यशोदा झुंझलाई।

'सच कहता हूं अम्ब! उस दुष्ट कंस को तो यों समाप्त कर दूंगा… समझता क्या है वह स्वयं को? हुं!'—चुटकी बजाकर अपनी कछोटी कसी उसने।

'अरे मत बोल इतने ऊंचे स्वर में लाल! दीवालों के भी कान होते हैं। कंस के चर तो लगे ही रहते हैं चारों ओर। तुझे क्या लेना-देना कंस से? कोई पिछले जन्म का वैर

लेकर आया है क्या उससें?'—पितामही भयातुर हो गिड़गिड़ा उठीं।

'कंस तो बहुत दुष्ट है अम्ब! पूरे ब्रज का शत्रु है, तो मेरा शत्रु नहीं हुआ? कितने अधर्म करता है तुझे ज्ञात नहीं?'

'नहीं, मुझे नहीं ज्ञात! मुझे बहुत कार्य निपटाने हैं। तू जा अब।'—यशोदा ने अन्यमनस्क होकर कहा।

'नहीं अम्ब! कंस ने बड़े बुरे कार्य किये हैं। कल सांझ को तो गोपसभा में यही चर्चा हो रही थी। पितामही! कंस प्रजा को सताता है। उसने अपने वृद्ध पिता को कारागार में बन्द कर रखा है। अपने ही पिता को? सोच तो अम्ब! अपने पिता को बन्दी बनाने वाला कितना अधर्मी होता है न? और ज्ञात है अम्ब! अपनी देवी जैसी अनुजा को भी कारागार में बन्दिनी बना कर डाल दिया है उसने। और उनके पति आर्य वसुदेव को भी!'—हाथ उठा-उठा कर वह नौ-दस वर्षीय बालक ऐसे बोल रहा था जैसे कोई जननायक किसी जनमण्डली को सम्बोधित कर रहा हो।

न जाने क्या हुआ कि उसकी इस बात से वहां अनायास स्तब्धता छा गई। सबकी ओर बारी-बारी से देखा उसने।

'अम्ब! तूने आर्या देवकी को देखा है क्या?'

'नहीं रे! मैं कहां से देखूंगी?'—यशोदा ने मुंह नीचे झुका कर कहा।

'पितामही तू ने?'

'नहीं, मैं कैसे देखती उसे?'

वह शांत खड़ा रहा कुछ सोचता हुआ।

'गोपसभा में कोई कह रहा था कि वह बड़ी सरल है। देवी जैसी है। बिल्कुल जैसी अपनी कपिला है... वैसी ही निरीह!'

यशोदा के नेत्र कुछ तरल हो चले। उसने दूसरी दिशा में मुख मोड़ लिया।

'अरे कान्हा! क्या सोच रहा है खड़ा-खड़ा? अब रहने दे ये बातें। जा बाहर जा। मधुवन नहीं जाएगा? बेचारी गौएं कैसी रंभा-रंभा कर पुकार रही हैं। धूप चढ़ी आ रही है। जा अब! शीघ्र जा!'—पितामही कातर हो उठी थीं वातावरण देख।

किन्तु वह तो जैसे वहां था ही नहीं। देख रहा था सुदूर में कहीं। क्या देख रहा था? किसको ज्ञात?

'अम्ब! कितना अन्याय हुआ है आर्या देवकी के साथ! उनके आठ शिशुओं का वध कर दिया कंस ने··· कितनी दुःखी रहती होगी न वह माता! मैं तो मधुवन से लौटने में थोड़ी सी भी देर कर देता हूं तो तू कितनी व्याकुल हो जाती है!'—उसका स्वर भावुक हो चला।

'आठ शिशु नहीं··· देवकी के छह का वध हुआ है।'

'नहीं आठ!'

'नहीं लाल, छह। सातवां तो हुआ नहीं!'—पितामही ने कहा।

'और आठवां?'

उत्तर में सहसा सन्नाटा छा गया वहां।

'पितामही! आठवां? आठवीं सन्तान को कंस ने क्यों नहीं मारा?'

'उसका वध कर नहीं पाया, लाल!'—पितामही सुदूर देखते हुए आत्मविस्मृत सी बोली।

'तो फिर वह आठवीं सन्तान है कहां देवकी की?'

पुनः शान्ति छा गई।

'पितामही! आठवां पुत्र देवकी का कहां है?'

'अरे होगा छिपा हुआ द्वादश वनों में कहीं!'

'छिपा हुआ? धिक्कार है! नहीं! तुम लोगों को ज्ञात नहीं! आर्या देवकी के आठों पुत्रों का वध हो चुका है। नहीं तो यदि वह आठवां पुत्र जीवित होता तो माता को कारागार से मुक्त न कराता क्या? अवश्य ही उनके आठों पुत्र काल-कवलित हो चुके हैं।'

'नहीं! नहीं! आठ नहीं, लाल! छह...केवल छह। मेरी बात तो मान'—पितामही प्रकंपित कण्ठ से अनुनय कर उठीं।

'तो कैसा नराधम है वह आठवां पुत्र! माता-पिता कारागार में पड़े हैं और वह कहीं छिप कर रह रहा है! कैसा पुत्र है वह! अपनी मां के प्रति तनिक भी करुणा नहीं उसे। ममता नहीं?...पिता के प्रति नेह नहीं? अहो! मैं यदि देवकी का पुत्र होता तो कंस के खण्ड-खण्ड कर डालता अब तक और श्रवण कुमार बना माता-पिता को कंधों पर धारण किए घूमता।'...

यशोदा शीघ्रता से नवनीत की मटकी उठा कर प्रकोष्ठ में चली गईं। पितामही व्यस्त हो थाल के तन्दुलों को कलशी में भरने लग गईं। अन्य सभी माताएं भावजें भी सहसा कुछ अधिक ही व्यस्त हो गईं विभिन्न कार्यों में।

'जा वत्स! अब जा! गौओं को बड़ा विलम्ब हो गया आज। सब बाल-गोपाल द्वार पर एकत्रित हो चुके हैं! जा!'

कुछ सोचते-सोचते कान्हा ने अपने शीश पर बंधे मोरपंख ठीक किये। वंशी बगल में दबाई और कटिबन्ध कसा।

'बहुत दुष्ट है कंस! देख लेना...एक दिन मेरे ही हाथों मरेगा।'

और वह मत्त बाल-शार्दूल या गर्व से तना बाहर की ओर चल दिया। द्वार पर पहुंचा भी नहीं कि ठिठक कर रह गया।

× × ×

अवाक् खड़ा था वह।

विस्फारित नेत्रों से देख रहा था।

यह कौन?

केकी-कंठी, गहन नीलरंग का घाघरा पहने त्रिपुरसुन्दरी की ही स्वर्णप्रतिमा तो नहीं? उड़ते हुए सुनहले घुँघराले कुन्तल! भाल पर बड़ा सात रोली का टीका! विशाल मृगलोंचनों में आलोड़ित अथाह भोलापन! कंठ में झूलती सुवासित कदम्ब-माला! कौन है यह?

अपने सौन्दर्य से सर्वथा अनभिज्ञ! निडर!

असीम आत्मविश्वास से कमर पर हाथ रखे खड़ी हुई यह नवनीत की सुकोमल पुत्तलिका! कौन है? ऐसा गौरवर्ण तो आजतक नहीं देखा।

'कौन है तू?'—कान्हा ने पूछा।

'क्यों बताऊं?'

अहो! न वंशी....न कोकिल! किंतु कितना मधुसिक्त स्वर! पर कैसा दर्प है! द्वार-चौखट में जटित सी वह मंजुल मूर्ति तेज से जगमगा रही थी।

उस सौन्दर्य पुंज को अपलक निहारता रह गया वह। सहसा उसे अपनी सर्व-प्रतिष्ठित स्थिति का भान हो आया। उसका गर्व फुफकार उठा। ऐसे चुनौती भरे स्वर में तो समूचे ब्रज में उससे कभी कोई नहीं बोला।

'मैं पूछता हूं तू है कौन?'—कान्हा ने भी अपनी कमर पर दोनों हाथ रख कर बल देते हुए पूछा।

कमान सी तन गयीं उसकी सुन्दर भवें। विशाल नील-नयनों में अभिमान की ललिमा छा गई।

'मैं पूछती हूं कि मैं क्यों बताऊं?'

अहो! जितनी सुन्दर, उतनी ही अभिमानिनी है परदेशिनी! उसने अपना स्वर थोड़ा मृदुल किया।

'तू कभी दिखी नहीं इसके पहले यहां .... इसलिये मैंने परिचय पूछा तेरा।'

'तो क्या मेरे पिता वृषभानु के आंगन-द्वार में स्थान की कमी है जो यहां डोलती दिखाई दूं तुझे?'

वह पुनः हत्प्रभ रह गया। कैसी दामिनी सी थिरकती है यह तो! ऐसे तो उससे कोई गोपी नहीं बोलती। बड़ी ढीठ है यह। ऐसे स्वर में भला कोई भी बोल सकता है उससे ब्रज में? न जाने क्या समझती है स्वयं को! अवश्य ही इसे अपने रूप का गर्व है।

'तू जानती नहीं कि मेरे भीतर प्रचंड शक्ति हिलोरें लेती रहती हैं! चाहूं तो समूची पृथ्वी पलट दूं! अनेक राक्षसों और अन्य वन्य-पशुओं का बात की बात में वध कर चुका हूं। किस से बात कर रही है जानती है?'

'हां-हां जानती हूं। महाभाग नन्द का महाढीठ ढोटा है न तू, जो दिन भर धूल छानता, गोपियों की मटकी फोड़ता, सबको आतंकित करता और नवनीत चुराता फिरता है... वही है न तू?'—मात्र एक नन्हीं सी श्वास में उसके समस्त महागुण गिना गई वह नव-सुन्दरी और वह सिटपिटाया सा खड़ा ही रह गया।

वह अभी भी चुप नहीं हुई थी।

'दधि-माखन और मिश्री चुरा कर खाता है... छिः।'—उपेक्षा से उसने मुख मटका कर कहा।

कान्हा को पुनः आघात लगा। कैसी तड़ातड़ उत्तर देती जा रही है। कैसा तो भोला सा मुख और नेत्रों में कैसी दाहक अग्नि! वह आश्चर्यचकित था। उसके सौन्दर्य से अभिभूत। उसके दर्प से आतंकित और उसके तेज से सहमा हुआ सा।

'तुझे ज्ञात है ब्रजराज—कुंवर हूं मैं। जिसे चाहूं नचा दूं उंगली पर। यहां मेरा सम्मान होता है। यहां मेरी ही चलती है!'

सुनते ही वह पूर्ण-चंद्रिका सी मुस्कुरा पड़ी। नूपुर-युक्त गोरे चरण से भूमि पर उसने ठेका दिया।

'अरेSSS! तो सुन ले नन्दलाल! अब नहीं चलने वाली तेरी।'

'कितना लड़ती है तू! मैं तो तुझे अपने साथ खेलने को बुला रहा हूं। चल न मेरे साथ खेलने।'—वह कातर वाणी से याचना कर उठा।

'उंहू !!···कौन खेले चोर के साथ!'

और सुकुमार गोरे हाथों से भारी घेर वाला घाघरा समेटती, खिलखिलाती, इठलाती वह भाग चली वहां से।

वह दौड़ती जा रही थी···जैसे नृत्य कर रही हो। तालबद्ध! लयबद्ध! ठुमुकती हुई वह नृत्य गति से चली जा रही थी। पूरा तन नृत्यमय था। नील घाघरा लहरा रहा था। स्वर्ण-कुंतल उड़ रहे थे। वेणी में लगी कुन्दमाला झूल रही थी। कंठ में कदम्ब माला झूम रही थी। हंसिनी जैसे मयूर पंख लगा कर नृत्य कर रही हो। विद्युत सी चली जा रही थी वह! अहो। नाम भी तो पूछना भूल गया उसका!

'ओSS वृषभान-सुताSSS! खेलने आएगी कल?'

गली के मोड़ पर पहुँच कर वह रुकी। पीछे मुड़ कर देखा। दोनों हाथ नचा कर चिल्लाई—'नहीं!···नहीं!···कौन खेले चोर के साथ!'

और खिलखिलाती हुई बिजली सी ओझल हो गई तुरन्त।

'कौन खेले चोर के साथ!' मर्म में बिंधा रह गया तीर।

सदा-सदा से उसे अपना 'माखनचोर' नाम ही तो सर्वाधिक प्रिय लगता आया है। लेकिन आज! सब उसे चोर कहते थे। बुरा तो कभी नहीं लगा था। और आज! आज उस नवगोपी द्वारा 'चोर' कहा जाना उसे तनिक भी नहीं भाया। 'कौन खेले चोर के साथ?' यह भी कोई बात हुई।

क्या पता वह नील-विद्युत तरंग पुनः प्रकट हो जाए? बड़ी आशा से वह निहारता रहा उस दिशा में। किन्तु आई नहीं वह। धीमे-धीमे शिथिल चरणों से चल पड़ा यमुना-पुलिन की ओर। अपना तो वही वंशीवट भला और भली अपनी वंशी। कान्हा को देखते ही चारों ओर से ग्वाल-बाल पुकारने लगे उसे खेलने के लिये।

नहीं! आज नहीं! खेलने का मन नहीं। जा कर वट तले बैठ गया उदास सा।

कैसी-कैसी बातें सुना गई थोड़ी सी देर में। दुष्टा! समूचा ब्रज कांपता है मुझसे। यह न जाने कहां से प्रकट हो गई ढीठ बाला। बताऊंगा कभी अच्छी तरह उसे भी!

कान्हा ने प्रयास किया कि वह ढीठ बाला मन से हट जाए। किन्तु वह तो सिंहनी के समान प्रभुत्व जमाए बैठी थी उसके मन पर। कितनी अद्‌भुत है न वह! सबसे पृथक। अनोखी। और सुन्दर तो ऐसी कि जैसे कोई देवबाला हो। पितामही कहती हैं कि कभी-कभी अप्सराएं उतर आती हैं धरा पर। हांऽऽ! यह कहीं अप्सरा ही तो नहीं कोई? गन्धर्व-कन्या भी आ जाती हैं छद्‌मवेष धारण कर मनुष्य को छलने, पितामही कहती हैं। मानुषी तो नहीं यह! विरजा, विशाखा, ललिता, रंगदेवी, चित्रगंधा... कोई भी तो इतनी सुन्दर नहीं।

उसने वंशी रखी अधरों पर। किन्तु आज स्वर न फूटा। जितना भुलाना चाहता, उतना ही अपमान और उपेक्षा का शूल टीस दे जाता रह-रह कर। 'कौन खेले चोर के साथ!'

आज नटभैरव नहीं चढ़ रहा बांसुरी पर। चाहता कि अन्तर का सारा आक्रोश उतार डाले छायानट में। टूट-टूट जाती किन्तु स्वरमाला। स्वर खंडित हो बिखर चलते।

लेकिन इतना भी क्या दुःखी होना? सभी तो कहते हैं उसे माखनचोर। नवागता ने भी कह दिया तो इतना रोना-पीटना क्या। पर मन माने तब न! दीर्घ निःश्वास ली उसने। सुदूर नीलाकाश पर उड़ती जा रही थी मंथर-मंथर एक बलाका। श्वेत-सुकोमल उसी नवागता सी। हौले-हौले उड़ती हुई वह नवल-नागरी आकर बार-बार बैठ जाती किशोर हृदय पर और छेड़ देती वही अपनी दुःखदायी व्यंग्यभरी तान। जितना ही वह झिड़कता, उतना ही उसका पंचम चढ़-चढ़ कर उसे चिढ़ाता। बार-बार मुरली अधरों से लगाता। बार-बार हटा लेता। आज न बजेगी कोई रागिनी।

'क्यों कान्हा? आज वंशी नहीं बज रही तेरी? उतर गया नटभैरव सिर से?' बलराम ने दूर से अन्यमनस्क कन्हैया को छेड़ा।

'हां! उतर गया नटभैरव का भूत। एक छायानटिनी कहीं से आकर चढ़ बैठी है।'—झुंझला कर उसने उत्तर दिया।

कोई नहीं जानता था कि नटभैरव क्या है और छायानट कौन है। कोई नहीं जानता था कि कान्हा के मानस में अलग ही एक विचित्र सा संसार बसा है जहां काव्य, कला, नृत्य और संगीत सतत् डूबते-उतराते रहते हैं। कोई नहीं जानता था कि उसके अंतर में नित नई राग रागिनियां जन्म लेती हैं और उन्हें वह अपनी कल्पना से सुन्दर नामों से पुकारता है।

ग्वाल-वृंद हंस पड़े। किन्तु वह वैसा ही खड़ा था अविचल। सखाओं के हास-परिहास और व्यंग्य-विनोद से सर्वथा निर्लिप्त।

'चल रे गोपाल! तेरे बिना आनन्द नहीं आ रहा खेल में।'

'न... न···मुझे नहीं खेलना।'

जिसको मनुहार कर-कर के बुलाया था खेलने को, वह तो निठुर आई नहीं! आज वह खेलेगा भी नहीं। वंशी भी नहीं बजाएगा। भोजन भी नहीं करेगा। किसी से बात भी नहीं करेगा। बड़ी आई!

श्रीदामा ने हाथ पकड़ लिया—'चल न खेलने कान्हा। तेरे बिना हमारा पक्ष बलराम के पक्ष से बहुत दुर्बल पड़ गया है···।'

'उंहू!!'—उसने हाथ छुड़ा लिया।

'जाने दे उसे। सचमुच लगता है कि कोई छायानटिनी दिन-दहाड़े ही चढ़ गई है उसके ऊपर!'—वे सब पुनः हंस पड़े।

किन्तु उसका मन अब रोया कि तब रोया हो रहा है। मुखमंडल लाल हुआ जा रहा है। बार-बार रुलाई का वेग रोकने से नेत्र भी लाल हो गए हैं। अब नहीं। अब नहीं रहा जाता।

और वह पांव पटकता, धूल उड़ाता, रुआंसा सा चल पड़ा घर की ओर। क्रोध, आक्रोश, झुंझलाहट, अपमान, पीड़ा···इतने सारे उत्पाती तत्व उसके नन्हें से हृदय में विकट रूप से उथल-पुथल मचाए हुए हैं। समेटे नहीं सिमट रहे। सम्हाले नहीं सम्हल रहे।

पूरी शक्ति से एक धक्का मारा और भयंकर नाद के साथ द्वार के दोनों कपाट खुल गये। छीके पर मटकी टांगता हुआ यशोदा का हाथ कांपा और अर···र···र···र···र··· सारा दही मटकी समेत आ गिरा भूमि पर।

'अरे बावरेऽऽऽ! शरीर में शक्ति हिलोरें लेती रहती हैं तो क्या कपाट ही तोड़ डालेगा?'

रोष भयंकर ज्वार पर था। माता का नहीं। पुत्र का। वेग से दौड़ कर वह चिपट गया मां से। मां जब तक कुछ समझे तब तक तो उसने मां को झकझोर-झकझोर कर उस पर अंधाधुंध मुष्टि-प्रहार करने प्रारंभ कर दिए।

'अरे क्या करता है कान्हा? यह सब क्या सीखता जा रहा है?'—मां ने झुंझला कर कहा।

वह मुष्टि-प्रहार करते-करते चिल्लाता जा रहा था ऊंचे स्वर में—'पहले क्यों नहीं बताया मुझे? पहले क्यों नहीं बताया तू ने? तू बहुत दुष्ट है। पहले क्यों नहीं रोका?'

'अरे तू तो सचमुच ही बावरा हो गया है। क्या नहीं बताया मैंने तुझे? बात तो ठीक से कर। माता को ही मार रहा है। क्या नहीं बताया था मैंने पहले?'

पर मोहन मां के वक्ष में मुख छिपाकर फूट-फूट कर रो पड़ा।

कान्हा रो रहा है। कान्हा रो रहा है। पितामही चली आई व्याकुल हो। रोहिणी आ गयीं। सुनाम्नी, सहदेवा, वैशाखी आदि सब चिंतित हो आ गयीं। सभी विस्मित थीं कि अनायास बालक को हुआ क्या?

'क्या हुआ रे लाल? बता तो ठीक से कि क्या नहीं बताया मैंने तुझे?'—यशोदा विचलित हो कभी उसके भाल पर हाथ फेरतीं, तो कभी उसे चूमतीं। ऐसा भी पीड़ा क्या इस नन्हे से मर्म में जो हिचकियां बंधी जा रही हैं। पितामही तुरन्त देवी-देवताओं की मनौतियां करने लगीं।

'बोल तो मेरे लाल, क्यों इतना दुःखी हो रहा है? क्या नहीं बताया मैंने तुझे?'

'यही···यही···अब···कि···माखन की चोरी बुरी बात है···माखन चुराने वाला···चोर···चोर···चोर होता है'—और वह पुनः धाड़ें मार कर रो पड़ा।

आश्चर्यपूर्ण हास्य का फुहारा छूट गया।

'अरे कैसा है तू? दिनरात यही तो सीख देती रहती हूं। कभी कान देकर सुना तूने? तब तो नाच-नाच कर, मटक-मटक कर, कूद-कूद कर कहता रहा है 'मैं तो माखनचोर भला···मुझे तो अपना माखनचोर नाम ही प्रिय है।' और आज एकाएक तुझे समझ में आ गया कि चोरी बुरी बात है! कौन है वह भाग्यवान् जिसकी सीख तूने मान ली? पांव छू लूं उसके। मैं तो सिखा-सिखा कर हार गई। किसने सद्बुद्धि दे दी तुझे... बता तो मेरे माखनचोर?

'नहींऽऽऽ···माखनचोर नहीं! अब यह नाम भी न लेना मां।···माखनचोर नहीं।'

'अच्छा! अच्छा! आज से कोई मत पुकारना कन्हैया को माखनचोर। रो मत लाल। भूखा आया है बेचारा वंशीवट से। ला पहले उसे कुछ खाने को दें'—पितामही उसकी पीठ पर हाथ फेरती हुई बोलीं।

दूध का कटोरा सामने आया और सिसकते-सिसकते कान्हा ने पीना शुरू किया।

'अम्ब! अब···अब···माखन कभी नहीं···कभी नहीं चुराऊंगा'—अवरुद्ध कंठ से वह बोला और फिर उसके लोचन डबडबा आए।

'अच्छा तो मत चुराना। यह तो अच्छी बात है, परन्तु खाएगा तो?'

'हां! किन्तु चोरी करके नहीं अम्ब!'—कान्हा ने बाहु के पृष्ठ भाग से आंसू पोंछते हुए कहा।

महिलाएं पुनः हंस पड़ीं। यशोदा को मुख पर आंचल रख कर हंसते देख वह खीझ कर पुनः झल्ला पड़ा—'तू क्यों हंस रही मां?'

'अरेऽऽ! हंसना भी पाप है क्या? तू बहुत उद्दण्ड हो गया है कान्हा! दिन पर दिन बिगड़ता जा रहा है। मैं हंसूं नहीं तो क्या करूँ? हमारी इतने वर्षों की सीख तो मानी नहीं तूने और आज अचानक यह कैसे बोध प्राप्त हो गया कि माखन की चोरी इतनी बुरी बात है? कौन मिल गया तुझे महाभाग गुरु?

तभी बलराम, श्रीदामा, विशाल, भद्र और सुमंगल आदि ने प्रवेश किया।

'अम्ब! आज दिन दहाड़े इस पर कोई छायानटिनी चढ़ गई है···।'

पितामही भयातुर हो उठीं।

'क्या कहा? कौन चढ़ गई इस पर? ऐसी अशुभ बात मुख से न निकाल। तुम लोग वास्तव में बड़े दुष्ट हो। लाख बार कहा तुम लोगों से कि इसे अकेला मत छोड़ा करो। सब से छोटा है···'—आंचल से कान्हा का मुख पोंछते हुए पितामही ने कहा।

'अच्छा, ये जो तू इतना रोया-गाया तो, लेकिन यह तो बता कि किसने तुझे इतना दुःखी कर दिया?'

'वही···मां!···वह खंजननयनी···।'

'खंजननयनी!' सब चकित थे।

यशोदा के नेत्र विस्फारित रह गए।

'मां···कौन थी वह···?'—मां के प्रश्न का उत्तर न देकर स्वयं कान्हा ने ही प्रश्न पूछ डाला।

'कौन खंजननयनी?···मैं क्या जानूं।'—यशोदा भयभीत हो उसके शीश पर हाथ फेर रही थी।

'तू भरी दुपहरिया न जाने कहां-कहां, इमली और पीपल तले घूमता रहता है। भूतनियों-प्रेतनियों का डेरा रहता है वहां। कंस के चर अलग पीछे लगे रहते हैं। जाने क्या-क्या प्रलाप कर रहा है! ज्वर तो नहीं है तुझे?'

'न-न···मुझे ज्वर नहीं'—उसने मां के हाथ को हटा दिया।

'तो किसकी बात कर रहा है? कौन मिली थी तुझे?'

'नहीं ज्ञात मां···बड़े ही सुन्दर नेत्र थे उसके···मृगनयनी सी···'

'अहोऽ! अभी तक तो संगीत और नृत्य प्रवीण था मेरा लाल। अब काव्यगीत भी रचने लगा क्या? 'खंजननयनी', 'मृगनयनी! ये शब्द तुझे कहां से मिल गये?'

सुदूर शून्य में खोए हुए थे उसके बाल-दृग। स्वप्न देखता सा बोल रहा था।

'नहीं ज्ञात मां। उसे देख कर ऐसा लगा कि इतने सुन्दर नयन तो केवल मृग के ही होते हैं, किसी गोपी के नहीं···।'

'अहोऽऽऽ! तो कोई नई गोपी मिली थी तुझे? कहां मिली?'

'हां! एक मिली थी कोई, वृषभानु नाम बताती थी अपने पिता का।'

'अरे वह रूपराशि? वह कहां मिल गई तुझे? उसे तो दिन में देखकर भी बड़ों-बड़ों के नेत्र चौंधिया जाते हैं। वह तुझे कहां दिखी?'

'अम्ब! कितनी···कितनी···कितनी सुन्दर है न वह?'—गद्‌गद कंठ से बोलते समय कान्हा का मुख भी सहस्रदल सा खिला पड़ रहा था।

—'हां। ऐसा स्वरूप पाया है उसने कि बिल्कुल अप्सरा लगती है अप्सरा। बल्कि, जैसे देवराज इन्द्र की कन्या जयन्ती ही आ गई हो। मारे भय के माता-पिता उसे घर के भीतर ही रखते हैं'—पितामही ने आंखें बड़ी-बड़ी करके कहा।

'भय क्यों पितामही?'

'अरे राजा कंस सुन्दर बालाओं को पकड़वा जो लेता है। मथुरा में रख लेता है अपने महल में, नहीं तो भिजवा देता है मगध। वहां का राजा जरासंध बड़ा क्रूर है। मथुरा की भी बड़ी बुरी स्थिति है। लोकजन अपनी स्त्रियों की रक्षा के लिये बड़े त्रस्त रहते हैं।'

'मैं जरासंध को मार डालूंगा। और···मथुरापति को भी! ये लोग अधर्मी हैं न?'—कान्हा ने अपनी सुदृढ़ मांसपेशियों वाली बाहु ऊंची करके हिलाते हुए कहा।

तभी रोहिणी कुछ सोचते हुए बोल उठी—'किंतु माता! वृषभानु अपनी पुत्री को केवल कंस के भय से ही भीतर नहीं रखते। एक कारण और भी है उसके पीछे। जब यह

पुत्री हुई थी तो कोई सिद्ध-महात्मा बता गए थे कि यह कन्या किसी योगी के पीछे बावली बनी डोला करेगी और जोगन हो जाएगी। इसलिए उसे ड्योढ़ी के भीतर ही रखा जाता है।'

कान्हा ने आंखें बड़ी-बड़ी करके सुना।

'किन्तु मेरे रहते उसे न कंस का कोई दूत ले जा सकता है, न कोई योगी-महायोगी।'—वह अपनी बाल-बाहु हिलाता हुआ बोला। सहसा ही बाल-हृदय में पौरुष की प्रथम किरण फूट पड़ी थी।

'अहो! रीझ गया मन हमारे कान्हा का उस नटखट नवेली नार पर!'—एक भावज खिलखिला कर पूछ बैठी।

'धत्।'—कान्हा ने दूसरी ओर मुख घुमा लिया संकोच से।

'तो क्या वही कंजदल-नयनी तुझे माखनचोर कहकर इतना रुला गई?'

वह भवें ताने, शीश झुकाए चुपचाप बैठा रहा।

'आज हमारे नटखट देवर को पहली बार 'माखनचोर' शब्द बुरा क्यों लगा, अब समझ में आया'—दूसरी भावज ने अपनी चिबुक पर तर्जनी रख कर छेड़ा।

'अरे तो बुरा नहीं लगेगा मेरे कन्हैया को! कोई भी पराई नार आकर उसे चोर कह दे, यह कहां की भली बात है? अब बड़ा हो रहा है, भला उसे बुरा नहीं लगेगा?—पितामही बोलीं।

'मैं अब बालक नहीं अम्ब्र!'—गंभीर होकर कान्हा ने घोषणा की।

नन्द-प्रांगण पुनः हंसी की फुहार से धुल गया। बात वैसे सच थी। उस अलबेली का तीखा बाण ऐसा लगा अन्तर में कि वहां सुप्त पुरुष जाग गया था। नारी से उलाहना! वह भी नीलगगन की अप्सरा सी नील घाघरा पहने न जाने कहां से टपक पड़ी और जो मन में आया आंय-बांय कह गई उससे। बुरा न लगता क्या उसे?

'अब बड़ा हो गया तू? तो ढूंढूं एक सुन्दर सी वधू?'

'पहले से ही ढूंढ़े बैठा है वह तो! किसी को ढूंढ़ना कहां पड़ेगा?'—पुनः हंसी गूंज उठी।

'वह दिखती भर छोटी है। वैसे कान्हा से बड़ी ही होगी।'

'तो क्या हुआ! बड़ी-बहू, बड़े-भाग्य!'

'अरे कौन देगा अपनी कंचन-कला सी नवनीत बाला, इस ढीठ लंगरवा को?'—किसी ने चुटकी ली।

ढीठ लंगरवा! हूं!! उसने रोष में भवें तानी। तब तक रोहिणी ने आकर सबको भोजन के लिये उठा दिया।

× × ×

नील निरभ्र महाकाश पर असंख्य तारिकाएं झिलमिला रही थीं। आम के बौर की मदमाती गंध को वसंत-समीर उड़ा लाता और वृषभानुसुता के नन्हें प्राणों को आकुल कर

जाता। कैसी विचित्र, अजानी, अपरिचित सी है यह व्याकुलता! कब से वह शय्या पर पड़ी करवटें बदल रही है इस नव-व्यथा के कारण।

महाकाश पर झिलमिलाते नक्षत्रों का मणिहार पहने एक सुन्दर सा भोलाभाला मुखमंडल उभर आता हौले-हौले। घुंघराले श्यामल काकपक्षों पर रेशम से बंधे मयूर-पंखों का गुच्छा झिलमिला जाता। विशाल नयन। भाल पर कस्तूरी तिलक और भोली सी मुस्कान!

'खेलने नहीं चलेगी मेरे साथ?'—सुदूर क्षितिज से तैरती आती एक अनुनय भरी कातर वाणी।

वृषभानुजा ने करवट बदल ली। किंतु उस ओर भी तारों के बीच झांक रहा था वही मुख। नेत्र मूंदती तो मुख-छवि और स्पष्ट हो उभर पड़ती।

'खेलने नहीं चलेगी मेरे साथ?'

'नहींऽऽ। नहीं! नहीं!'—उसे अपना ही स्वर वायु प्रवाह के साथ आता हुआ सुनाई दिया।

वह आश्चर्यचकित थी स्वयं अपने ऊपर। क्षुब्ध भी थी! उस ढीठ लंगरवा के लिये वह इतना क्यों सोच रही है? वह तो दुष्ट है। उससे दूर रहना ही ठीक। ठीक ही तो उत्तर दिया था उसे कि—कौन खेले चोर के साथ। किन्तु कैसे एकाएक कुम्हला गया था नन्दनंदन का सुन्दर सा मुखकमल यह सुनते ही! स्तंभित रह गया। बेचारा आहत होकर। मैं कितनी बुरी हूं! क्यों मन दुखा दिया बेचारे का? तो क्या हुआ! वह भी तो कम ढीठ नहीं। राह चलती ब्रजबालाओं की गगरी फोड़ देता है। माखन चुराता है। गोप-वधुओं को छेड़ता है। घूंघट खोल देगा उनका तो कभी माला और कंगन तोड़ डालता है। अच्छा पाठ पढ़ाया आज मैंने।

उसने फिर करवट बदली। वहां भी वह मुंह लटकाए खड़ा था। एक हाथ से दूसरे हाथ की उंगली पर पीतपट लपेटता, खोलता। कैसी भोली छवि है उस सांवले की! व्यर्थ ही पीड़ित किया उसे। किन्तु वैसे वह भोला है नहीं। बनता बहुत है। कल पूछूंगी ललिता और विशाखा से। वे तो पहले से ही उसे भलीभांति जानती हैं।

लेकिन नींद मुई कहां चली गई? फिर वही नंदनंदन! कैसी पीड़ा उभर आई थी उस सलोने मुख पर उसकी बात सुनकर। व्यर्थ कष्ट दिया उसे। उद्दण्ड है तो क्या, वह भी तो बालक है। कैसा प्रफुल्लित और मुस्कुराता चेहरा है उसका किन्तु झपाक् से बुझ गया था।

लोकजन कहते हैं⋯ वह देवकी-पुत्र है।

झन्न्!! वृषभानुजा के विशाल नयन पूर्णतः खुल गये रोमांच से। पहली बार जब यह सुना था तो हतप्रभ रह गई थी। वह तो नन्द-यशोदा को ही माता-पिता समझता है। उसके माता-पिता कंस के कारागार में पड़े हैं और वह हंसता रहता है। सबको हंसाता है। छेड़ता है। आनन्द करता है। उसे क्या पता कि वह किसका पुत्र है।

अहो! उसे क्यों पीड़ित कर डाला आज? यह क्या किया! उसके माता-पिता तो विगत लगभग बीस-बाईस वर्षों से कारागार में हैं। वह बेचारा हंसता-बोलता है, तो व्यर्थ

में ही उसे दुःखी कर डाला। उसके छह नवजात भ्राताओं को कंस ने पाषाण-शिलाओं पर छितरा दिया... यह भी तो बेचारा जानता नहीं। हा कष्ट! हा कष्ट!

देवकी और वसुदेव कैसे अपने हृदय पर पाषाण रखे हुए हैं इतने वर्षों से! उनकी आशाओं का एकमात्र केन्द्र-बिन्दु यही तो है सांवरा-सलोना जिसे लोग नंद-ढोटा समझते हैं। एकमात्र जीवित सन्तान वसुदेव-देवकी की। यह क्या अपराध कर डाला आज। कैसा सरल गोपाल! और कैसी कठोर-हृदया मैं स्वयं! कहीं कंस के चर आकर कल उसका कुछ अनिष्ट कर डालें तो?

वृषभानुसुता का मन कांप गया। नन्हें से हृदय में अनायास नन्हा सा मातृत्व कुनमुना उठा। क्यों मैंने कटुवचन कह दिये? क्यों मैं कठोर हो गई उसके प्रति? बड़ा अपने को बुद्धिमान समझती हूं! कैसी ताड़ना दे डाली। कहीं घर जाकर वह रोया तो न होगा!

अहो कान्हा! अहो कान्हा! और वृषभानुजा उपधान में मुंह छिपा कर फफक पड़ी।

× × ×

उधर कान्हा के मन से वृषभानुजा का वाक्‌वाण निकाले न निकलता था।

'कौन खेले चोर के साथ?' ऐसा कस कर प्रहार किया है इस वाक्य से नवबाला ने कि वह भूल नहीं पा रहा। रह रह कर टीस दे रहा है मर्मस्थल में। शूल सा पकने लगा है वह वाक्य। छोटे मुंह बड़ी बात। कितनी छोटी सी तो दिखती है नवगोपी! मुझसे कम से कम डेढ़ हाथ कम होगी और समझती जाने क्या है अपने आपको!

दो दिन से अकेला-अकेला अनमना सा घूम रहा है। किसी कार्य में चित्त नहीं लग रहा। गोप-सखाओं की बातें न सुहातीं। बात-बात में चिढ़ता। अन्यमनस्क सा एकाकी घूमता रहा निर्जन करील-वनों में, यमुना-पुलिनों पर और नहीं तो शिला पर बैठा-बैठा कंकड़ियां उठा-उठा कर फेंकता रहा नदी में।

निकट बैठी नन्हीं सुभद्रा अपनी वेणी के लिये माला गूंथ रही थी। सुभद्रा कान्हा की बड़ी लाडली थी। बड़ा भाई होने के नाते वह उस पर प्यार भी बरसाता और धौंस भी जमाता था। कान्हा से कम से कम सात साल छोटी होगी, पर बड़ी सिरचढ़ी थी।

'सुभद्रा!'

'हूं!' गाल फुलाकर बोली सुभद्रा। वेणी के लिए इतने मनोयोग से माला बना रही थी। समझ गई कि अब उठना पड़ेगा कान्हा के किसी आदेश का पालन करने को।

'एक काम करेगी?'

'हूं'

'उसे किसी प्रकार बुला लाएगी?'

'किसे?'—आंखें गोल-गोल करके सुभद्रा ने पूछा।

'अरे उसे ही जो तुझे बड़ी सुन्दर लगती है! वृषभानुसुता! जा उसे बुला ला।'

'अरे बाबा! उसे? बड़ी गर्वीली है वह तो! तुमसे जब नहीं डरती, तो मुझे तो थप्पड़ ही मार देगी। ना बाबा, मैं नहीं जाती उसके पास।'

'तुझे मारेगी वह? तो मैं तो बैठा हूं उसे ठीक करने को। तू डरती क्यों है उससे? बहाने बना रही है? जा! बुला लाएगी तो तुझे कच्ची अमियाँ तोड़ कर दूंगा ढेर सारी···।'

सुभद्रा बेमन से पांव पटकती, झटकती-मटकती चली गई।

कान्हा ने एक कंकड़ी उठाई और सामने यमुना में फेंकने ही वाला था कि तभी आई हंसती-खिलखिलाती गोपबालाओं की एक टोली। तुरंत बिजली कौंध गई नटखट मस्तिष्क में। तंग भी तो हो गया था दिन भर अकेले-अकेले घूमते रहने से। जो कंकड़ी हाथ में थी उसने यमुना में न फेंक, दे मारी गोपियों की दिशा में।

टन्न्!

विरजा की गगरी गई।

'क्या करता है कान्हा! कितना रोष सहना पड़ता है तुझे प्रतिदिन माता का और फिर वही कार्य करता है। अब किस में जल भर के ले जाऊंगी? अम्ब नहीं रोष करेगी मुझ पर खाली हाथ घर लौटने पर?'—विरजा ने रुआंसी होकर कहा।

वह ढिठाई से खड़ा था शिला पर।

'अभी क्या हुआ! अभी तो सबकी गागर फोड़ूंगा एक-एक करके।'—और वह कंकड़ी उठाने को झुका।

कोहराम मच उठा चारों ओर।

'शपथ तुझे कान्हा जो तूने गगरी फोड़ी!'

'शपथ कान्हा!'

'शपथ कान्हा!'

वह हंसते-हंसते अचानक गंभीर हो गया। यमुना में फेंक दी हाथ की कंकड़ी। दोनों पांव फैला कर कमर पर हाथ रखे खड़ा हो गया तन कर।

'अच्छा! मेरा एक काम कर दोगी तो नहीं फोड़ूंगा। बोलो करोगी?'

'बोल क्या काम है तेरा? सच कहती हूं, कान्हा, तू वैसे बहुत अच्छा है। इतना साहसी है, वीर है, निडर है किन्तु यह कैसा तेरा खेल है कि कामकाज में बाधा डालता है! गगरी फोड़ डालता है। तभी तो हम लोगों ने तेरे साथ खेलना छोड़ दिया है। बहुत तंग करता है'—विरजा बोली।

'अच्छा अच्छा! अब उपदेश मत दे अधिक। जा। उस खंजन-नयनी को बुला ला उसके घर से।

'खंजन-नयनी? कौन सी खंजन-नयनी? हम सब तो यहीं हैं। कौन भा गई मन को? तेरा चित्त बड़ा चंचल है। अपने से अधिक आयु वाली गोपियां भी तुझे ऐसी भाती हैं जैसे तू उनका चहेता हो। सब हंसते हैं तुझ पर। वे प्रौढ़ाएं भी आनन्द लेती हैं तेरे बावले प्रेम का। अब कौन मिल गई तुझे यह खंजना?'

'अच्छा-अच्छा! फिर बघारने लगी ज्ञान! अभी उठाता हूं कंकड़ी···'

'नहीं-नहीं!' 'नहीं कान्हा', 'तेरे हाथ जोड़ूं', 'तेरे पांव पड़ूँ' की गुहारें मच उठीं। चिरौरी और मनुहार होने लगे। चूड़ियां भरीं गोल-गोल गोरी कलाइयों वाले कितने ही हाथ उसके सामने जुड़ गए। सुन्दर मुखों पर आतंक छा गया।

यही तो उसका अमोघ वस्त्र था। वह और भी दर्प से तन गया।

'जाओ बुला कर लाओ उस गोरी को!'

'किन्तु है कौन वह, यह तो बता गोपाल!'

'अरे अभी नई-नई आई है। रंग ऐसा गौर कि धूप में आंखें चौंधिया जाएं। सूर्य-रश्मियों सी सुनहली है उसकी घुंघराली अलकें। मुख बिलकुल पूर्णचन्द्र और सुलोचना ऐसी कि जैसे स्वर्ण-मृगी हो। डरती नहीं तुम लोगों की भांति। हांऽऽऽ! बड़ी निर्भीक है!'

शिला पर खड़ा जैसे कोई कवि काव्यपाठ कर रहा हो।

'अरे समझ गए। वही वृषभानुगोप की पुत्री किशोरी के लिये कह रहा है जो अपने ननिहाल से आई है न! किन्तु वह आएगी क्या?'—सबने एक दूसरे की ओर देखा।

'कैसे नहीं आएगी? मैं बुला रहा हूं। पकड़ कर लाओ उसे, नहीं तो···अब नहा तो लेना कभी घाट पर।'

वे सब सहम गईं और धीरे-धीरे वहीं हरी-दूर्वादलों पर बिखर गयीं चारों ओर रंग-बिरंगी पुष्प-पांखुरियों सी। गोपियां बैठी थीं शिलाओं पर, कदम्बों की छांह में, तमालों की छांह में, वेतसलता-कुंजों में।

ललिता और विशाखा चल दीं ढूंढ़ने अपनी नव-सखी को। बाकी गोपियां परस्पर बतियाने लगीं। विषयवस्तु थी वही नवागंतुका। अपूर्व सौन्दर्यमयी है वह। कहते हैं समूची धरा पर और कहीं वैसा सौन्दर्य नहीं। कितनी छोटी सी दिखती है, किंतु हम सबसे अवश्य कुछ माह बड़ी होगी। उसमें कोई शक्ति भी है। कोई इष्ट प्राप्त है उसे स्यात् अथवा कोई सिद्धि उपलब्ध हो चुकी है उसे। बहुत छोटी सी थी, तभी से बैठे-बैठे समाधिस्थ हो जाती थी। अब भी समाधिस्थ होती है तो घण्टों आत्मलीन रहती है। और गोरी कितनी है! ऐसा गौरवर्ण तो देखा नहीं कभी। लगता है जैसे प्रकाश की किरणें छूट रही हों। अद्‌भुत प्रभा-पुंज़ लगती है वह ज्योतिर्मयी! और तनिक छू कर देखो तन, तो नवनीत सा कोमल। कैसे भावभरे विशाल नयन हैं! और भोली भी बहुत है हम सब की तुलना में।

एक चातक अपने कानों से रूपसुधा पी रहा था।

तभी वह आई। ललिता और विशाखा के कंधों पर हाथ रखे हंसती-झूमती। आगे-आगे सुभद्रा उछलती कूदती चली आ रही थी। बीच में थी वह गहन नीलमणि-घाघरा वाली। रूखी सुनहली अलकें, उसी के तन की भांति ही नाचती-थिरकतीं। भाल पर कुंकुम का बड़ा सा टीका। भाव भरे नयन! नीलम-जटित कुंदन-मुद्रिका सी।

कान्हा को देख वहीं ठिठक गई। दर्प और गर्व की नन्हीं सी मूर्ति। नयनों में उमड़ आया उपेक्षा-भाव।

कृष्ण तुरन्त शिला पर बैठ गया पांव पर पांव चढ़ा कर चक्रवर्ती सम्राट सा। बड़े नाटकीय भाव से हाथ हिला कर बोला।

'आओ ब्रजवाले! नव-नूतने! ब्रजेश्वर प्रतीक्षा कर रहे हैं।'

वह निश्चल थी। पूर्ण मुकुलित विशाल दृगों में भरी थी चुनौती। अधरों पर थी विद्रूप भरी मुस्कान।

'तेरे पास नूतना नहीं, पूतना का ही आना उचित है नंदनंदन!'—कृष्ण हतप्रभ रह गया।

गोपियां स्तब्ध रह गयीं। यह अलबेली नवीना जानती नहीं कि नंदनंदन कितना ढीठ है। इसे तो सदा प्रसन्न रखना पड़ता है चिरौरी करके। और यह कैसी चुनौती भरे स्वर में बोल रही है इस धृष्ट से! यह क्या कह दिया इसने!

कृष्ण का मुखमंडल विवर्ण हुआ। वह तुरन्त खड़ा हो गया दोनों पांव फैला कर हाथों को वक्ष पर बांधे।

'अच्छाऽऽ! तो यह बता नूतना कि पूतना का क्या हुआ था···ज्ञात नहीं तुझे? तुझे भी क्या वैसा पाठ पढ़ाना पड़ेगा, वृष-नंदिनी?'

गोपबालाएं लाज और भय से इधर-उधर देखने लगीं। किन्तु वह वैसे ही खड़ी थी निडर और निश्चल 'वृष-नंदिनी'! यह दुःसाहस!

'रे यशोदानंदन! तेरे पास आने की मुझे क्या पड़ी थी? मैं तो ऐसे दुष्ट के पास कभी न आती। चोरी करता है। निरीह गोपियों को आतंकित करता है। गगरी फोड़ता है। दही-छाछ की हानि करता है। मैं आई क्या तेरे पास? स्वयं ही तो दूत-दूतियां भेज-भेज कर चिरौरी की थी और अब कैसी धृष्टता से बोल रहा है! अभी जाकर कहती हूं यशोदा मां से जो कुछ तूने अभी मुझसे कहा!'···

रोष भरी किशोरी का स्वर्णसौन्दर्य द्विगुणित हो दमक उठा। चंपक कपोलों पर गहन लालिमा छा गई। जैसे निर्मल गंगाजल में उदीयमान भास्कर का अरुण बिम्ब पड़ गया हो।

वह मुड़ी और तुरन्त चल दी ग्रामपथी पर.... पांवों से धूल उड़ाती हुई। कुछ ही पग चल कर उसने अपनी विशिष्ट नृत्य-गति पकड़ ली। उसकी कमनीय काया चलती तो थी ही नहीं। सदा नर्तमान रहती थी। एक···दो···तीन···चार! एक··· दो··· तीन··· चार! दाहिना पांव उठाती तो मंजुल काया बायीं ओर झुक जाती। और बायां पांव उठाती तो काया दाहिनी ओर झुक जाती। सुनहले केश उड़ रहे थे। गुलाबी दुकूल लहरा रहा था। वह रासमयी हल्के पदचापों से चल नहीं रही थी, जैसे उड़ी जा रही थी पवन के साथ। तैरती जा रही थी अदृश्य जलप्रवाह में। नृत्य उसके रोम-रोम में था। रास उसके अंग-अंग में था।

कृष्ण अपलक निहार रहा था लावण्य को मानवी-रूप में। नृत्य कला को मानवीरूप में। रस और रास को गोपीरूप में।

अहो! वह चौंका। यह तो जाल में आई सोन-चिरैया इतनी शीघ्र उड़ गई फुर्र! और आज फिर से न जाने क्या-क्या कह गई। उसके प्रभुत्व को पुनः ठुकरा गई नवग्राम्या। दूसरे ही क्षण शिला से कूदा और तीर सा दौड़ पड़ा नृत्यबाला के पीछे। शीघ्र ही झुरमुटों में दोनों विलुप्त हो गये।

किशोरी के तन में नृत्य था किन्तु मन में किंचित् क्षोभ। वह तो सोच कर आई थी कि आज नन्दकिशोर से मित्रता कर लेगी। उसे कटुवचन नहीं कहेगी। किन्तु क्या करती? वह तो ढीठता छोड़ता ही नहीं।

'रुक जा गोपीऽऽऽ। रूठ कर न जाऽऽऽ!'

वह चकित हो ठिठक गई। मन में एक अजानी पुलक भर गई। वह दौड़ता हुआ आ रहा था। वेग से श्वास लेता हुआ निकट आ खड़ा हुआ। स्वेद-बिंदु झलमला रहे थे मुख पर।

'सुन किशोरी! मैं तो तुझे अपने साथ खेलने को आमंत्रित करता हूं, और तू बात बात में तिनकती है। देख···गोपिके! माता से न कहना। तुझे ज्ञात नहीं वह कुपित होकर कितना मारती है। कई दिन तक तन दुखता रहता है।'···

वह अविश्वास से सुन रही थी। अंतिम बात सुन हृदय द्रवित हो आया। देवकीपुत्र! और इसे ज्ञात नहीं इसकी पीड़ित माता कारागार में बन्दिनी है। यह कैसा निर्द्वन्द्व घूमता फिरता है द्वादश-वनों में, यमुना-पुलिनों पर, और···जिस मुहूर्त इसे ज्ञात होगा कि यह देवकी-वसुदेव का पुत्र है?

'अच्छा जा। नहीं कहूंगी माता से।'—कह कर वह फिर मुड़ कर चल दी घर की ओर।

'सुन तो किशोरी···।'

'अब और क्या तेरा स्वार्थ है?'—उसकी भवें कमान हो गईं अनायास।

'मुझे क्षमा कर दे नवीने। आवेश में मुख से निकल गया था। तू तो बहुत भली है। मुझसे बड़ी है। क्षमा कर दे न मुझे एक बार।'

अविश्वसनीय! आश्चर्य। यह परम दुष्ट ब्रजराज-कुंवर क्षमा मांग रहा है उससे! समूचे गोपीवृंद को आतंकित कर रखता है जो वह उससे क्षमा मांग रहा है!

'क्षमा कर दे, ब्रजेश्वरी!'

ब्रजेश्वरी! वह पुनः चकित हुई।

'तुझे ब्रजेश्वरी बनाऊंगा! शिरीष, कुन्द-कुसुम, कदम्ब और कर्णिका से तेरा सिंगार करूंगा। तू कुपित न हो अब और। मुझे क्षमा कर दे। बोल करेगी क्षमा?'—और कृष्ण ने त्वरित गति से झुक कर उसकी चरणरज अपने भाल पर लगा ली।

भोला सा अबोध बाल-मुख। नयनों में आलोड़ित कातरता। उर प्रकंपित हो उठा वृषभानुसुता का। निरीह बालक। अधिक लाड़-प्यार में थोड़ा बिगड़ गया है और क्या! इसे क्या ज्ञात कि यह कौन है? और भविष्य में जब ज्ञात होगा! अहो! ममत्व उमड़ पड़ा हृदय में।

'अच्छा क्षमा कर दिया। अब तो प्रसन्न! किंतु···'

'किन्तु क्या ब्रजेश्वरी?'

ब्रजेश्वरी!! ब्रजेश्वरी!!

'तो तू मान गया न मुझे ब्रजेश्वरी?'—कौतुक से वह मुस्कुराई।

'हां आज से तू ब्रजेश्वरी। किन्तु ब्रजेश्वर मैं ही रहूंगा।'

वह खिलखिला कर हंस पड़ी।

अचानक पक्षीवृंद चहक उठे। अचानक अश्वत्थ-पत्र करतल बजा उठे। अचानक प्रशांत कालिन्दी का हृदय कल्लोल कर उठा। और अचानक लताएं झूमने लगीं।

कृष्ण ने चकित हो निहारा चारों ओर।

'किन्तु कृष्ण! एक बात मानेगा?'—वह सहसा जैसे बड़ी हो गई हो ऐसी गम्भीरता से बोली—'तू गोपियों को क्यों सताता है? उन्हें बहुत हानि सहनी पड़ती है। जब तब माखन भरी गगरी फोड़ देता है। छाछ-दही फैला देता है। दूर-दूर से आती हैं बेचारी धूप में जल भरने और तू गगरी फोड़ डालता है। कितनी दुःखी हो जाती हैं वे! दुबारा इतनी दूर जाकर नई गगरी लाएं तब जल भरें। घर के लोकजन कुपित होते हैं उन पर विलम्ब होने के कारण। वैसे तू कितना अच्छा है! सबकी सेवा करता है। सबकी रक्षा करता है, वन्य-पशुओं को पल भर में मार गिराता है। इन निरीह गोपियों की गगरी से ही तेरी शत्रुता क्यों है? क्या यह शोभनीय है?'—वह स्वयं को न जाने कितना बड़ा अनुभव कर रही थी कान्हा से।

नवगोपी की नेहस्निग्ध दृष्टि पैठी जा रही थी कान्हा के उर में।

'अच्छा अब नहीं करूंगा गोपियों को आतंकित। नहीं सताऊंगा किसी निरीह को। शपथ लेता हूं। किन्तु खेलने तो आएगी न फिर मेरे साथ?'

वह अभिभूत रह गई उसकी निश्छलता से।

'देख कान्हा! तू कितना भला है। एक ओर लोकजन तेरी प्रशंसा करते अघाते नहीं। दूसरी ओर ब्रज-बालाएं घर से निकलते भय खाती हैं तुझसे। उन्हें सताने से क्या किसी को लाभ होगा? सताना ही है तो सता न कंस को। उस दुष्ट ने तो ब्रजवासियों का जीना दूभर कर रखा है। समूची मथुरा नगरी को कारागार बना रखा है।'—सहसा उसके दांतों तले जीभ आ गई। यह क्या निकल गया मुख से! यह सब क्यों कह गई उससे!

कंस को! कंस को! मथुरापति को!

नया विचार! नई बात! कृष्ण के बाल-हृदय में वृषभानुनंदिनी की बात दामिनी सी कौंध गई। वृषभानुसुता ने उसके हृदय में एक नए आन्दोलन का बीजारोपण कर दिया अजाने में। कान्हा का मन उस नवेली गोपिका के प्रति सम्मान से भर गया।

'सत्य कहती है ब्रजेश्वरी! मेरे मन में यह बात क्यों नहीं आई अब तक? तू कितनी बुद्धिमती है! तू आज से मेरी गुरु। तू ब्रजेश्वरी है। किन्तु खेलने आएगी न मेरे साथ?'

नवीना की मधुसिक्त हास्य-ध्वनि कलकल निनाद कर उठी।

अचानक वृक्षों पर पक्षीवृंद कूज उठे। अचानक लताएं थिरक उठीं। अचानक द्रुमदल करतल बजाने लगे। अचानक यमुना तरंगित हो उठी।

कृष्ण फिर चकित सा चारों ओर निहारने लगा।

'अब तो तेरी चरणरज भी ले ली किशोरी! मन में किंचित् भी रोष न रखना मेरे लिए। मन में किंचित भी दोष न रखना मेरा। वृषभानुजे! मैं तेरी भांति सुशिक्षित नहीं, सुसंस्कृत नहीं। तू मुझे कुछ अच्छी बातें सिखा देगी न?'

कहते समय उसका मुखमण्डल नवपद्म सा प्रफुल्लित था। नयन हंस रहे थे। अधर हंस रहे थे। रोम-रोम हर्षोन्मादित था। तन-मन पुलकित था। वह बैठ गया हंसते हुए वृक्ष-तले। वृषभानुनंदिनी निकट आ गई और उसके काकपक्षों पर हाथ फेरने लगी।

'कान्हा! तेरा मोर-मुकुट कहां गया?'

'बिखर गया खुल कर! दौड़ता आ रहा था न तुझे रोकने! मयूर-पंख उड़ गये वायु में'—वह स्मित हास्य से बोला।

'मैं बना दूंगी तेरे लिए एक नया···जो ऐसी सरलता से खुल न पाएगा।'

कान्हा कृतज्ञ था। किशोरी के ममत्वपूर्ण स्पर्श से आनन्द-मग्न।

'अब जाऊं?'—वृषभानुसुता ने पूछा।

'कहां?'—वह जैसे सोते से जागा।

'कहां?... घर नहीं जाऊंगी?'

'मत जा किशोरी!'—उसका बालमुख पुनः आहत हो फूल गया। उसने किशोरी का हाथ पकड़ लिया। कितनी कोमल सुकुमार कलाई—जैसे छह वर्षीय बालिका की हो।

वृषभानुसुता दयार्द्र हो आई। कान्हा के धूल भरे रूखे घुंघराले केशों में उंगलियां फेरते उसे पुनः लग रहा था जैसे वह न जाने कितनी बड़ी है कान्हा से।

'अभी तो जाने दे कान्हा! अम्ब अस्वस्थ हैं... फिर आऊंगी।'

कान्हा वैसे ही मुंह फुलाए बैठा रहा।

उसने चिबुक पकड़ कर कान्हा का मुख ऊपर उठाया।

'चलूं न कान्हा!'

कैसे दीन भावना, कैसी कातर याचना भरी थी कान्हा के दृग-विशाल में। और भी कुछ डबडबा आया सुलोचनों में।

वृषभानुसुता का मन आन्दोलित हो उठा उस कातरता से। मध्य निशा के घोर अंधकार में, मूसलाधार वर्षा में मथुरा से गोकुल की यात्रा करने वाला नवजात शिशु! विश्व का सबसे नन्हा यात्री! किशोरी का हृदय भर आया।

दोनों हाथों में उसका गोल मुख थामे अपलक निहारती रही।

'कैसी भोली सूरत है तेरी, कान्हा, मन होता है···मन होता है···'—वह झुकी। एक हल्का सा चुंबन कान्हा के भाल पर अंकित किया और तुरंत मुड़ कर भाग चली। भाग चली या उड़ चली।

वही रुनझुन की गति! वही ताल—एक···दो···तीन··· चार···! कमनीय देहलता कभी बायीं ओर, तो कभी दायीं ओर बल खाती। मलय-पवन की सुरभि-बाला सी चली जा रही थी वह छन्दमयी गीतमाला।

कान्हा की कुंद-धवल दंतपंक्ति खिल उठी। नेत्रों में उत्फुल्लता उमड़ पड़ी। हर्ष से वक्ष फूला हुआ था। आज उसे सखी, अग्रजा, गुरु, सब मिल गया था। प्रसन्नवदन। मुदित मन। वंशी लगाई जो अधरों पर, तो वसंत राग निःसृत हो उठा। और कान्हा के चरण भी ठुमुक उठे उसी रुनझुन की ताल पर—एक···दो···तीन··· चार! एक··· दो··· तीन... चार!

× × ×

सखियां और रसबतियां! अभिन्न होती हैं दोनों एक दूसरे से। सखियों के बिना रसबतियां नहीं और रसबतियों के बिना सखियां नहीं।

'कल सारी दुपहरिया बड़ा आनंद किया कालिंदी-तट पर। तू कहां रह गई थी किशोरी? आई नहीं वहां? और उस नटखट कन्हैया पर अच्छा तू ने अपना जादू चला दिया है। ऐसा चातक बना पुकारता रहा तुझे। राह तकता रहा तेरी'—ललिता वृषभानुजा के कंठ में बांह डाले पूछ रही थी।

'हां! कभी कहे, 'जा ललिते उस रूपकिशोरी को बुला ला' तो कभी मुझे ठेले कि नृत्य वेग नहीं पकड़ रहा, कहीं कुछ शिथिल है। वृषभानुजा को ला तब नृत्य का आनन्द आएगा'—विशाखा बोली।

'मैंने कहा कि—मोहन तेरे स्वयं के चरण शिथिल हैं, क्योंकि मन जो बोझिल है, उसमें वृषभानुजा के नाचने भर से क्या होगा? हां उसे देख तुझमें स्फूर्ति आ जाए, तेरे चरण चपल हो जाएं तो बात दूसरी है,—तो ऐसा सकुचा गया जैसे बालक नहीं, कोई नव-तरुण हो और तेरा प्रणयी हो'—ललिता ने कटाक्ष किया।

'है ही! थोड़े से दिनों में ही किशोरी का उपासक बन गया है। वृषभानुनंदिनी के रूप का वर्णन करता है तो न जाने कहां-कहां से उपमाएं बटोर कर लाता है। 'स्वर्ण-रश्मि सी अलकावली', 'बिम्बफल से अधर', 'स्वर्णमृगी से नयन' आदि-आदि। जैसे आदिकवि वाल्मीकि ही पुनः अवतरित हो गए हों कान्हा के रूप में।'

सखियों का मंजुल हास्य बिखर गया वनस्थली में। किशोरी मौन बैठी मन्द-मन्द मुस्कुरा रही थी। मन में आह्लाद क्यों न होता? जो सबसे तना रहता है महाधृष्टराज, वह केवल उसी के सामने झुकता है। भ्रमरवत् उसका रूपवर्णन गुनगुनाता फिरता है। किन्तु सखियां चुप क्यों हो गईं?

'और क्या कहता है मेरे विषय में?'—अंततः किशोरी अपना वय-सुलभ कौतूहल दबा न पाई।

वे सब पुनः हंस पड़ीं।

'अरे आराधक है तेरा। एक बार दर्शन क्यों नहीं दे देती उसको? बेचारा कल से भटक रहा है तेरी झलक पाने को।'

किशोरी के अधरों पर रोकते हुए भी मुस्कान थिरक गई।

'लेकिन वैसे कितना साहसी है! दूर दूर सघन वनों में एकाकी चला जाता है। अकेले ही हिंसक पशुओं का वध भी कर आता है। आयु कितनी कम है—मात्र नौ या

दस वर्ष। और कितनी सुन्दर ऊंचाई पा रहा है? कैसा गठा तन है उसका। बारह-तेरह वर्ष से कम नहीं लगता। हम लोग तो कभी उन वनों में जा भी नहीं सकती थीं पहले। उसने इतने वन्य-पशुओं का वध कर दिया कि अब ब्रजवासी निर्भय हो गए हैं। देखो अब तो अपनी गौएं भी निर्भय हो वनों में चरती रहती हैं, कोई हिंसक पशु रहा ही नहीं यहां। इसीलिए तो उसे गोपजन ब्रज का देव मानने लगे हैं। कहते हैं हमारी रक्षा तो यही करता है। भगवान है हमारा।'

'वास्तव में बड़ा वीर है। बड़ा बलशाली। लगता है कहीं कंस पर ही न चढ़ बैठे। किन्तु ढीठ बहुत है। गोपियों को बहुत तंग करता है और समझता भी नहीं समझाने से। बताओ, दूर-दूर से आती हैं ग्रामवधुएं यमुना-जल भरने और वह टन्नू से गगरी फोड़ देता है। बेचारी हँस कर टाल देती हैं और कर भी क्या सकती हैं? किन्तु कितनी असुविधा होती है! दुबारा इतनी दूर घर जाएं। दूसरी गगरी लाएं, तब जल भर ले जाएं!'

'हां, और घर में वृद्धाओं की फटकार खाएं सो अलग! तिस पर भरोसा नहीं कि दूसरी गगरी भी बच पाएगी। माता से भी नहीं डरता। कोई वस्तु भूतल पर नहीं जिससे वह भय खाता हो। इसीलिए उसकी ढिठाई कोई रोक भी नहीं पाता। उसके प्रति प्रेम बहुत है सबके मन में किन्तु कभी-कभी बड़ा दुःखी कर देता है गोपियों को।'

'किन्तु अब नहीं करेगा तंग गोपियों को···'—वृषभानुसुता के मुख से अनजाने में जैसे सोते-सोते ये शब्द निकले।

'क्याऽऽऽ? नहीं करेगा तंग? असम्भव। किन्तु तू क्यों कह रही है कि नहीं करेगा वह तंग?'—वे एक साथ झूम पड़ीं किशोरी पर।

तब किशोरी को भान हुआ कि व्यर्थ कह दिया सखियों से। उस ढीठ का क्या विश्वास कि कब अपनी शपथ तोड़ दे और किशोरी को उपहास का पात्र बना दे सबके सामने!

'बता किशोरी! तू कैसे कहती है कि अब नहीं सताएगा किसी को?'

'उसने स्वयं कहा मुझसे! शपथ ली है उसने।'

'अरेऽऽ। कब? तुझसे कहा? कब? कहां?'

'अरी, तू बड़ी रहस्यमयी है किशोरी! सबके सामने तो अकड़ती है उससे और इतनी बड़ी बात कहां कहलवा ली उससे?'

'अरे तुम ही लोग तो मुझे लेकर आई थीं उसके पास बुला कर उस दिन···!'

'किन्तु उस दिन तो तू ऐंठ के मारे रूठ कर चली गई थी तुरन्त ही···।'

'हां, फिर वह भागता आया मेरे पीछे-पीछे और अपने व्यवहार के लिए क्षमा मांगने लगा···'

सखियां अवाक् रह गयीं कुछ पल। ऐसा भी भला सम्भव है! क्षमा मांगे वह ढीठ लंगरवा!

'क्षमाऽऽऽ? कन्हैया ने मांगी? पूरे ब्रजमण्डल में धूम मचाने वाला निर्द्वन्द्व और उत्पाती बाल-व्याघ्र क्षमा मांग सकता है किसी से?'—विशाखा ने आंखें फाड़कर आश्चर्य प्रकट किया।

'हां विशाखे! सच कहती हूं···क्षमा मांगी उसने और···चरण छुए मेरे···'—किशोरी कहने के साथ ही सकुचा गई।

'अरेऽऽऽ!!'—उनके नेत्र विस्फारित रह गए।

'समझ ले विशाखे! यह किशोरी हर ले जाएगी कन्हैया को पूरे ब्रज से। अभी चार दिन हुए हैं पांव रखे यहां इस छोरी को और सब ब्रजबालाएं सपने ही बुनती रह गईं! बालपन से ही तो कितनी कुमारियों ने स्वप्न पाला है कि किशोर होते-होते नंदलाल उनका प्रणयी हो जाएगा। यही नहीं, पति भी होगा। हाय बेचारियों का कात्यायनी व्रत! हाय बेचारियों के श्रावण सोमवार के उपवास! हाय बेचारियों के हरतालिका-तीज व्रत!'—ललिता ने अभिनय करते हुए कटाक्ष किया।

'अच्छा रहस्यमयी! और क्या बोला नंदकुमार तुझसे?'

किशोरी संकोच में जकड़ गई सखियों के व्यंग्य और कटाक्षों के कारण।

'नहीं बताती, जा! तुम लोग तो मेरा ही उपहास करती हो।'—उसने मुख फेर लिया।

'अच्छा नहीं हंसेंगे तुझ पर। शपथ तुझे जो तूने पूरी बात नहीं बताई। बता किशोरी! वह बड़ा धूर्त है न, इसलिये आश्चर्य हो रहा है कि किसी की पकड़ में तो आया। माता-पिता के कहने में तो है ही नहीं वह। एक बार माता यशोदा कह रही थीं—इतना बिगड़ गया है वह कि मैं उसके थोड़ा बड़ा और होते ही विवाह कर दूंगी, तो बहू उसे ठीक राह लगा देगी। मुझसे तो सम्हलता नहीं?'

किशोरी सहित सखियां विहंस पड़ीं।

'बता न किशोरी और क्या कहा उसने?'

'न न! कुछ नहीं!···अब और नहीं बताऊंगी।'

'कैसे नहीं बताएगी? बताना पड़ेगा! हम छोड़ेंगी क्या तुझे? गांव में रहना है तो हमसे वैर करके रहेगी क्या? मगरमच्छ हैं हम लोग, मगरमच्छ! और इस ब्रज को समझ ले जल! और अब समझ जा अपनी स्थिति भलीभांति! हमें रुष्ट करके न रह पाएगी यहां वृषभानुनंदिनी! बता क्या कह रहा था वह?'

'अरेऽऽ! तुम लोग तो पीछे ही पड़ गयीं! चरण छुए उसने और कहा कि आज से तू ब्रजेश्वरी। बोला कि वह शिरीष, कदम्ब, कुंदकली और कर्णिका-पुष्पों से मेरा श्रृंगार करेगा—' कहते हुए किशोरी अनायास ही लजा गई।

'सच!! बड़े भाग्य ब्रजेश्वरी!'—सखियों ने चुटकी ली।

'तू ने तो जीत लिया ब्रजमोहन को। अवश्य कुछ मंत्र-तंत्र पढ़ दिया है तू ने उस पर।'

सखियां आनन्द-मग्न हो रसबतियों में डुबकी लगा-लगा कर नहाती रहीं।

वहां से कुछ ही दूर पर हंसती-खिलखिलाती ग्रामवधुओं की टोली छाछ की मटकिय शीश पर धरे मथुरा की ओर बेचने चली जा रही थीं सांकरी-खोर के बीच से। सांकरी

खोर श्याम और धवल दो विराट पर्वत शिलाओं के बीच एक-एक पांव रखने लायक बहुत ही संकरी सी पगडंडी थी, जहां एक से अधिक व्यक्ति नहीं चल सकते थे। शिलाएं चिकने और फिसलने वाले नुकीले पत्थरों से मंडित थीं, जिन पर सिवा उस संकरी पगडंडी के और कहीं पांव रखना ही असम्भव था। रंग-बिरंगे परिधानों में गोपवधुएं उसी सांकरी खोर से सुदीर्घ पंक्ति में एक के पीछे एक बड़ी सावधानी से डगमग होती, हंसती-बोलतीं, चली जा रही थीं।

'टन्न्!'

एक गगरी फूटी।

गगरी क्या फूटी, जैसे गगरी में से कोलाहल फूट पड़ा। आतंक छा गया गोपियों में।

'अरे आ गया री!···कन्हैया आ गया···! अरे गगरी सम्हाल···नहीं तो अभी जाती है छाछ सारी।'

'टन्न्!'

दूसरी गगरी गई।

'अरे कहां से आ गया ढीठ?' 'भागो···बचो।' 'सम्हल कर'···'देख पांव बचा कर।' 'दैया दय्या री पांव मुड़ गया मेरा तो।' 'अरी भागें भी तो कहांSSS···?'

फिसलते नुकीले पत्थरों पर गिरती-पड़तीं गोपियों में हाहाकार मचा हुआ था। किसी का पांव मुड़ गया। किसी की कुहनी छिल गई। कोई गिरीं पत्थरों पर, कोई गिरीं एक दूसरे पर।

'ए कन्हैया! दुष्ट! जब देखो यहीं बैठा रहता है। बहुत बिगड़ा है मैया के लाड़ में!'—छाछ से नहाई एक प्रौढ़ा रोष से गरजने लगी कमर पर हाथ रख कर।

टन्न्! टन्न्! टन्न्! टन्न्! एक के बाद एक सभी गगरियां उसकी अचूक कंकड़ियों से फूटती जा रही थीं।

हे प्रभो! सारी छाछ सत्यानाश कर दी दुष्ट ने।

टन्न्!

गोपियों में भगदड़ थी। गिरती-पड़ती वे उन चिकनी-नुकीली शिलाओं पर क्रोध और क्षोभ से कांपती इधर-उधर भाग रही थीं। कंकड़ियां अंधाधुंध आ रही थीं वृक्षों की ओट से। किसी के गाल पर, किसी के भाल पर, किसी के कंधे पर, किसी के कूल्हे पर। भयंकर आतंक छा गया था। दूध-छाछ से सब तर थीं। केश और शृंगार सब दूध-दही में डूबा सा।

वृक्ष के नीचे विश्राम करते एक बूढ़े बाबा रोचक दृश्य देख पोपले मुख से हंस रहे थे। उधर असहाय गोपियां गरजती-तरजती बरस रही थीं।

'आज कन्हैया, तू पांव तो रखना घर में! न कहा मैया से तो मेरा नाम नहीं। ऐसा बिगाड़ा है लाड़ में जैसे और किसी के घर में तो कभी लाल हुआ ही नहीं! मथुरा नगरी में दूध-दही बेचने से तो जीविका चलती है हमारी। सब यहीं फैला दी लंगरवा ने! अब क्या नंद बाबा दिला देंगे रोकड़, जो इतनी हमारी हानि करा दी उनके सपूत ने!'

'तो दधि-माखन खाने के लिए होते हैं या बेचने के लिए? यहां घर में सब भूखे बैठे हैं और मथुरा के राजा के लिए यहां का सारा माखन ले जा रही हो! फोड़ूंगा मटकी। और फोड़ूंगा।'—कान्हा अकड़ कर बोला।

'अच्छाऽऽ! तो तुझे घर में खाने को माखन नहीं मिलता। झूठा कहीं का। कौन भूखा बैठा है तेरे घर में, बता तो सही!'—प्रौढ़ा गुर्राई।

'वानर! ब्रज के वानरों को तो ब्रज का दही-माखन नहीं मिलता और वह राजा कौन होता है हमारा माखन खाने वाला? क्यों दें उसे दही-माखन? हम पर संकट आता है तो क्या राजा हमारी रक्षा करने को आता है कभी? क्या करता है वह हमारे लिए? फोड़ूंगा गगरी। सौ बार फोड़ूंगा'—कान्हा ने भूमि पर पांव से ठेका मारते हुए कहा।

कुछ गोपिय्रों को कान्हा की बात पर बरबस हंसी आ गई। पर प्रौढ़ा गोपी तो और आपे से बाहर हो गई।

'सुनीं इसकी बातें! जब देखो तो तकरार करता है। क्यों रे! भला तेरे वानर हमारे राजा से भी बड़े हो गए! ढीठ! एक तो हानि करा दी, ऊपर से तकरार किए जा रहा है…'—प्रौढ़ा ने हाथ नचा कर कहा।

बूढ़े बाबा ने हंस कर गोपियों को आड़े हाथ लिया।

'अरे काहे को इतनी रुसाय रही हो बड़ी बहू! अरे लड़कपन के खेल हैं। बच्चा है। फोड़ दीं। अब जब फूट ही गयीं गगरी, तो रार मचाने से जुड़ तो जाएगी नहीं! और न सारा दही-छाछ फिर से गगरी में भर जाएगा जो फैल गया है।.... अब बहू! अपनी अपनी सूरत तो सम्हालो। देखो तो छाछ-दही से लिपी-पुती कैसी अप्सरा सी सुन्दर लग रही हो तुम सब…हा हा हा हा!'

बाबा पोपले मुख से आनन्दपूर्वक हंस रहे थे उस रोचक दृश्य को देखकर। बस! कान्हा को तो और बल मिल गया।

'हा हा हा हा…अप्सरा सी सुन्दर! हो…हो…हो…हो! अरी अप्सराओ! ये तुम्हारे राजा इन्द्र खड़े हैं! इनके चरणों में शीश नवाओ! हो हो हो हो.... हा हा हा हा।'—दोनों हाथ कमर पर रखे, पांव फैलाए खड़ा वह धृष्ट बालक अट्टहास कर उठा।

दूर बैठी विशाखा और ललिता की दृष्टि पड़ी। विशाखा लपक कर एक ऊंची शिला पर चढ़ गई जहां से स्पष्ट दिख रहा था यह दृश्य। और देखते ही उच्च्व स्वर में पुकार पुकार कर किशोरी को बुलाने लगी।

'अरी ओ वृषभानुजा। देख ले इस उत्पाती को। तुझसे क्षमा मांगी थी इसने। तेरी चरणरज लेकर शपथ ली थी कि अब गगरी नहीं फोड़ेगा किसी की और सताएगा नहीं किसी को। देख तो कैसी सब गोपियां कांप रही हैं भय से! और यह निर्लज्ज कंकड़ी पर कंकड़ी मारे जा रहा है उनको। सारी छाछ फैला दी। गगरी फोड़ डालीं।' विशाखा चिल्ला चिल्ला कर किशोरी को सुनाने लगी।

वृषभानुजाऽऽ! कृष्ण ने जो वृषभानुजा का नाम सुना तो धरती खिसक गई पांव तले। तुरन्त मुड़ कर देखा। अरे राम! खड़ी तो है भवानी!

जो पलट कर सरपट भागा तो फिर पीछे देखने का नाम ही न लिया। दूर एक सघन पेड़ पर फुर्ती से जा चढ़ा और बैठ गया एक ऊंची शाखा पर छिपकर। ऐसा भागा सुध-बुध गंवा कर कि अभी तक हांफ रहा था। हृदय वेग से धड़क रहा था। उसे क्या ज्ञात था कि किशोरी भी वनदेवी बनी यहीं रम रही है आज। और किशोरी को भी उसकी विवशता समझनी तो चाहिये। अब यदि हाथ में कंकड़ी हो, तो कुछ तो करेगा ही उस कंकड़ी का! क्या करता! फेंक दी गोपियों पर। तो ऐसा कौन सा बड़ा अपराध हो गया जो खड़ी-खड़ी आंखें तरेर रही है? और वह स्वयं कैसी है, जो बोली थी कि आऊंगी खेलने और न कल दिन भर दिखाई दी, न आज। वहां बैठी ललिता और विशाखा से बतिया रही है तब से। कान्हा हौले से पत्ते हटा कर झुरमुट में से झांका।

हां, किशोरी रोष की मूर्ति बनी खड़ी थी। सबके सामने उसका अपमान कर गया। झूठा कहीं का!

'चल किशोरी। वहां चल। वो छिपा है उस ऊंचे तमाल पर।'—ललिता ने किशोरी को पकड़कर खींचा।

'मैं नहीं जाती! अब तो उसकी सूरत भी नहीं देखूंगी। वह चोर ही नहीं.. झूठा भी है। शपथ ले लेता है ढीठ और तुरन्त भंग कर देता है। फिर चाटुकारी करता है। दुष्ट कहीं का। अब कभी बात तक नहीं करूंगी उससे। चल सखि। घर चलें।

सचमुच जा रही है क्या? वह फिर तमाल-पत्तों में से झांका। माथा ठनक गया। देखा! बनी बात बिगाड़ ली स्वयं मैंने। भवानी तो फिर रुष्ट हो गई। अब कभी बात भी नहीं करेगी। जैसे-तैसे तो मना पाया था चिरौरी कर-कर के। चली जा रही है सखियों के साथ। अब क्या होगा? जाने दो। बहुत अकड़ती है। एक दिन राह में पकड़ूंगा और क्या! अधिक अकड़ेगी तो मैं भी बताऊंगा।

वह उतर आया वृक्ष से। संध्या हो चली थी। वंशी से पुकारना प्रारंभ किया—गोरीऽऽऽ! धवला ऽऽऽ! श्यामा ऽऽऽ! कपिला ऽऽऽ! नंदिनी ऽऽऽ! कृष्णा ऽऽऽ!

और रंभाती हुई दौड़ी चली आई सब वत्सला धेनुएं उसे नेह से निहारतीं। सबको देखा! सम्हाला। पुचकारा। हाथ फेरा और वंशी बजाता चल दिया। गौएं भी ठुमकती हुई चल दीं—टुनुक टुनुक टुन् टुन् टुन्! टुनुक टुनुक टुन् टुन् टुन्!

किन्तु मन में तो जैसे कोई मूषक आ बैठा हो! कुर्र कुर्र···कुरेदे डाल रहा है मन को। कुर्र कुर्र···कुर्र···कुर्र! मन का घाव बढ़ता जा रहा है मूषक के बिल के समान। अरे रह जा रे वृषभानुजा के मूषक! बताऊंगा तुझे! बड़ा आया कुर्र कुर्र!

× × ×

आज चार दिन हो गए, देखा नहीं उसे। इस बार बहुत मनुहार करनी पड़ेगी। बहुत अधिक रूठ गई है। हाथ की कंदुक उछालता हुआ वह सोच रहा था।

सुभद्रे! मेरा एक कार्य कर देगी, रानी बहन!'

'बस फिर वही एक कार्य! किशोरी को बुला ला! यही न ?'

सुभद्रा मटक कर गाल फुला कर बोली। वह तुरन्त समझ गई थी कान्हा के कंठ-स्वर से ही कि यह जो इतनी मिश्री घोलकर चाटुकारिता से बोल रहा है तो और क्या कार्य होगा भला इसका।

'तू तो बड़ी समझदार है। जा बुला ला न उसे।'

'मैं नहीं जाऊंगी।'—उसने मुंह फुला लिया।

'क्यों नहीं जाएगी?'

'वह आएगी तो है नहीं। तुम समझते नहीं। पहले तुम शपथ लेते हो फिर पूरी करते नहीं। वह क्यों आने लगी? वह कोई भोली-भाली है?'—सुभद्रा पुरखा की भांति हाथ नचा कर बोली।

'लेकिन अब क्या करूँ? अब हो तो गया ही दोष। क्षमा मांग लूंगा इसीलिए तो बुलवा रहा हूं। जा! तू बड़ी रानी है। बुला ला किसी भांति अनुनय कर के।'

'लेकिन अब तुम लड़ना मत उससे!'—सुभद्रा ने तर्जनी खड़ी करके समझाया।

'तुम नहीं जानते उसकी माता आर्या कीर्तिदा एक बार कह रही थीं···बताऊं?'—सुभद्रा ने मटक कर गोल-गोल आँखें चमकाईं।

'हां बता न···क्या कह रही थीं?'

'वे कह रही थी कि कान्हा-किशोरी की जोड़ी बड़ी लुभाती है। थोड़े बड़े और हो जाएं ये दोनों, तो इनका विवाह कर देंगे।'

'धत्!'—संकोच और अविश्वास से कन्हैया ने कहा।

'सच! बिल्कुल सच। माता कीर्तिदा कह रही थीं कि बस दो-तीन वर्षों में वे किशोरी का विवाह कर देंगी। उन्हें किसी महात्मा ने बताया था कि वृषभानुजा जोगन हो जाएगी। घर-द्वार, गृहस्थी सब छोड़ देगी और किसी जोगी के पीछे बावरी बनी घूमेगी, इसीलिये उन्हें चिन्ता है कि बिना देर किए उसका विवाह कर दें किसी प्रकार।'

'हूंऽऽऽ!' कान्हा सोच में डूब गया कुछ पल।

'अच्छा तू बुलाने नहीं जाएगी उसे?'—सहसा चिहुंक कर उसने पूछा सुभद्रा से।

'बस बैठे-बैठे दूतियां भेजते रहते हो उसके पास···और वह आती नहीं। तनिक भी तो उसे तुम्हारी चिन्ता नहीं!'

'अच्छा अब अधिक मत बोल। बोल, जाती है कि नहीं उसे बुलाने···?'

'जाती हूं भई, जाती हूं! तुम से कौन वैर पाल सकता है एक किशोरी को छोड़? लेकिन! झूला झुला दोगे न मुझे? खूब ऊंचा? खूब ऊंचा कि पत्ती तोड़ लाऊं तमाल की?'—सुभद्रा ने खड़े होकर हाथ ऊंचा करके बताया।

'हां हां झुला दूंगा! इतना ऊंचा, इतना ऊंचा फेंकूंगा कि टंगी रह जाएगी वहीं सबसे ऊंची शाखा पर और तब मैं चुपचाप झूला उतार लूंगा। अब जा तू देवी! बुला तो ला उस रूठी हुई महादेवी को।'

'ये लो तुम्हारी एक दूती तो ये लौटी आ रही है पांव पटकती। पूछ लो रंगदेवी से कि क्या संदेशा लाई है किशोरी का।'

—'कान्हाऽऽऽ रेऽऽऽ! वह तेरी किशोरी तो बड़ी ढीठ है रे ऽऽऽ'—दूर से ही रंगदेवी चिल्लायी—'कान्हा··· तेरी वह किशोरी! भगवान् बचाए उससे तो। वह तो सीधे मुंह बात भी नहीं करती। जैसे मैं कोई उसकी चिरौरी कर रही हूं। बड़ी ऐंठ है उसमें।'—पास जाकर रंगदेवी ने हाथ मटकाए।

'सीधे क्यों नहीं बताती, क्या कहा उसने? उसकी निन्दा करने को किसने कहा तुझ से?'—कान्हा ने घुड़का।

'बता तो रही हूं। उसने तुनक कर कहा कि कान्हा चाहे चरण छुए, चाहे नाक रगड़े··· किशोरी अब कान्हा की सूरत भी नहीं देखेगी। तू ही जाने क्यों मरा जाता है उसके पीछे!'

'तो तू क्यों कुढ़ी जाती है?'—कान्हा खीझ कर बोला।

'मैं काहे को कुढ़ने लगी? तू मरा जाता है... और वह पूछती भी नहीं तुझे। ऐसी घमण्डी है। थोड़ा सा भी तो तेरा ध्यान नहीं रखती। इतना कोई बुलाए प्रेम से तो भगवान् भी आ जाएँ!'—रंगदेवी ने हाथ नचा कर कहा।

'अच्छा-अच्छा! बहुत ज्ञान मत बघार अपना।'

'मैं क्यों ज्ञान बघारने लगी? मैं ये चली अपने घर। तू बैठा रह यहां धूनी रमाए, अपनी राजकुमारी के नाम की माला जपते हुए!'—रंगदेवी रोष से नथुने फुलाए मुड़ चली।

'मैं भी तेरे साथ चलूंगी रंगदेवी। यहां तो सब लोग गहरी नींद में सो रहे हैं।'—कहती हुई सुभद्रा भी चल पड़ी रंगदेवी के पीछे।

न जाने क्यों जब से किशोरी आई है, रंगदेवी उससे चिढ़ती है, कान्हा को लगा। बड़ा स्पर्धा का भाव रखती है वह किशोरी से। क्यों न हो! पूर्व में तो रंगदेवी ही ग्रामसुंदरी मानी जाती थी। अब किशोरी के रूप का ही घर-घर में बखान होता रहता है भोर से सांझ तक। तो उसे क्यों न बुरा लगेगा? वैसे सदा यह मेरे पीछे-पीछे डोलती रहती है किन्तु जहां मैंने किशोरी का नाम लिया, सो ही कैसी चिंगारी बन बैठती है। मुझसे ही झगड़ने लगती है। अच्छा हुआ, टली तो कुछ देर को।

कान्हा ने देखा चारों ओर। बलराम, श्रीदामा, वत्स, विशाल, सुमंगल, तेजस्वी, स्तोककृष्ण, भद्र आदि सब वट-मंडप की शीतल छांह में गहरी निद्रा में निमग्न हैं। गौएं भी वृक्षों तले छांह में बैठी जुगाली करती ऊंघ रही थीं। गौओं के कई झुण्ड चरते-चरते दूर तक निकल गए थे। निपट सुनसान दुपहरिया। कान्हा का मन रो आया। किशोरी के मन में तनिक भी दया नहीं। भूल हो गई तो हो गई। तो क्षमा कर दे न। क्षमा करने में किसका क्या जाता है। बेचारा हाथ में बांसुरी लिये अकेला बैठा रहा चुपचाप। यह बांसुरी ही अपनी है, और कोई नहीं। उसने बांसुरी को चूम लिया। और सब कितने दुष्ट हैं! कितना दुःख देते हैं उसे।

नहीं आएगी! 'चाहे चरण छुए, चाहे नाक रगड़े, अब किशोरी नहीं आएगी।' मैं भी बताऊंगा उसे अच्छी तरह कि कैसे आया जाता है भावी ब्रजेश्वर को मनाने। चरण भी नहीं छुऊंगा और नाक भी नहीं रगड़ूंगा। और किशोरी आएगी। निश्चित रूप से आएगी। समझती क्या है स्वयं को!

वह कंदुक उछालता-उछालता चल पड़ा सघन वन में।...

छपाक्!!

दुपहर के सन्नाटे को भंग करते हुए समूचे कांतारों में गूंज गई ध्वनि—छपाक्!!

बलराम चौंक कर उठ बैठे।

'कान्हा कहां?'

सब हड़बड़ा कर उठ बैठे।

कन्हैया कहां?...यहीं तो था। कंदुक खेल रहा था।

'कन्हैयाSSSS....' बलराम ने पुकारा चारों ओर देखते हुए।

वन-प्रांतर में पुकार गूंजी और लौट कर प्रतिगूंज आई—'कन्हैयाSSSS।'

'अवश्य कोई कूदा है गहरे जल में। कान्हा ने ही कुछ किया है। वह शान्ति से बैठ ही नहीं सकता।'

बलराम खड़े होकर अपना शीश-पट्ट बांधने लगे। सब ने अपनी-अपनी लकुटी सम्हालीं।

'कान्हाSSS होSSS...'—बलराम ने एक ऊंचे स्थान पर चढ़, मुख पर हाथ रख कर पुकारा।

शांति। निपट शांति।

'कान्हाSSS होSSS...'—पुकार गूंजती हुई लौट आई।

'ओSS कान्हाSSS...'—बलराम ने और ऊंचे स्वर में पुकारा।

गौएं चौंक कर खड़ी हो, रंभा उठीं म्हांSSS म्हांSSS म्हांSSS...।

कुछ पल नीरवता छाई रही। अचानक दूर यमुना में वेग से ध्वनियां छुईं छपाक्। छपाक्! फिर छप्प् छप्प्—की ध्वनि निरंतर होने लगी।

जब तक वे लोग कुछ समझ पाते तब तक दूर से धूल उड़ती दिखाई दी जो निकट आते-आते ब्रज की गौओं में परिणित हो गई।

हांफती-दौड़ती धेनुएं चली आ रही थीं। गोवत्स चले आ रहे थे, पूंछ उठाए, मुख से फेन बहाते। भय-विह्वल वे समस्त धेनुएं व गोवत्स बलराम आदि को घेर कर खड़े हो उन्हें करुण दृष्टि से निहार कर म्हांSS म्हांSS... कर के गुहारने लगे। गौएं कभी गोप-बालों के तन में मस्तक रगड़तीं, तो कभी उनके वस्त्र मुंह से पकड़ कर खींचतीं।

जो गौएं पहले से यहीं थीं, वे भी उस कातर पुकार में सम्मिलित हो गईं। म्हांSS म्हांSS की गुहारें चारों ओर छा गईं।

'क्या हो गया कहीं?'—हलधर ने विस्मित हो अपना हल उठाया।

'चलो। कहीं कृष्ण ने अवश्य कुछ किया है नहीं तो ये धेनुएं ऐसी व्याकुल न होतीं।'

'चलो ऽऽ होऽऽऽ सब लोऽऽऽग!'

'चलोऽऽ होऽऽऽ…कालिन्दी पर चलोऽऽऽऽ!'

श्रीदामा ने एक ऊंचे टीले पर खड़े होकर पुकार लगाई। तत्काल दूर-दूर से वृक्षों के झुरमुटों में से गोप-गोपियों के उत्तर मिले—'होऽऽऽ…ओऽऽऽऽ! चलोऽऽऽ रेऽऽऽऽ!'

झुंड के झुंड गोप-गोपियों के निकल पड़े वेतसलता-कुंजों में से। सब चल पड़े उतावली से पग बढ़ाते, भूमि पर लकुटी के प्रहार करते, धूल उड़ाते। आगे-आगे बेसुध सी दौड़ती जा रही थीं गौएं और दौड़ते जा रहे थे गोवत्स पूंछ उठाए।

'अरे बलराम होऽऽऽ…बचाओऽऽऽ रेऽऽऽ…कान्हा को बचाओऽऽऽ…कालिया के नागों सेऽऽऽ…'—कालिन्दी तट से किसी ग्वाल की पुकार आई।

'होऽऽऽ—' करते और भी तीव्र गति से दौड़ पड़े सब गोप-गोपियां लाठियां पटकते उसी दिशा में।

यह क्या हो गया?

नाग जाति की एक शाखा के लोगों ने यमुना के तट के निकट एक बड़े क्षेत्र पर अधिकार जमा रखा था। वहां उनके कई ग्राम थे। वे ब्रज के लोगों को न वहां आने देते, न ही उनकी गौओं को चरने देते। यमुना-जल का उपयोग भी न करने देते। आए दिन ब्रजवासियों से सीमा के बारे में द्वन्द्व होते। नंदराज ने मुठभेड़ बचाने हेतु ब्रज के लोगों को रोक दिया था उस ओर जाने को ताकि व्यर्थ का विवाद न बढ़े।

ये नाग लोग नाग-पूजक थे अतः पूजा हेतु उन्होंने भयंकर विषधर पाल रखे थे। ब्रजभूमि एवं नाग-भूमि के मध्य सीमा बनाए रखने के लिए वे लोग बड़ी धूर्तता से उन सर्पों को सीमा पर छोड़ रखते और वे विषधर सदा वहां रेंगते रहते प्रहरी की भांति ताकि ब्रज के लोग व पशु उस ओर न जा पाएं। यही नहीं, यमुना के एक दह में नाग लोगों का आराध्य एक विराट नागदेव रहता था, जिसका पूजन नागजन बड़े उत्साह व उल्लास से श्रावण माह की शुक्ल पंचमी को करते थे। नागदेव के रहने से उस दह का जल भी विषाक्त हो गया था।

भूल से पशु पीते तो तुरंत काल-कवलित हो जाते।

उस नागजाति का मुखिया कालिय ब्रजराज-नंद का शत्रु था और मथुरापति कंस का अभिन्न मित्र जिसे उसने नागराज घोषित कर दिया था। कंस के आदेश के अनुसार वह ब्रज के लोकजन को आतंकित करने में कोई चेष्टा शेष न रखता, इसीलिए उसने चारों ओर अपने पालित विषैले सर्पों का आतंक फैला रखा था। बलराम और गोप-ग्वाले हांफते-दौड़ते पहुंचे। दूर से देखा तो रक्त जम गया सबका।

कालिन्दी में कालसर्प के दह में कान्हा विषैले सर्पों से आबद्ध खड़ा था।

वे सर्प तो प्रशिक्षित थे। जैसे हा कान्हा की कन्दुक दह में गई, नागदेव ने फुफकार कर दबा लिया उसे अपने विशाल तन के नीचे। और जैसे ही कान्हा कूदा दह में अपनी कन्दुक लेने, असंख्य सर्पों ने आक्रमण कर दिया उस पर और उसके पांवों एवं कमर में लिपट गए।

कान्हा उन्हें पकड़ कर, झकझोर कर झटकता तो वे दूर जा गिरते, किन्तु तुरन्त ही दुगने वेग से आ चिपटते उससे। कान्हा वेग से पांव फटकारता तो सर्प जा गिरते और पुनः आ जाते सरसराते हुए। कान्हा हंस-हंस कर उनके फणों को पांवों से कुचल रहा था। कान्हा को यह खेल ऐसा प्रिय लगा कि कन्दुक तो अपनी भूल गया और जुट गया नागों से दो-दो हाथ करने में। उस के मुख पर चिन्ता की रेख नहीं। वह प्रफुल्लवदन नाचता, कूदता व थिरकता फिर रहा था विषधरों के बीच। कितने ही सर्प उसने कुचल डाले थे पांवों से। कितनों को मुट्ठियों से दबाए जा रहा था। उनकी आंखें निकली पड़ रही थीं। वे कालग्रास में पड़े जितनी-जितनी अपनी पूंछ फटकारते, उतना-उतना कान्हा अट्टहास करता।

गोप-गोपियों के नेत्र विस्फारित थे। कितनों की घिग्घी बंध गयी थी। कई ने नेत्र मूंद लिये थे। कई व्याकुल हो ऊंचे स्वर में रो पड़े। वे पुकार रहे थे। देवी-देवताओं की मनौतियां कर रहे थे उसकी प्राणरक्षा हेतु जो सर्पों के बीच बाल-वृषभ सा अड़ा खड़ा उनका काल बना हुआ था। कोई समझ न पा रहा था कि कैसे कान्हा को निकाला जाए कालदह से। साहस था किसी का उसमें कूदने का?

भीड़ बढ़ती जा रही थी। ग्राम में सूचना पहुंच गई थी। नंद, सुनंद, उपनंद, वृषभानु, यशोदा, कीर्तिदा, आबालवृद्ध नरनारी भागे चले आ रहे थे।

यह क्या कर डाला कान्हा ने! कान्हा को बचाओ भगवन! सबके हृदय प्रकंपित थे। तुमुल कोलाहल था घाट पर। किसी को सूझता न था कि क्या किया जाए। नंद इन्द्र से मनौतियां कर रहे थे। यशोदा ने अब तक न जाने कितने देवी-देवताओं को पूज लिया आंचल फैलाए। सभी गोप-गोपी किसी न किसी देवता की मनौती कर रहे थे।

कान्हा सम्राट सा गरज रहा था।

'बहुत उत्पात मचा रखा है नागजनों ने। न स्वयं शांति से रहते हैं, न हमें रहने देते हैं। ब्रजराज से संधि करके नहीं रह सकते? कहां है मेरी कंदुक? आज नागराज तो नागराज, उनके इन नाग-देवता को भी कुचल-कुचल कर मार डालूंगा। सदा कोई न कोई विवाद! यमुना का इतना जल मेरा, इतना जल तेरा! जल भी तेरा-मेरा होता है? हम यहां खेल नहीं सकते। छोटी-छोटी सी बातों को बढ़ाता है। सोचता है सर्पों के रेंगने के कारण कोई इधर आ नहीं पाएगा। अरे मूढ़! मैं सर्पों का भी सर्प हूं। एक-एक को मसल डालूंगा। हा हा हा हा···।

कान्हा सर्पों पर कूद-कूद कर अट्टहास कर रहा था। सर्प अचेत होते जा रहे थे एक-एक कर के।

'रेऽऽ कान्हाऽऽऽऽ···यह तूने क्या किया रे लाल! अरे कूद कर बाहर आ जा··· नहीं तो मेरे प्राण निकल जाएंगे लाल। अरे तू काहे को कूद गया नागों के बीच?'— यशोदा बिलख रही थी।

गोपियां ऊंचे स्वर में रो रही थीं। कान्हा पर कोई प्रभाव नहीं पड़ा। वह अडिग खड़ा था।

'कहां है नागराज? बुलाओ उसको···अभी निर्णय हो जाए! या इधर, या उधर। ब्रजभूमि में रहेगा तो ब्रजराज नंद का सम्मान करके ही रहना पड़ेगा। स्वेच्छाचारिता यहां नहीं चलेगी तेरी। ब्रजराज की अधीनता नहीं मानना तो तत्काल जा यहां से।'—वह रोष से दहाड़ा।

अन्ततः क्रोध-प्रकंपित नागराज आया वहां। मणि-कंचन से आभूषित, शीश पर सर्प फण जैसा स्वर्ण-मुकुट धारण किए। साथ में पत्नियां, दास-दासियां, परिचारक, परिजन आदि थे। नंदनंदन को अपने पूज्य सर्पों को कुचलते देखा तो आपे से बाहर हो गया।

'रुका रह नंदसुत! बहुत तू ने उपद्रव मचाया है मेरी यमुना में, मेरे सर्पों का वध करके.... मेरे आराध्य नागदेवता को यातना देकर। अभी तुझे इसी यमुना में जल-समाधि देता हूं। स्मरण रख, मैं नागराज कालिय हूं, मथुरापति का मित्र। विद्रोहियों और शत्रुओं का दमन किस प्रकार किया जाता है भली प्रकार जानता हूं। मूढ़ बालक! गोपाल है तो गोपाल बना रह, नागपाल न बन। खा जाएंगे ये नाग ब्रज की समूची प्रजा को।' अनुचरों से घिरा हुआ नागराज गरजा।

'गोपाल भी रहूंगा और नागपाल भी बनूंगा'—कृष्ण त्वरित गति से उछल कर नागवंश के आराध्य नागदेव के विराट तन पर चढ़ उसके छत्रनुमा विशाल फण पर पहुंच गया। शीश पर कान्हा के मार से उस महाभुजंग की आंखें फट कर बाहर निकल सी पड़ीं। कान्हा थिरक कर नृत्य कर उठा उस विशाल फण पर। चपलता से चरण थिरक रहे थे उसके।

वंशी अधरों पर लगाई तो नट-भैरव बज उठा। वंशी की तान लहरा उठी पूरे वातावरण में। कोलाहल शांत हो चला। वंशी विमोहित हो रहे थे लोग। नट-भैरव बज रहा था। कान्हा नट बना थिरक रहा था। मंत्रमुग्ध हुए जा रहे थे समस्त नाग। सम्मोहित थे सर्प।

बीन बज रही थी। नाग झूम रहे थे। भुजंगराज भी शीश पर कान्हा को धारे हौले-हौले झूमने लगे थे।

लोग भय से रोमांचित थे। गोपगण सिहर उठे थे। यशोदा अचेत हो गई थी। कई गोपियां अचेत पड़ी थीं। घाट पर आतंक था। दह में शांति थी।

कितने समय नट-भैरव की तान लहराई किसी को सुध न रही। नागराज अपने आराध्य का अपमान विष घूंट सा कंठ धारे खड़ा रहा। आराध्य का विराट तन हौले-हौले झूम रहा था।

वंशी शांत हो गई। किन्तु नृत्य परम वेग पर था। अब कान्हा चरणों से वेग पूर्वक ताल दे-दे कर, ठेका दे-दे कर नाच रहा था। वंशी की सम्मोहिनी जाते ही नागदेव क्षुब्ध

हो फुफकार उठे। शीश पर कठोर पदाघात थे। पीड़ा असह्य हुई जा रही थी। नेत्र फटे से निकले पड़ रहे थे। फुफकारें भयंकर हो रही थीं। विषैली उच्छ्वासों से वायुमण्डल तक ऊष्ण हो चला था। कान्हा के पदाघात से नागदेव के मस्तक से रुधिर बह चला। फण पर चरण-चिह्न बन गये। अशक्त नागदेव का विराट फण दुर्बलता से झुका आ रहा था नीचे की ओर। शक्ति क्षीण पड़ी जा रही थी। नृत्य वेग पर था। नटवर का अनोखा चरण-लाघव तथा पद-न्यास लोकजन श्वास रोके देख रहे थे। नृत्य-कौशल अपूर्ण था। ऐसा कभी किसी को देखने में क्या आया होगा। सुगठित तन झूम कर, घूम कर, थिरक कर, लचक कर भी आश्चर्यपूर्ण ढंग से संतुलित था नाग फण पर।

नागदेव शिथिल पड़ रहे थे। फण झुका जा रहा था। फूत्कारें मंद पड़ रही थीं। उच्छ्वासें विलंबित हो चली थीं। श्वासें कष्टपूर्ण थीं।

ता धिन्ना-ता धिन्ना, ता! ता धिन्ना-ता धिन्ना, ता! ता धिन्ना-ता धिन्ना, ता! ता धिन्ना-ता धिन्ना, ता!

कान्हा दिखता न था। एक गतिमान मूर्ति फिरकी सी घूम रही थी नागफण पर। विलक्षण स्फूर्ति थी उस तन में। विद्युत कौंध-कौंध जाती हो जैसे। चपला दामिनी सी थिरकन थी नटवर के तन में।

ता धिन्ना-ता धिन्ना, ता! ता धिन्ना-ता धिन्ना, ता! ता धिंन्ना-ता धिन्ना, ता! ता! ता! ता!

और भुजंगदेव भूमि पर पड़े थे। मंद मंद श्वासें। शीश से रक्त प्रवाहित। पलकहीन बड़े-बड़े नेत्र निश्चल थे। विराट देह श्लथ पड़ी थी।

नागराज कालिय ने सिर पीट लिया अपने देवता की दुर्गति देख।

'पकड़ लो इस नंदलाल को! देव का अपमान करने वाला जीवित न रहेगा। मैं अभी इसके खण्ड किये देता हूं...'—नागराज कालिय ने कटि से लपलपाती विशाल खंग निकाली।

तब तक अचानक सबने देखा कि अब कालिय भूमि पर चित्त पड़ा था और उसकी खंड उचट कर दह में जा गिरी थी। लोग समझ न पाए कुछ एकाएक। दह से उछल कर कान्हा कब आकर चिपट पड़ा नागराज के बलिष्ठ प्रौढ़ तन पर! लोग अवाक् थे। नागराज कालिय भूमि पर चित्त था और उसके वक्ष पर पांव जमाए खड़ा था कन्हैया। नौ वर्ष का बालक और कैसा अतुल बल! नागराज आश्चर्य से व्याकुल था।

'देखा कंस की चाटुकारिता का फल! बहुत तूने अवमानना की है ब्रजराज की। हटा कर तो दिखा मेरा पांव, कैसे हटाता है! यह तेरा वक्ष तो रावण की पापी राजसभा है और यह चरण अंगद का समझ ले। अब न हटेगा यह, जब तक तेरे प्राण ही न निकल जाएं।'

और फिर बज उठी वही प्राणलेवा मुरली-बीन!

फिर वही नट-भैरव! नट-भैरव का प्रथम सुर सुना नहीं कि कालिय को तीनों लोक दिख गए। नट-भैरव नहीं...यह काल-भैरव का महाराग बज रहा है कानों में।

नागराज दबा जा रहा था। वाणी अवरुद्ध थी। कहीं यह बालनट उसके वक्ष पर तांडव-नृत्य तो न कर उठेगा।

उसके परिजन, परिचारक, अनुचर आदि सभी भय-प्रकंपित थे। कौन नहीं जानता था कि कृष्ण ने पूतना-वध किया है। प्रलम्बासुर का वध किया है। अरिष्टासुर का वध किया है। कौन साहस करता कृष्ण से उलझने का। नागों के देवाधिदेव वहां दह में पड़े अंतिम श्वासें गिन रहे थे। यहाँ नागराज चित्त पड़ा था कृष्ण के चरणों तले।

भय और रोमांच से नाग लोगों के रोंगटे खड़े हो गए थे। तन थर-थर काँप रहे थे। नागपत्नियां अश्रु-विगलित थीं। गोपजन श्वास रोके देख रहे थे। गोपियों के प्राण कण्ठ में आ समाए थे।

वेणुनाद ऊंचा हो रहा था। नट-भैरव उठता जा रहा था। समूची सृष्टि स्वर-माला में गुंथी जा रही थी। नटवर के पग स्वाभाविक गति से थिरकने लगे।

नृत्य बहुत वेगवान् न था। किन्तु नागराज कालिय के वक्ष पर खड़ा कन्हैया सोच समझकर ही पग उठाता और रखता था क्योंकि एक-एक पग जिस-जिस स्थल पर पड़ता, नागराज भयंकर पीड़ा से आर्त हो उठता।

नागराज का मुख खुल गया था। अधर सूख गए थे। आंखें फटी पड़ रही थीं। श्वास मंद पड़ने लगी। पत्नियां रो पड़ीं। पट्टरानी कांपते हुए आगे बढ़ी हाथ जोड़े।

'क्षमा करें ब्रजराजकुंवर! नागराज से भूल हुई। मथुरापति के छल-प्रपंच में पड़ कर इन्होंने ब्रजराज से शत्रुता मोल ले ली। राजा कंस हमारे नागराज को तनिक भी शांति से बैठने नहीं देता, नंदलाल! सदा नंदगोप के विरुद्ध उन्हें उकसाता रहता है। सदा नए-नए आदेश भेजता है जिनका पालन तत्काल ही होना चाहिये। किन्तु हे गोपाल!⋯हमारा सौभाग्य तुम्हारे चरणों में है। इन्हें जीवनदान करो। हम स्वयं कंस से भयभीत हैं। हम ब्रजभूमि में गुप्तचरी नहीं करना चाहते। कंस बलपूर्वक यह कार्य हमसे कराता है। नहीं करें तो वह प्राण ले लेगा। वह शोरसेन-जनपद का अधिपति है। हम कहीं दूर जा कर बसना चाहते हैं। नागराज को क्षमा करो, अब ये तुम्हारा कोई अहित नहीं करेंगे। इतनी पत्नियों को वैधव्य एवं असुरक्षा का अभिशाप न दो, नंदनंदन⋯।'

कालिय नाग की सभी पत्नियां हाथ जोड़े थर-थर कांप रही थीं।

किन्तु उसे तो कुछ सुनाई ही नहीं दे रहा जैसे। मुरली अधर धरे उसकी दृष्टि थिरकती दौड़ रही है तट पर। दूर खड़े विराट जनसमूह पर। यहां से वहां तक। वहां से यहां तक। किसको खोज रही है उसकी आतुर दृष्टि?

तो⋯? आई नहीं वह अभिमानिनी अब भी! निराशा छा गई मुख पर। उसकी चिन्ता करने वाला हर हितैषी, उस पर ममत्व रखने वाला हर स्नेही उपस्थित है। इस लीलास्थली पर हर व्यक्ति उसके लिए मनौतियां कर रहा है। किन्तु नहीं आई तो केवल वही जिसके लिये प्राण व्याकुल है। नहीं आई वह⋯जिसने कहला भेजा था कि अब तो वह कान्हा की सूरत भी नहीं देखेगी⋯कान्हा चाहे उसके चरण छुए, चाहे नाक रगड़े। सच ही नहीं आएगी क्या निठुरा? इतना विशाल जनसमूह। और केवल वही अनुपस्थित जिसके लिए गत चार दिनों से प्राण छटपटा रहे हैं।

नागराज अवश पड़ा किसी प्रकार हाथ उठा कर जोड़ना चाहता है। पर उसके वक्ष पर जो नटवरनागर का नृत्य चल रहा है। श्वास नहीं ले पा रहा। सूखे अधरों पर जिह्वा फिराता हुआ कुछ बोल रहा है पर बोल नहीं पाता, शब्द टूट रहे हैं।

'कृपा'''नंदनंदन'''! भविष्य में भूल न होगी'''बस'''अब नहीं। अब क्षमा...... हे गोपाल! हे मुरारे!'

नटवर का मस्तिष्क उलझा हुआ है विचारों में। मुझे तो कोई क्षमा नहीं करता। मैं ही क्यों क्षमा करूं किसी को? छोटा हूं, तो भी मुझे क्षमा नहीं मिलती। और मैं सबको क्षमा करता फिरूं! नहीं। बाल-शार्दूल गरज उठा।

'नहीं! भूल एक बार होती है। दो बार होती है। तुम लोगों ने जानबूझ कर ब्रजवासियों को आतंकित किया। यमुनाजल को विषाक्त किया है। हमारे कितने ही पशुओं को काल-कवलित करवाया है। तुम लोग क्षमा योग्य नहीं'—अधिकार और सत्ता के साथ ऐसे बोला जैसे वह स्वयं ही ब्रजराज हो।

नागपत्नियां पुनः रो पड़ीं। उन्होंने आकुल-व्याकुल यशोदा के हाथ जोड़े।

'छोड़ दे लाल! अब बहुत हो गया। तू यहां आ जा... मेरे प्राण कंठ में अटके हैं। ओ रे कान्हाSSS—' यशोदा का दारुण विलाप कालिन्दी तट को कंपा गया। गोपियां रो पड़ीं।

नहीं। आज तो वह हटेगा नहीं वहां से, जब तक वह हठीली और गर्वीली रूप बाला वहां दिखाई ही न पड़ जाए। कितनी अभिमानिनी है दुष्ट! उससे तो भली हैं अपनी ये रंगदेवी, विरजा, ललिता, विशाखा, चित्रा! देखो ये बेचारी मेरे लिए कितना बिलख रही हैं। कुछ और नाटक करूं क्या? ऐसा अभिनय करूंगा कि सब के सामने पछाड़ें खा-खा खा कर रोएगी फिर।

सहसा तभी भीड़ को चीरते हुए से दो नील शुक्रतारक चमक उठे। हां! वह खड़ी है निश्चल। अभिभूत। अरे! एक नील तारक कहां गया? कौन है यह एक-नयना? नहीं। फिर दो चमक उठे। शुक्र! दो शुक्र! अरे'''पुनः एक तारक! कभी शुक्र तो कभी शनि! यह कैसा रहस्य? मुझे अपनी ओर देख कर छेड़खानी कर रही है? नहीं, चिंतित है। रोती है क्या बार-बार! आंसू पोंछती है बारी-बारी से दोनों नयनों का। दोनों का एक साथ नहीं पोंछती? समझ गया। ताकि एक पल को भी ओझल न हो जाऊं दृष्टि से। इसीलिये न? जानता था, वह आएगी। कान्हा के सलोने मुख पर राशि-राशि मुस्कान उद्भासित हो उठी।

अब कहीं जाकर कसे हुए कठोर हृदय में करुणा का संचार हुआ। पीड़ित नागवधुएं। चरणों तले श्लथ पड़ा अर्धमूर्च्छित नागराज।

महापराक्रमी धीरोदात्त नायक की भाँति वह अभिनय करता हुआ उद्घोषणा कर उठा।

'नागवधुओ! आज तुम्हारी याचना के कारण छोड़ रहा हूं तुम्हारे पति को। किन्तु भविष्य में इसे मर्यादित रखना। यदि पुनः इसने ब्रजवासियों से शत्रुता की तो न यहीं रह

जाएगा जीवित, न हो नागवंश में कोई अन्य व्यक्ति जीवित रह पाएगा'—इतना कह कर नटवर नागर चल दिया मदमत चाल से गोप-ग्वालों की ओर।

नागराज को उसके परिजन, परिचारिकों ने उठाया। पत्नियों ने रो-रो कर उसकी धूल झाड़ी। कीचड़ पोंछी। एक परिचारक दौड़ कर पात्र में औषधि लाया। नागराज कालिय का बलाभिमान एक बालक ने चूर-चूर कर दिया था। उस बलिष्ठ प्रौढ़ तन का महाबल नन्हें से नटवर नागर ने बहा दिया था। लज्जा से उसका मुख विवर्ण था। ग्लानि, क्षोभ व दीनता मुख पर आलोड़ित थी। पल भर में ही तो उसका दर्प, गर्व, प्रतिष्ठा एवं बल वाष्प से उड़ गए थे। मथुरापति कंस द्वारा प्रदत्त उसका रत्न-मुकुट दूर जा गिरा था।

कांपते हाथों उसने वह रत्नमुकुट उठा कर धर दिया कृष्ण के चरणों में।

'जय हो!…जय हो।…'—का तुमुल भैरव घोष गूंज उठा वन-प्रांतों में। गोपजन हर्ष से उछल पड़े।

नागराज के अनुचर कान्हा के अभिनंदन में सर्पमुखी वाद्य बजा उठे।

'ब्रजराज—कुंवर की जय हो'—नागराज कालिय ने हाथ उठा कर आवेग—कंपित कंठ से कहा।

'जय होऽऽ! ब्रजराजकुंवर की जय होऽऽऽ'—अभिभूत जनसमूह ने प्रतिउत्तर दिया।

कृष्ण ठठा कर हंस पड़ा और एक उपेक्षा पूर्ण दृष्टि डाली मणिजटित मुकुट पर।

'ऐसे मुकुट तो कितने ही हैं हमारे पास। हम दान नहीं लेते। हम तो वनवासी हैं। मोर-मुकुट के प्रेमी हैं। मोर-मुकुट जैसे सुकोमल मुकुट के स्थान पर ये कठोर पाषाण जटित मुकुट हमें भाते नहीं। नागराज! उठा लो अपना मुकुट।'

'कुंवर-कन्हैया की जय!'—विह्वल कण्ठों से निकल पड़ा।

नागराज के अनुचर विराट स्थालों व पात्रों में व्यंजन, पकवान व मिष्ठान्न ला रहे थे। रत्नों से भरे थाल के थाल चले आ रहे थे। मणियों से भरे। स्वर्णाभूषणों से भरे। रेशमी वस्त्रों से भरे। क्षत-विक्षत मृत सर्पों के उस कुरुक्षेत्र में एक नौ वर्षीय बालक घिरा खड़ा था पूजन सामग्री से। नागवधुएं उसकी आरती उतार रही थीं। नागराज धवल पुष्प-माला पहनाकर ब्रजराजकुंवर का अभिषेक कर रहा था।

गोपजन उल्लसित थे। शंखनाद कर रहे थे। घंट बजा रहे थे। मृदंग और मंजीर बजा कर गोप-गोपियां हर्षोन्माद से रोमांचित हो थिरक रहे थे। विह्वल हो नाच रहे थे।

नागराज को ब्रजराज नंदगोप ने कंठ से लगा लिया। नागराज ने क्षमा मांगी और आश्वस्त किया उन्हें कि वह शीघ्र ही दल-बल सहित यह क्षेत्र छोड़कर कहीं और जा बसेगा।

बलराम, श्रीदामा, स्तोककृष्ण भद्र और वत्स आदि ने भावातिरेक में कान्हा को उठा कर अपने कंधों पर बिठा लिया।

'जय कन्हैया लाल की! जय बोलो नंदलाल की!'

नाचते-कूदते गोपसखाओं के हर्ष का पार न था। यशोदा अपने पुत्र की बलैयां ले रही थी। वृद्धाएं दीठ उतार रही थीं। वृद्धजन आशीष दे रहे थे। माताएं, भावजें व अन्य

महिलाएं अक्षत छोड़ रही थीं। ललिता, विशाखा, विरजा, रंगदेवी, चित्रा आदि मृदंग और मंजीर की ताल पर मगन होकर झूम रही थीं। सखाओं के कंधों पर बैठा बाल-केसरी स्मित-हास्य से निहार कर सबको निहाल कर रहा था। गर्व से प्रदीप्त मुख। मुदित-मन।

आज तो वह नवेली अवश्य समझ गई होगी कि मैं कितना वीर हूं। पहले मुझे कुछ गिनती ही न थी। मानती ही न थी। अरे गगरी फोड़ना तो छोटा सा खेल था। उसी पर इतनी रुष्ट हो गई। आज देखी मेरी महिमा। आज देखा मेरा प्रताप। कैसा संहार कर डाला सर्पों का! अब सम्पूर्ण ब्रज अभय हो गया नागों से। कहती थी—नहीं आएगी। न मैंने क्षमा मांगी, न नाक रगड़ी!…किन्तु आना पड़ा न!

लेकिन!…गई कहां?…फिर खो गई वह तो!…

जनसमूह नाचता-कूदता हुआ कान्हा को उठाए नंदग्राम की ओर चल पड़ा था। वह कहीं नहीं दिख रही समूह में। छोटी सी तो है, दब गई होगी कहीं। छिप गई होगी भीड़ में। दिखाई कैसे दे!

जनसमूह आगे बढ़ रहा था। उसने दाएं घूम कर देखा—वहां नहीं है। बाएं घूम कर देखा—वहां भी नहीं है। कहां चली गई? पीछे मुड़ कर देखा।

अहो! वहां खड़ी थी वह। एकाकी कदम्ब-वृक्ष तले। उसका हृदय उद्वेलित हो उठा। साथ क्यों नहीं आ रही वह? वहां क्यों खड़ी है? अभी भी रुष्ट है क्या अभिमानिनी? मुझे ही जाकर मनाना पड़ेगा क्या इस समय?

क्यों खड़ी है इतनी चुपचाप? अपलक निहार रही है कान्हा की जय-भेदिनी को। आँचल से अपने आंसू पोंछ रही है क्या अभी भी? कान्हा चकित रह गया। अभिभूत हो गया उसकी मौन अभ्यर्थना से। मन हुआ दौड़ जाए तुरन्त उसके पास और खींच लाए हाथ पकड़ कर उसे भी अपनी विजय-वाहिनी में। कान्हा की चंचल दृष्टि पड़ी नृत्यरत ललिता, विशाखा पर। कुछ पूछ लिया, कुछ बोल दिया नयनों ने। वे समझ गयीं। प्रसन्नता से झूम उठीं। सखियों का हाथ पकड़ कर दौड़ पड़ीं जिधर किशोरी खड़ी थी।

वहां पहुंचते ही वे सब झूम पड़ीं वृषभानुनंदिनी पर।

'अरे तू यहां खड़ी है किशोरी! चल। देख वह कैसा आतुर हो तुझे निहार रहा है। तुझे यहां एकाकी खड़ा देख कितना व्याकुल है। देख लिया न, आज हमारे कन्हैया का चमत्कार? कैसे वह ब्रज की रक्षा करता है! वह न हो यहां, तो हम लोग ऐसे निर्द्वन्द्व थोड़े ही रह सकते हैं। तभी तो उसे सब ब्रज का लोकदेवता मानते हैं। अहा। कितने प्रेम से निहार रहा है तुझे। अरे छोड़ भी यह रूठना-मनाना। बहुत हो गया। देख किशोरी! अब रोष न करना उस पर। वह बड़ा भोला है। बड़ा निष्कपट! बहुत चाहता है तुझे। इतने विशाल जनसमूह में भी बेचारे की मुग्ध-दृष्टि तुझी पर लगी है एकटक। मुझे तो बड़ी दया आती है उस पर तेरी कठोरता देख कर'—एक प्रफुल्लित श्वास में ललिता बोलती चली गई।

'अरे यही नहीं ललिते! जब बांसुरी बजा कर नृत्य कर रहा था नागराज के वक्ष पर, तब मैंने स्पष्ट देखा कि उसकी व्याकुल दृष्टि इसी को खोज रही थी। जैसे ही यह दिखाई दी…गद्गद हो उठा वह और तत्काल तभी क्षमा कर दिया नागराज को! उसके पूर्व तो

स्पष्ट शब्दों में अस्वीकार कर चुका था क्षमादान। इधर इस पर दृष्टि पड़ी, उधर उसको क्षमा! बड़ा प्रभाव जमा लिया है री किशोरी, तूने उसके हृदय पर। वास्तव में तो तेरी ही अनुकंपा से आज नागवधुओं के सौभाग्य की रक्षा हुई और नागराज को जीवनदान मिल पाया है'—विशाखा ने प्रेम से वृषभानुसुता के कंठ में हाथ डालते हुए कहा ।

'कान्हा ने ब्रजेश्वरी की उपाधि दी है उसे, किन्तु है वह उसकी हृदयेश्वरी!'—ललिता विहंस कर बोली।

'ऊंह! प्राणेश्वरी कह प्राणेश्वरी! इसके दर्शन नहीं पाता तो प्राण सूख जाते हैं बेचारे के'—हंसतीं-खिलखिलातीं, किशोरी को साथ ले, नृत्य करती हुई वे पुनः सम्मिलित हो गईं अपने बालक-नायक की विजय यात्रा में।

× × ×

नागराज कालिय का दर्प-भंजन क्या हुआ, कान्हा जैसे ब्रज का इष्टदेव बन गया। उस दिन जिन असंख्य आंखों ने बालगोपाल को नागफण पर नृत्य करते देखा था, सदा-सदा के लिये नटनागर उन आँखों में बस गया। जिन गोप-गोपियों ने उस नील बालक की वीरता और साहस को भरी दुपहरिया अपनी आंखों से देखा था, उनकी वाणी उस बालक की वीरगाथाएं गाते थकती न थी।

ब्रज में हर मां का वह सपूत था। हर किशोरी का वह सपना था। हर कुमारी का वह प्रियतम था। हर विवाहिता का वह नटखट देवर था। हर बहन का वह लाड़ला भाई था। हर वृद्ध पितामह-पितामही का वह दुलारा छौना था और हर बालक का नायक। हर किशोर का सखा था और हर तरुण का छोटा भाई। वह हर हृदय का संप्रभु बन बैठा था और हर घर उसका मन्दिर बन चुका था।

घर-घर में कृष्ण नाम से ही भोर होता। सब कामना करते कि कन्हैया जुग-जुग जिए और ब्रज की रक्षा करे। घर-घर में उसके लिए फूल-मालाएं बनतीं। उसकी रुचि के व्यंजन बनते। घर-घर से उसे कलेवा के लिए बुलावे आते, घर-घर से उसे न्यौते मिलते। उसे लोग जिमाते, जैसे भगवान को भोग लगा रहे हों। उसे खाते देख निहाल होते। उस की आरती करते, तिलक लगाते, चन्दन लगाते, पूजन करते, बलैया लेते। उसकी झलक पाने, उसे एक बार निहार लेने भर को सुबह से नन्दभवन में भीड़ उमड़ आती। उसकी हर बात निराली थी तो क्यों न आबाल वृद्ध उस पर लुटते!

वह उनके जीवन का अभिन्न अंग हो चला था। उसे देखें बिना चैन न पड़ता। सांस न आती। दिन भर उसी की चर्चाएं होतीं। अनाज कूटते, पनघट पर जल भरते, भोजन बनाते, खाते-पीते, घरों, यमुनाकूलों और चौपाल में उसकी महिमा पर पद-रचनाएँ होतीं। दिन भर कौतूहल सा रहता कि अब देखो, कौन सा चमत्कार कर डाले अपना प्यारा!

उस पर गीत-रचना में स्पर्धा होती और सदा किशोरी की गीत रचना श्रेष्ठ घोषित होती। वंशी-वादन की होड़ लगती तो किशोरी की वंशी उर में कान्हा से कहीं अधिक माधुरी भर देती। नृत्य होता तो किशोरी की कोई बराबरी न कर पाता।

ब्रज में राग-द्वेष, प्रेम-आनन्द, गीत-नृत्य, आंसू-पीड़ा, रार-तकरार, सोना-झींकना, ताने-उलाहने, व्यंग्य-उपालंभ, नोंक-झोंक आदि कुछ भी होता, कहीं भी होता किंतु केन्द्र-बिंदु सदा माधव मोहन ही रहता।

ब्रज-वसुंधरा पर वह छा गया था। ब्रज के आकाश को उसने पूरा-पूरा छेक लिया था। उसको कोई चुनौती देने वाला नहीं। उसका कोई प्रतिद्वंद्वी नहीं। उसका एकाधिकार था वहां। वह सबके हृदय का सम्राट था।

× × ×

अमराई में बैठी किशोरी पुष्प गूँथ रही थी। परिचित पदचाप सुन कर दृष्टि उठाई। झूमता चला आ रहा था कान्हा, जैसे नींद में चल रहा हो।

'कान्हा, तू सदा स्वप्न देखता सा लगता है...जब चलता है तब भी! जब कुछ सोचता रहता है तो लगता है जैसे सो रहा है। ये कैसे स्वप्न-बोझिल नयन हैं तेरे?'—किशोरी ने चहक कर पूछा।

'तेरे भी तो नयन स्वप्न-बोझिल दिखते हैं किशोरी! सब तुझे कहते हैं—अनियारे नैनों वाली। जैसे तू कभी सोती ही नहीं अथवा तेरी निद्रा कभी पूर्ण न हो पाती हो'—वह बोला।

'हां सोती हूं, तो नटखट कान्हा आ कर कंकड़ी मार देता है किसी गोपी की मटकी पर और सारी छाछ आ गिरती है मेरे ऊपर। मेरी आंख खुल जाती है। छाछ से भीगी भला फिर कैसे सो पाऊंगी?'—चपलता से अभिनय करती हुई वृषभानुसुता बोली।

'अरे तू बड़ी विचित्र है! अब गगरी नहीं फोड़ता हूं तो भी तू स्वप्न में मुझे गगरी फोड़ते देखती है! अब तो तुझसे बतियाते-बतियाते ही समय कब बीत जाता है, भान नहीं होता जो गोपियों से उलझाता फिरूं'—कहते हुए कान्हा वहीं सूखे पातों पर आंखें मूंद कर लेट गया।

'किन्तु कान्हा! आज मुझे लग रहा है जैसे सचमुच स्वप्न देख रही हूं अभी भी गत रात्रि वाला।'

'कौन सा स्वप्न?'—आंखें मूंदे-मूंदे ही कान्हा ने पूछा।

'मैंने देखा एक श्वेत जटाकलाप वाले ऋषि खड़े हैं कौपीन धारण किए, रुद्राक्ष की मालाएं कंठ में झूल रही हैं, भाल पर श्वेत चंदन की रेखाएं अनुलेपित हैं। कह रहे हैं—'कृष्ण कब किशोर होगा? उसे बहुत कार्य करने हैं। यह साधारण नहीं। असाधारण है!'

'सच!!'—कान्हा के नेत्र विस्फारित हो गए।

'हां-हां। नितांत सत्य! स्वप्न भंग होते ही निद्रा भी भंग हो गई। तब से सो ही नहीं पाई। तो भोर सब जन कहने लगे कि किशोरी के लोचन अनियारे लगते हैं। किन्तु कैसा अद्भुत है न मेरा स्वप्न? तुझे विश्वास नहीं होता? ऐसे विस्फारित नेत्रों से क्या निहार रहा है मुझे?'

'विश्वास होता है ब्रजेश्वरी! पूर्णतः हो रहा है।'—कान्हा उठ कर पद्मासन में बैठ गया। स्वप्निल नयनों से सुदूर कुछ खोजता हुआ सा।

'किशोरी! कुछ दिन पूर्व मैंने भी ऐसा ही स्वप्न देखा था।'

'कैसा?'

'जैसा तू कह रही है।'

'सत्य?'

'हां। मैंने एक संन्यासी देखे थे। पूरे तन पर विभूति रमाए। मुझ से बोले—'अब क्या इन द्वादश-वनों में ही सदा वंशी बजाता फिरेगा मोहन? वंशी छोड़! सब तेरी प्रतीक्षा कर रहे हैं। तुझे दुःखी-पीड़ितों के लिये बहुत कुछ करना है। दुष्टों का विनाश करना है।' और किशोरी... फिर वे तेरे पास आकर तेरे शीश पर हाथ फेर कर बोले—'यह तेरी शक्ति है। यह तेरी भक्ति है। तुम दोनों एक-दूसरे के लिये हो। तुम दोनों एक ही हो।'

'आश्चर्य!'—वृषभानुजा के अनियारे विशाल नयन आश्चर्य से और भी विशाल हो गए। फिर उसे कुछ संदेह हुआ।

'अंतिम बात तूने अपने मन से तो नहीं जोड़ ली?'—आंखें झपका कर उसने पूछा।

'नहीं! कदापि नहीं। सौगंध तेरी! ऐसा ही स्वप्न देखा था मैंने!'

'इन स्वप्नों का कोई अर्थ तो अवश्य होता होगा कान्हा।'

'क्या ज्ञात? किसे ज्ञात?

'ले कान्हा! ये हो गई तेरी वैजयन्तीमाला पूरी'—वृषभानुसुता ने वह पुष्ट गदराई हुई माला डाल दी कान्हा के कंठ में। तो भी कान्हा खोया हुआ सा बैठा रहा।

'क्या सोच रहा है अब तू?'—किशोरी ने निकट खिसकते हुए पूछा।

'कुछ नहीं!'

'मुझे तो वास्तव में अब बड़ी नींद आ रही है'—किशोरी कान्हा की गोद में शीश रख कर लेट गई। वह फिर भी बैठा रहा खोया हुआ सा। उसके हाथ स्वतः ही किशोरी के स्वर्ण-कुंतलों पर हौले-हौले फिरने लगे।

सहसा वह चौंका। दूर से हंसने-खिलखिलाने की ध्वनियां आ रही थीं।

'किशोरी! मैं भूल गया बताना। तू ने कहा था न झूला डालने को! मैंने डाल दिया उस ऊंचे वाले तमाल-वृक्ष की शाखा में।'

'सच कान्हा?'—किशोरी के अलसाए नेत्र हर्ष से खुल गए—'खूब ऊंचा?'

'बहुत...बहुत ऊंचा। अब तू झूले पर बैठी-बैठी दूसरे वृक्षों की टहनी तोड़ सकेगी। सुन, ये ध्वनियां वहीं से आ रही हैं हंसने की। रंगदेवी पहुंच गई लपक कर वहां। मैंने सोचा था कि सबसे पहले ब्रजेश्वरी बैठेगी झूले पर किन्तु... वह चंचला पहले ही पहुंच गई।'

वृषभानुसुता उठ कर बैठ गई।

'कान्हा! रंगदेवी बहुत चिढ़ती है मुझसे।'

'क्यों?'—कान्हा ने भवें तानीं।

'क्या जानूं! ललिता और विशाखा भी कह रही थीं...'

'क्या कह रही थीं?'

'कि पहले तू उसे अपने साथ खेलने को बहुत बुलाता था, अब उससे बात भी नहीं करता!'

'अब मुझे समय ही नहीं है तो क्या करूं?'—कान्हा ने भोलेपन से कहा।

'क्यों? कहां चला गया तेरा समय?'

'तू जो ले गई चुरा कर'—कान्हा ने आंखें झपकाईं नटखटपन से और किशोरी के भरे-भरे गोरे कपोलों को दोनों हाथों से पकड़ कर हिला दिया।

'अहो! धत्! क्या करता है!'—किशोरी ने झुंझला कर उसका हाथ झटक दिया।

'अब हाथ न लगाना। तेरे भीतर तो शक्ति का ज्वार आता है न, कहीं वेग से स्पर्श किया तो रक्त ही बह निकलेगा कपोलों से···'—वह नयन नचा कर बोली।

'अहो-अहो! तेरा एक बूंद भी रक्त जहां गिरेगा, किशोरी! अपना पूरा रक्त बहा दूंगा वहां तेरे लिए'—वह बड़े नाटकीय भाव से बोला।

हा···हा···हा···हा··· दोनों अपने परिहास पर स्वयं मुग्ध हो उच्च स्वर में हंस पड़े।

'चल, चलें झूला झूलने! अभी जा कर रंगदेवी को उतारता हूं झूले से।'

'शपथ तुझे कान्हा! बिल्कुल नहीं लड़ेगा उससे।'—किशोरी ने उसके कंधे पर हाथ रखते हुए आश्वासन मांगा।

'नहीं लड़ूंगा। नहीं लड़ूंगा।'

'उसका मन मत दुखाना, कान्हा।'

'तब तो वह जो कहेगी वही करूंगा मैं।'

'करना न···।'

'फिर तुझे तो बुरा नहीं लगेगा?'

'मुझे क्यों बुरा लगेगा?'

'मैं क्या जानूं! देखना तू स्वयं!'

'नहीं कान्हा! व्यर्थ में किसी को दुःखी करने में क्या लाभ? बहुत पाप लगता है इससे।'

'जैसी आज्ञा ब्रजेश्वरी की।'

दोनों हंस पड़े और एक-दूसरे के गले में बाँहें डाले उछलते-कूदते दौड़ चले झूले की ओर।

× × ×

देवर्षि नारद दिग्भ्रमित थे। चकित थे। नारायण! यह कौन से लोक में आ गया मैं? यह तो देवलोक से भी अधिक मनोहर है। नंदनवन आ गया क्या? किन्तु यह तो नंदनवन से भी अधिक सुरम्य वनस्थली है। कैसे सुदीर्घ सघन ताल, तमाल, अश्वत्थ, वट, कदम्ब, आम्र और नीम के महावृक्षों की शीतल छांह है! किसकी अभ्यर्थना में झुके पड़े रहे हैं ये वृक्ष? और सब में असमय सुमनगुच्छ कैसे? इधर माधवी-विटप, तो उधर मल्लिका-कुंज। यहां विष्णुकांता-निकुंज, तो वहां वेतसलता-कुंज। यहां केतकी फूली है, तो वहां चंपक। पुष्पभार से वृक्ष झुके जा रहे हैं। वनवल्लरियां नमित हैं। ये वनवल्लरियां हैं अथवा देवलोक की अप्सराएं!

कैसी दिव्य सुगंध व्याप्त है चारों ओर! कदम्ब और आम्रमंजरी एक साथ फूलते हैं यहां…तो यह कौन सा लोक हुआ? अहो कैसी पावन तुलसी-गंध ले आया समीर! नारायण नारायण!

मेहोऽ…मेहोऽऽ…मेहोऽऽ…मयूरों की उन्मत्त केकारव कोकिल की कूक और चातक की पुकारों से गूंज रहा है समूचा वनप्रान्त। ये पक्षी वृन्द कलरव कर रहे हैं या सामवेद के मंत्रों का समवेत पाठ!

ये मधु-पिपासु मधुकरों के वृंद के वृंद कैसे मधुमत्त हो विचर रहे हैं। टूटे पड़ रहे हैं पुष्पगुच्छों पर दस्युगण से, लूट लेने को फूलों का मधुकोष। अहा! क्या अलौकिक गुंजन है इनका! कैसा संगीत! कैसी रागिनी! कुछ विशिष्ट मधु से छके हुए लगते हैं ये अलिवृंद, तभी तो ऐसा अनुपम संगीत निःसृत हो रहा है।

अरे! ये मधुमत्त भौरे तो मुझसे ही टकराए जा रहे हैं। ऐसे बौरा गए कि राह नहीं सूझ रही? अहो! क्या कोमल मधुर झंकार निकली मेरी वीणा से! ये संगीत-रसिक मधुप, वीणा से टकरा जाते हैं, तो कैसी मधुर झंकार होती है। लगता है ये जानबूझ कर वीणा पर अपने कोमल पंखों से मृदुल सा आघात करते हैं हौले से, और झंकार निःसृत होते ही…उसी स्वर में अपना स्वर मिला कर गुंजन करते मदमाते हुए चल पड़ते हैं।

आओ-आओ वत्स! आगे बढ़ो। मुझसे क्यों भय करते हो? ऐसे मूक हो कातर लोचनों से क्यों निहार रहे हो दूर से, नन्हें मृगशावक! परदेशी हूं इसलिए? कृष्णसार-मृग तो बहुत देखे, किंतु यहां तो इनकी शोभा ही बड़ी निराली है।

भय न करो वत्स! भय न करो। मैं तुम्हें वीणा सुनाकर अपना मित्र बना लूंगा दो पल में। सुनोगे वीणा की झंकार?…झुन्न झुन्…झुन्न झुन्…झुन्न झुन्… झुन्न झुन् झुन्! अहा, आ गए न निकट! कैसी भोली चितवन है तुम्हारी! किन्तु मेरे निकट आते देख तुम्हारी माता-विमाताएं कैसी चिन्ता से तुम्हें निहार रही हैं! जानते हो क्यों? मेरे वल्कल वस्त्रों से भयातुर हैं वे। उन्हें भय है कि कहीं मैं तुम्हें भी योगी बनाकर बगल में दबा कर साथ न ले भागूं! हा हा हा हा !…

नारायण-नारायण! वैसे तुम हो भी बड़े ही सुंदर। यदि चंचल-चित तुम्हारे मोह में फंस भी जाए तो आश्चर्य क्या? जड़भरत की कथा सुनी है तुमने? वे एक श्रेष्ठ मुनि थे। किन्तु तुम्हारी ही भांति एक मृगछौने के वात्सल्य-प्रेम में पड़ गए, तो ज्ञान भी गया और मोक्ष से भी हाथ धोना पड़ा। तो वत्स! मैं बड़ा सावधान रहता हूं। तुम चाहे जितना अपना नन्हा सा मुख मेरे अंगों से रगड़ो किन्तु मैं मोहबंधन में पड़ने वाला नहीं। नहीं तो मैं भी जड़भरत हो जाऊंगा न! नारायण। कैसा श्यामल, कोमल, सुचिक्कन और स्निग्ध गात है तुम्हारा। कैसी निश्छल दृष्टि। अबोध वत्स! जाओ, अपनी माता को सुख दो। तुम्हारी चिंता में लीन खड़े कृष्णसार मृगों का झुंड और भी विराट होता जा रहा है। जाओ वत्स! हां, यह सुन्दर पुष्पमाला पहन जाओ मेरी। अहा। क्या छवि है तुम्हारी, मेरे भोले मृगछौने! माला धारण करके तो तुम और भी सुन्दर लगने लगे।

नारायण-नारायण!…आगे चलूं। कुछ भ्रम में पड़ गया हूं! यह…इतनी मनोरम वनस्थली है कौन सी? कहां आ गया हूं मैं?

अहो! ये छके हुए मधुपगण तो अब बहुत बौरा उठे हैं और बार बार मुझसे टकराते हैं आकर। अरे भद्र भ्रमर! टकराते क्यों हो? प्रियवर! तनिक देख कर तो चलो। अहो···अहो···यह क्या हुआ? क्या मैं ही स्वयं किसी से टकरा गया?

'अरे···अरे···महाभाग! टकराते क्यों हैं? मुनिवर! तनिक देखकर तो चलें'—एक ग्रामबाला विहंसते हुए बोली।

अहो! क्या सचमुच? भ्रमर-वृंदों को सावधान करते-करते स्वयं मैं ही टकरा गया किसी से? ग्वालिन से? नारायण-नारायण! टकराया भी, तो एक स्त्री से! मुझ से श्रेष्ठ तो ये भ्रमर हैं जो टकराते हैं तो योगियों और भगवत्भक्तों से। और मैं?

'नारायण-नारायण! तुम्हारी सारी छाछ फैल गई धरा पर और कलशी भी गिर गई? क्षमा करना देवि! मैं बड़ा आत्मविस्मृत था। क्षमा करना देवियो।'

खिल् खिल् खिल् खिल्···निकट खड़े ग्रामीण स्त्री-पुरुष खिलखिला पड़े।

'महाभाग! ये अलिगण तो बड़े क्षुद्र प्राणी है जिनमें विवेक-बुद्धि नहीं और हम ठहरे ग्रामीणजन, निपट अज्ञानी और मूढ़। हम यदि ऐसे बहकते चले तो आप ही कुपित हो कर हमें शाप दे डालेंगे। किन्तु आप तो कोई महर्षि हैं। आप से भला कौन क्या कह सकता है! आप चाहे जैसे चलें।'—वह छोटी सी ग्वालिन मुख पर गिरी छाछ पोंछती हुई आंखें नचा कर परिहास से बोली। अन्य ग्वालबाल पुनः हंस पड़े।

'नारायण-नारायण! अरे ऐसी गति तो बहुधा ही हम लोगों की होती रहती है वत्से! हमारी इस मनोदशा के कई कारण हैं। एक तो हम भगवत्स्मरण में लीन होकर आत्म विस्मृत रहते हैं; दूसरे 'नारायण' नामोच्चारण में लीन रहते हैं और तीसरे इस कानन की मनोहर दृश्यावलियों को निहारने में तल्लीन हैं। कौन कितना सावधान रह सकता है भला इस स्थिति में?···नारायण-नारायण! किन्तु यह है कौन सा दिव्य लोक? यह कहीं देवलोक तो नहीं, वत्स?'

ग्वालबाल खिलखिलाए।

'यह भूलोक है···मुनिवर···मृत्युलोक!'

'तो भूलोक पर नंदनवन कहां से आ गया भला?'

'नहीं मुनिवर! नंदनवन नहीं, यह तो वृंदावन है!'

मुनिवर एक पल तो चकित से खड़े रह गए। दूसरे ही क्षण भाव-विभोर हो गए।

'वृंदावन! वृंदावन! वृंदावन आ गया क्या? पूर्व में तो कितनी ही बार आया यहां, केन्तु तब तो वृंदावन ऐसा न था। यह असमय वसंत कैसा? मैं तो इसकी शोभा निहारने में ऐसा आत्म-विस्मृत हो चला कि मुझे भान ही न हुआ मैं वृंदावन आ गया हूं। तभी क्या यहां आते ही हृदय उत्फुल्लित हो उठा है? तभी क्या नेत्रों से प्रेमाश्रु छलके-छलके पड़ रहे हैं? तभी क्या उंगलियां अजाने ही वीणा को झंकृत करने लगी हैं? अहो, क्या तभी चरण नृत्य हेतु चपल हो उठे हैं? 'नारायण-नारायण! ऐसा कल्पनातीत मनोहारी तो वृंदावन पूर्व में न था? अहा!'

'यह वेणु-रागिनी कहां से गूंज उठी सघन विपिनों में? अहा आनंद! अहा आनंद! अहो रसवृष्टि! यह कौन रसिक कलाकार है जो वेणुनाद से हृदय को दैवीय रसानुभूति से आप्लावित किए दे रहा है···यह कौन श्रेष्ठ कलाकार है?'

'अरे महाभाग! यह तो वही है विपिनबिहारी···हमारा एक नटखट मित्र!'—एक गोप बालक बोला।

'आहा रे विपिनबिहारी! अहो रे विपिनबिहारी! नारायण-नारायण। नारायण नारायण।'

झुनन् झुन्···झुनन् झुन्···झुनन् झुन्···झुनन् झुन्।

आनन्दमग्न हो मुनिवर नृत्य कर उठे बांसुरी के स्वर में वीणा का स्वर मिलाकर। कितने ही समय तक वे नृत्यरत रहे।

सहसा वेणुगुंजन बन्द हो गया तो भी मुनिवर के चरण थिरकते ही रहे। धीरे-धीरे चेत आया।

'अहो कैसी आनंदवर्षा हुई···मैं तो पुनः आत्मविस्मृत ही हो गया। किन्त तुम लोगों की ग्राम-वीथि कौन सी है वत्स? ये वन्य वीथिकाएं तो अप्सराओं की भांति सुंदर हैं। अपनी वंकिम-गति और सौन्दर्य से अभिभूत करके मुझे कहीं ये भटका तो न देंगी? वत्स, तुम ही बता दो कि ग्रामपंथी किस दिशा में है तो मैं आगे चलूं!'

'बस यहां से सीधे जाएं महाभाग, कुछ ही दूर पर महावट है, उससे दाहिने हाथ मुड़ जाएं। वही ग्रामडगर है हमारी।'

नारायण-नारायण। नारायण-नारायण। झुनन् झुन्···झुनन् झुन्···झुनन् झुन्··· झुनन् झुन्

वीणा सम्हाले ऋषिप्रवर नारद आनंद-मग्न हो नृत्य करते चले।

अहो वृंदारण्य। तुलसा-वन। चारों ओर से तुलसी-गंध चली आ रही है यहां तो, मलयगंध में लिपटी, आम्रमंजरियों की गंध में लिपटी।

अहो वृंदावन। धन्य वृंदावन। किन्तु! यह क्या मैं पुनः भटक गया! यहां तो कोई महावट नहीं! चारों ओर तुलसावन हैं। अब इन कुंज-बेलि में कैसे राह पाऊं? मैं तो पहले ही समझ गया था कि वेणी में पुष्पहार गूंथे ये अप्सराओं सी वनवीथिकाएं छल कर के मुझे न जाने कहां पहुंचा देंगी! अब किधर चलूं नारायण?

उससे पूछूं? वह जो बालक आहत गौ की सुश्रूषा में लीन है?

वे निकट जाकर देखने लगे। एक गौ के पिछले पांव में ऊपर की ओर आघात था। एक गोप किशोर शिला को धोकर स्वच्छ करके उस पर कुछ जड़ी-बूटी घिस रहा था।

'नारायण-नारायण। वत्स!'

'हूं!'—बिना ऊपर दृष्टि उठाए किशोर ने कहा।

'तुम तो बड़े कुशल चिकित्सक हो। इतनी कम वय में जड़ी-बूटियों का ज्ञान कहां से प्राप्त कर लिया?'

'कुछ ज्ञात नहीं, महानुभाव! कुछ अपने आप आ गया, कुछ देखकर सीख गया। रायणगोप जब पशुओं की चिकित्सा करते हैं तो मैं निकट बैठ कर उन्हें सहायता भी करता हूं और ध्यान से गुनता भी रहता हूं।'

'धन्य हो। धन्य हो। बड़े कुशाग्रबुद्धि हो, वत्स। अहो! यह नन्हा मृगछौना माला पहने हुए यहां भी आ गया मेरे पीछे-पीछे। मेरी वीणा की झंकार तुम्हें इतनी प्रिय है? अहा। इस आहत गौ का नन्हा गोवत्स भी मेरे निकट आ खड़ा हुआ। तू भी वीणा पर मुग्ध है? तो क्या वृंदावन के पशु भी संगीत-प्रेमी हैं?'

गौ-सेवारत बालक ने बिना देखे ही तुरंत उत्तर दिया—'जड़-पदार्थ भी महाभाग! लता-पत्रादि भी संगीतरसिक हैं यहां के, आप तो गोवत्सों तथा मृगशावकों की ही बात कर रहे हैं। मैं जब मुरली बजाता हूं तो कृष्णसार मृगों की भीड़ लग जाती है। गौएं चारा खाना छोड़ देती हैं। पक्षी तुरंत कलरव बन्द कर देते हैं और वृक्ष तक स्तब्ध होकर वेणुनाद सुनने लगते हैं।'

'अच्छाऽऽऽ! तो क्या तुमने ही अभी कुछ समय पूर्व सारंग राग छेड़ा था वंशी पर? तुम्हारा ही नाम विपिनबिहारी है?'

'नहीं। वह तो वृंदावनी सारंग था और मैं तो मुरलीधर हूं।'—कार्यलीन किशोर के स्वर में चपलता थी।

'अहा मुरलीधर! यथानाम तथागुण!'

'किन्तु वास्तव में मेरा नाम वृंदावनबिहारी है।'

'अहो! तो यहां विपिनबिहारी भी हैं और वृंदावनबिहारी भी हैं। दो-दो श्रेष्ठ वंशीवादक हैं।'

'नहीं महाभाग! मुझे यहां वेणु गोपाल कह कर पुकारा जाता है।'

'आनंद ही आनंद है! वेणु भी बजाते हो और गोपालन भी करते हो। वह तो दिख ही रहा है, जो ऐसे मनोयोग से गौ का उपचार कर रहे हो।'

'किन्तु तात! मुझे अधिक लोग रासबिहारी कहते हैं...'

'अच्छाऽऽऽ!! तो तुम संगीत ही नहीं, नृत्य-निपुण भी हो?'

'वह तो हूं ही! किन्तु आप नहीं जानते, मैं छैलबिहारी हूं'—बालक ने गौ के आघात-स्थल पर जड़ी-बूटियों का लेप करते-करते कहा!

मुनिवर हत्प्रभ रह गए। कितना वाचाल है यह गोपाल!

'नारायण-नारायण। तब तो तुम्हें समझ पाना बड़ा दुरूह है। इतना अवश्य समझ लिया मैंने कि तुम हो बड़े बांके।⋯हे बांकेबिहारी!'

ऋषि हंसे। बालक भी हंसा।

'किन्तु महाभाग, अभी बात पूरी हुई कहां? मुझे तो वेणुमाधव भी कहा जाता है।'

'अब तुम्हारे अनेक नामों को जान कर मैं क्या करूंगा वत्स! यह बताओ कि तुम्हारी वह बहुचर्चित, बहुउल्लखित वेणु है कहां, तो कुछ देर और आनंद लिया जाए वेणुधुन का?'

'अरेऽऽ कुछ न पूछें तात! मेरा बड़ा दुर्भाग्य है।'

'दुर्भाग्य? कैसा दुर्भाग्य?'

'अरे क्या बताऊं महानुभाव! मैं बड़ा दुःखी हूं। ऐसा लगता है जैसे सारा का सारा संसार मेरी बेचारी बांसुरी का ही शत्रु हो गया है।'—किशोर अपना कटिबंध खोलकर उससे एक चीर फाड़ते हुए बोला।

"अहो! ऐसा क्यों वत्स?"

'अरे! मैंने तनिक वंशी अधर लगाई नहीं कि लोग लगते हैं ताने देने। दो दिन से तो हाथ धोकर मेरी वंशी के पीछे पड़ गये हैं सब। अंततः गई न मेरी वंशी!'

'अहो कैसा अन्याय! कहां गई वंशी?'

'कल वह चुरा ले गई। आज यह चबा गई।'

'हूंऽऽऽ? यह चबा गई। वह चुरा ले गई! समझा नहीं, वत्स!'

'हां तात। जब इस गौरी के आघात लगा न, तो यह रंभा-रंभा कर मुझे गुहारने लगी। वंशी धुन में खोया रहने के कारण मैंने इसकी पीड़ा की ओर ध्यान नहीं दिया तो गौरी ने चिढ़कर मुंह बढ़ा कर मेरे हाथ से मुरली छीन ली और क्रोध और पीड़ा से मेरी ओर आंखें तरेर-तरेर कर, मुझे दिखा-दिखा कर मेरी बांसुरी को कच्चा चबा डाला! वह पड़ी है वहां!'

नारद ने देखा बांसुरी अधखाई, मुची-मुचाई पड़ी थी।

'अच्छाऽऽ! तभी बजाते-बजाते सहसा तुम रुक गये थे अभी?'

'तो क्या करता फिर?'

'और कल कौन चुरा ले गई थी?'

'अरे है एक ढीठ बाला हमारे ग्राम में। वही चुरा ले गई मारे रोष के।'

'रोष किस बात का?'

'मैं जब वंशी बजाता हूं तो मुझे किसी बात का ध्यान नहीं रहता। लगता है मैं इस जगत में हूं ही नहीं। बस! ऐसे ही अवसर पर चिढ़ गई महादेवी और वंशी चुरा कर छिपा दी कहीं। बहुत मनुहार की, तब दी। उसे सदा चिरौरी करके प्रसन्न रखना पड़ता है, महाभाग! बड़ा विकट क्रोध है उसका।'

'अहो! यह तो बड़ी विडंबना है नारायण!'

'हां नारायण!'—किशोर ने भोलेपन से कहा।

नारद मुनि चिढ़ गये।

'अरे... मूढ़! मुझे नारायण कहता है? नारायण तो भगवान का नाम है, जिसे स्मरण करता ढूंढ़ता हुआ विचरता रहता हूं मैं।'

'किन्तु नारायण तो किसी को भी कहा जा सकता है। भगवान तो घट में, पट में सबमें विराजमान हैं। अच्छा आप जो भी हों, महाभाग! अब आप अपनी राह नापें, अन्यथा वह चंचला यहां आ गई तो आपका यह जो झुनझुना है न, यह भी ले जाएगी।'

'अरे अभी तो ऐसी मर्म की बात कह दी कि घट-पट में नारायण का वास है, और मूर्ख! इसे झुनझुना कहता है! यह वीणा है। कच्छपी वीणा। तो क्या वह बाला इसे भी ले जा सकती है छीनकर?'

'हां महाभाग! बड़ी धृष्ट है वह।'

'अरे कहीं वही तो नहीं, जिससे मुठभेड़ हो गई थी मेरी और उसकी कलशी गिर गई, छाछ फैल गयी थी धरा पर?' बोली खिलखिलाकर—'यदि हम ग्रामीण ऐसे बहक कर चलेंगे तो आप ही क्रुद्ध होकर शाप दे देंगे हमें... और आप स्वयं कैसे चल रहे हैं?'

'हा हा हा हा! छाछ फैल गई उसकी आपसे? अरे महाभाग! भागो यहां से। अब तो आपकी वीणा कदापि नहीं छोड़ेगी वह।'—चपल गोपबाल ने हंसते हुए गौ के आघातस्थल पर चीर बांधा।

'अहो सत्य क्या? अब तो बड़ा भय है मेरी वीणा के लिए?'

'न···न···! वैसे वह आप के हाथ से लेगी नहीं। आप निश्चिंत रहें। उसकी सारी शत्रुता तो मुझसे ही रहती है सदा। मेरे हाथ में वाद्य आते ही, वह ऐसी लाल-पीली हो उठती है···कि क्या बताऊं।

'अहो! अब श्वास आई मेरी। अब निश्चिंत हुआ मैं। किन्तु अब मुझे ग्राम-वीथि का निर्देश दो और विदा करो, बांकेबिहारी!'

'बस यहां से सीधे जाएं, आगे बाईं ओर महावट है, वहीं ग्रामडगर मिल जाएगी आपको।'

'दाहिने भी महावट! बाएं भी महावट! कुछ समझ में नहीं आता यह माया जाल।'

बालक गौ के आघात पर चीर बांधकर उससे बोला—'अब उठ जा गौरी! घाव शीघ्र ठीक हो जाएगा। दो दिन कूदना-फांदना मत! बस!'

अपने मुख का स्वेद पोंछता, केशों को पीछे झटकता हुआ बालक उठ खड़ा हुआ। जब मुड़ा तो स्तंभित रह गया।

'आप तो कोई ऋषि? क्षमा करें महर्षि! अज्ञानवश मुख से अनुचित बातें निकल गईं क्योंकि मैं आपको देख नहीं पाया था। महाभाग! मैं गौरी के उपचार में इतना दत्तचित्त रहा कि समझ ही न पाया किन्हीं मुनि का आगमन हुआ है आज वृंदावन में। अपराध क्षमा हो, मुनिवर!'

और नारद ऋषि स्तब्ध थे···चंदनचर्चित नीलकलेवर पीतवसन वनमाली! मयूर-मुकुट, पीताम्बरी, कस्तूरी-तिलक, विशाल नयन! वे अपलक निहारते रह गये।

'देवोपम! कैसा विलक्षण स्वरूप है तुम्हारा वत्स!···देवोपम!'

'क्षमा करें महाभाग! मैंने बड़ा अपराध किया जो इतनी बकवाद करने की धृष्टता कर डाली अज्ञानवश।'

किन्तु देवर्षि को यह सुनने-समझने का अवकाश कहां! वे तो चकित से अपलक निहारे जा रहे थे निरूपम लावण्य को।

'कैसा देवोपम रूप पाया है वत्स तुमने! नेत्र सार्थक हो गए। जैसे हृदय और नेत्रों पर चंदन का सुशीतल अनुलेप हो गया हो। नारायण-नारायण।'

'संध्या हो चली महाभाग! मैं वन में गौओं को खोजने चलता हूं। वंशी से पुकार लेता था सब गौओं के नाम, तो वे स्वयं मेरे पास आ जाती थीं। किंतु वंशी को तो आज गौरी ने चारा बना डाला...।'

'संध्या हो चली? हां संध्या! गोधूलि बेला। वत्स! तुमसे मिलकर हृदय पुलकित हुआ जा रहा है किन्तु अभी मैं भी चलता हूं। मुझे ग्रामवीथि खोजने में भी समय लग सकता है।'

'आपको किसके घर जाना है, मुनिवर?'

'मुझे महाभाग नंदगोप के घर जाना है।'

'अहो! सत्य क्या? धन्य हैं हम लोग जो आपकी चरणरज आज हमारी कुटिया में पड़ेगी। मैं, महाभाग नंदगोप का पुत्र हूं, कृष्ण!'

'अहो! अहो! तब तो देवोत्तम!! धन्य भाग्य! धन्य धन्य! मैं तो छवि देखकर बोला था देवोपम। किन्तु तुम तो देवोत्तम निकले छैलबिहारी! धन्य हो।'

मुनि रोमांचित हो उठे। विह्वल हो उठे।

'अशिक्षित हूं, मुनिवर! समझा नहीं। देवोपम! देवोत्तम! महाभाग! आप तो हमारे अतिथि हैं। मैं स्वयं आपको साथ घर ले चलता लेकिन गौओं को भी साथ लेना है। यह गौरी आप को ले जाएगी नंदभवन। गौरी! जा महर्षि को घर पहुंचा दे ठीक से।'—उसने आदेश दिया।

गौरी तुरंत उठ खड़ी हुई। उसका गोवत्स भी कूद कर आ गया निकट।

टुनुक, टुनुक, टुन् टुन् टुन्! झुनुक झुनुक, झुन् झुन् झुन्!...

वीणा झंकारते और नृत्य करते हुए पुलकित-मन चले जा रहे थे देवर्षि नारद। तीन टांगों पर लंगड़ाती; कंठ में पड़ी घंटी बजाती चल रही थी गौरी। उछलता चल रहा था, गले के घुंघरू बजाता हुआ सुन्दर गोवत्स। वीणा भी वृंदावनी सारंग बजा रही थी, घंटी और घुंघरू से भी वृंदावनी सारंग निःसृत था।

गोवत्स उछलता हुआ आगे बढ़ जाता। कुछ देर पीछे मुड़कर देखता रहता और फिर उछलता हुआ लौटकर निकट आ जाता।

कुछ चलने के बाद गोवत्स आगे बढ़ गया और एक स्थले पर रुक गया। ग्रामपथी के बीच में ही भूमि पर न जाने क्या देख-देख कर हर्षित हो कुलांचे लगाने लगा। घूम-घूम कर उस स्थल का चक्कर लगाता—म्हांऽऽ म्हांऽऽ रंभाता और पुनः प्रसन्नता से उछल पड़ता। थोड़ी देर में वहां गौरी भी आतुरता से पहुंच गई और वह भी हर्षोन्मादित हो उठी। भूमि को कभी सूंघती, कभी चाटती, फिर रंभाती।

ऋषिचर बड़े विस्मय में थे। निकट जा कौतूहल से देखा झुककर। दो छोटे-छोटे से चरण-चिह्न बने थे किसी भाग्यशालिनी के। उन्होंने ध्यान से देखा, ध्वजा, पद्म, शंख, त्रिशूल स्पष्ट उभरे हुए थे पादतल में। किसी महायोगिनी के चरण-चिह्न!

महर्षि आनंद से विह्वल हो गए। फिर चले तीनों ग्राम-डगर पर।

टुनुक टुनुक टुन् टुन् टुन्! झुनुक झुनुक झुन् झुन् झुन्!
टुनुक टुनुक टुन् टुन् टुन्।....

× × ×

नंद-भवन के सामने अलिंद पर ऋषि बैठे थे। क्या ब्रज की सांझ और क्या भोर! सभी कुछ अनूठा है यहां तो! भोर होते ही गौओं के रंभाने की ध्वनियां चारों ओर से सुनाई देने लगीं। ग्वालबाल शीश-पट्ट बांध, लकुटी ले-ले कर मधुवन चले गोचारण कराने। कहीं दूध औटने की मीठी-मीठी गंध उठ रही थी, तो कहीं छाछ की सोंधी-सोंधी गंध थी।

घर-घर में दही बिलौने की ध्वनियां थीं। कंगन के झनकारे थे। गोपियों के गीत थे। पुकारें लग रही थीं। गुहारें हो रही थीं। मनुहारें हो रही थीं।

ऋषिवर पुलकित थे।

तब तक अचानक ही जैसे आँधी आ गई। लोकजन घरों से निकल-निकल कर भागने लगे। जो जैसा था वैसा भागा जा रहा था। गोपियां घर के कामकाज छोड़-छोड़ कर भाग चलीं। कोई चूल्हे पर चढ़ा दूध छोड़कर भागी, तो कोई छाछ बिलौने की मथानी हाथ में लिए-लिए भाग चली। कोई गोबर सने हाथ लिए भागी जा रही थी, तो कोई रोते हुए शिशु को छोड़ कर भाग रही थी। आंचल कहीं···वस्त्र कहीं। पांव के आभूषण हाथ में पहने, हाथ के आभूषण शीश पर धारण किए, बेसुध सी दौड़ी चली जा रही थीं ब्रजबालाएं। किसी के मुख पर काजल फैला हुआ, तो किसी की रोली फैली हुई। चारों ओर चूनरें फरफराती उड़ चलीं। घर-घर से लाल-लाल घाघरे उमड़ पड़े।

देवर्षि चकित थे। यह कैसा कोलाहल? कैसी आंधी। विस्मय और कौतूहल से उठ कर वे मार्ग के बीच आ खड़े हुए जहां गोप-गोपियों की भीड़ उमड़ी चली जा रही थी।

अहो! वेणुनाद! मधुवन में बज उठी थी वेणु व्याकुल सी। साथ में गोपसखाओं के असंख्य पर्णवाद्य अहीर भैरव से आकाश गुंजाए दे रहे थे।

'ये सब कहां चल दीं लाल घाघरे, लाल ओढ़नी वाली वीरवधूटी सी गोपियां?'

'ये वेणुबावरी हैं महाभाग! और वे सब वेणुबावरे! वह बालक नचाता है सबको और गोप-गोपियां नाचते हैं प्रसन्नता से।'

'अहो मैं गोप न हुआ। हा, मैं गोपी न हुआ। कैसा उन्मत्त उल्लास है, सब कुछ छोड़ कर उसे पाने हेतु भागने में? दौड़ कर उसे पकड़ने में? उसे पकड़ने दौड़ने में! उसकी शरण में इस प्रकार बेसुध-बावले होकर दौड़ने में... कैसा अपूर्व आनन्द है! चलो चलो... वहीं ले चलो मुझे भी बांकेबिहारी के पास। दिखाओ कहां है वनपथी···?'—नारद मुनि विह्वल हो बोल पड़े।

'इधर महाभाग, इधर से पधारें···'—गोप ने कहा।

नारद नाच रहे थे। विह्वल हो नाच रहे थे। विभोर होकर नाच रहे थे। वीणा बजाते-बजाते नाच रहे थे। चरण आगे बढ़ते ही न थे विह्वलता के कारण। वे तो आनंद-मग्न हो वहीं के वहीं गोलाकार वृत्त में थिरकने लगे थे।

'अरे महाराज! ऐसे नाच-नाच कर चले, तब तो पहुंच चुके वंशीवट सात दिन में भी!'—एक गोप हंसकर कौतुक से बोला।

'अहो! अभी पहुंच नहीं पाया मैं वंशीवट? किन्तु मुझे तो वह दिख रहा है! मैं तो देख रहा हूं रासलीला! वह रसिकबिहारी! वह राधा प्यारी! वे कुंजें सारी···गोपी मतवारी! नारायण-नारायण! नारायण-नारायण!···'

झुनन् झुन्—झुनन् झुन्! झुनन् झुन् झुनन् झुन्।

× × ×

'कंस ने पुनः ब्राह्मणों को प्रताड़ित किया है!'

'कंस ने देवकी और वसुदेव को फिर से कारागार में डाल दिया।'

'कंस ने महाराज उग्रसेन को कारागार में भी अपमानित किया।'

'कंस ने वेदाध्ययन बंद करा दिया और···'

'यक्ष-पूजन प्रारंभ किया है···' वह मथुरा में भी जरा यक्षी का चैत्य बनवा रहा है।'

'कंस के गुप्तचर महाभाग अक्रूर, सात्यक व आहुक के पीछे लगे रहते हैं।'

'कंस ने यदुवंशियों को उच्च पदों से हटा दिया और···'

'···मागधों को सत्तासीन कर दिया है।'

'कंस पूरे ब्रज में अब तक अनेक बालकों का वध करा चुका है।'

'किसलिए?'—कान्हा बहुत देर से अपने ऊपर संयम किए बैठा था। अब रहा न गया उससे।

विराट वटवृक्ष के नीचे गोपसभा का आयोजन था। कान्हा के प्रश्न से कुछ पल को अनायास नीरवता छा गई।

'वह देवकी के आठवें पुत्र को मारना चाहता है। उसे विश्वास है कि वह बालक अन्यत्र कहीं पल रहा है। उसे ढूंढ़ न पाने के कारण जिस पर भी संदेह होता है वह उसी बालक का वध करवा देता है'—उपनंद ने कृष्ण की जिज्ञासा का उत्तर दिया।

'और कोई विरोध नहीं करता?'—कृष्ण ने पूछा।

फिर सन्नाटा छा गया कुछ पल को।

'कंस राजा है। राजा का विरोध कौन कर सकता है?'—सुनंद बोले।

'क्यों? ब्राह्मण क्या करते हैं? प्रताड़ित होते रहते हैं केवल! कहां गया उनका तेज? उनका ज्ञान? उनका तपबल?'—कृष्ण का स्वर ऊंचा उठ चला।

'ब्राह्मण दीन हैं। निरीह हैं। शक्तिहीन हैं। वे आतंक के सामने झुक चुके हैं।'

'और यदुवंशियों को क्या हुआ? वे क्या क्षत्रिय नहीं? शौर्य-शून्य हो गए वे?'—कृष्ण का स्वर उग्र था।

'वे प्रतीक्षारत हैं।'—वृषभानु के मृदुल स्वर में उत्तर दिया।

'किसकी प्रतीक्षा?'

'देवकी के आठवें पुत्र की!'—भीड़ में से किसी ने कहा।

'और वह देवकीनंदन क्या कर रहा है?'—कृष्ण ने गरज कर पूछा।

श्वासें खिंचीं रह गईं। सन्नाटा खिंच गया।

'और देवकीनंदन है कहां? क्या कर रहा है?'—कृष्ण फिर दहाड़ा।

'प्रतीक्षा…'—किसी गोपी ने उत्तर दिया।

सबकी दृष्टि घूम गई उस नारी-कंठ की दिशा में। 'प्रतीक्षा' शब्द कह कर अनायास किशोरी गंभीर हो गई थी। कृष्ण के नेत्रों में कौतूहल उमड़ पड़ा। किशोरी भी सार्वजनिक समस्याओं में गहरी रुचि लेती थी।

'प्रतीक्षा? किसकी?'—कृष्ण की जिज्ञासा मिटी न थी।

'उपयुक्त अवसर की'—किशोरी ने पुनः गंभीर स्वर में उत्तर दिया।

'तो कब तक?'

'जब तक उपयुक्त मुहूर्त न आ जाए'—किशोरी ने पुनः दृढ़ता से कहा।

नन्द, वृषभानु, सुनन्द, उपनन्द विस्मित थे कान्हा-किशोरी की गंभीर वार्ता से। किशोरी ने उन लोगों को एक भारी संकट की घड़ी में बचा दिया। उनमें से कौन कान्हा की शंकाओं का इतनी कुशलता से समाधान कर सकता था? जैसे-जैसे कृष्ण बड़ा होता जा रहा है उसकी बुद्धि, ओज, समझ और दूरदर्शिता को ब्रज समेट नहीं पा रहा है। उसकी शंकाओं, जिज्ञासाओं और तीक्ष्ण प्रश्नों का सामना करना भी तो अब दिन पर दिन दूभर तथा पीड़ायुक्त हुआ जा रहा है उनके लिए। वे भला उत्तर दे सकते हैं उसके प्रश्नों का? कंस, वसुदेव अथवा देवकी के विषय में जब-जब कान्हा कुछ पूछता है तो प्रमुख गोपों के हृदय आन्दोलित हो उठते हैं।

'कहां है देवकीपुत्र?'—कृष्ण अभी भी बीच सभा में वृषभ सा खड़ा हुंकार रहा था।

'किसे ज्ञात?'—किशोरी ने तुरन्त उत्तर दिया।

कान्हा मौन रह गया। सब प्रौढ़जन मौन थे। सहसा कृष्ण अपनी दोनों भुजाओं को उठा कर उच्च स्वर में घोषणा कर उठा।

'हे देवकीनंदन! तुम जहां कहीं भी हो, यह बात तुम तक पहुंच जाए और तुम भलीभांति जान लो कि तुम एकाकी नहीं हो। मैं नंदनंदन कृष्ण, सौगंध लेता हूं कि मैं देवकीनंदन की पूरी सहायता करूंगा। मेरे साथ समस्त गोपजन तुम्हारी सहायता करेंगे। जो शासक अत्याचारी तथा निरंकुश हो, उसे जीवित रहने का अधिकार नहीं। कंस का...'—भावावेग से स्वर टूट गए।

'सर्वनाश हो!'—किशोरी ने खड़े होकर कहा।

गोपियां सिहर उठीं। गोपजन रोमांचित थे।

'कंस का…'—कान्हा दुगने वेग से दहाड़ा।

'सर्वनाश होऽऽऽ'—गोपजन-भेदिनी से गगनभेदी क्रांति स्वर गूंज उठा।

× × ×

आज लस्त हो गए वे लोग खेलते-खेलते। कन्दुक ने बहुत छकाया था सबको। दौड़ते, भागते, खेलते-खेलते क्लांत हो सब ग्वाल-बाल शिथिल पड़ने लगे।

'बहुत हो गया। भूख लग आई अब तो। अब नहीं खेला जाता। चलो अमराई में चल कर छाक जीमेंगे और छांह में लेटेंगे।'

मारे भूख के सब लपकते-झपकते चले आए अमराई में। वहां देखा तो भौंचक रह गए। सब गोप-ग्वालों की छाक की पोटलियां खुली पड़ी थीं और भोजन के नाम पर छार भी नहीं बची थी। आज वानरों ने छाक का आनन्द लूटा था।

ग्वाल-बालों के तो हाथों से तोते उड़ गये जैसे। ऊपर शाखाओं पर बैठे पत्तों में से झांक-झांक कर वे शाखामृग भूखे बालकों की ओर देख खीसें निपोर रहे थे। मुंह चिढ़ा रहे थे उन्हें। हा दुर्भाग्य! अब क्या होगा? हारे-थके, भूखे-प्यासे बेचारे गोपाल-गण लुटे से बैठ गये शीश लटकाए। कुछ तो भारी निराशा से लोट गए भूमि पर मुंह औधाएं। क्षुधा भी कितनी बुरी होती है!

'अरे! एक विचार सूझा मुझे। भोजन पा सकते हैं हम लोग अभी भी।'—कृष्ण की आंखों में अनायास चमक आई!

'क्या? क्या?'—औंधे पड़े गोप-बालों ने उत्सुकता से शीश उठा कर पूछा।

'यहां निकट ही ब्राह्मणगण यज्ञ कर रहे हैं। राजा कंस करवा रहा है अपने राज्य की समृद्धि हेतु...'

'तो उससे हमें क्या लाभ?'—सुबल ने पूछा।

'लाभ है। ऐसा करो सुबल! तुम, भद्र, विशाल और ऋषभ सब मिलकर वहां जाओ। ब्राह्मणों से याचना करो कि हम भूखे-प्यासे हैं, हमें कुछ भोजन दे दें।...'

'वे डपट कर भगा न देंगे हमें?'—भद्र ने संदेह से कहा।

'नहीं। विनय से कहना कि हम बालक हैं, तो वे दे देंगे। सच्चे ब्राह्मण होंगे तो अवश्य देंगे। और विनय से मांगने पर न दें तो स्पष्ट शब्दों में कह देना'—कृष्ण के स्वर में अधिकार उभर आया।

'क्याऽऽ?'—विशाल ने आश्चर्य से पूछा।

'कहना, भला ऐसे यज्ञ और धर्म से किस का कल्याण हो सकता है जो भूखे को भोजन भी न दे सके! कह देना उनसे कि ऐसे धर्म से पुण्य नहीं होता, पाप पड़ता है। कह देना कि यह धर्म नहीं, अधर्म है। यह धर्म नहीं पाखण्ड है'—पांव पर पांव चढ़ा कर बैठे कृष्ण ने बांसुरी हिला-हिला कर समझाया।

नई बात! नया विचार! नई शब्दावली! ग्वाल-बाल हर्ष से उछल पड़े। आशा और स्फूर्ति से भरे चारों सखा मुदित-मन लम्बे-लम्बे डग भरते चल पड़े।

'महाभाग! हम ग्वाल-बाल हैं। भोर से निकले हुए हैं घरों से। यहां हमारा सारा भोजन वानरों ने खा लिया। भूख से व्याकुल हुए जा रहे हैं। विप्रदेव! हमें कुछ भोजन मिल सकेगा क्या?'

ब्राह्मणों ने सुना ही नहीं जैसे। अपने-अपने कार्यों में दत्तचित्त होने का स्वांग भरते रहे।

'महाभाग! यह धर्म क्या जो भूखे को भोजन न दिलाए! वह यज्ञ क्या जिसमें दान न हो! यह धर्म नहीं, पाखण्ड है। आप सच्चे ब्राह्मण नहीं…ढोंग…'

'ऐ ऐ मूढ़! मर्यादा में रह! भीख मांगने आया है और ऐसे बढ़-बढ़ कर बोल रहा है! ढीठ! जानते नहीं तुम लोग कि किससे बात कर रहे हो? मूढ़! महाराज कंस के राज्य की समृद्धि हेतु यज्ञ हो रहा है यह। यहां आकर बढ़-बढ़ कर बोल रहे हो! राजद्रोह भी करते हो और धर्मद्रोह भी। कलियुग आ गया क्या जो आज वेदपाठी ब्राह्मणों को निम्नकोटि के गंवार लोग धर्म का पाठ पढ़ा रहे हैं! भाग जाओ यहां से, नहीं तो अभी यज्ञ रक्षकों से पकड़वाते हैं।'—एक ब्राह्मण मोटा सा सोटा फटकारते हुए गरजा।

ग्वाल-बाल हकबका गए

'बित्ते भर का छोकरा! कैसी छोटे मुंह बड़ी बात कर रहा है! म्लेच्छ कहीं का! कहां से सीख कर आया है ये नास्तिकों की बातें, पापी!'—दूसरे ब्राह्मण ने अपनी शिखा की गांठ कसते हुए फटकारा।

'रुष्ट न हों विप्रदेव! हमारे सखा के मुख से अज्ञानवश कुछ अधिक बातें निकल गईं। वास्तव में क्षुधा के मारे हम क्या कह रहे हैं, यह भी समझ नहीं पा रहे। हमारी वाणी लड़खड़ा रही है और मस्तिष्क दुर्बल पड़ा जा रहा है। हमें क्षमा करें ब्राह्मणदेव! गोपश्रेष्ठ महाभाग नंद का पुत्र कृष्ण हमारा सखा है। कन्हैया ने ही हमें यहां भोजन लेने हेतु भेजा है। वह यहीं निकट ही अमराई में बैठा है। हम पर दया करें। हम भूख से अकुलाए जा रहे हैं'—भद्र ने बात सम्हालते हुए प्रार्थना की।

कृष्ण! गोपश्रेष्ठ नंद का पुत्र! वही महादुष्ट! महाधृष्ट।

कृष्ण का नाम सुनते ही सांप सूंघ गया ब्राह्मणों को। वे और भी दत्तचित होकर गंभीरता से अपना-अपना कार्य करने का स्वांग कर उठे। किसको नहीं पता था कि नंद-गोप के ढीठ बालक का वध कराने हेतु कंस वर्षों से दिनरात प्रयत्नशील है। वही कृष्ण! राजा का शत्रु! मुख पर भय छा गया। वे काँपते हुए और अधिक उच्च स्वरों में मंत्रोच्चारण करने लगे।

बालक विस्मित थे।

'महाभाग! यज्ञ तो लोक-कल्याण हेतु किया जाता है। हम भूख से विकल हैं। हमें भोजन दे कर आप पुण्य ही पायेंगे। परोपकार व लोक कल्याण ही तो वास्तविक यज्ञ है…'—सुबल ने विनती की।

एक वृद्ध ब्राह्मण ने बालकों को निकट बुलाकर भयभीत स्वर में समझाया—'देखो! महाराज कंस नंदगोप से बहुत रुष्ट रहते हैं। यदि उन्हें ज्ञात होगा कि हमने नंदगोप के

उद्दण्ड बालक व उसके सखाओं को यज्ञभोज का अंश दे दिया है तो हम राजकोप के भागी होंगे। फिर जब हमें कठोर दण्ड मिलेगा, तब हमें नंदगोप या नंदनंदन थोड़े ही बचा लेगा!'

सूखे मुंह लटकाए हुए लौट चले ग्वाल-बाल निराश होकर। कृष्ण ने सुना। किन्तु उसका उर्वर मस्तिष्क कभी भी उपायों से शून्य न हो पाता था। हर समस्या का कोई न कोई निदान उसकी बुद्धि में सदा मिल जाता था। छोटा सा तो शीश उसका और युक्तियों का भण्डार भरा पड़ा था उसमें। निश्चिंत हो उसने दूसरा सुझाव दिया—ब्राह्मण यदि कंस से इतने डरे हुए हैं, तो उनकी पत्नियों से मांगो। वे अवश्य दे देंगी।

ग्वाल-बालों ने सोचा यह कैसी बात! जब पुरुष तक कंस से डरते हैं तो भला स्त्रियां तो और भी डरती होंगी। पर कन्हैया की सूझबूझ पर भरोसा भी तो बहुत था उनका। वह जो कहता है, बहुत सोच समझकर ही कहता है। उसकी बुद्धि को तो पूरे ब्रज में कोई चुनौती नहीं दे सकता।

पेट पकड़े-पकड़े भूखे गोप-बालक फिर लौट पड़े यज्ञशाला की ओर। ब्राह्मण-स्त्रियां यज्ञभोज की व्यवस्था में संलग्न थीं। भोजन की गंध से तो क्षुधाग्नि और विकराल रूप से भड़क उठी। दौड़ते हुए दूर से ही वे लोग गुहार कर उठे।

'माताओ! हे माताओ। हम ग्वाल बाल भोर से घर से निकले हुए हैं। मारे भूख से प्राण निकले जा रहे हैं। माता! हमारा भोजन आज वानर-सेना ने छक कर जीम लिया। हे यज्ञपत्नियो! भूखे बालकों को भोजन करा दो और दोनों हाथों से पुण्य लूटो।'

स्त्रियों ने जो बालकों को रूखे-सूखे मुख देखे तो हृदय पसीज गया।

'अरे ले जाओ पुत्रो! जितना जी चाहे भोजन ले जाओ। और चाहे जो कुछ हो, पर राजा कंस के यहां भोजन की कोई कमी नहीं है।' एक तरुणी ने उत्साह से कहा।

'अहा! देखो तो। कैसे बेचारों के मुंह सूख गए हैं भूख से! भोर से वन में गौएं चरा रहे हो इतनी धूप में। लो वत्स! ये लो।'—एक वृद्धा ने कहा।

'अरे! इतने छोटे-छोटे से हाथों में कितना भोजन ले जा पाओगे! इतने से ही पेट भर जाएगा सबका?'—एक ममतामयी बोली।

'अरी चल! वो सामने ही तो है अमराई, जहां इनकी गौएं चर रही हैं। हम स्वयं न पहुंचा आएं पत्तल के पत्तल उठा कर वहां। खा लेंगे बेचारे तृप्त होकर!'

'हां-हां यही ठीक है। चल री चल। उठा ले चल ये सब पत्तल।'

तब तक उनमें से एक निकट आकर धीमे स्वर में गोपालों से फुस्फुसाते हुए बोली—'सुनो वत्स! धीरे से एक बात तो बताओ। तुम्हारा कोई एक बड़ा सुन्दर सा, सांवरा-सलोना मित्र भी है न? नंदगोप का पुत्र! वही जो गौएं चराता और बड़ी मधुर मुरली बजाता है। वह भी तुम्हारे साथ ही है क्या?'

बालकों के शुष्क मुखों पर अचानक गर्व भरी मुस्कान की आभा फैल गई। उत्साह से उछल पड़े वे लोग।

'हां-हां माता! उसी ने तो हमें भेजा है तुम्हारे पास बड़ी आशा से। कान्हा हमारा सखा है। वह यहीं है अमराई तले। देखो वो बांसुरी पर हमारे नाम पुकार रहा है...'—

विशाल ने प्रसन्नता से दमकते हुए मुख से कहा।

'अरे वास्तव में क्या? वही न, जिसने कालिय नाग का मानमर्दन किया था? सुनते हैं छोटा सा था तब पूतना का वध भी उसी ने किया था। उसमें बड़ी चमत्कारिक शक्तियां हैं न!'—ब्राह्मण स्त्रियों के कौतूहल तथा जिज्ञासाओं का पार न था।

गोप-बाल हर्ष से बल्लियों उछले पड़ रहे थे।

एक प्रौढ़ा सब स्त्रियों को पास बुला कर दबे स्वर में बोली—'चल री सखि। उस नंददुलारे को देख आएं। बड़ा वीर है वह। और बड़ा ही सुन्दर! कहते हैं—देवकी का आठवां पुत्र यही है। अपनी देवकी का···! उसी की तो पूजा मथुरा के घर-घर में छिप कर की जाती है। वो अपना माटी का बालकृष्ण जो है न वह वास्तव में यही है।'

'अरे सच?'—वे रोमांचित हो उठीं।

'अरे! सचमुच वह यहीं कहीं आसपास है क्या? चल-चल। तब तो उस मुरली मनोहर का मोहन रूप देख आएं जिसकी शक्ति के बारे में इतने वर्षों से सुनते आ रहे हैं। और फिर···आज कि कल···देवकी की मुक्ति को तो मथुरा आएगा ही।'

भारी भगदड़ मच गई। ले-ले भोजन-व्यंजन से भरे पात्र यज्ञ-पत्नियां वत्सला गौओं सी दौड़ चलीं। अहो! कैसी मधुर बांसुरी की तान! वही बजा रहा है न! बुला रहा है। वंशीधर टेर रहा है री। मुरलीधर टेर रहा है। चलो री चलो। वे भागी जा रही थीं। मुरली की मोहक तान उनके प्राण हरे ले रही थी।

उधर ब्राह्मणों का माथा ठनका। सब के सब खड़े होकर क्रोध से डपटने लगे उन्हें—'ऐ! कहां चली जा रही हो तुम लोग ऐसे सुधबुध गंवा कर मूर्खाओ! भय भी नहीं रह गया तुम्हें राजा का?'

वे तो वेगवती धारा सी हरहराती बही जा रही थीं। उन्हें किसी की चिन्ता न थी। उन्हें कोई नहीं रोक सकता था।

'अरे! धरे रहो अपने राजा को अपने सिर पर। तुम ही लोग कांपते रहो उससे। हम तो जा रही हैं नंद के वीर ढोटा को देखने। सब कहते हैं कि वह बड़ा हो कर नायक बनेगा। उद्धारक बनेगा। अरे एक बार देख तो आएं उस अद्भुत बालक को'—कह कर वे दौड़ती चली गयीं।

'अरे-अरे! सिर फिर गया क्या तुम लोगों का? पांव न बढ़ाना आगे अन्यथा आज से घर के पट बन्द समझ लो अपने लिए। देखो! कलियुग आ गया क्या, कैसी बिगड़ी जा रही हैं नारियां। देखो तो इनकी ढिठाई तनिक। लोकलाज छोड़े कैसी भागी जा रही हैं सुनसान जंगल में।'—एक दीर्घशिखा-धारी ब्राह्मण क्रोध से थरथर कांपता हुआ चिल्ला रहा था।

ब्राह्मण दौड़-दौड़ कर अपनी-अपनी पत्नियों को पकड़-पकड़ कर रोक रहे थे। लेकिन यज्ञ-पत्नियां अबाध्य गति से कुल-परम्परा और मर्यादा छोड़ कर दौड़ी जा रही थीं। न जाने उनमें कितनी शक्ति आ गई थी, वे गिरती-पड़ती दौड़ती चली जा रही थीं।

'अरे मत जाओ वहां। राजा प्राण ले डालेगा। काहे को यज्ञ का भोजन बिगाड़ने को तुली हो?'—एक ब्राह्मण चिल्लाया।

'अरे तो बालकों को भोजन करा देने में कौन सा तुम्हारे राजा का कानून टूटा जा रहा है? जाने दो। हाथ न लगाना मुझे'—और वे पूर्ववत् बेसुध सी दौड़ी जा रही थीं।

पतिदेवता की आज्ञाकारिणी, सदा की शृंखलाबद्ध पत्नियां अचानक विद्रोही हो उठी थीं। वे आंधी सी उड़ी जा रही थीं। उस आंधी में क्षार-क्षार होकर उड़ी जा रही थीं अंधी रूढ़ियां। थोथी परम्पराएं। वे मुक्त पवन सी बावरी हुई चली जा रही थीं। उस मुक्त-पवन में टूटी जा रही थीं निरंकुश राज्य की लौह-शृंखलाएं और समाज की फंफूंदी हुई प्राचीरें।

'ऐ मूर्खा! तू इनका अंधानुकरण क्यों कर रही है? राजा कच्चा चबा जाएगा तुझे भी और मुझे भी। सब मरी कूप गें गिरेंगी तो तू भी मरेगी वहीं जाकर? चल हट यहां से। लौट जा पीछे!'—एक़ पति का अहंकार फुफकारा।

'हां-हां जाऊंगी! सब कहते हैं उस नन्हे से ढोटा में बड़े-बड़े अचरज भरे हैं। अरे उसमें विभूति है, विभूति। सब दर्शन पाएं तो मैं क्यों न पाऊं? राजा बड़ा होता है कि विभूति? मेरी राह में बाधा न देना नाथ। जीवन त्याग दूंगी, पर वहां अवश्य जाऊंगी। इतने वर्षों से छिप-छिप कर बालगोपाल की उपासना की है, अब जब स्वयं ही वह बुला रहा है, तो क्यों न जाऊं वहां?'

'अच्छाऽऽ! यह दुःसाहस तेरा! तूने मेरे साथ छल किया! विश्वासघातिनी! कृष्ण की उपासना किससे सीखी तूने?'—पति ने तुरन्त सोटा ताना पत्नी की दिशा में।

'जिससे सबने सीखी। अरे ओ राजा के अंधे-भक्त! तुम क्या जानो कि घर-घर में सब बालकृष्ण की उपासना करते हैं। दिनरात कृष्ण-नाम रटते हैं। अरे वीरपूजा की है मैंने ताकि मेरा पूत भी वीर निकले। निडर निकले! तुम रमे रहो राजा की चाटुकारिता में। मुझे जाने दो'—उसने एक प्रबल झटका दिया पति को।

हाथ का सोटा दूर गिरा जाकर। ब्राह्मण क्रोध से ब्रह्मराक्षस हो उठा। वेग से दौड़ती हुई पत्नी की वेणी हाथ में आई तो वही निर्ममता से पकड़कर उसने खींच डाली। पीड़ा से आर्त्तनाद करती हुई वह गिरी और एक नुकीली शिला से उसका शीश टकरा गया। देखते देखते शिला रक्त-रंजित थी और महिला का तन प्राणहीन।

वे विद्रोहिणी ज्वाला सी भभक उठीं। क्या तरुणी और क्या वृद्धा! घृणा की दृष्टि से उन्होंने निहारा उसको!

'अरे वाह रे बांके वीर! असहाय नारी पर हाथ उठाने भर के ही पुरुष हो? और जब कंस बुलवा भेजता है तुम्हारी बहू-बेटियों को, तब कहां कपूर हो कर उड़ जाता है तुम्हारा यह पौरुष? यहां सिंह बन रहे हो सब के सब। भूल गए उसे, जिस बेचारी ने आत्महत्या कर ली थी ग्लानि में डूब कर तुम्हारी कायरता के कारण! अरे वीर! जब मागध सैनिकों ने आधी रात को द्वार ठकठकाया था, तब तो छिप कर बैठ गया था तू तू अनाज के कुंड में घुस कर। उस तड़पती अबला को खींच कर ले गए राजप्रहरी और तब तेरी जीभ तालु से चिपक गयी थी। दो दिन बाद डाल गए वे ही प्रहरी उसे तेरे द्वार पर, तब कोई ब्राह्मण बोला? अरे! तेरे रहते उसे ग्लानि के मारे कुएं में कूद जाना पड़ा। और जो दूसरी ब्याह लाया उसे भी अब मार डाला। अरे जा! अभी भी चरण पकड़ ले नंदलाल के। क्या पता सचमुच ही कहीं भगवान बैठे हों उसमें, तो तर तो जाएगा तू

अपने पापों से'—वयोवृद्धा गरजी।

ब्राह्मणों के शीश झुके हुए थे।

यज्ञ-पत्नियां चली जा रही थीं बांसुरी के सुरों की डोर से बंधी-बंधी।

कृष्ण का मोहक रूप देखा तो निहाल हो गयीं। कैसा आकर्षण है! कैसी मधुरता है। कैसा सुंदर सलोना बालक है! और कहते हैं कि इसने बड़े बड़े वन्य-पशुओं का वध कर दिया बात की बात में!

कृष्ण खिल उठा भोजन देख। वे सब ग्वाल-बाल बैठ गए। यज्ञ पत्नियां प्रेम से खिलाने लगीं। घनी छांह में बैठकर सुस्ताने लगीं। ऐसा खुला पवन! नीला आकाश! उन्मुक्त वातावरण! आनंद!

'तुम लोगों ने क्यों कष्ट किया माताओ? ये ही लोग ले आते भोजन।'—कृष्ण ने प्रसन्न मुख कहा।

'नहीं रे मोहन! तेरी सूरत देखने को तरसती थीं हम तो। बड़े तेरे नाम सुने थे। सोचा चले आज देख ही आएं। हम तो मथुरा नगरी की नागरी ठहरीं, सो हमें तू कहां मिल पाता?'—पुलकती हुई वे बोलीं।

'क्यों? मैं ही आ जाता। पर एक बार आ गया वहां, तो फिर निकाल न पाओगी वहां से मुझे!'

खिल् खिल् करती मुग्ध-वधुएं बिना समझे हंस पड़ीं। सहसा एक को कुछ समझ में आया तो उसने आंखें फाड़ कर अपने दोनों कान छू लिए।—'अरे नाम न लेना मथुरा का। अंधेर मचा है वहां तो, अंधेर!'

'बहुत सताता है न कंस सबको?'—मुख में ग्रास रखते कृष्ण ने आंखों को गोल करते हुए पूछा।

'अरे पूछो न लाल! कब किसको पकड़वा ले राजा। कब किसके पुत्र को मरवा दे। कब किस की बहू-बेटी को उठवा ले। वहां तो खुलकर सांस भी नहीं ले पाते लोग।'

वे बातें करती रहीं। सांझ हो गई पता भी न चला।

'सांझ हो गई माताओ! हम गौएं लेकर चलते हैं। तुम भी घर जाओ अब'—उसने स्मरण दिलाया।

'अब क्या वहां मरने-कुटने को जाएंगी हम? हमें तो घर के पट बंद मिलेंगे।'

'नहीं माताओ! कर्त्तव्य की उपेक्षा न करना। गृहस्थ धर्म की भी उपेक्षा न करना। तुम्हारा मथुरा में रहना इसलिए भी आवश्यक है क्योंकि तुम ही तो वहां की चेतना हो। तुम्हारी ही अंतरात्मा जीवित है। पाप का घड़ा तो फूटेगा ही। फोड़े को और पकने दो भलीभांति, तभी उसे फोड़ना ठीक होगा। तुम क्रांति की दूतियां बन कर जाओ। राजा के अनुचित कार्यों का विरोध करने जाओ। उसे अनाचार करने से रोकने को जाओ। वृंदावन से उन्मुक्ति के झोंके लेकर जाओ। जाओ माता! अत्याचारी शासक अधिक जीवित नहीं रहते।'—अनायास वह वयस्क हो उठा जैसे।

क्रांति!!

गोप-बालक मुंह बाए रह गए। यह 'क्रांति' भला किस चिड़िया का नाम है!

क्रांति!!

मथुरा की नागरी भी विस्मित हुईं। पर इतना अवश्य समझीं कि कंस का विरोध करना है। वे समझीं और उठ खड़ी हुईं।

प्रेम से पुलकित कह कान्हा पर आशीष बरसातीं, बार-बार मुड़-मुड़ कर उसे निहारती हुई वे लौट चलीं घर-घर में क्रांति का अलख जगाने।

× × ×

बड़ी विचित्र एवं परस्पर विरोधी प्रवृत्तियों के ताने-बाने से बुना हुआ एक सप्तरंगी व्यक्तित्व उभर रहा था कृष्ण में। जब एकांत में होता तो दार्शनिक सा वह न जाने क्या गूढ़ चिंतन करता रहता। कभी बालयोगी सा समाधिस्थ हो जाता। परन्तु जब सबके बीच में होता तो एक कर्मठ बालगोप की भांति ब्रज के हित में कुछ न कुछ करता दिखाई देता। भला वे भोले-भाले ग्रामीण गोपजन यह क्या समझ पाते कि उनके नटखट कान्हा में एक महान् कर्मयोगी बैठा हुआ है जो धीरे-धीरे विकसित होता हुआ परिपूर्णता पाता जा रहा है।

हां, इतना अवश्य गोपजन जानते थे कि उनका कान्हा जन्मजात नायक है। जन्मजात योद्धा है। बात थी भी सत्य। बालपन से ही तो उसकी नेतृत्व-क्षमता और अद्‌भुत संगठन-शक्ति का परिचय कितनी बार मिल चुका था। वे तो उसे अपना रक्षक, प्रहरी, देव तथा भगवान् तक मानने लगे थे। और मानते भी क्यों न! किसी की भी, कोई भी समस्या क्यों न हो, ऐसी सरलता व स्वाभाविकता से वह उसका हल निकाल देता कि लोग दांतों तले उंगली दबा लेते। बड़े-बड़े गोप-नेता शीश ही धुनते रह जाते और यह बालक चुटकी बजाते समाधान प्रस्तुत कर देता।

वृंदावन के इस मनमोहन की ख्याति दूर-दूर तक फैलने लगी थी। गांव-गांव से लोग आते। अपनी समस्या उसे बताते। निदान पूछते। रोगियों को दिखाने लाते और उपचार पूछते। अनमना सा कृष्ण रोगी की नाड़ी पर हाथ रखता कहता—'दो दिन अन्न का दाना भी नहीं। बस दूध और फल।' और जब तक कोई और कुछ कह पाता, तब तक तो उस ने अपने हाथ की संटी हिलाई और ये गया और वो गया।

लोग रोग से मुक्त हो जाते। फिर उसे घेरकर आश्चर्य से सिर हिलाते हुए गाते 'अंग अंग टोना, सरस सलोना...सुभग सुठोना'...और उनके बीच, तन में लोच दे-दे कर, थिरक थिरक कर, पांवों से ठुमका दे दे कर नटवर नाचता रहता, बिना यह समझे कि उसने कोई बड़ा अनोखा चमत्कार कर दिखाया है।

गर्वोन्मत्त ग्रामीणजन आंखें गोल कर के उसकी प्रशंसा करते अघाते न थे। अरे हमारा कान्हा तो बड़ा ही ज्ञानी है। और वैद्य भी है। और वीर तो ऐसा कि पूरे संसार में कोई न होगा। हांऽऽ! और कैसी तो मनमोहिनी मुरली बजाए। और कैसा नचैया! नट है पूरा नट!

जितने मुंह उतने ही विरुद्! कृष्ण की विरुद्-माला तो उसकी वैजयंतीमाला से भी लम्बी होती जा रही थी। पर वह अपनी प्रशंसा व ख्याति से नितान्त अलिप्त था। छक

कर नवनीत उड़ाता और गौओं तथा मोरों के बीच यमुना तट पर मदमत्त बाल-गजराज सा विचरता रहता।

कृष्ण का बाह्य विकास जिस सुन्दरता से हो रहा था वह तो सहज ही दृष्टिगोचर था परन्तु उसके अन्तर्पट की परतें जिस प्रकार शनैः शनैः एक के बाद एक खुलती जा रहीं थीं वे अगोचर थीं। बाहर से ब्रजवासियों का यह स्नेहशील नयनतारक महाउत्पाती, नटखट और ढीठ लंगरवा ही बना रहा। भीतर ही भीतर उसमें किसी रहस्यमय रश्मियों वाला अदृश्य सूर्य का उदय हो चुका था। इसलिये प्रतिपल, प्रतिक्षण उसके मानस में नई जिज्ञासा जन्म लेती। भीतर ही भीतर उसमें एक महान् जिज्ञासा का जन्म हो चुका था। एक निर्भीक आलोचक का जन्म हो चुका था।

कई बातें जो अन्य सबको बड़ी स्वाभाविक लगतीं, कृष्ण को बड़ी बेतुकी व अस्वाभाविक प्रतीत होतीं। जो प्रवृत्तियां किसी को उद्वेलित न करतीं, वे कृष्ण के मन में उद्वेलन का ज्वार-भाटा उत्पन्न कर देतीं।

उसके भीतर बैठे हुए जिज्ञासु का शाश्वत प्रश्न था—क्या? और भीतर बैठे आलोचक का शाश्वत प्रश्न था—क्यों?

खेलते-कूदते, गौएं चराते, वंशी बजाते हुए अजाने में ही मन में चिंतन और मंथन की गुप्त प्रक्रिया सतत चलती रहती। कौन सा विषय ऐसा था जो उसे आकर्षित न करता! कौन सा विषय ऐसा था जो उसके मन को आन्दोलित न करता? कौन सा विषय ऐसा था जो उसे विचार करने को बाध्य न करता! राजा के कर्तव्य, कंस की नीतियां, जीवन-मृत्यु, आत्मा-परमात्मा, यज्ञ-पूजन, किंवदंतियां-रूढ़ियां, लोकाचार-परम्पराएं, देवी-देवता तथा मनौतियां! हर विषय पर सोचता! गहरे डूब कर सोचता।

समस्या के हर पक्ष पर विचार करना, उसे तौलना, उसका विश्लेषण करना, उसकी थाह में जाना आदि कृष्ण के स्वभाव के अभिन्न अंग थे। जब तक उसकी कोई प्रतिक्रिया बाहर प्रकट होती, तब तक वह एक तर्क-संगत निष्कर्ष पर पहुंच चुका होता था। और तब वह सहसा वयस्क सा हो उठता। किसी प्रौढ़ गोप की भांति भरे समाज में अपना दृष्टिकोण समझाता। तर्क दे कर समझाता। इतनी कम वय में भी उसकी तर्कशक्ति प्रबल थी और उसके तर्क अकाट्य।

भोले-भाले गोपजन मुग्ध रह जाते। अभिभूत हो उसका मुख स्नेह से हाथों में थाम कर बलैंया लेते। उसके शीश पर हाथ फेर कर आश्चर्य से कह उठते—'ऐ रे, तेरे इत्ते से सिर में इत्ती सारी बुद्धि कैसे समा पाई रे मनमोहना?'

मानस में उदीयमान अदृश्य सूर्य की आभा से उसका बाह्य आवरण भी शनैः-शनैः उद्भासित होने लगा था। मानस-पद्म मुकुलित हो रहा था। एक-एक पांखुरी खुलती जा रही थी। सुवास दूर-दूर तक पहुंच रही थी। कली को खिलते हुए संसार कब देखता है! वह तो खिल जाती है। और जब खिल जाती है तब संसार चकित हो अभिभूत सा निहारता रह जाता है रूप-रस-मकरन्द से परिपूर्ण नील-पद्मराज को।

कृष्ण स्वयं ही प्रश्न पूछता और स्वयं ही उत्तर भी ढूंढ़ निकालता। बाल-मस्तिष्क में गुत्थियां सुलझ रही थीं। जीवन-मृत्यु की गुत्थियां। मनुष्य-जन्म की गुत्थियां। धर्म और कर्म की गुत्थियां। राजनीति और समाज की गुत्थियां।

वह समझ न पाता कि राजा से सब आतंकित क्यों रहते हैं। राजा होता ही क्यों है? राजा को पूज्य क्यों माना जाता है? क्योंकि वह सिंहासन पर बैठता है और सोने का मुकुट लगाता है? वृद्धगोप कहते हैं कि कंस हमारा राजा है इसलिए उसका विरोध अनुचित है। लेकिन राजा सब पर अत्याचार करे, सबको उत्पीड़ित करता रहे तो भी क्या उसका विरोध नहीं करना चाहिये? उसके अमानवीय कर्मों को भी चुपचाप सहते जाना चाहिए? क्योंकि राजा पूज्य है! बल-प्रयोग से यदि कोई अपने शीश पर राजमुकुट धर ले, तो भी क्या वह पूज्य है? राजा पर पाप-पुण्य के नियम लागू नहीं होते? जब सारा संसार धर्म के अधीन है, फिर क्या राजा धर्म के भी अधीन नहीं? वृद्ध गोप कहते हैं कि राजा के कार्यकलापों पर उंगली नहीं उठाते। प्रश्न नहीं करना चाहिये? क्यों? अंततः क्यों? राजा में ऐसा क्या अनोखापन है कि वह मनमानी कर सकता है? वह जो चाहे कर सकता है? प्रश्न! प्रश्न! प्रश्न! जिज्ञासाएं और अनंत कौतूहल।

कृष्ण को यह सब कुछ ठीक नहीं लगता। अनुचित लगता। कहीं कुछ अव्यवस्थित सा है। कुछ ढीला है। कहीं कुछ कसावट की आवश्यकता है।

गोपसमाज कितने उत्सव व रीतियां मनाता रहता है, कृष्ण आज तक उनका कारण नहीं समझ पाया। न ही उनका कारण कोई उसे बताता है। सब यही कहते हैं कि ऐसा किया जाता है। पर क्यों? कोई उत्तर नहीं! रूढ़ियां, परम्पराएं सब मनाते हैं। कहते हैं हर विषय में प्रश्न नहीं पूछते। तो यही बता दे कोई कि प्रश्न क्यों नहीं पूछें? जब देखो तब देवी-देवताओं की मनौतियां मनाते हैं सब। और अम्ब और पितामही तो न जाने कितने देवी-देवता जानती हैं कि सदा ही आंचल फैलाए मनौतियां मनाती रहती हैं। मुझे तो ये देवी-देवता दिखते नहीं कभी। कहते हैं मनौती करने से इच्छा पूरी हो जाती है। मेरी इच्छा तो मनौती के बिना ही पूरी हो जाती है। मुझे क्यों नहीं आवश्यकता पड़ती मनौती मनाने की? कहते हैं मनौती से मन में बल आ जाता है। तो यह तो आत्मबल की कमी हुई। उस भयंकर नागदेवता के फण पर चढ़ कर, देर तक नाच कर मैं सकुशल निकल आया दह से, तो क्या अम्ब आदि की मनौतियों के कारण? दंश तक न दे पाया मुझे नागदेव अथवा इतने सर्पों में से कोई भी सर्प, तो क्या मनौतियों के कारण? अथवा मेरे साहस और बल के कारण?

कुछ समझ में नहीं आता! पूजन! इन्द्र का पूजन! इन्द्र कौन है? कहां है! इतने दिनों से तैयारियां हो रही हैं इन्द्र-पूजन हेतु! पर इन्द्र का पूजन क्यों किया जाता है? इन्द्र का ब्रजलोक से क्या लेना-देना? वह तो कभी आता नहीं हमारा कुशल-क्षेम जानने? हमारे लिए कुछ करने!

कहते हैं कि उत्तर दिशा में बहुत दूर हिमालय पर्वत है जो इतना ऊंचा है जैसे आकाश को छू रहा हो। उसी के किसी भाग पर बसा हुआ है इन्द्रलोक। देवर्षि नारद कह रहे थे कि पहले इन्द्रपद पर वही व्यक्ति अभिषिक्त होता था जो चरित्रवान्, गुणवान्, बुद्धिमान, विद्वान, सृष्टि के गूढ़ ज्ञान-विज्ञान का ज्ञाता, अद्भुत अस्त्रशस्त्रों का निर्माता और परम शक्तिशाली होता था। ऐसे विलक्षण गुणों का समागम एक व्यक्ति में मिलना दुर्लभ ही था। इसीलिए इन गुणों से संपन्न इन्द्र अत्यंत सम्मान का पात्र तथा अन्य सभी राजाओं का स्वामी माना जाता था। उसकी शक्ति, शौर्य व प्रशासकीय दक्षता के कारण

उसका राज्य भी तब बहुत व्यापक था। पृथ्वी के समस्त राजा उसके अधीन थे और उसके निर्देशन से चलते थे। तब, ब्रह्मा, विष्णु तथा महेश के बाद इन्द्र की ही दुन्दुभि बजती थी।

मुनिवर नारद बता रहे थे कि अब तो इन्द्रलोक भी छोटे आकार का रह गया है और वर्तमान इन्द्र प्राचीन इन्द्रों के समान श्रेष्ठ भी नहीं रह गया है। फिर भी पुरातन रूढ़ि के कारण आज भी उसे पृथ्वी का संप्रभु माना जाता है। नाममात्र का संप्रभु! नितान्त शक्ति-शून्य है, फिर भी उसका इतना सम्मान है कि इन घने द्वादश वनों में रहने वाले गोपजन भी उस दुर्बल और सुदूर रहने वाले इन्द्र से भयभीत रहते हैं। आज भी कहते हैं कि वह शक्तिशाली देवता है। वही वर्षा कराता है।

यह कैसे संभव? पहले जब इन्द्रपद पर श्रेष्ठ व्यक्ति रहता रहा होगा तब वह अवश्य अपने ज्ञान-विज्ञान तथा विशिष्ट और विराट यज्ञों के धूम से जल भरे मेघों की रचना करता रहा होगा। अब तो जो कथाएं गोप-चौपाल में सुनते हैं उनसे इन्द्र बड़ा ही दुर्बल और दीन-हीन सा लगता है। तो फिर इन्द्र-पूजन क्यों? इन्द्र हमारे लिए क्या करता है? और तो और? राजा कंस ही हमारे लिए क्या करता है?

कोई कुछ नहीं करता ग्रामीणों के लिये। ग्रामीणों की किसी को चिन्ता नहीं। न कंस राजा को। न इन्द्र को। न देवी-देवताओं को। तो फिर हम इनकी पूजा क्यों करें? हमारा रक्षक राजा नहीं, द्वादशवन हैं। गोवर्धन-पर्वत हमारी रक्षा करता है। यह कलकल करती यमुना हमारी रक्षा करती है।

हमारा पालन-पोषण कौन करता है? इन्द्र? कदापि नहीं। कंस? कदापि नहीं। हमारा पालन-पोषण भूमि करती है। यह वत्सला ब्रजभूमि हमारा पालन-पोषण करती है। इसके आंचल की छांह कितनी शीतल है! इसके तन की गंध कितनी सोंधी है! पयस्विनी हमारी माता!

कृष्ण के विशाल नेत्रों में अश्रु छलक आए। उसने झुक कर भूमि से थोड़ी माटी उठा कर अपने भाल कर लगा ली।

"वन्दे ब्रजवसुन्धराम्!"

× × ×

इन्द्र-पूजन समारोह की तैयारियों में समस्त गोप-गोपियां व्यस्त थे। कृष्ण वहां आकर चुपचाप खड़ा देखता रहा। सुनन्द गोप का ध्यान गया उसकी ओर।

'क्यों रे कान्हा? ऐसे चुपचाप खड़ा क्या देख रहा है? तू तो दौड़-दौड़ कर हर कार्य में हाथ बंटाता है। आज क्या हो गया? क्या सोच रहा है?'

'यही···कि इन्द्र-पूजन क्यों किया जाता है' विचारों में खोया हुआ सा कान्हा बोला।

'अरे! कैसी बात करता है? यह तो हम लोगों की कुल-परम्परा का धर्म है। प्रतिवर्ष इन्द्र-पूजन होता है। यदि कुलरीति न निभाई जाए तो बड़ा अधर्म होता है। इन्द्र बड़े शक्तिशाली देवता हैं। वे वर्षा करके हमें जल देते हैं। वर्षा से अन्न उपजता है। वर्षा से ही वनस्पतियां, फल-फूल, खेत तथा गोचारण-भूमि हरी होती है। वर्षा तथा वनस्पतियों के

स्वामी इन्द्र हैं, इसलिये सदा उनका पूजन करना चाहिये'—नंद ने समझाया।

'और यदि नहीं करें पूजन, तो क्या कर लेंगे इन्द्र?'—कृष्ण के स्वर में किंचित् उग्रता तथा नेत्रों में चुनौती थी।

'दण्डित करेंगे।'—वृषभानु बोले।

'दण्डित करेंगे? क्या वध कर देंगे हमारा?'—कौतुक से मुस्कुरा कर कान्हा ने पूछा।

'वध भी कर सकते हैं अपने कठोर वज्र से'—वृद्ध गोप पूर्ण आत्म-विश्वास से बोले।

'नहीं!'—अचानक कृष्ण जैसे प्रौढ़ हो गया। मुख का बाल-सुलभ भाव तथा वाणी की चंचलता सहसा लुप्त हो गई।

'नहीं तात! वध करना इन्द्र के हाथ में नहीं। किसी भी देवी-देवता के हाथ में किसी प्राणी की मृत्यु नहीं। किसी मनुष्य के हाथ भी किसी प्राणी की मृत्यु नहीं। मृत्यु, मनुष्य के कर्मों से प्राप्त होती है। जिस मनुष्य के जैसे कर्म होंगे, वह उसी प्रकार की मृत्यु प्राप्त करेगा। जन्म तथा मृत्यु का क्रम कारण-कार्य की श्रृंखला में आबद्ध है। निश्चित नियमों के अनुसार ही सृष्टि संचालित होती है। हम कठपुतलों की भांति अदृश्य सूत्र से बंधे हुए हैं। वह अदृश्य सूत्र हैं कर्म। उसी के अनुसार हम जीवन व मृत्यु को प्राप्त होते हैं। तात! कुछ वर्ष पूर्व जो साधु ग्राम के बाहर कुटीर बनाकर रहते थे, उनको कितनी भयंकर व्याधि हुई थी! कितने कष्ट अंत-अंत में उनको सहने पड़े थे? ऐसा क्यों हुआ? वे तो सदा से इन्द्र के पूजक थे। तात! ईश्वर भी यदि दण्ड अथवा पुरस्कार देता हो तो वह मनुष्य के कर्म के अनुसार ही दे सकता है। इस जन्म में अथवा पूर्वजन्मों में मनुष्य ने जो कुछ कर्म किए हैं उनका ही फल वह जीवन भर भोगता रहता है। तात! इन्द्र कुछ नहीं बिगाड़ सकता हमारा। न वह हमारा भला करता है, न बुरा। हम व्यर्थ ही उसे इतना सम्मान दे रहे हैं और जिसको सम्मान देना चाहिये उसे देते नहीं। जिसको पूजना चाहिए, उसे पूजते नहीं। जो हमारे जीवन का आधार है, उसकी हम उपेक्षा करते हैं और जो हमारे लिए कुछ नहीं करता उस व्यर्थ के भार को सिर पर धारे रहते हैं।'

कार्यकर्ताओं के हाथ थम गए। इन्द्र-पूजन की तैयारियां छोड़ गोपजन कृष्ण की विचित्र सी बातें सुनने लगे। नंद विस्मित थे। उपनंद चकित थे। सुनंद अवाक् थे। वृषभानु निश्चल थे।

'किन्तु ऐसा हमारा जीवनाधार कौन सा है, जिसकी हमने उपेक्षा की है वत्स? मुझे तो तुम्हारी बातें समझ में नहीं आ रहीं'—नंद ने पूछा।

'तात! हमें इन्द्र कुछ नहीं देता? हमें राजा भी कुछ नहीं देता। ये हमारे हित में कुछ नहीं करते। हमको देने वाले दो हैं। हमें पालने वाले दो हैं। हमारे दो प्रमुख जीवनाधार हैं। पर हमारा ध्यान उन पर नहीं जाता। तात! हमारे लिए जो कुछ करती है वह हमारी माता करती है। हमारी माता है यह ब्रजभूमि। सागर, सरिता, सरोवरों, भूमि तथा वनों और वनस्पतियों से जो वाष्प उठती है, वही ऊपर जाकर मेघों में परिणित होती है तब वे ही मेघ धरा पर वर्षा करते हैं। अतः वर्षा इन्द्र नहीं, हमारी माता अर्थात यह भूमि देती है। ब्रजभूमि हमें सरिता का भी जल देती है, कलकल करते झरने देती है। यही हमें सघन वन और वृक्षों की शीतल छांह देती है और यही हरीभरी शस्य-श्यामला चारण-भूमि

देती है। माता के समान ही भूमि हमारे भोजन की व्यवस्था करती है और धन-धान्य, फलफूल तथा अन्न आदि देती है। क्या यह ब्रजभूमि माता के समान हमारा पालन नहीं करती? क्या हम इसके प्रति ऋणी नहीं? जो हमारे लिए इतना करती है, उसके लिये हम क्या करते हैं कभी माता की वंदना भी की है हमने?'

सन्नाटा छा गया। वरिष्ठ गोपजन उसकी बातें समझ रहे थे पर कुछ बातें वे भी समझ न पाए थे। उनके नेत्रों में प्रशंसा का भाव था। यह जब भी कुछ कहता है, नई ही बात कहता है। अनोखी बातें ही निकलती हैं इसके मुख से। पर बड़ा सोच समझकर कहता है।

'बात तो तू बिल्कुल ठीक कह रहा है कान्हा! यह बात हममें से किसी की भी बुद्धि में न आई थी कि ब्रजभूमि हमारे लिए माता है।'—वृषभानु जैसे-तैसे बोले।

'तात! हमारी मातृभूमि अपने अंक में लिए हमें दुलराती है, पालती है। अपने आंचल की छांह से हमें संरक्षण देती है, भोजन देती है, अन्न और जल देती है। वनस्पति और औषधि देती है। खेलने के लिए पर्वत व घाटी देती है। सिंगार के लिए रंग-बिरंगे मनोरम फूल देती है। क्या नहीं देती हमारी भूमि-माता हमें? और इन्द्र क्या देता है?'

सब मौन थे।

'और हमारा दूसरा जीवनाधार?'—गोपियों की भीड़ में से किशोरी का प्रश्न उठा।

'हमारा दूसरा जीवनाधार? हमारा कर्म। हमारी जीविका। हमारा व्यवसाय। वस्तुतः हमारी जीविका ही हमारे लिए ईश्वर है, प्रभु है। हमारा कर्म ही हमारा धर्म है। हमारा कर्तव्य हमारा उपास्य है। हम गोपालन करते हैं। वैश्य-वृत्ति से जीवन-यापन करते हैं। अतः हमारी यह गोपालन की वृत्ति हमारा दूसरा जीवनाधार है। पर जो गोपालन हमें जीवित रखे है, जीविका देता है, उस गो का हम कभी पूजन करते हैं क्या? गोपजन्! आप तनिक विचार तो करें। हमारा यह संपूर्ण प्रदेश गोवर्धन प्रदेश कहलाता है क्योंकि इस प्रदेश में गो-संवर्द्धन किया जाता है। अतः हम अपनी जीविका हेतु भी इसी ब्रजभूमि अथवा गोवर्धन प्रदेश के प्रति ही आभारी हैं। गोवर्धन प्रदेश की यह भूमि तथा गोपालन का हमारा कर्म, ये ही हमारे उपास्य हैं। ये ही हमारी माता, देवी, देवता, ईश्वर तथा सर्वस्व हैं। यह भूमि जो हमें जीविका दे रही है और वह जीविका जो हमारा जीवन चला रही है, हमारे लिए सब कुछ हैं। अपने प्रभु और अपनी माता की उपेक्षा कभी नहीं करनी चाहिए। अपनी मातृभूमि तथा राष्ट्र का पूजन करना चाहिये। माता की वंदना करना चाहिये।'

वृद्ध गोप का मुख प्रसन्नता से खिला पड़ रहा था। कंठ से शब्द निकल नहीं पा रहे थे। धीरे-धीरे आगे बढ़कर उन्होंने कृष्ण के शीश पर प्रशंसा से हाथ फेरा।

'कान्हा! तू तो बड़ा ही बुद्धिमान है। कितना बड़ा सत्य आज तूने उजागर किया है! भगवान् तुझे चिरायु करे! किन्तु वत्स! कोसों फैली हुई है यह ब्रजभूमि तो। इसका पूजन करना तो संभव नहीं।'

कृष्ण का गंभीर मुख एकाएक अपनी चिर-परिचित मुस्कान से प्रदीप्त हो उठा।

'तात! पितामही बताती हैं कि एक बार देवताओं में स्पर्धा हुई थी कि जो सबसे पहले तीनों लोकों की परिक्रमा कर लेगा वही आदिदेव के पद पर आरूढ़ होगा। उसका पूजन सदा हर मंगलकार्य में सर्वप्रथम होगा। पितामही कहती हैं कि सभी देवता होड़ में अपने-अपने वाहनों, रथों आदि पर शीघ्रता से परिक्रमा हेतु चल पड़े। गणेश वहीं खड़े रहे। सोचते रहे। फिर उन्होंने भूमि पर 'मां' लिख दिया। उसका घेरा खींचा और उसकी तीन बार परिक्रमा करके ब्रह्मा के हाथ जोड़ लिए। ब्रह्माजी प्रसन्न। मां में ही तो तीनों लोक हैं! 'मां' के रूप में सृष्टि और शक्ति की परिक्रमा ही तीनों लोकों की परिक्रमा है। अतः हम भी आदिदेव गणेश को नमन करके उनकी बुद्धिमत्ता से प्रेरणा लेंगे और अपनी मां की वन्दना करके स्वयं को विश्व में श्रेष्ठ सिद्ध कर देंगे। अंततः तो इन्द्र को भी आपने नहीं देखा। वह यहां आता तो है नहीं जब आप प्रतिवर्ष इन्द्र-पूजन करते हैं। वह पूजन भी तो प्रतीक-रूप में ही होता है! अपनी राष्ट्रभूमि का प्रतीक आज से हम अपने गोवर्धन पर्वत को मानते हैं। हमारी मातृभूमि का मुकुट गोवर्धन पर्वत ही है। अतः गोवर्धन हमारे इष्ट हैं। हम गोवर्धन-पूजन करेंगे। गोवर्धन की पूजा के माध्यम से हमारी माता, मातृभूमि अथवा राष्ट्र की वंदना हो जाएगी। हम अपनी माता के प्रति अपना आभार व्यक्त करेंगे। अपनी गौओं, वृषभों व गोवत्सों को सजाएंगे, उन्हें पूजेंगे, भोग लगाएंगे, आरती करेंगे तो हमारे कर्म एवं जीविका का भी पूजन हो जाएगा। इस प्रकार समूचे गो-कुल के प्रति भी हम अपना आभार व्यक्त कर सकेंगे।'

गोप-समुदाय भौंचक रह गया। सम्मोहित से खड़े थे सब। अचानक उनका गगनभेदी स्वर फूट पड़ा—धन्य है ऽऽ! धन्य है ऽऽऽ!

'आंखें खोल दी तू ने हमारी! इन्द्र-पूजन की सामग्री ले चलो गोवर्धन पर्वत पर। हम अपनी मातृभूमि व गौओं का पूजन करेंगे'—विह्वल कंठ नंद बोले।

'चलो हो ऽऽ…चलो रे ऽऽऽ…गोवर्धन को चलो ऽऽऽ'—कोलाहल मच उठा।

शकटों में घी, दूध, दही, नवनीत, मधु आदि के पात्र रखे गए। फल-फूल, मिष्ठान्न-पकवान्न भरे गए। गौएं, वृषभ व गोवत्स उछलते-कूदते चल दिए। वृद्ध गोपगोपियों को शकटों में बिठाया गया। कुछ वृद्ध युवक गोपों के कंधों पर बैठे और वे सब गोवर्धन को चल दिए।

गोवर्धन पर्वत पर मंगल-दृश्य था। रंग-बिरंगी चूनरें उड़ रही थीं। पकवान्न-मिष्ठान्न की सुगंधें थीं। शीश पर पक्षियों के रंग-बिरंगे पंख, कंठ में कौड़ियों, मनकों व फूलों की मालाएं व घंटियां पहने हृष्ट-पुष्ट बलवान वृषभ घूम रहे थे। सुन्दर-सुन्दर गौएं आज नई नवेली वधू सी विभिन्न रंगों से सजाई गई थीं। शीश पर मोर-पंख, फूल और पत्ते सजे हुए थे। कंठ में घंटियां, कौड़ियां, मनकों की मालाएं। फूलों की मालाएं। शरीर पर सुन्दर बेलबूटे कढ़े। गोवत्सों का तो उत्साह ही निराला था। उन्हें सजाने हेतु पकड़ पाना ही कठिन था। हाथ से छूटे-छूटे भागते थे उत्साह से।

पूजन-सामग्री एकत्रित की गई एक स्थल पर। भूमि-पूजन हुआ। यज्ञ-संपन्न हुआ। कृष्ण का मधु-सिक्त कंठ स्वर लहरा उठा—

'बलित्था पर्वतानां खिद्रं विभर्षि पृथिवि।
प्रया भूमि प्रवत्वति मन्हा जिनोषि महिनि॥

सत्यं बृहदृतमुग्रं दीक्षा तपो ब्रह्म यज्ञः पृथिवीं धारयन्ति।
सा नो भूतस्य भव्यस्य पत्न्युरुं लोकं पृथिवी नः कृणोतु॥'

पृथ्वी पर्वतों का भार सम्हालती है। वन्य औषधियों को धारण करती है। भूमि को उर्वरा बनाती है। पृथ्वी की वाष्प से मेघ बनते हैं। मेघों से वर्षा होती है। यह दृढ़ा है। मही है। अर्जुनी है।

पृथ्वी क्या नहीं करती। जप-तप, दीक्षा व यज्ञ पृथ्वी पर ही संभव है।

गोपजन अवाक् थे। गो-कुल शांत। वरिष्ठ गोप चकित थे। उनके कन्हैया के मुख से देवभाषा!

कृष्ण ने झुक कर ब्रज की माटी उठाकर अपने ललाट पर मली और बोला—'वन्दे ब्रजवसुन्धराम्।'

'वन्दे ब्रजवसुन्धराम्'—समवेत स्वर से निकला।

गोप लोग लोट गए भूमि पर—'जय हो! जय हो!'

ब्रजभूमि की जय हो, मातृभूमि की जय हो के शंखनाद ने धरती आकाश एक कर दिया।

× × ×

गोवर्धन-पूजन तो हो गया किन्तु गोपजन सांस भी न ले पाए होंगे कि एक दिन भीषण गर्जन-तर्जन के साथ मूसलाधार वर्षा होने लगी।

गड़ गड़ गड़ गड़…तड़ तड़ तड़ तड़…हा हा हा हा…! मेघ गरज रहे थे। इन्द्र का वज्र कड़कड़ा रहा था। पवन उन्माद से अट्टहास कर रहा था। इन्द्र के सहस्र-सहस्र तीक्ष्ण बाण जलधाराओं के रूप में पड़ रहे थे।

गोप-गोपियां व्याकुल हो उठे कि पुरातन परंपरा तोड़ी थी न उसी से इन्द्रदेव कुपित हो गए! नंद, सुनंद, उपनंद, वृषभानु सब व्याकुल थे। वृद्ध गोप फटकार रहे थे सबको कि एक बालक के कहने में आकर पुराने को भुला कर एक नए देव की सृष्टि कर डाली। इन्द्र-पूजन नहीं किया। अब फल भोगो।

'तात! पहले तो प्रतिवर्ष इन्द्रपूजन होता था। तो क्या ऐसी मूसलाधार वर्षा और प्लावन कभी नहीं हुआ था? पहली बार ब्रज में बाढ़ आई है?'—कान्हा का स्वर गंभीर था।

वृद्ध गोप अवाक् रह गए। फिर उन्होंने शीश झुका लिया।

'पावस ऋतु में तो कितनी ही बार हमें ऐसी भयंकर बाढ़ का सामना करना पड़ा है, यह कोई नई घटना नहीं है'—नंदगोप ने स्थिति सम्हाली।

वृद्ध गोप मुस्कुराए—'मोहन! तू तो हमें न जाने कितने भ्रमजालों से उबार लेगा। मैं केवल आयु में ही सबसे बड़ा हूं, किंतु तू तो बुद्धि में सबसे बड़ा है। अब तू ही उबार ब्रज को बाढ़ से।'

यमुना उफना कर बढ़ी आ रही थी। गांवों के निचले भागों में जल भरने लगा था। ब्रज डूब रहा था। ग्रामीणजन चारों ओर से पुकार रहे थे—'कान्हा बचाओ हमें। कान्हा

बचाओ! कान्हा! हम कहां जाएं! कहां ले जाएं बालगोपालों को? इन पशुओं को! बोलो कान्हा! बोलो कान्हा!'

कृष्ण देख रहा था प्लावन। घुटनों घुटनों पानी में लोग लथपथ होकर दौड़े चले आ रहे थे उसके पास। पुकारें। गुहारें। आतंकित गोपजन। कान्हा ने अपनी तर्जनी उठाई। सब सिमट आए तर्जनी के आसपास। तर्जनी जैसे कोई छत्र हो। सब एकटक देखने लगे तर्जनी को। कोलाहल शांत हो गया। तर्जनी क्या कहेगी।

'गोवर्धन बचाएगा! गोवर्धन हमारा बांध है। हमें बाढ़ से रक्षा देगा। गोवर्धन पर चलो!'—गंभीर स्वर में कृष्ण ने कहा।

खाद्य पदार्थों से लदे हुए शकट दौड़ पड़े। वृषभ, गौएं गोवत्स सब दौड़ पड़े। आबालवृद्ध नरनारी दौड़ पड़े गोवर्धन की ओर। आगे-आगे एक शकट पर, तर्जनी दिखाता, लकुटी कंधे पर धरे उनका किशोर नायक कृष्ण खड़ा था। तर्जनी के इंगित ने सब में प्राण फूंक दिए थे। सब दौड़ते-चलते, बीच-बीच में तर्जनी को निहार लेते। कितना विश्वास था उन्हें उस पर! कितनी आशा से देख रहे थे वे उसे! कोई नहीं जानता था कि जहां ले जा रहा है, वहां क्या होगा। कोई नहीं जानता था कि गोवर्धन उनकी रक्षा कैसे करेगा। पर उस तर्जनी में इतनी शक्ति थी कि उसके इंगित से ब्रज उमड़ पड़ा था। ब्रजवासी केवल इतना ही जानते थे कि कान्हा जो कहता है सही कहता है। किसी को कोई शंका नहीं उस पर। किसी को कोई संदेह नहीं उस पर।

सब चले जा रहे थे उसके इंगित के सहारे। समर्पण पूर्ण था। ऊंचाई प्रारंभ होते ही बाढ़ पिछड़ने लगी। वर्षा थी किंतु वहाँ प्लावन न था। गोवर्धन वास्तव में सुदृढ़ बाँध की भाँति खड़ा था।

ब्रजनायक मूसलाधार वृष्टि में शकट पर खड़ा-खड़ा तर्जनी दिखा रहा था—'स्तोककृष्ण! सखा! गोवर्धन पर्वत की पश्चिम वाली कन्दरा बहुत बड़ी है, इन सभी गोप-गोपियों और पशुओं को उसी में पहुंचा दो। और उसके पूर्व की ओर वाले मुहाने पर जो शिला मैंने रखी थी उसे हटा दो तो प्रकाश और वायु की भी कमी न रहेगी उसमें।'

स्तोककृष्ण अन्य बालसखाओं के साथ दौड़-दौड़ कर पशुओं को हांक कर कन्दरा में भरने लगा। कंदरा थी कि सुदीर्घ भूमार्ग! जैसे अनंत लम्बाई थी उसकी। समस्त गोप परिवार तथा गोकुल हरहरा कर उसमें समा गए।

तर्जनी घूम रही थी।

फिर कान्हा भी कूद पड़ा शकट पर से और शकटों को खींच कर, ठेल कर कंदरा में रखने में अपने सखाओं का साथ देने लगा।

देखते-देखते समूचा ब्रज समा गया गोवर्धन पर्वत की छत्रछाया में। सब पर कान्हा की तर्जनी की छाया थी।

वर्षा और भी विकराल हो उठी। मेघों का विकट नाद पृथ्वी के अंतस्तल तक को विदीर्ण किए डाल रहा था।

गड़ गड़ गड़ गड़···तड़ तड़···तड़ तड़···हा हा हा हा···इन्द्र का वज्र कड़कड़ा उंठा। निकट ही कहीं उल्कापात हुआ! पृथ्वी हिल गई और स्थान-स्थान पर पर्वत स्खलन होने लगा।

कन्दरा में त्राहि-त्राहि मच उठी। उसकी छत धसकने लगी थी, अभी ध्वस्त हो जाएगी जैसे। छत से पाषाणों के टुकड़े टूट-टूट कर गिरने लगे। मिट्टी झड़ रही थी। पर्वत-स्खलन से कहीं द्वार बन्द हो गया कंदरा का...तब! हा इन्द्र! हा इन्द्र! क्षमा करो। इन्द्र हा पूषा—वृद्ध गोप गुहार उठे।

किंतु गोप-गोपियां पुकार उठे कान्हा को! बचाओ कान्हा!

किसी ने देखा ही न था कि कृष्ण तो छत को धसकने से रोकने को कब से अपने बलिष्ठ हाथ पर छत को थामे खड़ा था। कान्हा गिरधारी बना खड़ा था। अचानक कोलाहल शांत हो गया। वे भौंचक थे। कान्हा ने पर्वत-स्खलन रोक लिया। धसकती छत को हाथ पर थाम लिया। छत का धसकना बन्द हो चुका था। कान्हा ने हाथ पर गोवर्धनगिरि धारण कर रखा था।

जय हो ऽऽ! जय हो ऽऽऽ!—गोप-गोपियों के जयघोष से कन्दरा गूंज उठी। किशोरी ठींक कान्हा के सामने आकर ठगी सी खड़ी रह गई।

'हट जा किशोरी कान्हा के सामने से, नहीं तो उसका हाथ कांप जाएगा और पर्वत गिर पड़ेगा'—कई गोपसखा तथा सखियों ने पुकार कर कहा।

वह लाज से लहराती हुई पीछे हट गई किंतु तुरंत ही एक बड़ी सी बल्ली लेकर प्रकट हो गई और उसे छत में लगा दिया। यह देखते ही कितने ही गोपों और ग्वाल-बालों के हाथ उठ कर छत पर लग गए। बांस और लकुटी लगा दी गयीं। एक के ऊपर एक पाषाणों को रख-रख कर सुदृढ़ स्तंभ खड़े कर दिए गए।

भय कैसे हरा जा सकता है, कान्हा ही जानता था। एक हाथ से कन्दरा की छत को थामे हुए ही दूसरी से वंशी थामी। वंशी बजी और पार्वती राग का जन्म हो गया! कभी कृष्ण वंशी बजाता, तो कभी वृषभानुसुता वंशी बजाती।

सात दिन तक अविरल वर्षा का ताण्डव होता रहा। सात दिन तक ब्रज का सांवला-सलोना अथक परिश्रम करता रहा।

बाहर प्रलय थी। भीतर मंगल था। अग्नि प्रज्ज्वलित थी। भोजन की सोंधी सुवासें उठ रही थीं। दूध दुहा जा रहा था। दही बिलोया जा रहा था। छाछ पर छाछ पी जा रही थी। जौ की रोटी और नवनीत खाया जा रहा था।

वंशी बज रही थी। गीत हो रहे थे। नृत्य हो रहे थे। मृदंग और मंजीर बज रहे थे।

अंततः मेघ क्लांत हो गए। पूंजी लुटा कर बिखर चले। मेघ निराश-मन थे। गोप-गोपियों का मनोबल नहीं टूट पाया, बल्कि और भी प्रबल हो गया था।

कन्दराओं से निकल पड़े वृंद के वृंद गोप-गोपियों के। सात दिन बीत गए भान ही न हुआ, ऐसा उल्लासमय वातावरण बना रहा गोवर्धन की छत्रछाया में। हास्य-आनंद बना रहा गिरधारी की तर्जनी की छाया में।

सूर्यदेव के दर्शन हुए और आह्लादित गोपों ने कान्हा को भर लिया बांहों में। उठा लिया अंक में। चढ़ा लिया कंधों पर।

गोवर्धन-गिरधारी की जय! गिरधारी लाल की जय।

"गोविंद जय जय....

गोपाल जय जय।"

गोविंद जय जय

गोपाल जय जय!"

कीर्तन की धुन पर चल पड़ी जययात्रा। अब तो वह निश्चित रूप से वहां के लोकमान्य नायक के रूप में प्रतिष्ठित हो गया था।

किंतु एक बार फिर तर्जनी घूम रही थी। पुनर्निर्माण हो रहा था। पंक्तिबद्ध गृहों का निर्माण होने लगा। भित्तियां उठ रही थीं। छतें डाली जा रही थीं। छप्पर पड़ रहे थे। गोशालाएं बन रही थीं। पनघट बने। मार्ग बने। पगवीथि बनीं।

ब्रज का नवनिर्माण हुआ। नवजीवन मिला। अब पहले से अधिक सुन्दर ग्राम बसाए गए थे। ब्रज का नव-संस्कार हुआ था।

× × ×

'महाराज की जय हो!'

'आओ मद्रक! क्या समाचार है?'—कंस ने कहा।

'महाराज! बड़ा दुरूह अभिमान रहा। बड़ी कठिनाई से वहाँ पहुंच सका।'

'निकट बैठो मेरे! अब कहो क्या कहना है।'

कंस ने अपने गुप्तचरों के अधिष्ठाता मद्रक को इंगित किया निकट के आसन पर बैठने का। मद्रक बैठ गया।

'क्या कारण है कि हमारा कोई चर ब्रज से लौट कर ही नहीं आता? वे द्वादश वन निगल जाते हैं क्या चरों को?'—कंस ने झुंझलाहट भरे स्वर में पूछा।

'महाराज! उन वनों की सघनता का अनुमान लगाना संभव नहीं। उनकी भयंकरता और विकरालता केवल वह जान सकता है जो कभी फंस चुका हो उनमें।'

'अच्छा ऽऽ! वे वन क्या बहुत विराट हैं?'

'विराट भी हैं महाराज! और उनमें ऐसे विकट गह्वर और वीथिकाएं आदि हैं कि दिन में भी वहां अंधकार रहता है। फिर, वन्य-पशु भी वहां बहुत हैं।'

'तो कहने का तात्पर्य यह कि वे द्वादशवन ही हमारे लिए कालवन हैं?'

'सत्य है महाराज! वे वंकिम-वीथिकाएं, घना अंधकार और विराट वृक्ष दिग्भ्रमित कर देते हैं सबको और तब अपने गंतव्य पर पहुंचना कठिन हो जाता है।'

'हूं!!'—कंस विचार मग्न हो गया।

'ये कृष्ण जो ग्वालसुत है, क्या वास्तव में अत्यंत शक्तिशाली है?'

'महाराज। अत्यंत शक्तिशाली। वय बहुत कम है उसकी अभी, किन्तु उसका जीवन चमत्कारों से भरा पड़ा है। ब्रज में ही नहीं, अब तो समूचे शौरसेन-प्रदेश में उसके

चमत्कारों और वीरता की गाथाएं बड़े चाव से सुनी जाती हैं चौपालों में। उसके शौर्यगीत बड़ी विभोरता से गाए जाते हैं पनघटों पर, झूलों पर, घरों में और जनसभाओं में।'

'हूं!!'—कंस कुछ सोचने लगा। फिर धीरे से उसने सिर उठाया और संदेहयुक्त स्वर में पूछा—'तो क्या हमारे मित्र नागराज कालिय को वास्तव में उसी ने बाध्य कर दिया ब्रज से पलायन कर जाने को?'

'सत्य है महाराज!'

'और क्या यह भी सत्य है कि उसने कालिय के इष्टदेवता, उस विराट विषधर नाग के फण पर चढ़कर नृत्य किया था?'

'यह भी सत्य है देव।'

'अविश्वसनीय। असंभव!'

'महाराज क्षमा करें। यह सत्य संवाद है। ब्रजवासियों के विराट जनसमूह ने अपनी आंखों से यह रोमहर्षक दृश्य देखा है।'

'तुम भयभीत हो, मद्रक, अस्वस्थ तो नहीं? विश्राम करना चाहते हो?'—कंस ने व्यंग्य से पूछा।

'नहीं महाराज! नहीं महाराज। मेरा कर्तव्य है आपको तथ्यों से अवगत कराना। मैं पूरी निष्ठा से अपना कर्तव्य निभा रहा हूं।'

'हूं!!'—कंस पुनः सोच में डूब गया।

'सुनते हैं तालवन में रहने वाले हिंसक वन्य-खरों का भी वध कर दिया उसने।'

'समूचे धेनुक-कुल का नाश कर दिया है, महाराज।'

'और उसने इन्द्र-पूजन बन्द करा दिया है ब्रज में?'

'हां देव! इन्द्र-पूजन बन्द करा के गोवर्धन-पूजन की नवीन परम्परा का सूत्रपात किया है।'

गोवर्धन? वह पर्वत? पर्वत की पूजा? क्यों?'

'महाराज! कृष्ण कहता है कि गोवर्धन पर्वत उनके गोसंवर्धन-व्यवसाय का प्रतीक है और सम्पूर्ण गोवर्धन-प्रदेश का मुकुट है। उसका कहना है कि व्यवसाय अथवा कर्म ही इष्टदेव है और जन्मभूमि अथवा मातृभूमि ही उपास्य है। इन्द्र किसी को दण्ड नहीं दे सकता। मनुष्य अपने कर्मों के अनुसार दंड अथवा पुरस्कार पाता है। ब्रजभूमि को उसने माता के नाम से सम्बोधित किया। उसे उसने राष्ट्र कहा और मातृभूमि का पूजन करने का आह्वान किया। गोवर्धन पर्वत मातृभूमि का मुकुट माना गया अतः उसकी पूजा की गई। उसका कथन है कि किसी परदेशी तत्व अथवा विदेशी शक्ति की पूजा नहीं करनी चाहिये। स्वराष्ट्र का स्वधर्म ही पूज्य हैं।'

'आश्चर्य!! और उसने अपनी तर्जनी पर धारण कर रखा है पूरे गोवर्धन-प्रदेश को?'

'तर्जनी नहीं महाराज, कनिष्ठिका कहें! उसकी उंगली हिली नहीं कि गोपजन दौड़ पड़ते हैं आदेश पालन को। अद्भुत संगठन शक्ति है उसमें। वे उसके इंगित मात्र पर

प्राण तक न्यौछावर कर देने को तत्पर हैं। आंखें मूंद कर उसकी बात पर विश्वास करते हैं। बिना मीनमेष निकाले उसके आदेशों का पालन वहां के वयोवृद्ध सम्मानित गोपजन भी करते हैं। अडिग विश्वास है उनको उस पर। दृढ़ आस्था है। विचित्र समर्पण है उसके प्रति। महाराज, वह तो बिना मुकुट के वहां का राजा बना हुआ है।'

'सुना है अब वह गोविन्द हो गया है, इन्द्र ने भी लोहा मान लिया उसका?'

'हां महाराज! जल-प्लावन से ब्रजभूमि का उद्धार करके अब वह गोविन्द विरुद्धारी है। इन्द्र स्वयं आए थे। उन्होंने कृष्ण को 'उपेन्द्र' कहा। अपना छोटा भाई माना और गोविन्द की उपाधि दी। कृष्ण के शौर्य एवं बुद्धिमत्ता से इन्द्र पूर्णतः अभिभूत और मुग्ध हैं।

'हूं!'—कंस ने नेत्र मूंद लिए कुछ पल को।

'मद्रक!'—कंस ने कुछ विचित्र स्वर में पुकारा।

'महाराज, आज्ञा दें!'—मद्रक विस्मित हुआ।

'तनिक निकट आओ।'

मद्रक निकट खिसका। कंस आगे बढ़कर मद्रक के कान में धीमे से फुसफुसाया।

'यह···कृष्ण क्या यशोदानंदन ही है?'

'नहीं महाराज।'

'तो?'—कंस ने सूखे अधरों पर जिह्वा फेरी।

'देवकीनंदन!!'

झन्न!! रोंगटे खड़े हो गये कंस के।

'सत्य कह रहे हो?'

'असत्य न बोलूंगा महाराज आपसे।'

'क्या वह स्वयं जानता है कि वह कौन है?'

'नहीं। अभी तो नहीं।'

'नंदनंदन समझता है स्वयं को?'

'हां देव!'

'वसुदेवनंदन नहीं?'—कुछ शंका से कंस ने पूछा।

'नहीं महाराज।'

'कैसे ज्ञात?'

'महाराज! मैं छद्मवेष में बैठा था गोपसभा में तब उसका संभाषण सुना था मैंने।'

'किस विषय पर?'

मद्रक कुछ संकुचित हुआ।

'निर्भय होकर कहो।'

'महाराज! वह संभाषण आपके ही विरुद्ध था।'···

कंस का मुख तमतमाया।

'क्या कहता था देवकीनंदन?'

मद्रक पुनः संकोच के कारण बोलने में असमर्थ रहा।

'अभय होकर कहो।'

'कहता था···आप···का कंस का···.'

'बोल! शीघ्र बोल अन्यथा अभी शीश उतार लूंगा तेरा···'—कंस व्यग्रता से चिल्लाया।

'महाराज! वे शब्द···मुख से निकालने योग्य नही··· '—मद्रक ने कातरता से हाथ जोड़े।

कंस का हाथ खड्ग की मूठ पर पहुंच गया। मुखमंडल रोष से रक्ताभ हो उठा।

'नहीं बोलेगा?···नहीं बताएगा कि कृष्ण ने मेरे विरुद्ध क्या कहा?'—कंस ने खड्ग म्यान से खींच कर चमकाई।

'महाराज!···महाराज! वह कहता था··· —कंस का सर्वनाश हो।'···

रोंगटे खड़े हो गए कंस के।

खड्ग हाथ से छूट कर गिर गया।

कंस निढाल हो धंस गया सिंहासन की पीठिका में।

× × ×

कंस कौन था? कंस के विषय में विचित्र चर्चाएं प्रचलित थीं। अंधक-वृष्णि संघ के गणाधिपति उग्रसेन के नौ पुत्रों में कंस ज्येष्ठ पुत्र था। किन्तु लोग कहते थे कि वह उग्रसेन का औरस न होकर क्षेत्रज-पुत्र था। जनचर्चा के अनुसार एक बार उग्रसेन की पट्टरानी पद्मावती सुयामुन पर्वत पर अकेले विहार कर रही थी तभी सौभविमान में बैठा द्रुमिल आकाशमार्ग से उधर से निकला। उग्रसेन की सुन्दर पत्नी को एकाकी देख उसने विमान छिपा कर वहीं उतार लिया एवं उग्रसेन का वेश बना कर पद्मावती को छल लिया। पति समझकर पद्मावती ने समर्पण कर दिया किंतु जैसे ही सही बात समझी, आघात खा स्तब्ध रह गयी। फिर चेत आते ही वह क्रोध से उच्च स्वर में बार-बार पूछ उठी—'कस्य त्वम्? कस्य त्वम्', 'तू किसका पुत्र है! तू कौन है! तू कौन है।'

द्रुमिल तो निर्लज्जता से ठठाता हुआ बिना उत्तर दिए विमान में बैठकर चला गया किन्तु पद्मावती विक्षिप्त सी अवस्था में 'कस्य त्वम्, कस्य त्वम्?' रटते रटते ही घर आई। द्रुमिल के छल से पद्मावती उबर न पाई, इसलिए जब नौ माह बाद उसने द्रुमिल के पुत्र को जन्म दिया तब भी वह यही रट रही थी। परिणामस्वरूप उस पुत्र का नाम 'कस्य त्वम्' अथवा 'कंस' पड़ गया। पद्मावती उस अवांछित पुत्र को सहज स्नेह न दे सकी किन्तु विशाल-हृदय उग्रसेन ने कंस को पुत्रवत् ही अपनाया।

द्रुमिल की भांति ही कंस स्वभाव से बड़ा महत्वाकांक्षी, स्वार्थी, उग्र, क्रूर व अहंकारी निकला। अपने स्वभाव एवं जन्म सम्बंधी जनचर्चाओं के कारण वह अंधक-वृष्णि संघ के नागरिकों में लोकप्रिय भी नहीं हो सका। यदुवंश की राज-व्यवस्था उस समय के प्रचलित राजतंत्रों व साम्राज्यवाद से बिल्कुल पृथक व भिन्न प्रकार की थी और उसके लिए यदुवंशियों को बड़ा गर्व था। उनका विश्वास संघात्मक गणतंत्र में था इसलिए यदुवंश की सातों शाखाएं—अंधक, वृष्णि, कुकुर, भैम, यादव, दाशार्ह और भोज आदि संघ की इकाइयों के रूप में उसमें सम्मिलित थी। इनमें से सबसे बड़े गण अंधक एवं वृष्णि थे जिनके कारण यदुवंशियों का संघ राज्य अंधक-वृष्णि संघ कहलाता था। संघ के नागरिक अन्य राज्यों के नागरिकों से इस बात में भी भिन्न थे कि यदु-नागरिकों में व्यक्तिगत स्वतंत्रता, राष्ट्रीय स्वाधीनता तथा गौरव की भावना कूट-कूट कर भरी हुई थी। उनके लिए विचार एवं अभिव्यक्ति की तथा व्यक्तिगत स्वतंत्रता वह अमूल्य निधि थी जिसके लिए हर यदुवंशी अपना सर्वस्व न्यौछावर कर सकता था। इसलिए जहां राजतंत्रों के नागरिक अपने राजा अथवा सम्राट को ईश्वर का अंश मानकर उसकी आज्ञा आंख मूंद कर स्वीकार कर लेते थे, वहीं अंधक-वृष्णि संघ के राजा को संसद की इच्छा सर्वापरि माननी पड़ती थी।

वास्तव में अंधक-वृष्णि संघ का राजा नाममात्र का राजा था। वह मात्र गणाधिपति था, जिसका निर्वाचन संघ की इकाइयों के प्रमुख नेता संसद में सर्वसम्मति के आधार पर करते थे। 'राजा' शब्द, मात्र संबोधन की सुविधा के लिए राजतंत्रों से ले लिया गया था। राज्य के सारे निर्णय संसद बहुमत से लेती थी। गणाधिपति उन्हें लागू करने के आदेश प्रसारित करता और उनके समुचित कार्यान्वियन के लिए उत्तरदायी था। यदि गणाधिपति का पुत्र योग्य हुआ तो गण-संसद स्वेच्छा से उसे गणाधिपति चुन सकती थी किन्तु राजतंत्र की भांति पिता के बाद ज्येष्ठ पुत्र को अपने आप राजप्रमुख बनने का अधिकार न था। सर्वोच्च संप्रभु शक्ति इस प्रकार अंधक-वृष्णि संघ की गणसंसद में निहित थी।

उग्रसेन को उनकी योग्यता, सद्‌व्यवहार, उदारता तथा निर्विवाद व्यक्तित्व के कारण गणाधिपति निर्वाचित किया गया था। कंस के महत्वाकांक्षी स्वभाव को इस गणतंत्रात्मक व्यवस्था में किंचित भी आस्था न थी। कंस तथा उस समय के कई भटके हुए युवराजों का आदर्श सर्वशक्तिमान संप्रभु राजा था इसलिए वे मगध-सम्राट जरासंध की सार्वभौम शक्ति से अभिभूत थे। कंस तो मन ही मन सम्राट बनने के सपने भी पालने लगा था और साम्राज्यवादियों से हाथ मिलाने हेतु उत्कंठ था।

वह भलीभांति जानता था कि यदुवंशियों में लोकप्रिय न होने के कारण उग्रसेन के पश्चात् गणाधिपति के पद हेतु उसका निर्वाचन गणसंसद कभी नहीं करेगी। अतः अपनी राजतंत्रीय व साम्राज्यवादी महत्वाकांक्षाओं के मार्ग में उसे उग्रसेन व समूचा यदुकुल बाधक प्रतीत होने लगे। पूरे यदुकुल से ही उसके मन में स्पर्धा, ईर्ष्या व शत्रुता का भाव पनप गया।

जनचर्चा के अनुसार द्रुमिल सौभविमान में छिप कर आता और कंस को उग्रसेन के विरुद्ध भड़का जाता। द्रुमिल मगध-सम्राट जरासंध से मिलने जाता व उससे अपने पुत्र हेतु अनुकंपा मांगता। लोग कहते थे कि यही नहीं द्रुमिल कंस हेतु जरासंध की पुत्रियां भी

चाहता था। द्रुमिल चुपचाप विमान में कंस को बिठा कर मगध भी ले गया था और जरासंध से उसकी भेंट कराई थी। जरासंध इतना दूरदर्शी था कि तत्कालीन लगभग सभी प्रमुख राज्यों के युवराजों एवं तरुण वीरों को पद, वैभव एवं श्रेष्ठ राज कन्याओं से विवाह का प्रलोभन देकर अपनी मुट्ठी में कर लेता था।

कंस के महत्वाकांक्षी, उग्र तथा अहंकारी किंतु अपने प्रति विनम्र स्वभाव से जरासंध बड़ा प्रभावित था। उसे लगा कि यह तेजस्वी युवक बड़ा होनहार है। जरासंध का स्वयं का पुत्र सहदेव अत्यंत विनयशील, विनम्र, शांत, निरीह एवं मृदुभाषी था इसलिए जरासंध उससे अधिक अपेक्षा न कर पाता था। जरासंध मध्य-क्षेत्र में भी पांव जमाना चाहता था ताकि शक्तिशाली हस्तिनापुर और पांचाल राज्य तक प्रभाव बढ़ा सके। उसे लगा कि कंस उसकी समस्त आकांक्षाओं की पूर्ति कर सकता है।

उसने कंस से कहा कि वह किसी प्रकार मथुरा का गणाधिपति बन जाए। किंतु गणाधिपति में शक्ति कहां, कंस ने समझाया।

'शक्ति कहां? वीर पुरुष! शक्ति तेरी बाहुओं में है। उग्रसेन सहस्रों वर्ष जिएगा तो तू सहस्रों वर्ष उसकी चाकरी करेगा? अपनी शक्ति प्रमाणित कर। मेरे वर्चस्व को हस्तिनापुर का भीष्म और पांचाल नरेश द्रुपद स्वीकार नहीं करते इसलिए मुझे मध्य आर्यावर्त में पांव रखने को ठौर चाहिए। मुझे शौरसेन प्रदेश चाहिए। मुझे मथुरा चाहिए। फूट डाल दे अंधकों और वृष्णियों में! भंग कर दे अंधक-वृष्णि संघ। तोड़ दे प्राचीन गणतंत्रीय परंपरा! उतार दे उग्रसेन को पद से! कारागार में डाल दे उसे! स्वयं को एकछत्र राजा घोषित कर और तब सम्राट का जामाता बनने का सपना देख!'—जरासंध गरज उठा था।

अपनी दोनों पुत्रियों, प्राप्ति व अस्ति को वह पहले ही कंस के पीछे लगा कर उसे प्रेमपाश में फांस चुका था। अब तो उनका विवाह कंस से करके जरासंध ने एक सुदृढ़ नकेल डालकर कंस को पूरी तरह नाथ लिया है। जरासंध के सैन्यबल की सहायता से रातोंरात कंस ने उग्रसेन को कारागार में डाल दिया। जिन-जिन यदुवंशियों ने विरोध किया, उन्हें भी कारागार पहुंचा दिया गया। अंधक-वृष्णि संघ की गौरवमयी प्राचीन गणतंत्रात्मक संवैधानिक परंपरा को नष्ट कर मथुरा में निरंकुश राजतंत्र की स्थापना कर दी और सारी शक्तियां अपने हाथ में लेकर कंस ने स्वयं को अधिनायक घोषित कर दिया।

उसने अंधक-वृष्णि संघ के विभिन्न गणों में फूट डाल दी। वह स्वयं अंधक था इसलिए अंधकों को प्रसन्न करके अपनी ओर मिलाना चाहा और वृष्णियों पर अत्याचार करने प्रारंभ कर दिये। वृष्णि-गण बड़ा शक्तिशाली था और उसके नेता वसुदेव थे। वसुदेव का परिवार संघीय एवं गणतंत्रीय व्यवस्था का पुरातन भक्त रहा था। अंधक उग्रसेन के गणाधिपति बनने से पूर्व वसुदेव के पिता शूरसेन संघ के गणाधिपति रहे थे। शूरसेन के काल में संघ की सर्वाधिक उन्नति हुई थी एवं उसकी ख्याति दूर-दूर तक पहुंची थी। इसलिए कंस को यदुवंशियों पर, वृष्णियों विशेष रूप से वसुदेव के प्रभाव से भय लगता था। साथ ही उसे अपने आठों भाइयों से भी भय था जो पिता को कारागार में

डाल देने के विरोध में उसे कड़ी चुनौती दे सकते थे। इसलिए सुनामा, न्यग्रोध, कंक, शंकु, सुष्टु, राष्ट्रपाल, सृष्टि, तुष्टिमान आदि का मुंह बन्द करने को उसने उन्हें पद और सत्ता तो दी ही, साथ ही उन्हें सुरा-सुन्दरी की लम्पट-विलासिता में पूरी तरह से डुबो देने का जाल फैला दिया था। इस प्रकार मथुरा में कंसयुग प्रारंभ होते ही उच्छृंखलता, अत्याचार, लूट-पाट, अपहरण व बलात्कार का बोलबाला हो गया।

उत्पीड़न एवं शोषण से त्रस्त हो अंधक, वृष्णि, कुकुर, भोज आदि के कुछ कुल तो कंस के सामने झुक कर उससे मिल गए। कई समझौता न कर पाए और मथुरा से भारी संख्या में पलायन करके सुदूर दक्षिण एवं पश्चिम क्षेत्रों में जाकर बस गए। शेष बचे हुए यदुवंशी न तो भागे, न ही झुके, बल्कि विषघूंट पी कर मथुरा में ही रह कर कंस के अन्याय के विरुद्ध क्रांति की तैयारियों में पूरी शक्ति से जुट गए।

हर अन्यायी व अत्याचारी शासक भय से सदा संत्रस्त ही रहता है। कंस ने अपने चारों ओर सुरक्षा-व्यूह को और भी सुदृढ़ करने हेतु भारी संख्या में अपने श्वसुर-कुल के मागधों को बुला उन्हें भूमि देकर मथुरा में बसा दिया था। उच्च पदों से यादवों को हटा कर मागधों को नियुक्त कर दिया था। धीरे-धीरे उसने वहां की विशिष्ट माथुर-संस्कृति को उखाड़ फेंका एवं मागध-संस्कृति को स्थापित कर दिया। अब वैदिक धर्म के स्थान पर मथुरा में मणिभद्र यक्ष का पूजन एवं विभिन्न यक्षिणियों की सिद्धियों हेतु अनुष्ठानादि होने लगे। यक्ष-संस्कृति अथवा भोग-संस्कृति के इस विनाशकारी उत्कर्ष को यदुवंशी देखते और खून का घूंट पी कर रह जाते।

यह सब करने के पश्चात् भी कंस का मन भयमुक्त न हो पाया। वसुदेव की ओर से वह पल भर भी निश्चिंत न हो पाता था। अतः वृष्णियों एवं वसुदेव को चुप रखने के लिए उसने अपने पितृव्य अंधक देवक की छोटी पुत्री देवकी का भी विवाह वृष्णिवीर वसुदेव से कर दिया था। किंतु इससे बजाय सुधरने के, स्थिति ने एक भयंकर मोड़ ले लिया था। देवकी को विदा करते समय अनायास ही कंस को ज्ञात हुआ कि देवकी का आठवां पुत्र उसका काल सिद्ध होगा। कंस ने आव देखा न ताव, तुरंत तलवार खींच, रथ में बैठी देवकी के केश पकड़कर उसका शीश काट डालना चाहा परंतु वसुदेव ने उसका हाथ पकड़ लिया। वसुदेव ने प्रतिज्ञा की कि वे देवकी के हर पुत्र को स्वयं ही कंस को दे दिया करेंगे किन्तु देवकी चूंकि निर्दोष है इसलिए उसका वध न किया जाए। कंस ने देवकी को तो जीवित छोड़ दिया किंतु तब से एक अजन्मे शिशु के भय से सदा आतंकित रहने लगा था।

तब से देवकी तथा वसुदेव को कारागार में डालकर उनके हर नवजात पुत्र का वह निर्ममता से वध भी करता गया। कंस को केवल देवकीपुत्र से भय था किंतु ज्येष्ठ वृष्णियों के परामर्श को मानकर वसुदेव ने अपनी अन्य तेरह पत्नियों व उनकी सन्तानों को भी ब्रज के महागोप व अपने मित्र नन्द के आश्रय में ही पहुंचा दिया था। सभी गणों और कुलों में वसुदेव का बड़ा सम्मान था, यहां तक कि अंधककुल के प्रमुख व्यक्ति, उग्रसेन तथा उनके भाई देवक आदि भी निर्भीक व स्वतंत्र व्यक्तित्व के धनी शूरसेन के इस पुत्र का बड़ा आदर करते थे। यही कारण था कि देवक अपनी छह पुत्रियों—सहदेवा, शांतिदेवा, श्रीदेवा, देवरक्षिता, वृकदेवी तथा उपदेवी का विवाह पहले ही वसुदेव से कर

चुके थे। कंस के प्रबल आग्रह से उन्होंने देवकी भी वसुदेव को सौंप दी। वसुदेव की अन्य पत्नियां पुरुवंश की थीं, जिनमें से ज्येष्ठ पत्नी रोहिणी हस्तिनापुर नरेश शान्तनु के बड़े भाई बाल्हीक की पुत्री थी।

देवकी तथा वसुदेव के विवाह से कंस की परिस्थिति विषम से विषमतर होती गई क्योंकि उनकी पीड़ा रूपी घृत ने यदुवंशियों की विद्रोह की अग्नि को और भी भड़का दिया था। जितना-जितना कंस वसुदेव-देवकी पर अत्याचार करता गया, उतना-उतना उसके विरुद्ध क्रांति का संकल्प दृढ़ होता गया।

× × ×

बलराम और कृष्ण दो सगे भाई! और एक दूसरे से कितने विपरीत! अतुल बल और भयंकर क्रोध के कारण ही शायद बलराम 'दाऊ' के विरुद् से लोकमान्य हो चले थे। एक तो बलवीर और फिर दाऊ! बलदाऊ के पास फटकने का लोगों का साहस न था। कृष्ण के बड़े भाई क्या हुए, हो गए पूरे ब्रज के बड़े भैया! और छोटा भाई! गांव भर का कन्हैया! रसिया। मोहन। छलिया और न जाने क्या-क्या!

गांव के सीधे सरल वातावरण में छोटी सी आयु से ही कन्याओं के मन में विवाह के प्रति इच्छा उत्पन्न कर दी जाती है। सुन्दर योग्य पति की कल्पना भर दी जाती है। मानसिक परिपक्वता तो क्या, समझ तक भी नहीं आ पाती और कन्याओं द्वारा श्रेष्ठ वर की कामना हेतु पूजन आदि भी प्रारंभ करा दिया जाता है। इस प्रकार ग्रामबालाएं बाली-उमर सैं ही भावी पति के सपने देखने लगती हैं। यही ब्रज में होता था। कृष्ण में जो एक अद्भुत आकर्षण था, निडरता व वीरता थी तथा बतियाने और बहलाने की जो असीमित क्षमता थी, उससे न जाने कितनी क्वांरियों ने उसे पति रूप में पाने की आकांक्षा मन ही मन पाल ली थी। कितनी ही कन्याओं ने इस हेतु कात्यायनी-व्रत, पूजा आदि भी की थी। वह सभी ब्रजबालाओं के मन का नायक था।

और बलराम! अरे राम! सब भय खातीं कि भूले-भटके भी यदि बलराम को पता चल जाए कि अमुक गोपी ने उसे पति-रूप में पाने हेतु मनौतियां-मनुहार मानी है तब तो बस हो गया कल्याण!

बलराम के सामने गोपियों को सांप सूंघ जाता था। साहस था जो उसके सामने कोई बाला ऐसी-वैसी बात भी मुंह से निकाल ले! हुंकार भर की देरी होती। बलराम हुंकारा नहीं कि गोपियां गिरती-पड़तीं भाग खड़ी होतीं तुरन्त वहां से। और किसी गोपी का साहस था जो बलराम को वर रूप्र में मानने हेतु कात्यायनी व्रत कर तो ले! बस एक 'हिड़क्'...

और गोपियां चारों खाने चित्त!

बलराम का बड़ा आतंक था। वैसे आनन्द-मोद का प्रेमी भी कम नहीं था बलराम। बलराम को वृक्ष की कोटर में कदम्ब के फूल सड़ाकर कादम्बरी-मदिरा बना कर उसका छक कर पान करना सबसे प्रिय था। किन्तु प्रेम-वेम के चक्कर से दूर ही रहता था।

कृष्ण के पीछे तो हाथ धोकर पड़ी रहतीं गोपबालाएं। उसकी धृष्टता का आतंक अवश्य होता किन्तु उसके भोलेपन और मन की सरलता को भी भलीभांति जानती थीं।

उस समय कदम्बों के झुरमुट में झूला झुलाने पर कृष्ण और गोपियों में सदा की भांति उग्र विवाद और तू-तू-मैं-मैं चल रही थी।

वहां से कुछ दूर वटवृक्ष-तले बलराम, श्रीदामा व स्तोककृष्ण आदि लेटे हुए औंघ रहे थे। वारुणी की कुछ अधिक ही कृपा हुई थी बलराम पर। दूर से आती गोपियों की खिलखिलाहटों, पुकारों, नोकझोंक और तीखी झड़पों की ध्वनियां सुन बलराम मन्द-मन्द मुस्कुराए।

'देखो कैसा कोलाहल मचा रखा है कान्हा ने! बड़ा दुष्ट है। पहले गोपियों से कह देता है कि मैं तुम्हें खूब ऊंचा झूला झुलाऊंगा लेकिन पहले तुम मुझे झुलाओ। वे बेचारी भोलीभाली ठहरीं, उसके झांसे में आ जाती हैं और वह ठहरा ढीठ महा! एक बार जो झूला पकड़ा तो अब क्या उस पर से उतरने वाला है भला? लाख चिल्लाती रहें वे लोग, खींच डालें उसे पकड़ कर, किन्तु वह आएगा क्या उनकी पकड़ में? अद्‌भुत स्फूर्ति है उसमें। तीव्र गति से झूला इधर से उधर, उधर से इधर ले जाता है और वे चीत्कार-गुहार कर करके हाथ मलती रह जाती हैं।'

'और मूर्खाएं तो ऐसी हैं वे कि जैसे ही वह कहेगा कि पहले मुझे झुला दो, तो तुरन्त उसकी बात मान कर झुलाएंगी भी उसे ही पहले!'—श्रीदामा ने कहा।

'हां! वह कादम्बरी भी हाथ मलती जाएगी, रोती जाएगी, झींकती जाएगी पर कान्हा को झुलाती भी जाएगी। वैसे तो हम दोनों भाई एक दूसरे से बहुत भिन्न हैं किन्तु झूलना उसे भी भाता है और झूलना मुझे भी भाता है। वहां उसे कादम्बरी झुला रही है, यहां मुझे कादम्बरी झुला रही है। देखा! मेरी कादम्बरी भली! बिना रार मचाए ही हौले-हौले झोंके देती रहती है। वाह री कादम्बरी!'—बलराम मस्ती के झोंके में बोले।

'लगता है बलराम, आज कादम्बरी कुछ अधिक चढ़ रही है तुम पर। तुम पर तो एक ही कादम्बरी चढ़ी है और तुम बर्राने लगे। कान्हा को देखो कितन्नी कादम्बरियों से घिरा है!

बलराम हंसे।

'नहीं। श्रीदामा! कादम्बरी तो वहां एक ही है। शेष तो सब आडम्बरी हैं, आडम्बरी! इतना समझाता हूं कान्हा को कि अधिक इनके फेर में मत पड़। नोंच खाएंगी ये सब बाघम्बरी उसे।'

तीनों मित्र उन्मुक्त रूप से हंस पड़े। तब तक देखा कान्हा लपकता-झपकता चला आ रहा है। आकर बैठ गया पलथी मारकर पास में और आम के पत्तों के पर्णवाद्य बनाने लगा।

'क्या कर रहा है?'—बलराम ने नेत्र मूंदे-मूंदे ही कान्हा से पूछा।

'पीपरी बना रहा हूं।'

'क्यों? वहां लड़ आया क्या सबसे? स्वयं तो इतनी देर तक झूल लिया, उन्हें झुलाने की तेरी बारी आई तो धता बता कर यहां भाग आया!'

कान्हा ने पीपरी बनाते-बनाते तिरछी दृष्टि से देखा अग्रज की ओर और हौले से खीसें निपोर दीं।

'अच्छा कान्हा! यह तो बता कि तुझे ये सारी आडम्बरी-बाघम्बरी कैसे घेरे रहती हैं! मेरे पास तो फटकती भी नहीं।'—बलराम ने कौतुक से पूछा।

पींऽऽ—उत्तर में कान्हा ने हाथ की पीपरी को एक बार बजा कर जांचा। फिर दूसरा पत्ता उठा कर बनाने लगा।

'यही तो मैं भी नहीं समझ पाता, दाऊ! मुझे भी बताओ न कोई उपाय इनसे पिण्ड छुड़ाने का'—पीपरी बनाना रोक कर कान्हा ने बलराम से गिड़गिड़ाते हुए अनुनय की।

'उपाय क्या बताऊं? स्वयं ही तो नाचता रहता है तू उनके नचाने से'—बलराम ने कोहनी उठाकर अपने हाथों पर मुंह रखते हुए मुस्कुराकर कहा।

'किन्तु न मानूं उनकी बात तो फिर... इतने बड़े-बड़े टसुए'···—कान्हा ने गोपियों के आंसुओं का बड़ा सा आकार हाथ से बनाकर बताया।

'टपकने दे उनकी आंखों से टसुए। आंखें स्वच्छ ही तो हो जाएंगी थोड़ी।'

'पर!···रोना किसी का! आहत होना'···—कान्हा पलथी मारे-मारे अपने हाथ पर गाल रखकर सोचता हुआ बोला।

बलराम हंसे। पीं ऽऽ···—कान्हा ने दूसरी पीपरी बजाकर जांच करके रख दी और तीसरा पत्ता उठाया।

'अरे बड़ी स्वांग भरी हैं ब्रज की ये छोटी-बड़ी नार! तूने वहां झिड़क दिया न जब उन्हें, तो मेरे पास आई थी एक बिसूरती हुई···'—बलराम बोले।

'फिर!'—कौतूहल से कान्हा ने पूछा।

'मैंने कहा—'हिड़क्!!'

'फिर?'—कान्हा के नेत्र गोल हो गए कौतुक से।

'फिर? वह गिरी जाकर वहां चारों खाने चित्त। हा हा हा हा···'

बलराम के साथ उस दृश्य की कल्पना करके सभी ग्वाल-बाल अट्टहास कर उठे।

'देख कान्हा! वे तो भोली-भाली सरल ग्रामबालाएं हैं। छलकपट नहीं है उनमें तनिक भी। तो भी हैं तो अलबेली नारी ही। उलझा लें तुझे अपने जाल में तब!!'—बलराम ने गंभीरता से समझाया।

'तो क्या करूं?'—कान्हा ने अबोध भाव से पूछा।

'तू भी कह दिया कर गोपियों से···'

'क्या ऽ?'

'हिड़क्! तुरन्त भाग खड़ी होंगी लटपटाती हुई।'—बलराम ने समझाया।

'हां! यह ठीक रहेगा! मैं भी यही किया करूंगा'—कान्हा ने प्रसन्नता से झूम कर नई पीपरी मुख से लगाई— पींSSS…'

तब तक देखा विरजा, चित्रा और विशाखा खिलखिलाती हुई इसी ओर चली आ रही हैं। पीपरी एक ओर फेंक वह चट् से लेट गया बलराम की बगल में और आंख मूंद कर नाक बजाने लगा।

गोपियां कुछ दूर पर आश्चर्य से ठिठक गईं।

'ए कान्हा! तेरी ढूंढ़ पड़ी है और तू यहां कादम्बरी-गंध की तरंगों में पड़ा अलसा रहा है!'—विरजा ने कमर पर हाथ रख कर पुकारा।

'हिड़क्!!'—कान्हा ने उच्च स्वर में कहा।

विरजा की भृकुटि तनी। चित्रा ने प्रश्नसूचक भाव से हाथ हिला कर विशाखा को देखा।

'अरे चल भी कान्हा!'—चित्रा ने पुकारा।

'हिड़क्!!'

'ए ए! ये अधिक हिऽक्-फिड़क् मत करना। बड़ा आया दाऊ की नकल करने वाला। अभी बताती हूं जाकर किशोरी को तेरे रंगढंग! सुनते ही तुरन्त चल देगी वह अपनी गठरी-पोटली बांध कर मातामह के साथ रावलग्राम। वे आए हुए हैं यहां! हांSSS!!'—विशाखा गरजी।

कान्हा का मुख सूख गया। कनखियों से उसने बलराम की ओर देखा। अधखुले नेत्रों से बलराम ने उसे देखा और मंद-मंद मुस्कुरा दिया।

'हिड़क्'—बलराम हौले से फुसफुसाया।

हिड़क्—निकले तो निकले कैसे? कंठ तो सूख गया बिल्कुल। कान्हा ने अपने सूखे अधरों को जिह्वा से गीला करना चाहा।

'हिड़क्!'—बलराम फिर फुसफुसा कर साहस बढ़ाया।

'हि…हि…हिड़क्!'—जैसे-तैसे कान्हा के मुख से निकला।…

अरे! धमाधम्-धमाधम् पांव पटकती हुई वे तो चढ़ आईं चबूतरे के ऊपर!

'ए-ए! सावधान रहना। यह क्या हिड़क्-हिड़क् मचा रखी है! बलराम की पूंछ बनना चाहता है? वानर कहीं का! चल उठ तुरन्त। अभी तो किशोरी जैसे-तैसे मातामह को मना करके आई है कि नहीं जाएगी रावलग्राम। गाल फुलाए रूठी बैठी है कदम्ब-तले। चली जाएगी नौका में बैठ कर तो रोता फिरेगा करील-कुंजों में उसे ढूंढ़ता। चल उठ!'—चित्रा गरिआई।

'हिड़क्'—बलराम ने धीरे से स्मरण दिलाया।

कान्हा का साहस चुक गया था।

'हि···हि···हि··· हिड़क्।'—स्वेद से लथपथ कान्हा फिर जैसे-तैसे बोला।

आव देखा न ताव। गोपियों में से किसी ने कान्हा के हाथ पकड़े, किसी ने पांव और खींचतान मचा डाली।

कान्हा ने कातर दृष्टि से अग्रज को निहारा। बलराम के अधर तो हंस रहे थे पर नाक बज रही थी।

गोपियां खींच कर, पकड़ कर, घसीट कर कान्हा को हरे ले जा रही थीं। चिल्लाती-पुकारतीं, गरियातीं-बड़बड़ातीं। और वह बेचारा विवश प्राणी पच्चीसों बार भरे-भरे स्वर में हिड़क्-हिड़क् कहता हुआ घिसटता जा रहा था।

पींऽऽऽ पींऽऽऽऽ पिप्प् पिप्प्। पींऽऽऽ पींऽऽऽ पिप्प् पिप्प्। पींऽऽऽ पींऽऽऽऽ पींऽऽऽ पींऽऽऽ पींऽऽऽऽऽऽ···। कृष्ण की बनाई हुई सारी पीपरीं बलराम व सखाओं के मुखों से सामूहिक रूप से बज रही थीं।

× × ×

किशोरी बड़ी हो चली। माता-पिता को उसके विवाह की चिंता खाए जा रही थी। उधर किशोरी के मातामह ने पुनः सन्देश भेजा कि किशोरी को रावलग्राम भेज दें। मातामह का बड़ा स्नेह था अपनी दौहित्री पर। जब भी अस्वस्थ होते, वृषभानुजा को बुलवा भेजते अपने पास। वहीं जन्मी थी, वहीं उसका पालन-पोषण हुआ था इसलिए मातामह इन्द की तो वह नयनतारा थी।

पहली बार ऐसा हुआ कि किशोरी का मन रावलग्राम जाने का नहीं हुआ। वृंदावन में अब तक वह इतनी अधिक रम चुकी थी, सखियों में इतनी घुलमिल गई थी और कान्हा से अभिन्न हो चुकी थी कि अब उसका मन पल भर को भी वृंदावन से हटने का न होता।

मातामह के बार-बार आग्रह के कारण वृषभानु व कीर्तिदा ने किशोरी को भेज ही दिया रावलग्राम। जाते-जाते रोते-बिसूरते हुए वह सखियों से कह गई थी कि मातामह के स्वस्थ होते ही तुरन्त लौट आएगी किन्तु लौट नहीं पाई।

दिन पर दिन बीतते गये। माह बीते। वर्ष बीते। उछलती-कूदती वह चपल बालिका धीरे-धीरे धीर-गंभीर किशोरी हो चली। उधर वह नटखट धेनु-चरैया भी वर्ष बीतते न बीतते किशोर हो चला।

किशोरी उससे कितनी दूर हो गई! न कोई संदेशा, न संवाद! कृष्ण अपनी बालसखी की स्मृति में डूबा रहता। सखियों से अपनी अंतर्वेदना कहता।

एक दिन उसने सखियों को रावलग्राम भेज ही दिया नौका में बिठा कर किशोरी का समाचार लाने।

ललिता और विशाखा आज किशोरी से वर्षों बाद मिलीं। लिपट कर मिली। रो-रो कर मिलीं। कभी हंसतीं। कभी रोतीं। कभी भाग्य को कोसतीं।

धीरे-धीरे वे अन्तर्पट खोलने लगीं अपने-अपने। अपने ही नहीं ललिता और विशाखा तो कृष्ण के विरही अन्तर की झांकी किशोरी को दिखाने आई थीं।

'तीन वर्ष बीत गए, किशोरी, तुझे रावलग्राम आए! क्या ब्रज सदा के लिए छोड़ दिया? बोल न, कब आएगी वृषभानुपुर? वह तेरा नाम रटता फिरता है यमुना-तट पर, लताकुंजों में, गह्वर वन की सघन वीथिकाओं में। कैसी मोहिनी फेर गई उस पर? तू तो पारसमणि निकली किशोरी। तेरे संसर्ग से वह कैसा निर्मल हिरण्यमय हो गया है!'— विशाखा आज तीन वर्षों के बाद सखी से मिल कर हुलस उठी थी।

'स्वर्ण तो वह पूर्व से ही था, विशाखे। मेरे संसर्ग से कुछ अधिक चमक गया हो, तो नहीं कह सकती'—किशोरी के भावपूरित नयनों में बालपन की स्मृति उतर आई हौले से।

'या तेरे विरह वियोग में तप-तप कर शुद्ध हिरण्य सा निखर गया है। एक बार उसका अभी का रूप देख ले किशोरी, तो तू अचेत हो जाएगी। प्राण दे डालेगी। ऐसा विलक्षण रूप है उसका। ऐसा नवतरुण ब्रज में तो क्या, समूची धरा पर न दिखेगा कोई। क्या अश्विनीकुमार होंगे रूपवान् और क्या कुमार कार्तिकेय! अब पूर्व की अपेक्षा गंभीर भी बहुत हो गया है। अंतर्मुखी भी। मौन बहुत रहता है। बस उसके अधरों का शाश्वत स्मित् नहीं जाता। किन्तु तो भी कुछ अजानी सी पीड़ा है अवश्य जो उसके अंतर को मथे डालती है। हंसता हंसाता तो अभी भी है। पर सोचने बहुत लगा है। एकांत में चिन्तन करता है। दीर्घ निःश्वासें लेता है। यमुना-पुलिनों पर स्तब्ध चन्द्रयामिनी में एकाकी टहलता रहता है। जी दुखता है देखकर। तू चल न! तुझे देखकर वह सहस्रदल-पद्म सा खिल उठेगा।'

वृषभानुजा के भरे-भरे लोचन टिके रह गये आकाश के एक श्यामल नवमेघ पर। तीन वर्षों के बाद आज कोई मिला है जो 'उसकी' चर्चा कर रहा है। पुरानी बातों को सजा-संवार कर उसके स्मृति-पटल पर प्रस्तुत कर रहा है। इन तीन वर्ष तो उमड़ती-घुमड़ती स्मृतियों को अंतर में मर्यादित किये ही रह गई थी वह। आज अन्तर का ज्वार मर्यादित रह पाएगा क्या? उमड़ पड़े लोचन और झड़ी लग गई।

'विशाखे! मेरा अन्तर्द्वन्द्व खाए जा रहा है मुझे। ब्रज से लौटने के बाद मैं... मैं न रह गई हूं जैसे कोई और हो गई हूं। क्या हो गया है मुझे? बावरी बना डाला उस सांवरी-सूरत ने मुझे जिसे देखे तीन वर्ष बीत गए। कहां चला गया मेरा उल्लास? मेरी हंसी? मेरा आह्लाद···मेरा बालपन? क्या हो गया ललिते मुझे! मैं जैसे धरती पर नहीं हूं। जगत में नहीं हूं। मैं अधर में डोल रही हूं सखि, निराधार सी! यह क्या गति हो गई मेरी?'— और किशोरी विशाखा के कंधे पर शीश रख कर फूट फूट कर रो पड़ी।

सखियों के नयन आर्द्र थे। हृदय व्याकुल थे।

'सखि! जितना मन हटाना चाहूं उतने ही वेग से कृष्ण-स्मृति ज्वार बन कर उमड़ पड़ती है। नीलमेघ सा छाया ही रहता है वह दुष्ट सतत मेरे मानस पर। उससे कहना विशाखे! मैंने उसका क्या बिगाड़ा है? क्यों मुझे दुःख देता है? क्यों नहीं शांति से रहने देता मुझे?'—किशोरी अश्रु पोंछती जाती और वे ढीठ पुनः-पुनः उमड़ आते।

'उसे दोष न दे, किशोरी! वह कह रहा था कि वृषभानुनंदिनी के बिना वृन्दावन सूना लगता है। सखि! वह भी तो व्याकुल है? उसे उलाहना क्यों देती है? वह भी तो पीड़ित है तेरी भांति। तेरी दिन-दूनी रात-चौगुनी बढ़ती हुई सौन्दर्य-छटा के विषय में चारों

ओर चर्चा सुनता है तो हाथ पकड़ कर याचना कर उठता है—एक बार मेरी किशोरी के दर्शन करा दो मुझे। झलक ही दिखा दो?'—विशाखा ने दुःखविह्वला सखि को समझाया।

'किशोरी! कैसा आश्चर्य कि तीन वर्षों का अंतराल बीता जा रहा है और तुम दोनों की बालपन की प्रीति तनिक भी क्षीण नहीं पड़ी। बल्कि शुक्लपक्ष की ज्योत्स्ना' सी बढ़ती ही जा रही है। विरह से तो प्रेम-डोरी और भी सुदृढ़ हो गई लगता है। तेरा नाम रटता हुआ वह वृन्दावन की कुंजगलियों में बावरा सा भटकता फिरता है और तू रावलग्राम में अपने मातामह की अट्टालिका पर चढ़ी श्याममेघों को निहार-निहार, रो-रो कर बावली हुई जा रही है। ऐसी अनोखी प्रीति तो देखी नहीं कहीं!'—ललिता ने आश्चर्य प्रकट किया।

'जानती है वृषभानुसुता! हमारे लौटते ही वह हमसे क्या पूछेगा? पूछेगा कि कैसी लगती है अब ब्रजेश्वरी? बड़ी हो गई अब? पहले से भी अधिक सुन्दर हो गई? वैसे ही स्वर्णकुंतल है उसके? वैसी ही कुंदनकांति? आदि-आदि। और अब तो किशोरी! तेरे ऊपर शुक्लपक्ष की रूप-ज्योत्स्ना का जो अनुलेप दिन-दिन चढ़ रहा है न, यदि हमने तेरा नखशिख वर्णन किया उससे तब तो वह जन्मजात रसिकराज, भ्रमर बन पर छद्मवेश में यहीं आ जाएगा तुरन्त।'

वृषभानुजा के सूजे कपोलों पर लाज की प्राची छा गई। सरोवर में अरुण-पुरुष का प्रतिबिम्ब जैसे झांक उठा। अश्रुसिंचित नयनों में लक्ष-लक्ष प्रेम-दीप झिलमिला उठे और नीलनयन लाज से स्वतः ही मुंद गए। कर्पूर गौर-मुखमंडल पर सुदीर्घ पलकें मयूरपिच्छ सी बिछ गयीं।

ललिता और विशाखा मुग्ध थीं अपनी सखी के मौन सौन्दर्य पर। प्रणयी-चातक बनी एकटक निहार रही थी उसे। सोच रही थीं कि जब सखियां ऐसी विमुग्ध हैं तो जब इस शरद-चतुर्दशी को नन्दकिशोर देखेगा तो क्यों न मत्त गजराज सा झूम उठेगा? प्रेमी सारस सा पुलकित हो उठेगा? नीलमेघ सा हर्षनाद कर उठेगा और···और बावरे मत्तमयूर सा नृत्य कर उठेगा! अहो कान्हा! तू तो तभी इस पर डोलता रहा था जब यह आम्रमंजरी मुकुलित ही न हुई थी। तो, अब तो तू इस रूप-रस-मकरंद से बौराई मंजरी को देखकर बेसुध ही हो जाएगा। देख ले कहीं कि कैसे इस उज्ज्वला से राशि-राशि सौन्दर्य बिखर रहा है तो लुटा रह जाएगा सदा के लिए। कौन कर सकता है इस दैवीय सौन्दर्य का वर्णन भी?

'किशोरी तू तो सोचकर ही लजा रही है किन्तु तेरे रूप का वर्णन हम कैसे कर सकेंगे उससे? वह तो बड़ा दक्ष सौन्दर्य-उपासक है और तेरे विषय में बड़ी सूक्ष्मता से पूछेगा—नयन कैसे दिखते हैं उसके। तो चिबुक, कपोल, नासिका, अधर···! अब तू ही बता, कहां से उपमाएं लाएंगे हम तेरे रूप को उसकी कल्पना में साकार करने हेतु, ताकि वह मन ही मन तेरा चित्र बनाकर उसकी पूजा कर सके?'—ललिता चपलता से बोली।

विशाखा ने उलाहना से ललिता को टोकते हुए कहा—'अरे रहने दे ललिते! वह तो स्वयं कवि है।... आजकल यमुनापुलिन पर दिन-दिन भर एकांत-गीत रचता है। ज्योत्स्ना

में वेणु में मर्म की पीड़ा उतार डालता है और बालुका पर लेटे-लेटे कैसे वेदनासिक्त कंठ से विरहगीत गाता है। उसे भला हम उपमाएं दे-दे कर इसका रूप वर्णन करेंगे? उससे तो बस कह भर देना कि अब तो तेरी आराधिका पर कल्पनातीत सौन्दर्य टूट-टूट पड़ रहा है। बस! फिर तो वह स्वयं ऐसी छंदमाला तैयार कर डालेगा जो और किसी कंठ में झूल ही न सके सिवा उसकी इस आराध्या के। तीन वर्षों में तनिक भी तो न भूला इसे! डूबा रहता है इसके स्मृति-सिंधु में। लोकहित करता है, सेवा करता है, ब्रज की देखभाल करता है और समय मिला तनिक कि वंशी अधर धरी और डूब गया त्रिपुरसुंदरी के भाव में!'

'और···वह रंगदेवी कैसी मदमत्त हो उसके चारों ओर झूमती रहती है नाना प्रकार के सिंगार किए उसे लुब्ध करने को! जब से किशोरी, तू रावलग्राम आ गई, रंगदेवी तो खिली-खिली पड़ती है। ऐसा दिखाती है जैसे कान्हा उसकी बड़ी चिन्ता करता हो। उसे बड़ा मान देता हो।'—दोनों सखियां हंस-हंस कर कौतुक भरी चर्चाएं बताने लगीं वृन्दावन के पुलक भरे जीवन की।

'क्या करे बेचारा? कान्हा हंसता ही रहता है। वह किसी का हृदय नहीं दुखा पाता इसीलिए रंगदेवी उसके सिर चढ़ रही है। वह सोचती है जैसे कान्हा का मन उसकी मुट्ठी में है।'

और वे सब मिलकर हंस पड़ीं।

'और तो और, उसकी उपस्थिति में यदि हम कान्हा से तेरी चर्चा छेड़ दें तो गाल फुला कर, भृकुटि तान कर ऐसा स्वांग रचती है जैसे वास्तव में ही वह कान्हा की हृदयस्वामिनी हो!'

'किशोरी! जैसा सिंगार तू करती थी, वैसा ही सिंगार करके वह तेरी जैसी बनना चाहती है। कदम्बमाला गले में पहन कर वह तेरी नृत्यगति का अनुकरण करती है। कान्हा तुझे कादंबरी कहता था न, तेरे कदम्ब-शृंगार के कारण, तो एक दिन ढेर सारा कदंब-शृंगार करके बोली—'कान्हा! देख ये आ गई तेरी कादम्बरी।' कान्हा आंख मूंदे अलसाया लेटा था वंशीवट तले। बेचारा चौंक कर उठ बैठा। और सामने देखा तो···कहां की कादम्बरी? वहां तो खड़ी थी साक्षात् आडम्बरी!'

सखियों के निर्मल हास्य से किशोरी नहा गई।

'कैसा वशीकरण मन्त्र पढ़ दिया है तूने मोहन पर!' रंगदेवी के जाते ही बोला—'विशाखे, तेरी उस सखी ने तो मेरे प्राण हर लिए हैं जैसे! वृषभानुसुता के बिना मैं निर्जीव सा हूं। जैसे मेरी शक्ति चली गई। मेरी आत्मा चली गई। ऐसी रिक्तता···अपूर्णता मन में व्याप गई है।'

वृषभानुसुता के दृग-विशाल पुनः डबडबा आए बालसखा के कष्ट से।

तभी आईं माता कीर्तिदा अपनी भावज मेनका के साथ। लाडिली की सखियों की उपस्थिति से आज वे बड़ी आश्वस्त थीं। किन्तु देखा कि आज भी लाडिली के नयन भरे हैं। वे किशोरी की सखियों से गुहार कर उठीं।

'अहो ललिते! विशाखे! यह क्या हो गया मेरी लाडिली को? इसे किसी ने कुछ कर दिया। कितना तो ड्योढ़ी के भीतर ही रख कर कैसे-कैसे यत्नों से पाला है इसे कि कहीं

भटक न जाए। भोली जो ठहरी अति इसलिए कहीं बाहर न जाने दिया। या तो नन्दभवन जाती थी, नहीं तो तुम लोगों के साथ-साथ वेणुवन अथवा यमुनातट गई होगी। किंतु मेरे तो सारे प्रयासों और यत्नों पर पानी फिर गया। अरेऽऽऽ मेरी सोने सी कन्या को जाने कौन ढीठ लगा गया। अहो विशाखे! इसे क्या हो गया? न यह खाती है, न पीती है। हंसना भूल गई सो अलग। गुमसुम बैठी रहती है एकांत में···और जब तब इसके लोचनों से नीर ही बहता रहता है झर-झर। यह अक्षय कोष जाने कहां छिपाए है अपने नन्हें से उर में कि अश्रु समाप्त ही नहीं होते इसके!'—कीर्तिदा ने अपने छलछलाते नेत्र पोंछे और दीर्घ निःश्वास ले बैठ गई।

'कितना-कितना इसे बचाती रही जग से! जबसे एक सिद्ध पुरुष कह गए कि यह कन्या किसी जोगी के पीछे जोगन हो जाएगी, मैंने तो कान पकड़ लिए अपने जो किसी जोगी-बैरागी को निमंत्रण देकर घर बुलाऊं कभी। गेरुए वस्त्र देखते ही प्राण थरथर कांपने लगते हैं मेरे कि जाने कौन साधु-बैरागी मेरी भोलीभाली लाडली पर जादू फेर जाए! जितने भी दान-पुण्य करती हूं साधुओं को दूर ही दूर से कर देती हूं। अरेऽऽ तो भी तो देखो···प्यारी मेरे वश में न रही।'

किशोरी बावरे नैनों से शून्य में ताकती ऐसी खोई हुई सी बैठी थी जैसे वहां हो ही नहीं। और वह थी भी नहीं वहां उसकी हृदय-बलाका तो कब से धवल पांखें पसारे उड़ी चली जा रही थी नीलश्यामल मेघों की नीलप्रभा में स्वयं को लीन कर देने को। उन श्यामघनों में अपने चितचोर घनश्याम को खोजने। वह, जो स्वयं अपनी व्यथा का पार न पाती थी, उसे कहां अवकाश माता की व्यथा-कथा सुनने का?

माता कीर्तिदा की व्याकुलता और बढ़ चली।

'अहो ललिते! मेरी पुत्री को बचाओ तुम लोग जोगी-बैरागियों से इसे बचाने को तो अपने हृदय से लगाए-लगाए घूमती रही मैं। सब के ताने सुने। व्यंग्य सुने। उलाहना पाई। सब कहते रहे कि इतनी सयानी हो गई बेटी, तो भी मां कैसी बावरी है जो इसे आंचल में छिपाए घूमती है। ऐसा भी क्या लाड़? अरेऽऽ···कोई क्या जाने कि जब इतना छिपाये रही···तब भी तो हर ले गया कोई जोगिया मेरी लाडिली के मन को?'···

'अब क्या-क्या सुनाऊं विशाखे? उस दिन रो-रो कर गा रही थी यह तो कि 'जोगिया से प्रीति किए दुख होय···।' कितने तो दूर से ही हाथ जोड़े जोगियों के! कहां से आ गया जाने यह बैरी कोई जोगिया! अरे मेरी किशोरी को क्या हुआ रेऽऽऽ जो वैशाख माह की भरी दुपहरिया की चिलचिलाती धूप में अटारी पर चढ़ी बावरी सी बैठी रहती है उसे चांदनी समझे!'—कीर्तिदा घुटनों में मुंह देकर पीड़ा से रो पड़ीं।

कीर्तिदा की भावज मेनका भी सुनते-सुनते आर्त हो उठी। बाहु से घेर कर कीर्तिदा को वे सांत्वना देने हेतु गंभीरता से समझाने लगीं।

'यह तो लड़िकाई की वयस है इसकी, रानी ननद! चिंता न करो। ऐसा कई बालिकाओं को हो जाता है इस आयु में। उपयुक्त वर मिल जाए तो धीरे-धीरे स्वस्थ हो जाएगी अपनी प्यारी और जो इसके जोगन होने का ही भय है तो कोई जोगी सा ही वर ढूंढ़ो न! कौन सी कमी है? रायण गोप को तो जानती हो? योगी ही समझो उन्हें। भक्त

हैं। परोपकारी हैं। संत का सा जीवन है और वैसा ही स्वभाव पाया है। आयु थोड़ी अधिक है तो क्या हुआ? पुरुषों की आयु तो देखी नहीं जाती। वे ही एक मात्र पुत्र हैं माता के। राज करेगी लाडिली वहां। कोई जोगी-महात्मा से कम थोड़े ही हैं! बसे भी वहां हैं नंदग्राम के निकट जाकर। नंदपत्नी यशोदा उन्हें बहन सा स्नेह देती हैं। वहां तो लाडिली वैसे भी स्वस्थ रहेगी। सखियां हैं ही वहां इसकी। दुखी न हो। ईश्वर ने चाहा तो सब शुभ होगा। कहो तो आज ही बात करूं? रायण की माता और बहन रायणा आजकल यहीं तो आई हैं।'

× × ×

केवट ने रस्सी खोली। पूरी शक्ति से नौका को ठेला कालिन्दी में। नौका चल पड़ी और दोनों सखियों की हिचकियां बंध गईं।

सघन वृक्षों के झुरमुट में छिपे रावलग्राम पर आवरण पड़ गया अश्रुओं का। माता कीर्तिदा के पिता इन्द की अट्टालिका सबसे ऊंची होने से अभी भी दिख रही थी। तट पर धानी चूनर फहरा रही थी। एक छोर फहराता दिखता और एक छोर किशोरी के सुलोचनों से उमड़ते प्रवाह को बार-बार हौले से पोंछ देता। ललिता और विशाखा की दृष्टि से हौले-हौले रावलग्राम ओझल होता जा रहा था। विदा लेता रावलग्राम। विदा लेती धानी चूनर!···

नौका चली जा रही थी छप्प् छप्प्.. छप्प् छप्प्।....

तो क्या किशोरी-कान्हा के प्रेम का अन्त यहीं हो जाएगा? उस माधुर्य-पगी प्रेमकथा का यह दुःखांत! तिगुनी आयु वाले रायण गोप से विवाह हो जाएगा वृषभानुनंदिनी का और वह बौराया किशोर भटकता ही रह जाएगा सदा-सदा के लिए कालिंदी-तट पर? और तब क्या वेणु बजा पाएगा वह?

···कैसे कह सकेंगे कान्हा से किशोरी की बातें। रायण गोप से उसके विवाह की चर्चा? तीन वर्षों से सतत स्मरण करते देखा है उन्होंने उस बावरे को किशोरी के आराधक की भांति। आघात सह सकेगा? बौरा तो नहीं उठेगा? अरे, वह तो कैसा एकनिष्ठ उपासक है किशोरी का! क्या गति हो जाएगी उसकी? वह कहता है कि किशोरी उसकी शक्ति है। किशोरी उससे अभिन्न है। किशोरी कहती है कि वह और कान्हा एक हैं। कितनी भी दूर रहें एक दूसरे से, किंतु दोनों एक ही समय समाधिस्थ होते हैं, एक ही समय दोनों का ध्यान लग जाता है। यह क्या चामत्कारिक तथ्य नहीं! बिना एक दूसरे के वे दोनों अधूरे हैं। और कहती है किशोरी, कि उनका प्रेम अनंत है... और कान्हा कहता है कि वे दोनों चिरंतन प्रेमी हैं।

हां! उस अलौकिक प्रेम पर यह घोर लौकिक पटाक्षेप! अहो किशोर! अहो किशोर-कान्हा!

दोनों सखियां लिपट पड़ीं एक दूसरे से और हुलस-हुलस कर रो पड़ीं। नौका चली जा रही थी छप्प् छप्प्···छप्प् छप्प्···।

बूढ़े केवट ने आंखें संकुचित कर देखी दोनों की हालत और व्यावहारिक बात समझाने लगा।

'अरे! काहे को प्राण दिए दे रही हो रो-रो कर गोपियो! अरे मिलना और बिछुड़ना तो चलता ही है संसार में। मिलन और विछोह से तो संसार ही बना है। सखी को छोड़ आई रावलग्राम में, तो इतना भी क्या दुःखी होना! अन्त में तो तुम सभी को जाना है अपने-अपने धाम। अरे अभी तो ऐसे ही बिछुड़ी हो सखी से। पर कन्या तो होती है पराया धन। एक दिन तुम लोग भी तो अपने-अपने पति के घर जाओगी और व्यस्त हो जाओगी संसार-रचना में, कर्तव्यपालन में। तुम्हारी सखी क्या ऐसी ही बैठी रहेगी सदा रावलग्राम में? वह भी तो जाएगी अपने पति के घर! वही उसका धाम होगा। आमोद करेगी पति के घर। आनंद करेगी।'

ललिता, विशाखा का वेग से रुदन छूट पड़ा।

कैसा मूढ़ है रे केवट! कौन समझाए इसे कि पीड़ा हमारी अपनी नहीं है। हम तो वज्र कठोर हो जायेंगे और सह लेंगे सखी का वियोग भी और सखा का विछोह भी। किन्तु, हमारी चन्द्रकेशर और नवनीत-मधु से बनी हुई जो सखी है, वह इस भीषण आघात से टूट न जाएगी क्या? वैजयंतीमाल्य सी सुकोमल बालसखी कुम्हला न जाएगी भाग्य के तप्त-प्रभंजन से! वह क्या विरह सहने योग्य है जो किसी से कहती नहीं मन की पीड़ा, जो इतने वर्षों से संजोए रही है अन्तर में प्रेम-दीप, जो तिल-तिल स्वयं जलती रही दीपशिखा सी, नेह-बाती सी, किन्तु मन में बसे आराध्य को झांक कर देखने न दिया किसी को! कान्हा तो सांझ-सबेरे कभी भी पकड़ कर बिठा लेता था सखियों को कि वृषभानुसुता की चर्चा करके व्यथा-भार हल्का कर लें।

किन्तु यह मौन साधिका तो बड़ी अनोखी है। मूक है इसकी पीड़ा। मौन है इसकी उपासना। कैसा केश बना लिया है इसने। रूखे केश! सूजे हुए सदा के अनियारे नैन! सखियों को जाते देख कैसी बिलख पड़ी! रो-रो कर कहती रही…

'मुझे भी ले चलो वृंदावन…मुझे यहां कुछ नहीं भाता। वहीं बसूंगी वेतसलता-कुंजों में। वंशीवट-तले धूनी रमाऊंगी। अरे सखियो, मुझे यों अकेली छोड़कर न जाओ। मैं कभी निकट भी न जाऊंगी उसके, किन्तु कदम्ब-तले विहार करते में दर्शन पा लूंगी विपिन-बिहारी के। रावलग्राम भाता नहीं सखि!…यहां मेरा कोई नहीं। महाशून्य। महाशून्य है यह। यहां मैं बैठी रहती हूं एकाकी…शून्य बनी…वहां वह बैठा है मेरा सर्वस्व हरे…!'

और ललिता-विशाखा पुनः एक दूसरे से चिपट कर रो पड़ीं।

रावलग्राम की यात्रा ने सखी से मिलाया तो उन्हें, किन्तु स्मृतियां सुखद न रह गईं वहां की। दुःख-भीगी बातों को ही जैसे साथ की कंडिकाओं और पोटली में बांधे लिए चली जा रही थीं दोनों सखीं।

…नौका चली जा रही थी छप्प् छप्प् छप्प् छप्प्!…

रायणा और उसकी मुंहबोली बहनों, साधवती तथा सत्यवती ने भोले कान्हा के विरुद्ध क्या-क्या नहीं कह दिया भला! कि वह तो जाने किन-किन नारियों के साथ रमता

है। वह तो गोपियों के साथ केवल रास ही रचाना जानता है। बड़ा कुलक्षणी है। उसका तो नाम भी न लेना किशोरी के वर हेतु। दुःखी कर डालेगा वह तो पत्नी को। जानबूझकर क्यों दुःख देना चाहती हो पुत्री को? आज उपनंद की पुत्री रंगदेवी के पीछे बावरा है, तो कल कोई और मिल जाएगी उसे। उसका क्या विश्वास? किशोरी को तो किसी सुशिक्षित, सुसंस्कृत और गंभीर व्यक्ति को सौंपो तो सुखी तो रहेगी। ऐसी शीलयुक्त कन्या, ऐसी पंडिता। भला वह नंद का ढीठ ढोटा इसके उपयुक्त कहीं हो सकता है! किशोरी तो रायण गोप के ही लिये है। ऐसा एकनिष्ठ पुरुष ढूंढ़े न मिलेगा। प्राण न्यौछावर कर देंगे रायण लाडिली पर। वे बड़े आदरणीय, प्रतिष्ठित और साधु-स्वभाव के हैं। कहां रायण गोप और कहां वह धृष्ट किशोर! एक तो आयु में छोटा लाड़िली से, दूसरे उद्दण्ड इतना। न माता-पिता की सुने, न देवी-देवता को माने। स्त्रियों में रमता रहता है। बहुवल्लभ है, वह तो बहुवल्लभ! देखती जाना कैसे-कैसे रंग दिखाता है वह!

नौका चली जा रही थी छप्प् छप्प् छप्प्...छप्प् छप्प्...।

रायण गोप की वृद्ध मां भी तो दूर बैठी-बैठी बड़ी कुटिलता से उनकी हर बात का ऊंचे स्वर में समर्थन करती जा रही थीं। असल में सांसारिक कलापों से विरक्त साधु स्वभाव के रायण को विवाह के बंधन में बांध पाना अब तक संभव न हो पाया था। माता को इसलिए पुत्र को परिवार के खूंटे से बांधने के लिए किसी महासुन्दरी की खोज थी। वह सोचती थी कि पत्नी के सौन्दर्य से रायण सदा के लिए संसार से बंधे रह जाएंगे। इसलिए वृषभानुसुता को ही उसने रायणा, साधवती तथा सत्यवती के साथ मिलकर जाल में फंसाया। ललिता और विशाखा ने आन्दोलित मन से यह संपूर्ण असत्य संभाषण अश्रुपूरित नयनों को झुकाए-झुकाए ही सुना था। कितना असत्य। कितने मिथ्या आक्षेप हमारे भोले कन्हैया पर! कैसी-कैसी अनुचित बातें! कैसा चरित्र-हनन! कैसा कलंक उस निर्मल-चन्द्र पर जिसे वे वर्षों से, बालपन से भलीभांति जानती हैं। उसके लिये ऐसी अशोभनीय और आपत्तिजनक बातें!

एक ही आशा है अब तो। किशोरी के पितामह महीभानु की कुल-परंपरा वृषीकरण की रही है। संभव है किशोरी के विवाह हेतु भी वे बलशाली उन्मत्त-उच्छृंखल वृषभों को वश में लाने हेतु स्पर्धा आयोजित करें और तब रायण गोप अथवा अन्य कोई गोप उसमें सफल ही न हो पाए। कान्हा तो नागों को भी वश में कर चुका है, उसके लिए तो उन्मत्त से उन्मत्त वृषभ को भी नियंत्रित कर लेना बाएं हाथ का खेल है।

ललिता व विशाखा अकुला कर फिर लिपट गईं एक दूसरे से।

कैसा दुर्भाग्य हमारा! कैसे मुदित मन गए थे सखी से मिलने। कैसी प्रसन्नता से मिले। और यह सांझ कैसी आई रुदन-वेला सी! कितना छेड़ा प्रेम-बावरी को। सोचते थे अब कान्हा को भी छेड़ेंगे। किशोरी के विषय में जानने को आतुर हो वह उनसे अनुनय करेगा, मनुहार करेगा...। और कैसे-कैसे वे किशोरी का नाम ले-लेकर उसका रूप-वर्णन कर-कर के छकाएंगी! अरे! यहां तो विधाता ही प्रतिकूल हो गए।

सखियों की अश्रुधार यमुनाधार सी अविरल थी। नौका जैसे दो धाराओं में प्रवाहित हो चली जा रही थी।

....अहो लो! यह लो, अब तो आ गया वंशीवट भी! हृदय का स्पंदन वेग पकड़ गया। वही मयूरों की उन्मत्त केका कितनी प्रिय थी आज तक। अब न जाने क्यों यह प्राणों की हूक तीव्र किए डाल रही है।

वही गोधूलि वेला! वृंदावन के धूलिकणों से वायुमंडल व्याप्त है। वही सोंधी-सोंधी ब्रजरज की गंध। गौओं-गोवत्सों की गुहारें। गोपों की मनुहारें!

और। यह क्या?...बज उठी फिर वही मुरली व्याकुल सी?

अहो ललिते! अहो विशाखे! व्याकुल हो ललिता-विशाखा आलिंगनबद्ध हो उच्च स्वर में रो पड़ीं।

अहो! कहीं वह तट पर ही तो नहीं मिल जाएगा? सखि! कैसे उसे मुख दिखाएंगे? कैसे किशोरी की चर्चा कर पाएंगे? कैसे अब किशोरी का नाम उसके सामने ले पाएंगे? और यह दुःख-संवाद कौन सुनाएगा उसे? कैसे सुनाएगा? कैसे धीरज बंधाएंगे उसे? वह तो अपलक राह ताकता बैठा रहा होगा हमारी कि प्यारी का कुछ तो आएगा संदेसा! किन्तु ऐसा संवाद पा कर क्या होगा उसका?...

क्या कहेंगे उससे कि किशोरी अब सदा के लिए पराई हुई जा रही है? अब उसके हाथ से गई वह? अब तो वह मूर्ति बना ले उसकी। कहीं स्थापना कर ले और उसी के सामने बैठा रह उपासक बना। और तो कोई निदान नहीं रे ऽऽ...! अहो कान्हा! अहो कान्हा! अहो किशोरी! ...हा दुर्भाग्य।

झर-झर अश्रु और थर-थर देह। एक दूसरे के ठंडे हाथ थामे, दो विह्वल सखियां चली जा रही थीं ग्राम-डगर पर। मोर-मुकुट से बचतीं। पीताम्बरी से छिपतीं! डगमगाती हुई...लड़खड़ाती हुई!

× × ×

नीरव नीहारिका तले अहोरात्र वह साधक बना बैठा रहा था। प्रतीक्षा की महानिशा। किन्तु नौका न आई कोई इस पार। आती तो वंशीवट से ही तो बंधती। सांझ-तारा उदय होने से भी तो कितनी घड़ी पहले ही आकुल-प्राण वह आ गया था यहां, और सांस साधे अपलक बैठा रहा यमुना-पुलिन का प्रहरी बना। किंतु न आई कोई नौका!

न ही आई उसकी आराध्या, जिसके लिये विगत तीन वर्षों की प्रतीक्षा उसे युग-प्रतीक्षा लगती रही है। और यह प्रतीक्षा की अंतिम एक रात्रि ही जैसे तीन वर्ष बनी जा रही है।

मन व्याकुल हो उठा। आई नहीं वह? यह कैसे सम्भव?...कहीं वह स्वयं ही तो नहीं डूब गया था स्मृतिसिंधु में आत्मविस्मृत हो? और वह नीहारमाला सी तारों की छांह-छांह आकर कटाक्ष से मुस्कुराती हुई निकल गई हो निकट से! विरजा का संवाद असत्य तो नहीं हो सकता। संध्या तक तो आ ही जाना था उसे रावलग्राम से वृन्दावन।

निःशब्द रजनी! उनींदे कमलनयन! आतुर मनप्राण! अब जब पौ फटने को हुई, तो नयन अलसा रहे हैं। उसने करवट ले ली।

तो···! अब वह विवाहिता है! रायण गोप की पत्नी है। तीन वर्ष से कुछ माह ऊपर हुए हैं···और कितना कुछ परिवर्तन हो गया। वह स्वयं भी तो इन तीन वर्षों में कितना बदल गया है। और···वह?

सब कहते हैं कि जैसे पूर्णचंद्र को देख कर सिंधु में ज्वार उठता है, वैसे ही उस शरद-पूर्णिमा के तन पर रूप भी ज्वार हो-हो कर चढ़ा है। सौन्दर्य हिलोरें भर-भर कर चढ़ा है उस पर। टूट-टूट कर बरसा है। अहो! तो अब कैसा कल्पनातीत लावण्य होगा किशोरी का! पहले ही कौन सी कमी रह गयी थी, भगवान जाने! उसने पुनः करवट बदली।

···क्या उससे भेंट करने आएगी? ललिता कहती है···क्यों नहीं आएगी! विशाखा ने आश्वस्त किया है कि वे आज दिन में उसे एक बार अवश्य उसके पास ले आएंगी। फिर तो वह पितृगृह छोड़कर पतिगृह चली जाएगी। तब मिलन न हो सकेगा—विरजा कहती थी। चली जाएगी? वह तो चली ही गई। कहां चली गई आह्लादिनी···जिसे तीन वर्षों से रोम-रोम पुकार रहा है। जीवन-बांसुरी से सदा ही क्या विलंबित-लय निःसृत होती रहेगी?

प्राणों पर से प्रात-वात हौले-हौले निकला। मलय समीर ने केश सहलाए। प्रत्यूष के पीयूषकण झरते-छहरते रहे उस पर मंद-मंद। निद्रा आंचल फैलाए उसे अंक में लिए ले रही थी और प्रत्यूषतुहिन उनींदी पलकों को धो-धो कर खोले दे रहे थे। क्या देखने को? बन्द पलकों में जो सुन्दर स्वप्न संजोया था, कहीं वह उड़ न जाए नयन खोलने से। वह नयन मूंदे पड़ा ही रहा।

तमाल पर पक्षी फड़फड़ाए। देखते-देखते सामूहिक सामगान होने लगा वृक्षों पर। निद्रा-बोझिल नयन अर्धमुकुलित हुए। उठ कर बैठा रहा अलसाया सा तमाल-तले। नेत्र अधमुंदे रहे।

फिर शिथिल चरणों से चल पड़ा यमुना के शीतल जल में आलस्य धो डालने को। नयन तो निराशा के बोझ से बन्द ही रहना चाहते थे। झुक कर जल लिया अंजलि में। आचमन किया। मुख धोया। नयनों पर शीतल जल के छींटे मारे। नेत्र खोले।

और! चौंक पड़ा। अवाक् हो ठिठक गया। उनींदे नयन एकाएक विस्फारित हो गए। अद्भुत! रोमांचक!

प्राची की स्वर्ण-चौखट में जटित उस चित्रपटी पर अंकित था एक चित्र अलौकिक! प्रत्यूषकालीन क्षितिज की लालिमा के मध्य कालिन्दी में खिली थी एक अपूर्व नीलपद्मिनी!

कौन है यह स्नानरत स्वर्णबाला? देवबाला कोई? सूर्यबाला! किन्नरी! गान्धर्वी? हेममाला! कौन है यह स्वप्नसुंदरी सद्यः-स्नाता? चकित हो उसने अपने स्वप्निल नयनों को मला। नहीं! स्वप्न तो नहीं यह! उसके चिर-उनींदे नयन उलझ गए उस उनींदे सौन्दर्य में।

यह क्या? प्राची ही प्राची को अर्घ्य निवेदन कर रही है? क्या उषा ही अंशुमाली को अर्घ्य निवेदित करती है? कौन है यह नीलोत्पला? कंचन से नीलमणि जटित देखी है··· यहां नीलांबरी में कंचनदेह जटित है। भीगे कुंदन-गात पर नीलाम्बरी ने चिपक कर

उसके मंजुल सौन्दर्य को और उजागर कर दिया है। घुंघराले सुदीर्घ स्वर्ण-कुंतल लहरा रहे हैं यमुनातरंगों से। असंख्य शीतल जल-बिन्दु आच्छादित हैं केशों पर···स्वर्णकाया पर। स्वर्णारुण रश्मियां पड़ने से वे जलबिन्दु रंगरंजित हो झिलमिला उठे थे मुक्तमणियों से—झिलमिल झिलमिल! अपूर्व!!

क्या नीलांशुक उसकी दमकती गौरकान्ति को छिपा पा रहा है? क्या भीगा नीलांचल तन पर लिपट कर भी सद्यः तारुण्य को छिपा पा रहा है? केकीकंठी नीलाम्बरी के भीतर से केसरकाया जैसे सहस्र रश्मियों सी उद्‌भासित हो रही थी। कर-पल्लव अंजलिबद्ध थे भगवान् भास्कर की अभ्यर्थना में। दिग्‌दिगन्त् में व्याप्त लालिमा में... एक नव-प्रस्फुटित नीलांबुजा! सौन्दर्य-कुबेरनी के तन पर अरुणिमा और नीलमा का अद्‌भुत सम्मिलन था।

···कही···कहीं···यह वही तो नहीं?

ठगा सा रह गया वह! लुटा सा खड़ा रह गया! रूपमल्लिका से झरते हुए केशर-कणों से नहाया सा! रस-मुग्ध! अपलक! विमोहित!

सूर्य नमस्कार कर वह नीलपद्‌मिनी अपनी कांस्य-कलशी में जल भरने झुकी तो उसकी मंजुल देह-यष्टि कोमल मृणालिनी सी पूरी झुक गई। और तभी पद्‌मपांखुरी से उसके विशाल नयन ऊपर उठे।

वह चौंक पड़ी।

······अहो! ······पुरुष! हाथ कांप गया ······कलश कांप गया ······हृदय कांप गया। जल छलछला गया गगरी से।

एकांत! और···· अपरिचित पुरुष! किन्तु! कितनी परिचित सी है यह नीलकांति-देह! कहीं···कहीं···यह वही तो नहीं?

अहो···! यह क्या हो गया? ऐसी भेंट! ऐसी एकान्त भेंट की तो कल्पना न थी।

संकोच से जड़ हो गई वह। लाज की प्राची कपोलों पर उतर आई। जैसे यह यमुना से न निकली हो···लाज के सरोवर में डुबकी लगा कर निकली हो। सलज नयन-पांखुरी मुंद गयीं। सुनील पलकें बिछ गईं चंपक-कपोलों पर···जैसे नर्तमान मयूरों ने नृत्य बंद कर अपनी पांखें बिछा दी हों रासभूमि पर।

लाज से नत हो कर रह गई राजहंसिनी की श्वेत ग्रीवा। एक मृणाल-बाहु झूल गई अवश सी रिक्त कलशी को पकड़े। थर-थर प्रकंपित दूसरा करपल्लव बंधा रह गया उद्‌वेलित हृदय पर।

शीतल जल से न थरथराई। शीतल समीर से न थरथराई किन्तु एक प्रणयी-दृष्टि से थरथराकर रह गई देह-मल्लिका।

राशि-राशि सौन्दर्य बिखर रहा था उस देवी प्रतिमा से। उपासक मुग्ध था और चातक अवाक्।

नीलांबुजा का वह सुनील भ्रमर! नीलोत्पला का प्रेमी अलि!···आज गुंजन न करके मौन प्रणय निवेदन कर रहा था।

स्वप्न-बोझिल लोचन अपलक लगे थे। सृष्टि की निरुपमता पर। गहरा डूबा था वह रूप की अतल राशि में। सौन्दर्य के चरम बिन्दु से परिचय हुआ था आज। साक्षात्कार हुआ था। और जिस मुहूर्त साक्षात्कार हुआ···बिक गया वह! तत्क्षण! उसी मुहूर्त। महारूपराशि के हाथों!

आज उस पुरातन और चिरंतन सौन्दर्य-उपासक के नयनों में सर्वाधिक लुभावना स्वप्न साकार हुआ था। और वह भरे ले रहा था निरुपम-सौन्दर्य-पुंज को अपनी नयन-पांखुरियों में। समेटे ले रहा था उस लावण्य-प्रतिमा को पलक-अंजलि में।

किन्तु···।

प्रथम बार चरण ठिठके। प्रथम बार मन में संकोच जाग्रत हुआ। तरुण था अब वह। तारुण्य ठिठक गया। पौरुष ठिठक गया।

निष्पाप···अनछुआ सौन्दर्य!

और शीश झुक गया सम्मान से। अभ्यर्थना में। दिव्य सौन्दर्य से अभिभूत, नतमस्तक हो, वह उसी भांति बोझिल-चरण और उद्वेलित-मन... हौले-हौले लौट चला।

× × ×

सखियों की किलकारियां और खिलखिलाहटें बन्द न होती थीं रायण गोप से विवाह होने के बाद किशोरी नंदग्राम जो आ गई थी।

'अरे, कैसी अद्‌भुत है तू किशोरी! रो-रो कर प्राण दिये डाल रही थी अब तक तो उस सांवरे-सलोने के लिए, और अब, जब मिलनबेला आई तो नाटक कर रही है। कल बेचारा अहोरात्र यमुनातट पर तेरी नौका की प्रतीक्षा करता रहा। अभी भी वहीं बैठा है धूनी रमाए कदम्ब-तले हिंडोले पर। चल भी। कैसी निठुरा है तू! आज तो तेरे दर्शन बिना अन्नजल भी ग्रहण नहीं करेगा। कुछ तो दया कर अपने बालसखा पर। अपने आराधक पर'—विशाखा ने अंतिम बात पर चपलता से आंख झपकाई।

किन्तु वह तो मारे लाज और संकोच के जपाकुसुम की गुच्छा हुई जा रही थी। हृदय का स्पंदन समूची देह-यष्टि को झकझोरे डाल रहा है। पूरा तन ही जैसे हृदय हो गया हो। धक् धक् धक् धक्! थर थर थर थर!···भला कैसे बताऊं सखियों को आज भोर-बेला का वह एकान्त मिल? जब लाज-नहाई सी अपने भीगे तन को कैसे-कैसे नीलांबरी में ढकने-छिपाने का असफल प्रयास करती रही थी···और वह चकोर सा अपलक निहारता रहा था उसे! भला हुआ जो बोला नहीं कुछ और निकट न आया। वह तो वैसे ही लाज के मारे उसके पास जाने का साहस नहीं जुटा पाती। उस प्रत्यूष-मिलन के पश्चात् तो बिल्कुल ही न मिल सकूंगी उससे। और ये चंचलाएं कैसे हाथ धो कर उसके पीछे पड़ी हुई हैं। कुछ समझती नहीं। कहां वह बालपन का उन्मुक्त और स्वच्छंद जीवन, जो दिन-दिन भर एक दूसरे के गलबहियां डाले विचरते रहे। अब तीन वर्षों के अंतराल के पश्चात यह प्राणलेवा मिलन! उसके कर्णशिखर आरक्त हो उठे। कपोल आरक्त हो उठे इस कल्पना मात्र से ही। वह बड़ा सरल और भोला तो है नहीं। न ही वह अब बालक है। नवयुवक है। नवतरुण है। कैसी चौंक पड़ी थी वह उस परिचित पुरुष से! कैसा

सुदीर्घ आकार! सुदृढ़ मांसपेशियां! भला अब कैसे जाऊं उसके पास? कैसे जा सकूंगी? देखेगा मुझे, तो फिर कौतुक से न भर जाएगा?

'अरे! ऐसे शीश झुकाए मंद-मंद मुस्कुराती हुई क्या सोच रही है बैठी-बैठी? वह कितना विकल है और तुझे बड़ा आनन्द आ रहा है?···चल न शीघ्र'—विशाखा ने किशोरी को स्नेह से झिड़कते हुए कहा।

'चल वृषभानुजे! उसके पीछे तो कितनी तरुणी गोपियां मरती हैं किन्तु वह तो कब का बिक गया तेरे हाथों, भाग्यशालिनी! दूसरी कोई गोपी होती तेरे स्थान पर तो अभी पुलक-भरी, मदमाती सी चल देती उससे मिलने। और तुझे अपने भाग्य पर बड़ा गर्व हो आया जो तब से बैठी स्वांग रच रही है'—ललिता ने भी मीठी सी झिड़की दी।

'नही···नहीं···! मैं नहीं जाऊंगी!'—किशोरी ने इठला कर रूठने जैसा मुंह बनाया।

'अहो ऽऽऽ!' बेचारी सखियां विस्मित थीं। चकित थीं किशोरी की हठ पर।

विरजा ने गंभीर होकर चिबुक पकड़कर उसका मुख उठाकर पूछा, 'क्या बात है किशोरी? इतनी अनमनी हो गई उसकी ओर से? सचमुच नहीं जाएगी? क्यों? क्या कारण हो गया?'

'मैं ऐसे नहीं जाऊंगी उसके पास'—किशोरी ने मुंह बनाया।

'ऐसे! ऐसे का तात्पर्य?···ऐसे नहीं, तो फिर कैसे जाएगी?'—वे अचंभित सी बोलीं।

उत्तर में किशोरी ढुलक पड़ी विशाखा के अंक में।

'मेरा खोया हुआ बालपन ला दे पहले···तब चलूंगी। इस तरुणी गात में नहीं जाऊंगी।···बड़ी लाज आती है'— कुनमुनाते हुए कह कर किशोरी ने मुख छिपा लिया विरजा के आंचल में।

क्षणमात्र का विस्मय। फिर हास्य की कलकल निनादिनी जो निःसृत हुई सखियों के मुख से तो रुकने का नाम ही न ले।

'आहा री बावरी! तन के कारण ही लाज से छुईमुई हुई जा रही है! अरे तो कौन नहीं जानता कि बाल्यावस्था के पश्चात् किशोरावस्था आती है? यह तो सर्वविदित है। हम लोग तो दिनरात उसके साथ रहते हैं। हमें तो लाज-संकोच होता नहीं तेरी भांति। तू तो लाज से दुहरी हुई जा रही है।'

'तुम लोगों की बात भिन्न है। तुम लोग सब साथ ही साथ जो बड़े हुए हो इसलिए उसे कोई अचंभा न लगता होगा। किन्तु इतने लम्बे अंतराल के पश्चात्.... अब उसके समक्ष जा पाना! खड़े हो पाना···! अहो···कैसे सम्भव होगा सखि?···कैसे सम्भव होगा?'—किशोरी का मुख रुआंसा हो आया। स्वर भय-विचलित था।

'किन्तु वह भी तो समझता है कि तू अब बालिका नहीं रही···बड़ी हो गई है। नवतरुणी हो गई है। तो इसमें आश्चर्य क्या?'

किशोरी मौन साध गई। हरी दूर्वा का एक कोमल तिनका दांतों से चबाती हुई चुपचाप बैठी रही।

'चल वृषभानुजा! कितना विलंब कर रही है?'

वह जैसे चौंक पड़ी इतने अनुनय-भरे आग्रह से। वेग से हृदय धड़कने लगा पुनः।

'न···न···! मैं नहीं जाऊंगी! वह बड़ा रसिया है। बड़ा दुष्ट है। जाने कैसे-कैसे देखेगा। जाने क्या-क्या बोलेगा।···मेरा हृदय धड़कता है सोच कर। हा···मैं कैसे जा पाऊंगी?···मुझे बाध्य न करो तुम लोग···मेरा मन कांपता है···'—किशोरी घबराती, लजाती, सकुचाती हुई सी बोली।

वे हंस पड़ीं सखी के भोले आग्रह पर।

'किन्तु···वह अब बहुत संयत हो गया है, किशोरी! बड़ा धीर-गंभीर। अब अधिक छेड़खानी नहीं करता गोपियों से। वह तो बालपन की धृष्टता में करता था। जैसा तू आरोप लगा रही है उस पर, वैसे आरोप अन्य भी कई लोग लगाते हैं। किंतु विश्वास कर, वह ऐसा है नहीं। हम में से तो किसी से कभी कुछ नहीं कहा। उसका हृदय बड़ा विशाल है।···स्नेह भरा है उसमें प्राणी मात्र के लिये। स्नेह वह सबसे करता है। अब चल तू! बेचारे ने हमारी बहुत मनुहारें की हैं तुझसे मिला देने का। चल। अब उठ जा तुरंत।... हो गया बहुंत नाटक!'

'लेकिन!···विशाखा!···उसकी दृष्टि···बड़ी··· मर्मभेदी है।··· ऐसे एकटक निहारता है जैसे पी जाएगा नेत्रों से ही'—उतावली से बोलते-बोलते उसका मुखमंडल अचानक पुनः आरक्त हो उठा और नयन लाज से झुक गए।

'अरी! तू क्या जाने उसे? तू तो इतने वर्षों बाद पहली बार मिलेगी उससे। तुझसे अधिक उसे अब हम समझ चुके हैं। तू ऐसे कह रही है जैसे तू उसे अधिक समझती है। चल।···उठ अब।'

'जानती हूं···विरजे,···तभी तो कह रही हूं। ···अहो! जानती हूं उसे···तभी तो कह रही हूं। सखि! मैं···कैसे जाऊंगी! तुम लोग समझती नहीं मेरी स्थिति···मुझ पर दया क्यों नहीं करतीं?'—फिर रुआंसी होकर किशोरी ने कातर वाणी में कहा।

'तू कहां से जान जाएगी री कि इन तीन वर्षों में वह कितना बदल गया है? तू कैसे जानती है उसका अभी का चरित्र?'—ललिता ने गंभीर होकर पूछा।

'मिल ली उससे कहीं एकांत में?'—विशाखा ने अनायास सन्देह भरी दृष्टि डाली सखी पर।

चोरी पकड़ी गई। अपना आरक्त-मुख वृषभानुनंदिनी ने दोनों हाथों में छिपा लिया।

'अहो! तो यह बात! मिल ली पहले ही। तब इतना स्वांग रच रही है कि लाज आती है। अरी। तो फिर अब कैसी लाज।'

'तुम दोनों तो बड़े गुरु निकले! और दोनों के दोनों मिलकर अब हम भोली-भाली ब्रजबालाओं को मूर्ख बना रहे हैं?'

'क्यों? कहां मिलने गई थी उससे? तू तो बड़ी रहस्यमयी है री?'—ललिता ने डपटने का अभिनय किया।

"मैं क्यों मिलने जाती?···वही तो आ जाता है घूम-फिर कर बीच राह में। स्नान तक न कर पाई ठीक से... जल नहीं भर पाई। भय से व्याकुल हो शीघ्र ही निकल आई यमुना से···।'

'अरे ऽऽऽ!···तो···सद्यस्नाता के सुदर्शन पा लिये क्या उसने?···तब ··· तब ···तब तो!'···

'अरे सखि, अब समझ में आया कि आज भोर से उस भ्रमरराज का चित्त इतना अधिक चंचल क्यों है। कितनी अनुनय-विनय! कितनी मनुहारें! कितनी चाटुकारिता! केवल एक बात के लिये कि एक बार किशोरी को बुला दे।'

'अच्छा ऽऽऽ! अभिनय-निपुणा! अब तू उठ तो जा शीघ्रता से। अब नहीं छोड़ेंगी तुझे हम। और क्या! यमुना-स्नान करते में देवबाला बन कर दर्शन दिए, तब तो लाज न आई और हमें उसके सामने असत्यभाषी सिद्ध करने को लाज के नाटक रच रही है। चल उठ। विरजा! तू पकड़ इसका एक हाथ···और एक हाथ, ललिता तू पकड़ ले।··· और मैं भी उठाती हूं इसे। नहीं जाएगी तो इसे लटका कर झुला कर, डुला कर···कैसे भी ले जाएंगे उस रूप-बावरे के पास। फिर चाहे राह में इसका हाथ-पांव भी टूट जाए तो हमें क्या! अपनी तो प्रतिज्ञा पूरी हो ही जाएगी'—विशाखा नेता बनी निर्देश देने लगी।

हंसती हुई सखियां लगीं पकड़ कर किशोरी को उठाने।

'अच्छा···अच्छा चलती हूं। चल रही हूं न! किन्तु... देखो! तुम लोग साथ बनी रहना मेरे। अकेला न छोड़ना वहां मुझे।'···—किशोरी ने कातर लोचनों से अनुनय की।

'अच्छा अच्छा! अब चल तो भवानी···! कितना विलम्ब करा दिया व्यर्थ ही। मेघ और घिर आए। कहीं वर्षा हो गई, तो वहीं कर लेना स्नान भली-भांति जो कह रही थी न कि यमुना में स्नान भी ठीक से न कर पाई···।'

सखियों का हास्य गुंजरित हो गया वनपथी पर।

मारे संकोच के तो चरण नहीं बढ़ पा रहे। कभी शीश पर आंचल खींचती···तो कभी उड़ती-झूलती लटें संवारती। तन भी थर-थर, मन भी थर-थर। पवन हो सर-सर···ओढ़नी फर-फर। पांव कंपे-कंपे जा रहे हैं। ये मुई प्रीति भी कैसी वस्तु है कि जैसे सब कुछ अधर में उड़ा जा रहा है। और ये सखियां हैं कि हाथ पकड़ कर खींचती ले जा रही हैं।

'शीघ्रता से क्यों नहीं पग बढ़ाती?···देखती नहीं काली घटाएं छा रही हैं···थोड़ा शीघ्र चल न! क्या हो गया है तुझे आज?'

'मुझे कुछ नहीं हुआ! यह···पवन निगोड़ी जो विपरीत दिशा से सरसराती चली आ रही है···चरण ही नहीं बढ़ पा रहे···मैं क्या करूं?'

'हमारे पांव तो बड़े आनंद से बढ़ रहे हैं!'—विशाखा ने कटाक्ष किया।

'अरे हम कोई प्रेम के मारे थोड़े ही हैं! यह क्यों नहीं कहती कि पांव कांप रहे हैं इसलिए नहीं चल पा रही! क्यों री प्रीतिबावरी?'—विरजा ने स्नेह से किशोरी के कपोलों पर हाथ फेरते हुए कहा।

× × ×

अहो!! यह तो नित्य-नवीना है। पुनर्नवा है। वह फिर चकित था उसके रूप को देख। कहां गई वह हंसती, खिलखिलाती, वेणी झुलाती, निर्भीक, निर्द्वन्द्व बालिका जो मयूरपंखी घाघरे को हाथों में पकड़े सदा मचलती थिरकती रहती थी?'

और कहां गई वह भोर की नीलमयूरी जिसका आभूषणहीन, सज्जा-विहीन सद्यःस्नात सौन्दर्य, प्राची की भांति उसके किशोर हृदय को प्रीति-रंजित कर गया था?

अब सामने खड़ी है सोलह-शृंगार किए एक मुग्ध नववधू।

वह अवाक् था।

गहन रक्त-पाटल घाघरे पर जड़े मोती झिलमिला रहे थे। स्वर्णकेशों में मोती की लड़ियां हैं। वेणी में कुंदमाला गुंथी हुई है। भाल पर वही चिरपरिचित रोली का बड़ा टीका।

लाज-बोझिल सघन पलकावली उठ ही नहीं पा रही। किसी भांति उठती है, तो थिरक कर तुरन्त बिछ जाती है मयूरपिच्छ सी कपोलों पर। कृष्णसार-मृगी से विशाल रसपूरित नयन।

गोरी गोल कलाइयों में बहुरंगी वलय और कंकण रुनुक-झुनुक हो रहे हैं। मृणाल-बाहुओं में भुजबंद है। कटि पर मेखला और वक्ष पर झूल रहे हैं मणिहार।

कानों में झूलते कुंडल विद्युत् से दमक आते हैं रह-रह कर। तिल-प्रसून सी नासिका! नथ में झूलते हैं नन्हें-नन्हें रक्त और श्वेत मुक्तक। नन्हीं सी चिबुक पर अंकित है 'श्री'।

क्या इसके नीललोचन पहले से अधिक विशाल हो गए? यह लालिमा कैमी इनमें? अनुराग की? भवें और सुदीर्घ हो गईं क्या? और कुछ अधिक ही धनुषाकार भी? नासिका भी पूर्व से अधिक सुडौल है क्या और कपोल अधिक अरुणाभ! अधर पल्लव नव किसलय से और भी अरुण···और भी कोमल!

केशों के मध्य यह अरुण-रेख कैसी?···विवाहिता! सौभाग्य प्रतीक?

आज तो गौर-छटा और गुलाबी-छटा में स्पर्धा है कि कौन अधिक खिल ले गोरी-किशोरी-भोली के तन पर। बेचारा वह! क्या-क्या निहारे और कितना निहारे?

'यह तो आ ही नहीं रही थी कान्हा···तुझसे मिलने।'—सखियों ने किशोरी को आगे ठेलते हुए कहा।

कृष्ण के मुख पर विस्मय उभरा।

'कहती थी···कहती थी···'पहले मेरा बालपन ला दो···इस तरुणी-गात में जाने में लाज'···हि हि हि हि···'।

अरे-अरे कितनी धृष्टता। ढीठ सखी! किशोरी ने घबरा कर सखी के मुख पर अपना कांपता हाथ रख दिया।

कृष्ण मुस्कुरा कर रह गया।

'और अभी भी देख ले कान्हा, लाज से हाथ तक कांप रहे हैं इसके। उंगलियां शीतल रखी हैं बिल्कुल।'

वह केवल नेहसिक्त दृष्टि से निहारता रहा उसे चुपचाप।

'बड़े-बड़े मनुहार किए हैं इसके तब आई है। पीछे तों प्राण देती है तुझ पर। दिन रात तेरी आराधना करती है। आराधिका है, कान्हा, यह तेरी···आराधिका!'—ललिता ने कहा।

विशाखा तुरन्त उसे टोकते हुए बोल पड़ी—'अब हम क्या जानें यह तेरी आराधिका है···या आराध्या! यह तुम ही लोग समझो परस्पर। दोनों ही तो एक दूसरे के उपासक और उपास्य हो···।'—सखियां मुदितमन खिलखिला पड़ीं।

किशोरी तो जैसे जड़ हो गई थी। सिटमी-सिमटाई। प्रतिमा सी निश्चल। श्वास लेती तो नथली का श्वेत मुक्तक हौले से कांप जाता। उसी से आभास होता कि प्रतिमा प्रस्तर की नहीं, विधाता की निरुपम सौन्दर्य-कला का जीवित रूप है। किसी अपूर्व मुहूर्त-बेला में सृष्टि ने अपनी रूप-कला के श्रेष्ठतम तत्वों को गूंथ कर यह अलौकिक देहमाला रच डाली है।

'अहो आराधिके! अब नयन खोल कर देख तो ले तनिक प्राणप्रिय को... जो यहां वन-कुंजों में विह्वल हो बांसुरी से तुझे टेरता-टेरता तीन वर्षों से बावरा बना घूमता रहा है। आज तेरे सामने खड़ा श्यामभ्रमर सा अपनी आराध्या के नवल-रूप को तृषित नयनों से निहार रहा है और तू उसकी ओर एक बार भी देखती नहीं, अभिमानिनी!'—ललिता ने नेह से फिर सखी को झिड़का।

'अभिमानिनी नहीं रे सखि। लाजवंती! समूची सृष्टि भर की लाज इस कृष्णप्यारी किशोरी के कपोलों, नयनों और हृदय में ही आज समा गई है। एक ओर प्रीति की पुलक और दूसरी ओर लाज की मार! दुहरी मार खा रही है अपनी प्यारी सखी!'

क्षुद्र-घंटिकाओं सी सखियों की रुनझुन हंसी फैल गई वनस्थली में। फिर न जाने क्यों एकाएक नीरवता छा गई।

'आराधिके!'

पुरुष कंठ? किसका? बालसखा का कंठ स्वर! ऐसा?

अंतस्तल से निकली गहन-गंभीर वाणी। मधुसिक्त नवीन संबोधन—'आराधिके'। तनमन झंकृत हो गया। गंभीर मधुसिक्त कंठ-स्वर मन-वीणा के तारों को छू कर कैसा उसे आकुल-प्राण कर गया!

प्राणधन के दर्शन हेतु पद्मपांखुरी सी पलकें हौले से मुकुलित हुईं और धन्य हो गयीं। वर्षों से तृषित नयन टिक गये उस श्यामघन रूपराशि पर।

सुदीर्घ आकार। वृषभ-स्कंध। सिंह के समान कटि। आजानुबाहु। स्निग्ध नीलश्याम वर्ण।

किन्तु!! वह बालसखा कहां? बलशाली, सुगठित, पुरुष-तन वाले नवतरुण को निकट पा हृदय कांप उठा वेग से।

एकांत! एकांत कैसा यह? अहो सखियां? ढीठ! कहां गयीं! छोड़ गईं उसे अकेली! निपट एकांत में!

सखियां तो कब की लुप्त हो चुकी थीं। पूर्ण-चंद्रिका यामिनी में ताराएं कैसे टिक सकती हैं भला? दोनों को परस्पर विमुग्ध छोड़ न जाने कब अदृश्य हो गईं वे तो कुंजगलियों में। निपट एकांत दुपहरिया। प्रशांत वनस्थली। यहां से वहां तक सुनसान चराचर सृष्टि।

एकान्त!

भय के मेघ उमड़ आए मन में। विश्वासघाती सखियां। छोड़ गईं अपरिचित तरुण के साथ उसे एकाकी। अहो···कैसी निठुर निकलीं। इस प्रबल वीर केशिहन्ता मधुसूदन के हाथों उस निरीह बाला को सौंप गईं।···ऊपर से यह दारुण एकांत!

असहाय और विवश भोली ग्रामबाला आतंक से व्याकुल हो गई। तन थरथरा रहा था। सदा का धृष्ट। न जाने क्या करेगा यह आज! लोचनों में जलधर उमड़ पड़े।

आकाश में जलधर उमड़ पड़े।

जिसने ब्रज की पीड़ा हर के समूचे ब्रज को अभय कर दिया था, उसने अपनी आराध्या के मुख पर पीड़ा, भय और आतंक देखा तो भावुक मन उमड़ पड़ा। आराधिका के मुख पर यह कैसी दीन कातरता? सुनील लोचनों से झर-झर झरते अश्रुकण!

झर···झर··· झर···झर··· मेह बरसने लगा।

'नई नई बूंदन भींजत गोरी'···!

यह नवनीत सुकोमल गात···छू दे कोई, तो मलिन हो जाए। मन्द स्पर्श भी कठोर है इस सुकुमारी के लिए।

कृष्ण की सुदीर्घ मन्दनील-छाया किशोरी पर छाई खड़ी थी। उसकी पीड़ा से उद्विग्न था वह।

अश्रु-डबडब नयन। प्रबल प्रेम-ज्वार ही क्या नयनों से बह चला है?—'राधिके'।

पुनः वही गंभीर पुरुष कंठ।

झर···झर···झर··· झर···मेह बरस रहा था।

वह सोच रहा था एकटक निहारता हुआ कि इसके नयन कितने विशाल हो गए पहले से भी?

अथवा अधिक कजरारे?

अथवा अधिक अनियारे?

अथवा अधिक रतनारे?

स्पर्श करूं तो मलिन पड़ जाएगी। न थामूं, तो थरथराती हुई अभी भूमि पर गिर जाएगी।

अंततः थर-थर कांपती देह-वल्लरी को बलिष्ठ नीलभुजा का अवलंब मिल ही गया।

बेसुध प्राण प्रकंपित थे। चरण प्रकंपित थे। हृदय वेग से स्पंदित था।

मेघ गरज रहे थे। दामिनी थिरक रही थी। रसवर्षा हो रही थी।

'आराध्ये! राधे! नयन खोल!…'

झर…झर…झर… झर…! झर… झर… झर…झर… मेघ बरस रहा था।

नीलभुजाएं घिरी जा रही थीं नील मेघमालाओं सी। विशाल वक्ष छाया जा रहा था महाकाश सा।

'भयभीत न हो राधिके!…मुझसे भय न कर!'

झर…झर…झर…झर! झर… झर… झर… झर…!

स्पर्श मनप्राण पर छाया जा रहा था। श्वासें एक साथ आ जा रही थीं। दोनों भीग रहे थे प्रीतिवर्षण में।

'राधे! मैंने दिनरात तेरी प्रतीक्षा की है.... इतने वर्षों से!…तू भूल गई क्या मुझे?'…

झर…झर…झर…झर…! झर… झर.... झर.... झर....

सुनील भुजाएं कस रही थीं। प्रलयमेघ सा आलिंगन समेटे ले रहा था। घेरे ले रहा था उसे।

'तीन वर्ष नहीं राधे!…युग युगों से उपासक हूं तेरा!…आराधक हूं।…नयन खोल राधिके।'

अवश हो रही थी वह लाज और प्रीति से। और…और…फिर थरथराती सौदामिनी सिमट गई उस नील महाकाश से वक्ष में।

ताल-तमाल रस प्लावित थे।

मेघ मृदंग बजा रहे थे। वायु ने प्रबल वेग पकड़ लिया था। गुलाबी चूनर फरफरा रही थी। स्वर्ण लटें झूल रही थीं। वृक्ष झूम रहे थे। लताएं झूल रही थीं।

मेहो SS मेहो SS मेहो SS... असंख्य मयूरों की केका-ध्वनि से वनप्रांत गुंजरित हो उठा। रसवर्षा हो रही थी।

'तू कितनी बड़ी हो गई न राधे?'

झर…झर… झर… झर…! झर… झर… झर… झर…!

प्रभंजन-प्रकंपित बाललतिका सी वह मुग्ध-वधू अपने आश्रयवट के कंठ में वैजयंतीमाल्य सी झूल रही थी। आजानुबाहुओं में सिमटी चिरंतन प्रेमिका-शाश्वत आराधिका।

वर्षा बढ़ चली। विद्युत् उल्लसित हो-हो कर नृत्य कर रही थी। मेघ मगन हो प्रबल गर्जन कर रहे थे। नीलीछांह में रसभीगी दसुधा। नीलछांह में रसभीगी राधा।

अन्तर तक रसभीगे प्रेमी-युगल। नेह डूबे प्रेमी-युगल।

सुध-बुध खोए। लोक-वेद विस्मृत किए। चिरन्तन प्रेमी-युगल। सृष्टि के श्रेष्ठ प्रेमी-युगल।

'तू कितनी बदल गई न राधे!'

झर···झर···झर··· झर···! झर··· झर··· झर···झर···!

कितनी घड़ियां···कितने पल···तिरोहित हो गए रसवृष्टि में। नवल-किशोर और नवल-नागरी की युगल जोड़ी रसमग्न रही। समय का भान किसे था?

युगल जोड़ी का रसाभिनन्दन करने के पश्चात् रसवंत मेघ विहंसते मत्त-मयूरों से, श्वेतश्याम हंसों से चल दिए हौले-हौले विभिन्न दिशाओं को। खोजने···स्यात् कहीं और भी ऐसी कोई रसातुर प्रणयी-युगल मिल जाएं तो रस बरसा दें उन पर भी।

और तभी वे जागे···अनियारे नयन! स्वप्नमालिका जागी भी तो सोई-सोई सी।

सांझ!!

इतना समय हो गया? गोधूलि बेला?

सांझ उतर आई ब्रज पर और वह कब से ऐसी आत्मविह्वल ही रह गई।

संयत हुई, तो पुनः भय, लाज और संकोच ने दुगने वेग से आ घेरा उसे।

चलने का उपक्रम किया डगमग पांवों से गांव की डगर पर। किन्तु चरण तो अभी भी कांप रहे थे। तन अभी भी थरथरा रहा था। हृदय का आन्दोलन श्वास न लेने देता था। तन सम्हाले न सम्हलता, मन सम्हाले न सम्हलता।

सखा की बांह के अवलंब ने सुस्थिर किया। वह चल दी अधसोई... अधजागी सी। श्याम-भुजा पर झूलती सी।

'राधे!···तनिक रुक! एक पल!'

वह खोई सी खड़ी रही बेसुध सी। सोते में जागती सी अथवा जागते में सोती सी।

'यह···राधे!···तेरा दुकूल···उड़ गया था!··· करीलकुंज में उलझ गया था।'

वह समझ हीं न पा रही थी कि कौन क्या कह रहा है।

वह खड़ा रहा ठिठका हुआ दुकूल हाथ में लिए।

तब चौंक पड़ी! अहो!···कैसी बावरी है वह! उसे भान ही न हुआ कब चूनर उड़ गई। तो कंठ में यह शीतल सा झूलता हुआ क्या स्पर्श कर रहा है? वैजयंतीमाल्य! कब पहनाई? वह तो प्रीतिछकी थी। लौकिक जगत का उसे भान कहां रहा था!

और वह खड़ा था उसका दुकूल हाथ में लिये। स्निग्ध प्रेमदृष्टि छलकी पड़ रही थी राजीव-लोचनों से।

किन्तु उसकी वह दृष्टि ही तो सर्वाधिक आतंककारी है।

मीनाक्षों की दृष्टि मीन सी फिसलती जा रही है... त्वरित गति से···ग्रीवा···कंधे··· बाहु···अहो!

निपट एकांत!

भयातुर हो उठी पुनः। गोपियों का चीरहरण किया था इसी ने। लाज और भय से उसकी बाहुएं बंध गईं हृदय पर।

नयनों में याचना थी—उसका चीर!

परम स्नेह से दुकूल उसने आगे बढ़कर डाल दिया उसके कंधों पर और एक बार पुनः समेट लिया भीगे गात को बाहुओं में। आश्वस्त किया।

'राधे! तू जा सकेगी न अब? भयभीत न होगी सूनी डगर पर? ग्राम सीमा आ गई। तू चल···मैं गौओं को लेकर आता हूं।'—उसके भाल से स्वर्णलट हटाते हुए वह मुग्ध सा बोला।

ग्रामडगर आ गई? वह जैसे उड़ी जा रही थी। पांव धरती पर न पड़ते थे। टेढ़ी-मेढ़ी, ऊंची-नीची ग्रामपंथी पर वह आड़े-टेढ़े पांव रखती बेसुध सी दौड़ती जा रही थी।

भय! लोकलाज! संकोच! इतनी सांझ नववधू को बाहर से आते देखेंगे ग्राम के लोकजन तो कौतुक न करेंगे क्या? सखियां ताना मारेंगी? मां क्या कहेगी! अहो! कितना विलम्ब हो गया! सूर्यास्त हो गया। सांझ झुकी आ रही है। और वह ऐसे भटक रही है एकाकी! भीगा तन! भीगे वस्त्र!

तभी ग्राम सीमा के पास सघन कांतारों में बज उठी प्राण-वंशी! जितनी तीव्रगति से चलती वह···उतनी ही तीव्रगति से वंशी पीछा करती चली आती।

वह भाग रही थी वंशी से···और वंशी उसे टेर रही थी।

हृदय का अनुराग राग बना जा रहा था। वंशी की राग अनुराग बनी जा रही थी। मेघमल्हार तन-मन-प्राण पर छाया जा रहा था। वह भाग रही थी। मेघमल्हार उसे पकड़ने आ रही थी।

टेढ़ी-मेढ़ी चाल! आड़े-तिरछे पांव! वंशी दौड़ती आ रही थी पीछे-पीछे। वंशी उसे चिढ़ाती आ रही थी। खिजाती आ रही थी। वह दौड़ रही थी। थर-थर कंपता गात। उड़ते हुए स्वर्णकुंतल। वंशी खिलखिला रही थी···वंशी थिरकती, नाचती चली आ रही थी उसे घेरती हुई···पकड़ लेने को।

वह हांफती हुई दौड़ रही थी। बेसुध सी दौड़ रही थी। बावरी सी दौड़ रही थी। प्राण ही ले डालेगी क्या मुरलिया? अरे बन्द भी कर यह मेघमल्हार!

वैजयंतीमाला डोलती सी झूल रही थी कंठ में। भाल पर बड़े-बड़े स्वेद बिन्दु छलछला आए थे। श्वास अवरुद्ध थी। स्पंदन तीव्र था। वे सात स्वर उसे अधर उठाए ले रहे थे। बांसुरी सी बैरन कोई वस्तु नहीं जगत में! जाने कौन से जन्म का बैर निकाल रही है!

सब पूछेंगे! क्या कहेगी वह? किस-किस को उत्तर देगी? क्या उत्तर देगी? अंधेरा हुआ जा रहा है।···और यह वंशी निगोड़ी तो और प्राण खींचे डाल रही है···! राधा रुआसी हो आई, पर दौड़ती जा रही थी।

खीझति सी, रीझति सी, रूसति रिसानी सी
छोही सी, छली सी, छीनिलीनी सी छकी सी छीन·····!'

ग्राम में प्रवेश किया ही था कि कुएं के जगत पर जल भरती हुई एक भावज चिहुंक पड़ी।

'अरे ऽऽ किशोरी! अरे.... इतनी सांझ को अकेली गई थी मधुवन? कोई था साथ में या नहीं? कौन था तेरे साथ?'

'कान्हा!'—किसी प्रकार कहा बिना रुके और बिना श्वास लिए ही दौड़ती चली गई बेसुध सी।

'अरे वृषभानुसुता! आज तो इतना सुन्दर मैंने तेरा शृंगार किया था! यह क्या कर डाला? भाल पर रोली फैल गई... कपोलों पर अंजन फैल गया।···यह किसने बिगाड़ दिया तेरा सिंगार?'—फिर एक ग्रामवधू।

'कान्हा ने!'—वह रुआसे स्वर में बोली और दोनों हाथों से घाघरा सम्हाले, वैजयंतीमाला डुलाती हुई, हांफती-हांफती दौड़ती चली गई।

'अहो किशोरी! यह तो बड़ी सुन्दर वैजयंतीमाला पहन आई वन से। ऐसी तो कान्हा ही बनाता है। तुझे किसने पहना दी रे···?'

'कान्हा ने!'—वह भागते-भागते बोली।

'और ये वेणी में कदम्ब किसने गूंथ दिए?'

'कान्हा ने।'—वह लगभग रो पड़ी उत्तर देते-देते।

'अरी तू भयभीत है? किस भूत ने पकड़ लिया था तुझे?'

'कान्हा ने।'—रुआसे स्वर में दौड़ते-दौड़ते बोली।

सूखे अधर। सूखा कंठ। स्वेद से लथपथ। भीगा गात। भीगे वस्त्र। वह सरपट दौड़ती चली जा रही थी बादरी बनी। पांवों में कीचड़। नेत्रों में अश्रु। टेढ़ी-मेढ़ी गलियां गांव की। तिस पर लाखों प्रश्न! कैसी गति बना दी उसकी कान्हा ने!···और घर तो जैसे आएगा ही नहीं आज! दौड़ती जा रही है···दौड़ती जा रही है! कब से दौड़ रही है।···पर अभी तो नंदभवन ही आया है। यशोदा द्वार पर ही खड़ी हैं!···अहो कष्ट! कान्हा! तूने कहीं का न रखा! विवशता से बड़े-बड़े आंसू ढुलक चले कपोलों पर।

'अहो लाडिली···किसने दुःखी किया तुझे?... किसने रुला दिया मेरी लाडिली को?'

'कान्हा ने!···कान्हा ने!···कान्हा ने!!'

किसी भांति बोली और फफकते हुए यशोदा के वक्ष में उसने मुख छिपा लिया।

× × ×

वृक गोप के गृह में आज मध्यरात्रि तक मंगलगीत हो रहे थे। पुत्रवधू के आगमन के उपलक्ष्य में सांझ से ही उत्सव रहा। रात्रि चढ़ते-चढ़ते हास्य-परिहास, नृत्य और उल्लास मन्द पड़ने लगे।

धीर-गंभीर रायण गोप ने अपनी नवविवाहिता से प्रथम परिचय पाने हेतु प्रकोष्ठ का द्वार खोला।

वे भक्त थे किन्तु तो भी अपने नेत्रों पर सहसा विश्वास नहीं कर पाये, खड़े रह गए चकित। मंत्रमुग्ध। कंठ भावारुद्ध था और हृदय गद्गद।

'मां!...देवी! गौरी!...मुझे क्षमा कर मां! मुझे घोर पाप से बचा लिया तूने। मैं पातकी हूं! मुझे क्षमा कर अंबिके!'

रायण विह्वल हो भूमि पर लोट रहे थे। बिलख-बिलख कर रो रहे थे। प्रकोष्ठ के द्वार की चौखट पर मस्तक रगड़ रहे थे।

'धन्य हो गया मैं! ऐसे दर्शन पाकर धन्य हूं देवि! मुझ अकिंचन पर ऐसी कृपा... बनी रहे अम्ब! सदा बनी रहे...! मुझे क्षमा करना मां...! अज्ञानी हूं...मूढ़ हूं। क्षमा कर अम्बे!

हौले से प्रकोष्ठ के द्वार बन्द कर रायण अश्रु पोंछते हुए धीरे-धीरे बाहर चले गये।

महिलाएं स्तंभित थीं। रायण की माता उतावली से भागी हुई उनके पीछे गई बाहर।

चतुर्दशी की चंद्रिका में अलिंद पर पद्मासन लगाए वे बैठे थे।

'पुत्र! तू यहां बैठा है!'

'माता?'

'कैसा अनर्थ! वहां प्रकोष्ठ में तेरी नव-ब्याहता बैठी....'

'अहो नहीं माता! अहो नहीं माता! वह देवी है! मां है!...वह स्वयं जगदंबा है। गौरी है। माता! वह मानवी नहीं। वह सम्पूर्ण जगत की माता है...वह अम्बा है!'—वे व्याकुलता से कह उठे।

माता को काठ मार गया।

'क्या प्रलाप कर रहा है पुत्र?...किसको माता और अम्बा कह रहा है तू?'

'वृषभानुनंदिनी को। माता! आज मुझे देवकी के विलक्षण दर्शन प्राप्त हुए हैं। मैं परम भाग्यशाली हूं। देवी की कृपा से अभिभूत हूं। आनंदित हूं। मुझे कुछ न चाहिये। मां की कृपा मिल गई। आशीर्वाद मिल गया। अब कुछ नहीं शेष इच्छा।'

'रायण! तू सदा का साधु, अभी भी साधु ही रहेगा विवाह के बाद भी? बहुत भक्तिभाव के कारण तू विक्षिप्त तो नहीं हो रहा पुत्र? ऐसे देवी-देवता तो तुझे आंखें फाड़े भरी दुपहरिया में भी कितनी बार दिखते रहते हैं। लेकिन वे किसी और को तो दिखते नहीं!'—माता रुआसी होकर बोली।

'नहीं माता! अद्भुत रोमांचकारी दृश्य मैंने देखा है। किसी ने न देखा होगा। देवी के चतुर्भुज-रूप के दर्शन, बिना साधना, बिना उपासना के...केवल उसकी अनुकंपा मात्र से ही पा लिए हैं।'—गद्गद हृदय रायण भावलीन हो गए।

माता ने शीश पीट लिया। उसकी सारी करनी पर पानी फिरा जा रहा था। पासा उलटा पड़ गया था। अन्य स्त्रियां अचंभित थीं।

रायण के अधखुले नेत्रों से अश्रु झर रहे थे। नेत्रों में बसी थी रक्ताम्बरी धारण किए चतुर्भुजी स्वर्णमूर्ति। सघन सुदीर्घ स्वर्णकेश फैले हुए। सोलह-शृंगार से विभूषित जगदंबा की मूर्ति। मांग में सिन्दूर। भाले पर कुंकुम। नासिका में मुक्तक जड़ी सुकुमार सी नथ। सुन्दर गौर भुजाओं में थे कंकण, वलय, भुजबंध और मुद्रिकाएं। शंख, पद्म, त्रिशूल-धारिणी मां। एक हस्तकमल अभय मुद्रा में था। विशाल नलिन-नयन निमीलित थे। योगलीन महादेवी! समाधिलीन देवी! महायोगिनी!

'मां···मुझे बचा लिया तूने। सदा तेरा वरदहस्त मुझ पर बना रहे मां।···'

रायण समाधिस्थ थे।

× × ×

वृषभानुनंदिनी वृंदावन लौट आई और उस शरत् पूर्णिमा को कालिन्दी-कूल के शीतल ज्योर्तिमय रजकणों पर जगत् महारासमय हो गया। अलौकिक वेणुनाद से खिंचे चले आए थे गोप-गोपियों के वृंद के वृंद।

वेणु बज रही थी। चरण थिरक रहे थे। मंजीर बज रहे थे। असंख्य नुपुर और किंकिणियों की मृदुल झंकारें थीं। मृदंग की थापें थीं।

कदंब और केतकी की सुवासें थीं वन में! मल्लिका और कुमुदिनी की मालाएं झूल रही थीं कंठ में। शिरीष और कुंदकली के कुंडल झूम रहे थे कानों में। गुच्छे-गुच्छे पुष्प झूम रहे थे वृक्षों पर।

शरत् पूर्णिमा के निरभ्र महाकाश पर ज्योत्स्ना का राज्य था और रमणरेती की बालुका पर कितनी ही चंद्रमयी नृत्यरत थीं।

रंग-बिरंगे दुकूल, ओढ़नी, चूनरें लहरा रही थीं। आभूषण झिलमिला रहे थे। देवता विस्मित थे।

रासेश्वरी राधिका आज महाश्वेता बनी थी। श्वेत शृंगार और श्वेत परिधानों से उसका कर्पूर गौर-वर्ण चंद्रकला की ईर्ष्या का विषय था। स्वर्णकुंतलों में गुम्फित चन्द्रमल्लिका के कोमल शरत्फूल झर रहे थे। कमनीय काया की नृत्यकला आज पूर्णता पर थी।

आकाश से मृदुल तुहिनकण झरते-छहरते जा रहे थे।

राधिकाधिराज की छवि-छटा भी क्यों न निराली होती? मयूरमुकुट, वैजयंतीमाल्य, पीताम्बर एवं श्वेत उत्तरीय में आवेष्ठित नीलकाया रसराज बनी हुई थी। प्रेम ही आज मूर्तिमान रूप धारण करके अवतरित हुआ था।

रसपूरित नलिनाक्ष जिस ओर दृष्टिपात करते, वहीं रसप्लावन हो जाता। अधरों की पुरातन स्मित् आज कुछ अधिक गहरी थी। वंकिम कटाक्ष से प्राणप्रिया को निहारते ही मुग्धा प्राणवल्लभा भी वंकिम कटाक्ष से उस पर न्यौछावर कर देती अपने मनप्राण।

वेणुनाद चल रहा था। केदार राग का स्वर-पराग झर रहा था कालिंदी-कूल और जमुना-जललहरी पर। नव-वीथिकाओं और ताल-तमालों पर। उपत्यकाओं और पर्वतों पर। लताओं और पुष्पगुच्छों पर। मकरन्द पिपासु भ्रमरों और कृष्णसार मृगों पर।

सब मुग्ध थे। चराचर सृष्टि मुग्ध थी। वेणुलीन थे कान्तार। शैलमालाएं। महाव्योम।

सात स्वर उठाए ले जा रहे थे प्राणों को जगत से परे। और ऊपर···और ऊपर। हौले-हौले जैसे अदृश्य पंख पसारे चले जा रहे हैं प्राण···किसी मनोहर नीलोज्ज्वल नीहार-लोक में।

निराली वंशी-धुन के जादू भरे सात स्वर पंख वाले अश्वों की भांति मंथर गति से उड़ाए ले जा रहे थे समूचे रास-रथ को ऊपर···और ऊपर··· महाविराट में। शून्य गगन में। सत्यम्, शिवम्, सुन्दरम् की प्रशांत, प्रांजल-प्रसन्न नीलिमा में तिरोहित कर देने को।

तन, तन न रहा था। मन, मन न रहा था। सब कुछ विलीन हो गया था अनहद नाद में···जादू भरी बीन में। भय, शोक, पीड़ा, ईर्ष्या, द्वेष सब विलीन हो चुका था अलौकिक रागमंजरी में।

वेणुनाद हो रहा था।

जगत क्या है? कोई नहीं जानता। रसानुभूति के सागर में गहरे डूबे प्राणों को सुधबुध न थी। प्रेमोन्माद ज्वार पर था और रासनृत्य पूर्णता पर।

नृत्यगति तीव्र हो चली। चरण और चपल हुए। बेसुध गोपियां। रसविभोर हृदय। किसी के नयनों में मयूरमुकुट। किसी के नयनों में कस्तूरी-तिलक। किसी के नयनों में कुंडल और क़िसी के नयनों में बसी थी मधुर मुस्कान।

वह प्रत्येक के साथ था। प्रत्येक के निकट था। प्रत्येक कंठ में उसकी बाहु थी। प्रत्येक को उसकी झूलती, झूमती सुवासित वैजयंतीमाला स्पर्श कर रही थी। प्रत्येक को प्रेमदृष्टि रस से भिगो रही थी।

हर गोपी तन्मय थी। अपने भाग्य पर मोहित थी कि उसने जीत लिया रासबिहारी को। गोवर्धन गिरधारी को। ब्रज के छैलबिहारी को। मोहनमदन मुरारी को।

बेसुध और बावले थे वे अलौकिक क्षण। नृत्य तीव्र हो रहा था। बेसुधी बढ़ रही थी। प्राणों का ऊर्ध्व-प्रयाण बढ़ रहा था।

और!···हौले-हौले वेणुनाद शांत हो गया।

किन्तु तार बंधा रह गया था। कानों में वेणु-धुन थी। प्राणों में वेणु-धुन थी। किसी को चेत नहीं। किसी को भान नहीं। उसी धुन पर थिरकते रहे सब। नृत्यरत थे सब। बेसुध हो रहे थे सब। अचेत हो रहे थे सब। हर तन केदार हो चुका था। हर मन केदार था।

मन, महाव्योम पर छाते जा रहे थे और....तन धरा पर आते जा रहे थे।

और फिर छा गई···नीरवता! महाशांति!

नेह-भीगे शिथिल गात धरा पर बेसुध पड़े थे। वे आनंदविभोर सुकुमार तन पारिजात-पुष्पों की भांति हौले-हौले गिरते हुए रजत-बालुका के शीतल अंक में समाते जा रहे थे। स्वेद-बिन्दु मुखों पर थे। केसर-गंध तनों पर थी। झुक आई थीं हरसिंगारों की शाखाएं सलज सी और झरने लगे कोमल प्रसून शिशिर-कणों से उन पर।

आनंद-भीगे अलसाए पल! रासलीला में क्लांत, बोझिल तन। अन्तर तक छके हुए प्राण! विहंसते शशांक रजत-कलश से छहरते-बरसते थे पीयूष-कण!

पीकहां ऽऽ?···पीकहां ऽऽऽ?···

पपीहें की व्याकुल पुकार ने नीरवता भंग की।

अलसाती रंगदेवी उठी। अंगड़ाई ली। नूपुर ठीक किए। वेणी के पुष्प संवारे। बोझिल नयनों से देखा। आसपास निहारा। चारों ओर निहारा। दूर दूर निहारा।

पीकहां ऽऽऽ? पीकहां ऽऽऽ?···

एकाकी पपीहा भटक रहा था···विरह में छटपटाता, पंख फड़फड़ाता इधर से उधर। अहो! फिर छल कर गया छलिया क्या?

वेदना-व्याकुल कंठ स्वर फूट पड़ा रंगदेवी का छंदमाला के रूप में।

प्रियतम कहां गयाऽऽ? अहो पीताम्बर की चंदन-गंध अब तक लिपटी है तन-मन से। वैजयंती का शीतल सुवासमय स्पर्श अब तक हृदय छू रहा है... किन्तु वही नहीं दिख रहा मायावी कहीं!

मोहन! मोहन! मोहिनी सब पर फेरकर कहां चला गया? यह कैसा विश्वासघात! इतनी रसवर्षा इसीलिये क्या?···अहो मुरलीवाले! अहो नटवर-नागर! कहां हो···कहां हो···कहां हो?

विकल सखियों के कंठ पुकार उठे—'कहां हो?···कहां हो?···कहां हो?'

विह्वल मयूर पुकार उठे—मेहो ऽऽ?···मेहोऽऽ?···मेहो ऽऽ?

यूथ बना-बना कर वे ढूंढ़ने लगीं रासाधिराज को जो अभी यहीं था और अब न जाने कहां खो गया।

वे ढूंढ़ने लगीं— शिशिर-भीगे लताकुंजों में। फूलों-ढकी गंधपथियों पर। सघन वीथिकाओं में। करील-वनों में। लतापत्रादि हटा-हटा कर झांकतीं... कहां छिप कर बैठ गया चितचोर!

एक दिन पूर्व ही वर्षा हुई थी और गंधपथियां भीगी हुई थीं अभी तक। वे विह्वल हो ढूंढ़ने लगीं उसके चरणचिह्नों को। किस दिशा गया होगा एकाकी?

'सखि, जिस पथी पर सबसे अधिक फूल बिछाए हों इन हेमलतिकाओं ने···समझ लेना उसी पथ गया था वह···।'

'यहां सखि! यह वीथि देखो पारिजात के शरत्फूलों से पटी पड़ी है। इन्हीं पर पग रखता गया है वह। इन पर कहीं-कहीं केसर-चंदन के कण भी झरे हैं। हरिचंदन की गंध भी इसी दिशा में है···।'

वे बावरी सी झूम पड़ीं चरणचिह्न ढूंढ़ने उसी पथी पर।

'मिल गए! मिल गए ···सखि!···ये मिले युगल-पगचिह्न उसके'—एक गोपी उन्मादिनी हो नाच उठी।

वे सब दौड़ पड़ीं उस ओर और झुक गईं उन पगचिह्नों का विश्लेषण करने।

'विश्वासघाती!! एकाकी नहीं गया है! कोई गोपी साथ गई है! ये···देख, उसके पदचिह्नों के साथ-साथ सुकुमार युगल-चरण भी किसी के अंकित हैं। कौन बड़भागिनी चल दी अवसर का लाभ उठाकर···हम सबको धता बताकर?'

'हमारी बेसुधी की घड़ी में···ऐसा छल हो गया हमसे?'

'अहो···यह और कोई नहीं हो सकती सखि, यह वही नव-गोपवधू है, जिसके पीछे वह बावरा बना डोलता है···'

'राधा?'···

'क्या राधा?'

'हां राधा।'

'हां-हां राधा···।'

'राधिका···हर ले गई उस कृष्णमन के मोहन को। देखा! कल ही आई। और मैं रह गई हाथ मलती। देखो तो। गलबहियां डाले हुए कैसे सुख से विचरते गए हैं दोनों प्रेमी। हा दुर्भाग्य मेरा?'—रंगदेवी विलाप कर उठी।

'नहीं! उस नवगोपी के पगचिह्न तो बस यहीं तक दिखते हैं, आगे नहीं। आगे वह एकाकी गया होगा।'

'अहो नहीं अबोध! क्लांत हुई होगी न वह रासनृत्य में मेरी भांति.... तो प्रिया का कष्ट न देख पाया होगा और अवश्य प्रियतमा को कंधों पर चढ़ा कर ले गया होगा। एक मैं अभागन! क्लांत क्या मैं नहीं हुई? पोर-पोर दुख रहा है···किन्तु भाग्य मेरा कि मैं भटकती फिर रही हूं उसे ढूंढ़ती कुंज-कुंज में।'···

'अरे ? कैसा आश्चर्य!···यहां केवल पंजों के ही चिह्न दिख रहे हैं उसके। पूरे चरण के नहीं···?'

'सखी! तू बड़ी भोली है···समझती नहीं प्रेमी के कलाप! अरे! यहां पंजों के बल खड़े होकर, इन ऊंचे वृक्षों से पुष्प चुने हैं अपनी प्रिया के सिंगार के लिए। तनिक देख तो,···यहां के समस्त चंपक-वृक्ष कैसे सूने पड़े हैं। एक भी तो पुष्प शेष न रहा वृक्षों पर।'

क्षुब्ध रंगदेवी का हाथ अनायास अपनी वेणी में गुंथी कुम्हलाई हुई पुष्पमाला पर पहुंच गया और उसकी मानभंग की पीड़ा बढ़ गई।

'अब तो स्पष्ट हो गया उनका यह ज्योत्स्ना-विहार। यह मुग्ध अभिसार। देख सखि! यहां घुटने के बल बैठ कर उसने प्रिया के केशों में चंपकवेणी गूंथी है। कुछ कोमल चंपक प्रसून अभी भी यहां पड़े रह गए हैं···ये देख।'

रंगदेवी ने एक चंपक उठाया, सूंघा और क्षोभ से गहन निःश्वास ली—इस पुष्प को प्रियतम के स्पर्श का सौभाग्य मिला। दूसरे ही क्षण आवेश में उसे फेंक वह उन्मादिनी प्रलाप कर उठी।

'मैंने क्यों उठाया यह पुष्प···जो मेरे लिये न था? अरे वह तो उसके लिये चुना था उसने···उसके लिये···। रास करते हुए तो पूरे समय मुझे रिझाता रहा छलिया···और अब नवप्रेयसि के साथ रमण कर रहा है निठुर···।'

तब तक किसी गोपी की दृष्टि दूर कहीं जाकर आश्चर्य से ठिठक गई—'वहाँ कौन बैठी है बिरहिणी?···वह श्वेत-वस्त्रधारिणी, उस कदम्बिनी-तले एकाकिनी।'

'कहीं वही तो नहीं राधा?'

'राधा?'

'क्या राधा?'

'हां राधा!'

गोपियां दौड़ पड़ीं एकाकिनी विरहिणी की ओर।

'राधिके!···क्या हो गया तुझे जो एकांत में बैठी अश्रु बहा रही है?'

वह अश्रुगद्गद कंठ से उत्तर न दे सकी, बस अपने विशाल मृगलोचनों से अश्रुजल पोंछती रही।

'राधे! तू यहां एकाकी···कहां गया वह?'—ललिता और विशाखा ने भी दूर से देखा सखी को तो उतावली से दौड़ी आईं।

अपनी सखियों को देखते ही उसका धैर्य टूट चला।

'वह चला गया सखि!'

'कहां गया?'—रंगदेवी ने पहले पूछा।

'न जाने कहां! निर्जन वन में मुझे यहां तक लाकर बिठा गया। मैं एकांत में बैठी रह गई, वह न जाने कहां लुप्त हो गया इन वन-वीथिकाओं में।···भय से प्रकंपित और रासनृत्य से क्लांत, इस विराट वन में मैं एकाकी रह गई सखि। वह मुझे छोड़ कर न जाने कहां खो गया।'—राधा अवरुद्ध कंठ से बोली।

'अहो, कहां गया वह?···राधे! तू चिंतित न हो। उसका तो स्वभाव ही है विश्वासघात करने का। उसमें स्थिरता तनिक नहीं। वह बहुवल्लभ अब किसी अन्य गोपिका के साथ पुष्प-चयन कर रहा होगा। तू अभी जानती नहीं न उसे भलीभांति, कल ही तो आई है। नवीना है न तू उसके रंग-ढंग के लिये!'—रंगदेवी ने मन के स्वाभाविक आनंद पर कृत्रिम सहानुभूति का आवरण डालने का प्रयास किया।

उसका यह कहना नहीं था कि विरजा, ललिता, विशाखा और चित्रा रंगदेवी पर बरस पड़ीं।

'अरी! यह कहां से नवीना हो गई, रंगदेवी? यह तो चिर-पुरातन है। यह तो पूर्व से भी पूर्व जन्मों से उसकी है। जब इसी को छल गया वह, तो तुझे तो पूछेगा भी नहीं। और रंगदेवी! गोपाल बहुवल्लभ तो नहीं। तू और ये क्वांरी गोपबालाएं उसे अपना हृदय-सम्राट बना बैठी हैं और स्वयं ही रिझाती घूमती हैं उसे तो इसमें मोहन का क्या दोष?'

'ऐसा न कह विशाखे! मैं उसे खूब परखे बैठीं हूं। प्रतिदिन तो मेरी ही चाटुकारिता करता रहता था। जब से ये आई तो इसके पीछे पड़ गया। और रासनृत्य में कभी मुझे रिझाता था, कभी इसे रिझाता था और कभी उस गुलाबी ओढ़नी वाली ब्रजबाला को!··· तो बहुवल्लभ और किसे कहते हैं?'

'अरी··· तेरे तो उन्मादी मन को शांत करने का प्रयास करता रहता है वह बेचारा। और गुलाबी ओढ़नी वाली तो कोई न थी रासनृत्य में!'—ललिता ने आगे बढ़कर कहा।

'वास्तव में, रंगदेवी! तेरे नयनों में जो अनुराग की लालिमा छाई हुई है न, उससे तुझे समूचा जगत ही गुलाबी दिख रहा होगा···।'—विरजा ने हंसते हुए कहा।

'नहीं री! ईर्ष्याजन्य क्रोध से तेरे नेत्र लाल हैं···इसलिए तुझे न ज़ाने कौन सी गोपी गुलाबी परिधानों में दिख गई।'—चित्रा ने हंसते हुए बात आगे बढ़ाई।

रंगदेवी व्याकुल हो उठी—'अहो! मुझी पर सारे व्यंग्य! मैं हतभागिनी, विरह की मारी और फिर यूथ के यूथ गोपियों के, मुझे ही ताने भी मारें। अहो रे निठुर! मुझे क्यों इतना सता रहा है···? क्या मेरे प्राणों की आकुलता नहीं जानता? क्या मेरे हृदय में उमड़ता प्रेम का ज्वार नहीं जानता? ये सब मुझे कितनी बातें सुना रही हैं और तू मेरे प्रेम की रक्षा भी नहीं करता···?'

तभी बज़ उठी भैरवी सुदूर-सघन कांतारों में।

कुमुदिनी-दल से खिल उठे वे म्लान-क्लांत, बोझिल मुखमंडल। व्याकुल गोपियां उमड़-उमड़ कर घटाओं सी दौड़ पड़ीं घाघरों को सम्हाले···रुनझुन करतीं उसी ओर।

वेणुनाद ने उनमें प्राणसंचार कर दिया। हास्य-ध्वनियों से गूंज उठा वनप्रांतर। खिलखिलाहटें बिखर गईं वनों में।

गोपबालाएं दौड़ रही थीं। रुनझुन्···रुनझुन···। रुनझुन्···रुनझुन्···! मयूर केका कर उठा। कोकिला कूक उठी। चातक पुकारने लगा। भ्रमर गा उठे।

वेणु बज रही थी। गोपियां घाघरे सम्हाले खिलखिलाती दौड़ी जा रही थीं।

रुनझुन्-रुनझुन्! रुनझुन्-रुनझुन्! राह के शिशिर-भीगे पातों ने झरा दिये मृदुल तुहिन-कण झर···झर। प्राची ने बिखरा दिया स्वर्ण-चूर्ण और कुंकुम उन पर।

× × ×

राधाकृष्ण की प्रीति अनोखी थी। कई बार लोगों ने उन्हें एकांत में ध्यान लगाए हुए समाधिस्थ देखा था। प्रीति का यह रूप देख वे अचंभे में पड़ गए थे। राधाकृष्ण सांसारिक कलाप करते हुए भी संसार से कहीं ऊपर ही रमते थे। उनके प्रति लोगों का समर्पण बढ़ चला किन्तु युगल जोड़ी के नित हास-रास ब्रज के कुछ सांसारिक लोगों को भाए नहीं। उनमें प्रमुख वे लोग थे जिनकी आपत्तिजनक रीति-नीति को कृष्ण ने कभी ठीक किया था। वे कृष्ण की ख्याति से कुढ़ते थे। उन्होंने जा कर रायण की माता के कान भरे। रायण की माता ने वैसे भी अभी हिम्मत न छोड़ी थी। अब वह जादू-टोना, जन्तर-मन्तर आदि से पुत्र को वश में लाना चाह रही थी। पुत्रवधू राधा का उसने घर से

निकलना भी बंद कर दिया।

राधा भीतर ही भीतर घुटती रहती। आज जब ललिता और विशाखा उसके घर पहुंचीं तो मन के उद्‌गार निकल पड़े। किन्तु वे सखियां भी तो जब देखो तब कृष्ण का ही पक्ष लेती थीं!

'राधे! तू न जाएगी उससे मिलने तो वह अन्न ग्रहण न करेगा, समझ ले! वह घर भी नहीं जाएगा···वनवास करेगा तेरे नाम पर··· !'

'क्या करूं ललिते···तू ही बता न! मैं कैसे-कैसे स्वयं को सम्हालती हूं···मैं ही जानती हूं। मेरा मन इन भित्तियों में पिंजरबन्द सारिका की भांति फड़फड़ाता रहता है। मैं तो बन्द सारिका कभी न थी। मुक्त विहंगम सा जीवन मेरा। कब किस मुहूर्त ढीठ लगा गया कोई। शरीर बन्द रह जाए···मन, किन्तु मानता है क्या? मुक्ति चाहिये मुझे···। मुक्ति चाहिये। मैं बलाका होना चाहती हूं···सारिका नहीं, सखि। और वह उसकी बांसुरी जादूभरी! ललिते! उससे कह दे···भरी दुपहरिया आंगन के पिछवाड़े, अश्वत्थ-तले बांसुरी पर मेरा नाम यों न पुकारा करे। भरी ज्योत्स्ना में रात-रात भर विहाग न बजाया करे। कैसी गति हो जाती है मेरी! उसकी मुरली के सुर न हुए···पंख हो जाते हैं मेरे। बलाका सी उड़ चलती हूं एक-एक स्वर पर प्रशांत नीलिमा में तिरोहित हो जाने को। अहो.... मैं कोई भी तो कामकाज नहीं कर पाती···! विशाखे! उससे कह दे, यों भरी दुपहरिया बांसुरी की तान न छेड़े···मुझ पर दया करे'—राधा ने अश्रु पोंछें।

'किन्तु सखि! तू क्या वास्तव में न जाएगी उसके पास? उसका क्या होगा, तनिक सोच तो। वह जो बार-बार पूछता रहता है—मेरा जीवन क्या करील की झाड़ियों तले बीन बजाते ही बीतेगा? राधे! वह चार दिन से भूखा-प्यासा करील वनों में भटक रहा है। एक बार जाकर उसे समझाएगी नहीं? तात नन्द को देखा तूने, कैसे चितिंत हैं! माता यशोदा कैसी बिखरी-बिखरी घूम रही हैं! उसे अन्न तो ग्रहण करा दे किशोरी!'—ललिता ने अनुनय की।

'चार दिन से निराहार! कैसा कठोर है मेरा हृदय कि तो भी मैं जाना नहीं चाहती उसके पास। मेरा कहीं उद्धार नहीं। मेरा कोई नहीं। मेरी सखियां भी उसी की कुटनी हो गई हैं। मेरा न सोच कर उसी का सोचती रहती हो तुम लोग। धन्य हो! न ले जातीं मुझे उस दिन उसके निकट तो उन तीन वर्षों के अंतराल को मैं तीन युगों तक खींच ले जाती। किन्तु मैं ही बची हूं सबके द्वारा छली जाने को? न गई होती उस दिन, तो इतनी पीड़ा तो न सहनीं होती। ऐसी मोहिनी फेरी है उसने मुझ पर कि दही तक नहीं बिलो पाती। कब हाथ रुक जाते हैं पता नहीं और धरी रह जाती हैं मटकी एक ओर। दधि क्या मथती हूं···अपना मन मथती रहती हूं दिनरात। तन्दुल बीनने बैठती हूं तो बीनने लगती हूं···आनन्द-क्षण अपने। और फिर धीरे-धीरे···सब तन्दुल···कंकड़ हो जाते हैं और···सब कंकड़ तन्दुल हो जाते हैं। नयनों में छा जाती है उसकी माया-मूरत। फिर तो न तन्दुल दिखते हैं···न कंकड़। अहो सखि! मैं क्या करूं···मुझे राह नहीं सूझती।'—राधिका ने अपना मुख बाहु में छिपा लिया।

'किशोरी! हम से रुष्ट है तू कि हम उसकी दूती बनकर तेरे पास आती हैं। किन्तु, तुझे उसकी चर्चा सुनकर, सन्देशा पाकर सुख मिलता है यही सोच कर तो आती हैं तेरे पास। तेरी दशा क्या हमसे छिपी है? तेरा दुःख, तेरा कष्ट देखने में क्या हमें सुख मिलता है जो ऐसा आरोप लगा रही हैं हम पर?'—विशाखा रो पड़ी।

ललिता ने दूसरी ओर मुंह फेर अपने अश्रु पोंछे।

'राधे! तू न चाहेगी, तो हम आगे से कभी उसका संदेशा तुझे न देंगी···किन्तु एक बार···।'

'नहीं दोगी संदेशा? तो क्या राधा को जीवित देख सकोगी? सखि! मेरा तो जीवन का आधार ही है उसका स्मरण! उसकी चर्चा। तुम सखियां न होतीं···तो किशोरी तो कब की प्राण त्याग चुकी होती···'—राधा सखियों से लिपट गई।

व्याकुलता के क्षण बीते, तब किसी भांति वे कुछ स्थिर हुईं।

'तेरे पांव पड़ती हूं राधे! तू हमें अन्यथा न समझ। किन्तु, आज कुछ क्षणों के लिए उसके पास अवश्य चली जा। वह बड़ा हठी है तू तो जानती है। उसे एक बार धीरज बंधा कर आ। सांत्वना दे आ। चार दिन से निराहार बैठा है, तो माता-पिता भी निराहार हैं। आज रात तो हम दोनों यहीं तेरे पास रहेंगी। तेरी वृद्धा श्वश्रु तो सो गयीं। उन्हें ज्ञात है कि हम सखियां आज यहीं साथ रहेंगी। राधे! आज ही अवसर है.... हम यहां सम्हाल लेंगी। हौले से पीछे के द्वार खोलती हूं मैं···तू चुपचाप दबे पांव चली जा···।'

राधा का हृदय धड़क उठा। मध्य-रात्रि! एकाकी बाला नीरव यमुनापुलिन पर जाकर उस मायावी को ढूंढ़े? कुंजों में भटके उसका नाम रटती हुई आधी रात के समय! अहो···कैसा अन्तर्द्वन्द्व! किन्तु! वह चार दिन से निराहार है। उसे धैर्य देना है। कहना होगा कि भविष्य में न उसे पुकारे, न प्रतीक्षा करे। अब उसका आना और मिलना संभव न होगा। उससे अनुनय करनी होगी। चिरौरी करनी होगी हाथ जोड़कर कि उसे भुला दे... सदा के लिये।

'राधे! जा राधे!···उठ! शीघ्रता कर!···समय बीतता जा रहा है'—ललिता ने उसे झकझोरा।

हड़बड़ा कर राधिका अस्तव्यस्त सी उठ खड़ी हुई। प्रकंपित तन! स्पंदित मन!

द्वार तक सखियां आईं। उसे साहस बंधाया। बाहर महाशांति थी।

'किशोरी···विलम्ब न करना अधिक। शीघ्र ही लौट आना। ऐसा न हो कि प्रियतम के पास पहुंच कर हमें विस्मृत कर जाए···।'—विशाखा ने मीठा सा परिहास किया।

राधा आरक्तमुख हो गई। विशाखा ने आंचल खींच कर उसका मुख लम्बे घूंघट से ढक दिया।

'वैसे तो सारा संसार निद्रामग्न है सखि···किन्तु क्या ज्ञात कौन कौतुकी जाग रहा हो, देखने को तेरी अभिसार-यात्रा!'

राधा का हृदय और भी वेग से धड़क उठा। द्वार हौले से बन्द हो गया उसके पीछे।

अरे! अभी तक तो कैसी ज्योत्स्ना फैली थी और अचानक घना अंधकार छा गया। एक मनचला मेघ न जाने कहां से जाकर पांख पसार कर गरुड़ की भांति बैठ गया चन्द्रदेव पर।

कैसी गहन नीरवता! सुपुष्पित वन-कानन। और वह एकाकिनी अपना उद्वेलित हृदय थामे चली जा रही थी लड़खड़ाती सी प्रणय-यात्रा पर। भय। लाज। संकोच। कहां मिलेगा वह? क्या कहेगी उससे? वह? प्रबल इच्छाशक्ति का स्वामी···! उसकी कुछ सुनेगा भी क्या? अहो, व्यर्थ आ गई सखियों की बातों में। लौट चलूं? अहो! अब क्या होगा?

पांव सकुचाते। किसी भांति बढ़ पाते तो नूपुर बोल उठते मधुर सी रुनझुन। कांपते हाथों अपने नटखट नूपुरों को उतार कर कदली के बाल-वृक्ष में रख दिया। मुख पर आंचल और खींच लिया। एक प्रकंपित हाथ से घाघरा समेटे, एक थरथराते हांथ से वन-वल्लरियों को हटाती वह चली जा रही थी जैसे प्रथम मिलन हेतु जा रही हो। नव-अभिसार हेतु। लाज, संकोच और भय उसके आगे पीछे चल रहे थे। चरण थर-थर कांप रहे थे। बार-बार पीछे मुड़ कर देखती भयातुर नयनों से। दाएं देखती। बाएं देखती। हृदय को कोसती। इतने वेग से स्पंदित क्यों हो रहा है कि श्वास भी नहीं ले पा रही ठीक से।

चंदन-वन के पार निकल कर आई अश्वत्थ के निकट। उसके आगे हरसिंगार-वृक्षों का झुरमुट था। उसकी दृष्टि पड़ी झुरमुट के नीचे। वह ठिठक गई।

सो रहा है स्निग्ध रुनझुन्। में! मनचले मेघ ने अपना गरुड़ाकार छोड़ दिया था। अब वह मेघ नन्हीं सी बलाका का रूप धारण कर सरपट भागा जा रहा था मलयानिल के झूले पर सवार होकर। फिर से ज्योत्स्ना खिल उठी थी चारों ओर।

वह सो रहा था। हरसिंगार का वन फूल कर महक रहा था। उस सुनील काया पर भी असंख्य नन्हें धवल पुष्प झरे पड़े थे। निकट रखा था एक पुष्ट सद्यः पुष्पहार। किस के लिए गूंथ कर रखा है?

राधा का हृदय और भी तीव्र स्पंदन कर उठा। कितना दीर्घ आकार बालसखा का! तरुण पुरुष। प्रमोदवन सा यह वृंदारण्य। मन्द मदिर मलयानिल। शुभ्र यामिनी और नीरव एकांत। उसे स्मरण हो आया वह वर्षा-मिलन। वह प्रश्नों की बौछार! और वह वर्षा की बौछार···झर···झर···झर···झर···!

तरुण पुरुष! किन्तु मुख पर वही चिरन्तन बाल-सुलभ अबोध भाव। कैसा संघर्षमय जीवन है इसका जन्म-बेला से ही! और कितनी निश्चिंत, गहन-निद्रा!

वह हौले से निकट बैठी। किसी राजपुत्र से भी कितना अधिक सुन्दर! पुरुषोत्तम! नरोत्तम! देवोत्तम!

मिथ्याभाषी! कहता है कि नींद नहीं आती। सो नहीं पाता है। व्याकुल रहता है और देखो, कैसी शिशु की सी मीठी निद्रा में निमग्न है। और वह स्वयं! रात-रात भर जागती हुई इसका स्मरण करती है।

धीरे से राधा ने उसके भाल से केश हटाए। किन्तु मलयानिल से थिरक कर वे हठीले केश पुनः भाल पर आ गए।

तभी उसे अपनी पीठ पर एक बलिष्ठ भुजा का अनुभव हुआ। वह संकुचित हो खड़ी हो पाती कि समझ गई···वह बंदिनी हो चुकी थी।

नेत्र खोल दिए थे उसने। मुस्कान से मुखकमल भर गया था।

'राधे! आ गई? मैं जानता था···तू अवश्य आएगी।'

वह घबराई। उसे तो तुरंत लौट जाना है। केवल सांत्वना के दो शब्द कह कर तुरन्त घर लौटना है। सखियां! श्वश्रु!

परन्तु तब तक एक नहीं, दो बाहुओं का प्रबल बंधन था।

परम-पुरुष के नेह-स्निग्ध नेत्र उसे अपलक निहार रहे थे। राधा अवश हो चली और हौले से उसने रख दिया अपना शीश वैजयंतीमाल्यधारी मन्दनील वक्ष पर।

× × ×

भोर हुआ। गोचारण की बेला। कलेवा का समय। भारी जनरव था नंदप्रांगण में। जैसे असंख्य पक्षी उतर आए हों सांध्य-नीड़ लेने हेतु। परन्तु वह भोर ही था। नंद-परिवार और वसुदेव-परिवार के सदस्य जब भी सांझ-सबेरे एकत्रित होते भोजनादि के लिए तो ऐसा उत्सवमय वातावरण बन जाता था। वसुदेव की वहां रहने वाली तेरहों पत्नियां भोजन-कलेवा आदि की व्यवस्था करती थीं।

तभी आया कृष्ण। बोझिल चरण। अनियारे नयन। आकर बैठ गया चुपचाप पंक्ति में। अर्ध-मिलित नयनों के पलक उठ ही न पा रहे थे। विगत निशा के स्वप्न भरे थे अब तक और वह संजोए हुए था उन्हें। समेटे हुए था जैसे कि पूरे नेत्र खोल दिए तो कहीं स्वप्न निकल कर उड़ न जाएं।

कृष्ण को कलेवा हेतु प्रस्तुत देखते ही कुछ विशेष हलचल मच उठी। पितामही, उतावली सी दौड़ी आईं। वह अभी भी उनके लिए शिशु ही तो था।

चार दिन से निराहार रहा था। यशोदा आतुर हो दौड़ पड़ीं। वसुदेव की पत्नियां इन्दिरा, वैशाखी, देवरक्षिता दौड़ पड़ीं।

शांतिदेवा ने दूध भरा कटोरा सम्मुख रखा। वह पलकें झुकाए ही बैठा-बैठा झूमता रहा।

'क्यों कान्हा! दूध ले न!'—यशोदा ने चिंतित होकर कहा।

'छाछ!'—बोझिल पलकों पर हाथ फेरता वह बोला।

'अहो!···कल्याण हो गया आज तो! वत्स! कान्हा!···छाछ आज शेष ही नहीं रही। आज बड़ी भोर, न जाने कहां से उत्पाती वानरों का बड़ा सा झुंड घुस आया भीतर और मटकियां फोड़ कर सारी छाछ फैला गया'—उपदेवी ने विवशता से हाथ मलते हुए कहा।

'अरे अम्ब! इस कान्हा ने ही तो बिगाड़ा है वृंदावन के वानरों को, जो जब तब ऐसे अधिकारपूर्वक घुसे चले आते हैं घर में जैसे छाछ उनकी माताओं ने बनाकर रखी हो अपने लाडले सपूतों के लिए। यही तो बालपन से लाड़-पुचकार करता रहा उन्हें कह

कहकर कि ले वानर! नवनीत खा। बड़ा स्वादिष्ट है। तो, ले वानर तू छाछ पी जा। ढेरों मटकियां भरी रखी हैं भीतर—कह-कह कर। अब वे धृष्ट हो गए हैं'—बलराम ने कहा।

'तू अभी दूध पी ले कान्हा! छाछ के लिए कहलवा दिया है आसपास। किसी न किसी घर से आ जाएगी'—श्रीदेवा ने अनुनय की।

'चार दिन से भूखा प्यासा है। आज आया कलेवा को, तो बेचारे को छाछ तक नहीं!'—पितामही लाड़ में दुःखी हो गईं।

'लेकिन यह चार दिन का व्रत था किस कारण.... यह पता नहीं चल पाया किसी को'—बलराम ने फिर छेड़ा।

'अरे बालाजोगी है! जोग के खटकरम हम तुम क्या जानें?···पी ले वत्स। दूध पी ले। छाछ भी आती होगी कहीं न कहीं से'—पितामही ने पोपले मुख से कहा—'ला बहू··· यह दूध तो ठंडा हो गया। गरम दूध ला।'

एक चपला भावज मंदिरा ने गरम दूध लाकर सामने रखा।

'उहूं! दूध नहीं! छाछ!!'—कान्हा ने उनींदे स्वर में कहा। अचानक ही भावज चौंक पड़ी।

'अहो... देवर! यह क्या?···यह···यह···कहां से?'—और बात पूरी न करके भावज वेग से झूमती-डोलती खिलखिला कर हंस पड़ी।

'अरे क्या हुआ बहू?'

'क्या हुआ?'

'क्या हुआ?'

सभी लोग कौतुक से कभी कान्हा को देखते, तो कभी हास्योन्मादिनी भावज को।

'अरी क्या हो गया बहू, जो ऐसी पगलाई जा रही है हंस-हंस कर?'—पितामही ने बहू को घुड़का।

कान्हा के उनींदे नयन विस्फारित हो भावज को एकटक देख रहे थे।

भावज लोटपोट हुई जा रही थी।

'अरी हुआ क्या, बताएगी या यों ही ही-ही-ही-ही करती रहेगी?'—पितामही ने फिर झिड़का।

झिड़की खा भावज ने कुछ संयत किया स्वयं को।

'यह देखें न... मेरे लाडले देवर के शीश पर क्या बंधा है।'—और वह पुनः वेग से हंस पड़ी।

तब सबका ध्यान गया।

'गुलाबी चूनर!!'

दूसरे ही क्षण तुमुल-अट्टहासों से प्रांगण गुंजायमान हो गया।

'अरे यह गुलाबी चूनर कहां से मिल गई रे तुझे शीश पर बांधने को? इस पर तो झिलमिलाती किनारी लगी है···किसी नव-विवाहिता की चूनर जैसी लग रही है यह तो!'—

रोहिणी ने हंसते हुए विस्मय से पूछा।

गोप-गोपियां, ग्वाल-बाल, माता, विमाताएं, वृद्धाएं, पितामही हंसी के मारे बुरी हालत थी सब की।

'अरे इस तरुण-वय में भी चीरहरण करेगा तब तो बड़ा संकट हो जाएगा'—दबे स्वर में रोहिणी बोलीं और हंसते अधरों को दांतों तले दबाती हुई शीघ्रता से भीतर चली गयीं।

पितामही की वृद्ध आंखें और झुर्रियों वाला मुख अपार कौतुक से भर गया। पोपला मुख खोले हुए वे हंसती-हंसती अपने लाडले पौत्र को एकटक निहार रही थीं।

कान्हा काष्ठवत् था। नीचे की श्वास नीचे, ऊपर की ऊपर। नयन झुके तो झुके ही रह गए। कर्णशिखर आरक्त थे। अधरों पर से मन्द मुस्कान लुप्त हो गयी थी। हड़बड़ा कर उसने दूध का कटोरा मुख से लगा लिया।

'अरे-अरे···क्या करता है वत्स? गरम है···बहुत गरम दूध है। अहो!···जला लिया न मुख!'—पितामही व्याकुल हो चिल्लाईं।

'अहो हो हो···'—कान्हा व्याकुल हो गरम दूध से जल जाने से अपने मुख पर उंगलियों से हवा करने का प्रयास करने लगा।

'अरे बस करो तुम लोग यह असमय की हंसी! एक तो चार दिन बाद बेचारा आहार करने बैठा, तो उसका मुख और जल गया। और तुम लोगों के फटे मुंह बन्द ही नहीं हो रहे। छाछ मांग रहा था बेचारा···तो छाछ न मिली। इतना गरम दूध दे दिया बावरी बहू ने कि सबेरे-सबेरे मुख और जला दिया उसका। ला वत्स! मुझे दे! मैं फूंक-फूंक कर ठंडा कर दूं दूध, तब पीना। एक तो बेचारे को कष्ट हो गया, ऊपर से ये सब कैसी खी-खी-खी-खी मचाए हैं!'

'पितामही! तुम भी अति करती हो लाड़ की! किसने मुख जलाया उसका? उसी का तो दोष है। क्यों वह ऐसा खोया-खोया सा···बेसुध सा रहता है भला?'—बलराम बोला।

'देखो वहां कुछ गोपियां दिख रही हैं छाछ लाती हुई!... हां, छाछ आ गई! कान्हा···रहने दे दूध! छाछ ले आयीं गोपियां।'—पितामही बोली।

तब तक चपला भावज का माथा पुनः ठनका।

'यह लो···वहां एक और बेसुध बावरी चली आ रही है···'—भावज ने अभिनय करते हुए कहा और पुनः वेग से ठठा कर हंस पड़ी।

'अरी बहू! आज तुझे हुआ क्या री, जो बार-बार हंसी के दौरे पड़ रहे हैं। भाँग तो नहीं खा ली अपनी मां के घर से मंगवा कर, जो यों बौराई जा रही है हंस-हंस कर!'

'अरेSSS!'—बलराम के मुख से निकला और बलराम का ऊंचा अट्टहास गूंज गया।

'वही तो दिखा रही हूं माता.... कि उसे तनिक देख तो लो!'—भावज खिलू-खिलू करती बोली।

सबकी दृष्टि घूमी।

शीश पर एक के ऊपर एक, दो मटकी रखे और कमर में एक मटकी सम्हाले वृषभानुसुता चली आ रही थी। शिथिल गात। बोझिल चरण। वे ही सदा के अनियारे नयन विशाल। मुख पर मुस्कान थी मन्द-मन्द। अधरों में गीत थे···बन्द-बन्द।

सबने देखा और तुमुल अट्टहासों का वेगवान स्रोत जो छूटा तो रुकने का नाम न लेता था।

कान्हा ने भी देखा—वही बेसुध चाल। भाव भरे झुके-झुके उनींदे नयन। तभी वह चौंका।

पीताम्बर!!

कान्हा ने दांतों तले अधर दबा लिए कस कर कि कहीं उसकी भी हंसी न छूट जाए। नयन झुका लिए। कपाल पर हाथ रख लिया। कैसा संकट! इस बावरी को भी अभी ही यहां आना था!

लोग हंसी से लोटपोट हुए जा रहे थे।

राधा को किन्तु कुछ भान नहीं। वह इस जगत में थी ही नहीं जैसे।

यशोदा ठिठक कर रह गयीं उसे देख। रोहिणी की हंसी फूटी-फूटी पड़ रही थी।

'अरी राधिके!···तेरी ओढ़नी का पीताम्बर तो बड़ा सुन्दर है री! पुरुषों के पीताम्बर की ओढ़नी में आज कुछ विशेष ही सुन्दर दिख रही है तू। अपनी गुलाबी चूनर के स्थान पर आज पीताम्बर ओढ़ा है न, स्यात् इसीलिये खिली-खिली पड़ रही है तेरी केसर-काया···!'—भावज कब चूकने वाली थी।

सब रस-मग्न हो हंस रहे थे।

बाल-हिरणी की भांति भोले लोचनों से राधा सबको निहारती रही चकित थी। समझी कुछ भी नहीं।

पीताम्बरी!···क्या कहा भावज ने। अहो!···यह क्या? यह पीताम्बरी!···यह कहां से? वह ठिठक कर रह गई।

तभी उसकी दृष्टि पड़ी कान्हा के शीश पर बंधी हुई अपनी गुलाबी चूनर पर। हे प्रभो! यह क्या हो गया? तीनों लोक घूम गए।

छल्-छल्···छलक्-छलक् छल्-छल्···राधा के पांव डगमगाए।

छल्-छल् छलक्-छलक्···राधा के हाथ कांपे।

'अरे···अरे···अरे···सारी छाछ छलकी जा रही है। क्या हो गया तुझे?'—भद्रवाहा चिल्लाई।

राधा लाज से वीर वधू सी लाल हुई जा रही थी। थर-थर कांप रहा था शरीर। चरण अवश हो रहे थे। स्वेद से लथपथ हो गई थी।

छल् छल् छलक् छलक्···छाछ छलकती हुई फैल रही थी। कमर में रखी गगरी छूटी···और फूट गई। और राधा भाग चली भीत हिरणी सी।

'अरी कहां भागी जा रही है किशोरी? अरी···छाछ तो दे जा। बेचारा चार दिन से भूखा-प्यासा बैठा है···।'

राधा उड़ी जा रही थी। चरणों में न जाने कहां से ऐसी गति आ गई थी जैसे पंख लग गए हों उसके।

जाने क्यों मंदिरा भावज कान्हा के शीश पर बंधी गुलाबी पाग टटोलने लगी थी।

'अरी ऽऽऽ! छाछ न दे, तो न दे किशोरी, लेकिन पीताम्बरी तो दे जा हमारे कान्हा की···और ये अपनी चूनर ले जा!···'—भावज प्रीतिंकरा आगे बढ़ी खिलखिलाती हुई।

'अरी अरी! उस पीताम्बरी में अटका हुआ कान्हा का मोरपंख तो लौटाती जा और अपनी यह नथ चाहे तो लेती जा'—चपला भावज उसकी मोतियों की नथ को हाथ में लेकर झुलाती हुई बोली ही थी कि भागती हुई राधा के शीश पर धरी दोनों गगरी भी फटाक से गिरीं और चूर-चूर हो गयीं।

हा···हा···हा···हा···आज हंसी नहीं रुकेगी किसी की।

पीताम्बरी उड़ी जा रही थी। गुलाबी घाघरा उड़ा जा रहा था। छाछ नहाई राधा उड़ी जा रही थी।

'बहू! जब देखो तब तू कान्हा के ही पीछे पड़ी रहती है...! अरे भूखा-प्यासा है। यह तो नहीं कि इन गोपियों के शीश पर धरी गगरी उतरवा ले और उसे छाछ दे-दे पीने को? भूखा बैठा है चार दिन से। बहुत सताती है तू उसे।'—पितामही ने अपनी आनंद-हंसी को रोक कर बहू मंदिरा को डपटा।

'क्यों न छेड़ूं कान्हा को, पितामही? इस नटखट देवर ने सबसे अधिक मेरी ही कलाई मरोड़ी है। सबसे अधिक मेरे चूड़े और वलय तोड़े हैं।···जब मैं नई-नई ब्याह कर आई थी···तो यह नटखट देवर कहते थे कि अग्रज के साथ विवाह की हर रीति में यह उनके निकट बिठाए गए थे, अतः मैं इनकी भी वधू हुई! नन्हें से तो थे ये···किन्तु एकांत पाते ही उलझ पड़ते थे मुझसे कि मैं इनके चरण-स्पर्श क्यों नहीं करती। कुपित हो-हो कर कितनी बार तोड़ नहीं डाली थी मेरी मोहनमाला!!···कितना-कितना सताया है मुझे देवर ने बालपन में···! आज मुझे अवसर मिला है। अब मैं क्यों छोड़ने लगी ऐसे आनन्द के क्षण।···क्यों मेरे लाडले देवर?'

भावज छाछ का कटोरा सामने रखते हुए खिलखिला पड़ी।

हा-हा-हा-हा···हास्य की अनुगूंज तो जैसे स्थायी हो गयी थी नंदभवन में।

आरक्तमुख कान्हा ने नयन झुकाए-झुकाए ही धीरे से छाछ का कटोरा उठाया और चुपचाप पीने लगा—फूंक-फूंक कर!

× × ×

हास्य और रुदन! मिलन और विरह! सुख और पीड़ा। यही तो है संसार। आज राधिका फिर पीड़ित थी।

'ललिते!'''क्या मेरा कभी उद्धार नहीं? आहा रे यह कलापी सा जीवन! अहोरात्र उसी का स्मरण चलता रहता है मन में। पल-पल क्षण-क्षण वही नाम रटती रहती हूं। कैसे कटेगा मेरा जीवन। उससे कह दे मुझे छोड़ दे'''मुझे छोड़ दे सदा के लिए।'

'किन्तु वह छोड़ेगा क्या? जोगी बना, तन पर धूल लपेटे घूमता रहता है। कह रहा था यदि वह घर में घुसी रहेगी तो आंगन में कूद कर उठा लाऊंगा उसे।'

'अहो नहीं विशाखे! अहो नहीं।'—राधिका गुहार कर उठी।

'हां राधे। वह कहता है कि राधे को अपयश मिलेगा, बस इसीलिए रुक जाता हूं अन्यथा मेरे लिये क्या कठिनाई है इसमें! राधे! तू स्वयं एक बार उसे भलीभांति समझा क्यों नहीं देती'''?''

'उसे?'''कौन समझा सकता है उसे?'''मैं? नही''' नहीं। मैं वहां दुर्बल पड़ जाती हूं। जो सोच कर जाती हूं, वह नहीं कह पाती। वाणी जड़ हो जाती है। हृदय विश्वासघात कर जाता है। उसके पास मोहिनी है। वह छल करना जानता है। मैं उसका पार नहीं पा सकती'''अब मैं कदापि नहीं जाऊंगी उसे समझाने।'''

'और यदि वह स्वयं आ धमका यहां तो?'

'मैं यमुना में कूद पड़ूंगी।'

'किन्तु वह कहता है कि यदि तू इस प्रकार घर में घुसी बैठी रही तो वह एक दिन यमुना में कूद जाएगा।'

'नहीं! नहीं! ललिते! किसी भांति उसे समझा ले तू!'''मैं क्या करूं? कितनी विवश बना दी गई हूं! इतनी पीड़ा भरी पड़ी है'''बंधी पड़ी है मर्म में'''कि बंधी-बंधी रह कर अब पकने लगी है। दिन पर दिन पकती जा रही है मन की पीर'—राधा ने कहते हुए सखी का हाथ अपने हृदय पर रख लिया।

'किन्तु तू ही स्वयं तो कहती है कि तू यदि उससे दूर रही तो कहीं सृष्टि न पलट जाए!'

'हां सखि! मुझे लगता है उससे दूर रह कर मैं सृष्टि का विरोध कर रही हूं। विधाता के प्रतिकूल जा रही हूं। मुझे भय लगता रहता है सदा कि उससे संयुक्त न रही तो कहीं सृष्टि न पलट जाए। कहीं तारे टूट-टूट कर धरा पर न आ जाएं। कहीं यह नीलछत्र क्षार-क्षार हो कर सूखे पातों सा न उड़ जाए। कहीं सूर्यदेव कुपित हो वनस्पतियां न सुखा डालें और कहीं जला न डालें इस समूची धरा को धू-धू कर के। किन्तु मैं चाह कर भी नहीं जा सकती वहां'''और प्रयास करके भी'''रुक नहीं पाती यहां।'

इस बार ललिता रो पड़ी।

'किन्तु तू यदि एकांत में उससे मिलने से भय खाती है, तो गोपसभा में चल न आज! उसे देख तो लेगी कम से कम, जो कई दिन तक न देख पाने से अकेली बैठी-बैठी बिसूरती रहती है।'

'न'''न'''! भय लगता है उससे बड़ा। जो देख लिया मुझे'''तो गोप-गोपियों के समूह को लांघता-फांदता वहीं हाथ न पकड़ ले कहीं मेरा'''! फिर छुड़ाना'''! अहो!'

'नहीं तू निश्चिंत रह बिल्कुल। हम लोग दूर बैठेंगी जाकर पीछे की ओर। वह जो कनेरों का झुरमुट है न घना सा···कुएं के निकट, वहीं। चल न राधे! हमें भी तो आनंद नहीं आता तेरे बिना किसी कार्य में।'

× × ×

यहां से वहां तक आबालवृद्ध गोप-गोपियों का समाज फैला हुआ था। वातावरण गंभीर था। ब्रजनायक कृष्ण का ओजस्वी गर्जन दूर से ही सुनाई दे रहा था।

'ब्रज में गुप्तचरों का जाल बिछाया जा रहा है। टोह ली जाती है। कंस को ब्रज से क्या शत्रुता है? महाभाग नन्द जैसे साधु-पुरुष से क्यों शत्रुता है? क्यों आतंकित करना चाहता है वह ब्रज के भोलेभाले निरीह ग्रामीणों को? कितनी ही बार अपरिचित व्यक्ति ब्रज में इधर-उधर घूमते दिखाई पड़ते हैं। जब तब वे महाभाग को अपमानित करने के अवसर ढूंढ़ते हैं। उन पर व्यंग्य करते हैं। कंस के गुणगान गाते हैं। आगे भविष्य में ऐसा कोई भी अपरिचित व्यक्ति दिखे किसी को तो मेरी प्रार्थना है कि तुरन्त तात बलभद्र अथवा मुझे सूचित करें ताकि समय रहते ही उनसे निपट लिया जाए।'

जय हो!···जय हो।···गोपजन ने जयघोष किया।

'ब्रज का अपमान यहां के हर व्यक्ति का अपमान है। यह पावन ब्रजवसुंधरा हमारी माता है जिसकी प्रतिवर्ष हम पूजा करते हैं गोवर्धन-समारोह में। कौन वह कपूत होगा जो माता के अपमान को चुपचाप सह ले?'

'कोई नहीं! कोई नहीं!'—गगनभेदी स्वर गूंज गया वृन्दारण्यों में।

'हमारी मातृभूमि को अपवित्र करने वाला जीवित न बच पाए यह देखना हर ब्रजवासी का कर्तव्य है। हर युवक, हर तरुण को तत्पर रहना है···'

'किसलिए?'—तेजस्वी ने एकाएक पूछा।

'क्रान्ति हेतु!'—कृष्ण गरजा।

'क्रांति?'—कई कण्ठों ने विस्मय से पूछा।

'हां क्रांति! कंस की निरंकुशता के विरुद्ध जनक्रांति हेतु सब तत्पर रहें। कंस स्वयं शून्य है। वह भीरु है। उसकी शक्ति है उसका श्वसुर, मगध सम्राट जरासंध। सम्राट के प्रोत्साहन पर कंस ने यादवों का प्राचीन गणराज्य नष्ट कर डाला। गणपति राजा उग्रसेन को कारागार में बन्दी बना कर डाल रखा है। जो भी यादव व्यक्ति महाराज उग्रसेन से सहानुभूति रखता है, सन्देह मात्र पर उसका शीश उतरवा लिया जाता है। कंस ने निरंकुश अधिनायकतंत्र स्थापित कर रखा है जो यादवों की प्राचीन परम्पराओं, प्राचीन आदर्शों, मान्यताओं, मूल्यों के विपरीत है। यह अधिनायकतंत्र यादवों के स्वाधीनताप्रिय स्वभाव के विरुद्ध है। यादव जन्मजात स्वतंत्रता प्रेमी हैं। वहां असंतोष की अग्नि दिन पर दिन प्रखर हो रही है। घर-घर में उस मुक्ति-दिवस की प्रतीक्षा हो रही है, जब कंस के आततायी शासन से शौरसेन-राज्य मुक्त होगा!···

'गोपजन!···तब तो मैं बालक ही था जब मथुरा ने आई यज्ञ-पत्नियों से व्याकुल हो कर अपनी कष्ट-कथाएं सुनाई थीं। ब्राह्मणों को अपने आतंक के बल पर कंस ने दबा

रखा है। ब्राह्मण ही जब झुक जाएं तो क्षत्रिय राजा पर क्या अंकुश शेष रह सकता है? राजा को कौन राजधर्म की उचित नीति पर चलने को विवश कर सकता है? किन्तु धन्य हैं वे यज्ञपत्नियां जो भय और आतंक के राज्य में भी निडर और निर्भीक होकर मुझे सब संवाद दे गयी थीं। उन्होंने मुझसे प्रार्थना की थी मथुरा का उद्धार करने को। मैं उन्हें आश्वस्त कर चुका हूं। वे वीर नारियां क्रांति की चिनगारी बन कर मथुरा लौटी थीं। वे यादव-भद्रजन के साथ मिलकर गुप्त रूप से वहां घर-घर में स्वाधीनता का संदेश पहुंचा रही हैं और आदरणीय गोपजन! यह निर्विवाद रूप से सत्य है कि गण में अपार शक्ति है। जन में विकट शक्ति है। गणतंत्र पुनः जागेगा। उसे कोई रोक नहीं सकता।'—तभी कृष्ण की दृष्टि उलझ गई कनेरों के झुरमुट से झांकते हुए नील शुक्रतारकों से दो सुलोचनों में।

'जय हो! जय हो! जय हो! जय हो!'—गोपजन गर्जन कर उठे। रोमांचित गोपजनों की बाहुएं फड़क उठी थीं।

किन्तु कृष्ण अब विस्फारित नेत्रों से निहार रहा था रूखे, उलझे केशों को। पीतवर्ण कृशकाया को। कनेरों के पुष्पमंडप में बैठी हुई उस छिपती-दिखती सी वनदेवी को।

नन्द ने भावावेश से अवरुद्ध कंठ से कान्हा के टूटे हुए सूत्र को सम्हाला।

'आबालवृद्ध गोपजन···! हार्दिक क्लेश से यह तथ्य भी आपके समक्ष रख रहा हूं कि परम प्रतापी स्वर्गीय महाराज शूरसेन के इस सुविख्यात राज्य में घोर अनाचार व्याप्त है। संभ्रान्त कुलों की कन्याएं अपहृत की जा रही हैं और उन्हें मगध राज्य भेजा जा रहा है। मुझे यह भी गुप्त सूचना मिली है···'—नंदगोप का कंठ भर आया। कुछ क्षण वे बोल न सके और पुनः घनी नीरवता छा गई गोपसभा में।

'मुझे गुप्त रूप से ज्ञात हुआ है कि अब कंस की दृष्टि ब्रज···हमारी ब्रज-देवियों की ओर है।···सुन्दरियों की खोज हो रही है और···'—क्षोभ और रोष से उनका कंठ पुनः अवरुद्ध हो गया।

बलराम हुंकार के साथ उठ खड़े हुए। श्रीदामा, तेजस्वी, विशाल, भद्र, स्तोककृष्ण एवं असंख्य तरुण क्रोध से थर-थर कांपते हुए मुट्ठियां बांधे उठ खड़े हुए।

कृष्ण के नेत्रों में रक्त उतर आया। कृष्ण महाकृष्ण हो उठा। एकाएक उज्ज्वल श्यामवर्ण गहन श्याम हो गया। उसका मुट्ठी बंधा हाथ आकाश की ओर उठा हुआ था।

'ब्रज की किसी वनिता की ओर दृष्टि डाली तो.... चीर कर धर देंगे कंस को।'

'जय हो! जय हो!'—प्रकंपित कंठों से जयनाद हुआ।

'कंस के दूत यदि कहीं आसपास, इन निकटस्थ-द्वादश वनों में हों तो इतना निश्चित रूप से समझ लें कि ब्रज में भोलेपन गोप बसते हैं, किन्तु कायर नहीं!'—कृष्ण का सिंह-गर्जन दूर-दूर तक गूंज उठा।

'जय हो! जय हो!' रोमांचित जनसमूह आवेश-व्याकुल था।

'हम सब प्रतीक्षा कर रहे हैं, इसलिए विलम्ब हो रहा है। कंस का वध हमारे लिए मात्र एक रोचक क्रीड़ा है किन्तु हम प्रतीक्षा कर रहे हैं देवकी-पुत्र की और उस मुहूर्त की,

जब वह प्रकट करेगा स्वयं को। देवर्षि नारद ने भविष्यवाणी की है कि आर्या देवकी के आठवें पुत्र के हाथों ही कंस वध होगा। देवर्षि की वाणी सम्माननीय है। देवर्षि की वाणी सत्य हो!···

'किन्तु स्मरण रखे गोपजन! वह ज्वाला ब्रज से ही फूटेगी। क्रान्ति की ज्वाला इन द्वादशवनों से ही फूट निकलेगी और दावानल की भांति लपलपाती फैल जाएगी समस्त दुराचारी, आततायी शासकों को ग्रसने हेतु। जो शासक प्रजा का सम्मान नहीं करता, वह जीवित ही भस्म होगा इस ज्वाला में। ब्रज की ज्वाला कंस, जरासंध, भौमासुर, पौन्ड्रक आदि सबको क्षार-क्षार कर डालेगी। भस्मीभूत कर डालेगी! कंस का···'

'सर्वनाश हो!'—रोमहर्षक उद्‌घोष से द्वादशवन प्रकंपित हो गए।

'कंस का सर्वनाश हो'—वन गरज उठे। वृक्षों से प्रतिगूंज उठी। कुंजों से प्रतिध्वनि उठी। यमुना-पुलिनों से उद्‌घोष हो रहा था। जल-तरंगों से उद्‌घोष हो रहा था। गिरि-शिखर गर्जन कर उठे थे। उपत्यकाएं हुंकार रही थीं—

कंस का सर्वनाश हो···कंस का सर्वनाश हो....

क्रान्ति का आह्वान् गूंज रहा था वनों, उपत्यकाओं, पर्वतों और सरिताओं में। फैल रहा था। व्याप्त हो रहा था। वन-वन में क्रान्ति का अलख जगाया था उसने। क्रांति की भावना दावानल सी, उद्‌भांत आंधी सी उड़ चली।

कनेरों के झुरमुट में राधा हिचकियां भर-भर कर रो रही थी।

× × ×

आज राधा को लग रहा था जैसे वर्षों बाद यमुनाजल के दर्शन पाए हों। राधा अपलक निहार रही थी नदी के चौड़े पाट को। घूंट-घूंट पी रही थी जैसे नयनों से ही सूर्यतनया का शीतल जल। यमुना-तटी पर लगे ताल-तमालों की सघन छांह में सखियों सहित वह बैठी थी। सबकी गगरियां इधर-उधर लुढ़की पड़ी थीं।

'कितनी शीतल शांति है यहां। कितनी सुखद छांह इस तमाल की!'

'हां तुझे कुछ अधिक ही शीतलता मिल रही होगी। तपी हुई है न तू विरह में। डुबकी क्यों नहीं लगा लेती यमुना में, तो सारा ताप धुल जाएगा तन-मन का?'—विरजा ने स्नेह से कहा सखी से।

'अब तो यमुना में उतरते भी भय लगता है···कहीं वह न आ जाए···उस दिन के बाद से मेरी शांति चली गई मन की।'

'उस दिन के भोर-मिलन से? अरी! शांति तो तेरी कभी की चली गयी थी। यमुनादेवी को क्यों दोष देती है? तू तो अपने मातामह के प्रासाद में भी छटपटाती रही थी तीन वर्ष। यहां आई तो यहां भी वही स्थिति है। और आ भी जाए वह, तो ऐसा क्या भय तुझे!'—विशाखा ने झिड़क कर कहा।

'अरे नहीं री! मन ही मन तो मनाती है कि कहीं से प्रकट हो जाए वह नरसिंह भगवान सा। हमें दिखाने को यह सब बातें बनाती हैं। मन मन भावे, मूड़ हिलावे। आ

जाएगा तो आने दे। वह कोई अपरिचित है! परदेशी है, जो उसे देखते ही अस्त-व्यस्त हो उठती है तू?'—ललिता ने दूसरी ओर से घुड़का।

'अब तो परदेशी सा ही है'— राधा धीरे से बोली।

'क्या यहां आकर, हम बिना यमुनास्नान के ही लौट जाएंगी? मैं तो बिल्कुल नहीं रुक सकती ऐसा निर्मल शीतल जल देखकर। इतनी प्रबल वायु है.... वस्त्र सूखने में क्या देर लगेगी?.... चल री विरजे चल।'—विशाखा ने विरजा से कहा।

जब तक विरजा मना करती, विशाखा उसे खींचती ले गई हाथ पकड़ कर।

'अरे विरजा।···विशाखा···मैं भी आती हूं'—ललिता भी दौड़ पड़ी उनकी दिशा में।

छपा छप्प्! छपा छप्प्! छपा छप्प्!

तीनों सखियां कूद पड़ीं जल में।

'आजा किशोरी! बड़ा आनंद आ रहा है। ऐसा शीतल जल है कि सारा ताप धुल जाएगा तेरा।'

राधा, किन्तु वहां थी ही नहीं। तमाल तने से टिकी हुई वह खोई हुई थी सुन्दर स्मृतियों में। यही यमुना-तट। और वह प्रत्यूष-बेला। जब प्रथम दर्शन हुए थे तरुण-प्राण के। अहो!

अचानक लतापत्र खड़खड़ा उठे। राधा ने चौकन्नी हो इधर-उधर देखा। उर का स्पंदन बढ़ गया। सखियां जलक्रीड़ा में मग्न हैं। तैरती हुई दूर निकली जा रही हैं। वह फिर से एकाकिनी और फिर से यह सघन वनप्रांत! किंतु पुनः नीरवता छा गई और वह निश्चिंत हो गई।

कितने वर्ष हो गए उसके लिए वैजयंतीमाला भी न गूंथ पाई। मोर मुकुट भी न बना पाई। बालपन कितना सुखद था! आनन्दपूर्ण। सुन्दर सा। तब प्रतिदिन उसके लिए वैजयंतीमाल्य गूंथती थी। अपने हाथों से पहनाती थी। अब?···दर्शन भी दूभर! राधा के नयन डबडबा आए।

···खड़बड़···खड़बड···खड़बड़···करील की झाड़ियों में आहट हुई। वेतसलता-कुंज हिल उठे। तमालों पर सहसा पक्षी दुगने उत्साह से चहक उठे।

वेग से धड़क उठा हृदय उसका। हाथ-पांव कांपने लगे!···अब आया वह।···अब आया।···

डबडबाए नयनों से चारों ओर असहाय सी निहारती रही। सखियां उल्लास-मग्न थीं यमुना में।

एकाएक हरिचंदन-गंध फैल गई चारों ओर। हरिचंदन-गंध फैलती जा रही थी। निकट आती जा रही थी। तीव्र होती जा रही थी।

राधा हड़बड़ा कर उठ खड़ी हुई। स्पंदित उर को दोनों हाथों से थाम वह शीघ्रता से चल पड़ी सखियों के निकट कांपते पांवों से लड़खड़ाती हुई।

भय से इधर-उधर निहारती। पीछे मुड़ कर देखती। हरिचंदन-गंध उसे लपेटे ले रही थी। हरिचंदन-गंध उसे भरे ले रही थी अपने आश्लेष में।

छपाक्! भयभीत राधा कूद पड़ी जल में।

'अरे! हमने जब बुलाया तब तो आई नहीं। अब क्या हो गया?'—विशाखा ने हर्ष से किलकारते हुए पूछा।

राधा का हृदय वेग से धक्-धक् हो रहा था। श्वास न ले पा रही थी। हांफ रही थी। नयन-द्वार पर बैठे भोले मूक-अश्रुकणों ने समझा दिया सब कुछ।

सखियां लिपट गईं उससे।

'राधे! भयभीत क्यों है उससे! वह भी तो विवश है। तेरे पीछे बावला है। यदि आ गया तो दोष क्या?'

राधा डुबकी पर डुबकी लगाए जा रही थी। मुख पर छींटें पर छींटें मार रही थी। शीश पर जल डाल रही थी, मन की उद्विग्नता बहाने को, उसका ताप धो डालने को। तप्त अश्रुकणों को तिरोहित कर डालने को।

राधा उच्छ्‌वासें भरती हुई डुबकी पर डुबकी लगा रही थी। यह ढीठ श्याम रंग छूटता नहीं। वह रोती जा रही थी और धोती जा रही थी अपने गोरे गात को। श्याम रंग ऐसा चिपटा था किन्तु न धूमिल पड़ता, न ही छूटता था। अमिट हो गया था।

'अरे ऽऽ! इतना भी क्या मल-मल कर धो रही है अपने आपको! तू तो गोरी है ही, और कितनी गोरी होना चाहती है? तुझे कहीं भ्रम तो नहीं हो गया कि सांवरिया के साथ के कारण तू भी सांवली हो गई है?'

'हां सखि! ऐसा ही लगता है। मेरा तन-मन⋯सर्वस्व श्याम रंग में रंग गया है। मैं गोरी न रह गई अब। श्यामा हो गई हूं। यह उसी का काला जादू है!'—राधा अंजलि में जल भर-भर कर मुख पर मार रही थी।

'मल मल धोए, पर नहीं छूटें⋯ कैसे फन्द में डारी ऽऽऽऽ

कन्हाई, मैं भी हो गई कारी⋯

तेरे अंग से अंग मिला के कन्हाई⋯

मैं भी हो गई कारी⋯कन्हाईऽऽऽऽ

मैं भी हो गई कारीऽऽऽऽ⋯'

विरजा कटाक्ष करती हुई गा उठी।

'किन्तु राधा! तू श्याम नहीं री, तू तो लाल हुई जा रही है।'

हंसती-खिलखिलाती वे लौट आईं पूर्व-स्थान पर, जहां उनकी गगरियां पड़ी थीं। वहां वे वस्त्र सुखाने बैठ गईं मलय-समीर के झोंकों से।

'तू क्यों ऐसी हांफती-दौड़ती भागी थी यहां से?'

'हरिचंदन की गंध मुझे पागल बना रही थी⋯'—शंका से पुनः चारों ओर निहारती हुई राधा बोली।

'वास्तव में? वह था क्या यहीं?'

'अवश्य रहा होगा! तभी तो तुम लोगों की शरण में गई थी।'

'अरे नहीं सखि! यह कुछ अधिक बौराई हुई है। इसे चारों ओर वही-वही दिखता है। जब तब तो इसे हरिचंदन की गंध लगने लगती है। कस्तूरी-मृग सी भटकती फिरती है आजकल यह। लता-वृक्ष, फलफूल सब इसे श्याम-मय दिखते हैं।'

राधा लजा गई अपने बावलेपन पर।

'किन्तु, सत्य कह रही हूं। वह अवश्य कहीं निकट ही था।'

'तब था···तो अब भी होता! जाता कहां तुझसे बिना मिले?'

सुनते ही उसका हृदय पुनः वेग से धड़क उठा। वह कातर हो उठी।

'देखो !···तुम लोगों के हाथ जोड़ती हूं। यदि वह आए तो बिल्कुल बात न करना उससे। घर लौटने में विलम्ब हो जाएगा। मेरी स्थिति विचार लो। बात भी न करना। रुकना भी नहीं उससे बात करने को। अब मुझसे यहां रुका नहीं जा रहा। चल.... लौट चलें। मेरा मन विचलित हो रहा है। किन्तु मेरी सौगंध है तुम तीनों को, जो उससे बात की। विरजे! ललिते! विशाखे! तुम लोगों से बात करते-करते.... फिर मेरी बारी! देखो! हाथ जोड़ती हूं। मेरी शपथ का ध्यान रखना। बात न करना। मेरे लिए उससे बोलना भी नहीं।'

तीनों ने भौंचक हो एक दूसरे को देखा।

'उससे न बोलें?···बेचारा! मारा-मारा फिरता है। न बोलेंगे। जैसी तेरी इच्छा। तुझे यदि सुख मिले तो ऐसा ही करेंगे।'

उन्होंनें अपनी-अपनी गगरी भरी और चल दीं।

'जित देखूं तित कारी ही कारी···

फूल तरुवर डारी-डारीऽऽऽ···'

विरजा और विशाखा एक दूसरे के कंठ में बाँहें डाल कर गा उठीं। और तभी टेर उठी नटखट मुरलिया दूर से···

'राधेऽऽ! राधेऽऽ! राधेऽऽ! राधे ऽऽ···'

राधा अवाक् रह गई। सखियां शीश झुकाए मन्द-मन्द मुस्कुराईं। राधा ने संयत किया स्वयं को।

'शपथ तुम्हें। उससे बात न करना···नहीं तो मेरी स्थिति विचित्र हो जाएगी। तुम लोगों से बात करने के बहाने रोक लेगा मुझे भी वह ढीठ। और मुझसे भी बात करेगा··· मैं···मैं नहीं करूंगी···बात। मुझे भय लगता है। बड़े अटपटे बैन हैं उसके'—राधा की वाणी में ही नहीं, विशाल लोचनों में भी मार्मिक गुहार आ समाई।

वे लोग चुपचाप चली जा रही थीं। वंशी बन्द हो गई।

'राधा ऽऽ!···राधा ऽऽ!···एक पल रुक जा!···रुक जा राधिके ऽऽऽ!'

झुरमुटों में से कृष्ण की पुकार सुनाई दी।

झाड़ियां, वृक्ष, लतादि हटाता हुआ वह दूर से लम्बे-लम्बे डग भरता चला आ रहा था।

राधा अपनी छलकती गगरी को सम्हालती, डगमग होती हुई बढ़ती जा रही थी। सखियां नतनयन चुपचाप पीछे-पीछे बढ़ी जा रही थीं।

'राधे SSS! रुक जा SSS। बस दो पल को रुक जा राधे, अधिक नहीं!···राधे SSS'—नीलमाधव की यह आर्त गुहार थी।

'रुक जा न राधे! दो ही पल को तो कह रहा है रुकने को।'—व्याकुल हो विशाखा ने राधा को समझाया।

'न न! नहीं रुकूंगी। वह मोहिनी फेर देता है···फिर घंटों···घंटों···बीत जाते हैं। उसकी मोहिनी बड़ी घातक है.... शीघ्र चल···'—राधे ने कांपते चरण द्रुतगति से बढ़ाए।

एक कंकड़ी आई....

टन्न्!

राधा की गगरी गई।

राधा के सूखे वस्त्र फिर से भीग गए ऊपर से नीचे तक। मुहूर्त भर को वे भौंचक रह गईं।

राधा का मुख क्षोभ से आरक्त था। नेत्रों में अश्रु उमड़ पड़े। किन्तु वह रुकी नहीं। द्रुतगति से चली जा रही थी।

टन्न्! टन्न्! टन्न्!

सखियों को गगरियां गयीं। वे सब सूखी-सुखाई पुनः भीग गयीं। तीनों क्षुब्ध थीं, पर कान्हा पर नहीं। राधा पर।

'अब बोल राधे। अभी भी उस दुष्ट से न बोलें? सौगंध चढ़ा रखी है तूने हम पर। गगरीं फोड़ दीं हम सबकी। बालपन का इतने वर्षों का पुराना खेल फिर से कर रहा है वह तेरी निठुरता के कारण।'

राधा आर्त थी। कांपता उर! कांपता हुआ भीगा गात! कांपते पांव! यमुना की धार सी वह बढ़ी जा रही थी। सखियां विवश सी उसके पीछे-पीछे खिंची जा रही थीं।

'राधे SSS! रुक जा! शपथ तुझे जो एक भी पग आगे बढ़ी!···सौगंध तुझे जो न रुकी मेरे लिए, राधिके!'—कान्हा के स्वर में अब रोष था।

राधा के पांव अशक्त हो गये। कदलीवन आ गया था। एक कदली-वृक्ष की ओट में सहम कर खड़ी हो गई वह हांफती हुई।

वह चला आ रहा था झुरमुटों को लांघता-फांदता नील-प्रभंजन सा।

आकर वह ललिता, विशाखा, विरजा के निकट खड़ा हो गया वेग से श्वास लेता। रोष से मुख तमतमा रहा था। राधा कदली-वृक्ष की ओट में थी। उसने एक लहराते हुए चौड़े कदली-पत्र को खींच लिया आंचल की भांति मुख पर ओट करने को।

देखूंगी नहीं उसकी ओर। मोहिनी फेर देगा।

'मैं पुकार रहा था...तो भी तुम लोग रुकीं क्यों नहीं?'—कृष्ण लगभग गरज उठा।

सखियां सहम गयीं रोषपूर्ण स्वर से। मूक लोचनों से एक दूसरे को देखा और खड़ी रह गयीं।

'उत्तर क्यों नहीं देतीं? मैं इतनी दूर से पुकारता-दौड़ता आ रहा था। दो पल रुक नहीं सकती थीं?'—वह उद्वेलित था। आवेश से उसकी वाणी कांप रही थी।

वे तीनों अपराधिनी सी काष्ठवत् खड़ी थीं।

कदलीपत्र वेग से थरथरा रहा था। ओट में खड़ी राधा थरथरा रही थी। उसके कारण सखियां कोपभाजन हो रही हैं। आज वह बहुत ही कुपित हो गया है। और वे बेचारी मूक खड़ी चुपचाप सुन रही हैं!

राधा व्याकुल हुई। किन्तु?

न, न! देखूंगी नहीं! मोहिनी फेर देगा।

'बोलतीं क्यों नहीं? वाणी क्यों सूख गई तुम लोगों की?...जिह्वा काट कर यमुना में चढ़ा दी क्या?'

अहो कान्हा! ऐसा कटुभाषी तो तू कभी भी न था। सखियां विकल हो उठीं।

उनके नयन डबडबा उठे। बोल भी तो नहीं सकतीं उससे। शपथ जो चढ़ी है! वह डपट रहा है उन्हें।

उधर कदलीपत्र थर-थर प्रकंपित था।

'कांव!...कांव!...कांव!...कांव!...'

तमाल की झुकी शाखा पर एक काग बोल उठा। डूबते को तिनके का सहारा! ललिता का चेत लौट आया, वह काग से बातें करने लगी।

'रे कागा! इस प्रकार बीच डगर में गोपियों की राह रोक कर क्यों कांव-कांव कर रहा है? संध्या हुई जा रही है, हमें अपने घर जाने दे। राह में कांव-कांव करके अपशकुन कर रहा है हमारा। जा रे कागा, अपनी राह जा। हमें तंग न कर।'

कान्हा विस्मित था। तीनों को बारी-बारी से निहारा। विशाखा ने तनिक मुस्कुरा कर आंखें झपकाईं। समझा। और उसका मुख मुकुलित हो उठा। उसने भी आंखें झपकाईं।

'कागा बड़ा अभागा है सखियो! सुदूर से दौड़ता-भागता आया तो भी देवी चंद्रहासिनी कदली-मेघ में छिप गयीं! दर्शन नहीं हो रहे। एक बार राजहंसिनी की कृपा दृष्टि तो हो जाए कागा पर!'—वह मन्द स्मित से बोला।

सखियां कौतुक से मुस्कुरायीं।

'अरे! यह कागा तो बड़ा ढीठ है री! कागा को भला राजहंसिनी क्यों देखे? बुला न किसी कागिनी को!'

सखियों समेत कान्हा का हास्य गूंज उठा सांध्य-वन में। कदलीपत्र कांपा और खिंच कर और भी चिपट गया गोरे मुख से।

'अरे कभी मैं भी तो हंस कहा जाता था! समय के फेर से राजमराल भी कागा हो जाता है। अभागा हो जाता है। किन्तु, मेरा कुछ दोष भी तो हो! बोलो। उत्तर दो तुम लोग।'

कांव…कांव…कांव…—वृक्ष पर काग पुनः बोल उठा।

'रे कागा! हम क्या उत्तर दें तुझे? जिससे पूछना है उससे स्वयं ही पूछ देख न! हम तो उत्तर दे नहीं सकतीं। हम पर शपथ जो चढ़ा रखी है तुझसे न बोलने की। आदेश-पालन कर रही हैं हम तो।'

'किसने आदेश दिया तुम्हें मुझसे न बोलने को?'—कान्हा ने चकित होकर पूछा।

'तेरी ठकुरानी ने! और किसने!'—तीनों सखियां उच्च स्वर में चिंहुक उठीं कृत्रिम रोष में।

हा…हा…हा…हा… कान्हा का निश्छल उन्मुक्त हास्य गूंज गया कदलीवन में।

कदलीपत्र थिरक उठा हौले-हौले।

'कागा उड़। कागा उड़! उड़ जा रे ओ ढीठ कागा!…अरे यह तो निकट ही आता जा रहा है! कंकड़ी मार कर भगाना पड़ेगा इसे!…पर! 'काग के भाग बड़े सजनी!' इसके भाग्य से यहां कंकड़ ही नहीं है…'

'चल सखी… थोड़ा आगे बढ़ कर ढूंढ़ें कंकड़ी, तो इस कागा को भगाएं तो यहां से…'—हाथ पकड़े एक-दूसरे को खींचती-घसीटती तीनों सखियां मुस्कुराती हुई जल्दी-जल्दी आगे बढ़ लीं।

कदलीपत्र संकोच से और भी सिमट गया। आंचल की भांति लिपट गया गोरे गात से। घूंघट की भांति चंद्रमुख को छिपा लिया उसने।

किन्तु वह सुदीर्घ नीलछाया अब उस पर छाई हुई खड़ी थी।

'राधे!…मिलेगी भी नहीं? और भूले-भटके कहीं मिल गई, तो बोलेगी भी नहीं? क्यों? मेरा दोष? कितने आग्रह से पुकार-पुकार कर रोकता रहा—दो पल रुक जा…दो पल रुक जा!…और तू रुकी नहीं मेरे लिए!'

राधा चुप!

उसने हाथ बढ़ा कदलीपत्र को खींच कर मुक्त कर दिया राधा के कर-बंधन से। कदलीपत्र झूम कर फहरा उठा स्वतंत्रता से।

'बेचारे कदलीपत्र को क्यों कष्ट दे रही थी? तू कब से नाटक करने लगी?'—उस ने कौतुक भरे स्वर में मिश्री घोलते हुए पूछा।

'नाटक!…जगत नाटक में आस्था रखता है। हम तो नट हैं। हमें नचाने वाला तो कोई और है। वह नटनागर जैसा चाहता है वैसा ही होता है। नाटक चलता रहता है… जगत प्रसन्न रहता है।'—किसी भांति अवरुद्ध कंठ से वह बोली।

'तो कब तक चलेगा नाटक?…कभी पदाक्षेप होगा क्या?' एक दीर्घ निःश्वास ली राधा ने।

'यह तो नचाने वाला ही जाने!'—डबडबाते हुए दृग सामने की कदम्ब-शाखा पर टिक गए।

'राधे!'—व्याकुल-कंठ कान्हा एक पग आगे बढ़ा।

राधा बिफर पड़ी। पागल सी गुहार उठी।

'कान्हा तू जा! मैं हाथ जोड़ती हूं तेरे। राह-डगर पर निकलते मुझे भय लगता है तेरा। मैं घर से नहीं निकलती तेरे कारण। आज जैसे वर्षों बाद यमुनातट की शीतल मलयानिल का सुख लिया हो। और वही हुआ जिससे मन डरता था।.... कान्हा तू जा!'

'किन्तु···मुझसे भय क्यों?—कान्हा ने उसका हाथ पकड़ लिया।

'छोड़ कान्हा! कोई देखेगा।'

'देखने दे। क्या होगा, देख लेगा कोई तो कहती है तू मेरी आराधिका है.... दिनरात आराधना करती है। ऐसी भी क्या आराधना जो आधे मन से हो! मन में संकोच रख कर! कैसी आराधिका है तू? और एक मैं हूं जो स्वयं को तेरा आराधक मानता हूं। मेरे तनमन की आराध्या तू है। मैंने तनिक भी निजत्व नहीं रखा शेष। तेरी झलक पाने को व्याकुल रहता हूं। किसी का भय नहीं रखा मैंने मन में। मेरी पूजा पूर्ण है। और तेरी?···आधी आराधना। आधी पूजा!···मैं इसी योग्य हूं क्या? चार फूल तेरे हाथ में हों तो मुझे दो ही चढ़ाएगी?···शेष बचा कर रख लेगी? आधी पूजा के ही उपयुक्त मुझे माना है तूने?'—कृष्ण गंभीर था।

राधा मर्माहत हो उठी वाक्‌बाणों से।

कृष्ण की पकड़ प्रबल हो रही थी। राधा की कलाई मुड़ी जा रही थी। डबडब करती हुई वह दूसरी बाहु में मुख छिपा कर रो पड़ी। बाहु के पृष्ठभाग से अश्रु पोंछते हुए संयत किया उसने स्वयं को किसी भांति।

'कान्हा! मुझे जाने दे। मैं तेरी बातें समझ नहीं पाती। किंतु मेरी आराधना आधी नहीं है। आधे मन से भी नहीं। पूर्ण है। मेरी पूजा पूर्ण है। मेरा सर्वस्व तू है। मेरा तन-मन भी मेरे आराध्य का है। निवेदित हो चुका है। मेरा समर्पण पूर्ण है। पूजा के समस्त फूल तेरे ही चरणों पर निवेदित कर चुकी हूं। मेरे पास कुछ शेष रहा ही नहीं अब। कुछ भी मेरा नहीं। किन्तु मैं प्रशांत-एकांत में आराध्य को भजती हूं। आराध्य सम्मुख रहे यह आवश्यक नहीं। आवश्यक यह है कि वह सतत मन में बसा रहे। कान्हा! छोड़ दे मुझे!···तेरे पांव पड़ती हूं···मुझे जाने दे।'—विशाल लोचन पुनः उमड़ पड़े जलधरों से।

कान्हा का हाथ और कस गया कलाई पर।

'किंतु यहां रहते हुए भी तेरी झलक पाने को मुझे इतना छटपटाना पड़ता है! इतना संघर्ष करना पड़ता है!···इससे तो भला था कि तू रावलग्राम ही रही होती। यहां आई क्यों?'—वह उद्भ्रान्त मेघ सा गरज रहा था।

मेघ उधर था, पर वर्षा इधर थी। राधा के कपोलों पर वर्षा थी।

झर झर···झर झर···

'राधे! आराध्या! मैं भीतर-भीतर बहुत अस्थिर हो रहा हूं। अब अधिक दिन यहां नहीं रहूंगा। मन में निरंतर—चलूं! चलूं! की अनुगूंज होती रहती है जैसे किसी सुदीर्घ प्रयाण पर जाना हो!'—कान्हा के स्वर में विचित्र आकुलता थी।

राधा ने पहली बार उसके मुख की ओर देखा। तिरछी दृष्टि से···कहीं पुनः छल ही तो नहीं कर रहा करुण-स्वर बना कर।

किंतु वह सचमुच गंभीर था। विशाल नेत्र भूमि पर एकटक लगे थे। गहरे विचार में लीन वह आत्मविस्मृत सा खड़ा था।

'कहां जाएगा कान्हा?'—कांपते अधरों में प्रकंपित प्रश्न निकला।

'नहीं जानता राधे! मन निरंतर धुन लगाए है' चलूं अब!···कहां?.... यह नहीं जानता। मन जैसे गरुड़ पर बैठा नीलवितान में उड़ता ही रहता है सदा। लगता है···यह सब मेरा नहीं। यह बसेरा मेरा नहीं अब। मन नहीं रमता कहीं भी···।'

एकाएक झटके के साथ उसने राधा का हाथ छोड़ दिया।

'राधे! कोई सतत पुकारता रहता है मुझे? रह-रह कर पुकार जाती है इन शैल-मालाओं के पास से। सघन कान्तारों के पास से। यमुना-तरंगों के पास से। क्षितिज पार से···एक पुकार मुझे सदा आह्वान करती है···। किसी की पुकार है वह?···कौन पुकारता है मुझे रह-रह कर? दिनरात वह पुकार मेरा पीछा करती रहती है'—वह विक्षिप्त सा चारों ओर निहारता हुआ बोला।

कुछ पल नीरवता में बीते होंगे कि उन्मादी हो प्रलाप सा कर उठा।

'कौन हो तुम, जो मुझे पुकारते हो? कौन हो?.... तुम कौन हो?... कौन बुला रहा है मुझे?···कौन पुकार रहा है मुझे?···कौन?···कौन?'—उसके विशाल विस्फारित नेत्रों में भयंकर उन्माद था।

चारों दिशाओं से प्रतिध्वनियां गूंज उठीं—कौन बुला रहा है मुझे?···कौन पुकार रहा है मुझे? कौन? कौन?

व्याकुलमना राधा कदलीवृक्ष के तने से चिपट कर बिलख पड़ी।

किंतु वह कितनी ही देर तक निश्चल खड़ा रहा मूर्तिसम। स्वप्निल नयन सुदूर कहीं खोए हुए। राधा धीरे-धीरे स्वयं को संयत कर अश्रु पोंछती चल दी। दूर वृक्ष-तले सखियां बैठी थीं उसकी प्रतीक्षा में। सांझ गहरा गई थी।

वह अचानक चौंक पड़ा।

'रुक जा राधे।'···

वह बढ़ती गई।

'राधे! रुक जा SS!'

वन में प्रतिध्वनि गूंज गई—'राधे! रुक जा SS।'

'राधे SSS!'

वन भी आर्त कंठ से पुकार उठा—'राधे SSS!'

सांझ के गहराते झुटपुटे में कई नारीकंठों की विचित्र खिलखिलाहटों से सहसा वन सिहर उठा। राधा भयातुर हो ठिठक गई। कुछ दूर तीनों सखियों ने भयभीत हो एक दूसरे का हाथ पकड़ लिया कस कर।

कान्हा ही निर्भीक था केवल। भृकुटि ताने चारों ओर देखता-निहारता चला आ रहा था।

राधा पुनः सखियों की ओर बढ़ी कांपते पांव। वे भी व्याकुल होकर सखी के निकट आ रही थीं। भय से कभी अश्वत्थ को निहारतीं, तो कभी इमली के वृक्ष की ओर देखतीं।

खिख्…खिख्…खिख्—वही ध्वनि! नारीकंठों से दबी हुई हंसी।

रोंगटे खड़े हो गए उनके। सखियों ने हाथ पकड़ा एक दूसरे का और राधा को साथ लेकर घर की ओर तीव्रगति से दौड़ चलीं।

'राधेऽऽऽ! रुक जा।'

अहो!…अहो! राधा उछली और लड़खड़ाती सी निकट की एक शिला पर बैठ गई।

उसके दाहिने चरणतल से रक्त प्रवाहित था। सखियां भय भूल गईं। बबूल का बड़ा सा कांटा चुभा हुआ था राधिका के पदतल में।

शूल ही शूल! उर में शूल! पग में शूल! चलो! बहाना तो मिला रो लेने का! पीड़ा द्विगुणित थी। पगशूल के बहाने वह मर्मशूल-जनित व्यथा बहाती हुई रो पड़ी।

विशाखा ने नीचे बैठ कर काँटा खींच कर बाहर करना चाहा। किन्तु शूल बहुत गहरा बिंधा था। राधा कांप उठी पीड़ा से। विशाखा सिहर गई। ललिता, विरजा स्वेद से लथपथ थीं उसे निकालने के प्रयास में। कांटा सरलता से निकल नहीं रहा था और निर्ममता से खींच लेने का साहस उनमें न था। ललिता असहाय हो बैठकर आघातस्थल के चारों ओर केवल हाथ फेरने लगी।

वह आ गया। सबको हटा दिया उसने। दृढ़ता से राधा का चरण पकड़ कर अपने घुटने पर रखा। शूल के दोनों ओर दोनों हाथों के अंगूठे रख कर कस कर दबा दिये। शूल ऊंचा उठ आया। कान्हा ने झुककर दांतों से शूल खींच लिया। पीड़ा से अचेत हुई जा रही राधा के कंठ से कांपती हुई दीर्घ निःश्वास निकली।

सखियों ने आश्वस्ति की सांस ली।

'मैं निकाल रही थी शूल, तो कैसी छटपटाती थी! निकालते ही न देती थीं…और कान्हा के समक्ष कैसी कपिला-गऊ बन कर चुपचाप निकलवा लिया शूल!'—विशाखा ने ताना कसा।

'अरे, कान्हा कुशल चिकित्सक जो ठहरा!'—ललिता ने कटाक्ष किया।

विरजा झूम कर गा उठी—

'राधा की तब पीर मिटे…
जब वैद्य संवरिया होयऽऽऽ
मेरा दर्द न जाने कोय…
सखी रीऽऽ मैं तो प्रेम दीवानीऽऽ'

सखियां हंस पड़ीं।

'क्यों रे काक-वैद्य! हमारी सखी का अभी और भी उपचार होना है क्या?'—ललिता ने हाथ जोड़ते हुए कान्हा से पूछा।

'हां अभी औषधि का लेप होगा। घाव गहरा है। समय लगेगा।'—उसने गंभीरता से उत्तर दिया।

'हूं! सुना सखियो! घाव गहरा है।'—विशाखा ने नयन नचाते हुए कटाक्ष किया।

'तो ठीक है। आज काकराज को राजहंसिनी की भलीभांति पूरी सेवा कर लेने दो।···चलो सखी···हम तो चलें घर।'

सखियों को मुड़ते देखा तो राधा हड़बड़ा कर उठने लगी।

'ए विरजा। विशाखा···मैं भी चल रही हूं···'—किन्तु पुनः पीड़ा से कराह उठी धरती पर चरण रखते ही।

'पागल है तू राधे? इस शूल-वेदना को लिए-लिए तू चल पाएगी क्या?'—राधा की चिबुक पकड़ कर, मुख ऊपर उठाते हुए स्नेह भीगे स्वर में कान्हा ने पूछा।

राधिका लाज से छुईमुई हो गई।

वह दूर्वा-दलों, वनस्पतियों और लताओं में कुछ ढूंढ़ने लगा। ढूंढ़ कर लाया कुछ पत्ते। कंधे पर पड़े अपने उत्तरीय के छोर में उन्हें रख कर दोनों हाथों से भली-भांति मला। फिर बैठ कर घाव में उस औषधि का लेप करने लगा। तुरन्त दाह कम हो गया। पीड़ा थम गई।

वह देखती रही!···झुका हुआ मोरमुकुट उसके चरणतल की सुश्रूषा में लीन था और वह अपने दोनों हाथों की उंगलियां परस्पर बांधे निश्चल बैठी रही।

कान्हा ने अपना कटिबंध चीरा। घाव पर चीर बांधा। फिर अपने हाथों में थाम कर राधा का आहत चरण हौले से भूमि पर रख दिया।

और तब! राजा के जुड़े हुए प्रकंपित हाथ उसने अपने दोनों हाथों में ले लिए।

'राधे! मैं क्या जीवन भर करील की झाड़ियों-तले बीन ही बजाता रहूंगा?···'—कान्हा के विशाल राजीव-लोचनों में वेदना की गहनतम अनुभूति आलोड़ित थी।

राधा के कपोलों पर फिर बह चले जल-मुक्तक।

मोरमुकुट झुकता जा रहा था नीचे की ओर और कान्हा ने अपना शीश हौले से उसके अंक में रख दिया।

विद्युत-तरंग सी कौंध गई तन में। राधा चौंक पड़ी। हृदय में ज्वार उमड़ पड़ा भावावेग का। अश्रु रोके न रुकते थे।

'राधे!···राधे! तुझे तनिक भी दया नहीं आती मुझ पर?'—राधा के अंक में मुख छिपाए वह व्याकुलता से अस्फुट स्वर में बोल रहा था।

राधा उमड़ पड़ी सहस्र-धार सी। यह कहां चला जाएगा उसका नीलमेघ? उस पर छाई रहने वाली यह नीलछांह···छोड़ जाएगी उसका साथ क्या?

राधा श्वेत घटा सी झुक आई। सुनहली कोमल धूप सी झुक आई, श्यामल-धरा को अपने आश्लेष में बांधती हुई···समेटती हुई।

कितने मौन पल बीत गए, क्या ज्ञात!

कान्हा ने सुस्थिर हो नीलबाहु का अवलंब दिया। पदतल की पीड़ा उस अवलंब को पाते ही कम हो गई। कान्हा की शक्तिशाली नीलभुजा पर झुकी सी, झूलती सी, झूमती सी वह स्वप्नवत् चली जा रही थी।

सखियां भी निकट आ गईं। अंधकार हो गया था। वन में झिल्ली की झनकारें थीं केवल।

खिख्···खिख्···खिख्···खिख्।···—अचानक नारीकंठों की दबी सी वही विचित्र खिलखिलाहट वृक्ष-लताओं के पीछे से गूंज गई।

वे सब चौंक पड़ीं। कान्हा ने भयभीत राधा को और समेट लिया। तीनों सखियों ने एक दूसरे को कस कर पकड़ लिया। कान्हा ने उन्हें अपने आगे किया।

'भय की कोई बात नहीं। भय मत करो!'—कान्हा गंभीर हो भृकुटि तानकर बोला।

खिख्···खिख्···खिख्···खिख्···। वन सिहर उठा। कामिनियों के रोम-रोम सिहर उठे। तीनों सखियों ने भय से कान्हा की दूसरी बांह पकड़ ली।

'तुझे भय नहीं लगता कान्हा?···यह कैसी ध्वनियां हैं? वन में नारी-कंठ।···ऐसी हंसी! कौन स्त्रियां हंस रही हैं ये?'—ललिता ने भयातुर नेत्रों को विस्फारित करते हुए पूछा।

'अश्वत्थ पर रहने वाली प्रेतनी।'—कान्हा ने छेड़ा।

'अहो नहीं!'—विशाखा के नेत्र भी भय-विस्फारित हो गए।

'तो फिर इमली पर रहने वाली भूतनी होगी।'—कान्हा ने निर्विकार भाव से कहा।

'नहीं कान्हा···ऐसा मत कह।'—विरजा ने कान्हा की बाहु को कस कर पकड़ लिया।

खिख्···खिख्···खिल्···खिल्··· खिल्··· हंसी फैलती हुई अन्ततः लुप्त हो गई।

कान्हा की दृष्टि राधा के मुख पर गई जो कुछ कह नहीं रही थी···किन्तु भय, पीड़ा और आतंक से व्याकुल थी।

'राधे! भय न कर! मैं इन प्रेतनी-भूतनी को भलीभांति समझता हूं। इनको ठीक कर दूंगा। ऐसा मंत्र फूंकूंगा कि इनकी यह खिख् खिख् सदा के लिए बन्द हो जाएगी···'—किंचित् रोष से वह बोला।

'तू जानता है कान्हा, इन प्रेतनियों को?'—विरजा ने आश्चर्य से पूछा।

'भलीभांति! इनका उपचार भी जानता हूं। तुम लोग निर्भय रहो। ये कुछ नहीं कर सकतीं। समय आने पर ये स्वयं हमारे चरण छुएंगी'—बांई भुजा से राधा को और समेटते हुए वह बोला।

× × ×

'अरे क्या सच?'—धन्य गोप ने अपनी मन्द-मन्द आंखों को कौतुक से तनिक खोलते हुए पूछा।

'हां-हां···बिल्कुल सच!'

'तब तो रायण गोप की माता को सचेत कर देना चाहिए शीघ्र ही!'—पुण्य बोला।

'सो तो है ही!'—साधमती धान फटकते हुए बोली।

'और रायण को नहीं ज्ञात?'

'रायण बेचारे के जीवन में दुर्भाग्य ही दुर्भाग्य है। एक तो पत्नी ऐसी आई। ऊपर से जिस दिन से उसके चरण पड़े घर में, रायण को तो जैसी निर्वासित ही कर दिया हो!'—सत्यमती बोली।

'क्यों....कैसे?'

'अरे दूसरे दिन ही तो उन्हें परदेश चला जाना पड़ा। आज तक ना लौट पाए। छह माह हो रहे हैं। माता बेचारी उनकी अलग दुखियारी रहती है'—साधमती ने कहा।

'तो कहां गए रायण गोप?'—पुण्य ने पूछा।

'अरे, धूल फांकते हुए मारे-मारे घूम रहे हैं जाने कहां'—सत्यमती नाटकीयता से बोली।

'अरें अब रायण भी क्या कर सकता है?···दबा हुआ है न नंदगोप से।'—साधमती ने अभिनय के साथ कहा।

निकट बैठे वयोवृद्ध धीर गोप बहुत देर से चुपचाप सुन रहे थे। अब रहा न गया उनसे।

'क्यों री प्रौढ़ाओ! मतमारियो! रायण गोप भला क्यों दबा हुआ है नन्दगोप से?

'दबा हुआ है। क्योंकि नन्द से सब दबे हुए हैं।'—सत्यमती ने हाथ फैला कर उत्तर दिया।

'असत्य! नन्दगोप जैसा सज्जन, साधु पुरुष और उस पर झूठा आरोप लगा रही हो तुम लोग, मूढ़ो?'—धीर गोप की वाणी कांपने लगी आवेश से।

'अरे तो क्या नन्द ही एक सज्जन बचे हैं? रायण क्या दुर्जन हैं?'—साधमती ने पुनः हाथ नचाए।'

'अरी मूर्खा! यह मैंने कब कहा? अरे सज्जन तो दोनों ही हैं। लेकिन तू तो नन्द पर मिथ्यादोष लगा रही है! वे रायण का कितना सम्मान करते हैं और रायण भी नन्द का कितना सम्मान करते हैं।'

'अहो! तात! तुम तो अब सठिया चले हो। मेरा तात्पर्य प्रमुख रूप से नन्द से नहीं था। नन्द का वह जो उद्दण्ड और उत्पाती ढोटा है न... उससे था!···उससे सब कितना दबते हैं!'

'मैंने तो किसी को दबते नहीं देखा। और रायण भला कन्हैया से क्यों दबेंगे?'

'इसलिए कि जो उससे न दबे···क्षणमात्र में शीश जो उतार लेगा कन्हैया!'—सत्यमती बोली।

'रायण का शीश....कन्हैया उतार लेगा?'—धीर गोप के नेत्र विस्फारित थे।

'रायण अथवा किसी का भी वह शीश उतार सकता है'—पुण्य बीच में बोला।

'मूर्खो! क्या कह रहे हो यह भी सोचा तुमने! वह हमारी आंखों का तारा। कान्हा.... आज तक निरीहों और निर्दोषों की जो रक्षा करता आया! उसके विषय में ऐसी निम्नस्तर की बात कह रहे तो तुम! वह कान्हा! जो न होता तो दावानल लील गया होता समूचे ब्रज को, जो न होता तो समूचा ब्रज प्रलय में डूब गया होता। वह कान्हा! जिसने इतने असुरों का वध किया···जिसने हिंसक पशुओं, भयंकर विषधरों का वध करके ब्रज के वनों को अभयारण्य बना दिया! जिसने निरीह गोपों की कितनी ही बार सुरक्षा की! जिसके रहते हम ऐसा निश्चिंत और सुरक्षित जीवन बिता पा रहे हैं!···निर्लज्जो! उस कान्हा के लिये तुम लोग ऐसी बात करते हो! वह कान्हा हमारा! वह दीनबन्धु... दीनानाथ···सा हमारा लाल!'—धीर गोप की वृद्ध वाणी अवरुद्ध हो गई। नेत्रों में अश्रु भर आए।

'अरे तो क्यों ऐसे अधीर हा रहे हो, तात! तुम्हारे जैसे अंध भक्तों से प्रशंसा पाकर ही तो उसकी ढिठाई बढ़ती गई है। जो मन आता है वही तो करता है। अंकुश है क्या उस पर किसी का?'

धीर अवाक् बैठे रह गए। धीरे-धीरे संयत हुए।

'तुम लोग कितनी मूर्खता की बात कर रहे हो! ज्ञात नहीं रायण कान्हा पर कितना स्नेह करता है और कान्हा रायण को कितनी आदर की दृष्टि से देखता है?

'अरे तुम नहीं जानते तात आजकल की बातें। वह ढीठ लंगरवा, साधु-पुरुष रायण को कैसे-कैसे मूर्ख बना रहा है।'

'क्या मूर्ख बनाया उसने रायण को?'—वे उग्रता से बोले।

'यह लो! सारी रामायण हो गई···तात ऊंघते ही रहे! अब पूछ रहे हैं कि कान्हा ने रायण को क्या मूर्ख बनाया। अरे दिन-रात रायण की नई नवेली वधू को लिए वनविहार करता फिरता है। रात-रात भर रासलीलाएं होती हैं। दूसरे की विवाहिता के साथ नाचना-घूमना कहां तक उचित है तात?'

'तुम लोग हो जड़बुद्धि! गोप-गोपियां साथ-साथ नाचते-गाते हैं तो दोष क्या? तू जल रही है कि तुझे कोई साथ नाचने को नहीं बुलाता···?'

'बुला कर तो देखे कोई मुझे! मुझे यह सब नाटक नहीं सुहाते तनिक भी। अरे विवाहिता हो तो घर की सेवा करने को। यह क्या कि घनी अंधियारी सांझ परपुरुष के साथ वन-वन डोल रही है!'—साधमती मुंह बना, सिर से ढलका हुआ आंचल ठीक करते हुए बोली।

'साधुमती! हमारी प्राचीन गोप-संस्कृति में ऐसी जकड़न नहीं थी बंधनों की। गोप-संस्कृति तो आधारित ही थी नृत्य, संगीत और भ्रमण पर। हम गोप लोग प्रारंभ से ही भ्रमणशील जाति के रहे हैं। शकटों में बैठे-बैठे स्थान-स्थान पर घूमते रहते थे। और कहीं भी शकटों को अर्ध-चन्द्राकार में खड़ा करके ब्रज स्थापित कर लेते थे। नृत्य में स्त्री-पुरुष

साथ ही साथ सम्मिलित होते थे। गोप-संस्कृति का आधार ही रहा है ऐसी उल्लास-सृष्टि। ये सब बातें तो हमने अन्य लोकजन से सीख ली हैं कि स्त्री घर में घुसी रहे और पुरुष बाहर आनंद करते रहें…।'

'अरे बाबा! तुम तो ठहरे नंदसुत के पुरातन दास। वह जो करे वही उचित!…'—धन्य बीच में ही बोल पड़ा।

'चुप रह प्रलापी! बकवाद बन्द कर।' वृद्ध क्रोध से अधीर हो उठे।

कुल पल को शांति छा गई वहां।

'लो बात चल ही रही थी कि रायण गोप स्वयं आ गए। यह कब लौट आए परदेश से?'

'कौन? रायण आ गए? आओ…आओ रायण बैठो।…कब आए?'—धीर गोप का मुख प्रसन्नता से खिल उठा।

रायण ने चारों ओर देखते हुए सबको अभिवादन किया।

'बेचारे की वधू ऐसी आई कि इन्हें ही बाहर कर दिया घर के। तब से मारे-मारे फिर रहे हैं'—साधमती ने अपना राग अलापा।

रायण दो पल को गंभीर हो बैठे रहे। और फिर अकारण ही उनके मुख पर अलौकिक आनंद की आभा खेल गई।

'आए कब रायण?'—धीर गोप ने विषयान्तर किया।

'अभी दो घड़ी हुए आए। यहां सब कुशल मंगल है तात?'

'सब ईश्वर की कृपा है।'

'नन्दभवन में?'

'वहां भी आनंद है। तुम्हारे जाने के बाद एक बार गोप-लोकसभा जुड़ी थी। तुम न रहे रायण तब। आहा हा.... माधव का संबोधन सुना होता उस दिन तुमने'—वृद्ध गोप विह्वल स्वर में बोले।

'अच्छा ऽऽऽ!'—आश्चर्य से रायण बोले।

'अरे क्या बताऊं रायण? अग्नि की ज्वालाएं फूट पड़ी थीं उसकी वाणी से। ग्वाल-बाल मुट्ठियां तान-तान कर खड़े हो गए थे कंस से निपटने...। वयोवृद्ध गोपों की भी हुंकारें निकल गयी थीं…।'

'धन्य है कान्हा! धन्य है! वही तारेगा हमें।'—रायण विभोर हो उठे—'कान्हा इस धरा का नहीं तात! वह किसी और लोक से उतर कर आया है हमें धन्य करने।'

'यही मैं कहता हूं रायण! उसमें कोई दिव्य विभूति अवश्य छिपी हुई है…'

साधमती और सत्यमती का परस्पर दृष्टि-विनिमय हुआ।

'अरे तुम लोग तो जब देखो तभी नन्दनंदन के गुणगान करते रहते हो। उसी के हाथों बिक चुके हो। जबकि उसकी उद्दण्डता दिन पर दिन बढ़ती जा रही है'…—साधमती नाक फुलाकर बोली।

रायण ने ध्यान दिया दोनों के चेहरों के भाव पर।

'तेरा नाम साधमती रख दिया गया…यही बड़ा दोष हो गया। तेरे समान तो जटिल व्यक्ति नहीं दिखता मुझे। कभी किसी से संतुष्ट नहीं हो पाती। किसी की प्रशंसा नहीं कर पाती। सबके मीन-मेष निकालती ही रहती है। तेरा नाम तो जटिला होना था जटिला। यह जटिला है और वह जो आंखें मिचमिचा रही है…वह कुटिला है। और नाम हैं दोनों के साधमती…और सत्यमती! कैसा विरोधाभास है नाम और गुण में।'—कह कर रायण हंस पड़े।

'रायण! आज तुमने सही नामकर्म कर दिया दोनों का। कुटिला और जटिला! तुक भी अच्छी मिल गई नामों की। गुण तो थे ही सुन्दर इनके!'—धीर गोप को बड़ा आनन्द आया।

रायण पुनः हंस पड़े।

'अरे रायण गोप! हंसो मत अधिक। घर में आग लगी है तुम्हारे। घर को सम्हालो। दुखिया माता की तनिक देखभाल करो। साधमती और सत्यमती शत्रु नहीं हैं तुम्हारी। हँस चाहे जितना लो…हमारे समान हितैषी नहीं कोई तुम्हारा'—सत्यमती ने फुफकारते हुए कहा।

'घर में आग? क्या तात्पर्य तुम्हारा'—रायण कुछ चिंतित हो उठे।

'अरे इनकी बुद्धि विकृत है रायण, और जिह्वा भी अशुभ है। इनकी बातों पर न जाओ'—धीर गोप ने समझाया।

'अरे क्यों? तुम्हारे जैसे सभी लोग भोले बाबा बने जड़ी-बूटियां घिसते रहे, तब तो हो चुका! घर-घर में आग लगेगी तब तो'—साधमती ने हाथ मटकाए।

'किन्तु हुआ क्या…मैं समझा नहीं'—रायण अभी भी चिंतित थे।

'अरे तुम ऐसे भोले ही बने रहना और चोर-लुटेरे तुम्हारा घर तुम्हारी आंखों के ही सामने लूट ले जाएंगे। तुम्हारी छैलछबीली बहू की बात कह रही हूं जो दिनरात नन्द के ढोटा के गले में बांहें डाले वन-वन डोलती रहती है…।'

'हरि ओऽम्! हरि ओऽम्!'—रायण ने आंखें मूंद लीं और शीश हिलाते हुए अपने कानों पर हाथ रख लिये। जब स्थिर हुए तो गद्‌गद् हो उनके जुड़े हाथ आकाश की ओर उठ गए।

साधमती, सत्यमती, धन्य और पुण्य स्तब्ध थे।

'पत्नी उच्छृंखलता से परपुरुष के साथ घूमती फिरे और तुम्हें तनिक भी बुरा नहीं लगता? कैसे पति हो? रायण! ऐसा पुरुष तो हमने देखा नहीं कोई।'—सत्यमती ने अपने चिबुक पर तर्जनी रख कर आश्चर्य प्रकट किया।

'सत्यमती! शांत हो। शांत हो। वह यदि किसी की पत्नी है तो केवल परम पुरुष की। उसके लिये कोई अनुचित शब्द न निकल पाए। तुम्हारी बुद्धि कलुषित है। हृदय कलुषित है। स्मरण रखो वृषभानुनंदिनी में देवी का वास है। वे गौरी हैं।…एक शब्द भी न कहना उनके विरुद्ध।'—रायण के गंभीर स्वर में विलक्षण दृढ़ता थी।

वे पुनः स्तब्ध रह गईं।

'तुम चाहे जो कहो रायण। किन्तु यह अधर्म हमसे तो नहीं देखा जाता कि विवाहिता नारी किसी छैला के साथ ऐसे घूमती फिरे, नाचती फिरे वन-वन डगर-डगर···। लाज के मारे हमारी तो आंख भी नहीं उठतीं उसकी ओर···।'

'तो तुझे ही क्यों अधर्म लग रहा है? और इतने लोग जो कुछ आपत्ति नहीं करते? वे सब अधर्मी हैं? तू बड़ी पतिव्रता है, तो बैठी रहा कर न घर में घुस कर! सो तो स्वयं का ही पता नहीं चलता कहां घूमती रहती है देर सांझ तक!'—धीर गोप ने डपटा।

तभी रायण की माता भी वहीं आ गयीं। साधमती और सत्यमती का मनोबल बढ़ गया।

'माता! अंधेर देखा तुमने?'

'क्या?'

'इन भोलेभाले रायण को कुछ समझाओ तो उल्टे मुझे ही डपट रहे हैं....।'

'यही तो मेरा दुर्भाग्य है। पुत्रवधू वन-वीथिकाओं में नाचती फिरती है। पुत्र परदेश में ही बसना चाहता है। वृद्धा का कोई अवलंब नहीं। जिस दिन से वृषभानुनंदिनी के पांव मेरे घर पड़े, पुत्र को कैसी धूल छाननी पड़ी है! स्थान-स्थान भटकना पड़ा है। छह माह बाद आया है हारा-थका। और···वह उस उच्छृंखल के साथ रमती रहती है।'

'माता!!'—रायण का स्वर कठोर हो उठा।

माता सकपका कर चुप हो गई।

एकाएक वायु का प्रबल झोंका आया और हरिचंदन की सुवास फैल गई चारों ओर। धीर गोप और रायण चारों ओर निहारते हुए उठ खड़े हुए।

'अरे माधव! कृष्ण···! आओ! आओ कान्हा।'

कृष्ण का दीर्घ नील आकार और पीताम्बर दिखा। वह गंभीर विचारों में निमग्न, नतनयन कुछ सोचता धीरे-धीरे आ रहा था।

'अहो! तात रायण!···कब आए?'—कृष्ण मुदित मन रायण गोप के चरण स्पर्श करने झुका।

रायण ने गद्गद हो बीच में ही उसे भर लिया अपनी बांहों में। वे दोनों प्रेममग्न हो कितने ही पल उसी प्रकार आलिंगन-बद्ध खड़े रह गए।

कान्हा को देखते ही वहां सन्नाटा छा गया था।

'बैठो कान्हा!'—रायण ने स्नेह से आग्रह किया।

तब कान्हा ने सब पर दृष्टि डाली।

'हा-हा-हा-हा···हा-हा-हा-हा'—कृष्ण का अट्टहास गूंज उठा।

'क्या हुआ कान्हा?···इन जटिला-कुटिला को देख कर हंस रहे हो?'

'जटिला-कुटिला? साधमती और सत्यमती का नवीन नामकर्म कर दिया क्या आपने?'—कृष्ण ने आश्चर्य से पूछा।

'कर्म तो यह इनका पुरातन ही था। बस कर्म के अनुसार नाम मैंने रख दिये'—रायण ने मुस्कुरा कर कहा।

'कुटिला और जटिला।···हा-हा-हा-हा···हा-हा-हा-हा··· ।'

कृष्ण के उस आक्रामक अट्टहास से साधमती-सत्यमती आक्रांत थीं। क्षुब्ध थीं। चुपचाप सकपका कर एक ओर सिमटी जा रही थीं।

'किन्तु तुम आते ही हंसे क्यों माधव? इन्हीं ही को देख कर?'—धीर गोप ने पूछा।

'हां तात! इन्हीं को देखकर कुछ स्मरण आ गया था इसलिये।···हा-हा-हा-हा···'—पुनः कृष्ण का अट्टहास वेग से छूट पड़ा।

साधमती और सत्यमती बार-बार अपने भाल से स्वेद-बिंदु पोंछ रही थीं।

'अरे बताएं तात रायण! आप कहां-कहां घूम आए?'

'अरे घूम आया, कि उसे निर्वासित कर दिया उस मायाविनी ने ब्रज से! हारा-थका यह छह माह से परदेश में भटक रहा है। अन्य लोग आनन्द से छके फिर रहे हैं, विश्वासघात···'—रायण की माता उबल पड़ी।

'माता!!'—रायण गरज उठे।

माता सिटपिटा कर पुनः चुप हो गई।

'कृष्ण! मैं उज्जयिनी तक हो आया!'

'अहो सत्य क्या??'—धीर गोप की आंखें चमक उठीं।

'वास्तव में?'—हर्षमिश्रित आश्चर्य से कान्हा ने पूछा।

'हां! उज्जयिनी के एक श्रेष्ठि मथुरा आए हुए थे व्यापार हेतु। उनके अश्वों में बड़ा भयंकर रोग फैल गया था। मेरे उपचार से समस्त अश्व बच गए। श्रेष्ठि ने बड़ा सम्मान किया। चलते समय मुझसे भी आग्रह किया तो मैं प्रलोभन न रोक सका और उनके सार्थ में सम्मिलित होकर चला गया।'

'धन्य भाग्य! फिर?'

'वहां उज्जयिनी में भी अश्वों में वह रोग फैला हुआ था। वस्तुतः उज्जयिनी से ही श्रेष्ठि का एक अश्व रोगी होकर आया था मथुरा, बाद में उसके अन्य अश्व भी रोगग्रस्त हो गए। उज्जयिनी में राज-अश्वशाला की स्थिति गंभीर थी। वहां भी मुझे सफलता मिली।'

'अहो! अहो!'—धीर गोप की वृद्ध आंखों में प्रेमाश्रु डबडबा उठे।

'धन्य है तात आप'—कृष्ण विह्वलकंठ से कह उठा।

'मुझे तूने यह सब नहीं बताया पुत्र!'—माता ने तीक्ष्ण स्वर में उलाहना देते हुए कहा।

'तुझे अवकाश कहां चबाव-चर्चा से? सांझ-सबेरे जटिला के द्वार पर जो परनिन्दा-गोष्ठी जमती है न, तू उनमें ऐसी रमी रहती है कि मुझे भय हो गया है कि कहीं तू भी इन्हीं जैसी न हो जाए। तुझे निन्दा-गोष्ठी में जितना रस आता है, मेरी उपलब्धियों में

कहां आता है? हां! तो माधव! महर्षि सान्दीपनि के आश्रम जाकर मैंने परम सुख लाभ किया। सर्वश्रेष्ठ गुरुकुल है वह आर्यावर्त का। धन्य हो गया मैं तो।'

'सान्दीपनि ऋषि के आश्रम में? मेरे मन में इस नाम और स्थल के लिये एक अजाना सा आकर्षण सदा से पनपता रहा है तात! एक विचित्र सी आत्मीयता! क्या कभी जा सकूंगा?'

'अवश्य जा सकोगे कृष्ण! तुम्हारे भीतर तो प्रबल इच्छाशक्ति है, एक बार निर्णय ले लोगे तो फिर क्षिप्रा-तट पर पहुंच ही जाओगे। मेरी यह यात्रा अत्यंत सुखद एवं लाभप्रद रही। स्थान-स्थान पर सम्मान हुआ। प्रतिष्ठा मिली। ऋषि-मुनियों के आशीर्वाद मिले। माता! तू प्रसन्न हो। दो सहस्र स्वर्ण मुद्रा तो श्रेष्ठिवर ने ही दे दी थीं। एक मंजूषा भर एक स्वर्ण-रत्नादि उज्जयिनी के महाराजा जयत्सेन ने बड़े आग्रह से दीं। मुझे और क्या चाहिये इनके अतिरिक्त? यहां पर देवीदर्शन से ही मेरी यात्रा सफल हुई।'

'अहो! सुना तुम लोगों ने! मेरा योग्य पुत्र कितनी संपत्ति लेकर आया है! आहा रे मेरे पुत्र! युग-युग जिये तू।'—माता गद्गद हो उठीं स्वर्ण-रत्नादि के विषय में सुन।

'और यहां के क्या समाचार? सुना है कंस-विरोध प्रबल होता जा रहा है!'—रायण ने पूछा।

'प्रखर होता जा रहा है।'

'होना भी चाहिये।'

'और तात! आपको हर्ष होगा जानकर कि तात हलधर ने अंततः ब्रज में कृषि प्रारंभ करवा दी। कृषि भी अब गोपों के व्यवसाय के रूप में प्रचलित हो गई है। अब तो गोपों में आपको एक नहीं कई हलधर दिखेंगे।'—कृष्ण ने सूचना दी।

'अहो! वास्तव में क्या? बड़ी आनंदपूर्ण सूचना है यह तो। बलभद्र सदा ही कृषि का स्वप्न देखते थे। वे कहते ही थे कि इतना विराट भूखण्ड है गोवर्धन प्रदेश का कि पशुओं के लिए चारणभूमि भी हो सकती है और खेत भी लहलहा सकते हैं यहां। हलधर का स्वप्न साकार हो गया।'

'अभूतपूर्व रूप से तात! अब आप जाएं गोवर्धन के निकट तो देखकर मुग्ध हो जाएंगे। सोने की लहलहाती शस्य खड़ी है वहां। गोप-गोपियों के उल्लास-गीत अब वनों की सीमाएं पार करके बिखर गए हैं खेतों में।'

'अहो आनंद! आनंद बरस रहा है चारों ओर।'—रायण ने विह्वल हो हाथ आकाश की ओर फैला दिए।

'किन्तु....! कब तक?···कब तक? और कितने दिन यह सब! कृषि··· गोचारण··· गोपालन?'—कृष्ण अस्फुट स्वर में मंथन करता सा बोला।

'क्यों? कब तक का क्या प्रश्न, कान्हा?'—रायण ने विस्मित होकर पूछा।

'पता नहीं तात! मुझे सतत अनुभूति होती रहती है सुदूर से किसी आह्वान की। एक पुकार···दूर कहीं से। कहीं जाना है।···कुछ करना है मुझे और अग्रज को···।'—कृष्ण के नेत्रों में कोई स्वप्न आ समाया। वह खो गया उसी में।

सब विस्मित थे।

'माधव! मैं तो बहुत पूर्व से जानता हूं कि तुम साधारण नहीं। असाधारण भी नहीं। किन्तु असाधारण के ऊपर भी जो कुछ है...वह तुम हो।'

अनायास कान्हा के मुख पर उसकी शाश्वत् स्मित् पुनः उभर आई—'मैं असाधारण कहां तात! केवल आपके सिखाए पशु-चिकित्सा के कुछ सिद्धान्तों से परिचित हूं...और कुछ भूतनी-प्रेतनी को वश में करने के तंत्र-मंत्र जानता हूं बस!'

'यह तुम कबसे करने लगे? भूतनी-प्रेतनी?'—कौतुक से रायण ने पूछा।

'हां तात! करना आवश्यक जो हो गया। आज कल यहां भूतनी-प्रेतनी बहुत बढ़ गई हैं। अश्वत्थ और इमली वृक्षों पर नहीं। कदलीवनों, जम्बूफल-वनों में और ग्राम डगर पर।'

'न मैं समझ पा रहा हूं, न ही विश्वास कर पा रहा हूं।'—रायण ने आश्चर्य से कहा।

'विचित्र-विचित्र ध्वनियां आती हैं उनके हंसने, खिलखिलाने की और बेचारी निरीह गोपियां भयभीत हो जाती हैं।'

'किन्तु! यहां तो भूतनी-प्रेतनी का साहस ही नहीं हो सकता। वृंदावन तो अभयारण्य है। सुरक्षित है भलीभांति। और अब तो यहां भगवती स्वयं आविर्भूत हो चुकी हैं, फिर यह उपद्रव कैसा?'—रायण ने आस्थापूर्वक पूछा।

'भगवती?'—माता ने पूछा।

'भगवती?'—कान्हा ने पूछा विस्मय से।

'हां। भगवती! वृषभानुनंदिनी के रूप में भगवती गौरी का पदार्पण यहां हो चुका है। यहां कोई भूतनी-प्रेतनी नहीं रह सकती।'

'किन्तु तात! मानुषी भी तो कभी-कभी भूतनी-प्रेतनी सी हो जाती हैं। वे क्या उस मछली के समान नहीं जो समूचे ताल का जल प्रदूषित कर देती हैं?'

'हां-हां ऐसी भूतनी-प्रेतनी तो हो सकती हैं। अवश्य हो सकती हैं।'

'बस उन्हीं को वश में करना है मंत्र फूंक कर। वे राह चलते गोप-गोपियों को सांझ की अंधियारी में खिख्...खिख् कर विचित्र सी ध्वनियां करके हंसती हैं और इस प्रकार निरीह ब्रजवासियों को भयभीत करती हैं'—कान्हा ने कहा।

'ऐसी प्रेतनियों को तुरन्त नष्ट कर दो कान्हा। तुम्हारे पास तो अलौकिक शक्ति है। पर यह खिख्-खिख् ध्वनि वाली हंसी तो बड़ी परिचित सी है। अरे...वह तो इनकी प्रेत-मूर्तियों की हैं! हा-हा-हा-हा। जटिला और कुटिला के कण्ठ से ऐसी ही तो विचित्र ध्वनियां निकलती हैं जब ये गद्‌गद होकर हंसती हैं। तो क्या ये दोनों जीवित ही प्रेतनी हो चुकीं?...हा-हा-हा-हा...'—रायण गोप उच्च स्वर में हंस पड़े।

रायण गोप के साथ धीर गोप भी सम्मिलित हो गए। और दोनों के अट्टहासों के ऊपर था कान्हा का अट्टहास। हा-हा-हा-हा!...

और वे दोनों ओष्ठ चबा-चबा कर आग्नेय दृष्टि से देख रही थीं सबको। रायण की माता ओठ बिचकाए, शीश लटकाए बैठी थीं। पुण्य और धन्य कृष्ण को देख कर पहले ही खिसक चुके थे वहां से।

× × ×

पतझरी व्याकुल दुपहरिया! झरते हुए सूखे पीत पातों का अनवरत मन्द मन्द निनाद। सरसराती वायु में जैसे किसी ने रुदन-वाद्य रख दिया हो छिपा कर! वृक्ष अकुलाते हैं। सूखे पात धरा पर लेटते रहते हैं और अचानक विरहणी वायु हाहाकार करके उन्मादिनी हो उठती है। अगजग में छा जाता है पतझर का उदास संगीत।

कान्हा एकाकी भटकता है। किसी शिला पर बैठता है तो घंटों बैठा रह जाता है। विराट सा एकांत छाया रहता है चारों ओर। कभी कोई कृष्णसार-मृग आकर मूक नयनों से उससे कुछ विनती कर जाता है। कभी कोई वत्सला-गौ आर्त हो उसे चाटती रहती है। कभी कोई उदास मयूर आकर उससे सटा बैठा रहता है। चारों ओर विकलता है। प्राणों की अन्तर्भूत विकलता जैसे सृष्टि में छा गई है अथवा सृष्टि की विकलता प्राणों में दारुण हूक भरे दे रही है। कान्हा स्वप्निल नेत्रों से निहारता है पतझर का महानाश-कर्म। वृक्ष अपर्ण हो चले हैं। वसंत के कोंपल कहां छिपे हैं? कहां छिपे हैं प्रकृति के गर्भ में नव वसंत के मंगल-अंकुर? वेदना! वेदना! वेदना!

वेदना जब भार बनती जाती है···बनती जाती है···तो उर भर जाता है पीड़ा से। और तभी फूट उठती है दुःख-भीगी वेणु-रागिनी। कान्हा डूबता जाता है···डूबता जाता है···गहनतम पीड़ा सिंधु में। और स्वर हो चलते हैं···मधुर···और मधुर···। वेदना कितनी माधुर्यमयी हो चलती है! कौन जाने माधुर्य पीड़ामय है अथवा पीड़ा माधुर्यमयी होती है! पीड़ा में डूबा हुआ जग किन्तु, पीड़ा से उबरने लगता है शनैः-शनैः और मधुर रस में डूब जाता है। आनंद! माधुर्य! रस! पीड़ा माधुर्य में डूब चलती है।

उधर एकाकिनी बैठी रहती है राधिका। स्वयं ही नहीं समझ पाती कि जाग रही है या निद्रालीन है। सदा ही स्वप्नमयी रहती है। आंगन में बैठी थी आकर दधि की मटकी ले। कितना प्रहर हो गया अब! धूप की तीव्रता का भान नहीं उसे। उसे कुछ नहीं ज्ञात! कितने सूखे पात झर-झर कर उसके रूखे केशों में बिंध गए। कितने भीगे पल झर-झर कर उसके कपोलों को भिगो गए। पल-पल प्रिय-चिंतन में बीत रहा है।

वेणु प्रतिपल राधा-चिंतन करती है। राधा प्रतिपल वेणु-चिंतन करती है। राधा की आधार वेणु है। वेणु की आधार है राधा। दोनों एक दूसरे में लीन हैं। दोनों एक दूसरे को उड़ाए ले जाती हैं मंथर गति से···ऊपर···और ऊपर···नीली ऊंचाइयों में। मिलन की आकांक्षा इतनी ऊंची है कि गिरि-शिखर, उपत्यकाएं, वन-प्रान्त और सूर्यतनया-तट आदि सब लघु होते जाते हैं। आकांक्षा उड़ी जाती है पांखें पसारे विष्णुवक्ष में अपने मृदुल-नीड़ की खोज में।

कब से खड़ा-खड़ा वह देख रहा है विस्फारित नयनों से उस कुम्हलाई वनवल्लरी को। रूखी केश राशि। शृंगारविहीन कृशकाया। नेत्रकमल सूजे हुए। मलिन से परिधान धारण किये बैठी थी म्लानमुखी। क्या यह उसी की राधिका है?

'राधे!.... यह तू कैसी हो गई?'

वह जैसे आकाश से गिरी! कांप उठी भय से।

कान्हा.... घर के भीतर! आंगन में?

'राधे!.... यह क्या दुर्दशा कर ली तूने? मुझे ही दुःख देने को क्या?'—कान्हा ने आकुल स्वर में पूछा।

अन्तर पहले से ही भरा हुआ था। पीड़ा पकी रखी थी···कान्हा के पूछते ही मर्म फूट चला।

अपनी बाहुओं में मुंह छिपा कर फफक पड़ी वह।

जब मुख उठाया तो नेत्रों में भरी थी अथाह वेदना। स्वर डबडबा रहे थे।

'कान्हा···मुझसे सहा नहीं जाता! क्या करूं? कहां चली जाऊं! इस प्रकार सूनी दुपहरिया भर क्यों बांसुरी बजा-बजा कर सताता है? तू छोड़ क्यों नहीं देता मुझे? घृणा क्यों नहीं करता मुझसे? रुष्ट क्यों नहीं हो जाता मुझसे? कठोर क्यों नहीं हो पाता मुझ पर! अहो कान्हा! मौन क्यों नहीं हो जाती तेरी आह्लादिनी मुरली···?'—राधा उमड़ते आंसुओं को पोंछती हुई बोली।

'राधे? वह जो वंशी से पुकारता रहता हूं, वह क्या मात्र तेरा नाम ही है? बावली! वह तो मेरा जीवनमंत्र है! मेरा जीवनमंत्र इन दो अक्षरों से बना है···'रा' और 'धा'। वह तो मेरे अन्तर की पुकार है। उसे कैसे मौन कर दूं?'—निकट आकर राधा के रूखे केशों पर हाथ फेरता हुआ भरे कंठ से वह बोला।

'तूने तो सच में जोगन-वेष धारण कर लिया राधे! बावरी भी हो गई तू। महात्माओं की भविष्यवाणी है न तेरे विषय में कि तू किसी योगी के पीछे बावरी हो जाएगी। किन्तु तू तो बिना जोगी के ही जोगन हो चली···!'

'नहीं कान्हा! वह तू ही तो है मेरा बालाजोगी। तूने मुझे पागल कर दिया है। न दिन में चैन लेने देता है, न रात में पलक झपकने देता है। दिन भर तुझे स्मरण करती हूं। रात भर तेरे लिए रोती हूं···।'

'तो तू क्यों घर में घुसी रहती है राधे! यमुनापुलिन पर क्यों नहीं आती?···चल राधे! वहां साथ बैठ कर वसंत की नव-कोपलों की प्रतीक्षा करेंगे। हम सृष्टि के मंगल-अंकुरों का अभिनंदन करेंगे। नूतन किसलयों की आरती उतारेंगे। पतझर अब उतार पर है। वसंत अंगड़ाई ले रहा है वन में। दबे पांव कब आकर मुस्कुरा दे, क्या ज्ञात! चल राधे!'—वह गिड़गिड़ा उठा।

'नहीं कान्हा! मुझसे आग्रह न करना। मुझे विवश न करना।'

'तू जो कहेगी वही करूंगा राधिके। किन्तु तेरा यह कातर मुख देखा नहीं जाता। यह जोगन वेष···केशों के साथ यह अन्याय। अहो राधे! यह तूने क्यों कर डाला स्वयं के साथ अत्याचार! तू जो भी कहेगी, करूंगा। किन्तु यह वेष छोड़ दे मेरे लिए। बोल··· तेरे लिए क्या करूं?'

'कुछ नहीं कान्हा! बस तू छोड़ दे मुझे एकाकी।'

'यही नहीं कर सकता···राधे! और कुछ कह··· ।'

'कान्हा! तो तू···ज्योत्स्ना में रात-रात भर विहाग न छेड़ा कर! भोर से ही ललित न छेड़ा कर! और···पावस में हिन्दोल नहीं! और कान्हा! मधुमास में वसंत न बजाना कभी और···भरी दुपहरिया में सारंग नहीं। अहो कान्हा! मैं तो बिक गई तेरी मुरली के हाथ। मुझ पर करुणा नहीं तुझे? नित नए मंत्र फूंकता रहता है मुझ पर अपनी जादू की बीन से। मेरा मन मेरे वश में नहीं रह गया। मैं पागल हो जाऊंगी कान्हा! तेरा वेणुवादन मुझे पागल कर डालेगा।'

कान्हा का हाथ केशों से हटा अपने भीगे लोचनों से लगाकर वह रो पड़ी फूट-फूट कर।

वह रोती जा रही थी और नयन मूंदे बोलती जा रही थी—'विरह में भी कष्ट है कान्हा और मिलन में भी। कभी किसी ने बताया क्यों नहीं पूर्व में ही कि 'प्रीति किये दुख होय···?' कान्हा! तेरी छवि कभी न देखी होती भूलकर भी मैंने यदि वह पहले ही ज्ञात हुआ होता!'

कान्हा की अंजलि भरी जा रही थी उसकी अश्रुमाल से।

'राधे! मेरी बांसुरी यदि इतनी दुःखदायिनी है तेरे लिए तो···छोड़ दूंगा उसे।'

'छोड़ सकेगा?'

'क्यों नहीं राधे! सब करूंगा जो तू कहे।'

सुनते ही वह और भी व्याकुल हो चली और कान्हा का हाथ कस कर पकड़ लिया उसने।

'तो तू रात-रात भर एकाकी रह कर यों विहाग न बजायेगा न कान्हा?'····

'न बजाऊंगा राधे!'

'और श्रावण की रिमझिम में हिन्दोल भी न बजाएगा?'

'न बजाऊंगा···'

'मेघमल्हार···?'

'न बजाऊंगा राधे···!'

'और···गौचारण को जाते समय अहीर-भैरव···?'

'अहीर-भैरव भी नहीं···!'

किन्तु! वह तो और वेग से रो पड़ी।

'तेरी बांसुरी पर विहाग सुनते-सुनते ही तो रात काट पाती हूं, कान्हा!'

'राधे! तू भी नहीं आती और मुरली का भी साथ छोड़ दूं, किन्तु फिर मैं करूंगा क्या? मेरी ये दो ही तो चिरन्तन सखी हैं। दोनों ही निर्दयी अति। मैं एकाकी हूं राधिके! निपट···नितान्त एकाकी! किन्तु, तो भी तेरा मन रखने को अब न कभी विहाग

बजाऊंगा, न मेघमल्हार, न ही सारंग…न ही…केदार।'

सहसा वह कान्हा को पकड़ कर झकझोरती हुई बिफर पड़ी उन्मादिनी सी।

'बजाना कान्हा! वंशी बजाना!…अवश्य बजाना!…वंशी से दुःख भी बढ़ता है और सुख भी मिलता है। तेरी वह नीली मुरली ही तो मेरे और तेरे मध्य शेष बचा हुआ एक तार है। एकमात्र सूत्र है। तेरी मुरली का सुर पकड़े-पकड़े ही जीवन यात्रा समाप्त करूंगी…।'

'अहो राधे! मैं क्या करूं?'

'अहो कान्हा!… मैं क्या करूं?'

× × ×

पुत्र भी हाथ से गया। पुत्रवधू तो हाथ में कभी थी ही नहीं। आज वृकगोप के घर विशेष अनुष्ठान होने वाला था। एक ओझा को बुलाया गया था पुत्रवधू तथा पुत्र पर झाड़-फूंक का प्रयोग करने हेतु। लेकिन रायण गोप ब्राह्म मुहूर्त में ही नौका में बैठकर आवश्यक कार्य से न जाने किधर चले गये थे।

आश्चर्य इस बात का था कि वह लोकलाज की मारी भीरुबाला भी उस दिन घर में नहीं मिली।

वंशी की जादू भरी तान से सम्मोहित हो चल पड़ी थी अलसाई सी। जादुई सुर की डोर से बंधी हुई प्रीति-नौका में बैठी बहती चली गई। उड़ती सी… तैरती सी… बहकी सी… भटकी सी।

कान्हा उसे देख सहसा चौंक पड़ा। यह अघटित कैसे घट गया! बीन की रागिनी उर में समा गई थी। रूखे-बिखरे केशों में सूखे पात सजाए वह काननबाला कैसी उन्मादिनी सी आ खड़ी हुई उसके समक्ष!

कान्हा खिल पड़ा। स्वागत में फैल गयीं भुजाएं और वह समा गई सुनील-आश्लेष में। अशक्त और निढाल सी पड़ी रही उसके अंक में। वह समूची पतझरी दुपहरिया वासंती दुकूल बन कर लहराती रही उन पर। उधर वृकगोप के घर से पंडित और ओझा सब आकर लौट गए।

× × ×

वसंत भी ऐसा दुःखदायी होता है यह तो ज्ञात न था इसके पूर्व। मंजरियां झूम उठी थीं अमराइयों में मादक-सुगंध से रसिक भ्रमरगण को निमंत्रण देती हुई। और यह काली कोकिल भी तो कैसी दुःखदायिनी है! जैसे-जैसे पूर्णिमा का चन्द्र आकाश में उठा वैसे-वैसे ही जैसे कोकिल के अन्तर में ज्वार उठने लगा। अहोरात्र विकलता से कूकती रही। और अब भोर से पंचम छेड़ कर प्राण लिए ले रही है। नंदग्राम में दुःख देती थी ढीठ मुरलिया और बरसाने में दुख देती है ढीठ कोयलिया। नंदग्राम से बरसाना आए हुए एक माह भी नहीं हुआ लेकिन लगता है जैसे वंशी सुने युग बीत गए हों!

जिधर देखो उधर टेसू के असंख्य टेढ़े-टेढ़े मुख झांकते हुए जैसे चिढ़ा रहे हों। ऐसा तो वसंत ने कभी चिढ़ाया न था। वनों में पलाश फूला था। किंशुकदल शीश पर टेढ़ी पाग धारण किए अपने निराले बांकपन में मुँह टेढ़ा किए खड़े थे।

अनायास वृषभानु-भवन के निकट ही कहीं बज उठी प्राणलेवा भैरवी! झूम गई आनंद से राधा। नाच उठी आह्लाद से। बांसुरी नहीं बजी थी। वह स्वयं ही हो उठी थी बांसुरी। पोर-पोर में बांसुरी बज रही थी। रोम-रोम से स्वर फूट रहे थे।

कैसी बावरी सी स्मृति में भीगी रही। भान ही न हो पाया उसे कि कब आ गया द्वार पर दबेपांव फागुन! तनमन में फागुन आकर लिपटा जा रहा था। फागुन ने उसे भर लिया था आलिंगन में। उठा लिया था बांहों में। धर लिया था अंक में। फागुन ले चला उसे। उठा कर। उड़ा कर।

राधा का तनमन झंकृत हो उठा था। तन-मन में फागुन की मंजरियां जैसे फूट पड़ी हों। कैसी ये धूम मचाई आज बरसाने में फागुन ने। चंग बज रही है। ढफ बज रही है। मृदंग और मंजीर बज रहे हैं। नंदग्राम के गोप-गोपालों ने जैसे वृषभानुपुर पर अबीर-गुलाल की अक्षौहिणी सेना से तुमुल आक्रमण किया हो। कैसी रंग-बिरंगी धज है सबकी। किसी को पहचाना नहीं जा सकता। गोरे काले हो गए हैं। काले आज गोरे दिख रहे हैं। वसंतोन्मादी गोप-गोपियां थिरक-थिरक कर विभोर हो रहे हैं।

सबको नीचे ही गाते बजाते छोड़ कान्हा वृषभानु गोप के शैलभवन के पीछे की ओर दाहिने हाथ वाली पगपथी पर आ खड़ा हुआ। रंगी-रंगाई ललिता व विशाखा भी उसी पगपथी पर छिपती-दौड़ती ऊपर चढ़ी जा रही थीं सखी को बुलाने।

'क्या वह निकलेगी? आएगी बाहर वह भीरुमना?'

'नहीं आएगी क्या?'—कान्हा ने किंचित् निराशा से पूछा।

'तू निराश न हो कान्हा! हम प्रयास करती हैं कि उसे किसी भांति छिपा कर ले आएं। रंग-गुलाल इतना लपेट देंगी मुख पर कि कोई उसे पहचान ही न सकेगा।'—वे मुस्कुरा कर बोलीं।

'मैं भी नहीं?'—कान्हा ने वंकिम कटाक्ष से परिहास किया।

दोनों हंसी से झमझमाती चढ़ चलीं गढ़ी के मार्ग पर झाड़ियों में लुकती-छिपती। वह तमाल तले खड़ा रह अपलक बाट जोहता। प्रिया के स्वागत में पलक-पांवड़े बिछाए।

तभी वाम-पथी से एक सूर्यरश्मि सरसराती सी नीचे उतरती आती दिखी। अमराई के बीच वह स्वर्णरश्मि थिरकती, खिसकती, तैरती सी चली आ रही थी वेग से ढुलकती हुई सी। वह अकेली थी। सखियां दूसरे मार्ग से गई थीं अतः वे एक दूसरे से मिल ही न पायीं।

अरे! कान्हा ने देखा और चौंक उठा। तो क्या यह स्वयं ही चली आ रही है फागुनी बयार सी मदमाती! नेह-छकी, उन्माद-पगी सी। प्रीति भरी सी। लुटी सी···ठगी सी!

माधव विभोर हो उठा। आज वसंत-बावरी सुधबुध खोए कैसे चली आई! आकर वह विह्वल सी झूल गई फागुनी कृष्ण के कंठ में वसंत माला सी।

वसंत मिलन था। खड़े रह गए वे विस्मृत करके अगजग को। चेत तभी आ पाया उन्हें जब उनके कानों पर ही धमाधम ढफ बजाई जाने लगी। चारों ओर गोप-गोपियों का उल्लासमय समूह था। सब आनन्द-मग्न थे। झूम रहे थे। नाच रहे थे।

राधा की प्रसन्नता का पार न था। हंसी पड़ रही थी। खिली पड़ रही थी। चहक रही थी। महक रही थी। निर्मल हास्य बिखर रहा था।

वृषभानु के परिवार के पुरुषगण तो ऊपर सुधबुध गंवाए औंधे पड़े थे भांग से छके हुए। शैल-भवन के नीचे की अचानक धूमधाम और हुड़दंग से प्रौढ़ाओं का माथा ठनका। हो न हो यह उसी उद्दण्ड नंदलाल की मंडली का उत्पात है जिसने हमारी भोलीभाली लाडिली को अपयश दिया है।

कीर्तिदा की भावज मेनका को रायण की माता से बड़ी सहानुभूति थी। राधा का विवाह तो उसी ने कराया था। सुझाव तो उसी का था। उसने त्यौरी चढ़ाई। तो यहां तक आ पहुंचा नंद-ढोटा! उसका ऐसा दुःसाहस कि लाडिली को बरसाने में भी न रहने देगा!

'चलो री चलो! आज हमीं बताएँ उस दुष्ट को जिसने रायण गोप की बगिया उजाड़ी है। चलो री चलो···लकुटी ले ले! न लाठियों से स्वागत किया उसका आज तो यह उपद्रव तो यहां प्रतिदिन होने लगेगा।'—उसने मोटा सा एक डंडा उठा कर अन्य महिलाओं को आह्वान किया।

चबाव-चर्चा की भांग में निमग्न महिलाओं को नया काम मिला। उठ खड़ी हुईं तुरन्त।

'चलो री चलो···नंदलाल से निपटने। अरे आज किशोरी को तंग करता है···कल को किसी और की बेटी को तंग करेगा···चलो-चलो।'

'हां-हां चलो! ऐसा पाठ पढ़ाएंगी हम उसे कि फिर यहां पांव रखने का नाम न ले उद्दण्ड।'

प्रौढ़ाओं के आदेश से नवोढ़ाएं भी मुख पर लम्बे-लम्बे घूंघट डाल और हाथों में लकुटी ले ले चल पड़ीं कोलाहल करतीं गढ़ी के ढलान पर से नीचे की ओर।

फटाफट्! फटाफट्! फटाफट्! लाठियां फटकारने की ध्वनियां आने लगीं ऊपर से। नाचते-गाते गोप-गोपियों के कान खड़े हुए।

अचानक तभी कान्हा अबीर-गुलाल ले राधा की ओर लपका। विद्युत् गति से राधा दौड़ पड़ी कुंजवीथि में।

'दौड़ो···पकड़ो···रंग दो'—की पुकारें मच उठीं।

आम्रमंजरियों से लदे-फूले आम्रकुंज में कान्हा ने पकड़ ही लिया राधा को। छिपती, बचती, छटपटाती राधा पकड़ में तो आ गई थी, फिर भी दामिनी सी थिरक-थिरक कर रंग से अपना मुंह बचा रही थी। पकड़ और दृढ़ हुई और पूरा मुख लाल-नीला-पीला हो गया।

'गोरी है···अभी गोरी है···'—ललिता चिल्लाई।

'इसे श्यामा बना दो···इस पर नील रंग डाल दो···' विशाखा चहकी।

'अरे नील रंग तो उस पर पहले ही पड़ चुका है। पड़ा ही नहीं, चढ़ भी गया है। चढ़ा ही नहीं···पक्का हो गया है।···ऐसा श्याम रंग चढ़ा है कि अब न उतरेगा इस पर से···।'

विरजा थिरक-थिरक कर नाचती हुई गा उठी—

मैं भी हो गई कारी कन्हाई···
तेरे अंग से अंग मिलाके कन्हाई···

कान्हा अपनी श्याम भुजाओं में राधा को आबद्ध किए ही ले चला उधर, जिधर से दीर्घ घूंघटाधारिणी नारियों का दल लदफदाता दौड़ा चला आ रहा था लकुटियां फटकारता, गालियां देता और कोसता हुआ।

'अरे···कैसा निर्लज्ज है रे···देखो तो! कैसा पकड़े है गोपी को···तनिक भी लज्जा नहीं इसे।'—एक प्रौढ़ा गुर्राई।

उत्तर में में गोप-गोपियों तुमुल अट्टहास गूंज गया।

'बड़ा आया है। वहां हमारी लाडिली को अपयश दिया···अब यहां आ गया उसे दुःख देने। तू क्या सोचता है कि तेरी मोहिनी मुरली सुनकर हमारी लाडिली दौड़ी आएगी तेरे लिए? तुझे बस भोलीभाली ब्रजबालाओं को छलना ही आता है। एक तो वृषभानुसुता के जीवन में विष घोल दिया। और अब देखो। किसी दूसरी को पकड़ लाया है। अरी हट जा भोली। इस काले के फंद से छूट भाग! इसने हमारी भी कन्या पर मोहनी फेर दी थी। बेचारी रोती रहती है दिन-रात ऊपर बैठी-बैठी इसके छल-छद्म से दुःखी होकर। भाग जा री गोपी! भाग जा! इस छलिया पर भरोसा न करना। जा! भाग जा!'—मेनका चिल्लाई।

गोप-गोपियों का विकट हर्षनाद गूंज उठा। रंग-बिरंगी राधिका वर्षों बाद आज हंसी के वेग से दुहरी हुई जा रही थी। जितना वे महिलाएं झिड़कतीं, उतना ही कान्हा प्रकार-प्रकार के हाव-भाव करता हुआ राधा में अपना अनुराग प्रकट करता।

'अरेऽऽऽ···आवत फागुन मतवारो भयो!'—प्रौढ़ाएं और कुपित हो उठीं।

जहां-जहां से लगता है कि राधा को पहचाना जा सकता है, सखियां दौड़-दौड़ वहां उसके मुख पर और रंग पोत देतीं।

'तू बढ़ा तो एक भी पग वृषभानुसुता के भवन की ओर! हम ऐसा पाठ पढ़ाएंगी तुझे। ये देख हमारी लकुटी।'—एक प्रौढ़ा ने मोटी लाठी भूमि पर प्रहार करके दिखाई।

गोपगोपी आनन्द से भर कर और भी उच्च स्वर में हंस पड़े।

'अब और दुःख देने आया है हमारी गऊ सी कन्या को! तो सुन ले कान खोल कर। अब वह तेरे फेर में न पड़ेगी। यहां आकर वृषभानुसुता पहले से बहुत सुधर गई है। हांऽऽऽ! समझ गई है तेरे छल-छद्मों को। अब जीवन भर भी उसकी झलक न पा सकेगा तू···इतना जान ले।'

राधा हंसी से पागल हो उठी। कान्हा के गले में बांहें डाले झूमी-झूमी पड़ रही थी।

'आज तो माता, बस एक बार अपनी प्रिया के दर्शन अवश्य पाना चाहता हूं.... यदि आपकी कृपा हो!'—चतुर नट की भांति हाथ जोड़कर अभिनय करता कान्हा बोला।

वे लोग क्रोध से लाल-पीली हो गईं।

'यह तेरा दुःसाहस!'

'मारो इसे···पीटो!'—रायणा गरजी।

फटाफट्···फटाफट्···लाठियां चलने लगीं गोपवृंद पर।

राधा को पीछे ठेल, नटनागर आगे बढ़ चला हंसता-नाचता। उसे देख सभी गोपग्वाल आगे बढ़ आए। नाचते-थिरकते वे चतुर नर्तक बल खा-खा कर लाठियों के प्रहारों से स्वयं को बचा रहे थे। कभी लहरा जाते। कभी झुक जाते। कभी कूद जाते। कभी मुड़ जाते। झूम जाते। मृदंग, मंजीर, ढप और चंग बज रहे थे। चतुर नट नाच रहे थे। प्रौढ़ाओं को खिझा रहे थे। नवोढ़ाओं को रिझा रहे थे। नृत्य की ताल पर थिरक थिरक कर लचकते-ठुमुकते वे लाठियों के प्रहारों से स्वयं को बचा रहे थे।

नवोढ़ाएं मुग्ध हुईं। उनके दीर्घ घूंघट छोटे होते-होते मुखमंडल से बिल्कुल हट चले।

नृत्य और चपल हुआ। गोपियां भी आ गयीं गोपों के साथ। थिरकते, मटकते, लचकते तन अपूर्व लास दिखा रहे थे।

प्रौढ़ाओं के अवगुंठन भी थोड़े खिसके। कौतूहल बढ़ चला।

नृत्य और बढ़ा। लाठियां स्थिर हो चलीं। धीरे-धीरे एक-एक कर के सभी लाठी भूमि पर गिरने लगीं। नवोढ़ाओं के चरण थिरकने लगे। तन झूमने लगे। नयन मचलने लगे।

कान्हा ने इंसते हुए आगे बढ़कर सर्वाधिक पृथुल और वृद्ध महिला का हाथ थाम लिया। शोर मच गया। फाग के रंग में विभोर हो वह पृथुला थिरक उठी कान्हा के साथ। नवोढ़ाएं करतल बजा उठीं। कान्हा ने एक नवेली-वधू का हाथ पकड़ा। वह लाज से लहराती थिरक उठी। नृत्य और बढ़ चला।

रायण की बहन रायणा अभी भी भुनभुनाती हुई गाल फुलाए खड़ी थी एक मोटी सी लाठी का अवलंब लिए।

अहो···यह क्या? दुष्ट! नाचते-नाचते न जाने कब कान्हा ने रंग भरी कलशी उलट दी उस पर। वह भुनभुनाई। किन्तु उल्लास में रंग भी धुल गया। वृषभानु-भवन की रंगीली-गली में रंग की धूम मची हुई थी। वृषभानु की पौर में रंग-झर की फुहारें थीं। रंगों की नदी बह चली।

'फागुन के दिवस को सावन तरसे री

पौर वृषभानु की आज रंग-झर बरसे री।'···

किसी ने झूमते हुए अलापा।

'बाट चलत मोरी चुनरी रंग डारी···'—बरसाने की नवोढ़ाएं उलाहना के स्वर में कहतीं, किन्तु सुनता कौन था! बेसुध सी, उन्मादिनी सी अपनी तार-तार हुई चूनर को उड़ातीं, हंसतीं, थिरकतीं और मदमाती वे सब बौराई हुई थीं।

ढफ और चंग बज रहे थे। मृदंग और मंजीर बज़ रहे थे। करतलें बज रही थीं। नर्तकों का घेरा बड़ा हो गया था।

मध्य में नंदकिशोर और वृषभानुकिशोरी नृत्यमग्न थे। उंल्लास मूर्तिमान हो गया था दोनों गौर-श्याम तनों में।

बलराम ने हंसते हुए आगे बढ़कर कंठ की माला उतार कर न्यौछावर कर दी नृत्य प्रवीण युगल जोड़ी पर। ललिता ने तुरन्त अपने कुंडल न्यौछावर कर दिये दोनों पर। विशाखा ने अपनी मुद्रिका न्यौछावर कर दी।

मेनका भी मंत्रमुग्ध हो झूमने लगी अपूर्व नृत्य की मोहिनी के वशीभूत होकर। मुस्कुराती हुई आगे बढ़ उसने जब अपने कंकण न्यौछावर किए जुगल-जोड़ी पर तो गोपगोपी हर्ष से उछल पड़े। 'होरी हैऽऽऽ' का हर्षनाद व्याप्त हो गया।

राधे ने मुस्कुरा कर वंकिम कटाक्ष से देखा कान्हा को। कान्हा ने वंकिम कटाक्ष से देखा सखाओं और बलराम को।

नाचती हुई युगल-जोड़ी को बलराम सखाओं सहित घेर कर ले चले रायणा के निकट। बड़े विनय भाव से कान्हा ने चरण छुए उसके और राधा ने लाज के मारे घूंघट डाल लिया उस अनोखी चुनरी का⋯जो भीग कर तार-तार हो चुकी थी।

आज बलराम का मन नाटक करने का ही आया था।

'माता आशीर्वाद दें! मेरे अनुज, कन्हैया को अब सद्बुद्धि आ चुकी है। अब वह पूर्व जैसा दुष्ट नहीं रहा। आप निश्चिंत रहें। वह अब भविष्य में आपकी लाडिली को तंग न करेगा। यह नवगोपी उसके मन को भा गई है। माता, आशीर्वाद दें इस युगलजोड़ी को।'—बलराम ने नेत्रों की चपल मुस्कान छिपाते हुए अभिनय करके कहा।

'जुग-जुग जियो! बढ़े प्रीति। अखण्ड सौभाग्यवती रहे कृष्णवधू⋯'—रायणा ने गद्गद हो हाथ उठाए।

राधा लाज की मारी, लहराती हुई, थिरकती-सरकती पीछे हटती चली गई तार-तार चूनर को मुख पर डाले विहंसती हुई।

'चिर जीवो जोरी जुरे क्यों न सनेह गंभीर
को घटि, यह वृषभानुजा, वे हलधर के बीर।'—किसी ने दबे स्वर में कहा।

आह्लादित गोपगोपियां उच्च स्वर में हंसते हुए और वेग से ठुमके दे देकर नाच उठे।

× × ×

और फिर! सारा उल्लास नीरवता में बदल गया। वंशी मौन हो गई। जब कभी एकांत दुपहरिया में यमुना पार से विकल स्वर में वंशी की पुकार उठती भी, तो फिर शीघ्र ही शांत हो जाती। बोझिल नयनों से कृष्ण खोया सा निहारता रह जाता यमुना की शांत लहरों को।

राधा चली गई दूर। अपने मातामह के घर, रावलग्राम।

सहसा आशा की क्षीण ज्योति चमकी कृष्ण के नेत्रों में। नौका आ रही थी। वह खड़ा हो गया। नौका से लटपटाती सी उतरीं ललिता और विशाखा।

'कान्हा! वह···बहुत दुःखी है···'—ललिता डबडबाए स्वर में बोली।

कृष्ण का हृदय विकल हो उठा।

'कान्हा! उसके लिए कुछ कर। उसकी पीड़ा देखी नहीं जाती'—विशाखा ने आर्त स्वर में कहा।

'क्या कहती है?'—कृष्ण ने पूछा

'कहती है···कान्हा, कहती है कि उसका अपयश मिटना चाहिये। उसकी खोई हुई प्रतिष्ठा व सम्मान लौटना चाहिये। यदि ससम्मान बुलाई गई तो ही वह वृंदारण्य में चरण रखेगी, अन्यथा नहीं। उसके निष्कलंक व निर्मल चरित्र से कलुष रेखा मिटा दे कान्हा। अन्यथा स्वयं को मिटा डालेगी वह। सतत कष्ट भोगने से और व्यर्थ की निन्दा सुनते-सुनते उसका हृदय छलनी हो गया कान्हा।'

उत्तर में कृष्ण के विशाल नेत्र अपलक टिके रह गये यमुना की तरंगों पर। भाल पर गहन रेखाएं उभर आईं। भवों में बल थे। सखियां सहमी सी धीरे-धीरे चली गयीं।

वह बैठा रह गया वैसा ही, वैशाख माह की चिलचिलाती धूप में वहीं। तपती बालू पर ऊष्ण वायु के थपेड़े सहता। वायु वेग में तीव्र गति से आते तप्त बालूका-कण कांच के तीक्ष्णकणों से चुभते रहे उसके तन पर। वह बैठा रहा वैसा ही। विस्फारित रक्ताभ नेत्र स्थिर थे।

महाप्रतिष्ठा! महाप्रतिष्ठा!···

सूर्यास्त बाद वह झूमता-झामता, लड़खड़ाता और विक्षिप्त सा घर लौटा। हारा-थका। धूलधूसरित। अस्त-व्यस्त केश उड़ते हुए। नेत्रों में अग्नि थी। मुख पर चिन्ता और विषाद की गहन रेखाएं। तप्त तन। तप्त भाल। तप्त नेत्र।

कान्हा अस्वस्थ है। कान्हा को ज्वर है। नन्दभवन में आतंक फैल गया। ज्वर बढ़ता गया।

उसके भाल पर शीतल जल ढाला जा रहा था। शीश पर शीतल जल ढाला जा रहा था। ज्वर किन्तु बढ़ता जा रहा था।

अहोरात्र नन्दभवन में जागरण रहा। चिन्तातुर नन्द टहलते रहे। यशोदा पुत्र के सिरहाने बैठीं देवी-देवताओं का आह्वान करती रहीं। बलराम व अन्य सखागण दौड़ धूप करते रहे। वैद्य, चिकित्सक, जड़ी-बूटी, औषधियां। ज्वर किन्तु बढ़ता जा रहा था।

भोर हुआ। ज्वर जैसे ब्रह्मराक्षस सा चढ़ा ही जा रहा था। ज्वर-ताप न था वह। ज्वर-ज्वाला थी। कान्हा झुलस रहा था। नन्द-भवन झुलस रहा था। वृन्दावन झुलस रहा था।

नन्द-भवन पर स्तब्ध आकुलता छाई हुई थी। नन्दग्राम अकुला उठा था। व्याकुल गोपगोपी दौड़े चले आ रहे थे। सूचना फैल रही थी। ग्राम-ग्राम से लोग देवी-देवता मनाते उमड़े चले आ रहे थे। आबालवृद्ध नरनारी उमड़ पड़े थे। चिंतित जनसमूह नन्दभवन के सामने मौन खड़ा था।

कितनी कठिनाई से विश्वास हुआ था लोगों को कि कान्हा गंभीर रूप से रुग्ण है। नाना प्रकार की बातें। कथाएं। पूतना, अरिष्टासुर, प्रलंबासुर, तृणावर्त, धेनुक, कालिय नाग! कंस! भूत, प्रेत आदि-आदि।

वैद्य, चिकित्सक, ओझा सब हार गए। जो जैसा बताता, व्याकुल नन्द दौड़ पड़ते करने को। किन्तु किसी से लाभ नहीं हुआ। उसी विराट जनसमूह में एक काषायवस्त्र-धारी संन्यासी को भी कान्हा के निकट ले जाया गया।

उन्होंने कान्हा के भाल पर हाथ रखा, वक्ष पर हाथ रखा। नाड़ी देखी और गंभीर भाव से खड़े हो गए।

'महात्मन्! हमें निश्चिंत करें, देव!'—नन्द ने चरण पकड़ लिये उनके।

'व्याधि समझ ली है मैंने! उपचार भी है···किन्तु बड़ा कठिन उपचार है, गोपश्रेष्ठ!'

'आप आज्ञा दे महात्मन्।'—यशोदा उनके पांवों पर गिर पड़ी।

'इसे महासती की कृपा चाहिये।'

'महासती की कृपा!!'

सब स्तब्ध रह गए।

'हां केवल कोई महासती ही इसकी रक्षा कर सकती है। कोई निष्कलुष, पतिव्रता नारी नदी के जल पर चलती हुई आए और अपने हाथों जल से अभिसिंचन करे इसका, तभी यह व्याधि जा सकती है अन्यथा नहीं।'

वे सब दूसरी बार स्तब्ध हुए। यह कैसे सम्भव! विवशता से नन्द के नेत्र डबडबा आए। असहाय यशोदा बिलख बिलख कर रो पड़ीं।

वृंदावन में संवाद दावानल सा फैल गया। समूचे ब्रजधाम में लोग एक-दूसरे का मुख निहारते और दीर्घ निःश्वास ले रह जाते। ब्रजलोक गहन निराशा में डूब गया। जल पर तो कोई एकनिष्ठ साध्वी भी नहीं चल सकती।

गौओं के करुण नेत्रों से अश्रु प्रवाहित थे। गोवत्सों ने दूध से मुख मोड़ लिया। मृगशावक कोमल दूर्वा छोड़ निराहार बैठे थे। कृष्णसारमृग कातर दृष्टि से आकाश निहार रहे थे। मयूरों के नृत्य-समारोह बन्द थे।

वन वीथिकाओं, सूर्य-तनयातट, गोवर्धन-उपत्यका आदि सब पर निराशा अंधकार सी फैल गई।

मध्यरात्रि के लगभग छप्प् छप्प् करती एक नौका तीव्र गति से कालिन्दी पार चली जा रही थी। उसमें एक चिंताकुल प्रौढ़ गोप दोनों हाथों से अपना मस्तक पकड़े बैठे थे। नौका दूर होती गई धीरे-धीरे।

× × ×

'वत्से! मेरी पुत्री! मेरी लाडिली।'—वृषभानु ने रावलग्राम पहुंचते ही अपनी दुःख-व्याकुल योगिनी पुत्री को हृदय से लगाया। उसका चन्दन अनुलेपित भाल सूंघा।

राधा के हाथों में उन्होंने कांस्य-कलश थमाया जिसके मुख पर आम्रपल्लव थे और पल्लवों के मध्य रखा था मंगल-पूजन का श्रीफल।

'गोविंद···गोविंद···।'···

कन्या ने प्रथम चरण रखा जलधार पर! दूसरा! तीसरा! और राधा कालिन्दीजल पर ऐसे चलती जा रही थी जैसे भूखण्ड पर चल रही हो।

पुत्री को विदा देकर गद्‌गद-हृदय वृषभानु तट पर खड़े धुंधलाए नेत्रों से निहार रहे थे अपने हृदय की अंश, अपनी लाडिली पुत्री को। सर्वांग हिरण्यमयी उस कंचन-मृगी को जिसके जन्म पर वे तथा उनकी पत्नी कीर्तिदा उसके त्रैलोक्य-सुन्दर रूप पर चकित रह गए थे। ऐसे असाधारण दिव्य-सौन्दर्य की महाराशि? कहीं यह कोई देवी तो नहीं?

देवर्षि नारद को अपना पुत्र श्रीदामा दिखा देने के बाद बड़े संकोच से उन्होंने कहा था—'महात्मन्! इस पुत्र के अतिरिक्त मेरे एक कन्या भी है जो अपूर्व सौन्दर्य की राशि है। किन्तु न जाने क्यों उसके नेत्र सदा ही निमीलित रहते हैं। अपनी कृपा दृष्टि से उसे प्रकृतिस्थ कर दें!'

गद्‌गद वृषभानु एकटक निहार रहे थे कि उनकी सदा की वह निमीलित-नयना पुत्री आज भी कैसे निमीलित नयनों से जल पर चल रही है!

वृषभानु पुनः खो गए अतीत की स्मृति में। हां। तब देवर्षि ने आग्रह किया था उनकी पुत्री को देखने का। और जब उस नन्हीं कन्या-शिशु को देखा तो देवर्षि अवाक् रह गए। यही तो है वह, जिसे वे भूमण्डल पर युगों से ढूंढ़ते रहे हैं। महर्षि के हाथ अर्चना में जुड़ गए थे और वे गा उठे थे—

'कौमारेणेव रूपेण त्वं विश्वस्य च मोहिनी।
तारुण्यवयसा स्पृष्टं की द्रक्ते रुपमद्‌भुतम्॥'

अहो देवी! जब शैशवावस्था में ही तुम्हारी ऐसी अपूर्व रूपराशि है तो किशोरी-रूप में तुम्हारा कैसा अद्‌भुत सौन्दर्य होगा?···

'त्वं विशुद्ध सत्वासु शक्तिर्विद्यात्मिका परा।
परमानन्दसन्दोहं दधती वैष्णवं परम्।'.....

वृषभानु एक हाथ में स्वयं के दीर्घाकार से भी ऊंचा दण्ड पकड़ कर उससे टिके खड़े, दूसरे हाथ से अपने झर-झर बरसते आंसू पोंछते जा रहे थे। जिस पुत्री को उन्होंने प्राणों से भी अधिक चाहा था, जिसे स्वयं देवर्षि नारद ने शिशुरूप में ही पूजा था, उस पर कितने मिथ्यापवाद! कितने लोकापवाद! कितना अन्याय हुआ उसके साथ!

आज सबको चकित करती, मंत्रमुग्ध करती हुई वह कैसी निश्चिंतता एवं सुगमता से जल पर एक-एक पग बढ़ाती चली जा रही है। एकनिष्ठ परम साध्वी। एक पुरुष के चिंतन में दिनरात रत रहने वाली उपासिका। मुग्धावधू!

कालिन्दी के दूसरे तट पर वृंदावनवासियों की भीड़ लगी थी। कितनी ही तथाकथित पतिव्रताएं जल पर चरण रखते ही डुब-डुब होतीं डूबने उतराने लगी थीं। कितनी पहले से ही इस चुनौती से डर कर छिपी-छिपी फिर रही थीं। तो आज यह कौन चली आ रही है जल पर स्थापित स्वर्णप्रतिमा सी?

वे नेत्रों के ऊपर हाथ रख-रख कर पहचानने का प्रयास कर रहे थे। पंजों के बल ऊंचे होकर देखने का प्रयास कर रहे थे। वे चकित थे।

कौन है वह देवकन्या! देवसुन्दरी! कौन है वह हिरण्यमयी जो सुस्थिर चरणों से चली आ रही है जल पर चलती। कहीं यह दिवास्वप्न तो नहीं। भ्रम! मायाजाल? क्या कोई निमीलित-नयना राजमराली मंथर गति से तैरती चली आ रही है!

वासंती रंग की साड़ी उड़ती-उड़ती लहरा रही है। सुदीर्घा घुंघराले स्वर्ण कुंतल लहरा रहे हैं। भाल पर चन्दन की धारियां अनुलेपित हैं जिनके मध्य रोली का बड़ा टीका अंकित है। कंठ में झूल रही है पीले फूलों की माला। बस। यही शृंगार है। हाथों में थामे हैं कांस्य का मंगलघट जिस पर आम्रपल्लवों के मध्य रखा है श्रीफल। किसी को हल्का सा भान हुआ कि यह कौन हो सकती है।

राधे?

राधे!!

'क्या राधे!'

'हां राधे!!'

'राधे!'

'हां राधे!!'

सखियां विह्वल हो पुकार उठीं ऊंचे स्वर में—

'राधे! जय-जय राधे!'

जो राधे वृंदावन में निन्दा सह कर गयी थी, वह पूरे समाज के समक्ष जल पर चलती हुई सतीत्व का अनूठा प्रमाण ऐसी सरलता से दे रही है।

सखियां उल्लसित हो पुकार उठीं—

'जय राधे…'

'जय श्री राधे…'—स्तंभित खड़ा जनसमूह यंत्रवत् पुकार उठा।

'जय राधे…'—सखियों ने हाथ ऊंचे किये।

'जय श्री राधे!!…'—जनसमूह विभोर हो पुकार उठा।

'जय राधे!'

'जय श्री राधे!!' गगनभेदी कंठस्वर लयबद्ध हो चला। तालबद्ध हो चला।

वृक्ष पुकार उठे। गौएं पुकार उठीं।

'जय राधे!'

'जय श्री राधे!!'

जनसमूह के हर्षोल्लास का पार न था। लोग आनन्द से नाच उठे। रोमांच से थिरक उठे। आश्चर्य से झूम उठे। वृक्ष झूम उठे। लताएं थिरक उठीं। किसलयों ने करतल बजायीं। मयूर पुकार उठे।

जय राधे!

जय श्री राधे!!

जय राधे! जय श्री राधे!! जयघोष से आकाश-पाताल एक हो गया था।

राधे ने चरण रखा वृंदावन की भूमि पर और विभोर गोप-गोपियों ने घेर लिया उसे। वे विह्वल हो उसके चारों ओर नाच रहे थे।

'जय राधे! जय श्री राधे!!'

जय राधे! जय श्री राधे!! कीर्तन की अनुगूंज छाई जा रही थी समूचे वृंदावन में।

श्री राधे का तुमुल जयघोष छा गया ब्रजवीथिकाओं में। यमुनापुलिनों पर। फैल गया था ग्राम-ग्राम में और सुदूर जनपदों में।

नंदग्राम महासती श्री जी के स्वागत में पलक-पांवड़े बिछाए बैठा था। महिलाएं चली आ रही थीं अबीरगुलाल उड़ातीं, मंगलगीत गातीं।

यशोदा पागल हो दौड़ पड़ीं बेसुध कामधेनु सी। नंद छलछलाते नयनों से भागते चले आ रहे थे।

श्री राधा नाम-कीर्तन वेग पकड़ रहा था।

'जय राधे! जय श्री राधे!'—लोग आनंदमग्न हो झूम-झूम कर नाच रहे थे। मृदंग मंजीर बज रहे थे।

रायण गोप दौड़े जा रहे थे। दूर से ही देखा और चरणधूलि में लोट गए विकल हो।

राधा की जय हुई थी परम्पराओं, ढोंग एवं आडंबरों पर। राधा की जय ही कृष्ण की जय थी। राधाकृष्ण की जय निश्छल प्रेम की जय थी। पवित्रता की जय थी। पाखण्ड व दिखावे पर शुद्ध हृदय की जय थी। लौकिक पर अलौकिक की जय थी।

जय राधे! जय श्री राधे।

'जय राधे··· जय श्रीकृष्णा।' रायण गोप ने भाव-प्रकंपित स्वर में हाथ उठा कर पुकारा। इस पर गोपगोपी और भी झूम उठे।

'जय श्री राधे! जय श्रीकृष्णा!'

'जय राधे···जय श्रीकृष्णा!'

'राधे-कृष्ण! राधे-कृष्ण!'—लोग पागल हुए जा रहे थे! विभोर हुए जा रहे थे।

वह किन्तु निमीलित नयनों से मौन चली आ रही थी। वह वहां थी ही नहीं। वह उन पदतलों की सेवा में थी, जो ज्वर से उत्तप्त थे।

राधा की तपस्या और सेवा निष्फल कैसे जाती। कृष्ण स्वस्थ हो गया। राधा के अपमान का आघात ही ऐसा विकट लगा था मर्म पर कि जिसने ज्वर का रूप धारण कर लिया था। अब निश्छल प्रेम की मान्यता संसार में स्थापित हो गई थी।

राधा महाप्रतिष्ठित हो गई वृंदावन में। ब्रजेश्वरी हो गई। अधिष्ठात्री हो गई वृंदावन की। चिंतापुर लोकजन उमड़ कर आते उसके दर्शन हेतु। रोगमुक्त होने। दुःखों से मुक्ति पाने। बालकों को उसका स्पर्श कराने और प्रसन्नमुख लौटते।

राधा महायोगिनी है। महाशक्ति है। महादेवी है। महा-प्रतिष्ठित थी वह अब। पूर्व-निंदकों ने उसे माता कह कर, अंबा कहकर क्षमा मांगी और नेहमयी ने ममता-विकल हो क्षमा किया सबको।

जय राधे! जय श्री राधे!

'जय श्री राधे! जय श्रीकृष्णा!'—का महामंत्र वृंदावन में ब्रजधाम में चिर स्थायी हो चला। अब किसी के मन में सन्देह न रहा था कि राधाकृष्ण अलौकिक एवं दैवीय युगल हैं।

× × ×

ब्रज में कृष्ण का ही विकास नहीं हो रहा था बल्कि उनके साथ-साथ समूचे ब्रज का भी उत्तरोत्तर विकास हो रहा था। अजाने ही ब्रज के भोले ग्रामीणों की समझ बढ़ चली थी। वे राजनीति समझने लगे थे। पूरे समय वे आनंद में डूबे रहते किंतु राष्ट्रीय व राजनीतिक समस्याओं पर चर्चा छिड़ते ही गंभीर हो जाते। कंस के विरुद्ध वे विद्रोही हो चले थे। कृष्ण ने उन वनवासियों को ठोक-पीट कर विप्लवियों में परिणित कर दिया था। वे पृथ्वी पर एक अपूर्व घटना के सूत्रधार की भूमिका हेतु तत्पर थे। वे विश्व की प्रथम जनक्रांति के अग्रदूत बने जा रहे थे।

कृष्ण के सान्निध्य में कौन सा चमत्कार नहीं घट सकता था? अपढ़ अशिक्षित, ब्रजवासियों को कृष्ण ने गीतकार, कवि तथा नर्तक बना दिया था। बड़े बूढ़े गोपगोपी कृष्ण की वीरता के गीत रचते, तो तरुण गोपगोपी प्रेमगीत रचते। बालिकाएं छंद बनातीं, बालक तुक मिलाते। कृष्ण ने लेकिन उन्हें केवल ऐसा स्वप्नों में डूबा रहने वाला कलाकार ही नहीं बनाना चाहा, कठोर यथार्थ से संघर्ष करने वाला ब्रज मल्ल भी बनाया, धनुर्धर भी बनाया और शूरवीर भी बना दिया।

ब्रज के भोले ग्रामीण भौतिक, नैतिक और आध्यात्मिक सीढ़ियां चढ़े जा रहे थे। वंशी की तान पर, सात सुरों के झूलों पर वे और ऊंचे, और ऊंचे उठते जा रहे थे।

उसी वंशी की तान पर चढ़, वे एक अलौकिक पथ पर अग्रसर थे। जो पथ अभी तक कोई खोज न पाया था उसे ब्रजवासियों ने अनजाने में खोज निकाला था। जिस माधुरी का स्वाद किसी ने न जाना, वह उन ही ने जाना। क्या था वह अजाना माधुर्य पथ? भक्ति पथ!

संसार में कोई न जान पाया कि समर्पण क्या होता है, ब्रज जान गया। किसी ने न जाना कि भक्ति क्या है, ब्रज ने जाना। कोई न जाना कि प्रेमाश्रु क्या होते हैं, ब्रज जान गया। ब्रज भक्ति-सिंधु की अतल गहराइयों में डूब चुका था किंतु जान न पाया कि उसने अनजाने में ही एक विशिष्ट आध्यात्मिक पथ पकड़ लिया है। भोला ब्रज अपने मोहन के निहोरे करने में ही मगन रहा बिना यह समझे कि वह उस भक्तिमार्ग पर चल पड़ा है जिस पर सामान्य व्यक्ति नहीं चल पाते।

पूर्ण था उनका समर्पण। अपना कुछ नहीं। सब मोहन का है। तुम कहो, हम करें। हमारे पास ऐसी कोई वस्तु नहीं जो गोपाल पर न्यौछावर न हो। तन, मन, प्राण, इच्छा,

आकांक्षा, सुख-आनंद सब उसी का है। उनका सर्वस्व एक विलक्षण नील आभा में घुल गया था।

उन्हें सोचना न था। चिंता नहीं करनी थी। बस एक इंगित मिल जाए उसका। वे उसी पर निर्भर थे। किसी समस्या पर अपनी बुद्धि न लगाते, दौड़े चले जाते उसी के पास। सोचना उसका काम है। संकट से बचने का उपाय खोजना उसका काम है। वह जाने, उसका काम जाने। गोपगोपियों का काम है उसमें डूबे रहना। बस। वे उसकी लीलाएं रचते। रास रचाते।

पीतवसन वनमाली ने न केवल उंगली पर गोवर्धन धारण किया, बल्कि उंगली से अपने पीछे-पीछे चले आने का संकेत देकर उन्हें मोक्ष का अधिकारी बना दिया था।

× × ×

'महाराज! समूचे ब्रज में उसके नाम की दुन्दभि बज रही है। मुकुटविहीन सम्राट है वह ब्रजवासियों का!'

'वास्तव में वह गोविंद है वहां का?'—कंस ने कौतूहल से पूछा।

'हां प्रभु! वह गोविन्द है।'—कंस के विश्वासपात्र चर विद्रुम ने उत्तर दिया।

'तो उसमें है क्या ऐसा विलक्षण जो लोग उस पर अटूट विश्वास करते हैं?'—महारानी प्राप्ति ने जिज्ञासा प्रकट की।

'महाराज! कुछ तो चमत्कार-शक्ति उसमें अवश्य है। लोग तो यहां तक विश्वास करते हैं कि वह भगवान् विष्णु का अवतार है…'

'बन्द कर प्रलाप!'—कंस गरजा।

विद्रुम चुप हो गया सहम कर।

'विष्णु का अवतार! नारायण का अवतार! वह दीनहीन ग्रामीण बालक और कहां वे कृतयुग के पुरातन देवता! वे ब्रज के लोग ग्रामीण हैं, मूढ़ हैं अतः उस छली की बातों में बहक जाते हैं। यह कहीं सम्भव है?'—कंस ने आवेश से कांपते हुए कहा।

'किन्तु महाराज! विद्रुम को बात पूरी करने दें…नहीं तो आवश्यक जानकारी कैसे मिलेगी हमें?'—प्राप्ति ने अनुरोध किया।

'ठीक कहती हैं महारानी! हां, क्या कह रहे थे तुम? कृष्ण को लोग पूजते हैं?'—कंस ने जैसे मुख की कड़वाहट निगलते हुए पूछा। विद्रुम का मनोबल कुछ बढ़ा।

'महाराज! वास्तव में कृष्ण पूजा जाता है वहां पर। उसे विष्णु मानते हैं क्योंकि वह हर समस्या का बड़ी सूझबूझ और दूरदर्शिता से निदान निकाल देता है जो उन बुद्धिहीन ग्रामीणों की कल्पना से परे है। वे कहते हैं, जैसे देवासुर-संग्रामों में बार-बार देवता विष्णु से निदान पूछते थे, वैसे ही वे कृष्ण से पूछते हैं। जैसे विष्णु ने मोहिनी रूप धारण करके देवताओं को अमृतपान कराया, शंकर को भस्मासुर से बचने का उपाय बताया, वैसा ही चातुर्य, व्यावहारिक बुद्धि एवं कौशल, युक्ति आदि इस किशोर में इतनी कम वय में भी विधमान है। कहते हैं इन्द्र ने कुपित होकर मूसलाधार वर्षा करके सात दिन तक प्लावन

कर दिया था ब्रज में, तो कृष्ण ने समूचा गोवर्धन पर्वत उंगली पर उठाकर उसे छत्र के समान तान दिया था लोगों पर...'

'फिर वही मूर्खता के प्रलाप...'—कंस ने डपटा।

'कहने दें महाराज उसे।'—अस्ति ने टोका।

'कहो विद्रुम! कहते जाओ! महारानियों को बहुत रोचक लग रही है कृष्ण-गाथा तुम्हारी। क्या कह रहे थे कि उसने पर्वत उखाड़ कर छत्र सा तान दिया था... हा-हा-हा हा...'

'लोग तो यही कहते हैं महाराज! सत्य-असत्य तो मैं नहीं जानता महाराज। किन्तु यह सत्य है कि उसने समूचे गोवर्धनप्रदेश को वास्तव में अपनी कनिष्ठिका पर धारण कर रखा है। वह उनका मुकुटविहीन सम्राट है। वह गोविन्द है। उसका एकछत्र राज्य है वहां। उसके इंगित मात्र पर लोग प्राण दे डालने को तत्पर हैं। उसका वहां कोई शत्रु नहीं। कोई उसके विरुद्ध नहीं। बड़ी-बड़ी गूढ़ समस्याओं, यहां तक धार्मिक एवं आध्यात्मिक समस्याओं में बड़े-बड़े बूढ़े तक उसके विचार पूछते हैं। वह जो कहता है उसे वे स्वीकार. कर लेते हैं। उसकी उंगली पर समूचा गोवर्धनप्रदेश अवलंबित है। उसकी तर्जनी के इंगित से वहां का जीवन संचालित हो रहा है।'

'ज़ैसे कोई दार्शनिक हो वह पन्द्रह वर्षीय ग्राम्य-बालक।'—पुनः उपेक्षा से कंस ने कहा।

'वास्तव में उसे दार्शनिक जैसा ही सम्मान संत-महात्माओं तक से प्राप्त होता है महाराज!'—आश्चर्य प्रकट करते हुए विद्रुम ने किंचित भय से कहा।

'वे सब अशिक्षित और मूढ़ हैं इसलिए छल-छद्म के इस ज्ञाता ने उन्हें मूर्ख बना कर अपनी मुट्ठी में कर रखा है अथवा वह कुछ अभिचार और वशीकरण मंत्र जानता होगा।'—कंस ने चिढ़े हुए स्वर में कहा।

'उसका वशीकरण मंत्र है उसकी बांसुरी। वह विलक्षण वंशीवादक है महाराज! उसकी बांसुरी में ऐसी मोहिनी है कि लोग सुधबुध गंवा बैठते हैं। यहां तक कि पशु-पक्षी भी स्तब्ध रह जाते हैं और वृक्ष-लतादि स्थिर हो जाते हैं...'

'आश्चर्य!'—अस्ति के मुख से निकला।

'और महारानी! पूरा गिरिक्षेत्र उसकी बाहुओं से सुरक्षित है। वह और बलराम सबको प्रबल बाहुबल में आबद्ध किए हुए हैं। वे प्रहरी हैं वहां के। वे सैनिक हैं ब्रज के। किन्तु कृष्ण में अनोखी सूझबूझ भी है और वह योगी भी है।'

कंस वितृष्णा से हंसा।

'उस दिन तुम कह रहे थे कि उसकी प्रेयसि, राधा योगिनी है जो जल पर चली थी और आज तुम कृष्ण को योगी बता रहे हो! मुझे तो संदेह होता है कि कहीं तुम उनसे चमत्कृत होकर हमें भयभीत तो नहीं करना चाहते?'—कंस बोला।

'सेवक का मस्तक प्रस्तुत है महाराज! और यह खड्ग भी। यदि आपको मेरी निष्ठा में तनिक भी संदेह हो तो तत्काल...'

'नही···नहीं! विद्रुम। मुझे तुम पर पूरा विश्वास है। किन्तु क्या ब्रज में सभी लोग योगी, महायोगी और हठयोगी हैं जो हमारा कोई भी प्रयास वहां सफल ही नहीं हो पाता! हमारे समस्त चर जो वहां भेजे गए थे, कहां गए? वे द्वादश वन उन्हें लील गए क्या?'

'नहीं महाराज! कृष्ण और बलराम की जोड़ी पर्याप्त है अपने प्रबलतम शत्रुओं को लील जाने को।'

'तो तुम भी उन्हें अवतार मानने लगे हो लगता है! किन्तु यह समझे रहो कि यह अवतार की खोखली बातें केवल मेरे विरुद्ध प्रजा को भड़काने हेतु फैलाई गई हैं। प्रजा में भ्रम फैलाए जा रहे हैं कि वह भगवान् है और मैं एक दुष्ट शासक। यह सब दुष्प्रचार मेरे विरुद्ध है।'

'आपके विरुद्ध नहीं महाराज!'

'तब?'—कंस, प्राप्ति और अस्ति तीनों के मुख से एक साथ निकला।

'मगध सम्राट के विरुद्ध।'

'क्याऽऽ?'—तीनों के मुख से विस्मय से निकल पड़ा।

'मगध सम्राट से उस ग्वालबाल का क्या स्वार्थ अथवा शत्रुता? वह मूर्ख बालक क्या जाने सम्राट क्या होता है!'—कंस ने भवें तानकर अविश्वास से कहा।

'महाराज! क्षमा करें! वह ऐसा भोला और निपट ग्रामीण नहीं जैसा आप समझ रहे हैं। वह मथुरा से मगध का प्रभाव समाप्त करना चाहता है। वह जानता है, समझता है कि मगध सम्राट का प्रभाव आप पर है और वह उसे मिटाना चाहता है। महाराज! मगध की शासन-प्रणाली का वह उग्र आलोचक है। वह मथुरा से मगधशासन-प्रणाली समाप्त करके यादवों के प्राचीन गणतंत्र को पुनर्स्थापित करने का स्वप्न देख रहा है।'—एक श्वास में विद्रुम ने कहा और अपने भाल के स्वेद पोंछने लगा।

'मगध सम्राट से शत्रुता! कहां सम्राट, कहां वह ग्वाल! मगध का प्रभाव मथुरा से मिटाना चाहता है वह मूर्ख बालक? उसे यदुवंशियों से क्या मतलब? वह जानता नहीं सम्राट जरासंध की शक्ति को? कच्चा चबा जाएगा मगध सम्राट का कोई साधारण सैनिक ही उसे। वह, जो दिनरात वन में नाचता-फिरता है ब्रजांगनाओं के साथ? वह नट और वह ग्राम-नर्तकी! वह सम्राट जरासंध से बराबरी करता है?'

'महाराज! उसके नृत्य में और महारास में भी महाषड्यंत्र है। नृत्य के द्वारा वह ब्रज के स्त्री-पुरुषों को संगठित करता है। महाराज! वहां मथुरा की राजसभा का नाटक खेला जाता है। गोपगोपियां आप लोगों का अभिनय करते हैं। स्वांग रचते हैं। वह उन पर अपनी मोहिनी फेरता है। फिर वह जो कहता है, वे आंखें मूंद कर वैसा करते हैं। आपको राक्षस बनाकर प्रस्तुत किया जाता है। पहले यही कर करके उसने उन्हें इन्द्र के विरुद्ध किया था। अब वह उन्हें आपके और मगध सम्राट के विरुद्ध कर रहा है।'

कंस, प्राप्ति व अस्ति अवाक् रह गए। कंस ने ओठ चबाए।

'यह दुःसाहस उन ग्रामीणों का! क्या नाटक करते हैं वे हमारा!'

'महाराज! एक गोप मथुरेश बनता है और फिर कृष्ण···कृष्ण···'

'समझ गया! आगे बोल!'—कंस गरजा।

'महाराज! जब-जब ऐसे नाटक वहां होते हैं, समूचा ब्रज उमड़ आता है देखने को। वे आनन्द लेते हैं स्वांग का। और सबसे अन्त में हर्षोल्लास मनाने को घण्टों तक रासनृत्य होता रहता है।'

'सुना है रासनृत्य में राधा नाम की गोपी बहुत सुन्दर नृत्य करती है?'—अचानक प्राप्ति ने बीच में ही पूछा।

'बहुत सुन्दर नृत्य! उसे वहां रासेश्वरी कहते हैं। राधा तो कृष्ण की प्रेरणा है।'

'प्रेरणा या प्रेमिका?'—कंस ने व्यंग्य से पूछा।

'एक ही बात है महाराज!'

'सुनते हैं राधा अत्यंत सुन्दरी है'—अस्ति ने आगे झुक कर कौतूहल से पूछा।

'अद्वितीय, महारानी! अनुपम!'

'वास्तव में?'—दोनों महारानियों के मुख से आश्चर्य से निकला।

'तुमने स्वयं देखा है उसे?'—अब कंस ने पूछा कौतूहल से।

विद्रुम के कर्णशिखर आरक्त हो गए। संकोचवश वह उत्तर तुरन्त न दे पाया। उसके लज्जित और संकुचित भाव को देख कंस के नेत्रों में विद्रुम के सौभाग्य के प्रति ईर्ष्या की दामिनी कौंध गई। कंस के नेत्रों में वह ईर्ष्या की दामिनी अस्ति ने देख ली। तुरन्त उसके हृदय में भी वही दामिनी कौंध गई। और फिर वही ईर्ष्या की दामिनी अस्ति के नेत्रों में कौंध गयी।

'अरे कहां महाराज! इस विद्रुम पर तो ब्रजवासियों ने कुछ जादू-टोना कर दिया है। इसीलिए इसे वहां की हर वस्तु अच्छी लगती है। बढ़ा-चढ़ा कर वर्णन करने का इसका कुछ स्वभाव भी है। तुझे क्या खिला दिया वहां के लोगों ने मूढ़, जो उनके हाथों बिक गया है इस प्रकार और बढ़-बढ़ कर उनकी प्रशंसा के गीत गाता रहता है!'—अस्ति ईर्ष्या से चिहुंक कर बरस पड़ी विद्रुम पर।

'भला हमारे पास जो विलक्षण सौन्दर्य प्रसाधन हैं, जो आभूषणादि हैं, जो बहुमूल्य वस्त्र हैं, वे क्या उस ब्रजबाला के पास होंगे··जो वह सुन्दर दिखे! उंह! तुझे कैसे वह अद्वितीय और अनुपम लगी भला बता तो!'—प्राप्ति ने अल्हड़पन से पूछा।

'क्षमा करें महारानी! वे अरण्यबालाएं केवल शिरीष-पुष्प के कुंडल बना कर्ण में धारण करती हैं, कदंबमाला और पद्ममाला कंठ में धारण करती हैं, चंपक के वलय पहनती हैं तथा वेणी में कुंदकली धारण करके ही देवलोक की अप्सराओं से भी अधिक सुन्दर दिखती हैं!'—विद्रुम ने दबे स्वर में दुःसाहसपूर्वक बताया।

'आश्चर्य! उन द्वादशवनों में वह राधा नाम की पद्मरागमणि क्या देवलोक से ही आ गिरी? या कोई नक्षत्र टूट कर आ गिरा ब्रज में राधा के रूप में? ऐसा सौन्दर्य तो किसी राजकन्या का ही हो सकता है··ग्राम्या का नहीं।'—अस्ति ने कहा।

कंस विचार मग्न था।

'सुनो विद्रुम।'

'आज्ञा महाराज!'

'तनिक निकट आओ।'

'आज्ञा महाराज'—विद्रुम ने निकट खिसक कर कहा।

'यह... कृष्ण कौन है?'

विद्रुम कुछ समझा नहीं। विस्मय से एक पल कंस की ओर देखकर चुप रह गया।

'नंदगोप का पुत्र है महाराज!'

'क्या वास्तव में!'

विद्रुम समझा। मौन रहा।

'विद्रुम! यह कृष्ण यशोदानंदन है?'—कंस ने स्पष्ट रूप से पूछा।

'नहीं महाराज!'

'तब?'—कंस चौंका।

'देवकीनंदन!!'

झन्न्...

एक बार फिर कंस के रोंगटे खड़े हो गए।

'सत्य?'

'सत्य महाराज!'

एक बार फिर कंस के भाल पर स्वेद-बिंदु छलछला आए।

कितनी बार वह अपने विभिन्न चरों से यही प्रश्न दुहरा-दुहरा कर पूछता है। कोई तो कह दे कि कृष्ण यशोदानंदन है। किन्तु नहीं। सभी चर एक ही बात कहते हैं कि कृष्ण देवकीनंदन है।

एक दीर्घ निःश्वास लेकर कंस ने भाल के स्वेदबिंदु हौले से पोंछ लिए।

× × ×

उस दिन ब्रज में भोर से ही सांझ हो गई। अनायास थम गयीं छाछ बिलोती मथानियां। उठती उठती रह गयीं मधुवन चलने की पुकारें, गुहारें और मनुहारें। स्तब्ध रह गए गोपगृहों से गूंजने वाले कंगनों की झनकारें। पनघट की ओर उठे चरण ठिठक गए। गृहकाज में लगे मन भटक गए।

विपिनगीत सो गए। मगनमीत खो गए। दूध दुहते गोपों के हाथ थमे हैं। पितामहियों के दृगों में अश्रु भरे हैं।

ये गौओं को किसने क्या कह दिया जो पीड़ा से व्याकुल हो रंभाएं जा रही हैं? दौड़ रही हैं। चपल धेनुवत्स खूंटा छुड़ा कर दौड़ रहे हैं। आज धेनुशालाओं में विद्रोह हो गया जैसे। जिसका जिधर मन हो रहा है, भागा जा रहा है आर्तनाद करता हुआ। धूल ऐसे उड़ रही है जैसे ब्रज के धूलिकण भी विद्रोही हो चले हों। यह हुआ क्या जो भोर से ही ब्रज पर आज गोधूलि बेला उतर आई?

किसी क्रूर का आगमन हुआ है मथुरा से। पर नाम वह अपना अक्रूर बताता है। कृष्ण-बलराम को अपने साथ मथुरा ले जाने हेतु आया है। अक्रूर ने बताया कि कृष्ण के युवा होने की प्रतीक्षा यदुवंशियों ने और मथुरावासियों ने वर्षों से की है। यदुकुल के सातों कुल कंस की वक्रदृष्टि के आखेट हुए हैं। भैम, कुकुर, भोज, अंधक, वृष्णि, दाशार्ह एवं यादव आदि सभी संत्रस्त हैं। अब उनका धैर्य चुक चला है। दिन प्रतिदिन कंस के अत्याचार बढ़ते ही जा रहे हैं। कंस लोलुप है। कामी है। अधर्मी है। अपने पिता महाराज उग्रसेन, अनुजा देवकी व उसके पति वसुदेव के अतिरिक्त उसने अन्य भी कितने ही यदुवंशियों को कारागार में डाल रखा है। कंस प्रजा की आय का छठा भाग कर रूप में लेता है किन्तु प्रजा को संरक्षण नहीं देता। नागरिकों का जीवन, संपत्ति, परिवार व सम्मान कुछ भी सुरक्षित नहीं रहा है। शौरसेन-जनपद में संभ्रान्त कुलों की साध्वियां असुरक्षित हैं। कंस मगध-सम्राट के प्रभाव में है अतः शौरसेन-जनपद में भी मागध-संस्कृति संस्थापित कर दी गई है। यादवों को भयंकर अपमान, कष्ट एवं यातना भुगतना पड़ रहा है। मगध सम्राट की पुत्रीद्वय, महारानी अस्ति तथा महारानी प्राप्ति जो कहती हैं, राज्य में वही होता है। महाप्रतापी स्वर्गीय महाराज शूरसेन का वह सुर-राज्य आज सुरा-राज्य हो गया है। रक्षक भक्षक हो गये हैं। अब समय आ गया। क्रान्ति सुगबुगा रही है। जन-जन में विद्रोह की चिनगारी है। सब प्रतीक्षा कर रहे हैं वन-नायकों की। सिंह-शावकों की। किशोर-यदुवीरों की। अब विलम्ब न करें, बलराम व कृष्ण को मथुरा ले जाने की आज्ञा दें।

नंद-भवन के बाहर अलिन्द पर महानीम तले गोपों की लोकसभा जुड़ी है। नंदगोप सुन रहे थे धीरज से। गोपगण सुन रहे थे भारी मन से। वृष्णिवीर अक्रूर के संभाषण को सुनते-सुनते कभी गोपजन विह्वल हो उठते कभी रोष से भर उठते।

कब तक? कब तक महाराज उग्रसेन, वसुदेव, देवकी एवं अन्य वृष्णिवंशी वीर बंदीगृह की यंत्रणा सहेंगे?.... कब तक अंततः? वसुदेव एवं देवकी कृष्ण के माता-पिता हैं। बलराम के माता-पिता हैं। जिन माता-पिता के दो-दो ऐसे महाप्रचण्ड पुत्र हों उन्हें अंधियारे कारागार में एक-एक पल एक-एक युग की भांति काटना पड़ रहा है। कैसा अंधेर! मथुरा नगरी पर विराट प्रतीक्षा छाई हुई है श्वासरोधक शांति के रूप में। क्या यह झंझावात् से पूर्व की शांति नहीं? क्या यह स्तब्धता मूक प्रतीक्षा नहीं एक सुयोग्य नायक की? जन-नायक की? लोक-नायक की? वर्षों की इस सुदीर्घ प्रतीक्षा रूपी साधना का पुण्यफल क्या यदुवंशियों को अब भी उपलब्ध न होगा?

रोमांचित तन और संकुचित मन से गोपसभा ने सुना। तर्क समझे। नैतिक एवं राजनीतिक अनिबार्यता समझे कृष्ण-बलराम से विछोह की।

और!···तैयारियां होने लगीं विदा की। समूचा ब्रज अश्रु-प्लावित हो चला। यशोदा को कीर्तिदा ने सम्हाला। रोहिणी को मंदिरा ने। नंदगोप को सुनंद ने सम्हाला और वृषभानु को उपनंद ने।

वहां दूर आम्रकुंजों और वेतसलता-कुंजों की सघन छांह में गोपियां हैं, गौएं हैं, गोवत्स हैं, मयूर हैं और है···राधा। और जहां राधा है···वहीं कृष्ण हैं।

कंस द्वारा जिनके उत्पीड़न की गाथाएं वह बालपन से सुनता आया था, जिनके प्रति मन में अगाध सहानुभूति उमड़-उमड़ पड़ती थी, जिनके अपमान और यंत्रणाओं से वह

रोष-प्रकंपित हो उठता था···वे परम धैर्यशील वसुदेव एवं परम सहनशीला देवकी···उसके स्वयं के जनक-जननी हैं!! वह अवाक् रह गया सुन कर।

कितनी बार ब्रज की लोकसभाओं में और ग्राम-गोष्ठियों में कृष्ण ने ललकार-ललकार कर पूछा था कि देवकी का आठवां पुत्र यदि जीवित है तो माता-पिता के उद्धार के लिए प्रकट क्यों नहीं होता? छिपकर क्यों रहता है वह कापुरुष? कहां रहता है वह देवकीनंदन? माता-पिता के अपमान का प्रतिशोध क्यों नहीं लेता? मुक्ति क्यों नहीं दिलाता उन्हें? पुत्रवती होते हुए भी माता को ऐसे दारुण कष्ट झेलने पड़ें तो वह पुत्र अत्यंत···!

गरज-गरज कर यह कहने वाला किशोर-मन उस क्षण उद्भ्रांत हो उठा जब उसे सत्य से अवगत कराया गया। तो ये परम ममतामयी माता यशोदा उसकी माता नहीं? परम स्नेहशील नंदगोप उसके पिता नहीं। कैसी विडंबना! और यह ब्रज? यह रेणु? यह यमुना-जल? यह विराट गोवंश? ये सखा? ये निश्छल गोपियां···यह सब उसका नहीं? और वह प्राणवल्लभा उसकी!···राधिका! पूर्णचन्द्र की ज्योतिवर्षा में निधिवन के वे अहोरात्र महारास!

कृष्ण उद्विग्न है। हृदय उद्वेलित है। कैसा विकट अन्तर्द्वन्द्व। प्रेम इधर है, प्रेम उधर है। इधर नेह के बंधन बांध रहे हैं, उधर नेह के बंधन बुला रहे हैं। अनायास कैसा एकाकी हो गया है वह उस व्याकुल-प्राण वातावरण में! वह सबकी पीड़ा समझ रहा है किन्तु उसकी स्वयं की पीड़ा? वह किसका आश्रय ले? किससे सांत्वना पाए? किससे कहे अपनी व्यथा और किसको दिखाए पल-पल विदीर्ण होता अपना भावुक किशोर मन?

सब वेदनाकुल हो उसे निहार रहे हैं सांत्वना पाने को। वह स्वयं किधर निहारे? चारों ओर अवरुद्ध कंठों से निःसृत रुदन-ध्वनियां हैं और वह स्वयं सबके मध्य कठोर-संयम धारण किए खड़ा है।

वह तत्पर खड़ा है अपने किशोर-कंधों पर गुरुगंभीर भविष्य को धारण करने हेतु। भविष्य की ज्वालामयी चुनौतियों का सामना करने। अधर्म का नाश करने। धर्म की पुनर्स्थापना करने। कठोर दायित्व निभाने।···तो···तो क्या अब वह कन्हैया न रहा? किशोर-अंतर डबडबा उठा।

'रे कान्हा ऽऽ···इस अबोध राधिका को तो निहार तनिक जो वेणु-बावली हो दिनरात एकांत पुलिनों और सघन विपिनों में तेरे साथ-साथ डोलती रही! अरे श्यामतमाल पर चढ़ी इस बौराई बाल-लतिका का क्या होगा अब?'—विशाखा का प्रकंपित स्वर कांपता हुआ फैल गया वनस्थली में।

'अहो कान्हा! कितना-कितना समझाया इसे कि 'जोगिया से प्रीति किये दुःख होय'···किन्तु यह न मानी बावरी! और आज इसका आश्रय-कुंज इसे कैसा निराधार छोड़े जा रहा है?'—ललिता ने उलाहना दी।

'ले जा इसे भी कान्हा, ले जा इसे भी अपने साथ। ऐसी गाढ़ी प्रीति और ऐसा बिछोह! ऐसी कोमल वय और ऐसा भीषण आघात! कान्हा मेरा मन कांपता है। इसे ले जा अपने साथ।'—विरजा रोते-रोते अनुनय कर रही थी।

कान्हा निश्चल खड़ा है। जिसे आज तक हर पल हर क्षण सदा अपने सम्मुख रखना चाहता रहा है, जिस शोभा को निहारते थकता न था कभी आज उस पर दृष्टि डालने का भी साहस नहीं उसमें। असह्य पीड़ा है। उसी को छोड़कर जाना है जिसके पीछे उद्भ्रांत मारुत् सा दिनरात घूमता रहा था वह। उसे छोड़कर जाना है जिसने उसके लिए सब कुछ त्याग दिया। ऐसी समर्पित आराधिका पर ऐसा कठोर वज्रप्रहार करना है। तो···कैसे देख सकता है वह उसकी ओर?

और अंततः जब अपने तीव्र स्पंदित हृदय को थाम कान्हा ने मुड़कर देखा···तो देखता ही रह गया। अपलक! एकटक! मुग्ध और अवाक्!

आस्था सी अडिग खड़ी थी राधा! महायोगिनी सी निर्विकार! महागांभीर्यवती! महातेजस्विनी! महाशक्ति राधा!

उसके सदा के विशाल अनियारे नयन आज कुछ अधिक ही अनियारे हैं। मानस-मंथन में अन्तर्लीन है! क्या सोच रही है?···

सोच रही है—क्या मेरी व्यथा से, कृष्ण की व्यथा अधिक नहीं? समूचे ब्रज की व्यथा भी क्या कृष्ण की व्यथा के बराबर हो सकती है? जो अभूतपूर्व रहस्य उद्घटित हुआ है आज, उसे किशोर-कान्हा का मन सह सकेगा क्या? कैसा मर्मभेदी आघात कि वर्षों से इसके माता-पिता कंस के बन्दी गृह में दारुण यंत्रणाएं भुगत रहे हैं ! अपमान से, दुःखों से और सतत आघातों से तिल-तिल घुल रहे हैं। कैसा हृदय-विदारक संवाद कि उसके जन्म से पूर्व उसके छह नवजात अग्रजों को एक के बाद एक पाषाणों पर छितरा दिया गया। अहो! कृष्ण की व्यथा···कोई समझे तो! और अब! ब्रज-बिछोह का दारुण क्लेश! इतनों को कष्ट देकर, उतनों का कष्ट हरण! हा कष्ट! हा कष्ट!

राधा मूर्तिमान करुणा हो गई है, जैसे ममतामयी माता देवकी की सूक्ष्म रूप में उसके अन्तर में प्रवेश कर गई हो।

सहसा ही वह कृष्ण की मार्गप्रदर्शिका बन अंधकार में दीपशिखा सी प्रबोधिनी हो उठी।

'व्याकुल न हो कान्हा!'

कान्हा सिहर उठा। अहो! कैसी पीयूष-वर्षा!

राधा का कोमल कर-पल्लव कृष्ण के आंदोलित मर्मस्थल पर था। चंदन-सुशीतल राधा-स्पर्श! दग्ध-उर का समस्त ताप जैसे धुला जा रहा था।

'व्याकुल न हो कान्हा! माता देवकी के कष्टों के परित्राण का समय आ गया। यह पुनीत-कर्तव्य निभाते दुःखी क्यों सखे? ऐसा वीरपुत्र होते हुए आर्या देवकी और आर्य वसुदेव बन्दीगृह में रहें, कितना अनुचित! माधव! मुक्ति दो माता को। पिता को। वयोवृद्ध महाराज उग्रसेन को। मुक्ति दो माधव, मथुरा के जन-गण को। यदुवंशियों को। भला और कौन यह श्रेष्ठ कार्य संपन्न कर सकेगा तुम्हारे अतिरिक्त? तुम ही तो उनके प्राणों के आधार हो। आशा के दीप-स्तंभ हो। कदाचित् तुम्हारे लिये सोच कर ही माता जीवित हैं आज तक। कदाचित् तुम्हारी प्रतीक्षा ही जीवित रखे हैं उन्हें। जाओ कान्हा मुक्त करो उन्हें!'

कृष्ण चकित था। जो बात वह स्वयं जनपद-सभाओं व गोप-सभाओं में हुंकारें भर भर कर कहता था वही ओजस्वी वाणी आज विदा-बेला में राधा के मुख से निःसृत हो रही है।

वह पुनः सिहर उठा।

गोपियां अवाक् थीं। स्तंभित थीं। यह राधा को हुआ क्या? कहीं बावली तो नहीं हो चली यह! विक्षिप्त तो नहीं? कहीं अस्वस्थ तो नहीं हो गई? उन्माद तो नहीं हो आया इसे! आघात की तीव्रता से प्रलाप तो नहीं कर रही है राधिके!

जगमगाती ध्रुव-तारिका सी अटल थी किन्तु राधिका।

'कान्हा! तुम्हारा जीवन साधारण नहीं। कितनी बार तुम्हें अनुभूति हुई इस सत्य की कि तुम धरा पर किसी विशिष्ट प्रयोजन हेतु आए हो। क्या तुम स्वप्न में चौंक-चौंक नहीं पड़ते थे? कहीं सुदूर से कोई कातर-वाणी तुम्हें रह-रह पुकारती सुनाई नहीं देती थी, जैसे कहीं कोई अपार कष्ट में है? अंधकार में, असहाय अवस्था में कोई विलाप कर करके तुम्हें गुहार रहा है। संभव है वह माता का ही व्याकुल मन रहा हो। संभव है वह उत्पीड़ित मथुरा-राज्य के प्राण ही रहे हों। संभव है वह उत्पीड़ित मानवता की कातर पुकार रही हो। संभव है वह आर्त पुकार क्षतविक्षत धर्म की रही हो! और कान्हा! कितनी बार कोई गुरुगंभीर स्वर भी तो तुम्हें आमंत्रण देता सा सुनाई पड़ता था! स्मरण नहीं तुम निद्रा में ही तत्पर हो उठते थे किसी महाप्रयाण पर अग्रसर होने को? पर्वतों, वनों, नदियों, सप्तसिंधु और क्षितिज तथा मेघमालाओं के पार से आती वे अद्भुत रोमांचक पुकारें भूल गए क्या? जिसको खोजते फिरते थे अहर्निश अब तक, आज आ गई वह प्रयाण-बेला तुम्हारे चरणों में लिपट जाने को।'…

'माधव! राधा का विचार न करो। गोपियों का भी नहीं। और ब्रज का भी नहीं। एक ही लक्ष्य है तुम्हारा। एकाग्र होकर उसी को साधो। हमारा प्रेम तो यमुना के पावन अमल-जल सा है, कल-कल करता वहीं पहुंचेगा जहां तुम जाओगे। प्रेम की प्रबल वेगवती धारा को कोई बांध पाया है कहीं? यह प्रेमधारा तो सदा तुम्हारे साथ रहेगी। साथ बहेगी। मैं तुम्हारी सहयोगिनी हूं। माधव! मैं राधा हूं! बाधा नहीं!'…

स्तब्ध रह गया ब्रज-कुल। सखियों के दृग विस्फारित थे। अवश्य ही यह बावरी हो गई है।

'अरी सहयोगिनी ऽऽऽ! चुप भी हो जा निठुरा। कैसे हृदय पर पाषाण रखे बोले जा रही है। अभी समझ नहीं पा रही अबोध, कि जब साथ ही न रहेगा तो सहयोगिनी कैसे रहेगी तू? अरी प्रेम-योगिनी! तब तू मात्र वियोगिनी बनी रह जाएगी। राधे! कर्तव्य के वशीभूत हो कैसी पाषाणशिला बनी जा रही है! पर्वतराज-पुत्री पार्वती है क्या तू? गिरिजा है तू? वृषभानुजे! यह नेह की डोर दिखती भर फूलडोरी सी सुन्दर है किन्तु रुला-रुला डालेगी तुझे। तरसा-तरसा कर प्राण ले डालेगी तेरे।'—कहते-कहते ललिता रो पड़ी!

'अहो! कैसी परम-उपदेशिका बनी है आज तू। एक बार कान्हा से यह भी नहीं कह रही कि शीघ्र ही लौट कर वृंदावन आए!'—विशाखा ने कहा नहीं कि बिलख पड़ीं सखियां।-

अंतस्तल की पीड़ा प्रबल वेग से तरंगित हो उठी और फिर छलक पड़ी मृग-लोचनों में। राधा ने अपने नीलांचल से पोंछ कर मिटा डाला दृढ़ता से पीड़ा के उन मौन दूतों का अस्तित्व। कांपते अधरों को दबा लिया कस कर दांतों तले।

कृष्ण के उनींदे अरुणाभ नयन सुदूर कहीं खोए हुए थे।

राधा ने देखा उसे और पुनः धैर्यबाला बनकर बोली—

'नहीं कान्हा! कर्तव्य पूरा करके यदि आ सको तो आना। किन्तु यदि अन्य भी श्रेष्ठ कार्य पुकारें या धर्म पुकारे, तो छोड़ना न उन्हें। न राधा हेतु उन्हें त्यागना... न ब्रज हेतु। न गोपी···न गोप!···न नन्द···न यशोदा। न वृंदावन··· न महारास···'—कहते-कहते अन्त में राधा की स्वरमाला डबडबा गई।

व्यथा-सिंधु में ज्वार था। प्रलयंकर उत्ताल तरंगों में उसकी मन-नौका हचकोले खा रही थी। केवट भी कैसा निठुर निकला! अहो! और हठीले ये अश्रु! राधा पोंछ कर मिटा देती उन्हें तो तुरन्त फिर से नव-विद्रोहियों की सेना खड़ी हो जाती। जितना दमन करती, विद्रोही-अश्रु उतने ही वेग से उमड़ पड़ते। प्रबल थी किन्तु राधिका की इच्छाशक्ति! अपराजिता थी राधिका स्वयं! नयनों में अश्रु किंतु वाणी में ओज था।

'जाओ कान्हा! भविष्य पलक-पांवड़े बिछाए तुम्हारी प्रतीक्षा कर रहा है। व्यग्र है भविष्य तुम्हारे लिए। तुम्हारे बिना भविष्य निराधार है। अंधकारमय है। जाओ माधव! उद्धार करो भविष्य का। शृंखला में बंधे हुए वर्तमान को मुक्ति दो, भविष्य ताकि पराधीन न हो। भविष्य ताकि निरापद हो,···भयहीन हो,···उन्मुक्त हो···और सुन्दर हो!···'

'तुम पुरुष हो गोविंद! ऐसे पुरुष बनो जैसा कोई न हुआ हो। पुरुष नहीं गोविन्द, तुम परमपुरुष हो। ब्रज के ग्रामनायक ही बन कर न रह जाओ सखा। छा जाओ समूची धरा पर। समूची सृष्टि पर। ऐसा मुहूर्त हर किसी को नहीं मिलता। इस पुण्यमुहूर्त में ऐसा कुछ करो ताकि इतिहास तुम्हारे गौरव-गीत गाते थके न कभी। ताकि पुराणों में तुम्हारी उज्ज्वल कीर्ति सदा-सर्दा के लिए अंकित होकर अमिट हो जाए। ताकि लोकमानस तुम्हारी जयगाथा अनादि काल तक दुहराता रहे!···'

'माधव! तुम भविष्य के नायक हो। भविष्य तुम्हारा गायक है। तुम भविष्य हेतु अनिवार्य हो। सुनो-सुनो···माधव, ध्यान से सुनो भविष्य पुकार रहा है तुम्हें। कैसे निरंतर···गोविन्द-गोविन्द की रटन लगाए है! वह देखो, गोविन्द-गोविन्द की पुकारें उठ रही हैं चारों ओर से, नभ, धरा, दिगूदिगन्त से···। समूची सृष्टि आतुर हो गुहार रही है—गोविन्द! गोविन्द! उठो गोविन्द! चल दो इसी क्षण मुक्ति के महापथ पर। नभ पुकार रहा है गोविन्द! धरा पुकार रही है गोविन्द! ग्राम पुकार रहे हैं, जनपद पुकार रहे हैं, नगर पुकार रहे हैं। समूची सृष्टि के प्राण, गोविन्द! तुम शांत बैठे हो यहां! उठो।··· आगे बढ़ो गोविन्द···।'

राधा विस्फारित नेत्रों से शून्य में निहारती बोलती जा रही थी। राधा के चुप होते ही विशाखा बिफर पड़ी।

'अहो बावरी! क्यों प्राण दिए डाल रही है अपने! क्यों प्राण हरे ले रही है हम सबके इन उपदेशों की बौछार से! अरी! कुछ और पल तनिक निहार तो ले प्रियतम को!

फिर क्या ज्ञात इसके सुदर्शन से तेरे नयन शीतल होंगे भी कभी या नहीं! और तब आह्लादिनी, तब तू एकाकिनी···ऐसे ही वृंदावन की कुंजगलियों में भटकती फिरेगी गोविन्द-गोविन्द रटती! कृष्ण कहां?···कृष्ण कहां, पुकारती हुई'—कहते हुए विशाखा ने राधा के कंधे पकड़कर झकझोर डाले।

राधा फफक पड़ी अंततः। चंद्रावली ने रोते-रोते थामा विह्वला सखी को।

कैसा गंभीर मौन धारण किए खड़ा है कृष्ण, जैसे अनायास ही आज किशोर से तरुण बन गया हो। सघन द्वादशवनों को, गोवर्धन की उपत्यकाओं व सूर्यतनया-तटों को पार करती उसकी स्वप्निल दृष्टि सुदूर उस अनिश्चित भविष्य को खोज रही थी जिसकी ओर राधा ने इंगित किया था।

अस्पष्ट भविष्य। धूमिल। सामने सघन वनप्रांत। गिरिराज गोवर्धन। पुण्यसलिला यमुना। और···उसके बाद? अनिश्चित पथ! अनंत! सब कुछ कितना बदल गया अकस्मात्! जिस क्षण अक्रूर ने चरण रखे ब्रज में, कृष्ण का बालपन तिरोहित हो गया। अब नयनों में मेघ न उमड़ें। अब वह युवक है। तरुण है। वीर योद्धा है। एक कर्तव्यपरायण पुत्र है। असंख्य प्रतीक्षारत तरुण यदुवीरों का नायक है। किन्तु! अब··· अब! अब वह कान्हा नहीं।

राधा का विकल रुदन-स्वर मन को विदीर्ण किए डाल रहा है। अहो, क्या होगा इस शिशिरसिक्त पल्लवी का जो मुझे ज्ञान बोध देते-देते स्वयं ही टूट-टूट जाती है। जिसकी उपदेश-माल्य असह्य पीड़ा से मध्य में ही छिन्न-भिन्न हो जाती है? हृदय टूक-टूक हुआ जा रहा है जिसका, किन्तु जो धैर्यशिला बनने का प्रयास कर रही है।

और मैं, मैं ही दोषी हूं। खण्ड-खण्ड किए डाल रहा हूं इसके प्रीतिपुलकित कोमल मन को। अपनी आराधिका राधिका के आराधना-दीप को वियोग के झंझावात् से निमीलित करने वाला निठुर-हृदय मैं ही तो हूं। अहो राधिके! अहो चारुशीले! अहो चारुशीले!

सखियां कृष्ण को सन्देहभरी दृष्टि से नापजोख रही थीं।

'देखो तो तनिक! कैसा किंकर्तव्यविमूढ़ खड़ा है नटवर! ले जा अपने साथ अपनी प्रिया को भी। कितना विचार करेगा कान्हा? अरेऽऽ यह प्रीति की मारी राधिका अभी तेरे सम्मुख ही ऐसी ज्ञानवती बन रही है। किन्तु समझ ले कान्हा, यह न सह पाएगी प्राणलेवा विरह तेरा। अरे तू समझ नहीं रहा कान्हा, तेरे पीछे रो-रो कर प्राण दे डालेगी यह।'—ललिता ने उपालंभ दिया।

नहीं! नहीं! भावुक किशोर-मन कांप उठा।

'माधव रे ऽऽ! तू क्या सचमुच इतना निर्मम हो जाएगा कि भूल जाएगा अपनी प्राणप्रिया को वहां पहुंचते ही? इस मृदुल वन-वल्लरी को, जो सदा सरस प्रेममल्लिका सी तेरे तन-मन-प्राण पर छाई रहती थी? भुला देगा इसे? अन्यथा इसके बिना कैसे रह पाएगा तू? अरे कान्हा! अभी समय है। इसका सोच ले···अपना सोच ले। ले जा इसे भी अपने साथ रथ में! अहो! इसे न मार निठुर···इसे न मार!'—विशाखा के जुड़े हुए हाथ थर-थर कांप रहे थे। अश्रुविगलित-स्वर कांप रहे थे। नयनों में भरे जलकण कांप रहे थे।

'नहीं! नहीं विशाखे!'—कृष्ण के मुख से प्रथम बार अस्फुट शब्द निःसृत हुए।

'नहीं विशाखे! मेरी महिमामयी इस आराध्या की प्राण-प्रतिष्ठा हेतु मधुपुरी का कोई भी राजमहल उपयुक्त नहीं। राजधानी के ताप में मेरी वैजयंती कुम्हला जाएगी। झुलस जाएगी। यहां धेनुओं और मयूरों के मध्य, यमुनातीर, मलय-समीर और कदंबों की सघन सुशीतल छांह है। यह मेरे साथ चली जाएगी तो वृंदावन, वृंदावन न रह पाएगा। उजड़ जाएगा। राधा मेरी आत्मा है। मेरी प्राण है। मेरी शक्ति है और प्रेरणा है। राधा यहीं रहेगी। राधा यहीं रहेगी, वृंदावन की अधिष्ठात्री···जीवनदायिनी बन कर। पीयूषवर्षिणी बन कर ब्रज का ताप हरेगी। तुम्हारी सबकी पीड़ा अपने उर में संजो लेगी। राधिका तुम्हारी सम्बल है। प्रेरणा है। तुम्हारी शक्ति है। उसे तुमसे न छीनूंगा। जहां राधिका है··· वहां मेरा मन है! जहां आराध्या वहीं आराधक!'—कान्हा का स्वर वाष्प-अवरुद्ध हो गया।

भोली सखियों का विश्वास टूट गया। तो कान्हा इतना भोला नहीं जितना वे समझती थीं!

'कैसी अद्‌भुत बातें तेरी कान्हा! कैसा बहाना! अब कुछ भी कहना व्यर्थ है सखि! अब हमारा, तुम्हारा अथवा राधा का महत्व नहीं कान्हा के लिए। राजकुल में जा रहा है। राजधानी को प्रस्थित हो रहा है। राजवन में रसभोगी भ्रमरराज को असंख्य कलिकाएं मिलेंगी। वहां राधिका का क्या अभाव अनुभव होगा? और तब हमारी अबोध राधिका की नेहमालिका को हृदय से उतार कर प्रवाहित कर देगा यमुना में। और डूब जाएगा स्वयं वैभव-पुष्करिणियों में। अहो! हम जैसे समझते नहीं तेरी बातों को··· !'—क्षोभ और आक्रोश से चन्द्रावली आगे न बोल सकी!

उपालंभ! उलाहना! तीक्ष्ण व्यंग्य! चन्द्रावली का एक-एक वाक्‌वाण दंश सा चुभ रहा था मर्मस्थल में। कृष्ण के नहीं! राधा के!! राधा सोच रही थी कि यह कैसा अन्याय कर रही है चन्द्रावली! कैसा बालपन दिखा रही है! एकाकी पथिक और अज्ञात प्रवास! उस पर अज्ञानवश दिया जा रहा सखियों द्वारा ऐसा त्रास! उसी के अंक में पड़ी राधा हौले से उठ बैठी।

'मत बोल कटुवचन सखि! कठोर वचन कह कर पीड़ा न दे कान्हा को···'—राधा के प्रीति-स्निग्ध कंठस्वर की मधुरिमा अंतस्थल को भिगो कर रख गई।

राधा पीड़ित-स्वर में कान्हा के लिए सखियों से अनुनय करने लगी।

'जा रहा है कान्हा तो!! अज्ञात प्रवास पर जाते समय, विदावेला में क्यों उसके मन का कष्ट बढ़ाती है? ऐसा कुछ कह न, जिससे उसका साहस बढ़े। मनोबल बढ़े। ललिते! चंद्रावली! विशाखे! तनिक विचार कर कि माधव को वहां क्या मिलेगा? केवल भ्रम। इसे वहां न मधुवन मिलेगा, न वृंदावन! न यमुना-पुलिन, न कदंबकुंज! न वेणु बजेगी, न···अहो···कैसा कष्ट! न अहोरात्र महारास होगा। सखि! क्या इसे वहां यह आनन्द-धाम उपलब्ध होगा? नहीं सखि। वृंदावन के अनूठे प्रेम के लिए इसका अन्तर चिर-तृषित न रह जाएगा? वहां मदिर सुधा होगी किन्तु प्रेम-सुधा नहीं। वह नगरी राजनीति की केन्द्र है। वहां बड़े-बड़े षड्यंत्र चलते हैं। द्वन्द्व होते हैं। छलछद्‌म होते हैं।

अन्याय और उत्पीड़न होता है। भूलो मत कि कान्हा जा रहा है एक कठोर हृदय अत्याचारी शासक के राज्य में। उसे बल दे, प्रेरणा दे, शक्ति दे!'—राधा विस्फारित नेत्रों से देखती हुई बोल रही थी।

'अभेद्य दुर्ग। विराट स्तंभ। स्तूप। अट्टालिकाएं। पाषाण-प्राचीरें। भयावह बंदीगृह। इन सबसे निर्मित है राजधानी। बन्द। श्वासरोधक राजधानी। यह उन्मुक्त कदम्ब-समीर, यह कलकल यमुना तीर, यह सब कुछ गंवा कर जा रहा है माधव वहां। नवीन देश। नवीन जन। इसकी प्रेमनिधि तो लुट गई। रिक्त हाथ जा रहा है वहां दीन-हीन याचक सा। इसे प्रेम दे सखि!···नेह दे। मधुर कुछ संभाषण कर आज, तिक्त नहीं! आज तो यह मात्र एक भिक्षुक है। डाल सके तो सखि, डाल दे इसकी झोली में कुछ पीयूष-कण! कुछ सुधा-बिंदु! कुछ प्रीतिवाक्य! जो इसे कहीं न मिले···वह इसे यहीं मिले। ऐसा कुछ दे इसे सखि, ताकि सदा-सदा यह ऋणी रह जाए ब्रज-वसुंधरा का, ताकि वृंदावन की स्मृतियां सदा सरभीगी बनी रह जाएं इसके अन्तर में। इस मधुमयी धरा के मधु में इसका मन भीगा और प्रेम-पगा रहे।···'—इतना कह राधा प्रस्तरमूर्ति सी निश्चल खड़ी रह गई।

हृदय-विदारक समवेत विलाप गूंज उठा यमुना की रमणरेती पर। वहीं, जहां सदा वंशी बजती थी, जहां गीत होते थे, जहां नुपूर और वलय थिरकते थे, जहां कंकण-किंकिणि की मधुर रुनझुन श्वास-श्वास और कण-कण में व्याप्त थी, उसी सूर्यतनया-तट पर आज कैसा यंत्रणादायी विदा-क्षण आया था! ऐसा क्रूर तो कभी कोई कंस का चर भी न आया था।

राधा क्या है मेरी?—कान्हा सोच रहा था। सखी! प्रेयसी! वल्लभा! प्राणेश्वरी! रासेश्वरी! अग्रजा! माता! धैर्यधारिणी! रक्षिका! विचित्र है राधिका। रहस्यमयी। स्वयं कष्ट झेलती है किन्तु कृष्ण को कष्टों से बचाने हेतु स्वयं कवच बन जाती है उसका। कृष्ण पर होते प्रहारों को स्वयं अपने ऊपर शिला बन कर झेलती है। कृष्ण पर होते आक्षेप-आरोपों का उत्तर स्वयं देती है। अद्‌भुत नारी! नारी-शिरोमणि। विलक्षण है समर्पण तेरा! धन्य है तू त्यागमयी! जितना प्रेम में डूबती है, उससे अधिक प्रेम बांट देती है। प्रेम करेगी तो पीड़ा सहेगी। जितना पीड़ा सहेगी, उतना अधिक प्रेम करेगी। देना जानती है। लेना नहीं जानती। दान करती है। प्रतिदान की अपेक्षा नहीं इसे? अक्षय है इसका नेह-कोष। अहो राधे! धन्य है तू···धन्य है तेरा प्रेम! धन्य है तेरा अटल अनुराग!....

कान्हा के मुख से सुदीर्घ निःश्वास निकली।

राधा ने मलय-कपूर-कस्तूरी का तिलक कृष्ण के प्रशस्त भाल पर अंकित किया।

'कान्हा! यह विजय-तिलक! तुम विजयश्री से विभूषित हो, यही मेरी मंगल-कामना है···'—सुकुमार उंगलियां कांप रही थीं। उर स्पंदित था। कंपकंपाते अधर-पल्लवों से कंपकंपाते स्वर वेदनासिक्त तुहिनकणों से झर रहे थे। कृष्ण का हृदय भर आया।

'और···और···यह कान्हा! यह वैजयंतीमाल्य···यह जयमाल्य भी है···और वरमाल्य भी'—और पीड़ा कातर राधिका स्वयं गिर पड़ी माधव के श्री चरणों में समर्पित वैजयंती-माल्य सी।

समूचा वनप्रांत हाहाकार कर उठा। दिशाएं रो पड़ीं। व्याकुल गौएं आर्तनाद कर उठीं। शुकसारिकाएं व्यथा से फड़फड़ा उठे। वृक्षों ने व्याकुल हो शीश झुका लिए। असह्य पीड़ा भार से लताएं अकुला कर डोलने लगीं। कातर मयूर-गण दौड़ कर अपनी दुःख-विधुरा स्वामिनी पर व्यजन डुलाने लगे। गोपियां फूट-फूट कर रो पड़ीं।

किशोर माधव! कितनों की पीड़ा उसे ही वहन करनी है। समूची चराचर सृष्टि की वेदना जैसे उसे ही हृदयंगम करनी है। समूचा वनप्रांत, वनस्पति-जगत, पशुपक्षी, मनुष्य··· सबकी पीड़ा उसे ही आत्मसात् करनी है। नभ, धरा, सरिता, वन, मनुज, पशुपक्षी, कौन नहीं व्याकुल था इस विदाक्षण में?

कृष्ण ने उठाया आहत वनमंजरी को। अंतिम मिलन। मिलन और विदा एक साथ। यही थी उनकी देवोत्थानी एकादशी। यही था मिलन का पुण्यपर्व उनका। युगल किशोर-मन उमड़ते-घुमड़ते रहे। डबडबाते रहे भरे मेघ से। कितने पल! कितने क्षण!

और फिर!···कठोर संयम धारण कर ब्रजनायक ने प्रिया को विलग किया हौले से। एक भरपूर दृष्टि डाली प्रेम-पुलिनों पर, नेह कुंजों पर! और दृढ़ चरणों से मुड़ चला।

× × ×

अक्रूर व्याकुल थे।

कहां हो आदिकवि? कहां हो महाकवि वाल्मीकि? आज तुम्हारी चरण-रज ले लूं तो धन्य हो जाऊं। अक्रूर काष्ठवत् खड़े थे अपराधी से। कैसी क्रूर भूमिका है मेरी! कैसा क्रूर प्रयोजन? अक्षम्य है अपराध मेरा। दण्डनीय! धिक्-धिक्! अक्रूर का अभियुक्त-मन उन्हें धिक्कार रहा है।

इतने नेहभीगे कोमल मनों को रौंदते हुए उनको अपना रथ ले जाना पड़ेगा। यह कब सोचा था उन्होंने! हे विधाता! कैसा निर्मम कर्म कराया मुझसे! किस ओर देखूं.... कहां जाऊं?

ऐसी विदा तो भूतल पर कभी किसी कन्या की भी न हुई होगी। ऐसा त्रास तो किसी जननी ने, किसी जनक ने अपनी बेटी की विदा करते समय भी न पाया होगा जो आज ब्रज का आकुल कण-कण पा रहा है। अहो महाकवि वाल्मीकि! दारुण वियोग-पीड़ा की अनुभूति तुम ही समझे। विरहाकुल क्रौंच पक्षी की कातर पुकार ने तुम्हारे मर्म को विदीर्ण करके रख दिया, तो कैसा अमृत निःसृत हो उठा तुम्हारे कोमल अंतर से! और एक मैं हूं—वियोग का कारण! निर्मम-हृदय! निर्मोही! देख रहा हूं···विछोह-खंडित अनेकों हृदयों को पाषाणवत् होकर। धिक्कार है मुझे! धिक्कार है। अहो धन्य है महाप्राण तुम्हारी लेखनी! धन्य है तुम्हारी भाव-प्रवणता, महामना! कहां हो आदिकवि! कहीं तुम्हारी तनिक सी पग-धूलि मिल जाए तो मस्तक पर विभूति सी धारण करके अपना पाप क्षय कर लूं···हा कष्ट! हा कष्ट!

भारी मन, बोझिल पग, अक्रूर जाकर रथ पर बैठ गए। धीरे-धीरे समूचा ब्रज सिमट आया रथ के चारों ओर। नन्हें गोप बालक-बालिकाओं ने दौड़-दौड़ कर रथ के मार्ग को दूर-दूर जल से सींचा है। फूलों की पांखुरियां बिखेरी हैं उस पथ पर जिस पर से होकर

उनका नायक आज जाने वाला है। वह उनका अग्रज, नायक, मित्र, सखा, सभी कुछ तो था। आयु में अधिक होने पर भी कान्हा उनकी समस्त क्रीड़ाओं में सम्मिलित रहता था। बालिकाओं को नए गीत रच-रच कर देता, स्वयं गाता तो वे खिलखिलाती हुई उसके चारों ओर नाचतीं। उन्हें नृत्य सिखाता, संगीत सिखाता, ऊंचा-ऊंचा झूला झुलाता। और वे नन्हीं गोपियां कुंद-कलियां चुन-चुन कर लातीं, कंठहार गूंथ कर उसे पहनातीं।

स्वेद से लथपथ गोपबालक दौड़ते हुए आकर खड़े हो गए। कंधों पर असंख्य मयूरपंखों के पुंज के पुंज उठाए।

'कान्हा! वहां तुम्हें ऐसे मोरपंख नहीं मिलेंगे तो अपने शीश पर क्या धारण करोगे? ये लो, इतने सारे मोरपंख! इन्हें अपने साथ रथ में रख कर ले जाओ।'

ये वे ही बालक हैं जिन्हें उसने कंधों पर चढ़ा कर वन-वन घुमाया है। वृक्षों पर चढ़ना सिखाया है। मल्लविद्या के दुरूह दांव-पेंच समझाए हैं। हिंसक पशुओं का आखेट सिखाया है। ये वे ही बालक हैं जिन्हें माधव ने ऊंचे वृक्षों से रसभरे फल तोड़-तोड़ कर खिलाए हैं। अपने हाथों से माखन-मिश्री खिलाई है। जिनके विवादों में वही सदा निर्णायक बनता था। जिनके झगड़ों में वही मध्यस्थ रहता था और ये वे ही बावरे हैं जो उसके इंगितमात्र पर नाचते फिरते थे।

वह उनका नायक था। उसके लिए वे बालक कंधों पर लाद कर असंख्य मयूरपिच्छ लाए थे और हांफते खड़े थे मयूरपंखों के भार से दबे। कान्हा ने देखा उन्हें। अभिभूत रह गया। कैसी नेह भरी है यह ब्रज-वसुंधरा! इससे बिछुड़ते हुए हृदय उमड़-उमड़ पड़ रहा है। प्राण जैसे कंठ में आ अटके हैं। वन्दे ब्रज-वसुन्धराम्!

स्तब्ध खड़े जनसमुदाय से दबी-दबी सिसकियां और हिचकियां उठ रही थीं।

'अहो महाभाग! यह कैसा दारुण आघात हमें दिए जा रहे हो?'—अक्रूर के निकट खड़ी एक वृद्धा पितामही बिलख पड़ी—'यह कौन हमसे छिना जा रहा है? अरे! यह नन्द का नहीं···यशोदा का नहीं···यह तो हमारे हृदय का टुकड़ा है। अरे अब कौन ले जाएगा कंधे पर बिठा कर यमुना-स्नान हेतु मेरी जैसी असहाय वृद्धाओं को? अरे, इसी कुंवर के बल पर तो हम सब जीवित थीं। हमें न मारो महाभाग! जो चाहो सो ब्रज से ले जाओ, लेकिन हमारा धन न ले जाओ। हमारा लाल, हमारा रतन छोड़ जाओ।'

ब्रजकुल फफक-फफक कर रो रहा था। अक्रूर काष्ठवत् बैठे थे रथनीड़ पर शीश झुकाए।

'अहो ऽऽ महाभाग! हमारी वृद्धावस्था का अवलंब क्यों हरे ले जा रहे हो महाराज?'—दंतहीन वयोवृद्ध गोप विकल हो पुकार उठे।

'गिरिराज गोवर्धन की चढ़ाई क्या हमारे दुर्बल चरणों से सम्भव है? हा दुर्भाग्य! अब कहां गोवर्धन-दर्शन और कहां यमुना-स्नान! अब कहां के ग्रामोत्सव और कहां अन्नकूट के आनन्द! अब कौन रोगियों की सुश्रूषा करेगा और कौन उपचार? अरे महाभाग! तुमने हमें कहीं का न रखा। जीते जी हमारे प्राण ले डाले। हम निरीह गोप-ग्वालों ने तुम्हारा ऐसा क्या अपराध कर दिया? तुम क्या जानो महाभाग, कि कान्हा ब्रज का क्या है! हमारे लिए यह देवता है, भगवान् है। यह हमारा सर्वस्व है। हम निर्भय थे,

तो कान्हा के कारण। सबल थे, तो कान्हा के कारण। महाभाग! हम स्वस्थ थे, तो कान्हा के कारण और निरोग थे, तो कान्हा के कारण। हम सुरक्षित थे, तो इसी के कारण और अपराजेय थे, तो इसी के कारण। हम सम्पन्न थे, तो कान्हा के कारण और आमोद-रत थे, तो कान्हा के कारण। अहो महाभाग! हम जीवित थे, तो कान्हा के कारण और हंसते थे, तो कान्हा के कारण! और आज हम पर दुःख का पहाड़ आ टूटा है···तो···तुम्हारे कारण···!'

अक्रूर ग्लानि और क्षोभ की प्रतिमूर्ति बने बैठे हैं। कैसी निधि लूटे लिये जा रहा हूं ब्रज की। क्षम्य हो अपराध मेरा. हे ब्रजधाम! विचलित हो अक्रूर ने दोनों हाथों में अपना मुख छिपा लिया।

'अहो! अहो! देखो तो तनिक अक्रूर के रथ की छटा!'

सबकी दृष्टि उठी और ठगे रह गए ब्रजवासी। चकित और विमोहित। रथ के वृत्ताकार छत्र पर असंख्य मयूर आकर एक दूसरे से सट-सट कर बैठ गए हैं। कितने मयूर! मयूरपंखों से आच्छादित रथछत्र सप्तरंगी प्रभा से आलोकित हो जगमगा रहा है। सुदीर्घ मयूरपिच्छ लहराते हुए झिलमिला रहे हैं सूर्यरश्मियों के आलोक में। नीलमणिकांति के पुंज के पुंज लहरा रहे हैं। मयूरछत्र से सुशोभित रथ कैसा रत्नजटित लग रहा है। ऐसा रथ तो देवराज इन्द्र का भी न होगा जैसा हमारे ब्रज के कान्हा का है।

भरे लोचनों से कान्हा निहार रहा है। अब नहीं। अब नहीं सहा जाता। कहां देखे··· कहां न देखे! क्या देखे···क्या न देखे! हा कष्ट!

राधा के अश्रुभरे नयन अपलक लगे हैं कान्हा पर और अधरों से सटी हुई है रस-मुरली जो कान्हा ने उसे सौंप दी है।

कितनों का पुत्र, पौत्र, बंधु, सखा, प्रिय और प्राण आज चिरप्रवासी बन कर चला जा रहा है सुदूर।

अक्रूर ने वल्गाएं खींचीं। अश्व नहीं बढ़े। अक्रूर आश्चर्य चकित थे। अश्व भी विद्रोही हो चले क्या? अक्रूर क्रूर हो सकते हैं किन्तु अश्वों ने क्रूर होना अस्वीकार कर दिया क्या? विकल मन, नतशिर खड़े है वे मूक प्राणी। मौन अश्रु ढुलक-ढुलक कर ब्रजरेणु में मिल रहे हैं।

दीर्घ निःश्वास ले अक्रूर ने प्रतोद फटकारा। झटके से अश्व चल पड़े।

और झटके के साथ ही गोप-गोपियों, पशु-पक्षियों की असंख्य आर्त गुहारें गूंज उठीं।

'कान्हाऽऽ रेऽऽ···इस राधा को भूल न जाना···यह आजीवन तेरी स्मृति में खोई रहेगीऽऽऽ···

अरेऽऽ कान्हाऽऽ यमुनापुलिन न भूल जानाऽऽऽ···

और यह अमराईऽऽऽ···

यह कंदबवनऽऽऽ···

कान्हाऽऽऽ···ये तालऽऽ!···और ये तमालऽऽऽ···

और कान्हाऽऽऽ···रासमंडलऽऽऽ। और वंशी की तानऽऽऽ···

और यह···और वह···और ये भी और वह भी···

कान्हाऽऽऽ···कान्हाऽऽऽ···माधवऽऽऽ···माधवऽऽऽ···

मेहोऽऽऽ मेहोऽऽऽ मेहोऽऽऽ···म्हांऽऽऽ म्हां ऽऽऽ म्हां ऽऽऽ···

कान्हाऽऽऽऽ कान्हाऽऽऽऽ कान्हाऽऽऽऽ···

और शब्द डूब गये।

और फिर? आंसू और धूल! धूल और आंसू! धूल ही धूल चारों ओर। ब्रजधूलि बावरी सी उड़ी जा रही है रथचक्रों से लिपटती। आलिंगन करती···उन्हें थामती···पकड़ती···कृष्ण के तन पर लिपट जाने को···भाल पर अंकित हो जाने को आतुर सी। आकुल मलय-पवन भूमि पर लोट-लोट कर हाहाकार कर उठा।···उन चरण-चिह्नों को उठाकर अपने मस्तक धारण करने जो.... कृष्ण के थे।

× × ×

●●●

वसुदेवसुतं

अक्रूर ने रथ रोका और निर्मल हास्य बिखेरते कूद पड़े कृष्ण और बलराम। और भी सब उतरे—नन्द, सुनन्द, उपनन्द तथा साथ में कई उत्साही ग्रामीण गोप-वृंद। मथुरापति महाराज कंस ने कितने प्रयास किये थे अपने बाल-शत्रु का वध करवाने के किन्तु सारे प्रयास विफल रहे थे। प्रलम्ब एवं पूतना आदि दूतों को भी भेजा किन्तु कोई भी तो लौट कर नहीं आया।

गहन मंत्रणा के पश्चात् निर्णय लिया गया कि क्यों न कृष्ण एवं बलराम को ही मथुरा आमंत्रित किया जाए मल्लयुद्ध में भाग लेने हेतु। इन किशोर-मल्लों का नाम जनपद में अभी से सुविख्यात हो चला था। मथुरा नगरी में भी यह चर्चा थी कि दोनों नंद-पुत्र धुरंधर मल्ल हैं। महाराज कंस के पास तो एक से एक विकट मल्ल थे जो उनके महापराक्रमी श्वसुर मगध-सम्राट जरासंध द्वारा भेंट किये गये थे। कहां ये मागध-मल्ल और कहां वे किशोर बालक! छाछ पीने वाले किशोर ग्वाल-बाल भला उन कठोर मांसाहारी राजमल्लों, चाणूर एवं मुष्टिक के प्रहार सह सकेंगे? असम्भव। संभवतः दोनों किशोर-मल्ल मथुरा आएं ही नहीं! शायद नंदगोप ही भयभीत हो चुनौती स्वीकार न करें! मथुरा के राजकुल में शंकाएं उठाई जा रही थीं। यदि कृष्ण व बलराम मथुरा नहीं आए तो? आगे क्या योजना रहेगी?

किन्तु सब शंकाओं एवं संदेहों का निराकरण करते हुए तथा सबकी आशंका के विपरीत कृष्ण और बलराम मथुरा आ गए। अक्रूर निमंत्रण लेकर गये थे। नन्दगोप, बलराम एवं कृष्ण ने मल्ल-युद्ध की चुनौती स्वीकार कर ली थी। ब्रजभूमि के समस्त स्नेहमय बंधनों को तोड़कर वे बाल-शैल, वृंदावन के कान्हा और बलदाऊ आज मथुरा में निर्द्वन्द्व घूम रहे हैं। अकेले नहीं, गोप-ग्वाल सखाओं की भीड़ के साथ। केवल मल्ल-युद्ध की चुनौती नहीं थी उनके समक्ष। एक विराट सा प्रश्नचिह्न था कि आततायी क्रूर शासक कब तक निरीह प्रजा, विद्वान ब्राह्मण एवं सज्जनों को उत्पीड़ित करता रहे? क्रान्ति की गुप्त योजना वर्षों से नियोजित होती रही थी। निरंकुश, स्वेच्छाचारी एवं सिद्धांतहीन क्रूर शासन के विरुद्ध ग्राम-ग्राम और नगर-नगर में जागृति फैल चुकी थी। निरीह ग्रामीण गोप, स्त्री-पुरुष, आबालवृद्ध सब संगठित थे कृष्ण के नेतृत्व में। सब एकमत थे कि दुराचारी कंस का अंत हो। किन्तु कब? कैसे? यही तो प्रश्न था। और यही चुनौती थी यदुवीरों के सामने।

भोले-भाले गोप-ग्वाल पहली बार किसी नगर में आए थे। चकित हो उठे उस वैभव-नगरी को देख कर। गगनचुम्बी अट्टालिकाएं। स्वर्णकलश-मंडित राजमंदिर। प्रशस्त राजपथ। रमणीक वाटिकाएं। चतुष्पथ, अलिन्द, गोपुर और विराट व्यापार-प्रतिष्ठान। जगमगाते रत्नों का क्रय-विक्रय। स्वर्णभूषणों की चमक। अनभ्यस्त नेत्र चकाचौंध हो मुंदे जा रहे थे। खोए से, ठगे से, वे मथुरा नगरी निहार रहे थे। प्रमुख चतुष्पथ पर मणिभद्र

यक्ष की तेल से नहाई हुई विराट प्रतिमा थी, जिसके कंठ में रक्तजपा की मालाएं झूल रही थीं और सामने तैल-दीप प्रज्ज्वलित थे। कंस ने सिंहासनारूढ़ होते ही वैदिक देवी-देवताओं की अर्चना निषिद्ध करके अपने श्वसुर-कुल में प्रचलित यक्ष-पूजन की परम्परा प्रचलित कर दी थी। मणिभद्र यक्ष की उस तैल-चुपड़ी विलक्षण रक्तप्रतिमा को चारों ओर से घेरे हुए गोपजन विस्मय से निहार रहे थे।

किन्तु इन चकित गोप-ग्वालों से भी कहीं अधिक चकित थे मथुरावासी स्वयं। कौन हैं ये सुन्दर युगल-किशोर? ऐसी युगल जोड़ी तो कभी नहीं दिखी इस नगर में। नयन जैसे कृतार्थ हो गए। नागरिक मुग्ध थे। यही क्या कृष्ण-बलराम हैं जिनसे, सुना है महाराज कंस आक्रान्त हैं? यह वह कृष्ण है जो सघन अरण्यों में ब्रज-गोपिकाओं को रस-माधुरी से आकंठ सिंचित किये रहता है? तो क्या ये ही दोनों बालक उन प्रचण्ड राजमल्लों से द्वन्द्व करेंगे? ये नितान्त किशोर? हे इन्द्र! हे पूषा! कैसी सुकुमार इनकी वयस, किन्तु कैसा सुन्दर सौष्ठव-युक्त तन! क्या शोभा है! ग्वाल-वेष में कहीं देवेन्द्र ही तो नहीं ? कुमार कार्तिकेय तो नहीं? आश्विनि-कुमार ही तो नहीं? साँवला रंग भी इतना मोहक हो सकता है? मयूर-पंखों की भी ऐसी निराली छटा हो सकती है? कंठ में झूलती मात्र कुंदकली की माला की शोभा कैसी विलक्षण! और ये ग्रामीण किशोर हैं, किन्तु ग्राम्य ग्वाल-बालों में भी ऐसा दिव्य सौन्दर्य सम्भव है? नयन निहारते अघाते न थे। चतुष्पथों पर उत्सुक नागरिकों के झुण्ड थे। अट्टालिकाओं पर, वातायनों और गवाक्षों में रमणियों की भीड़ लगी थी। गृहसोपानों और व्यापार-प्रतिष्ठानों पर खड़े लोगों की झुंड के झुंड कौतुक में डूबे हुए थे।

कितने ही आतुर नागरिक निकट पहुंचना चाहते, स्पर्श करके देखना चाहते। मनुष्य ही तो हैं न ये! कहीं देव तो नहीं?

उसी आतुर जनसमूह में पीछे कहीं वह खड़ी थी, हाथ में चन्दन-अंगराग के अनुलेप का पात्र लिये, जिसने कृष्ण को कभी देखा न था, किन्तु उसके स्वप्न अवश्व देखे थे। उसके अद्‌भुत शौर्य की गाथाएं सुनी थीं। बस स्वप्न एवं श्रवण से ही उसने कल्पित कृष्ण को अपना मन दे डाला था। उसे अपना आराध्य मान बैठी थी। आज वह उसकी नगरी में आया था और वह दर्शन तक न कर पा रही थी। उसके आगे दीर्घकाय युवक थे। बलिष्ठ पुरुष थे। वह आगे तनिक बढ़ती तो जन-लहर उसे पीछे धकेल देती। एक तो वैसे ही लाज और संकोच से प्रकंपित चरण, ऊपर से समर्थों की भीड़! विवशता के अश्रु पलकों में बंधे न रह सके, कपोलों पर ढुलक आए। लेकिन समय था किसे उसकी ओर ध्यान देने का? चिन्ता किसे थी उसकी?

उसकी चिंता थी उसी को, जिस पर उसने अपना सर्वस्व चुपचाप न्यौछावर कर दिया था। जन-समूह को चीरता हुआ वह स्वयं निकट आ खड़ा हुआ।

और तब....! कुब्जा डगमगा गई। अपूर्व सौन्दर्य-छटा से नेत्र चौंधिया गये। कैसा प्रबल शक्तिवान एवं रूपवान् था वह! और कहां वह स्वयं! कितनी कुरूप! दीन और हीन! वह लज्जित हो उठी अपने वक्राकार तन के स्मरण से। नेत्र भर आए क्षोभ एवं संताप से। मूढ़ ! मूर्खा! कहां की समानता? चन्द्रमा से प्रीति लगा रही थी बावरी चकोरी सी?

'मैं स्वयं आ गया त्रिवक्रे ! तुम पहुंचने में असमर्थ हो रही थी न भीड़ के कारण?'—कृष्ण ने कहा।

कैसी स्नेह-सिक्त वाणी! उसका ऐसा सौभाग्य, वह सहसा विश्वास नहीं कर पाई। आज तक तो किसी ने ऐसा न किया था। सदा सबने कुरूप, निर्धन, दीन एवं अपंग जानकर उसका उपहास ही किया था। उसकी दृष्टि उसे धोखा दे रही थी। श्रवणशक्ति धोखा दे रही थी। अविश्वसनीय। असंभव।

जनसमूह में सनसनी फैल गई। हिंसक वन्य-पशुओं का वध करने वाला, प्रलम्ब का वध करने वाला, बाल-घातिनी पूतना का वध करने वाला वीर नंद-नंदन दीनहीन कुब्जा से वार्ता कर रहा है! ब्रजबालाओं का हृदय-सम्राट और अप्रतिम रूपराशि की अधिष्ठात्री ब्रजेश्वरी राधिका का प्रियतम, उस तुच्छ, क्षुद्र, कुरूपा एवं विकलांगा कुब्जा पर कृपालु! कैसी अनहोनी! कैसा विचित्र है ब्रजराज-कुमार गोविन्द! भीड़ उत्सुकता से और पास सिमट आई।

कुब्जा थर-थर कांप रही थी।

'अहोभाग्य देव! मेरी कल्पना के परे.... मुझ पर कृपालु हुए। उच्च कुल-भूषण! सौन्दर्य-पुंज! और मैं कितनी दीनहीन, कुब्जा, एक साधारण सी राजदासी। सबको विस्मित कर दिया मान्यवर ने मुझ पर दयादृष्टि कर...'—कुब्जा के मुख से अश्रु गद्‌गद प्रकंपित शब्द किसी भांति निकल पा रहे थे।

तरुणी विकलांगा की शारीरिक तथा मानसिक पीड़ा कृष्ण के मर्म को झकझोर गई। त्रिवक्रा का चिबुक पकड़ कर उसने मुख उठाया।

'कौन कहता है तू कुरूप है? तू सुन्दर नहीं? सौन्दर्य क्या शारीरिक ही होता है?'

सब अवाक् थे। राजा कंस की इस कुब्जा चेरी में महारसिक राधावल्लभ को ऐसा दिखा क्या जिस पर रीझ उठा?

'नहीं जनार्दन! मैं कुरूप हूं। अपंग हूं। पूरे समाज से प्राप्त ताड़ना, धिक्कार, तिरस्कार एवं उपहास ने मेरा यह विश्वास दृढ़ कर दिया है कि मैं सृष्टि की सर्वाधिक कुरूप नारी हूं। मेरे पीछे-पीछे बाल-वृंद मेरी चाल का अनुकरण करते हुए आनंद लूटते हैं और तब समूचा प्रौढ़ समाज भी इस मनोरंजन में सम्मिलित हो जाता है। जनार्दन! मैं अपमान और उपेक्षा से तिलमिला उठती हूं किन्तु मुझे हंसना पड़ता है क्योंकि सबके साथ रहने का और कोई उपाय भी तो नहीं! दिनरात दुर्भाग्य मुझे कचोटता रहता है। मेरे कारण मेरे माता-पिता दुःखी हैं। और आश्चर्य, देव! ऐसे अकिंचन, उपेक्षित तथा नितान्त क्षुद्र जीवन के प्रति आप के हृदय में करुणा कैसे उमड़ पड़ी? मुझे अपने भाग्य पर विश्वास नहीं हो पा रहा!'

'व्याकुल न हो कुब्जे! मैं देख रहा हूं कि तेरी यह शारीरिक विकृति स्थायी नहीं।'

भरी चतुष्पथी पर कृष्ण ने कुब्जा की पीठ पर हाथ फेर कर विकार का अनुमान लिया। जन-समुदाय विस्फारित नेत्रों से देख रहा था।

कृष्ण ने एक हाथ कुब्जा की पीठ पर विकार-ग्रस्त स्थल पर रखा और दूसरे से उसका चिबुक पकड़ा। अपना दाहिना चरण उसके दोनों पांवों पर रखा और झटके से

चिबुक सहित उसका शरीर ऊपर की ओर खींच दिया। यह क्या! कुब्जा के मुख पर एकाएक तीव्र पीड़ाभाव उभरा किन्तु तड़ितगति से वह पीड़ाभाव लज्जा की लालिमा में तिरोहित हो गया। एक लाजभरी सुन्दर षोडशी सीधी खड़ी थी वहां। 'साधु साधु' के प्रचण्ड महाघोष से नगरांगन गूंज उठा। कुब्जा कृष्ण के चरणों में गिर पड़ी।

कृष्ण ने प्रेम से उसे उठाया। वह धन्य हो गई। वाणी नहीं। शब्द नहीं। जीवन सार्थक हो गया। दिव्य रूपराशि की महादेवी रासेश्वरी राधिका का अनन्य उपासक एक अति साधारण कुब्जा को अपनी बाहुओं से सम्हाले खड़ा था।

'मै धन्य हो गई, देव!....'

'मुझे कृष्ण कहो, सुमुखि।....'

'कृष्ण!! नहीं!.... श्रीकृष्ण!!'

स्तंभित जनसमुदाय से गगनभेदी जयघोष हुआ'—जय श्रीकृष्ण! .... जय मधुसूदन!'

'मेरी कुटीर पर पधारेंगे नहीं... गोविन्द?'

'अवश्य! अवश्य आऊंगा सुन्दरी! भोजन तो कराएगी न, सुस्वादु? प्रेम से? मैं तो वास्तव में प्रेम का भूखा हूं। प्रेम से ही क्षुधा मिटती है और प्रेम से ही पिपासा मेरी। मेरा पथ ही प्रेम का पथ है।'

'और संहार का भी तो, श्रीकृष्ण!!'.....—भीड़ में से कंस-विरोधी किशोर सात्यकि के मुख से निकला जो विद्रोही युवकों के समूह का नेता था और श्रीकृष्ण के तेज से अभिभूत खड़ा था।

'नहीं बंधु! नहीं! अभी तक जो संहार किया है मैंने और....'—कृष्ण ने नटखटपन से दाहिना नेत्र थोड़ा झपकाकर मुस्कुराते हुए कहा—'जो संहार अभी करना है, उसके मूल में भी प्रेम ही है। सज्जन और साधुओं के प्रति प्रेम। निरीह मानवता के प्रति प्रेम। निर्बलों और असहायों के प्रति प्रेम। सखे! सज्जनों की रक्षा हेतु, दुष्टों एवं दुर्जनों का संहार करना यदि आवश्यक होगा तो किया ही जाएगा अन्यथा माता वसुंधरा उनके पापों से दबती ही जाएगी न!'

'तो गोविन्द, वसुंधरा को उत्पीड़न से कब मुक्त करोगे?'—उतावले उद्धत किशोर सात्यकि ने पूछा।

'बंधु! देर हो सकती है.... किन्तु....'

'अंधेर नहीं?'—भीड़ में से दूसरे यादव किशोर उद्धव ने पूछा।

'ठीक कहा बंधु!'—कृष्ण ने हंसते हुए अधीर सात्यकि के कंधे पर हाथ रखा और जनसमूह चल पड़ा। तभी बलराम आते दिखे और पुनः गगनभेदी घोष हुआ।

'जय श्रीकृष्ण! जय बलराम!'

जनसमूह और विशाल हो चला था। लोग आते जा रहे थे। जयघोष और प्रचण्ड होता जा रहा था—'जय श्रीकृष्ण! जय बलराम!'

राजा कंस का माली मार्ग के एक ओर खड़ा एकटक मंत्रमुग्ध सा निहार रहा था।

हाथों में झूल रही थीं विराट पुष्पमालाएं जो उसे महाराज कंस के लिये राजप्रासाद में पहुंचानी थीं लेकिन वह मार्ग में ही ठिठक गया था। आश्विनि-कुमारों से ये सुन्दर किशोर कभी इस मथुरा नगरी में किसी ने न देखे होंगे। ये सुन्दर राजमालाएं तो इनके कण्ठ में होनी चाहिए। समूह निकट आया। विह्वल माली दौड़ पड़ा और पलक झपकते वे पुष्ट-गदराई राजमालाएं झूल गयीं कृष्ण के कंठ में, बलराम के कंठ में, नंद, सुनंद, उपनंद, श्रीदामा, स्तोककृष्ण आदि समस्त गोप-ग्वालों के कंठों में।

'जय श्रीकृष्ण! जय बलराम!'—घोष द्विगुणित हो उठा। माली को कृष्ण और बलराम ने कंठ से लगा कर अभय दिया।

एक ओर जहां कृष्ण-बलराम का अभूतपूर्व स्वागत माथुरजन कर रहे थे, दूसरी ओर वहीं भीड़ में कुछ कंसभक्त मागध लोग भी थे जो ईर्ष्या एवं द्वेष से तिलमिला उठे थे। दबे स्वर में कृष्ण-विरोध में कुछ कहते किंतु उल्टी बयार देख कर चुप किंतु क्षुब्ध और उद्वेलित थे। एक नितान्त ग्रामीण और साधारण से नवयुवक का कैसा राजनायक सा अभिनंदन ये मूर्ख कर रहे हैं! इनकी वेशभूषा, इनका व्यवहार, कितना प्राकृत! पीठ पर राजवस्त्रों का ढेर लादे कंस का रजक सोच रहा था कि कैसे बावरे बने जा रहे हैं मथुरावासी भी!

माली ने गोपवृंद का राजमाला से स्वागत किया ही था कि मागध धोबी चिहुंक उठा।

'रे मूर्ख माली! आज महाराज कंस के स्थान पर किस तुच्छ प्राणी को पारिजात-माला पहना दी! विश्वासघाती! स्वामी के लिये बनी मालाएं ग्रामीणों को पहना कर कैसा हर्षित हो रहा है! मैं अभी जाकर महाराज को बताता हूं, फिर तेरे प्राण भी न बचेंगे।'

तब तक एक भोलाभाला गोप उस रजक के पास पहुंच कर उन बहुमूल्य सुन्दर राजवस्त्रों को आश्चर्य से हाथ लगा कर देखने लगा था। यह देख रजक आवेश में गोप पर चिल्ला उठा।

'दूर हो मूर्ख! महाराज कंस के चीनांशुक को छू कर दूषित किए दे रहा है। जा जा पहले दर्पण में अपनी सूरत तो देख ले! ग्रामीण!'

उसकी बात पूरी भी न हो पाई थी कि श्रीकृष्ण के शक्तिशाली हाथ ने उसकी गर्दन पकड़ कर वेग से झटका दिया। कुलांटियां खाता हुआ धोबी टकराया जाकर सोपानों से।

दूसरे ही क्षण वह कांपता हुआ हाथ जोड़े उठ खड़ा हुआ और ग्लानि से सिर झुकाए राजवस्त्रों का ढेर उसने गोपवृंद के सामने रख दिया। ग्रामीण गोप रेशमी बेलबूटेदार वस्त्रों को पहन कर हर्ष से उछल पड़े।

जनसमूह से एक बार फिर जयघोष हुआ—'जय श्रीकृष्ण! जय बलराम!....'

तड़ित्-गति से नगर में संवाद फैल गया था कि जन्मना अपंग कुब्जा को कृष्ण ने पलक झपकते विकारहीन कर दिया। कुब्जा ठीक हो गई? कुब्जा सौन्दर्यवती हो गई। महाराज कंस के रजक के कृष्ण ने प्राण ले डाले होते, पर दयावश छोड़ दया। कुब्जा ठीक हो गई। हां! कृष्ण में बड़े चमत्कार हैं। वह अवश्य कोई सिद्ध-पुरुष है। योगी है। कंस के भेजे गए चरों में से कोई भी ब्रज से लौट नहीं पाया। कहते हैं कृष्ण ने ही सबको

काल का ग्रास बना दिया। और सुना नहीं था कि कालिय नागराज के पालित विषधर भुजंग के फुणपर कृष्ण ने ऐसा ताण्डव किया था कि कालिय नाग सपरिवार ब्रज से पलायन कर गया सदा के लिए। हां। वही कृष्ण आया है मथुरा में।

चारों ओर कोलाहल था। कृष्ण आ रहा है। कृष्ण आ रहा है। वे रहे नंद के पुत्र कृष्ण और वह गौरांग बलराम। अरे सुनते हैं यह कृष्ण, नन्दपुत्र नहीं है!

किसी ने फुसफुसाया—'वह देवकीपुत्र है।'

'चुप, चुप! शांत!'—आतंकित नागरिकों ने चारों ओर देखा। कंस के राज्य में दीवारों के भी कान होते हैं।

कृष्ण आया... वह आया कृष्ण....। जनसमूह से घिरा जननायक हो जैसे। जैसे मथुरापति यही हो। निर्द्वन्द्व सिंह सा। किशोर—वनराज सा। अरे, इसे किसी का भय नहीं। कैसा निडर है! निर्भीक है। कैसा सुन्दर हंसमुख चेहरा है इस श्यामसलोने का!

कृष्ण आ रहा है। कृष्ण आ रहा है। कोलाहल फैल चला पूरे नगर में। पुरुष दौड़ रहे थे—देखें तो, राजा कंस का यह प्रतिद्वंद्वी कैसा है जिसका वध कराने हेतु क्या-क्या नहीं किया गया किंतु जो हर बार जीवित रह गया। श्रृंगार और अंगराग छोड़कर रमणियां दौड़ चलीं देखने कि किसने ठीक कर दिया कुब्जा को। वह क्या वास्तव में नन्दनंदन नहीं? देवकीनंदन है? पतियों के चरण छोड़, गृहकार्य छोड़, उस चमत्कारी व्यक्ति को देखने वधुएं वातायनों और गवाक्षों में सिमटी आ रही थीं।

वातायन से झांकती नगर-वृद्धा आश्चर्यचकित हो पुकार उठी—'अरे देख तो। क्या त्रेतायुग लौट आया? कैसी राम-लक्ष्मण की सी जोड़ी है! सूनी अयोध्या में जैसे लौट आए हों।'

गृहद्वार पर खड़ा एक वृद्ध दोनों हाथ फैलाए गद्‌गद कंठ से गुहार कर उठा—'अरे ओ देवकीनंदन! जा पहले अपनी उस दुःखकातर माता को तो मुक्ति दिला जिसे पुत्रहीन करने में कंस ने कोई कसर न छोड़ी ।'

विचित्र वातावरण था। गवाक्षों, वातायनों, सोपानों और अलिंदों पर लोगों के झुंड खड़े थे। वृद्धाएं दूर से आशीर्वाद देतीं। नवोढ़ाएं ललक कर उसकी झलक पाने आतीं जिसने कुब्जा को विकार-मुक्त कर दिया। जिसने उस त्रिवक्रा पर स्नेह उड़ेला। कौन है वह सुपुरुष। उसकी एक प्रेमदृष्टि उन्हें नहीं मिलेगी क्या?

उस दिन मथुरा में भारी अव्यवस्था फैल गयी थी। समूची नगरी उलट-पलट हो गई थी। नगर के बाहर यमुना ज्वार-तरंगित थी और यहां पूरी नगरी जैसे ज्वार की उत्ताल लहरों से आन्दोलित थी। बेसुध से, सम्मोहित से लोग कृष्ण की झलक पाने उमड़े आ रहे थे। उसके चमत्कारों से चमत्कृत होने को दौड़े चले आ रहे थे।

कृष्ण और बलराम को घेरे जनसमूह जयघोष करता चल रहा था। वृष्णि तथा अंधक यदुवंशी साथ थे। समस्त माथुर युवक साथ थे। जयघोष ने अब तालबद्ध स्वरूप ग्रहण कर लिया। संकीर्तन-मण्डली जैसे परिक्रमा पर निकली हो—'जय श्रीकृष्ण! जय गोविन्द!' 'जय श्रीकृष्ण! जय बलराम!' बीच-बीच में जनसमूह रुक जाता। जय-जयकार

करता। फिर वही मृदंग, मंजीर और करतल की ताल पर लयबद्ध नामस्मरण। जय श्रीकृष्ण, जय गोविन्द।

× × ×

महारानी प्राप्ति आसव-पात्र उठा कर मुख तक लगा न पाई कि प्रचण्ड जयघोष से प्रासाद की भित्तियां थर्रा गयीं। हाथ का पात्र कांपा और मदिरा छलक गई। क्या हुआ? कैसा कोलाहल! किन्तु वातावरण से निर्लिप्त हो पुनः उसने आसव-पात्र थामा—'जय श्रीकृष्ण! जय गोविंद' के और भी प्रचण्ड निनाद से भित्तियां, कपाट, पर्यंक सब पुनः थरथरा गए। आसव-पात्र कंपित हाथों से छूट कर भन्नाता हुआ दूर जा गिरा। उसी प्रासादखण्ड के नीचे राजपथ पर जनसमूह नृत्यरत था। मृदंगों की थापों, मंजीरों की झंकार, करतल-ध्वनि और नृत्यरत् पदचापों की ध्वनि से प्रकंपित कक्ष की भूमि पर आसवपात्र इधर-उधर लुढ़कता रहा, झनझनाता रहा। सुरापान से मत्त, महारानी प्राप्ति भी नागिन की भांति अनजाने में कीर्तन की ताल पर झूमने लगी।

जनसमूह आगे बढ़ चला।

आगे के खण्ड में अपने उद्दाम यौवन एवं रूप पर गर्विणी महारानी अस्ति तब शृंगाररत थी। भित्ति पर जटित कांस्य दर्पण में उसने अपनी लावण्यमयी मुखछवि को निहारा। किन्तु यह क्या! थर.... थर.... थर.... थर....। उसका प्रतिबिम्ब कांप उठा दर्पण में। नहीं। केवल प्रतिबिंब नहीं, दर्पण भी प्रकंपित था। भित्ति भी प्रकंपित थी। कपाट प्रकंपित थे। धरा प्रकंपित थी—थर-थर...... थर-थर। यह क्या है? भूप्रकंप! कैसी विचित्र सी थरथराहट से प्रासाद कांप रहा है।

अस्ति ने उंगली से कुंकुम लिया, प्रकंपित दर्पण में देखते हुए उसने धनुषाकार भवों के बीच अंकित करना चाहा कि—'जय श्रीकृष्ण! जय बलराम!' के भीषण निनाद से आकाश-पाताल एक हो गए। सारी पृथ्वी जैसे कांप गई हो। पर्यंक। राजमहल के कपाट, भित्तियां, दर्पण, जैसे सब कुछ भयातुर हो उठे हों उस नवागंतुक से। अट्टालिकाएं थराथरा रही थीं। मृदंगों पर थापें पड़ रही थीं। उन्मादी नवयुवक नृत्य कर रहे थे—'जय श्रीकृष्ण! जय बलराम!', 'जय श्रीकृष्ण! जय गोविंद।'—संकीर्तन वेग पकड़ता जा रहा था।

दर्पण में प्रतिबिंबित महारानी का मुख और भी वेग से कांपने लगा था। धीरे-धीरे कुछ स्थिर हुआ। महारानी ने तर्जनी में अंजन लिया और नयनों को स्पर्श ही किया था कि—'जय श्रीकृष्ण। जय गोविंद'—की गगनभेदी पुकार से दर्पण फिर हिला और अंजन-रेख बिगड़ कर टेढ़ी हो नेत्र के नीचे खिंच गई।

महारानी के वातायन के ठीक नीचे ही राजपथ पर नृत्य हो रहा है। उसकी भवें तनीं। यह देवकीपुत्र है क्या? देवकीपुत्र की जय! मथुरा नगरी में? नन्दपुत्र की जय। वह ग्रामीण गोप-पुत्र। कृष्ण मुख। रानी का मुख प्रकंपित दर्पण में अभी भी हिल रहा था जैसे तरंगित सिंधुजल में चन्द्रछवि कल्लोल कर रही हो।

'जय श्रीकृष्ण। जय मधुसूदन।'—पुनः जय-जयकार हुई। पुत्रहीना अस्ति के मन में ईर्ष्या एवं क्रोध के मिश्रित भाव फूट पड़े। क्या सच में देवकी का ही पुत्र है यह?

आठवां पुत्र। जिसे ब्रज के वन्यवासियों ने बहुत सिर चढ़ा रखा है। इसी के वध कराने के इतने राज-प्रयास निष्फल हुए। देखें तो कैसा है महाराज कंस का बाल-शत्रु जो मल्लयुद्ध की चुनौती स्वीकार कर काल के मुख में स्वयंमेव चला आया है। कौतूहल से वह जा खड़ी हुई गवाक्ष पर।

उसने देखा.... और देखती रह गई। अपलक। एकटक। विलुब्ध। सम्मोहित। साक्षात् बाल-वनराज सा बलिष्ठ तन। काकपक्षों पर सुशोभित मयूरमुकुट। पीताम्बर लहरा रहा है। पुष्ट राजमाला प्रशस्त वक्ष पर झूल रही है। स्मित हास्य बिखेरता वह आजानबाहु सबका अभिनदन स्वीकार करता हुआ किस अपूर्व आत्मविश्वास से धीरे-धीरे चरण रखता आगे बढ़ रहा है। सुपुष्पित नव-शाल सा ग्राम-किशोर। यशोदानंदन? अथवा देवकी-नंदन?

कृष्ण के चारों ओर उन्मादित यदुवंशी-युवक और गोपसखा अबीर-गुलाल उड़ाते, मृदंग एवं मंजीरों की ताल पर बेसुध हुए जा रहे थे। तो क्या माथुर-लोक भी उसके इंगित पर नाचने लगा, ब्रज-लोक की भांति? गोवर्धन प्रदेश की भांति मथुरा को भी उंगली पर धारण कर लिया इसने क्या?

'जय श्रीकृष्ण! जय मधुसूदन!'—जयघोष के साथ ही महारानी अस्ति का हृदय अनायास प्रकंपित हो उठा। एक कंपन के साथ ही उसके हृदय की कठोर ईर्ष्या और द्वेष पिघल गए। हृदय अपने आप तरल हो उठा। उर-स्पंदन क्यों तीव्र हुआ जा रहा है पति के उस अघोषित शत्रु को देखकर? अहो! कैसा दिव्य रूप है। कैसी मनोहर छटा। यह कहीं कृष्ण है? यह तो कितना श्रीवान् है! श्रीयुक्त! कृष्ण नहीं, यह तो श्रीकृष्ण है! ब्रज-गोपियों की कृष्ण के प्रति अनुराग-गाथाएं, राधा और कृष्ण की मधुर प्रीति-गाथाएं पल भर में उसके मानस में सहस्रों पुष्पगुच्छों सी झूम उठीं।

तभी तो! तभी तो! इस रूपलावण्य पर कौन रमणी न लुट जाएगी भला? कैसे विशाल स्वप्निल नयन। घुंघराले काकपक्ष वृषभ-स्कंधों पर लहराते हुए। बलिष्ठ तन। तनी हुई मांस-पेशियां। चंदन-अनुलेपित विशाल वक्ष। पौरुष! साकार पौरुष का अवतार! पुरुषोत्तम! नरोत्तम!.... कौन हो तुम?.... विष्णु स्वयं क्या? ....अथवा देवेन्द्र?

'जय श्रीकृष्ण! जय गोविंद!' हृदय प्रचण्ड ज्वार से उद्वेलित हो उठा। प्रासाद फिर प्रकंपित हुआ। सुकोमल काया प्रकंपित हुई और झटके से महारानी का रक्त-उत्तरीय वक्ष से खिसक कर नीचे गिर गया। और यौवन उन्मादिनी गजमहिषी ने जानबूझ कर उत्तरीय सम्हाला नहीं।

तभी संयोगवश कृष्ण के विशाल राजीवलोचन ऊपर राजप्रासाद के गवाक्ष की ओर उठे। अहो, कंस-पत्नी! मातुलानी! निपट उपेक्षा से अपने काकपक्ष-युक्त शीश को झटका दे वह हंस पड़ा—जरासंध पुत्री!

और चारों दिशाएं धू-धू कर जल उठीं। लपटें छूट उठीं। महारानी का तन उत्तप्त हो उठा उनसे। सहस्रों अग्निज्वालाएं जैसे उस कोमलतन से फूट पड़ी हों। ऐसी उपेक्षा!! कल्पनातीत। उसका तनमन प्राण वह धृष्ट ग्राम्य-तरुण ऐसे झकझोर गया! ग्राम-बालाओं पर अनुरक्त। कुब्जा पर कृपालु और मगध-सम्राट जरासंध की राजकन्या के विख्यात सौन्दर्य का ऐसा तिरस्कार!

महारानी अस्ति का तन पुनः थरथेरा उठा किन्तु अब क्रोध के आवेग से। क्षोभ और अपमान से रक्ताभ नेत्रों में अश्रु छलछला आए। मुख आरक्त हो उठा लज्जा से। ऐसी अवहेलना! ऐसा निरादर देवकीपुत्र द्वारा! क्रुद्ध नागिन की भांति विष बुझी उच्छ्वासें छोड़ते हुए उसने वेग से कपाट बन्द कर दिए।

× × ×

एक बार फिर कृष्ण के सुन्दर नयन ऊपर उठे थे। आगे ही राजप्रासाद का वह प्रमुख खण्ड था जहां स्वेच्छाचारी राजा कंस का निवास है। जहां कृष्ण के उस पाशविक मातुल का निवास है जिसने अपने निर्दोष वृद्ध पिता, भगिनी, भगिनी-पति को बन्दी बना रखा है, जिसने कृष्ण के छह नन्हें अग्रजों की बाल-हत्या की थी, जिसने यादवों के प्राचीन अंधक-वृष्णि संघ को छिन्न-भिन्न कर के उनकी गणतंत्रात्मक शासन-प्रणाली नष्ट कर डाली है। उसी कंस का निवास, जिसने मथुरावासियों को पद एवं अधिकारों से वंचित कर अपने श्वसुर-कुल के मागधों को उच्च-पदस्थ कर रखा है, जिसने निरीह प्रजा को आतंकित कर, वैदिक धर्म निषिद्ध कर दिया है। कैसा होगा वह मथुराधीश? क्रूर मातुल!

कृष्ण की तीक्ष्ण दृष्टि से मातुल कंस छिप कर भी छिपा कैसे रह सकता था? राजमंदिर के प्रमुख खंड के ऊपरी भाग के प्रमुख गवाक्ष का पट थोड़ा सा खुला हुआ था और जो चार राज-अंगुल कपाट को पकड़े हुए थे, वे बाहर की ओर थे। चारों उंगलियों पर थीं—रत्नजटित मुद्रिकाएं। पुखराज, वैदूर्य, मुक्ता एवं हीरक से विभूषित अंगुल और किसके हो सकते हैं? तो छिप कर देख रहा है मथुरा का प्रचण्ड प्रबल शासक! कृष्ण ने देखा और कंस की दीनता पर मुस्कुरा कर रह गया।

'जय श्रीकृष्ण! जय गोविन्द!'—विराट उद्‌घोष हुआ। वातायन कांपे। कपाट कांपे। खट्ट! खट्! कपाट प्रकंपित हो खटाक् से बन्द हो गया। महाराज कंस की कनिष्ठिका दब गई।

कंस ने देखा, रक्त प्रवाहित हो चला था कनिष्ठिका से। आशंका से भीरु-मन कांप उठा। अपशकुन! कृष्ण के आगमन पर मेरा रक्त बह रहा है। विक्षुब्ध और संत्रस्त हो कंस वहां से हट कर उद्विग्न हो टहलने लगा।

तभी द्वार पर आ खड़ी हुई उद्भ्रांत, प्रलयंकारी आंधी सी महारानी अस्ति। अर्ध-विक्षिप्त सी। केश बिखेरे। नेत्रों के बाहर टेढ़ी अंजनरेख खिंची हुई। भाल से मिटा हुआ लाल कुंकुम भवों तक फैला हुआ। गहन उच्छ्वासें भरती वह किरात-कन्या सी आ खड़ी हुई। नेत्रों की हरीतिमा प्रतिहिंसा से प्रगाढ़ हो गई थी। हिंसक वन-मार्जारी की सी क्रूर चमक नेत्रों में जटित थी। कंस चौंक पड़ा प्रियतमा का ऐसा भयंकर रूप देख।

'उस शठ को कुवलयापीड़ के पांवों तले रौंदवा दो महाराज! उस धृष्ट ने मेरा अपमान किया। वह अशिष्ट ग्रामीण गोपाल..... उसे विक्षिप्त हस्ती से कुचलवा दो। महाराज! यदि वह दुष्ट जीवित रहा तो मैं जीवित न रहूंगी। उसने मेरा अपमान किया.... ।'—वह हांफती हुई पुकार उठी।

कंस का हृदय कांप गया।

'कहां अपमान? कब?.... कैसे? कृष्ण ने कहां से तुम्हारा अपमान कर दिया?'—कंस अमर्ष से भर उठा। किन्तु उसके स्वर में भय था। आतंक था। आश्चर्य था। और.... वह चुप थी।

कंस फिर गरजा।

'क्या अपमान किया उस नन्दगोप के कुपुत्र ने तुम्हारा? मैं उसके टुकड़े-टुकड़े करवा कर श्वान-भोज कराऊंगा। बोलो क्या अपमान किया? कब किया? वह कैसे पहुंच गया तुम तक?'

वह चुप थी।

एकाएक उच्च स्वर में उन्मादी अट्टहास फूट पड़ा महारानी के मदिरागंध-युक्त मुख से। विक्षिप्त अट्टहास। लेकिन आंखों में आंसू थे। क्षोभ के। अपमान के। तीव्र अट्टहास के वेग से वह झूमती जा रही थी दाएं-बाएं। दाएं-बाएं।

कंस हतप्रभ था। महारानी के कंधे पकड़ कर झकझोर रहा था—'अस्ति! अस्ति! चेत में आओ। तुमने अत्यधिक सुरापान किया है... अस्ति!...

अस्ति पागल सी हंसती जा रही थी।

'अरे SS.... भोजराज! तुम क्या वध कराओगे उसका? तुम्हारे हाथ तो अभी से कांप रहे हैं मुझे पकड़ने में ही। हा-हा-हा-हा.... तुम्हारा हृदय व्याकुल है। कहो महाराज कंस! अभी तक तो इतने प्रयास किये पर मरवा पाए उस वन्यप्राणी को? हा-हा-हा हा..... और भोजराज कंस! छिपकर नहीं देख रहे थे अपने उस काल-कृष्ण को?'.....

काल-कृष्ण।

रोंगटे खड़े हो गए कंस के। नखशिख तक सिहर उठा। पूरे तन में कंपकंपी फैल गयी थी। भाल पर स्वेदकण झलक आए।

'हा.... हा.... हा.... हा!'—अस्ति पर हास्य-मद चढ़ा था।

'अरे मथुराधिपति! तुम नहीं, उसे मैं मरवाऊंगी। मैं! जिसके नाम लेने मात्र से दिगदिगन्त प्रकंपित हो उठते हैं, जिसके नाम से क्षत्रिय महावीरों के हृदय भयातुर हो डोल उठते हैं, उन्हीं महाभयंकर योद्धा मगध सम्राट वीरवर जरासंध की पुत्री हूं मैं! मैं उस कृष्णमुख को मरवाऊंगी। कुवलयापीड़ के पांवों तले ऐसे सैंदवा दूंगी कि उसका एक अंग भी पहचान में न आ सके। हा ..... हा-हा-हा' —और पुनः विद्रूप हास्य खनखनाता हुआ प्रकोष्ठ को कंपा गया।

सहसा कंस फिर चौंक पड़ा। अस्ति के भाल पर ठीक कुंकुम के स्थान पर ही कंस की कनिष्ठिका का रक्त लग गया था। अस्ति भी चौंक पड़ी। उसका प्रलापी अट्टहास थम गया। पागल सी अपने हाथ से भाल पोंछती फिर हाथ में लगे रुधिर को विस्फारित नेत्रों से देखती। हाथ मलती। फिर देखती। रुधिर! महाराज कंस का! फिर हाथ पोंछती और फिर देखती उसके भाल पर रुधिर! मथुरापति महाराज कंस का! उसका भाल रक्तरंजित था। उसके हाथ रक्तरंजित थे। कंस के रक्त को वह पोंछकर भी छुड़ा नहीं पा

रही थी। धोकर भी नहीं छुड़ा पा रही थी। कंस विस्फारित-नेत्र खड़ा था। अस्ति विस्फारित-नेत्र खड़ी थी।

× × ×

फिर वह कालरात्रि। मथुरा का निरंकुश, उच्छृंखल एवं आतंकवादी शासक सारी रात करवटें बदलता रहा था। सदा का क्रूरकर्मा आज गौरैया के शावक सा भयातुर हो दुबका पड़ा था अपनी विराट राजशय्या पर। आज उसे काल-श्येन के भयंकर-डैनों के फड़फड़ाने की विकराल ध्वनियां सुनाई पड़ रही थीं। रात्रि भर वह संत्रस्त रहा दुःस्वप्नों से। कंकालों से दुःस्वप्न अहोरात्र उसे घेरे रहे। अहोरात्र चक्कर लगाते रहे। अहोरात्र वे कापालिकों से दुःस्वप्न उसके चारों ओर अट्टहास करते रहे। प्रतिबार वह चीत्कार कर उठता। प्रतिबार महारानी अस्ति उसे औषधि देती। सुरापान कराती। अहोरात्र वह कंस तप्त भाल पर हिमपिंडों को फेरती रही। सांत्वना देती रही।

कंस स्वप्न देखता रहा और बड़बड़ाता रहा।

'कौन ?.... कौन है ?.... कौन मेरा पीछा कर रहा है ?'

'मैं कंस !'—उत्तर मिलता एक दानवी मुखाकृति से।

'अहो ! यह कौन मुझे खंग से मार रहा है ?'

'मैं कंस ! मैं कंस ! तुम्हारा काल !'

चारों ओर भित्तियों पर कंस ही कंस के चेहरे दिखते हैं। हंसते हुए, विद्रूप, कुटिल और कुत्सित कंस के चेहरे। क्रूर कंस के चेहरे। स्वयं के ही चेहरे मुख फाड़े कंस को लील जाना चाहते हैं।

'बचाओ !.... बचाओ SSSS कंस आ रहा है मुझे मारने..... ।'

कंस चीत्कार कर उठा।

'क्या कर रहे हैं नाथ ?....'—अस्ति चौंक कर उठ बैठी।

'कौन कंस ?'

'मेरा काल ।'—कंस बैठ गया हांफता हुआ। स्वेद भीगा तन। तीव्र स्पंदन।

'आप उद्विग्न हैं भोजराज ! शीतल जल लें और शांत होकर सोएं। कल कृष्ण जीवित नहीं रहेगा महाराज। निश्चिंत रहें।'

'अस्ति ! कैसा अनर्गल स्वप्न ! कंस ही कंस को मार रहा है।'

'आप व्याकुल हैं महाराज। स्वप्न पर ध्यान न दें....'—चिंतित अस्ति ने कंस के भाल से स्वेदबिंदु पोछे।

'अस्ति ! मुझे कभी किसी का भय नहीं हुआ किन्तु इस उत्पाती कृष्ण के चरण पड़ते ही मुझे लग रहा है कि कहीं कुछ अनिष्ट तो न हो जाएगा। मेरा रक्त बहा... उसी के कारण। तुम्हारे भाल पर कुंकुम नहीं लग पाया..... उसी के कारण। तुम्हारे भाल को मेरा रक्त रंजित कर गया। अस्ति ! मेरा रक्त तुम्हारे कपाल पर अंकित हो गया..... उसी के कारण। वह मायावी है। अवश्य वह नगर में कहीं कुछ तंत्र-साधना कर रहा है नहीं तो मैं ऐसा व्याकुल न हुआ होता।'

'कुछ अनिष्ट नहीं होगा महाराज। आप विश्राम करें।'

'नहीं अस्ति! कंस को कंस मार रहा है'—चषक से मदिरा का घूंट उतारते हुए कंस ने हांफते हुए चिंतित स्वर में कहा।

'अस्ति!.... इसका अर्थ कहीं वही तो नहीं जो कृष्ण कहता है.....?'

'क्या?'

'कि स्वयं मनुष्य के कर्म ही मनुष्य को मारते हैं। कर्मों का फल मिलता ही है। जिसके जैसे कर्म होंगे वैसी ही वह दण्ड दु:ख के रूप में पाता है। अस्ति! वह कहता है जैसे सहस्रों गौओं के बीच भी गोवत्स अपनी मां को पहचान लेता है वैसे ही कोटि-कोटि मनुष्यों में भी कर्म अपने कर्ता को पहचान लेता है'—कंस आंखें फाड़े भित्तियों को घूरता हुआ बोला।

'अहो महाराज! कृष्ण के प्रलाप पर ध्यान न दें। वह अशिक्षित है। ग्रामीण है। उसे क्यों इतना महत्व दे रहे हैं? आप अस्वस्थ हैं। निद्रा लें।'—अस्ति ने आसव पात्र लगा दिया कंस के मुख से! कंस गटागट कंठस्थ करता गया और उपधान पर निढाल हो पड़ गया।

पुनः वे भग्न-स्वप्न श्मशान के प्रेतों से जीवित हो उठे। वह देख रहा है एक विराट सुसज्जित भव्य राजरथ। जिस पर हाथ जोड़े बैठे हैं सौम्य सुंदरी देवकी एवं वसुदेव। सारथी बना है मयूर-मुकुटधारी हंसता, मुस्कुराता, प्रतोद फटकारता हुआ कृष्ण। राजमार्ग के दोनों ओर आबालवृद्ध नरनारी हाथ जोड़े खड़े हैं। रमणियां दीप-स्थालों से आरती उतार रही हैं। अट्टालिकाओं एवं गवाक्षों से कुसुम-वर्षा हो रही है।

सम्पूर्ण राजपथ पुष्पाच्छादित है। वातायनों से पुष्पमालाएं आ कर गिर रही हैं। पुष्पगुच्छ आ रहे हैं। राजरथ में जुते हुए अश्व चल नहीं पा रहे। पुष्पमालाएं उन अश्वों के पांवों में उलझ-उलझ जाती हैं। अश्व क्लांत हैं। अश्व थके हुए हैं।

झन्न्!

वह चौंक पड़ा। राजरथ में जुते हुए अश्व नहीं।.... कंस! कृष्ण के रथ को खींच रहे हैं कंस! एक कंस! दो कंस! तीन। चार..... नहीं आठों कंस हैं। स्वेद बहाते। रक्तमुख कंस। फेनपूरित मुख वाले कंस। ग्लानि और लज्जा से पीड़ित कंस। क्लांति से मृतप्रायः कंस। रथभार कंधों पर धारण किए वे कंस झुके जा रहे हैं। गिरे जा रहे हैं।

अचानक उन कंसों की ग्रीवाओं पर अयाल उग आते हैं। कंसों के चार पैर हैं। कंसों के खुर हैं। फुरफुराती हुई पुच्छ है। किन्तु अयाल के मध्य मुख अश्व का नहीं कंस का है। कंस! अर्धमानव! अर्धपशु! कंस-अर्धकंस? अर्ध-अश्व? कंस पशु है? कंस अश्व है?

राजरथ खींचते-खींचते अर्ध-अश्व कंस के पांवों में कुछ फंसता है। पुष्पमाल्य? नहीं। क्या है यह।

शव! शव! शव! राजपथ शवों से आच्छादित है। मृतदेहों से पटा पड़ा है राजमार्ग। किसके शव हैं? कंस के! असंख्य कंस क्षत-विक्षत पड़े हैं। और उनको रौंदता हुआ राजरथ चला जा रहा है गड़गड़ाता हुआ। कृष्ण सारथी बना प्रतोद फटकार रहा है। अहो। कंस ही जुते हैं। कंस ही कुचले जा रहे हैं।

और अब! असंख्य छोटी-छोटी मृतदेहें! राजपथ पटा पड़ा है नवजात शिशुओं के शवों से। अबोध बालकों की मृतदेहों से। अश्व-कंस रथ खींच रहे हैं उन शिशुओं की निर्जीव देहों पर से।

अचानक आठों कंस बिचक जाते हैं। ठिठक जाते हैं। और भयंकर हेषाध्वनि के साथ अपने अगले पांवों को ऊपर उठा कर खड़े हो जाते हैं। हेषाध्वनि में वे कंस-अश्व दारुण रुदन कर उठे हैं। कंस-अश्व रो रहे हैं।

उन शिशुओं में एक कंस-पुत्र भी है। मथुरानगरी का एकमात्र उत्तराधिकारी राजपुत्र। कंस का युवराज। कंस का एकमात्र उत्तराधिकारी। उसका स्वयं का पुत्र। कंस रुक गए। रथ नहीं बढ़ रहा। स्वयं के खुरों से उसका पुत्र कुचल गया। लहूलुहान होकर उसका पुत्र क्षतविक्षत पड़ा है।

सटाक्! सटाक्! कृष्ण ने प्रतोद फटकारा।

'अहो ऽऽ। अहो ऽऽ। बचाओ ऽऽऽ'—असह्य पीड़ा से सचमुच कंस पुकार उठा।

'क्या हुआ? क्या हुआ महाराज?'—अस्ति पुनः चौंक पड़ी।

पीड़ित कंस उछल कर बैठ गया अपने पृष्ठभाग पर हाथ फेरता हुआ।

'बचाओ ऽऽ कृष्ण का प्रतोद! कृष्ण प्रतोद से प्रहार कर रहा है! बचाओ ऽऽऽ।'

'कहां है कृष्ण? यह क्या हो गया है भोजराज आपको? आप जैसा प्रतापी शासक उस ग्राम्यबालक से ऐसा आतंकित हो गया? कृष्ण का प्रतोद आपकी पीठ पर? क्या कह रहे हैं आप?'—अस्ति रुआसी हो आई। धीरे-धीरे उसका भी धीरज और साहस विगलित हो चला है।

अस्ति चंदन का अनुलेप कर रही है कंस की पीठ पर। कंस सो रहा है। किन्तु कंस जाग रहा है। और खंडित स्वप्न पुनः प्रेत सा उठ खड़ा होता है। उसका पैशाचिक हास्य पूरे राजप्रासाद को निगले ले रहा है।

कृष्ण वल्गा खींच रहा है। अश्व ठिठके हुए हैं। सटाक्! सटाक्! कृष्ण के प्रतोद-प्रहार से कंस-अश्व वेग से उछलते हैं और भाग चलते हैं। एक गगनभेदी जयघोष होता है—

'जय श्रीकृष्ण! जय मधुसूदन।'—और जैसे आकाश फट पड़ता है। चौंक कर कंस आंखें खोल देता है।

चिंतित-भयातुर उसकी भार्या उसे निहार रही है। उसका कपाल सहला रही है और वह श्वास नहीं ले पा रहा। अस्ति उसे औषधि दे रही है।

कंस करवट लेता है और पुनः वह स्वप्न-पिशाच आ खड़ा होता है।

ऊंचे दुर्भेद्य कारागार के अलिंद पर खड़ा कंस हाथों में एक नवजात शिशु को उल्ट्य लटकाए अट्टहास कर रहा है। एक विक्षिप्त ठहाके के साथ कंस उस कोमल सद्यजाति शिशु को पाषाण शिला पर पूरी शक्ति से दे मारता है।

'नहीं ऽऽऽऽ'—देवकी की वेदनार्त पुकार कारागार की भित्तियों को कंपकंपा देती है। शृंखलाएं झनझना उठती हैं। लौह-द्वार रो पड़ता है।

कंस देवकी का हाथ एक ओर झटक देता है।

'यह क्या कर डाला भोजराज तुम ने? देखो तो! किसके काल बन बैठे तुम अंधों की भांति? ...'

कौन? यह कौन है?.... युवराज!!

कंस को काठ मार गया। स्तंभित खड़ा रह जाता है वह। पाषाणशिला पर उसके एकमात्र पुत्र का कोमल तन छितरा पड़ा है।

देवकी नहीं। महारानी प्राप्ति हू हू हू ऽऽऽ करके रुदन कर रही हैं। एक सुन्दर कृष्णमूर्ति उठकर आकाश की ओर जा रही है। कंस विस्फारित नेत्रों से एकटक देख रहा है। कारागार की भित्तियां अट्टहास कर उठती हैं। विराट द्वार दांत निकाले हंस पड़ा है।

अहो! यह कैसा मायाजाल है। कैसी दारुण-यातना! असह्य।

'मैं कहां हूं?.... मैं कहां हूं?.... मैं कहां ऽऽऽ'...... वह सम्पूर्ण शक्ति से चीत्कार कर उठता है।

स्वेद से लथपथ कंस की आंखें खुल जाती हैं। चारों ओर खड़े हैं राजवैद्य, राजपुरोहित, मंत्री, आमात्य, दोनों महारानी और युवराज। सब चिंतातुर हैं। सब व्याकुल हैं।

× × ×

अगले दिन भोर रंगशाला में जहां मल्लयुद्ध आयोजित था, कृष्ण-बलराम द्वारा विक्षिप्त हस्ती कुवलयापीड़ के वध का संवाद पहुंच गया था। अस्फुट स्वरों में चर्चा हो रही थी कि किस प्रकार ब्रज के नव-किशोरों ने उस मत्त गज को मागध सैनिकों की दिशा में ही दौड़ा दिया, किस प्रकार मागधगण उससे आतंकित हो चारों दिशाओं में भाग चले और फिर किस प्रकार दोनों भ्राताओं ने उस प्रबल शक्तिमान कुंजर का वध करके उसे खिलौने सा एक ओर फेंक दिया। इस प्रकार महारानी अस्ति की भी कृष्णवध-योजना निष्फल रही।

शुष्क अधरों पर जिह्व फेरते हुए महारानी अस्ति ने दासी को इंगित किया। दासी दौड़ कर मदिरा-पात्र लाई और विक्षुब्ध महारानी स्वयं चषक पर चषक कंठस्थ करने लगी तथा महाराज कंस को भी चषक पर चषक देती गई। किन्तु आज तो न अधर तर होते थे, न कंठ। न ही किसी भांति उद्वेलित हृदय की व्याकुलता शांत होती। कालपक्षी अपने विराट डैनें फड़फड़ाता उन पर मंडरा रहा था।

श्वेत राज-वस्त्रों में सुशोभित मथुरा नगरी का निरंकुश शासक श्वेतछत्र के नीचे बैठा था। श्वेत ही चामर उस पर डुलाए जा रहे थे। श्वेत ही राजमालाएं कंठ में सुशोभित थीं। लगता था उसके मन में केवल कृष्णरंग का ही नहीं, अपितु हर रंग का भय समा गया है। श्वेत के अतिरिक्त उसे हर रंग में, हर वर्ण में मृत्यु की कालिमा दिख रही थी। आज विशेष रूप से वह सुपावन श्वेत-धारी बना था। किन्तु चारों ओर धवलता छा भी जाए तो क्या? मन की कलुषता तो भीतर थी। ऊपर से शुभ्र एवं श्वेत बक बन कर भी क्या मन को धीरज मिला है? श्वेत उस पर कुछ अधिक ही छा गया था। सम्पूर्ण गात

रक्तहीन था। मुखमण्डल श्वेत। निस्तेज। प्रभाहीन। शुष्क। जैसे जीवन-रक्त ही निचुड़ चुका हो।

विगत निद्राहीन रात्रि से सूजे हुए बोझिल नेत्र अभी भी दिवास्वप्न देखते से थे। सिंहासन पर बैठा हुआ भी वह रह-रह कर चौंक पड़ता। सिंहासन के चारों ओर उसे मृत-बालकों की टोली दौड़ती दिखती। खिलखिलाते, हंसते, किलकते नन्हे बालक.... जो अनायास समवेत स्वर में रुदन करने लगते और मथुराधीश व्याकुल हो कान बन्द कर लेता अपने। अत्यधिक मद्यपान से फूलते हुए कपोल। काल-भय से शिथिल तन। वह सोचने का प्रयास करता कि क्यों उसका रजक प्रताड़ित हुआ। कुवलयापीड़ कालकवलित हुआ। उसका महावत भी मृत्यु को प्राप्त हुआ। कई मागध-जन मारे गये। क्यों? क्यों?

कंस चारों ओर दृष्टि डालता है। माथुर यदुवंशी प्रसन्न हैं। विद्रोही वृष्णिगण उत्साहित हैं। विद्रोह! विद्रोह! विद्रोह!.... चारों ओर विद्रोह की ज्वालाएं लपलपा रही हैं।

भयातुर महारानी प्राप्ति अपने हाथों की उंगलियों को अधीरता से मोड़ती-मरोड़ती जा रही है। मुख्य द्वार की ओर कोलाहल बढ़ता जा रहा है।

सामने दृष्टि पड़ी तो रोंगटे खड़े हो गए। जैसे साक्षात् काल को देख लिया हो। राजकुल के गौर मुखमंडल की दीप्ति अचानक बुझ गई। निष्प्रभ मुखों पर जैसे कालिमा सी पुत गई हो।

सामनें से उत्तंग शिखरों के समान एक धवलागिरि और एक श्यामल अंजनगिरि चले आ रहे थे झूमते-झामते मत्त ऐरावत से। पौरुष के दो मूर्तिमान स्वरूप। रौद्ररूप धारण किए। कल तक कुब्जा पर स्नेह बरसाने वाला और माधुरी मुस्कान से मथुरावासियों का हृदय जीतने वाला कृपालु कृष्ण, आज काल-कृष्ण बन गया है। कल का उसका मोहन श्यामवर्ण आज गहन प्रगाढ़ श्याम होकर कैसा भयावह प्रतीत हो रहा है। वनराज-किशोर सी चाल। वृषभ-स्कंध पर विलक्षण शस्त्र। विजय का प्रतीक था, मृत कुवलयापीड़ का रक्त-रंजित विराट गजदंत! कल के स्वर्ण-गौर वर्ण बलराम आज क्रोध से उत्तप्त हो ताम्रवर्ण हो चले हैं। हलधर के शाल-स्कंध पर आज हल नहीं, कुवलयापीड़ का दूसरा रक्तरंजित विराट गजदंत है।

दोनों किशोर नखशिख तक रुधिर से नहाए हुए हैं। कुवलयापीड़ के सद्यरक्त से रंगे और कंस के रक्त के पिपासु, उन दोनों नर-शार्दूलों को इस रोमहर्षक रौद्र रूप में देखते ही भयभीत महारानी प्राप्ति वमन करने लगी। मल्लयुद्ध देखने को उत्सुक कितनी अन्य राजकन्याएं भय से पीली पड़ गयीं। मूर्च्छित हो गयीं। वमन करने लगीं। कितने लोगों के हृदयों में कंपकंपी उत्पन्न हो गई।

दूसरी ओर विद्रोही-जन छद्मवेष में भी अपना हर्ष व उत्साह छिपा नहीं पा रहे। अंग-अंग फड़क रहा है अधीरता से। अंग-अंग तत्पर है आज कुछ कर जाने को..... ऐसा कुछ.... जैसा कभी न हुआ हो पूर्व में। एक दुराचारी एवं आततायी शासक के विरुद्ध सुसंगठित क्रांति!! वर्षों की सतत प्रतीक्षा के पश्चात् इन विप्लवियों को आज वह पराक्रमी नायक मिला है जिसके युवक होने की इन्होंने बड़े धीरज से प्रतीक्षा की थी। जिसे कंस की पहुंच के बाहर सुदूर सघन वन-पर्वतों में छिपा कर पाला गया था। जिसके

मातामह, पिता एवं माता दीर्घकाल से बन्दीगृह की यंत्रणा भोग रहे थे। जिसके छह नन्हें अबोध भ्राताओं के प्राण हर लिये गये थे और जिसके स्वयं के प्राण हरने के लिए हर संभव प्रयास किए गए थे। जिसके साथ इस प्रकार लगातार घोर अन्याय घटित हुए थे, जो परमवीर था और जो सब की आशाओं का केन्द्र था, आज वही यदुवीर देवकीनंदन कृष्ण वृष्णियों एवं अंधकों के मध्य था। वे सब कौतूहल और रोमांच से कृष्ण को हंसते हुए देख रहे थे। वे उतावले हो रहे थे। एक-एक पल काटे नहीं कट रहा था। व्यग्रता बढ़ती जा रही थी।

'राजन्! हम तो बालक हैं अतः हमारी वय का ध्यान रखते हुए ही हमारे साथ युद्ध हेतु मल्ल रखे जाएं। आपके ये प्रौढ़ राजमल्ल तो हमारी आयु से दुगुने हैं।'—रौद्ररूपधारी कृष्ण की हास्यपूरित मृदुल वाणी रंगस्थली में शीतल समीर सी तैर गई।

राजा कंस का खोया हुआ साहस अनायास लौट आया। उसकी कठोर वाणी रंगशाला में गूंज उठी—'नहीं!! रंगशाला में आकर साहस खोकर बातें बनाने वाले ब्रज-बालक! यदि साहस है तुम लोगों में तो राजमल्ल मुष्टिक, चाणूर, शल एवं तोशल का ही सामना करना होगा तुम्हें। यदि ऐसे ही भीरु थे तो गर्व था किस बात का? मल्ल-स्पर्धा का निमंत्रण स्वीकार क्यों किया था, मूढ़?'

चाणूर एवं मुष्टिक अपनी सबल बाहुएं ठोकते हुए ऊंचे स्वर में हंस पड़े।

फिर क्या था? चाणूर और कृष्ण उलझ गए। बलराम और मुष्टिक उलझ गये। मागधों का उत्साह बढ़ चला। चाणूर और मुष्टिक कैसे खिला रहे हैं दोनों बाल-मल्लों को। महारानी अस्ति का मुख शतदल सा खिल उठा। राजा कंस का खोया दर्प लौट आया। महारानी प्राप्ति ने स्पर्धा मनोरंजक पाकर गोद में बैठे युवराज को दूसरे सिंहासन पर दूर बैठने को भेज दिया। चाणूर और मुष्टिक खिला रहे थे। कौतुकप्रेमी कृष्ण और बलराम खेल रहे थे। नव-प्रशिक्षितों की भांति पछाड़ें खा रहे थे। राजमल्लों की विजय असंदिग्ध थी।

किन्तु!!!....

अस्ति की जीभ दांतों तले आ गई। कंस की भवों में बल पड़ गए! प्राप्ति की उंगलियां आपस में उलझ गयीं।

और !

चाणूर नीचे पड़ा था भूमि पर। अट्टहास करता कृष्ण उसके वक्ष पर चढ़ा बैठा था। मुष्टिक पड़ा था भूमि पर और क्रोध-प्रकंपित बलराम चढ़ा बैठा था उसके वक्ष पर। पलक झपकते यह क्या हो गया?

शल और तोशल की भी यही दुर्गति हुई। अन्य राजमल्ल भाग खड़े हुए। कौन जानबूझकर मृत्यु का ग्रास बनता! मृत राजमल्ल दंतहीन पड़े थे। किसी के कान से रुधिर बह रहा था, किसी की नाक से। हाथ-पैर मुड़े-मुड़ाए टूटे हुए थे। यदुवंशी, मथुरावासी तथा गोपगण उल्लसित हो उठे। मागधगण सतर्क हो गए।

मथुराधिपति कंस गरजा—'बन्दी बना लो इन दोनों हत्यारे बालकों को तुरन्त! कहां है वह नन्दगोप? पकड़ लो उस राजद्रोही को! अक्रूर कहां? बन्द करो उस षड्यंत्री को!

लौश-पाश से बांध कर डाल दो इन्हें बन्दीगृह में.....।'

अच्छा ऽऽ!! कृष्ण ने घूम कर राजा को देखा। तो बात यहां तक आ गई?

नन्दगोप और अक्रूर को बन्दी बनाया जाए! उन्हें राजद्रोही कहा जाए! बालघाती! शिशुहंता! स्वयं अपने वयोवृद्ध पिता उग्रसेन को बन्दी बनाने वाला! पिता वसुदेव तथा माता देवकी को आजीवन बंदीगृह की यातना देने वाला क्रूरकर्मा!

अहो पिता! अहो माता! कृष्ण का हृदय प्रकंपित हो उठा माता की पीड़ा स्मरण कर। श्यामवर्ण प्रगाढ़ हो चला। वह माता, जिनके छह नवजात शिशुओं को उसी के समक्ष पाषाण पर छितरा दिया नराधम ने। अहो माता! अहो माता! कपिला गौ सी निरीह माता मूक लोचनों से जलधारा बहाती हुई वर्षों से उस काल-कोठरी में यंत्रणा भुगत रही है। उसे निःसंतान करने की कैसी हठधर्मिता इस धृष्ट ने की। फूल से कोमल शिशु और वज्र सी कठोर पाषाण-शिलाएं। फूल सा सुकोमल माता का मर्म और उस पर छह-छह वज्राघात! अहो माता..... हा कष्ट! हा कष्ट! कृष्ण का वर्ण गहन श्याम हो चला। विशाल नेत्रों में रक्त उतर आया। क्रोध समूचे तन को कंपित किए दे रहा था। थरथराते ओष्ठ। फड़फड़ाते नासापुट।

विद्युत कौंधी हो ऐसी द्रुत गति से कृष्ण मंच पर पहुंच गया। एक मुष्टिक में जा गिरा कंस का रत्नजटित स्वर्ण-किरीट उचट कर दूसरी ओर और कृष्ण के हाथों में अब कंस के केश थे। कृष्ण के हाथों में कंस के प्राण थे।

'जय श्रीकृष्ण! जय गोविन्द!'—घोर जन-निनाद से विप्लवियों ने आकाश सिर पर उठा लिया।

मागधों के हृदय कांप गए। सबको अपनी जीवन-रक्षा की पड़ी थी। मागध भाग चले। गवाक्षों से कूद-कूद कर मागध भाग रहे थे। अलिंदों से कूद-कूद पर मागध भाग रहे थे। सोपानों से कूद-कूद कर मागध भाग रहे थे। घोर अव्यवस्था फैल गई बार-बार तुमुल जयघोष से रंगशाला कांप-कांप उठती—'जय श्रीकृष्ण! जय बलराम!.... जय श्रीकृष्ण! जय गोविन्द!'

कृष्ण ठठा कर हंस रहा था। उस पर रक्त चढ़ा था। कंस के केश पकड़े-पकड़े वह उसे सिंहासन से उतार कर घसीट लाया रंगभूमि में। खींच-खींच कर उसे पूरी रंगशाला में घसीट रहा था। आज तक जो महापराक्रमी कहा जाता था, वह धूल-धूसरित हो भूमि पर घिसट रहा है। मगध-सम्राट जरासंध का जामाता, मथुरा का अधीश्वर धूल में घिसट रहा है। वर्षों पूर्व की भविष्यवाणी आज सत्य घटित हो रही है। देवकी की आठवीं सन्तान कंस की मृत्युपाश बनी हुई है।

मागध भाग रहे हैं। माथुर जयघोष कर रहे हैं। कंस के भ्राता सुनामा पर बलराम चढ़ा हुआ है। यदुवंशी वीर युयुधान, कृतवर्मा एवं अक्रूर आदि सबके खड्ग निकल आए। शस्त्र चमक रहे हैं।

अनीतिपूर्वक सिंहासनारूढ़ होने वाला प्रबल-राजा, अन्यायपूर्वक शासन चलाने वाला दुर्दान्त शासक अपने किशोर भागिनेय द्वारा भूमि में खींचा जा रहा है। वह मृतप्राय है अथवा मृत..... कोई नहीं समझ पा रहा। वह जीवित ही मृत था। कृष्ण जैसे खेल का

रहा हो, हंस-हंस कर कंस को खिलौने सा घसीट-घसीट कर घुमा रहा है चारों ओर। थोड़ी ही देर में कंस का निष्प्राण तन धूल में पड़ा हुआ था।

कंस मारा गया। राजा मारा गया। कंस के अधिकारी, सखा, अनुचर, सैनिक, नायक आदि सब भाग चले। कंस के शत्रु, नागरिक और विद्रोही प्रजाजन उत्साह से उछल पड़े। नृत्य कर उठे। जयघोष कर उठे।

कल जो अर्ध-विक्षिप्त थी वह महारानी अस्ति आज पूर्णतः विक्षिप्त हो चुकी है। उन्मत्त सिंहनी की भांति एक आहत बड़े मागध-नायक पर उतावली सी पाद प्रहार किए जा रही है हांफती हुई।

'उठ नराधम! शठ! शीघ्रता से रथ तैयार करके ला पीछे के द्वार पर! शीघ्रता कर ताकि हम मगध की ओर प्रयाण कर सकें। सम्राट जरासंध की शरण पा सकें। शीघ्र उठ..... रथ ला ताकि मगध सेना आकर इस कृष्णमुख को बन्दी बना सके। उठ मूढ़! समय न गंवा.....'—उद्भ्रान्त अस्ति चरणों से ठोकर मार-मार कर कहे जा रही है।

दूसरी ओर भयंकर कोलाहल में महारानी प्राप्ति व्याकुल सी इधर-उधर दौड़ती फिर रही है—युवराज कहां? मागध अधिकारी ढूंढ़ रहे हैं जनसमुदाय में—राजपुत्र कहां? अचानक महारानी प्राप्ति का दारुण-चीत्कार उस तुमुल कोलाहल को विदीर्ण कर गया।

कुछ विद्रोही नवयुवक नग्न खड्ग लिए युवराज को घेरे खड़े थे। प्राप्ति का चीत्कार सुनते ही एक युवक ने अपने सिर उष्णीश खोल कर उसकी ओर फेंक दिया और उसके लम्बे काले बाल लहरा उठे। प्राप्ति के सामने एक यदुतरुणी रणचंडी भैरवी सी खड़ी हुई थी। देखते-देखते उसके साथ के नवयुवकों ने अपने-अपने उष्णीश उतार फेंके और सबकी दीर्घ सघन केशराशि लहरा गयी। यदुनेत्री गरज रही थी—'तेरे पति ने मेरी बहनों के साथ बलात्कार किया और तेरी लालसा ने मेरी मथुरा के साथ। अब तेरा वंश न बचेगा'— कहकर उसने युवराज पर वार करने हेतु खड्ग उठाया कि एक पुरुष ने युवराज को खींच लिया।

'इसे मारने का अधिकार मेरा है देवी। मुझे दो! मेरे दुधमुहे पुत्र को पूतना से मरवाया गया, मेरे वृद्ध पिता को कारागार में डाला गया। आज उसी का प्रतिशोध है यह। हा-हा-हा-हा'—उसने अट्टहास करते हुए नग्न खंग को युवराज के पेट में भोंका और ऊपर की ओर खंग को सशरीर उठा कर नचाने लगा।

एक विद्रोही यदुवंशी युवक रक्तरंजित खड्ग ऊपर उठाए नाच रहा है। लोग देख रहे थे उस नग्न खड्ग की नोंक में फंसा हुआ है बाल-युवराज का लहूलुहान शरीर। विद्रोही युवक उस खड्ग को नचा रहा है। बाल-शव को नचाते हुए ठठा रहा है।

'जय श्रीकृष्ण! जय बलराम!'—तुमुल भैरव नाद उठा और व्याप्त हो गया समूची मथुरा पर।

और अब......।

उमंग और उत्साह से भरा वीरों का जनसमूह उन्मादित चक्रवात् सा चला जा रहा है मथुरा के दुर्भेद्य कारागार की ओर.... धूल! धूल! धूल! कृष्ण का हृदय उद्वेलित है। चरण व्यग्र है। और शीघ्र!....

और शीघ्र! अहो माता! अहो पिता!

मोटी लौह-शृंखलाओं से बद्ध बन्दीगृह के विराट लौह-द्वार से भी मागध नायक एवं अधिकारी भाग चुके हैं।

पलक झपकते विद्रोही वृष्णि, अंधक और गोपगण छा गए विराट द्वार पर। वेग से झकझोर रहे थे उसे। धकेल रहे थे। अपरिमित शक्ति से वे बलिष्ठ तन पर लौह-द्वार को कंपाए डाल रहे थे। आज उनकी शक्ति का पार नहीं था। आज उन्हें कोई नहीं रोक सकता। आज कोई बाधा उनके सामने नहीं टिक सकती।

भीड़ बढ़ती जा रही थी। और भी वीर आते जा रहे थे।

आरक्तमुख, स्वेद से लथपथ, जनसमूह द्विगुणित हो गया! साहस द्विगुणित हो गया। उत्साह द्विगुणित हो गया। शक्ति द्विगुणित हो गई। उनके अजेय पौरुष को चुनौती दे रहा था कारागार का लौहद्वार। उनके प्रचंड प्रहार उस पर ऐसे पड़ रहे थे जैसे वह मनुष्यों की भीड़ न होकर प्रलयंकारी झंझावात् हो।

अंतिम आघात! युवा-शक्ति ने सम्पूर्ण बल से प्रहार किया और वे विराट लौह-कपाट भयंकर आर्तनाद करते हुए अरअरा कर गिर पड़े।

'जय श्रीकृष्ण ! जय बलराम।'—विकट जयघोष करते हुए समस्त विप्लवी दौड़ पड़े बन्दीगृह के भीतर।

कितने ही विद्रोही यदुवंशी उस कारागार में वर्षों से बंदी थे। कोलाहल सुनते ही वे अपनी-अपनी कोठरियों के द्वारों पर आ खड़े हुए—क्या हुआ? यह कैसा भैरवनाद?

× × ×

अंधियारे गर्भगृह में कृशकाय, पीतवर्णा आर्या देवकी शय्या पर पड़ी हुई थीं। नीलमणिकांति सी सुन्दर सुदीर्घ केशराशि अब रुक्ष एवं जटाबद्ध हो गई थी। सात पुत्रों की माता किन्तु निःसंतान सी! एक भी तो अपने शिशु को दृष्टि भर देख न पाई। अंक में ले न पाई। हृदय से लगा न पाई। प्रतिबार ममत्व से भर कर वह शिशु को उठाती और श्येनपक्षी सा कंस आकर उस निरीह कपोती के नन्हे शावक को झपट्टा मार कर उड़ा ले जाता।

वह बैठी रह जाती हाथ मींजती। फटे-फटे नेत्रों से निहारती। हृदय पर पाषाण रखे।

सुनती... शिशु के कोमल-कंठ से एक नन्हीं सी चीत्कार। बस! और शेष रह जाता कंस का ठंडा अट्टहास।

बन्दीगृह की काली प्राचीरें। मोटी-मोटी ठंडी भित्तियां। ठंडा सा अंधकार। और उसका स्वयं का ठंडा सा सूनापन। ठंडा सा एकाकीपन। सूना मन। और वह ठंडी सी सूनी गोद!

कठोर शीतल शिलाओं पर कैसे-कैसे उसके मातृत्व को निर्ममता से पछाड़ा गया था। उसके वात्सल्य की भ्रूण-हत्या की गयी थी। उसके ममत्व को क्षतविक्षत कर कितनी बार उसी के समक्ष लहूलुहान कर फेंक दिया गया था। हृदय में आर्द्र-ज्वाला सतत धधकती रही। देवकी अन्तर की उस बड़वाग्नि को शीतल फेनों में समेटे रही। छिपाएं रही। पर सदा सिंधु सी उफनती रही।

बाहर कोलाहल क्यों? गिरिराज हिमालय से धीर-गंभीर वसुदेव चिंतित हुए। उद्वेलित हो वे द्वार पर आ खड़े हुए। कान लगाकर सुनने का प्रयास किया? वेदनापूरित गहन नत्रों में अचानक एक ज्योति आई और वह ज्योति नेत्रों से फैल कर मुखमंडल को प्रदीप्त कर उठी। हाथ कांपने लगे। कंठ अवरुद्ध हो गया। क्या वे ठीक सुन रहे हैं?—'जय श्रीकृष्ण। ...... जय बलराम!'

जयघोष निकट आता जा रहा था।

तो!!..... इसका अर्थ.... नंदगोप, अक्रूर, देवक, देवभाग और सात्यक आदि की योजना सफल हुई? तो क्रांति सफल हुई?

'.... देवकी!..... देवकी!....'—वसुदेव के आर्द्र कंठ में वाणी अटक गई।

देवकी उठ बैठी।

'क्या हुआ?'

किन्तु अश्रु-गद्‌गद वसुदेव बोलने में तब तक असमर्थ हो चुके थे।

तब तक न जाने क्यों कोलाहल शांत हो गया। कारागार में स्तब्धता छा गई।

देवकी की दृष्टि अटक गई द्वार पर। वह सिहर उठी।

विराट जनसमूह? मौन भीड़। जनसमूह इतना नीरव! ऐसी स्तब्ध शांति!

निश्चल..... मूक प्रतिमाएं।

कौन हैं ये सब?

हौले से द्वार खुला। एक अपरिचित किशोर आगे बढ़ा।

कौन है यह सुनील-सुन्दर किशोर? अपरिचित? कितना रूपवान! कैसी अबोध निश्छल मुखाकृति! किन्तु कैसा अस्तव्यस्त बाना! कैसे उनींदे से विशाल नयन!

कौन है यह? इस बार सुन्दर वेष में कंस का कोई नवीन चर?

कारागार शांत था। प्रकोष्ठ मौन था।

कौन है यह अपरिचित? इसे अंक में भर लेने का जी क्यों चाहता है? आश्लेष में समा लेने को जी क्यों चाहता है? चूमने का मन क्यों हो रहा है? कहीं.... कहीं.... यह आर्य नन्दगोप द्वारा पोषित.... और.... और देवकी को लगा उसका आंचल भीगा जा रहा है। सागर कभी मर्यादा नहीं तोड़ता। किन्तु जब तोड़ता है तो चक्रवात् हो तटबंधों की सीमा पार कर जाता है। उमड़ पड़ता है समस्त वसुधा को आलिंगन में बांध लेने को, सहस्र उत्ताल तरंगों की बाहुओं से संसार को भिगो देने को।

देवकी का आंचल भीग रहा था। वक्ष में वर्षों से आलोड़ित क्षीरसागर आज बहा जा रहा था। उमड़ कर बह रहा था। पुत्र को जैसे नहला देगा, ऐसे उमड़ रहा था।

'अम्ब!!....'—और कृष्ण लिपट गया देवकी से।

देवकी के अंतर में प्लावन था। नेत्रों में प्लावन था। सहस्र-सहस्र धाराओं में स्नेह निःसृत हो रहा था। कृष्ण रो रहा था। देवकी रो रही थी। देवकी अपने बिछुड़े बालक को नेह से भिगो देना चाहती थी। नेत्र में डुबो देना चाहती थी। वात्सल्य बांध तोड़ कर बह

चला था। वर्षों से तरसती हुई ममता आज बावली हो उठी थी। वह पागल सी कभी उसके काकपक्षों पर हाथ फेरती, तो कभी उसके ललाट पर हाथ फेरती। कभी पीठ पर और कभी सुपुष्ट स्कंधों पर।

अहो! क्या यही वह कोमल शिशु है जिसे जन्म होते ही निर्दयी माता की भांति हृदय पर कठोर पाषाण रख कर मूसलाधार वृष्टि में सघन अंधकार को सौंप दिया था उसने, यमुना की विकराल हाहामयी तरंगों के पार गोकुल ले जाने हेतु?

यह क्या वही है? किन्तु वह तो कितना नन्हा सा था। यह बलिष्ठ किशोर तो बाहुओं में समा नहीं पाता। वक्ष में भर नहीं पा रही उसे। वह पागल सी रोती जा रही थी उसे अपने भीतर समेटती हुई।

'तू इतना बड़ा कैसे हो गया रे! मेरा वह नन्हा सा शिशु कहां गया जिसे मैंने यमुना को सौंप दिया था? मेरा वह नन्हा सा पुत्र कहां है? तू छोटा क्यों नहीं हो जाता? नन्हा सा क्यों नहीं हो जाता? मेरे अंक में क्यों नहीं समा जाता? वक्ष में क्यों नहीं भर जाता? छोटा हो जा वत्स, भर लूं तुझे वक्ष में'—वह कृष्ण की पीठ, पुष्ट कंधों पर हाथ फेरती हुई गुहार रही थी।

अनायास उसे लगा उसके आलिंगन में बंधा वह नीलकिशोर नन्हा सा शिशु हुआ जा रहा है। अथवा उसका स्वयं का अंक विस्तृत हो रहा है। नन्हा शिशु! पुत्र! वत्स। वह उसे समेट कर दुलार रही थी। मुख चूम रही थी। रो रही थी। हंस रही थी।

वर्षों से हिमालय बने धीर-गंभीर वसुदेव का धीरज आज विगलित हो चला। इतने वर्षों से कैसा कठोर संयम धार रखा था उन्होंने। कठोर तपस्या! त्याग! बलिदान! ऐसा क्या दूसरा दृष्टांत मिलेगा समूची धरा पर? निरपराध, निर्दोष पत्नी की जीवन-रक्षा हेतु स्वयं वचन दिया था कि उनकी हर संतान कंस को समर्पित होगी। और साधु प्रकृति से वचन पालन करते हुए आज तक उनके नेत्रों से एक भी बूंद अश्रु न बहा। किंतु आज उस परम धैर्यवान हिमालय से गंगा-यमुना निर्बाध बही जा रही थी बलराम को भुजाओं में कसे वसुदेव उमड़ रहे थे। प्रचण्ड वीर हलधर उमड़ रहे थे।

वसुदेव और देवकी सुधबुध गँवाए हुए भी लगातार माया को पुकार रहे थे। माया कहाँ! माया शीघ्र आ! देख तो आज कौन आया है!

एक सुन्दर रमणी प्रवेश कर दीपक से कृष्ण-बलराम की कांपते हाथों से आरती उतारने लगी। नेत्रों में हर्ष के अश्रु थे। कौन है यह विह्वल तरुणी?

वसुदेव और देवकी ने ध्यान से उसे देखा तो चौंक पड़े। माया... उस कराला विरूपाक्षी का यह रूप? तो क्या माया का भीतरी सौन्दर्य अब बाहर आ गया? अथवा बाहरी रूप अपना विशिष्ट उद्देश्य पूरा करके नष्ट हो गया!

'यह रूप भी मुझे इसी का दिया हुआ है जो मनुष्य को कभी राजा, कभी रंक, कभी स्त्री, कभी पुरुष बनाता है। वृद्धा अथवा सुन्दर तरुणी का रूप मैं इसी के इंगित पर धारण करती हूं। जैसा यह नचाता है, नाचती हूं। प्रभु! तुम्हारी चेरी हूं। जैसा नचाओगे, नाचूंगी। तुम्हारे गीत गाऊंगी। जब बुलाओगे, आऊंगी।'

माया श्रीकृष्ण के चरणों में समर्पण कर चुकी थी।

जनसमूह मौन खड़ा था। किन्तु कोई ऐसा न था जो अश्रु न पोंछ रहा हो। औंधियारी प्राचीन भित्तियां। ठंडी भूमि! शृंखलाएं! लौहकपाट! सब ही तो सम्मिलित थे मूक-रुदन में। पीड़ा और हर्ष के महामिलन में!

× × ×

मथुरा में अपूर्व उत्साह की तरंगें हिल्लोरें ले रही थीं।

'आर्या देवकी मुक्त हो गयीं....।'

'देवी देवकी मुक्त हो गयीं.....।'

'मथुरा स्वतंत्र हो गयी.....।'

'आर्या देवकी स्वतंत्र हो गयीं....।'

'मथुरा स्वाधीन हो गयी.......।'

'आर्या देवकी स्वाधीन हो गयीं.....।'

प्रज्ज्वलित उल्काएं लिए उस सांझ उत्साही नवयुवक घोषणा करते हुए पूरी नगरी में दौड़ रहे थे।

चतुष्पथों से, अलिंदों से, सोपानों और पथ-पथ पर से पुकार उठ रही थी—आर्या देवकी मुक्त हो गयीं।

गली-गली में घोषणा हो रही थी—'देवकी स्वतंत्र हो गई।'

आबालवृद्ध उमड़े पड़ रहे थे..... सुनने को..... समझने को..... कुछ देखने को.... हर्षोन्माद में सम्मिलित होने को।

घनाघन्... घनाघन्..... घनाघन्...... घनाघन्..... राजमहल से क्रांति का महाघंट बज रहा था। असंख्य घंट-घड़ियाल बज रहे थे।

घर-घर में कांस्य-स्थाल बज रहे थे। मंदिर-मंदिर से शंखध्वनि उठ रही थी।

राजमार्गों पर राजनर्तकियां एवं नगरवधुओं के यूथ के यूथ झूम-झूम कर नृत्य कर आज शृंगार-रस के गीत नहीं, हाथों में खंग और त्रिशूल लिए क्रांति और स्वराज्य के गीत गा रहे थे। आबालवृद्ध नागरिक उन्हें घेरे उत्साह से ताल दे रहे थे, साथ-साथ गा रहे थे, झूम रहे थे।

मथुरा नगरी.... सदा की उन्मादी नगरी! किसी न किसी उन्माद से सदा ग्रस्त। पर आज तो उन्माद जैसे ज्वार की पराकाष्ठा पर पहुंच गया था। वर्षों बाद आज कोई बड़ी घटना घटी थी राज्य में। और वह भी ऐसी महती... कि मगध-सम्राट महाबली जरासंध के जामाता मथुरापति कंस का पलक झपकते पराभव हो गया। बात ही बात में वध हो गया। बिना शस्त्र के।

मथुरा-नगरी में जैसे आश्चर्य-युग चल रहा था। अपढ़, अशिक्षित, नितान्त प्राकृत ग्रामीण किशोरों ने कितने चमत्कार कर डाले थे थोड़े से समय में!

आज वर्षों पश्चात् आर्य देवक की चिरपीड़ित पुत्री देवकी मुक्त हुई थी बन्दीगृह से। वर्षों से जो अपने अबोध शिशुओं का वध देखती आई थी, व्यथा जिसमें मूर्तिमयी हो

चुकी थी, जो अपार सहनशक्ति एवं धीरज की अवतार बन चुकी थी, वह देवकी मथुरा के जन-मानस में पूर्णतः घुल मिल गयी थी। उसने माटी के खिलौने में जब अपना वीर पुत्र ढूंढ़ा था तो समूची मथुरा ने माटी की मूर्ति में देवकी के असंख्य वीर पुत्र गढ़ डाले थे।

मथुरावासियों के हृदय उस करुणामयी के प्रति अपार प्रेम, श्रद्धा एवं सहानुभूति से सदा प्लावित रहे। मथुराराज्य की पीड़ा तथा देवकी की पीड़ा अलग न रह गई थी। देवकी की वेदना का विषपान मथुरा ने अपने कंठ में धारण कर रखा था और मथुरा के दुःखों को देवकी ने हृदयंगम किया था।

देवकी मथुरा की पर्याय थीं।

देवकी के बंधन से मथुरा स्वयं को पराधीन समझती और देवकी की मुक्ति मथुरा की स्वाधीनता थी। अनजाने में ही देवकी मथुरा नगरी की अधिष्ठात्री देवी बन गयी थीं। कुलदेवी बन गयीं थीं। कुलवधुएं एवं माताएं देवकी की पीड़ा से सदा व्यथित रहती आई थीं। पुरुष-वर्ग देवकी के असीमित कष्ट व दुःख देख-देख कर आक्रोश से उत्तेजित होता और प्रतिशोध की शपथ लेता। देवकी की मुक्ति के लिए योजनाएं बनाता। आबालवृद्ध नरनारी वर्षों से देवकी के लिए रोते रहे। उसके पुत्र के लिए मनौतियां मनाते रहे।

आज वही चिर-व्यथामयी मुक्त हुई थी इसलिए मथुरानगरी अपने ही प्रेमाश्रुओं में डूबी हुई थी।

जन्मभूमि मथुरा और जन्मदायिनी देवकी को मुक्त करने आज देवकीनंदन आया है..... स्वयं विष्णु बनकर। नारायण का अवतार होकर!

'देवकी मुक्त हो गई। देवकी मुक्त हो गई।'—बेसुध महिलाएं अश्रु बहाती दौड़ रही थीं।

'मथुरा स्वतंत्र हो गई! मथुरा मुक्त हो गई।'—युवक दौड़ रहे थे, क्रान्ति को सिर पर धारण किए।

वृद्ध दौड़ चले.... कारागार से दीर्घबन्दी जीवन के पश्चात् मुक्त हुए अपने वयोवृद्ध महाराज उग्रसेन के दर्शन हेतु। सब एक दूसरे से पूछते—वसुदेव कहां? वसुदेव मुक्त हुए क्या? महाराज उग्रसेन मुक्त हुए क्या? देवकी कहां?.... कृष्ण कहां? किन्तु उत्तर की प्रतीक्षा किसी को न थी। सब दौड़े जा रहे थे।

नगर के बाहर एक रथ दौड़ा चला जा रहा था। भयातुर और अधीर सारथी प्रतोद पर प्रतोद फटकार रहा था। अश्व वायुवेग से दौड़े जा रहे थे। वह मथुरा-मगध राजमार्ग था। रथ के साथ-साथ दौड़ते चल रहे थे कुछ मागध अश्वारोही, नायक एवं सैनिक। रथ में अर्ध-मूर्च्छित पड़ी थीं महारानी अस्ति और महारानी प्राप्ति।

घनाघन्.... घनाघन्.... घनाघन्.... घनाघन्.... विराट कांस्य-घंट क्रांति का महानाद कर रहा था।

राजमार्ग पर राजरथ आ रहा था। श्वेतछत्र। श्वेत तुरंग। महाराज उग्रसेन के श्वेत श्मश्रु एवं श्वेत केश लहरा रहे थे। झुर्रियां पड़े वेदनापूरित मुख पर अश्रुमाल थी। सुदीर्घ बन्दीगृह की यातना उनके पुत्रवध के साथ ही समाप्त हो पाई थी। निदान भी यही था, वे जानते थे फिर भी पुत्रशोक से व्याकुल थे। दोनों ओर बैठे थे कृशकाय वसुदेव एवं

करुणारूप देवकी। पीछे खड़े थे ब्रजराज नंदगोप तथा अक्रूर। राजरथ गड़गड़ाता चला आ रहा था। श्रीकृष्ण और बलराम, क्रांति के दोनों नायक आज सारथी बने हुए थे। शौरसेन-राज्य की वल्गाएं अब से इन तरुण अग्रदूतों के हाथों में थीं।

पुष्पवर्षा हो रही थी। अक्षत्, रोली और लाजा की वर्षा हो रही थी। चारों ओर अबीर-गुलाल उड़ रहा था। मृदंग, मंजीर, चंग और ढफ बज रहे थे। तूर्यनाद हो रहा था।

प्रजा बावली हो चली थी। ऐसी महान् क्रांति का हर्ष सह पाना उसके लिए दुरूह था। हर्षोन्माद का ज्वार हृदय में समेटे रख पाना असंभव था। अत्याचार, उत्पीड़न और अन्याय का युग समाप्त हुआ था।

घनाघन्...... घनाघन्...... घनाघन्...... घनाघन्...... क्रांति का महाघंट बज रहा था।

वयोवृद्ध महाराज उग्रसेन के क्षीण तन को देख प्रजाजन रो पड़े। देवकी की सुदीर्घ रुक्ष केशराशि, कृशकाया और पीत-पात सा मुख देख महिलाएं फूट-फूट कर बिलख कर उठीं। आवेग सम्हलता न था। किंतु कैसी अपार है भगवत्-लीला! क्या-क्या न कुचेष्टाएं की गयीं पर देवकी पुत्रहीना न हो पाई!

वेदनाकुल व्याकुलप्राण प्रजाजनों की दृष्टि जैसे ही उन नव-नायकों की सुन्दर युगल जोड़ी पर पड़ती तो तुरंत अश्रु तिरोहित हो जाते। कष्ट धुल जाते और महाआनन्द का सुखसागर लहराने लगता। नव-उत्साह, नव-आशा और नवयुग के प्रतीक श्रीकृष्ण एवं बलराम! एक स्वर में प्रजा प्रचण्ड महाघोष कर उठी—

'सत्यमेव जयते। सत्यमेव जयते।'

'सत्य की ज़य हो। अधर्म का नाश हो।'

'जय श्रीकृष्ण। जय बलराम।'

'जय श्रीकृष्ण। जय गोविन्द।'

जयघोष का महानाद प्रकंपित कर उठा था न केवल मथुरा नगरी को, न केवल शौरसेन जनपद को, बल्कि समूचे आर्यावर्त को। समूचे जंबूद्वीप को। चराचर सृष्टि जयघोष कर रही थी। जयघोष हो रहा था स्तंभों से। भित्तियों से। अट्टालिकाओं से। गवाक्षों और वातायनों से। प्राचीरों से। दिग्दिगंत से। यमुनापुलिनों से। जनपद की कण-कण धूलि से हो रहा था जयघोष—'जय श्रीकृष्ण! जय मधुसूदन!'

घनाघन्.... घनाघन्.... घनाघन्..... घनाघन्..... महाघंट बज रहा था।

× × ×

तेरह दिन से भीषण उथल-पुथल। और अब?

सब शांत! अवकाश!

अवकाश के वे क्षण समर्पित कर दिये कृष्ण ने अपने मधुमय अतीत को। अतीत, जो वृंदावन के समान शीतल कुंज सा था। सुपुष्पित कुंज सा अतीत। मलय-समीर से सुवासित अतीत। सघन छांह सा सुखद अतीत।

श्रीकृष्ण विश्रामघाट पर एकाकी खड़े अपलक निहार रहे थे यमुना पार। निहार कुछ न रहे थे। खोए हुए थे। आत्मलीन। आत्मविस्मृत। आत्ममंथन चल रहा था परिवर्तन पर।

सब कुछ कितना बदल गया इन तेरह दिनों में! मथुरा राजपुरी का जीवन बदल गया। मथुरा के नागरिकों का जीवन-क्रम बदल गया। समूची राजधानी जैसे उलट-पुलट हो गई है। रुदन और हास्य, दुःख और उल्लास, नैराश्य और नव-आशा, विनाश और नव-जीवन, मृत्यु और सृजन के भयंकर बवंडर में मधुपुरी की स्थिति हचकोले खाती हुई एक नौक जैसी रही थी। लेकिन नौका अब उबर चुकी थी। कालिंदी का उद्विग्न जल प्रशांत था। मधुपुरी उबरे हुए एक विशाल जलपोत की भांति कालिंदी तट पर पूरी भव्यता व गरिमा के साथ खड़ी थी। नौका उबर चुकी थी। खेवनहार थे दो नव-तरुण। दो महापराक्रमी किशोर नायक। बलराम और श्रीकृष्ण।

आज का पूरा दिन व्यस्तता से भरा बीता था। कंस एवं उसके भाइयों की मृत्यु के तेरह दिन पश्चात् ब्राह्मण-भोज, शुद्धिकरण, दान-दक्षिणा इत्यादि आज हुए थे। और अब?

एक बड़ा सा प्रश्नचिह्न? अब क्या?

सर्वाधिक बदला है इन तेरह दिनों में तो श्रीकृष्ण का जीवन! सब कुछ एकाएक नवीन है। अतीत बिछुड़कर कहीं दूर सरकता जा रहा है, आंखों से ओझल होती हुई नौका की भांति। नीले आकाश में क्षितिज की ओर उड़ती हुई बलाका की भांति अतीत प्रतिपल दूर होता जा रहा था।

जीवनक्रम बदल गया। वातावरण बदल गया। लोकजन बदल गए। और..... और बदल गया नाम! संबोधन!

देवकीनंदन! वसुदेवनंदन!

कितनी बार भान ही नहीं रहता कि इन संबोधनों से श्रीकृष्ण को ही पुकारा जा रहा है। बार-बार भूल जाते हैं कि वे अब कान्हा नहीं! कन्हैया नहीं!

कान्हा वाली पूर्व भूमिका समाप्त हो गई है उनकी। अब नई भूमिका। नए कार्य। नया जीवनक्रम। नए दायित्व।

तो.... अब वे हैं देवकीसुत! वसुदेवसुतं!

अनायास कर्मभूमि अधिक विस्तृत हो गई है। क्षितिज अधिक व्यापक हो गया है। कार्यक्षेत्र बढ़ गया है।

और व्यापक। और व्यापक। और व्यापक होता चला जाएगा कार्यक्षेत्र, जीवन और व्यक्तित्व। विराट होता जाएगा व्यक्तित्व। और विराट। और विराट। और महत.... जब तक न हो जाएं वे वासुदेव! परिपूर्ण! पूर्णावतार!

परिवर्तन ही जीवन है। गति ही जीवन है। और परिपूर्णता ही अन्त। अतीत से वर्तमान। वर्तमान से भविष्य। 'चरैवेति चरैवेति' की अनहद गूंज शाश्वत है। आगे बढ़ने का निमंत्रण है।

अतीत नहीं, अब भविष्य देखना है। अतीत छूट गया। वहां की सांझ। गोधूलि। नासापुटों में ब्रजधूलि की सोंधी गंध अनायास न जाने कहां से आकर समा गई। मन

चंचल हो उठा। खोए हुए नयन-पंछी आकाश से उतर आए क्षितिज पर। और फिर क्षितिज से यमुना पर।

उद्धव निकट ही खड़े कब से माधव को देख रहे हैं। माधव को भान नहीं। उद्धव! वसुदेव के अनुज देवभाग के एकांत प्रिय अध्ययनशील, मननशील एवं अंतर्मुखी पुत्र। माधव के मथुरा आते ही उद्धव ने माधव के प्रति अद्भुत आकर्षण अनुभव किया है। बालपन से ही उद्धव देवकी के निकट बैठकर बालकृष्ण के पूजन को भावपूर्ण नेत्रों से एकटक निहारा करते थे। श्रीकृष्ण के प्रति कौतूहल, जिज्ञासा को मन ही मन पाले हुए वे किशोर हुए हैं।

'माधव? एकांत में वृंदावन स्मरण कर रहे हैं?'—उद्धव से अब रहा न गया।

'ब्रज-रेणु गुहार रही है, उद्धव! सांझ होते ही मन फड़फड़ा उठता है लौट जाने को अपने नीड़ में। यहां..... कितना बंधन है न। श्वास-रोधक है वायुमंडल, शृंखलाबद्ध दिनचर्या। अहो! अतीत की बालू पर मुक्तकों से बिखरे हुए वे अमूल्य मुक्त-दिवस! उद्धव, बंध! गोधूलि-वेला आते ही प्राण आकुल-व्याकुल हो धेनु-वत्स की भांति छटपटा उठते हैं अपनी मां को पाने को, अपनी सोंधी ब्रजभूमि को पाने को। सदा की भांति गोप-बालों व असंख्य गौओं के साथ धूम मचाते हुए, कोलाहल करते हुए घर में घुसने को....'—माधव आत्मविस्मृत से बोल रहे थे।

उद्धव बड़े ध्यान से बंधु के मुख पर ब्रज की स्मृति के डूबते-उभरते चित्र देख रहे थे।

'अब यहां कोई कार्य शेष नहीं लग रहा तुम्हें?'—उद्धव ने प्रश्न किया।

'अभी तुरन्त तो कुछ नहीं। परन्तु वैसे बहुत कुछ शेष है।'

'बहुत कुछ क्या?'

'पुनर्निर्माण। पुनः संरचना। यदुवंश का कायाकल्प। जो यदुवंशी कंस के भय से दूर-दूर भाग गए हैं उन्हें बुलाना, पुनर्वास करा के उन्हें निर्भय करना, निश्चिंत करना। महाराज उग्रसेन के आठ पुत्रों का वध हुआ है। पुत्रशोक से दग्ध उनके हृदय के उद्वेलन को शांत करना, कंस के पक्षधरों को शांत करना। और उद्धव! अब मगध-सम्राट जरासंध का मथुरा पर आक्रमण भी दूर नहीं। जामाता के वध का वह प्रतिशोध अवश्य लेगा। इधर मथुरा का कोष, सैन्य-बल आदि की दयनीय स्थिति तो देख ही रहे हो। कंस ने राज्य की समृद्धि एवं सुरक्षा हेतु कुछ भी तो नहीं किया। यदुवंशियों की सुरक्षा की व्यापक तैयारियां करनी होंगी'—माधव पुनः विचारमग्न हो गए।

तभी पीछे से कोलाहल की ध्वनि आई। दोनों ने मुड़कर देखा। उमड़ती हुई भीड़ भारी कोलाहल करती हुई इधर ही की ओर चली आ रही थी। माधव और उद्धव कौतूहल से देखने लगे।

मातामह महाराज उग्रसेन, कुलगुरु गर्गाचार्य, वसुदेव, देवक, देवभाग, अक्रूर, सात्यक, आहुक और न जाने कौन-कौन चले आ रहे थे।

आगे आगे विप्र-मंडली आ रही थी हाथों में भारी कांस्य-स्थालों में पुष्प, धूप व पूजन-सामग्री लिए हुए। विराट प्रदीपाधार हाथों में थे, जिनमें एक-एक में इक्कीस-इक्कीस प्रदीप प्रज्ज्वलित थे।

माधव तथा उद्धव ने आगे बढ़कर गर्गाचार्य व अन्य विप्रों तथा महाराज उग्रसेन आदि को प्रणाम किया।

'देवकीनंदन!'—उग्रसेन ने श्रीकृष्ण के कंधे पकड़ कर खड़ा किया।

'आज्ञा तात!'

'आज शुद्धि हो गई।.... अब अपना दायित्व सम्हालो।'

'दायित्व?'

'हां वत्स! तुमने आततायी शासक कंस का वध करके धर्मोचित कीर्ति प्राप्त की है। अब समस्त सामन्त नरेश तुम्हें अपना अधिपति मान रहे हैं। तुम्हारे बल और कौशल से अभिभूत होकर अन्य राजा भी तुम्हारी शरण में आने को उत्सुक हैं। गोविन्द! उन सबकी इच्छा का सम्मान करो। मैं पुत्रशोक से वैसे ही विह्वल हूं। अब वनवास करूंगा। तुम अंधक-वृष्णि संघ के प्रमुख के पद पर आरूढ़ होकर राजा का विरुद् धारण करो, वत्स! अपना दायित्व निर्वाह करो।'—उग्रसेन के हृदय का उद्वेलन छिप नहीं पा रहा था।

'दायित्व! मेरा!' ......—श्रीकृष्ण ने हतप्रभ भाव से कहा।

'हां वत्स! क्योंकि तुमने ही तो कंसवध किया है। अब कंसवध से रिक्त हुए सिंहासन पर तुम्हारे अतिरिक्त और कौन बैठ सकता है?'

श्रीकृष्ण ने गंभीर होकर कहा—

'कालेनाभिहतः कंसः पूर्वकर्मप्रचोदितः।
न ह्यहं कारणं तत्रं कालःकर्म च कारणम्॥

कंस को मैंने नहीं मारा। तात! वह तो स्वयं अपने ही दोषों के कारण मृत्यु को प्राप्त हुआ है। उसकी मृत्यु का कारण मैं नहीं, काल और कर्म है। हां! निमित्तमात्र मैं अवश्य हो सकता हूं। काल सबसे अधिक बलवान है।

स्वयमात्मकृतं कर्म शुभं वा यदि वाशुभम्।
प्राप्ते काले तु तत्कर्म दृश्यते सर्वदेहिनाम्॥

मातामह! अपने किए हुए शुभ-अशुभ कर्म ही सुख और दुख का रूप धारण करके मनुष्य के सामने आते हैं।

न हि राज्येन मे कार्यं नाप्यहं नृप कांक्षितः।
न चापि राज्यलुब्धेन मया कंसो निपातितः॥
किं तु लोकहितार्थाय कीर्त्यर्थं च सुतस्तव।
व्यङ्गभूतः कुलस्यास्य सानुजो विनिपातितः॥

मुझे राज्य की किंचित् भी लालसा नहीं राजन्! मैंने राज्य-लाभ के कारण कंस पर हाथ नहीं उठाया था, केवल लोकहित में अनुजों सहित कंस का वध किया है। आप तो स्वयं जानते हैं महाराज कि कंस यदुकुल का एक विकृत और सड़ा हुआ अंग था। शरीर के सड़े-गले अंग को काट कर ही पूरे शरीर की रक्षा की जा सकती है। यह राज्य तो आपका है महाराज! कंस ने बलपूर्वक और अन्याय और अधर्म से राज्य हथिया लिया था आपसे।'....

'किन्तु वसुदेवनंदन! तुमसे अधिक योग्य कोई नायक नहीं यदुवंशियों का। तुम यह राजमुकुट स्वीकार करो'— उग्रसेन को अभी भी कंसहन्ता श्रीकृष्ण की बात पर विश्वास न हो पा रहा था।

'तात! मातामह! आपने तो कहा था कि पुत्रवध के अपराध से आप मुझे पूरे हृदय से क्षमा कर चुके हैं, तो फिर यह दण्ड क्यों?'—विस्मय से श्रीकृष्ण ने पूछा।

'दण्ड? वत्स! यह तो पुरस्कार है तुम्हारे शौर्य का, तुम्हारे द्वारा यदुकुल की विलक्षण सेवा का। क्षमा तो मैंने तभी कर दिया था तुम्हें, जब मथुरा नगरी के राजपथों पर भारी जनोल्लास देखा था। जब पुरुषों को आनंद-मग्न हो नाचते देखा था तभी क्षमा कर दिया था और जब लोकलाज, कुल-मर्यादा छोड़ स्त्रियां भी हर्षोन्माद से राजमार्ग पर नाचने लगीं, तभी मैंने समझ लिया था कि तुम ही यदुकुल के भावी नायक हो। जब वृद्धों की बूढ़ी-थकी आंखों में भी मैंने युवकों जैसी चमक देखी, तो श्रीकृष्ण, मैंने तभी तुम्हें हृदय से क्षमा कर दिया था। जब तरुणों के उत्साह से फड़कते अंगों और चमचमाते शस्त्रों को देखा तो मैंने तत्काल तुम्हें क्षमा कर दिया था। गोविन्द! जब जनसमूह ने हर्षोल्लास से तुम्हें कंधों पर बिठा लिया था, तो मैंने अपने मन का समस्त क्रोध-प्रतिशोध का ताप उस उल्लास की कालिन्दी में बहा डाला। वत्स! तुम्हारा यह अपराध न था! मेरी आंखें खुल गई हैं। यह तुमने अपूर्व जनसेवा की है उस शिशु-हन्ता को स्वर्ग पहुंचा कर। एक को समाप्त करके तुमने अनेक को बचा लिया। किन्तु गोविन्द! इन वृद्ध कंधों पर अब राज्य-रूपी जुआ अधिक नहीं ढोया जा सकेगा। परिस्थिति एकाएक बदल गई है। नई समस्याएं, नया राज्य, नई आकांक्षाएं और इस उबलते हुए नए उत्साह को मैं मर्यादा में बांध न पाऊंगा, सम्हाल न पाऊंगा। माधव! तुम हमारी सबकी आशाओं के केन्द्रबिंदु और इस महती क्रांति के सूत्रधार हो। कल सभा में तुम्हें विधिवत् गणप्रमुख निर्वाचित किया जाएगा। तुम जन-मन के सम्राट हो, यादव गणराज्य के नायक हो। कल तुम्हारा अभिषेक होगा और अभी कालिंदी को साक्षी बना कर, तुम्हारी इस पुण्य वेला में आरती उतारी जाएगी।'

'यह क्या कह रहे हैं तात! मैं तो सेवक हूं। भृत्य हूं आपका। जो आज्ञा देंगे, वह क्षण भर में कर डालूंगा। किन्तु तात! नृपत्व नहीं! इस स्वर्ण-शृंखला में बंध कर न रह सकूंगा। मुझे मुक्त रहकर सेवा का अवसर दें महाराज! और इस भ्रम को मन में किंचित् भी न पालें कि मैंने अपने स्वार्थवश आपके पुत्र का वध किया है। मैंने तो यादवों की प्राचीन गौरवमयी राज्य-व्यवस्था को पुनर्जीवित करके उसे पुनर्स्थापित करना चाहा है। यादवों के प्राचीन गणतन्त्र और अंधकवृष्णि संघ को पुनर्जीवित किया है। कंसवध इसलिए करना पड़ा महाभाग, ताकि हर व्यक्ति अपनी खोई हुई स्वतंत्रता पुनः प्राप्त कर सके, ताकि हर यादव मुक्त और निर्भीक हो सके, ताकि हर यदुवंशी राज्य-प्रशासन में निर्भय होकर अपने सुझाव दे सके और भयहीन होकर प्रशासन हेतु राज्य सभा में बोल सके और राज्य की नीतियों की आलोचना कर सके। इसीलिए यादव गणराज्य पुनर्जीवित हुआ है।'....

'आप जानते हैं कि यदुवंशी सदा से ही कितने स्वतंत्रता-प्रेमी रहे हैं। इन स्वाधीनता प्रेमी यादवों का प्रिय अंधक-वृष्णि संघ अब शृंखला से मुक्त है। अतः गणनेता पहले वाले

ही रहेंगे। गणाधिपति भी वे ही रहेंगे जिनसे निरंकुश और सिद्धान्तहीन पूर्व-शासक ने सत्ता छीन कर, उन्हें कारावास दे दिया था। हां! कुछ सेवक अवश्य नए हैं। आदरणीय ज्येष्ठगण एवं तरुण बंधुओ! आज आप और हम पुनः स्वतंत्र हैं। महाराज उग्रसेन के नेतृत्व में हमारा गणराज्य दिन दूना रात चौगुना समृद्ध हो, फले और फूले। गणाधिपति महाराज उग्रसेन की....'

'जय'!—असंख्य मंत्रमुग्ध कंठों से गगनभेदी स्वर निकला। आरती की दीपशिखाएं प्रकंपित हो उठीं, प्रज्ज्वलित उल्काएं लिए हाथ उठ गए।

उग्रसेन किंकर्तव्यविमूढ़ खड़े रह गए कुछ पल।

'किन्तु देवकीनंदन! एक नए तरुण नायक की सूझबूझ, दूरदर्शिता और शौर्य तथा चातुर्य की आवश्यकता है इन बदली हुई परिस्थितियों में। मगध-सम्राट जरासंध अब चैन से नहीं बैठ सकता। उसके घातक प्रहारों से इन अठारह सहस्र यदुवंशियों को मेरे दुर्बल हाथ सुरक्षा न दे सकेंगे। वासुदेव! तीव्र वायु की गति से दौड़ती हुई इन परिस्थितियों को जैसे पंखयुक्त अश्व उड़ाए ले जा रहे हैं। इन वेगवान् परिस्थितियों के अश्वों की वल्गाएं खींच कर उन्हें थामने का सामर्थ्य मेरी दुर्बल भुजाओं में नहीं। देवकीनंदन! मथुरा नगरी के विराट रथ के सारथी तुम ही बनो।'

'जय हो! जय हो!'—थरथराती प्रज्ज्वलित उल्काएं उत्साह से ऊपर उठ गयीं।

श्रीकृष्ण ने चारों ओर देखा। फिर दृढ़ता से विनयपूर्वक निवेदन किया।

'ऐसा दण्ड न दें महाराज। हम सब करेंगे। हम रक्षक हैं मथुरा के। प्रहरी हैं शौरसेन प्रदेश के। किन्तु गणाधिपति आप ही रहेंगे। हम सेवक हैं। स्वामी आप ही रहेंगे। मुझे पद-लिप्सा नहीं। मैंने कर्तव्य निर्वाह दिया। महाराज! मुझे और सेवा करने की आज्ञा दें।

प्रज्ज्वलित प्रदीप व उल्काएं झिलमिला रही थीं तट पर। स्वर्ण-प्रतिबिम्ब थिरक रहे थे जल में। और तारकवृंद झिलमिला रहे थे आकाश में।

'जय हो!'.... तुमुल जयघोष से यमुना आह्लाद-प्रकंपित हो थिरक गई। उग्रसेन ने विवशता से सबको निहारा। वे समझ गए कि श्रीकृष्ण शृंखलाबद्ध न होंगे।

'अक्रूर! कहां है आचार्य गर्ग और अन्य चतुर्वेद विप्रगण? आगे बढ़ें महाभाग! आज हम सब इस अवसर पर भगवान् यम और उनकी अनुजा यमुना को साक्षी बनाकर अपने गणराज्य के इस नवशार्दूल की आरती उतारेंगे, जो सिंहासन पर न बैठ कर भी मथुरा के जनगण् के मन का निर्विवाद रूप से वास्तविक सम्राट है।'

प्रज्ज्वल उल्काएं तीव्रता से हिलने-डुलने लगीं। आगे पहुंचने लगीं। उत्साह की तरंग दौड़ गई जन-कालिंदी में।

मंत्रोच्चारण करते चतुर्वेद ब्राह्मण आगे बढ़े। हाथों में विराट कांस्य-स्थाल तथा विशाल स्वर्ण-दीपाधार थे जिनमें असंख्य ज्योति प्रज्ज्वलित थीं।

'नहीं महाभाग!'—श्रीकृष्ण ने तुरन्त आचार्य गर्ग के चरण पकड़ लिए।

'क्यों वसुदेवनंदन! यह भी स्वीकार नहीं? राजपद ठुकरा दिया किन्तु यह तो जनगण की अभिलाषा है कि तुम्हारी वंदना हो! तुम्हारा अभिनंदन हो! कम से कम अब इस हार्दिक अनुरोध को न ठुकराओ।'—गर्गाचार्य ने समझा कर कहा।

'किन्तु आचार्य-प्रवर, महाभाग! धृष्टता क्षमा करें। मैं आरती और अभ्यर्थना का पात्र नहीं।'

'अहो वासुदेव! तुम विनम्रता के मूर्तिमान रूप हो। देवकीनंदन! तुमने मथुरा राज्य के उत्पीड़ित ब्राह्मणों एवं सज्जनों को आततायी शासन से मुक्ति दी है और धर्म की पुनर्स्थापना की है। तुम्हारी अलौकिक संगठन-शक्ति से सब चमत्कृत हैं। तुम्हारे बल से सब अभिभूत हैं। सब तुममें देवत्व देख रहे हैं। हे अद्भुत! तुमने राजपद तिरस्कृत करके अद्भुत दृष्टान्त रख दिया है। परन्तु हे देवकीसुत! वासुदेव! तुम मुक्तिदाता हो, जनगण के, इस राष्ट्र के। अब आरती उतार कर सबको प्रसन्न होने दो।'—गर्गाचार्य गद्गद वाणी से बोलते हुए आगे बढ़े आरती उठाते हुए।

'क्षमा करें आचार्यप्रवर। मुक्तिदाता मैं नहीं। मैंने मुक्ति नहीं दी। काल ने मुक्ति दी है मथुरा को। मुक्ति के लिये हमें आभारी होना चाहिए—सूर्य के पुत्र और पुत्री का। नगरदेव यमराज तथा नगर-रक्षिका माता यमुना ही मथुरा की मुक्ति के कारण हैं। महाभाग! क्यों न हम आज मुक्तिपर्व मनाते हुए नगरदेव सूर्यपुत्र यमराज तथा नगरदेवी यमुना की आरती उतारें? ये हमारे कुलदेव भी हैं, गणदेव भी हैं और नगरदेव भी हैं। गुरुवर! आगे बढ़े पधारें।'—श्रीकृष्ण ने झुक कर विनम्रता से आचार्य गर्ग को आगे बढ़ने का आह्वान किया और उनके प्रदीपधारी हाथ विनयपूर्वक यमुना की ओर मोड़ दिये।

प्रकृति और मनुष्य में घनिष्ठ संबंध है, दोनों अभिन्न हैं, यह बात पहले भी श्रीकृष्ण गोवर्धन पूजन द्वारा प्रतिपादित कर चुके थे। आज फिर एक राजनीतिक विजय को प्रकृति की विजय बताकर वे यम और यमुना की वंदना करवा रहे थे।

'जय हो!'—फिर एक बार विश्राम घाट के मंदिर-शिखर और यमुना-जल प्रकंपित हो उठे गुर-गंभीर जयघोष से। और सहस्रों घंट-घड़ियाल तथा शंखों का महारव गूंज उठा कालिंदी-तट पर। असंख्य चमकते कांस्य-दीपाधारों में प्रज्ज्वलित ज्योति-शिखाएं अभ्यर्थना में कांपती हुई नृत्य कर उठीं। यमुना की धार में सहस्रों प्रदीप तैर चले ठुमकते, थिरकते, मुस्कुराते, तिमिर हरते और जगमगाते। सैकड़ों पुष्पमालाएं केलि कर उठीं यमुना के प्रेम-नीर में।

यमुना नवोढ़ा सी पुष्पमाल्य कंठ में धारे और पुष्पमेखला कटि में धारे, लाज से गहरी हो गई। सहस्रों प्रदीपों की स्वर्ण-शिखाओं का मुकुट पहने यमुना भावावेग से लहरा रही थी।

नीलगगन में असंख्य हर्ष-प्रकंपित तारे थे और यमुना में असंख्य झिलमिलाते दीपक!

यमदेव और यमुना की संयुक्त आरती हो रही थी।

'श्रीकृष्ण बलराम की.....

जय!'—तुमुल नाद उठा।

'अंधक-वृष्टि संघ....

अमर हो!'

'नव-गणराज्य....

चिरायु हो।'—जैसे मनुष्य नहीं उनचास पवन जयघोष कर रहे थे।

'गणाधिपति महाराज उग्रसेन की जय।'

'वासुदेव श्रीकृष्ण-बलराम की जय।'

यमुना पार गूंज पहुंची। और वहां के वनों और ग्रामों ने अनुगूंज लौटाई—

'श्रीकृष्ण बलराम की जय!....'

× × ×

हरकारे दौड़ चले।

मगधराज जरासंध के हरकारे चारों दिशाओं में दौड़ रहे थे। सम्राट के जामाता कंस के वध का संवाद विभिन्न राजपुरियों में तड़ित् वेग से फैल रहा था।

दोपहर में मगधराज को कच्ची नींद से जगाया गया और दोनों पुत्रियों के आकस्मिक व असामयिक वैधव्य का दुःसंवाद दिया गया। जरासंध स्तब्ध रह गया।

सामने खड़ी थीं, मलिनवस्त्र पहने, रूखे केश बिखेरे, शोकाकुल और दीर्घ यात्रा से हारी-थकी प्राप्ति और अस्ति! जरासंध को न अपने कानों पर विश्वास हो रहा था, न नेत्रों पर। वह आंखें मलता और विस्फारित नेत्रों से बार-बार देखता। अविश्वसनीय। अकल्पनीय! महाप्रतापी दुर्धर्ष सम्राट की प्राणप्रिय पुत्रियां! उनकी यह दुर्गति! वैधव्य!

सम्राट जरासंध का विरोध करने का साहस था किसमें? बड़े-बड़े नरेशों में भी नहीं। विशाल राज्यों के संप्रभु विराट चतुरंगिणी सेनाओं के स्वामी तक जरासंध के नाम से थर्राते थे। उसे छेड़ने का साहस क्या किसी में था? तत्कालीन राजाओं में अधिकांश नरेश तो उसी के मांडलिक व सामन्त थे जो उसके व्यक्तिगत सेवक व चारण-भाट से अधिक न थे। केवल पांचाल, हस्तिनापुर, विदर्भ, मद्र, विराट आदि कुछ प्रतिष्ठित राज्यों के नरेश अपना आत्मसम्मान बचाए रखने हेतु जरासंध से दूर का ही सम्बंध रखते थे। वह भी मात्र औपचारिक सज्जनता व शिष्टता का। वे जानते थे कि जरासंध से उलझने में कोई लाभ नहीं। कौन भला सम्राट की बीस अक्षौहिणी दुर्दान्त सेनाओं से अपने राज्य को रौंदवा देना चाहता? जरासंध सम्राट था। सभी शासक उसके सम्मुख झुकते थे। जरासंध के इंगित मात्र पर राजपुरियों में भूचाल मच जाते थे। वही नरेश-निर्माता था। वही नरेशों का भाग्यविधाता था। राज्यों की आंतरिक समस्याओं में वह खुल कर हस्तक्षेप करता, राज परिवारों में परस्पर विवाह-सम्बंध तक जरासंध की इच्छा से ही स्थापित होते थे। साहस था क्या किसी राजा में जो उसकी इच्छा के विरुद्ध कार्य कर ले? जरासंध का एक-छत्र साम्राज्य फैला हुआ था।

चेदिराज दामघोष, वक्रदंत, पौन्ड्रक, कालयवन, शाल्व, भौमासुर आदि उसके इंगित मात्र पर प्राण न्यौछावर कर सकते थे। तो अंततः किस धृष्ट राजा ने उसके जामाता मथुरेश कंस का वध करने का दुःसाहस किया? किसको अपने प्राण भारी पड़ रहे हैं?

नहीं! वह कोई राजा नहीं। एक अनजाने ग्वाले ने राजवध किया है। कंस का वध किसी राजा द्वारा भी नहीं! एक साधारण जन द्वारा? एक ग्वाल-बाल द्वारा? तो कंस ने रणक्षेत्र में वीरगति भी नहीं पाई? उसी के क्षेत्र में, उसी के घर पर चढ़कर किसी सामान्य से व्यक्ति ने वध कर डाला?

कौन है वह दुर्दान्त दस्यु? कौन है वह? मगध सम्राट क्रोधानल से धधक उठा। शोक व दुःख की ज्वालाओं में क्रोध का मनों घृत पड़ गया। आंखों से प्रतिहिंसा की चिनगारियां छूट उठीं।

स्वयं मथुरेश का ही ढीठ व उद्धत भागिनेय है वह। वह वनों में पल कर बड़ा हुआ है। वह गोचारण के अतिरिक्त कुछ भी नहीं जानता। उस अपढ़ मूढ़ गोपालक भागिनेय का यह दुःसाहस! क्रोध व शोक से व्याकुल जरासंध प्रतिशोध में समूचे यदुकुल का सर्वनाश करने हेतु छटपटा उठा।

जरासंध क्रोध से तिलमिला उठा था। जरासंध क्रोध से गरज उठा था। जरासंध क्रोध से हुंकार उठा था। जरासंध की हुंकार की प्रतिध्वनियां समूचे आर्यावर्त की राजधानियों में गूंज उठीं। जरासंध के क्रोधानल की ज्वालाएं विभिन्न राजनगरियों में लपलपा उठीं।

जरासंध के हरकारे दौड़ चले। प्रागज्योतिषपुर, करवीरपुर, शोणितपुर, विदर्भ-राज्य चेदिराज्य, अवंतिका, भृगुकच्छ, हस्तिनापुर, पांचाल-राज्य, गांधार। चारों ओर जरासंध के हरकारे दौड़ रहे थे।

सम्राट के जामाता का वध!! संवाद मिला और एक बारगी समस्त राजकुल स्तब्ध रह गए। सम्राट की दो-दो पुत्रियों को पलक झपकते विधवा कर दिया गया! नरेशगण कांप उठे। राजपुरियां थर्रा उठीं। राजधानियों में भूडोल आ गया। निरंकुश-तंत्र की नींव दरक रही थी।

संवाद नहीं वज्र कड़का था राज्यों में। भयभीत राजाओं ने कान मूंद लिये।

मगध-सम्राट जरासंध के प्राणप्रिय जामाता का वध इस प्रकार! क्षणमात्र में? निपट ग्रामीण किशोरों द्वारा! यह कैसा अंधेर! और फिर मथुरा में प्राचीन गणराज्य की पुनर्स्थापना भी हो गई, अर्थात् निरंकुशतंत्र का मूलोच्छेदन! जिस गणराज्य-व्यवस्था को शिखा पकड़ कर कंस ने उखाड़ फेंका था, उसकी जड़ें क्या इतनी गहरी थीं कि पुनः वही व्यवस्था उग आई और लील गई कंस को ही?

अंधक-वृष्णि संघ ऐसा अक्षयवट था जिसकी हर जड़ अपने आप में एक सुदृढ़ जड़ थी। अंधक-वृष्णि संघ क्या ऐसा अक्षयवट था कि जिसकी हर शाखा अपने आप में जड़ थी? नितनिरंतर जिससे असंख्य जड़ें फूट निकलीं और निरंकुशतंत्र से लिपट पड़ीं सहस्रों विषभरी नागिनों सी। गणतंत्र के प्रबल नागपाशों में जकड़ा हुआ कंस छटपटाता रह गया किन्तु जब तक उसके तन को शव ही न बना दिया तब तक छोड़ा नहीं उसे।

यह तो तब कल्पनातीत था कि किसी राजा के विरुद्ध जनक्रांति हो सकती है। यह कैसा जन-विप्लव! भूमि फोड़ कर यह कौन निकल पड़ा ग्रामीण तरुण जिसके कुल-परिवार तक का ज्ञान नहीं!

हरकारे दौड़ रहे थे।

प्रागज्योतिषपुर में संवाद पहुंचा। धरती कांप गई। मुट्ठी भर विद्रोहियों द्वारा मथुरा के प्रचण्ड नरेश का यों श्रीहीन अन्त!

करवीरपुर संवाद पहुंचा वज्रपात सा। राजद्रोह! इस चरम सीमा तक प्रजा उद्दण्ड हो गई क्या?

जरासंध के हरकारे दौड़ रहे थे।

शाल्व राज ने सुना। मुट्ठियां तन उठीं। राजवध! राजतंत्र का अन्त। गणतंत्र की स्थापना।

सम्राट जरासंध की प्रतिष्ठा को यों धूल चटा देने वाला व्यक्ति कोई प्रतिष्ठित राजा भी नहीं। एक निपट गंवार गोपबालक!

यह एक भूडोल ही था। समस्त स्वेच्छाचारी-तंत्र थर्रा उठे थे। अपने राजमहलों की सुदृढ़ प्रस्तर-भित्तियों में भी उन्हें दरार दिख रही थी। अपने पांवों तले धरती खिसकती अनुभव हो रही थी।

एक-एक स्वेच्छाचारी राजा अपने राजपद, राजसिंहासन और राजमुकुट पर संकट के महामेघ मंडराते देख रहा था। राजद्रोह की दामिनी एक-एक अधर्मी शासक को भयाक्रांत करती दिगृदिगंत में लपलपाती कौंध रही थी। अधर्म-तन्त्र की पताकाओं की धज्जियां उड़ी जा रही थीं। दिग्गज महीधरों के सिंहासन डोल उठे थे।

कैसा दुःसाहस! सम्राट को छेड़ना सहस्र-फणधारी भयंकर विषधर को छेड़ना था। साहस नहीं था किसी में। किन्तु रातोंरात यह क्या हो गया? सिंह के मुंह में उंगली डाल दाढ़ खींच कर उखाड़ फेंकने वाला यह कौन निकल आया!

कौन है वह निडर? कौन है वह? कौन है वह? कहां का है? किस गांव का है? किस जाति का? किस कुल का? किस अभागे का पूत है? किस अभागिन माता की कोख में जन्मा है यह मूढ़ जिसने अपने समूचे कुल-कुटुम्ब पर विपदा बुला ली? कौन है वह जिसने मूर्खतावश हंस-हंस कर काल को न्यौता दे डाला है? कहां से उड़कर आया है यह भूलिंग पक्षी जो सिंह की दाढ़ में लगा हुआ मांस चोंच से चुन-चुन कर खा रहा है? कौन है वह? कौन है वह!

राजधानियों में प्रश्नों के मेघ उमड़ उठे थे। कौतूहल की धुंआधार वर्षा थी। राजमहलों में भय और कौतूहल व्याप्त था। अंतःपुरों में किसी अज्ञात किशोर-ग्वाल के रूप-शौर्य की दबे स्वरों में चर्चाएं थीं।

हरकारे दौड़ रहे थे।

कंसवध का समाचार फैलता जा रहा था। जरासंध का क्रोधानल दिन पर दिन प्रचण्ड दावानल हुआ जा रहा था।

सम्राट की क्रोधाग्नि की जलती हुई शलाकाएं लिए हरकारे उद्भ्रांत मरुत से दौड़ रहे थे राज्य-राज्य में। सम्राट की क्रोधज्वाला अब तक विभिन्न जनपदीय राजाओं के हृदयों में चिनगारी सुलगा चुकी थी।

भय! आतंक!

पगली घंटी बज रही थी। कंसवध के एक धमाके ने समूची राजनीति को थर्रा दिया था। कूटनीति में निष्णात् राज्याधिपों की सुदृढ़ राजनीति भी फूस की झोपड़ी सी कृष्ण नामक भयावह प्रभंजन की मार से चरमरा उठी थी। उनकी दण्डनीति से सुदृढ़ सिद्धान्त घासफूस के तिनकों की भांति हवा में उड़े जा रहे थे। साम, दाम, भेद, दण्ड, धूलधूसरित पड़े थे।

प्रत्येक हठधर्मी और दंभी शासक के घर पर संकट की घंटी घनघना उठी थी। आज मथुरा-नरेश काल के गाल में समा गया, कल हमारे प्राण लेने को प्रजाजन उतारू हो जाएंगे। क्या इसी प्रकार प्राचीन और प्रतिष्ठित राजकुलों को मिट्टी में मिला दिया जाएगा? अब क्या गोप-ग्वाले शासन करेंगे! ऐसे राजवध करके, राजकाज क्या अब उन्मत्त प्रजाजन करेंगे?

यह कौन दुःसाहसी है जिसने समूची व्यवस्था को झकझोर कर रख दिया? कौन है यह वनवासी ग्रामीण जिसने प्राचीन राजकुलों के मुख पर भरपूर तमाचा जड़ा है!

हरकारे दौड़ रहे थे।

प्रजा विप्लवी हो रही है। ऐसा कभी सुना गया क्या? पूर्वजों ने अपने पूर्वजों से भी कभी नहीं सुना था कि कोई साधारण मनुष्य किसी नरेश का वध कर के विप्लव का शंखनाद कर दे। यदि इस प्रकार आए दिन मूढ़ प्रजाजन नरेशों का वध करते गए तो वह दिन दूर नहीं जब पृथ्वी पर चारों ओर अराजकता और अव्यवस्था फल जाएगी और चोरों ठगों की बन आएगी।

भला करील की झाड़ी भी अब पुरातन विराट वटवृक्ष से होड़ करने लगी! कुचल कर रख दो उसे! रौंदकर रख दो उसे!

कंसवध के धमाके की प्रतिध्वनियां एक-एक राज्य में गूंज रही थीं। हर शासक को अपने पद, प्रतिष्ठा व जीवन के लिये अभूतपूर्व चुनौती, सुरसा की भांति मुंह फाड़े आती दिख रही थी। चुनौती, जो एक अनजान क्षुद्र ग्वाले ने राजवंशों को दे डाली थी। चुनौती! चुनौती! गर्वीले सत्ताधारियों को चुनौती थी।

हरकारे दौड़ रहे थे। सावधान! होशियार!

वह जो बालमेघ उमड़ा है शूरसेन-प्रदेश से, वह पूरे आकाश पर आच्छादित होकर कहीं बरस न पड़े! वह राजपुरियों में प्लावन न कर दे! जो सुप्त-स्रोत फूट निकला है ब्रज से, वह कहीं महासिंधु का रूप न धारण कर ले! गणतंत्र का यह शेषनाग कहीं फुफकार फुफकार कर ही ध्वस्त न कर दे राजतंत्रों की प्राचीन प्रावीरों को!

हरकारे दौड़ रहे थे।

यह जो नील-प्रभंजन गोकुल से उठा है बवंडर सा, कहीं विराट नाशकारी ध्वंस का रूप धारण न कर ले! कहीं यह प्रलय-झंझा बन कर निरंकुशतंत्र के वृक्ष को अर्रा कर भूमिसात न कर दे! तब तो नरेशगण तिनकों से उड़ जाएंगे। अतः शत्रु का बल बढ़ पाए, उसके पूर्व ही उसे समूल नष्ट कर देना ही कूटनीति है।

रोको! रोको! रोको इस बालमेघ को! रोको इस नीलप्रभंजन को!

हरकारे दौड़ रहे थे। राजधानियों में। नगरों में। जनपदों और ग्रामों में! सभागृहों व चौपालों में। संवाद फैल रहा था। कंस का वध हो गया। एक गोपालक के द्वारा। चर्चा। चर्चा। और चर्चा।

सावधान! सावधान! रोको उसे। पकड़ो उसे, जो राजमेध करके निर्द्वन्द्व घूम रहा है मथुरा के राजमार्गों पर। रोको उसे। पकड़ो उसे।

पगली घंटी बज रही है। संकट गहरा रहा है। समस्त राजाओं एक हो जाओ। सम्राट जरासंध का सम्मान हर राजा का सम्मान है। सम्मान की रक्षा हेतु समस्त नरेश एक हो जाओ।

क्षत्रिय तो युद्धभूमि में ही प्राण त्याग कर वीरगति पाते हैं। और महाशक्तिशाली कंस का ऐसा दयनीय अन्त! सम्राट का जामाता, और एक क्षुद्र कीट सा अपने ही प्रजाजन द्वारा मारा गया। हा दुर्भाग्य, परिजन, परिवार, मित्र, सुहृद, शूरवीरों तथा सेनाओं के मध्य भी भोजराज कंस अरक्षित ही रह गया।

कितने ही नरेशों के रोंगटे खड़े हो गए सुनकर। कितने ही नरेश स्वेद से लथपथ हो गए। कंस-वध क्या हो गया, उनका दिन का चैन व रात की नींद जैसे सदा के लिए छिन गए।

× × ×

हरकारे दौड़ रहे थे।

चेदिराज्य में समाचार पहुंचा। महाराज दामघोष के मुख पर मंद सी मुस्कान उभर आई और नेत्रों में ज्योति। दूत के सामने तुरन्त उन्होंने मनोभाव छिपाकर दुःख, आश्चर्य व सम्राट के प्रति हार्दिक संवेदना का भाव प्रकट किया। दूत के प्रस्थान करते ही वे प्रसन्न-मुख, मुदित मन अन्तःपुर में आए और अपनी पत्नी महारानी श्रुतश्रवा को समाचार दिया।

'महारानी! शुभसंवाद है। तुम्हारे अग्रज आर्य वसुदेव व आर्या देवकी मुक्त हो गए। अंततः देवकीनंदन श्रीकृष्ण ने कंस वध कर ही दिया। अब अपना मनोरथ पूर्ण होने के हर्ष में दीप जलाओ।'

'अरे क्या सत्य ही!'—वृष्णिनंदिनी श्रुतश्रवा हर्ष से विभोर हो उठीं। नेत्रों में अश्रु छलछला आए। कितना सुदीर्घ-कालीन कष्ट भोगा है अग्रज वसुदेव तथा भावज देवकी ने! आज वह शुभ दिवस आया है। कितने अत्याचार सहे, कितने अबोध शिशुओं का निर्मम बध वे प्रस्तर-शिला बने सहते गए। और हुआ वही। देवकी की आठवीं संतान ने अपने मातुल कंस का वध कर ही दिया। श्रुतश्रवा ने हर्ष-विह्वल हो विराट स्वर्ण-प्रदीप को ऊपर तक घृत भर कर जलाया व हाथ जोड़ कर, आंख मूंद कर परमपिता के प्रति आभार व्यक्त कर ही रही थीं कि फक्क से दीप बुझ गया। वे चौंकीं।

'क्यों रे दुष्ट! दीप क्यों बुझाया तूने?'—अपने उद्दण्ड पुत्र से उन्होंने रोषपूर्वक पूछा।

'तो तुमने दिन में दीपक जलाया क्यों?'—धृष्टता से शिशुपाल ने प्रतिप्रश्न किया।

'बिना समझे-बूझे बुझा दिया धृष्ट! अरे अपने सदा के दुःखी भाई-भावज के घर में शांति, सुख व समृद्धि की कामना के प्रतीक रूप में यह प्रदीप प्रज्ज्वलित किया था मैंने। उनके इतने पुत्रों के वध के पश्चात् अब आठवां पुत्र प्रकट हो गया है और उसने अपने माता-पिता की चिर-संचित पीड़ा का प्रतिशोध एक ही प्रहार में ले लिया। उस क्रूरकर्मा अत्याचारी कंस का वध देवकीनंदन ने कर दिया। मथुरा अब अत्याचारी शासन से मुक्त

हो गई। मथुरा में अब सुख, शांति एवं समृद्धि तथा स्वतंत्रता का नवयुग प्रारंभ हुआ है....'—श्रुतश्रवा खोई हुई सी बोलीं।

'सुख, शांति, समृद्धि....मगधराज सम्राट जरासंध के जमाता के वध होने से? चारों ओर शोक मनाया जा रहा है न?'—शिशुपाल अधकचरी बुद्धि से बोला।

'शिशुपाल! माता के उल्लास में व्यवधान न डाल। इस बार तुझे मगध की राजधानी गिरिव्रज घुमाने ले चलूंगा। सम्राट ने बुलाया है। चलेगा न? अभी पहले माता के साथ उज्जयिनी घूम आ।'—दामघोष ने पुत्र को बहलाया।

शिशुपाल उत्साह से उछल पड़ा।

हरकारे दौड़ रहे थे।

हस्तिनापुर में संवाद पहुंचा। भीष्म दीर्घ समय तक गंभीर मौन में डूबे रह गए।

'बहुत अच्छा हुआ। यह तो होना ही था एक दिन। और पहले हुआ होता तो उत्तम होता'—दीर्घ निःश्वास लेते हुए उन्होंने कहा।

'राजवध! और उत्तम! यह क्या सुन रहा हूं आप जैसे धर्माधर्म के शीर्षस्थ मीमांसक के मुख से?'—धृतराष्ट्र ने विस्मय से पूछा।

'राजा कालस्य कारणम्। राजा स्वयं अपने कर्मों से कृतयुग, त्रेता, द्वापर अथवा कलियुग बनाता है। कंस ने भारी अनाचार फैला रखा था। नवजात भागिनेयों के हन्ता को कब तक जीवित छोड़ा जा सकता था! उत्तम हुआ।'—भीष्म गंभीर स्वर में बोले।

निकट बैठे उन्नीस वर्षीय युधिष्ठिर के मन में पितामह व पितृव्य के मध्य परस्पर विरोधी-विचार चर्चा सुन कर कौतूहल जागा।

'पितामह! इसे कृपया व्याख्या करके समझाएं'—वे बोले।

'वत्स! जो राजा प्रजा की आय का छठा भाग लेता है कर के रूप में किन्तु प्रजा को सुरक्षा व शांति नहीं देता, वह अधर्मी है। कंस ने प्रजा के हितों पर कभी ध्यान नहीं दिया....'

'किन्तु राजा का वध उचित कैसे, पितामह! राजा तो परम देवता है। और मथुरेश का वध तो स्वयं उनके भागिनेय ने कर दिया। भागिनेय कृष्ण क्या दोषी नहीं?'—सत्रह वर्षीय दुर्योधन ने किंचित् तिक्त स्वर में बीच में ही पूछा।

भीष्म दुर्योधन की बात पर मन्द से मुस्कुराए।

'दुर्योधन! कंस ने ही अपने नवजात भागिनेयों को कितना सुख दिया? अपनी निर्दोष भगिनी देवकी व उनके पति वसुदेव को कारागार में डाल दिया था। उनके नन्हें पुत्रों का जन्म लेते ही वध करता गया। अपने वृद्ध पिता को कारावास दे दिया। यह अधर्म नहीं तो क्या है?'—भीष्म बोले।

'किन्तु आप ही तो कहते हैं कि राजा को अपनी रक्षा का सबसे पहले प्रबंध करना चाहिये। कंस ने यदि अपनी अनुजा व उनके पति को कारावास में डाला और उनके पुत्रों का वध किया तो आत्मरक्षा के लिए ही किया। उसमें अनुचित क्या? कंस को उनसे भय था'—दुर्योधन उग्र स्वर में विवाद कर उठा।

'भय! वृद्ध पिता उग्रसेन से भय था? या श्वसुर के प्रभाव में रंग गया था वह! सभी महत्वाकांक्षी पुत्र, इसी प्रकार वृद्ध पिता को यथाशीघ्र हटा कर सिंहासन पाने को उतावले बने रहते हैं—' भीष्म का स्वर अन्त में तिक्त हो गया।

भीष्म की तीक्ष्ण दृष्टि दुर्योधन के अंतस्तल को भेद गई। उसके कर्णशिखर आरक्त हो उठे, जैसे कोई चोरी पकड़ी गई हो। अपराध-भावना से उसने शीश झुका लिया।

हरकारे दौड़ रहे थे।....

सब राज्याधिपतियों को आह्वान था निरंकुशतंत्र को बचाने का। गंभीर चुनौती है। सब सामना करेंगे। सावधान! होशियार! सभी राजा एक हो जाएं। एक चींटी ने दुःसाहस किया है महाकाय गजराज से बराबरी करने का। रौंदकर रख दो उसे। कुचल कर रख दो उसे।

प्रतिशोध।

प्रतिशोध लिया जाएगा। रक्त बहेगा। रक्त का प्रतिशोध रक्त होगा। राजरक्त वृथा नहीं बहने देंगे।

हरकारे दौड़ रहे थे। सैन्यदल एकत्रित होने लगे। युद्धाभ्यास प्रारंभ हो गए थे।

× × ×

मथुरा की राजनीति से अवकाश पाते ही श्रीकृष्ण खोए से चल पड़ते हैं नगर के कोलाहल से दूर किसी दिशा में। कहीं कोई सुरम्य सी प्रशांत वनस्थली हो, जहां केवल मयूरों की केका और पिक-मंडली के स्वस्तिवचन हों। ऐसे स्थल को खोजते हुए वे राजधानी से दूर निकल आते मंथन करते हुए। जहां भी एकांत में कोई शांत, शीतल छांह मिलती, माधव पद्मासन लगा लेते। गहन चिंतन में डूब जाते अथवा समाधिस्थ हो जाते। न जाने कितने प्रहर बीत जाते उन्हें ऐसे ही योगलीन बैठे। ध्यान भंग होता तो प्रकृति से बातें करते। लता, वृक्ष, फल-फूल, पशु-पक्षी, आकाश, धरा, सूर्य, चन्द्र, मेघ, नक्षत्र! वे सब उनके बचपन के अभिन्न मित्र थे। माधव उन्हें समझते थे। वे माधव को समझते थे। प्रकृति और माधव में अद्भुत तादात्म्य था। सृष्टि का कण-कण उनका अपना ही कुछ था। माधव प्रकृति को सहलाते। प्रकृति माधव को सहलाती। दोनों में घंटों मौन वार्ता होती। विराट पृथ्वी। निरभ्र आकाश। सघन वृक्ष। हरहराती सरिता। और चिरन्तन आनंद-कूजन। बाहर आनंद-कलरव। भीतर भी आनन्द-कलरव। भीतर भी महाविराट! बाहर भी महाविराट! भीतर भी वही स्पंदन। अगजग में वही स्पंदन। उन्हें लगता समूची सृष्टि उनके भीतर है। वे उससे कुछ कहते—वह मान लेती। प्रबल इच्छाशक्ति थी उनकी। उनके मुस्कुराते ही फूल मुस्कुरा उठते। उनके अट्टहास से मेघ गरज उठते। उनके नेत्रों की चमक से आकाश नक्षत्रों से भर जाता। उनके इंगित से पृथ्वी अंकुरित हो उठती।

माधव की एकांतप्रियता बढ़ चली। एकालाप बढ़ चला। प्राकृतिक सौन्दर्य की सदा की पिपासा और बढ़ चली। वे अपलक हो, प्रकृति की एक-एक झलक को घूंट-घूंट आचमन करके आत्मसात् करते रहते।

एक दिन राजधानी से बहुत दूर निर्जन में, यमुना-तट पर कदम्ब की छांह तले माधव योगलीन हो गए थे। नेत्र खोलने के बाद भी सदा की भांति वे ध्यानमग्न ही रहे। तभी उन्हें किसी की उपस्थिति का आभास हुआ। उन्होंने चारों ओर दृष्टि डाली, कहीं कोई नहीं था। केवल एक सुगंध थी, सात्विक सी। कपूर की? आसपास ढूंढ़ा भी किन्तु कोई न मिला वहां। लेकिन इसके पश्चात् यही अनुभव उन्हें दो-तीन बार और भी हुआ। जब भी उनका ध्यान टूटता, उन्हें लगता कि पूरे समय कोई उनके निकट उपस्थित रहा है। और फिर शेष रह जाती कपूर जैसी सात्विक सुवास। वे चकित थे।

उस दिन ध्यान टूटते ही उन्हें लगा कि एक सुदीर्घ कृशकाया तुरन्त करील की सघन झाड़ियों के पीछे लुप्त हुई है। कपूर-गंध तीव्र थी। श्रीकृष्ण ने त्वरित गति से कपूर-गंध का पीछा किया। वे करील-कुंजों को लांघते-फांदते चले जा रहे थे। संध्या के झुटपुटे में उन्हें एक लुकते-छिपते कृषकाय आकार का आभास बीच में होता। झुरमुटों और झाड़ियों के मध्य कितनी वंकिम-वीथिकाओं में से वे लम्बे-लम्बे डग भरते चले जा रहे थे। अचानक हतप्रभ रह गए। वन समाप्त हो गया था। वहां समतल खुला मैदान था। चंद्रोदय के साथ ही ज्योत्स्ना बिखर गयी थी चारों ओर। नीड़ों पर पक्षी बसेरा ले चुके थे। कलरव मन्द पड़ता जा रहा था। झींगुरों और झिल्लियों की झनकारें शनैः-शनैः मुखर हो रही थीं।

तभी माधव ने देखा कि मैदान पार एक कुटीर बनी है जिसके समक्ष अभी-अभी अग्नि-प्रज्ज्वलित की गई है। लम्बे-लम्बे डग भरते वे तुरन्त उस ओर चले।

एक अत्यंत वृद्ध दुर्बल किंतु आश्चर्यजनक रूप से दीर्घकाय, जटाजूट-धारी, लगभग निर्वस्त्र संन्यासी झुके हुए यज्ञ-कुंड की अग्नि ठीक कर रहे थे। वे इतने लीन थे अपने कार्य में कि उन्हें पता न चला श्रीकृष्ण दबे पांव आकर वहां खड़े हैं।

अग्नि ठीक करके वे सीधे खड़े हुए तो श्रीकृष्ण पर दृष्टि पड़ते ही उनके मुख पर सहस्रों पूर्णचन्द्र की ज्योत्स्ना सी मुस्कानें फैल गई।

'आयुष्मान् भव!'—प्रसन्नचित्त उन्होंने आशीर्वाद दिया तथा एक कुशासन पर बैठते हुए निकट रखे दूसरे कुशासन पर बैठने का माधव को इंगित किया।

श्रीकृष्ण बैठे रहे। देखते रहे। कठोर तपश्चर्या से उन महात्मा ने तन को सुखा डाला है यह उनकी समझ में आ गया था। महात्मा हवन-कुंड की अग्नि को अपलक देखते रहे कितनी देर तक। उनके विशाल वृद्ध नेत्रों में अद्‌भुत गहराई थी। शांति थी। चरम सत्य से साक्षात्कार कर चुके हों ऐसी दिव्य आभा उनके ललाट पर थी। वेदांग को छान चुके हों, ऐसे तत्व-ज्ञानी महापुरुष थे वे।

कृष्ण, जो सबको सम्मोहित करने में दक्ष थे, आज स्वयं सुधबुध गंवाए अद्‌भुत सम्मोहन-पाश से बद्ध हो अभिभूत बैठे रह गए थे उस तपोमूर्ति के समक्ष। कितने ही मौन पल बीतते गये।

'मैं जानता था, तुम आओगे।'—स्तब्धता को भंग करता हुआ महात्मा का अंतस्तल से निकला गहरा गुरगंभीर स्वर कृष्ण के कर्ण-कुहरों में गूंजता रह गया।

'मुझे आशीर्वाद दें प्रभो।'—कृष्ण के हाथ जुड़े हुए थे। मन में ऊहापोह था कि यदि जानते थे तो इस प्रकार लुकते-छिपते क्यों रहे महर्षि इतने दिनों से!

महर्षि हंस पड़े। उनकी स्नेहपूरित दृष्टि कृष्ण के मुखमंडल पर टिक गई।

'क्यों छिपता था तुमसे, यह जानना चाहते हो? मैंने पहली बार तुम्हें जब अविचल ध्यानमग्न बैठे देखा, तो मैं चौंक गया था। इस प्रकार का ध्यान साधारण मनुष्य का तो क्या, किसी योगी का भी नहीं लग पाता। यह लक्षण तो महायोगियों का है, योग-योगेश्वर का है। मुझे अपने नेत्रों पर विश्वास न हुआ था। मैं चला गया वहां से, तुम्हारा ध्यान टूटते ही। एक बार फिर मैंने तुम्हें वैसे ही समाधिस्थ देखा तो मेरा कौतूहल बढ़ा। मैं तुम्हारे शारीरिक लक्षणों का परीक्षण करता खड़ा रह गया। और फिर एक बार चौंक गया। ये लक्षण तो साधारण नहीं! ऐसे लक्षण वाला मानव तो सम्पूर्ण कल्प में अथवा मन्वन्तर में भी, कदाचित् कोई एक ही निकलता है। मैं भारी आश्चर्य में डूब गया था। फिर जब मैंने पुनः तुम्हें ध्यानावस्थित देखा तो मैं.... बस देखता ही रह गया। एक अजाना अद्भुत आनंद-रस-स्रोत जैसे मेरे अन्तर में अचानक फूट पड़ा हो। मैं नहा गया उस परमानन्द से। मैं अभिभूत होकर देखता ही रह गया था। और आज! आज जब तुम पुनः मुझे दिखे वत्स, तो मेरे अन्तर में विचित्र अनुभूति हुई। जैसे तुम्हारे भीतर की कोई महाशक्ति मुझे अपनी ओर खींच रही है। बड़ा ही अद्भुत आकर्षण मन ही मन मैंने तुम्हारे प्रति अनुभव किया। इसीलिए आज मेरे पांव उतनी क्षिप्र गति से बढ़ न पाए। मन में इच्छा थी कि तुम मेरे पीछे-पीछे आओ। अन्तःकरण पुकार कर कह रहा था कि तुम आओगे। आज मैंने स्वयं को छिपाने का प्रयास नहीं किया।

श्रीकृष्ण आनन्द से अवाक् थे।

महर्षि के मौन होते ही वन में नीरवता छा गई। शुभ्र ज्योत्स्ना छिटकी हुई थी। वन फूल रहा था। यज्ञ-धूम की सुवास के साथ वही कर्पूर गंध भी मिली चली आ रही थी। महर्षि के दुर्बल, वृद्ध, झुर्रियों भरे मुख पर जड़े हुए विशाल गहन नेत्र स्थिर थे हवन-कुंड से उठते धूम पर। श्रीकृष्ण के विशाल नेत्र स्थिर थे महर्षि के गूढ़ रहस्यमय नेत्रों पर। कुछ देर मौन छाया रहा।

'मेरा सम्पूर्ण जीवन खोज में बीता है। जीवन भर मैं खोजता ही रहा। ऐसा लगता है कि वह खोज मेरी पूर्ण हो गई है।'—महर्षि उसी प्रकार यज्ञ-कुंड पर एकटक दृष्टि टिकाए ही बोले।

एक नितान्त अजानी सी पुलक श्रीकृष्ण के तन-तन में भरी जा रही थी। अभूतपूर्व सुखानुभूति अन्तर में बैठी जा रही थी। मुख से शब्द न निकल पा रहे थे।

'तुम कोई प्रश्न नहीं पूछोगे वत्स?'—अचानक महर्षि ने पुलकित स्वर में पूछा।

श्रीकृष्ण अभी तक सम्मोहित से बैठे थे।

'वत्स! ब्रह्मलीन महातेजमय गुरुवर महर्षि अंगिरस की सुदीर्घ परम्परा का मैं अंतिम शिष्य हूं। मुझे घोर आंगिरस कहते हैं। मेरे ऊपर भारी दायित्व है कि गुरुदेव से प्राप्त दिव्य अनुभूत सत्य किसी श्रेष्ठ शिष्य को सौंप दूं। सम्पूर्ण जीवन खोजता रहा कोई शिष्य मिले ऐसा। शिष्य मिले, किन्तु उस अनुभूत सत्य के योग्य कोई पात्र न मिला। किसी श्रेष्ठ बौद्धिक, नैतिक तथा आध्यात्मिक ऊंचाई वाले ऋषि को ही वह ज्ञान दिया जा सकता था, अतः मैं निराश हो चला था कि ऐसा उपयुक्त शिष्य न मिलेगा। तुम्हें

देखकर वत्स! मेरे निराश मन में आशा का सूर्योदय हो चुका है।'—महर्षि घोर आंगिरस ने अपनी गहन दृष्टि कृष्ण के नेत्रों पर स्थिर कर दी।

कृष्ण का तन-मन सिहर उठा। प्रथम बार वे अवरुद्ध कंठ से बोले—

'किन्तु महाभाग! मैं अकिंचन हूं। मैंने किंचित् भी विद्या नहीं पाई। विद्यारंभ ही नहीं हुआ मेरा, यज्ञोपवीत भी नहीं हुआ। मैं नितान्त अपढ़, प्राकृत एवं दीन मनुष्य हूं। आपकी उच्च अपेक्षाओं के अनुकूल तो मुझमें कुछ भी नहीं है, प्रभो! स्तंभित व चकित हूं कि मुझे परमश्रेष्ठ महर्षि ने ऐसा योग्य कैसे समझ लिया।'

महर्षि घोर आंगिरस हंसे।

'वत्स! मैंने तुममें क्या देखा अथवा क्या पाया, वह एक गुरु ही जान सकता है। मुझे ऐसा ही अछूता, अशिक्षित, किन्तु स्वच्छ और निर्मल हृदय-पटी वाला शिष्य चाहिये जिसके हृदय-पटल पर मैं जो कुछ भी अंकित कर दूं, वह अमिट हो जाए। चिरस्थायी हो जाए। जो पूर्व-पाठी शिष्य आते हैं, वे पूर्वाग्रह-ग्रस्त रहते हैं। उनके मन में पहले ही कुछ सिद्धान्त और आस्था दृढ़ हो चुके होते हैं। अतः वे मेरे अनुभूत सत्य को आत्मसात् नहीं कर सकते। तुम्हारे साथ ऐसा नहीं है। मैं नहीं जानता कि तुम कौन हो। तुम्हारा परिचय, नाम-धाम, माता-पिता, कुल-गोत्र आदि मैं कुछ भी नहीं जानता। किन्तु यह मैं निश्चित रूप से जानता हूं कि तुममें अभूतपूर्व नैतिक, बौद्धिक एवं आध्यात्मिक श्रेष्ठता के साथ-साथ एक निष्कलुष और निर्मल मानस-पटल है। मुझे तो यह भी प्रतीत होता है कि जो मैं तुम्हें बताना चाहता हूं, वह भी तुम जानते हो। तुममें महाज्ञानी के लक्षण विद्यमान हैं। नवतरुण! राजोचित लक्षणों के उपरान्त भी तुम्हारे नेत्रों में बैठा हुआ महान् दार्शनिक मुझे स्पष्ट दिख रहा है। तुम्हारे बहुमूल्य रेशमी वस्त्रों के पीछे एक योगेश्वर महर्षि मुझसे छिप नहीं पा रहा। तुम्हारे स्वर्णाभूषणों की ओट में एक महान् वीतराग, अलिप्त और अनासक्त महायोगी मुझसे छिप नहीं सकता। वत्स! तुम ही हो वह, जिसे मैं जीवन-पथ पर ढूंढ़ता फिरा हूं। तुम ही हो मेरी आशाओं के केन्द्र। तुम्हारे मन में, अंतस में, उड़ेल देना चाहता हूं अपने जीवन की संचित, अनुभूत, सम्पूर्ण ज्ञान-पूंजी और इस प्रकार गुरुश्रेष्ठ परमपूज्य महर्षि अंगिरस की शिष्य-परम्परा आगे बढ़ा जाऊंगा। वत्स! ज्ञान कभी बांध कर नहीं रखा जाता। ज्ञान, केवल अपने प्रकाश व स्वार्थ हेतु नहीं है। ज्ञान का दीप समूचे विश्व को आलोकित करने को है। मुझे तुम पर पूर्ण विश्वास है कि तुम महाज्ञानी महर्षि अंगिरस के ज्ञान-विज्ञान के मूलभूत तत्वों और सिद्धान्तों को सम्पूर्ण जगत में प्रचार करके जन-जन के मानस को आलोकित कर सकोगे'—घोर आंगिरस के आशा भरे नेत्र सुदूर अंतरिक्ष में आकाश गंगा पर स्थिर हो गए।

श्रीकृष्ण फिर अवाक् थे।

'अब अपना परिचय दो! महावीर और तेजस्वी नवतरुण के रूप में मैं किस भाग्यवान माता-पिता के पुत्र को देख रहा हूं?'—आंगिरस ने पुलकित गांभीर्य से पूछा।

'तपोधन! मैं देवकीपुत्र कृष्ण हूं.... मेरे पिता.....'

घोर आंगिरस ने अनायास विह्वल हो कृष्ण की ओर बाहुएं फैला दीं।

'अहो! तुम ही देवकीपुत्र हो। तुम कृष्ण हो! तुम ही ने अधर्मतंत्र से शौरसेन-प्रदेश को मुक्त किया है! धन्य हो युवक! धन्य हो! तुममें महती संभावनाएं हैं। तुम जग का कल्याण हर प्रकार से करोगे। राजनीतिक, भौतिक, सामाजिक, नैतिक, आध्यात्मिक व शैक्षणिक क्षेत्र में तुम समूचे जग का कल्याण करोगे। तुम महान् बनोगे कृष्ण! तुम अमर बनोगे, देवकीपुत्र! तुम श्रेष्ठ शिष्य बनोगे। शिष्य ही नहीं, तुम श्रेष्ठतम गुरु सिद्ध होगे। तुम जगत्गुरु सिद्ध होगे'—भावातिरेक में घोर आंगिरस के हर्ष-गद्गद कंठ से निःसृत एक-एक शब्द से उल्लास छलक रहा था।

श्रीकृष्ण के मन में अद्भुत स्फुरण हो रहा था। तन रोमांचित था। हृदय में कुछ उमड़ा आ रहा था। विह्वल हो उन्होंने चरण पकड़ लिये घोर आंगिरस के।

'मुझे ज्ञान दें प्रभो! मैं ज्ञान-पिपासु हूं। मेरी इस पिपासा को बुझाएं। जीवन पथ को प्रकाश दें। मेरा पथ प्रदर्शित कर दें, तपोधन!'—अवरुद्ध कंठ से श्रीकृष्ण ने कहा।

महर्षि घोर आंगिरस की आयु का अनुमान लगाना संभव नहीं। कृतयुग के इस संत ने तीन युगों तक योग्य शिष्य की खोज की थी। वे वेदों के ऋचाकारों में से थे। वे उपनिषदों के सृष्टाओं में से थे। महर्षि चिंतित थे। महाप्रयाण को प्रस्थित होने का उनका समय निकट आ रहा था। अतः वे यथाशीघ्र अपने विलक्षण शिष्य की झोली को गुप्त-विद्यादान से भर देना चाहते थे। वे प्रचार से दूर एकान्त साधक थे अतः उनकी इच्छा के अनुसार उनके ज्ञान के दान को गुप्त ही रखा गया तथा गुरु एवं शिष्य के अतिरिक्त कोई नहीं जान पाया।

संध्या आती और उस निजन एकाकी कुटीर के समक्ष मध्यरात्रि तक गुरु एवं शिष्य के मध्य तत्वज्ञान की चर्चा के नैशिक-सत्र चलते। धीरे-धीरे दिन पर दिन शिष्य के मन की पिपासा बुझने लगी। श्रीकृष्ण घूंट-घूंट आचमन करते हुए ज्ञान को आत्मसात करने लगे। अज्ञान की एक-एक परत छिलके की भांति उतरने लगी और भीतर से निकलता आया शुद्ध महाज्ञान का अमृतफल। गुरु की कृपा के सूर्य की रश्मियों से, अंतस में एक-एक पांखुरी खुलती गई और मन धीरे-धीरे बन चला एक सुगंधित, प्रफुल्लित, सुन्दर, वासुदेव सहस्र-पदम्।

मुख पर एक अद्भुत उज्ज्वल पारदर्शी आभा फैलती गई। पूरे व्यक्तित्व पर एक विलक्षण पारदर्शी मृदुलता छा गई थी। चिन्तन व मंथन बढ़ता गया। नेत्र अधिकाधिक निमीलित होते गए। गहरे नीलसागर सा गहरा व्यक्तित्व! प्रशांत! सौम्य! गांभीर्यमय! सदा मुकुलित नीलोत्पल मुख! सदा प्रफुल्लित मन-पद्म!

× × ×

श्रीकृष्ण, बलराम तथा देवभाग-पुत्र उद्धव का यज्ञोपवीत सम्पन्न हो चुका था। उस सांझ विश्राम घाट पर सबसे ऊपर के सोपान पर बैठे श्रीकृष्ण अपलक देख रहे थे यमुना की ओर।

'ऐसे मौन क्यों हो माधव?.... क्या सोच रहे हो?'—निकट खड़े उद्धव ने पूछा।

श्रीकृष्ण वैसे ही खोए से बैठे रहे, जैसे कुछ सुना ही नहीं।

'माधव! क्या निहार रहे हो इतने ध्यान से? वृंदावन की दिशा भी तुम्हें इतनी प्रिय है कि उसी ओर अपलक नयन लगे हैं तुम्हारे!'—उद्धव ने स्नेह से श्रीकृष्ण की पीठ पर हाथ रखा।

वे चौंके।

'क्या निहार रहे थे एकटक?'

'वह...!'—श्रीकृष्ण ने अस्फुट सा उत्तर दिया।

तब उद्धव ने ध्यान से देखा उस दिशा में। यमुना की लहरों में प्रवाहित चली आ रही थी एक पुष्पमाल्य।

'उस पुष्पमाला में ऐसी क्या विशेषता है जो उसे देखकर कोई आत्मविस्मृत ही रह जाए! अरे माधव! ऐसी तो कितनी ही मालाएं दिनभर यमुना में तैरती रहती हैं। मानभरी यदु-रमणियां जब तब अट्टालिकाओं और गवाक्षों से यमुना में फूलहार फेंक कर, प्रेमियों पर अपना आक्रोश जताती हैं। यह तो मथुरा की दिनरात की दिनचर्या है। तुम्हें आश्चर्य क्यों लग रहा है?'....

'नहीं उद्धव! मुझे अन्य फूलहारों में कोई रुचि नहीं। किन्तु वह कुन्दमाला! वृंदावन....'

उद्धव हंस पड़े।

'वह कुंदमाला चूंकि वृंदावन की दिशा से आ रही है, मात्र इसीलिए माधव आत्मविस्मृत हो गये उसे देख कर!'

'नहीं उद्धव! वह माला वृंदावन से ही आ रही है।'—वैसे ही खोए से, उनींदे से स्वर में माधव ने कहा।

'कैसे ज्ञात?'—उद्धव ने कौतूहल से पूछा।

'वह राधा ने गूंथी है!'

'राधा? अच्छा वृषभानुनंदिनी ने? यह कैस ज्ञात हुआ कि राधा ने बनाई है?'—उद्धव ने कटाक्षपूर्वक पूछा।

'क्योंकि इतनी सुन्दर माला, राधा की सुकुमार व निपुण उंगलियां ही गूंथ पाती हैं। वह ऐसी ही माला प्रतिदिन बनाकर मुझे देती थी। मैं भलीभांति पहचानता हूं उसके द्वारा गूंथी गई कुन्दमाला को।'

'आश्चर्य!'

'आश्चर्य कुछ नहीं, सखा। राधा की कुंदमाला की विलक्षण सुगंध बहुत सुदूर से ही आने लगती है। तुम्हें विश्वास नहीं हो रहा तो तनिक आगे बढ़ कर देखो।'

'कुंदसुमन में.... ऐसी सुगंध?'

'हां मित्र! वृंदावन की कुंदकली में ऐसी ही सुगंध होती है।'

'तब तो मैं नीचे तक जाकर अवश्य देखूंगा।'

'नीचे तक जाने की आवश्यकता न होगी सखा, तनिक आगे बढ़ने से ही सुगंध मिल जाएगी'—श्रीकृष्ण मुस्कुराए।

उद्धव तत्परता से एक सीढ़ी उतरे, दूसरी पर पांव रखने वाले ही थे कि अचकचा कर ठिठक गए।

'माधव!'—उद्धव चकित से कभी ऊपर बैठे श्रीकृष्ण को निहारते तो कभी दस सोपान नीचे, मध्य धार में बहती कुंदमाला को निहारते।

'क्या हुआ उद्धव? चौंक क्यों गए?'

'अद्भुत। रोमांचकारी। एक दिव्य सुवास यहां तक आ रही है कुंदमाला की?'

श्रीकृष्ण उठ खड़े हुए। दोनों मित्र धीरे-धीरे सीढ़ियां उतरने लगे। कुंदमाला घाट से दूर थी।

श्रीकृष्ण घाट के एक किनारे पर खड़े हो गए जाकर।

'यहीं क्यों रुक गए माधव? कुंदमाला तो बीच धार के निकट है।'

'वही यहां आएगी। गंतव्य-भ्रष्ट नहीं है वह प्रेममाला।'

और उद्धव अवाक् थे।

वास्तव में वह श्वेत सुमनमाल्य हौले-हौले तैरती-सरकती हुई घाट की ओर आने लगी।

कुंदमाला घाट से लग गई।

'माधव! तुम यहां आकर माला उठा कर धारण क्यों नहीं करते?'—उद्धव ने देखा कि कुन्दमाला जहां घाट से लगी थी वहां से श्रीकृष्ण बहुत दूर थे।

'वह यहीं आएगी उद्धव! मुझे छोड़कर कहीं नहीं रह सकती वह।'

उद्धव पुनः अवाक् थे।

कुन्दमाला हिली, खिसकी और पुनः हौले-हौले सरकती, बल-खाती श्वेत-पुष्पमाला चल दी देवहंसिनी सी। लहराती, सलज्ज, नवेली-वधू सी कुन्दमाला हौले से आ लगी श्रीकृष्ण के युगल चरणों से।

उद्धव को अपने नेत्रों पर विश्वास नहीं हो रहा था।

श्रीकृष्ण विह्वल हो उठे। प्रेम से माला उठाकर उसकी सुवासपूरित शीतलता में उन्होंने अपना मुख छिपा लिया। शायद उस महातत्वज्ञानी योगेश्वर के हृदय के किसी तप्त प्रेमाश्रु ने अभिषेक भी कर दिया हो चुपचाप उस नेहमयी का। श्रीकृष्ण के विलक्षण मानस में उपनिषदीय ज्ञान की कठोरता और भक्ति की तरल स्निग्धता एक साथ रमण कर रही थीं।

उद्धव निकट आ गए। स्नेह से हाथ रख दिया व्याकुल माधव की पीठ पर। उन्हें विश्वास अभी भी न था।

'माधव! व्यर्थ व्याकुल हो रहे हो। बिल्कुल ऐसी ही सुन्दर माला तो मैं प्रतिदिन ब्राह्म-मुहूर्त में देखता हूं और प्रतिदिन सांध्योपासना के समय देखता हूं। यह यहीं की किसी निपुण मालिनी की कलाकृति है....'—उद्धव ने श्रीकृष्ण के विचलित मन को आश्वासन देने का प्रयास किया।

'नहीं सखा! यह लोकिक निपुणता का प्रतिफल नहीं। यह लौकिक कलाकृति नहीं। यह तो अलौकिक प्रेम की अलौकिक प्रीतिमाल्य है। प्रतिदिन ब्राह्म-मुहूर्त में और प्रतिसंध्या वृंदावन से मथुरा तक ऐसी पुष्प-हंसिनियां कालिन्दी में विहार करती आती हैं मेरे लिए। राधा-केसर तक की गंध है इसमें। राधा के भाल की केसर अंकित है इसमें। अवश्य इसे नदी में प्रवाहित करने के पूर्व राधा ने व्याकुलता से इसमें अपना मुख छिपाया होगा। उद्धव! मुझसे भूल नहीं हो सकती। कुन्दमाला में राधागंध है।'.....

'अहो!'—प्रेम से नितान्त अपरिचित, ज्ञानी उद्धव कुछ समझ सके, कुछ न समझ सके।

'तो माधव! इतना प्रेम है तुम्हें, तो एक बार वृंदावन जाकर सबसे भेंट क्यों नहीं कर आते?'

'अहो! वह स्वप्नवत् वृंदावन मेरे प्राणों का। उद्धव! हृदय तो वहीं है। समस्त कर्तव्य निभाता हूं दिनरात, किन्तु.... हृदय वहीं बसा रहता है। तीव्र उत्कंठा होती है उस प्रेमभूमि में जाने की.... किन्तु संयम कर लेता हूं मन पर।'

'क्यों?'

'जाना सरल है.... किन्तु आना नहीं। प्रेमडोर इस बार बांध कर रख लेगी मुझे। लौट न सकूंगा उन सबके सुकुमार हृदयों पर पुनः वज्रपात करके। मैं इतना निठुर नहीं, उद्धव! मैं तो प्रेम-पिपासु हूं।'.....

'तुमसे इतना सुना है ब्रजरज के विषय में, जहां तुम्हें ईश्वर का अवतार मान कर पूजा जाता है, उस प्रेम-स्थली के विषय में। एक बार वहां जाने की इच्छा मेरी भी होती है। माधव! चलो न वृंदावन। मैं भी तुम्हारे साथ चलूंगा। देखूंगा कि यह कैसी प्रेमभक्ति की बाती जल रही है वहां, जिसके विषय में चारों ओर चर्चा है। मैं बलपूर्वक तुम्हें वहां से लौटा भी लाऊंगा। गोपजन रोकेंगे तो मैं उठाकर, हरण करके तुम्हें बलात् ले आऊंगा। चलो माधव, एक बार मेरे साथ। मैं तो वेदों का ज्ञान जानता हूं। यह भक्ति और प्रेम कुछ नहीं समझता। किन्तु जानना अवश्य चाहता हूं। तुम साथ रहोगे तो समझने में सहायता मिलेगी मुझे। मैं निश्चित रूप से तुम्हें अपने साथ ले आऊंगा।....'—उद्धव ने उत्कंठा से कहा।

'सत्य!'—आतुरता से श्रीकृष्ण ने पूछा।

'सत्य!'

'तो कब चलें उद्धव? परसों भोर ही?'

'परसों भोर!'—उद्धव ने समर्थन किया।

सपने उतर आए माधव के अनियारे नयनों में।

'श्रीकृष्ण ?.... श्रीकृष्ण! तुरंत तैयारी करो प्रयाण की!.... श्रीकृष्ण कहां?'—बलराम सबसे ऊपर के सोपान पर खड़े होकर ऊंचे स्वर में पुकार रहे थे श्रीकृष्ण को।

'प्रयाण? कहां को?'—श्रीकृष्ण ने आश्चर्य से नीचे ही से पूछा।

'उज्जयिनी को। महर्षि सान्दीपनि के आश्रम में विद्याध्ययन हेतु।'

'अहो! तो कब करना होगा उज्जयिनी को प्रयाण?'—श्रीकृष्ण ने पुनः पूछा।

'कल भोर ही। चलो शीघ्र। तात बुला रहे हैं। गुरुदेव गर्गाचार्य भी वहीं हैं। शीघ्र आओ....'—बलराम वेग से लौट गए।

हाथों में कुन्दमाला लिए श्रीकृष्ण काष्ठवत् खड़े रह गए।

सपने टूट गए।

झर कर बिखर गए।

× × ×

उज्जयिनी में महाकाल-वन में महाकाल के दर्शन कर उनके प्रसाद रूप में भस्म भाल पर लगा कर बलराम, श्रीकृष्ण व उद्धव नौका में बैठे महर्षि सान्दीपनि के आश्रम की ओर अग्रसर थे।

'अनुपम!'—मंत्रमुग्ध श्रीकृष्ण के मुख से निकला।

क्षिप्रा के शांत जल पर नौका मंथर गति से आगे बढ़ती जा रही थी। जल में पड़ते पतवारों की मृदुल सी छप्-छप् के अतिरिक्त और कोई ध्वनि न थी। अपूर्व शांति का साम्राज्य था।

'नाविक!...... छोड़ दे पतवार! चलने दे नौका को प्रवाह के साथ मंथर-मंथर। कैसा आनंद-दायक दृश्य है क्षिप्रा के दोनों कूलों पर।'—श्रीकृष्ण ने मुग्ध स्वर से कहा।

नाविक ने पतवार रख दी और ओझल होते महाकाल-वन की ओर हाथ जोड़कर चुपचाप बैठ गया। जो एकमात्र ध्वनि छप्-छप् की हो रही थी वह भी बन्द हो गई।

'अद्भुत शांति है यहां!'—खोए हुए से बलराम के मुख से अस्फुट शब्द निकले।

सघन कांतारों और कुंजों के मध्य क्षिप्रा की वंकिम गति सुकुमार वीथिका जैसी थी। तटों पर वन-उपवन और भी सघन होते जा रहे थे। उज्जयिनी की सुपुष्पित वल्लरियां शृंगार-मुग्धा कामिनियों की भांति क्षिप्रा के जल-दर्पण में अपनी छवि निहारने को झुकी-झुकी पड़ रही थीं।

अनायास असंख्य पक्षियों का तुमुल कलरव दूर से सुनाई दिया।

'क्या हम आश्रम के निकट आ गए हैं?'—श्रीकृष्ण ने कौतूहल से पूछा।

'हां महाभाग! ये समस्त पक्षीगण, जिनका कलरव आप यहां से सुन रहे हैं, महर्षि सान्दीपनि के स्नेहभाजन एवं उनके चरणों के परम अनुरागी हैं।'—नाविक ने गद्गद स्वर में उत्तर दिया।

'बड़े भाग्यवान हैं।'—श्रीकृष्ण ने विभोर होकर कहा।

'अहो! यह यज्ञधूम की गंध से सुवासित वायु का झोंका आकर हमें महर्षि का आशीष दे गया क्या?'—उद्धव ने आतुर हो उस झोके को जैसे चारों ओर खोजते हुए पूछा।

'केवल यज्ञधूम-सुवासित समीर ही नहीं, सखा! वह देखें उन सघन झुरमुटों के ऊपर यज्ञधूम का विराट मेघ किसी वंकिम गति से ऊपर उठ रहा है!'—श्रीकृष्ण ने अंगुलि से इंगित किया।

यदुबंधु उतावले हो कभी इस तट, तो कभी उस तट की ओर निहारते, कभी तट पर बनी सुव्यवस्थित कुटीरों की पंक्ति निहारते तो कभी यज्ञमेघों का आह्वान करते। उद्धव ही अधिक संयत थे उनमें से। उन्हें अपने तत्व-ज्ञान पर पूर्ण विश्वास था। पर जैसे-जैसे आश्रम निकट आता जा रहा था, बलराम और कृष्ण का हृदय-स्पंदन तीव्र होता जा रहा था। असुरों, पराक्रमी योद्धाओं और भयंकर हिंस्र पशुओं के निकट जाने में भी जो कभी विचलित नहीं हुए, वे परमवीर दोनों किशोर वासुदेव इस मुहूर्त स्वयं को विचलित पा रहे थे।

प्रथम बार किसी महामुनि के सुविख्यात आश्रम में पांव रखना है। प्रथम बार उद्‌भट मनीषी एवं तपोधनी ऋषि-मंडली के समक्ष प्रस्तुत होना है। तनमन एक ओर रोमांचित थे, हृदय दूसरी ओर उद्वेलित भी था। मन में किंचित् चिंता थी कि विशाल आचार्य मंडली के सम्मुख पहुंच कर कहीं हाथ-पांव न प्रकंपित हो उठें। कहीं कोई भूल न हो जाए अज्ञानवश! किन्तु उद्धव परमशांति से विचार मग्न थे।

वासुदेवों के मन में उद्वेलन था यह सोचकर भी कि कैसा होगा आश्रम? कैसा होगा आश्रम-जीवन! कैसे होंगे गुरुजन! कठोर? अति कठोर? अथवा स्नेही? और कैसे होंगे वहां के बटुक-गण? सहपाठी-ब्रह्मचारी?

दोनों वासुदेवों के मन में हलचल थी। आतुरता थी आश्रम शीघ्र ही पहुंचने की।

'अहो! कैसा आश्चर्य! यह नौका तो बड़ी विचित्र प्रतीत होती है जो मध्यधारा से हट कर स्वयं ही तट के सोपानों की ओर चली जा रही है।'—बलराम ने चकित होकर कहा।

'क्या पता तात, कि यह विलक्षणता नौका की है या पुण्य-सलिला क्षिप्रा की जो हमें यथाशीघ्र परम पूज्य गुरुवर सान्दीपनि के श्रीचरणों में निवेदित कर देना चाहती है।'—उद्धव बोले।

'और क्या पता महाभाग, कि मेरी नौका में बैठे बंधुवरों के चरण-स्पर्श का ही यह प्रताप हो कि नौका उन्हें अंक में थामे स्वयं ही गंतव्य की ओर ले जा रही है! श्रीराम के चरण स्पर्श से पाषाणवत् अहिल्या जीवित हो उठी थीं। और तब हमारे पूर्वज केवट कैसे भयभीत हो गए थे कि कहीं उनकी नौका भी स्त्री न बन जाए श्रीराम के चरण स्पर्श से। क्या पता, मेरी इस काष्ठ-नौका में आप लोगों की चरण-रज से जीवन आ गया हो! न केवल जीवन, बल्कि बुद्धि भी आ गई प्रतीत होती है। वास्तव में महाभाग, अचंभा तो मुझे भी हो रहा है कि नौका सीधे बहते प्रवाह को काट कर अपने आप ही मुड़ कर आश्रमतट की ओर कैसे चली जा रही है? यह रहा महामुनि सांदीपनि का विराट आश्रम जहां देश-विदेश से जिज्ञासु विद्यार्थी विभिन्न शास्त्रों का अध्ययन करने हेतु आते हैं!....'—इतना कह कर नाविक जल में कूद कर उतर गया एवं नौका को पकड़कर तट से लगाने लगा।

बलराम, श्रीकृष्ण और उद्धव नौका से उतरे और ऊंचे कूलों पर चढ़ कर सघन कुंजों में पहुंचते ही आत्मविस्मृत से हो चले। जो वृक्ष और पुष्प वृंदावन में न देखे थे, मथुरा में न देखे थे, ऐसे अलभ्य पुष्पों से वृक्ष के वृक्ष लदे खड़े थे। यज्ञ-सुवास तथा पुष्प-गंध जैसे उन्हें धरा से हौले-हौले उठाए ले जा रही थी ऊपर कहीं। वंकिम वीथिकाओं में से दे आश्रम मार्ग खोजते हुए चल रहे थे। शांति का साम्राज्य था उस समय वहां।

सहसा वे ठिठक गये। एक अत्यंत सुमधुर अमृत-स्वर लहरी प्रातः स्वर्ण-रश्मियों के समान झुरमुटों में से छनती, गूंजती चली आ रही थी। वे जहां के तहां खड़े रह गए श्वास रोके, उस रसपगी माधुरी को कर्णपुटों से आत्मसात करते हुए!

ॐ पूर्णमदः पूर्णमिदं पूर्णात्पूर्णमुदच्यते।

पूर्णस्य पूर्णमादाय पूर्णमेवावशिष्यते॥

ॐ शान्तिः शान्तिः शान्तिः।

पक्षीगण तक शांत थे। वृक्षों पर पत्र-दल तक न हिलते थे। चारों ओर अद्‌भुत निस्तब्धता थी। उस निस्तब्ध वातावरण में एक किशोरकंठ की स्वर-माधुरी सृष्टि के प्राणों को भी रस-आप्लावित किए जा रही थी। सुधबुध खोए मनुष्य, पशु-पक्षी एवं वनस्पति-जगत उस रसधारा में डूबे रह गए।

और फिर वह स्वर-माधुरी भी अपने ही रस में भीगती हुई..... डूबती हुई..... धीरे-धीरे मौन हो गई।

समवेत स्वर उठ चला.....

ॐ सह नाववतु। सह नौ भुनक्तु।

सह वीर्यं करवाव है।

श्रीकृष्ण चौंक पड़े।

बलराम चौंक पड़े।

'तेजस्विनावधीतमस्तु। मा विद्विषावहै।'

तीनों ने आश्चर्य से भर कर ऊपर वृक्षों पर दृष्टि डाली।

कोई सन्देह नहीं रहा था।

वृक्षों पर बैठे असंख्य पक्षीगण आश्रम के बटुकों और गुरुजनों के साथ-साथ शान्ति पाठ कर रहे थे।

'ॐ शान्तिः..... शान्तिः..... शान्तिः.....।'

और पुनः शान्ति छा गई।

तब सब पुनः जीवन-धरातल पर लौट आए। पक्षियों का तुमुल कलरव फिर से प्रारम्भ हो गया। वे दिनचर्या में जुट गए, तिनके बीनने, अन्न-कण ढूंढ़ने तथा नन्हें पक्षी-शावकों को खिलाने आदि में।

अभिभूत यादव पुत्र भी पुनः वीथिकाओं में से आगे बढ़े। सामने आश्रम-कुटीरों के मध्य एक प्रशस्त प्रांगण जैसी भूमि थी, जहां विराट संख्या में गुरु-शिष्यों का समागम था। वहीं विशाल यज्ञवेदी से पावन सुवासित-धूम निकल रहा था। मध्य में एक प्रौढ़ ऋषि-प्रवर विराजमान थे। श्वेतश्यामल केश व श्मश्रु उनके काषाय-वस्त्रधारी बलिष्ठ तन पर लहरा रहे थे। तेजस्वी मुखाकृति पर गहन अध्ययन एवं घोर तपस्या का गांभीर्य विराजमान था।

यहां से वहां तक काषायवस्त्र लहरा रहे थे। जहां तक दृष्टि जाती साधु-सिंधु का सा दृश्य दिखता। वायु-प्रकंपित कौपीन वस्त्र लहरा-लहरा कर साधु-सिंधु की तरंगों का आभास दे रहे थे।

ऐसा विशाल संत-समागम! पुनः उनका उर-स्पंदन बढ़ गया। संकोच से चरण जड़ हुए जा रहे थे। मन में कितने ही ऊहापोह और सन्देह उत्पन्न हो गए। स्वीकार तो कर लेंगे गुरुवर? कहीं कोई धृष्टता न हो जाए साधु-समाज के सामने। उस विशाल काषाय-वस्त्रधारी संन्यासी-समाज में स्वयं स्वर्णाभूषण तथा रेशमी-वस्त्र धारण किए जाने में कैसा संकोच हो रहा था। एक ओर संकोच था, दूसरी ओर उतावली तथा हर्षातिरेक था। फलस्वरूप श्वास अवरुद्ध होती सी लगती थी। उन लोगों ने अपने-अपने आयुध उतार कर एक अश्वत्थ पर टांग दिये। नवागंतुक किशोरों को देख ऋषि-कुल की दृष्टि इधर ही मुड़ गई। अति संकुचित होते हुए वे उस विद्वत्-मंडली के निकट पहुंचे तथा पहले महर्षि सान्दीपनि को साष्टांग दण्डवत् किया, तत्पश्चात् समूचे ऋषिकुल को।

ऋषि कुल चकित था। दिन के समय ये दो तेजस्वी नक्षत्र कहां से उदित हो गए?

'आयुष्मान् भव। स्वागत है।'—महर्षि का वरद्हस्त उठा। उनकी तीक्ष्ण दृष्टि युवकों का नखशिख परीक्षण कर रही थी।

'कहां से आगमन हुआ वत्सो?'—गौर-श्याम युगल देख किंचित् सदेह से पूछा गुरुवर ने।

'मथुरा निवासी वृष्णिवीर वसुदेव के हम पुत्र हैं महात्मन्! मैं बलराम हूं उनका ज्येष्ठ पुत्र और यह श्रीकृष्ण मेरा अनुज है गुरुवर! और ये हमारे पितृव्य आर्य देवभाग के पुत्र उद्धव हैं।'

'प्रसन्न रहो! प्रसन्न रहो सदा! स्वागत है वत्सो! तो तुम ही हो यशस्वी बलराम और श्रीकृष्ण। मुझे गर्गाचार्य ने संवाद भेजा था कि तुम लोग यहां विद्याध्ययन हेतु आ रहे हो। इस सूचना से पूर्व तुम्हारी शौर्य-गाथा भी सुनी थी'—गुरुदेव गद्गद हो दोनों बाहुएं फैलाकर मुस्कुरा उठे।

वे लोग विनय से नतशिर थे।

'उज्जयिनी के राज-परिवार से भेंट करके यहां आए हो न?'

'नहीं... गुरुदेव?'

'क्यों?'—महर्षि सान्दीपनि ने चौंककर आश्चर्य से पूछा।

'गुरुवर! क्षमा करें! आपके चरणों का शीघ्रातिशीघ्र आश्रय पाने की इतनी तीव्र उत्कंठा थी कि सीधे यहां आने का लोभ संवरण न कर पाए हम लोग।'

'अहो! किन्तु महारानी राजाधिदेवी तो तुम्हारे पिताश्री आर्य वसुदेव की भगिनी हैं। अपनी पितृष्वसा से मिलकर अवश्य आना था। और फिर उनके पति महाराज जयत्सेन को दिवंगत हुए अभी अधिक समय भी नहीं हुआ है। दोनों राजपुत्रों विंद और अनुविंद का संयुक्त रूप से राज्याभिषेक हुआ है। आज विश्राम करो। कल अवश्य अपने सम्बंधियों से भेंट करके आना। राजमाता को यह अवश्य ज्ञात होना चाहिए कि उनके भ्राता के पुत्र उज्जयिनी में हैं। कल दिन भर उनके साथ व्यतीत करो। तत्पश्चात् परसों बसंतपंचमी से तुम्हारा विद्यारंभ होगा।

'जैसी आज्ञा गुरुदेव!'

महर्षि के निकट बैठा एक दुर्बल-गात ब्राह्मण किशोर अपलक उन्हें ही निहारे जा रह था। श्रीकृष्ण का ध्यान आकृष्ट हुआ उसकी ओर। गहन काले दीर्घ नेत्र, सुडौल सुदीर्घ नासिका व चिबुक। प्रशस्त भाल पर चंदन अनुलेपित था। शिखा को लपेट कर पीछे की ओर गांठ बांध कर लटका दिया था। वक्ष पर यज्ञोपवीत था तथा तन पर कौपीन। जिस कारण से श्रीकृष्ण का ध्यान बार-बार उसकी ओर जा रहा था वह थे उस किशोर के गहरे काले नेत्र जिनमें गांभीर्य के साथ-साथ कहीं कुछ उदासी की झलक थी।

गुरुवर उसी किशोर की ओर एकटक देखते-देखते सहसा गा उठे—

'उदुश्रिय उषसो रोचमाना अस्थुरषां नोर्मयो रुशन्तः।'

एक पंक्ति गाकर वे शांत हुए ही थे कि वह ब्राह्मण किशोर इंगित पा दूसरी पंक्ति गा उठा....

'कृणोति विश्वा सुगान्यभूद् वस्वी दक्षिणा मघोनी॥'

अहो! यह तो वही माधुरी बह निकली जो उन्होंने आश्रम के निकट आते ही सुनी थी। तो यही है पीयूष-गान का अनुपम गायक!

'उत्ते वयंचिद्वहतेरपप्तन्नरश्च ये पितुभाजी व्युष्टौ।'

परन्तु पक्षियों का कलरव थम गया। समस्त पक्षीगण आंखें मूंदकर पांखें समेट कर ध्यानावस्थित हो बैठ गए।

....'अमा सते वहसि भूरि वाममुषो देवि दादुषे मर्त्याय॥'

गुरु और शिष्य बारी -बारी से गा रहे थे।

श्रोता मंत्रमुग्ध थे।

सामगान समाप्त हुआ। गुरु की दृष्टि श्रीकृष्ण पर टिक गई।

'अब तक कहीं विद्याध्ययन नहीं हुआ तुम लोगों का?'—उन्होंने श्रीकृष्ण से प्रश्न किया।

'नहीं गुरुदेव! ब्रज के वनों में बालपन व्यतीत हुआ है। वहां विद्याध्ययन की व्यवस्था न होने के कारण शिक्षा पाना संभव न हुआ।'

'कोई ऐसा महात्मा भी न मिला जिसे गुरु बनाने की इच्छा मन में जागृत हुई हो?'

बलराम व उद्धव ने शीश झुका लिया।

'कृष्ण! बोलो! कुछ कहना चाह रहे हो!'

'गुरुवर से कुछ भी छिपाना पाप है महात्मन्! ज्ञान मैंने पाया है, गुरुदेव!'

'किससे?'

'पूज्यपाद महामना महर्षि घोर आंगिरस से!'

'क्याऽऽ? घोर आंगिरस? वत्स! तुम भ्रम में हो! वे तुम्हें कैसे मिल सके? वे महात्मा सतयुग में जन्मे थे और आज तक साधनारत हैं। किन्तु वे तो एकान्त साधक हैं?'—सान्दीपनि मुनि के नेत्र आश्चर्य से विस्फारित रह गए।

बलराम व उद्धव भी चौंक पड़े थे।

'सौभाग्यवश ही गुरुदेव! मथुरा में राजनीति से त्रस्त हो शांत एकांत की खोज में बहुधा दूर-दूर निकल जाता था। तभी उनके दर्शन हुए व कृपा मिली।'—कृष्ण ने संकोच के साथ कहा।

'आश्चर्य! महान् आश्चर्य। महामना घोर आंगिरस ऋषि तो छान्दोग्य उपनिषद् के रचनाकारों में से हैं। और तुम कहते हो कि तुमने उनसे ज्ञान पाया है!! तो फिर तुम्हें अब ज्ञान की क्या आवश्यकता!'

'गुरुदेव! महर्षि घोर आंगिरस का मुझ पर बड़ा स्नेह रहा। मैं परम सौभाग्यशाली हूं कि उनकी कृपा मुझ पर हुई। किन्तु गुरुदेव! उन्होंने विद्यादान को गुप्त रखने की आज्ञा दी थी। अतः मैंने आज तक यह बात प्रकट न की थी।'

'तो तुम्हें महात्मा ने क्या ज्ञानोपदेश दिया? गुरु के समक्ष अब उसे प्रकट करने में कुछ अनौचित्य नहीं।'—महर्षि ने आश्वस्त किया।

उत्तर में श्रीकृष्ण का मधुसिक्त कंठस्वर लहरा गया ऋषिकुल में।

स यदशिशिसति यन्पिवासति यत्न रमेतत अस्य दीनाः।

अथ यदशनाति यत्पिवति यद्रमते तदुप्रसदैरेति॥

अथ युद्धसति यज्जक्षति यत्मैथुन चरति स्तुतशस्त्रैरेव तदेति॥

अथ यत्तपो दानमार्जवमहिंसा सत्यवचमिति ता अस्य दक्षिणा।

तस्मादाहुः सौष्यत्प्रसोष्टेति पुनरुत्पःदेनमेवास्य तन्मरण मेवावमृथः॥

'उन्होंने कहा था गुरुवर, कि मृत्यु के समय तीन मंत्रों का जप करना चाहिये। यदि और सब भूल जाओ, तो भी इसे स्मरण रखो क्योंकि यही सबका सार है—तू क्षति रहित है, तू नाश रहित है और तू सूक्ष्मप्राण है।'

'अपूर्व सुन्दर! ज्ञान भी! कंठ भी! सौन्दर्य भी! तो अब तुम्हें और क्या सीखना शेष रहा कृष्ण? कुछ वाद्य बजा लेते हो?'

'यह बड़ा कुशल वेणुवादक है गुरुदेव! इसने वृंदावन में बालपन में ही राग गौरी सिद्ध कर ली थी।'—बलराम ने अनुज को संकोचपूरित देखकर उत्साह से उत्तर दिया।

वेणुवादक! वेणुवादक! बटुक-मण्डली में हर्षोल्लास छा गया। दुर्बल ब्राह्मण किशोर के उदास से मुख पर उत्साह आलोड़ित हो चला। नेत्रों में हर्ष की चमक छिपाए न छिपती थी।

'तो वेणु बजाते थे और धेनु चराते थे ब्रज के सघन वनों में? और नृत्य न करते थे वृंदावन की कुंजगलियों में? देहयष्टि से तो प्रतीत होता है कि विलक्षण नृत्यकला विशारद हो तुम?'—गुरुदेव की स्नेहसिक्त दृष्टि नीलकलेवर पर मोहित हो चली थी।

श्रीकृष्ण पुनः संकुचित हो उठे।

'महाभाग! आप सर्वज्ञ हैं। वास्तव में यह अपूर्व नर्तक है। इसने वृंदावन में रासनृत्य की परंपरा डाली तथा रासलीला को सिद्ध किया है। गुरुदेव! यह वहां अद्‌भुत लालित्यपूर्ण रासलीलाएं आयोजित करके नृत्य-शिक्षा भी देता था। इसके नृत्य-कौशल के

कारण ब्रज में इसे नटवर अथवा नटवर नागर पुकारा जाता था'—बलराम ने पुलकते हुए उत्तर दिया।

'अहो! तो नृत्य-शिरोमणि भी! तुम तो आंगिरस के शिष्य हो, भाग्यवान्! कलाएं तुम्हें स्वयमेव ही आती हैं। तुम्हें तो कुछ सीखना ही नहीं। केवल कुछ आयुधों का ज्ञान पाना ही शेष है तुम्हारे लिए ताकि तुम्हारा साहस व पराक्रम और भी परिमार्जित व परिष्कृत हो तुम्हें अद्वितीय योद्धा बना दे। मैं प्रसन्न हूं तुम तीनों को शिष्य रूप में पाकर। जाओ। अब विश्राम करो। सुदामा! ले जाओ अपने इन नवागंतुक सखाओं को तथा सत्कार से रखो इन्हें।'

सामगान के गायक, दुबले-ब्राह्मण किशोर ने उठकर संकोचपूर्वक अपनी गहन दृष्टि से वन-सखाओं से कुटीर में पधारने का आग्रह किया।

× × ×

वृष्णिवीर वसुदेव की तीन बहनें थीं जिनमें से पृथा अथवा कुंती हस्तिनापुर के महाराज पांडु की पत्नी थीं, श्रुतश्रवा चेदिराज दामघोष को ब्याही गयी थीं और राजाधिदेवी का विवाह उज्जयिनी-नरेश जयत्सेन से हुआ था।

आज अवंतिका के राजमहल के अन्तःपुर में विशेष चहल-पहल थी। राजमाता राजाधिदेवी विशेष प्रसन्न थीं क्योंकि उनके अग्रजों वसुदेव व देवभाग के पराक्रमी पुत्र बलराम और श्रीकृष्ण तथा उद्धव उनसे मिलने आए थे। दूसरी ओर, वसुदेव की दूसरी बहन चेदिराज दामघोष की पत्नी श्रुतश्रवा भी उज्जयिनी में अपने पुत्र सहित आई हुई थीं। इस प्रकार वृष्णिकुल की वे दोनों पुत्रियां अपने भाई वसुदेव व देवभाग के पुत्रों से मिलकर आनंदित थीं।

उज्जयिनी के राजसिंहासन पर युगल बंधु विंद-अनुविंद का राज्याभिषेक पिता की मृत्यु के कारण संयुक्त रूप से हो चुका था। दोनों आयु में बलराम व कृष्ण से कुछ वर्ष छोटे थे। वे बड़े कौतूहल से मथुरा से आए अपने इन भाइयों को देख रहे थे जिन्होंने मथुरा के क्रूर शासक कंस का वध करके अल्पवय में ही आश्चर्यजनक ख्याति अर्जित कर ली थी। चेदिराज-पत्नी श्रुतश्रवा भी अग्रज वसुदेव के प्रतापी पुत्रों पर मुग्ध थीं। अपने भ्रातृजों की तुलना अपने पुत्र से करतीं तो उनका मन दुःख से भर जाता।

'वत्स बलराम! श्रीकृष्ण! उद्धव। तुम लोग कैसे विख्यात वीर पुत्र हो मेरे भाइयों के, किन्तु साथ ही कितने शीलवान् और विनम्र! देखकर हृदय प्रफुल्लित हो गया। अवश्य ही तात वसुदेव व देवभाग ने बड़े पुण्य किये होंगे जो ऐसे बलिष्ठ व धर्मप्रिय पुत्र उन्होंने पाए हैं। किन्तु मेरा पुत्र तुम लोगों जैसा क्यों नहीं हुआ? वैसे वीरता और पराक्रम के लक्षण तो उसमें अभी से हैं किन्तु शील और विनय से वह बिल्कुल शून्य हैं। तुम तीनों और विंद अनुविंद मिलकर उसे समझाओ। वह इतना उद्धत है कि उसकी उद्दण्डता से मैं तथा चेदिराज दोनों सतत् चिंतित बने रहते हैं। आश्चर्य की बात यह है कि जन्म से उसके चार भुजाएं हैं। लोगों का अनुमान है कि आगे चलकर वह वासुदेव का चतुर्भुज अवतार सिद्ध होगा। वह भी यही सोच कर और उच्छृंखल होता जा रहा है। किन्तु अब न जाने क्यों उसकी दो भुजाएं दुर्बल होती जा रही हैं। उसकी धृष्टता का पार नहीं है।

ईर्ष्या और अहंकार अभी से उसमें इतना अधिक है कि वह अपने सहोदरों की भी प्रशंसा नहीं सुन सकता। क्या जाने क्या भविष्य होगा उसका।'

चतुर्भुज अवतार! बलराम मन्द-मन्द मुस्कुराए पितृष्वसा की बात सुनकर। श्रीकृष्ण का ध्यान इस ओर न था। वे उलझ गए थे राजकन्या मित्रविंदा की बाल-सुलभ मनोहारी वार्ता में, उसके अनवरत प्रश्नों में कि कैसे उन्होंने कंस का वध किया और कैसे अपने माता-पिता व उग्रसेन को कारागार से मुक्त किया।

तभी प्रकोष्ठ में जैसे भूचाल आ गया। धमाके के साथ शुकसारिकाओं के पिंजर भूमि पर लोटने लगे। शुकसारिकाएं भयातुर हो चीत्कार करते फड़फड़ाने लगे और साथ में गूंज रहा था दस वर्षीय शिशुपाल का निर्मम अट्टहास। एक बिलाव को बगल में दबाए चेदिराज-पुत्र शिशुपाल अंधड़ की भांति आया और शुकसारिकाओं को पिंजरों से निकालकर बिलाव को खिलाना चाह रहा था।

'अरे क्या करता है रे? छोड़ दे शुकसारिका के पिंजर। उनके प्राण निकले जा रहे हैं भय से। बाहर छोड़कर आ इस वन-मार्जारी को....!'—शिशुपाल की माता श्रुतश्रवा शुकसारिकाओं को बचाने का प्रयास कर रही थीं। राजाधिदेवी अलग व्याकुल हो रही थीं।

'मेरी इस मार्जारी को पक्षी-भोज बड़ा रुचिकर लगता है न, इसलिये आज इसे राज-शुकों का भोजन कराऊंगा... हा-हा-हा-हा'.....—शिशुपाल बैठकर पिंजरा खोलने लगा।

'अहो दुष्ट! पापी! वे निरीह पक्षी हम पर निर्भर हैं अपनी सुरक्षा हेतु। उन अबोध प्राणियों को न मार।'

'आज तो मेरी मार्जारी राज-शुक को ही खाएगी। देखना कैसे चाव से पंजों में लगा रक्त चाट-चाट कर खाती है यह।'

शुकसारिकाओं के चीत्कार, वन-बिलाव की गुर्राहट, शिशुपाल के अट्टहास और दोनों रानियों की गुहार-पुकार से दास-दासी और परिजनों की भीड़ लग गई। सबके समझाते हुए भी उद्धव राजपुत्र उन्मादी-पवन सा पूरे प्रकोष्ठ में अपनी मार्जारी को अंक में लिए उन सबसे उसे बचाने के लिए दौड़ने लगा। माता उस मार्जारी को बाहर भगा देने हेतु उसके पीछे-पीछे दौड़ रही थीं। एकाएक गुर्राती हुई मार्जारी बलपूर्वक उसके हाथ से छूट कर लपक पड़ी पिंजरों की ओर। तभी एक परिचारक ने मार्जारी को एक लाठी से बलपूर्वक एक ओर ठेल दिया। शिशुपाल ने क्रोध से एक मुष्टिक प्रहार किया परिचारक पर और पुनः मार्जारी को अंक में उठा कर दौड़ने लगा।

'पकड़ो इसे..... पकड़ लो बलराम! कृष्ण इसे पकड़ो'....श्रुतश्रवा हांफती-दौड़ती पुकार रही थीं।

शुकसारिका पिंजर से निकलकर फड़फड़ाते मंडरा रहे थे चारों ओर। अन्य लोग भी पक्षियों को बचाने के लिये उन्हें हाथों में पकड़ने हेतु प्रयास कर रहे थे।

तभी कृष्ण ने दौड़ते हुए शिशुपाल को पकड़ कर कस कर अपने अंक में बिठा लिया। शिशुपाल क्रोध से छटपटा कर मुक्त होने को, किंतु कृष्ण के बल के समक्ष वह विवश हुआ जा रहा था।

श्रुतश्रवा दौड़ती हुई उन्हीं की दिशा में आ रही थीं यह कहते हुए—'छोड़ना मत कृष्ण इसे। इसे मुझे पकड़ाओ! आज छोड़ूंगी नहीं इस दुष्ट को। अहो! अहो! कृष्ण..... कृष्ण! यह क्या? तुम..... तुम.....! हा दुर्भाग्य!'—और अनायास वे गिर पड़ीं पृथ्वी पर अचेत होकर।

क्या हुआ? क्या हुआ? चारों ओर पुकार मच गई। राजाधिदेवी, विंद, अनुविंद, बलराम सब दौड़ पड़े उन्हें सम्हालने।

राजाधिदेवी ने तुरन्त शीतल जल के छींटे अनुजा के मुख पर दिये। धीरे-धीरे श्रुतश्रवा का चेत लौटा।

'कृष्ण.... तुम!.... मेरे पुत्र के काल! पुत्रहन्ता होगे? यह... अहो कृष्ण!...... यह क्या हुआ रे ऽ?......'—श्रुतश्रवा ऊंचे स्वर में बिलख पड़ीं।

'किन्तु पितृष्वसा! यह रहा शिशुपाल। यह तो स्वस्थ है पूर्णतः। आप व्यर्थ ही व्याकुल हो गयीं.....।'—कृष्ण ने उन्हें आश्वस्त करते हुए कहा।

'अहो नहीं वत्स। इसकी दो भुजाओं के लिए बताया गया था कि जिसके अंक में बैठने से इसकी वे भुजाएं झड़कर गिर जाएंगी वही इसके काल का कारण होगा। यह क्या हुआ कृष्ण! अहो..... यह क्या हुआ रे!'

श्रीकृष्ण चौंक गए। घूम कर देखा जहां वे शिशुपाल को पकड़कर बैठे हुए थे वहीं कुछ वस्तु पड़ी थी।

बलराम उठाने को झुके।

बलराम और उद्धव के नेत्र भय-विस्फारित हो गए। वे अत्यंत पतली सी अविकसित दो निर्जीव भुजाएं थीं। मांस के निर्जीव लोथड़ों सी।

श्रीकृष्ण हतप्रभ थे। अन्य सभी भयभीत।

तभी शिशुपाल को वस्तुस्थिति का भान हुआ और वह क्रोध से पागल हो छटपटा उठा।

'तुने मेरी भुजाएं तोड़ दीं.... दुष्ट! मैं तुझे जीवित न छोड़ूंगा.....।'—कहता हुआ शिशुपाल दौड़ पड़ा श्रीकृष्ण की ओर दांत किटकिटाता हुआ।

उसने कांस्य का एक भारी जलपात्र उठाकर श्रीकृष्ण की दिशा में पूरी शक्ति से फेंका। कांस्यपात्र श्रीकृष्ण के भाल पर आकर लगा। जब तक उसे कोई रोक पाता शिशुपाल ने दोनों हाथों से भारी काष्ठ-चतुष्पदी उठाकर श्रीकृष्ण की ओर दे मारी। श्रीकृष्ण ने उसे अपने हाथों में झेल लिया। क्रोधोन्मत्त शिशुपाल अन्य किसी वस्तु को खोजने हुंकारें भरता हुआ, प्रकोष्ठ में इधर-उधर विक्षिप्त सा दौड़ने लगा। यह देख बलराम ने कुपित हो उसे अपनी बलिष्ठ भुजाओं में बांध लिया।

सब लोग अभी तक हतप्रभ थे। श्रुतश्रवा भूमि पर लोटती हुई गुहार कर रही थीं।

'अहो रक्षा करो! पकड़ो इसे! यह दुष्ट बालक मेरा यदि कृष्ण को रुष्ट कर देगा तो फिर तो निश्चित रूप से ही कृष्ण के हाथों से मरेगा। अरे..... रक्षा करो मेरे पुत्र की।'

शिशुपाल पिंजरबद्ध सिंह सा तड़प रहा था बलराम के भुजपाश से मुक्त होने को। किन्तु बलराम के बल के समक्ष वह निर्बल था। अन्त में खीझ कर उसने बलराम के हाथों पर अपने दांतों से कस कर काट लिया। रुधिर की धार बह निकली।

बलराम का रुधिर! वही एकमात्र वस्तु थी जो श्रीकृष्ण सह नहीं सकते थे। श्रीकृष्ण के नेत्रों में क्रोध उतर आया। उन्होंने आग्नेय दृष्टि से शिशुपाल को देखा ही था कि पितृष्वसा श्रुतश्रवा लोटती हुई उनके चरणों में आ गईं।

'अहो श्रीकृष्ण! यह शिशुपाल बहुत दुष्ट है... इसमें सन्देह नहीं। छोटा होने पर भी इसने तुम पर हाथ उठाया है। इस मन्दबुद्धि ने छोटा होने पर भी बलराम को आहत करने का दुःसाहस किया है। किन्तु यह तुम्हारी पितृष्वसा का पुत्र है। कृष्ण! इसका जीवन तुम ही पर निर्भर है। इस पर कृपा करो कृष्ण! मेरी विवशता का ध्यान रखो। चेदिराज दामघोष का ध्यान रखो, कृष्ण। इसके छोटे-मोटे अपराध क्षमा कर दो। तुम तो उदार हो। यह धृष्ट तुम्हारा अनुज है। मुझे वचन दो कि अपने इस धृष्ट अनुज को क्षमा कर दोगे। मेरे कहने से, कृष्ण मेरे पुत्र को क्षमा कर दो। क्षमा कर दो। क्षमा कर दो.....।'—कहते कहते श्रुतश्रुवा पुनः रो पड़ी।

श्रीकृष्ण ने अपने क्रोध को नियंत्रित किया।

'पितृष्वसा! करूंगा क्षमा। यह तो बालपन से ही हिंसा-प्रेमी और कठोर-हृदय है तो भी वचन देता हूं कि यह उत्पाती शिशुपाल आपका पुत्र है इसलिये इसे क्षमा करता जाऊंगा। किन्तु! एक सीमा तक ही। इसके सौ अपराध तक क्षमा करता जाऊंगा। किन्तु! पितृष्वसा! सौ के बाद नहीं। यदि यह सौ अपराधों की ही लक्ष्मण-रेखा में स्वयं को आबद्ध रखे तो उत्तम होगा। उसके बाद वही होगा जिस पर किसी का वश नहीं है।'

× × ×

सघन वन में कृष्ण और सुदामा गुरुकुल के उपयोग के लिए ईंधन एकत्रित कर रहे थे। लकड़ियां काट कर आश्रम ले जाने की गुरुआज्ञा मिली थी। निकट ही आश्रम की गौएं चर रही थीं।

'रहने दो कृष्ण! लकड़ी तो मैं ही काट डालूंगा। तुम शमी तले बैठकर वंशी बजाओ न। मेघ घिर रहे हैं, मयूरों की केकारव से सृष्टि उल्लसित हो रही है, ऐसे समय में यदि तुम वेणुधुन छेड़ो तो कितना आनन्द आएगा'—सुदामा ने श्रीकृष्ण के हाथ से कुल्हाड़ी लेते हुए कहा।

'मन तो मेरा भी हूक रहा है वंशी बजाने को इस वनस्थली में आकर, किन्तु मैं बजाऊंगा नहीं। कदापि नहीं बजाऊंगा।'

'क्यों सखे? अरे.... यह क्या?.... तुम मुझसे रुष्ट हो?'

श्रीकृष्ण मुख फेरकर वृक्ष के तने से टिक कर खड़े हो गए। सुदामा के प्रश्न का कोई उत्तर नहीं दिया।

'मुझसे अपराध हो गया मित्र? मुझसे रुष्ट हो? मैंने, किंतु ऐसा क्या कह दिया... क्या कर दिया? मुझे तो स्मरण नहीं आती ऐसी कोई बात जिससे तुम्हें पीड़ा पहुंची हो। परन्तु कहीं मुझसे कुछ अपराध हुआ अवश्य होगा अथवा मेरा इतना ज्ञानी और

विवेकवान् मित्र मुझसे ऐसा रूखा व्यवहार क्यों करता? कितना मूढ़ हूं मैं। कैसी मूर्खतावश मित्र के हृदय को पीड़ा पहुंचा दी। मैं कितना अभद्र हूं।'—सीधे सादे संवेदनशील सुदामा के विशाल काले नेत्रों में क्षोभ के आंसू डबडबा आए।

श्रीकृष्ण का मन विगलित हो गया। सुदामा के कंठ में एक बाहु डाली और दूसरे से सुदामा का हाथ हटा कर स्वयं उसके अश्रु पोंछने लगे।

'अरे मित्र मैं क्या जानता था कि तुम इतनी शीघ्र व्याकुल हो उठोगे! मैं तुमसे रुष्ट कैसे हो सकता हूं? मैं तो परिहास कर रहा था। मुझे क्षमा कर दो, व्यर्थ ही तुम्हारा मन दुखा।'—कृष्ण ने अपने हाथों में सुदाम्मा के दुर्बल हाथों को थाम लिया।

'किन्तु सखा! जब तुमने वंशीवादन का मेरा अनुरोध ठुकराया था तब निश्चित रूप से तुम्हारे मन में मेरे प्रति रोष था। झुंझलाहट थी!'—सुदामा ने बल देते हुए कहा।

'हा-हा-हा-हा! अरे मित्र! तुम बड़े भोले हो। अभी तक समझ नहीं पाए कि मैं कितना अभिनय-पटु हूं! मेरे मन में किंचित भी रोष नहीं तुम्हारे प्रति। किन्तु मित्र! तुम्हारी एक बात मुझे पीड़ा अवश्य पहुंचाती है....।'

'क्या ऽऽ?'—सुदामा के विशाल नेत्र विस्फारित होकर उसके दुबले-पतले मुख पर पूरे-पूरे छा गए।

'हां मित्र! मुझे बड़ा ही कष्ट होता है कि तुम मुझसे कितना संकोच करते हो, कितनी दूरी रखते हो। लेकिन क्यों? स्वयं ही मेरे लिये सब करते हो। मुझे कुछ नहीं करने देते। क्या मैं कुल्हाड़ी से लकड़ी नहीं काट सकता था? क्या मैं कुटीर का स्वयं परिमार्जन नहीं कर सकता था? तुम मुझे अपना क्यों नहीं समझते? मुझे पराया क्यों समझते हो? क्या मैं तुम्हारा सखा नहीं? क्या मैं तुम्हारा मित्र नहीं?'—कृष्ण एक श्वास में बोल गए।

सुदामा अवाक् रह गया कुछ पल।

'मित्र! तुम मुझे अन्यथा समझ बैठे। तुम तो मेरे अभिन्न मित्र हो। तुमसे कैसी दूरी और परायापन? किन्तु एक बात है कृष्ण, कि मन ही मन कहीं पर मेरे स्वभाव में जन्मजात संकोच है ही। तुम्हारे प्रति वह संकोच और भी वृहद् हो जाता है। कृष्ण! मैं एक बड़े ही दरिद्र ब्राह्मण परिवार से आया हूं और तुम राजवंशी हो। मैं अत्यंत दीनहीन हूं और तुम सम्पन्न हो, मित्र। मैं एक भीरु ब्राह्मण बालक हूं और इतनी कम वय में ही तुम्हारी गणना विख्यात पराक्रमी पुरुषों में होने लगी है। मेरी तुम्हारी समानता कहां वासुदेव? मैं तुम्हारे गुणों और प्रतिभाओं से अभिभूत हूं। तुम्हारे निश्छल उदार हृदय पर अपना हृदय न्यौछावर करता हूं। माधव! मैं तुम्हारा मुग्ध प्रशंसक हूं। मेरा अहोभाग्य सखा, कि तुम जैसे विलक्षण व्यक्ति की मित्रता और विश्वास मुझे प्राप्त है। बस प्रेम के कारण मन होता है तुम्हारे लिये क्या-क्या न कर डालूं। वासुदेव! तुम बड़े हो। मैं छोटा हूं। मेरा तुम्हारा साथ बड़ा अद्‌भुत है। मैं इस असमानता से सामंजस्य अब तक नहीं कर पाया हूं। मुझे क्षमा कर देना, मित्र?'

मन्द-मन्द फुहारों में भीगते सुदामा ने निश्छलता से अपना मन खोल दिया। कृष्ण ने सुदामा को बाहुओं में भर लिया।

'सुदामा! मेरे मित्र! मैं भी तो वनों में पला हूं, धूल में लोटा हूं। चिलचिलाती दुपहरियों में तपती बालुका पर चला हूं, दिन-दिन भर धेनु चराता हुआ वन-वन भटका हूं। मैं तुमसे कहां से भिन्न हो गया? मैं कैसे तुमसे बड़ा हो गया? तुम्हारा यह संकोच मुझे बड़ा कचोटता है, सुदामा।'

'क्षमा कर दो माधव! अब कभी तुम्हारे मन को पीड़ा न पहुंचाऊंगा। मुझे क्षमा करना!'—सुदामा ने लगभग गिड़गिड़ाते हुए स्वर में कहा।

'अहो! वर्षा ने तो भयंकर वेग पकड़ लिया! आओ मित्र हम इस वृक्ष पर चढ़कर बैठ जाएं!'—कृष्ण ने सुदामा का हाथ पकड़कर पहले उसे एक शाखा पर चढ़ाया, तत्पश्चात् स्वयं निकट की एक शाखा पर चढ़ कर बैठ गए।

पक्षियों के पांखों की भांति कृष्ण और सुदामा के वस्त्र भी भीग कर चिपक गये थे। वर्षा घनघोर थी। वायु भी प्रबल हो चली।

....कुटुर ....कुटुर ....कुट् कुट्! कुटुर.... कुटुर.... कुट्.... कुट्!......

कृष्ण चौंके।

'यह कुटुर-कुटुर की ध्वनि कैसी सुदामा?'

ध्वनि शांत हो गई।

बड़ा संकट है—सुदामा ने सोचा। दो दिन से लगातार गुरुदेव ने ऐसा कसकर पथ्य कराया है कि अब मारे भूख के पेट में महामूषकों ने उत्पात मचा डाला है। कितनी बार आश्वस्त भी करना चाहा गुरुदेव को कि अब मैं पूर्णतः स्वस्थ हूं और क्षुधा भी सामान्य रूप से अनुभव हो रही है। किंतु गुरुदेव मानें तब न! उन्होंने निर्णय दे डाला कि दो दिन और पथ्य चलेगा। अर्थात् दो दिन और निराहार! रात में चुपचाप कुटीर में जाकर अपनी कंडिका में टटोला कि गुरुकुल आते समय माता ने क्या-क्या बड़े लाड़ से साथ में बांध दिया था यह कह कर कि कभी समय-कुसमय काम आएगा। चने की पोटली हाथ लगते ही जैसे हाथ गड़ा धन लग गया। भूख के मारे तो तभी व्याकुल था किन्तु तब अनायास सखाओं के प्रवेश के कारण खा नहीं पाया। इसलिये साथ में बांध लाया कि वन में लकड़ी काटते में अवसर पाते ही जठराग्नि शांत करूँगा। उधर गुरुदेव पथ्य पर चला रहे हैं, इधर क्षुधा-भैरवी के उत्पातीगण उदर-शांति भंग किए हुए हैं। और अब यह कृष्ण! कृष्ण भी कैसा अद्‌भुत है! इसे सब पता चल जाता है। यह बड़ा जटिल है। इससे कुछ भी छिपा सकना कितना कठिन है।

सुदामा ने बड़ी सावधानी से धीरे से एक मुट्ठी चने फिर मुख में डाल कर धीमे से चबाया।

कुटुर.... कुटुर.... कुटुर.... कुटुर.... कुट्-कुट्।

कृष्ण फिर चौंके। कौतूहल से सुदामा को देखा और फिर अपना प्रश्न दुहराया।

'फिर वही ध्वनि। सुदामा, यह विचित्र ध्वनि तो कहीं निकट से आ रही है। आश्चर्य है तुम नहीं सुन पा रहे। मुझे तो लग रहा है कि तुम्हारे ही निकट से यह ध्वनि आ रही है।'

सुदामा चुप! मुख में चने भरे थे। बोलना मुश्किल। चबाना मुश्किल। यदि बोले तो खाते-खाते बोलना होगा। चबाएं तो कुटुर कुटुर करना होगा। और यह कृष्ण! यह शांति से क्यों नहीं बैठा रहता कुछ देर।

भूखे सुदामा ने फिर सावधानी से चने चबाए—कुटुर-कुटुर... कुट्-कुट्।

'सुदामा! यह क्या हो रहा है? निश्चित रूप से यह ध्वनि तुम ही कर रहे हो।'

'हां कृष्ण! मैं शीत से ठिठुर रहा हूं वर्षा के कारण। मेरे दांत किटकिटाए जा रहे हैं। दांतों की ध्वनि से ही तुम बार-बार चौंक रहे हो स्यात्।'—सुदामा ने किसी भांति सूखे चने गटकते हुए कहा।

'अहो! मित्र तुम बहुत दुर्बल हो न, इसलिये शीत का प्रकोप तुम पर शीघ्रता से होना स्वाभाविक है। मुझ पर शीत का ऐसा प्रभाव नहीं है। लो मैं तुमसे सट कर बैठता हूं, अब तुम्हें मेरी ऊष्णता मिलेगी और फिर नहीं ठिठुरोगे।'

हो गया कल्याण! सुदामा ने अपना भाग्य कोसा।

कृष्ण अपनी शाखा से खिसक कर सुदामा वाली शाखा पर आ गए। निकट बैठ कर उन्होंने सुदामा को बाहुओं में आबद्ध किया ही था कि चौंक पड़े।

'तुम्हारे मुख में क्या है सखा?'

'कुछ नहीं मित्र।'

'अवश्य कुछ है। क्या है तुम्हारे मुख में?'—कृष्ण को भला कोई बहका सकता था?

'दांत!'

'हूं! दांत तो मेरे मुख में भी हैं। किन्तु मेरे दांतों से तो ऐसी सोंधी-सोंधी गंध नहीं आ रही। यदि तुम्हारे दांतों में सदा ही ऐसी गंध आती रहती हो तो बात अलग है। किन्तु मैं तो सदा तुम्हारे साथ ही रहता हूं। आज पहली बार ही तुम्हारे मुख से चने की ऐसी सोंधी गंध अनुभव कर रहा हूं कि भूख से व्याकुल होने के कारण मेरे मुख में पानी आ रहा है और उदर में क्षुधाग्नि भड़क उठी है। तो मित्र! सच-सच कहो, वास्तव में तुम्हारे मुख में दांत ही हैं न, कहीं चने तो नहीं? कोई भूल तो नहीं हो रही तुमसे?'—कृष्ण ने नाटकीयता से कटाक्ष करते हुए पूछा।

सुदामा को तो काठ मार गया जैसे।

'मित्र! तुम कैसे स्वार्थी हो जो अकेले ही अकेले चने खा रहे हो और मैं भूख से अकुला रहा हूं। मेरी चिन्ता नहीं तुम्हें? मेरे लिए सोचा ही नहीं तुमने कि यह भी भोर से भूखा-प्यासा होगा, इसे भी कुछ चने दे दें?'

'नहीं कृष्ण! सोचा था। तुम्हारे लिए सोचा था किन्तु यह.... यह.....।'

'क्या यह-यह? मैं भूख से मरा जा रहा हूं और तुम मुट्ठी पर मुट्ठी चने उड़ा रहे हो माता के दिये हुए? लाओ मुझे भी दो!'—कृष्ण ने सुदामा की पोटली में हाथ डालने का प्रयास किया।

'नहीं मित्र! नहीं। ये चने मैं.... मैं तुम्हें नहीं दे सकता। कदापि नहीं दे सकता मित्र। मुझे क्षमा करो..... मुझे क्षमा करो'—सुदामा व्याकुल होकर चने की पोटली कृष्ण से छिपाने का प्रयास करने लगा।

'मुझे क्यों नहीं दे सकते? मुझे भूख लगी है। मेरे लिए तुम्हारे मन में प्रेम नहीं? और तुम मेरे मित्र हो?'

'जो भी कह लो कृष्ण! ये चने मैं तुम्हें कदापि नहीं दूंगा। प्रेम! प्रेम मेरे हृदय में तुम्हारे लिए कितना है यह फिर कभी बताऊंगा। किन्तु ये चने न दूंगा कृष्ण। नहीं दूंगा। नहीं दूंगा।'—आतुर सुदामा ने पूरी शक्ति से चने की पोटली अपनी ओर खींचनी चाही।

'विचित्र हो मित्र! प्रेम की दुहाई भी देते हो और मित्र को भूखा भी खूब मार लेते हो। इसका अर्थ तो सीधे-सीधे यही है सुदामा कि तुम कृष्ण से स्नेह नहीं करते। लाओ मुझे दो। मुझे खाने दो चने, मित्र। ऐसे स्वार्थी न बनो कि अकेले-अकेले चने समाप्त कर डालो और मैं तुम्हारा तृप्त मुखमण्डल ही निहारता रह जाऊं।'—कृष्ण ने बलपूर्वक एक मुट्ठी चने झपट लिए पोटली में से।

'न खाना मित्र। कृष्ण! मेरे मित्र..... मेरे सखा, न खाना उन्हें.... मेरी सौगंध है तुम्हें.....'—सुदामा व्याकुल हो गुहार उठा।

'क्यों?'—कृष्ण का हाथ मुख में जाते-जाते रुक गया।

'कृष्ण! मित्र,... ये चने तुम्हारे उपयुक्त नहीं....।'—सुदामा कातर होकर गिड़गिड़ाया।

हा-हा-हा-हा-हा-हा.... कृष्ण की अट्टहास गूंजकर मेघगर्जन में मिल गया।

'तो केवल इसीलिये न खाऊं ये चने?'

'कृष्ण... चने कच्चे हैं... कठोर हैं.... पत्थर जैसे हैं...'—सुदामा ने अपने हाथ से कृष्ण की मुट्ठी के चने नीचे गिराने का प्रयास किया।

'तो केवल इसीलिए न खाऊं चने? हा-हा-हा-हा'.....

'कृष्ण! ये चने बहुत पुराने हो गए हैं। तीन वर्ष पूर्व जब आश्रम प्रथम बार आया था तब माता ने साथ में बांध दिये थे। मित्र! चने बहुत पुराने हैं।'

'बस! इसीलिये न खाऊं चने? हा-हा-हा-हा'—कृष्ण ने सुदामा के हाथ से अपना हाथ बलपूर्वक छुड़ा कर चने मुख में डालना चाहा।

सुदामा में न जाने कहां से इतनी शक्ति आ गई कि उसने दुगने वेग से कृष्ण का हाथ दृढ़ता से पकड़ कर थाम लिया।

'कृष्ण! कृष्ण! ये चने.... ये चने पूरी तरह घुन गए हैं.....इन्हें न खाना मेरे भले मित्र!'—रुआसे सुदामा ने फिर गिड़गिड़ाते हुए विनती की।

'तो! इसीलिए न खाऊं चने.... हा-हा-हा-हा!'

'कृष्ण! इन चनों में कीट हैं। स्यात् कीट अधिक और चने कम होंगे। ऐसी घृणित वस्तु तुम्हारे मुख में कभी न गई होगी आज तक। ईश्वर न करे, तुम्हें यह सड़ी वस्तु खिलाने का पाप मुझ पर पड़े। कृष्ण! ये चने बहुत पुराने, कच्चे, घुने हुए और कीट-युक्त हैं! ये हानिकर हैं मेरे मित्र!' सुदामा रो पड़ा।

'बस! इतनी सी बात मित्र! इसीलिए मुझे रोक रहा था? ऐसे चने तू खा सकता है। मैं नहीं? सुदामा खा सकता है.... और कृष्ण नहीं? यही मित्रता है हमारी! तू स्वयं तो ऊंचा उठ गया मित्र और मुझे इतना नीचे उतार डाला तूने! इतना दूर कर दिया मुझे तूने अपने से? इतना पराया समझता है मुझे? तू घुने, सड़े, बासे, पुराने और कच्चे चने खा सकता है किन्तु तेरा मित्र नहीं! मित्र का इतना भला सोचेगा तो मित्र तेरे साथ कैसे रह पाएगा? वह तो आकाश में चढ़ ही नहीं जाएगा, उड़ जाएगा, और तू मित्रविहीन हो जाएगा। तू मुझे इतना प्यार करता है कि मुझे चने न खाने देगा क्योंकि वे दोष-युक्त हैं। स्वास्थ्य के लिए हानिकारक हैं। स्वयं दो दिन से पथ्य पर चल रहा है किन्तु तू ये सड़े चने खा सकता है। तुझे चने हानि नहीं पहुंचाएंगे! पर मुझे हानि न कर जाए कोई वस्तु, इसकी तुझे अधिक चिंता है। तू अद्भुत है मित्र! विलक्षण है तेरी मित्रता! धन्य है तू और तेरी मित्रता! सुदामा! सुन ले, कान खोलकर सुन ले..... मैं तो अवश्य खाऊंगा ये चने। ये प्रेम से पगे चने अवश्य खाऊंगा।'

सुदामा ने विवश हो अपने अश्रु पोंछते हुए कृष्ण के कंधे पर शीश टिका कर पोटली खोल दी कृष्ण के सामने। कृष्ण अपार तृप्ति से चने खा रहे थे।

'देख मित्र! आगे से तू मुझे कभी पराया न समझेगा?'

'न समझूंगा मित्र!'

'मुझसे संकोच न करेगा कभी?'

'न करूँगा मित्र!'

'तो आज से हम दोनों मित्र ही नहीं, अद्वितीय मित्र हुए। जीवन भर यह मित्रता निर्वाह करेंगे। संकट में एक दूसरे को स्मरण करेंगे और एक दूसरे को सहायता करेंगे। क्यों सखा?'

कृष्ण और सुदामा आलिंगबद्ध हो सावन-भादों हो रहे थे।

× × ×

आश्रम में सांझ गहरी हो चली थी। गहराते झुटपुटे में गुरु कुटीर लुप्त सी हो गई थी। श्रीकृष्ण विस्मित हुए। गुरुगृह में अंधकार क्यों? आज सांझ-प्रदीप भी नहीं जला। झींगुरों की झनकारों के अतिरिक्त वहां और कोई ध्वनि न थी। जीवन निश्चल हो गया हो जैसे। गहनता के लिए अंधकार और निस्तब्धता में स्पर्धा प्रतीत होती थी।

कुछ आगे बढ़ने पर निश्चल बैठे दो आकारों का आभास हुआ। अपने नियत स्थान पर मृगछाला पर गुरुदेव सान्दीपनि विराजमान हैं। निकट ही गुरुपत्नी भी बैठी हैं। श्रीकृष्ण आश्वस्त हुए। स्यात् गुरुदेव तथा गुरुपत्नी में कोई गंभीर वार्तालाप चल रही हो। वे दूर ही खड़े रहे कुछ देर। किन्तु वहां निपट नीरवता थी।

'गुरुदेव!'—संकोच से आगे बढ़कर श्रीकृष्ण बोले।

'कौन....?'—भर्राए कंठ से गुरु की आत्मविस्मृत वाणी निःसृत हुई।

'मैं कृष्ण हूं, गुरुदेव।'

'आओ वत्स, बैठो। कहो।'

'गुरुदेव! हम अकिंचन ऐसा तो कुछ भी आपके चरणों में अर्पित नहीं कर सकते जिसे गुरु-दक्षिणा कहा जाए, किन्तु फिर भी घर लौटने से पूर्व आपकी कोई भी सेवा कर के हम धन्य होंगे। हमारा कर्तव्य निर्देशित करें। आज्ञा दें गुरुदेव!'

महर्षि सान्दीपनि मौन थे। सन्नाटा छाया रहा।

गुरुकुल में मंत्र व देवताओं का ज्ञान, धनुर्वेद, धर्मशास्त्र, मीमांसा, तर्कविद्या, न्यायशास्त्र, दण्डनीति आदि का अध्ययन बलराम तथा श्रीकृष्ण ने दो-ढाई माहों में ही समाप्त कर लिया था। उद्धव और अधिक विस्तार में अध्ययन करने हेतु अभी आश्रम में ही रुकने वाले थे। बलराम तथा श्रीकृष्ण कितनी ही बार पूर्व में दक्षिणा हेतु अनुनय कर चुके थे किंतु स्नेहशील गुरुवर ने हर बार दक्षिणा लेना अस्वीकार कर दिया था। अतः आज एकांत में श्रीकृष्ण ने एक बार और प्रयास किया।

'गुरुवर! हम नितान्त अशिक्षित एवं प्राकृत ग्रामीण थे। हमें परिमार्जित करके आपने मनुष्य बना दिया। गुरु-ऋण तो कभी चुकाया नहीं जा सकता। किन्तु आपकी सेवा से हमें ही कुछ संतोष मिल जाएगा, आज्ञा दें गुरुदेव!'—श्रीकृष्ण ने पुनः विनीत भाव से प्रार्थना की।

'कैसी सेवा वत्स? इस बात की गुरुदक्षिणा कि मैंने तुम्हें मनुष्य बनाया?'—गुरु सान्दीपनि अब तक संयत हो चुके थे और स्मित-हास्य से उन्होंने अपने परम प्रिय शिष्य से पूछा।

'हां गुरुवर! हम तो वनचर थे। हमें परिष्कृत कर दिया गुरुकृपा ने। सभ्य और सुसंस्कृत बना दिया। गुरुदेव! हमें मानव बना दिया आपने।....'

'मानव बना दिया! हा.... हा.... हा.... हा...'—महर्षि के सरल हास्य से कुटीर धुल सी गई। अंधकार में भी स्निग्ध आलोक बिखर गया हो जैसे।

श्रीकृष्ण संकुचित हुए।

'कैसी मानवलीला की है प्रभु तू ने!'—सान्दीपनि ऋषि ने हंसते हुए अंधकार में ही हाथ जोड़ लिये।

'देव को यदि कोई मानव बना दे, तो वह तो दण्ड का भागी होगा, दक्षिणा का नहीं। तुम क्या हो वासुदेव, क्या मैं जानता नहीं?—महर्षि गद्गद कंठ से कह उठे।

श्रीकृष्ण ने माथा टेक दिया उनके चरणों में।

'नहीं वासुदेव! कुछ नहीं चाहिये। कुछ नहीं चाहिये। मैं अंतर तक तृप्त हूं। धन्य हूं। संतुष्ट हूं। कोई आकांक्षा नहीं मेरी। किन्तु श्रीकृष्ण! यदि मेरे लिये कुछ करना ही चाहते हो तो केवल इतनी कृपा करना कि जब भी मैं स्मरण करूं तो मुझे दर्शन दे देना!'—भावविह्वल गुरु बोले।

'यही केवल, गुरुदेव?'—श्रीकृष्ण हत्प्रभ थे।

पूर्व गुरु महर्षि घोर आंगिरस ने तो स्वयं ही गुरुदक्षिणा मांगी थी। मुझसे पाई शिक्षा का पूरे विश्व में प्रचार करना, जनमानस में स्थापित कर देना, इसे ब्रह्मविद्या के रूप में प्रतिष्ठित कर देना। यह ब्रह्मविद्या मानव जीवन की सनातन ज्योति बन जाए ऐसा चमत्कार करना, वत्स!' श्रीकृष्ण ने गुरु के चरण पकड़ लिए थे।

आज फिर से श्रीकृष्ण गुरु के लिये कितना कुछ करने को उत्कण्ठ थे। मन में कितनी आतुरता थी, कितना उत्साह था गुरुसेवा हेतु। गुरु के प्रति अगाध-श्रद्धा उनसे कुछ करवा देने को तुली हुई थी। किसी कठोर आज्ञापालन की प्रतीक्षा थी। शक्ति की प्रचंड लहरें भीतर ही भीतर हिलोरें ले रही थीं। महामना गुरु ने कोई आज्ञा न दी। श्रीकृष्ण निरुत्साहित थे। श्रीकृष्ण निराश थे।

'चौंक क्यों गए श्रीकृष्ण! यही तो सार है जीवन का। यही फल है तपस्या का, माधव। यही अन्त है सृष्टि का। तुम्हारे दर्शन होते रहें वासुदेव, तो फिर और क्या चाहिये! कुछ नहीं! कुछ नहीं वासुदेव। कुछ नहीं।'

श्रीकृष्ण ने शीश नवाया महर्षि के चरणों में। गुरुपत्नी निश्चल बैठी थीं। उनके चरणों में भी शीश नवाया। वे कुछ न बोलीं। केवल श्रीकृष्ण के घुंघराले काकपक्षों पर आशीष भरा हाथ फेर दिया।

श्रीकृष्ण हौले-हौले बाहर आ गए उठकर। कुछ सोचते हुए वे कदलीवृक्षों के झुरमुट तक पहुंचे और ठिठक गये।

आज गुरुगृह में सांझ-दीप नहीं जला। गुरुगृह में अवसाद की कालिमा क्यों? गुरुपत्नी का व्यवहार इतना असामान्य क्यों? वे तो श्रीकृष्ण को पुत्रवत् स्नेह करती थीं। उन्हें देखते ही पुलकित हो उठती थीं। और आज! आशीर्वचन भी न निकले मुख से। विषाद का तिमिर क्यों गुरु-गृह पर! क्या हमारे विछोह से? अथवा कुछ अन्य कारण से! कोई विगत आघात की पीड़ा पुनर्जीवित हुई क्या? फिर श्रीकृष्ण के चरण वहां से आगे न बढ़ सके।

.....हां जब गुरुपत्नी के चरणों में शीश झुकाया था, तब कुछ आभास हुआ था। तो वह आभास मात्र भ्रम नहीं था! वह सत्य था! गुरुपत्नी का शरीर हिल रहा था, स्यात् रुदन के आवेग से। उनके हाथ कांप रहे थे जब उन्होंने शीश पर हाथ फेरा था। श्रीकृष्ण का हाथ अपने आप अपने शीश पर चला गया जहां गुरुपत्नी ने हाथ फेरा था। और वे चौंक पड़े।

अश्रु! गुरुपत्नी के अश्रु! केशों पर जल-कण थे। आज गुरुदेव भी आत्मविस्मृत से लगे। किन्तु वे परम धैर्यशील हैं, मन के भावों को प्रकट नहीं करते। उस तिमिराच्छन्न कुटीर में दोनों ही कैसे निश्चल बैठे थे। मूर्तिवत्। गुरुपत्नी की व्यथा का कारण?

अनायास नीरवता भंग होती हुई लगी। कुछ ध्वनि आ रही थी गुरु-कुटीर की दिशा से।

'अहो नाथ! अपने लिए नहीं तो मेरे खंडित मातृ-हृदय हेतु ही मांग लेते उस सर्वज्ञ से। पुत्र-शोक से व्याकुल मेरा मन न मुझे जीवित रहने देता है, न मृत। एकमात्र पुत्र को गंवा कर, अब जीवन काटे नहीं कटता, नाथ! वंश-दीप क्या सदा-सदा के लिए बुझ गया? यह आज क्या किया? श्रीकृष्ण का जीवन तो चमत्कारों से भरा पड़ा है। क्या वह हमारे खोए हुए पुत्र को लौटा कर न ला देता यदि आपने उससे एक बार भी कहा होता तो? यह कैसा सुयोग गंवा दिया आपने? श्रीकृष्ण हमारे लिए सब कुछ करता। आपने अपना पुत्र क्यों न मांग लिया गुरुदक्षिणा में?'—गुरुपत्नी की पीड़ा घुटी हुई सुबकियों में बदल गई।

महर्षि सान्दीपनि अविचलित भाव से मौन बैठे रहे कुछ पल। धीरे-धीरे उनकी गंभीर वाणी आकुल पत्नी को धैर्य बंधाने लगी।

'आर्ये! होनी को तो कोई टाल नहीं सकता। न ब्रह्मा, न विष्णु! भाग्य में पुत्र-विछोह था, वह हुआ। विधि का विधान अटल है। मैं स्वार्थवश एक अप्राकृतिक मांग प्रस्तुत करके ईश्वर को भी असमंजस में न डालना चाहूंगा। प्रकृति और विधि के नियम सर्वोपरि है। उन्हें भंग न करना ही उचित है। दो वर्ष काट लिये हमने पुत्र के बिना। शेष जीवन भी कट ही जाएगा किसी न किसी प्रकार। अपने स्वार्थ हेतु शिष्य की ऐसी कठोर परीक्षा कभी सत्‌गुरु नहीं लिया करते फिर शिष्य भले ही स्वयं भगवान क्यों न हो.....।'

गुरुपत्नी का दबा हुआ रुदन फूट पड़ा। वनस्थली में श्यामल संध्या और अंधकारमयी हो गयी।

'धीरज रखो आर्ये। तुम तो ज्ञानवती हो। मेरी तपस्या के पीछे आधी तुम्हारी भी तपस्या है और मेरे ज्ञान और उपलब्धियों में आधा भाग तुम्हारा भी है। फिर ऐसी व्याकुलता क्यों? देखो, मैंने किस प्रकार अपने पितृ-वात्सल्य को कठोर प्राचीरों में बांध लिया है.....।'

'किंतु.... मैं.... मैं तो पिता नहीं नाथ! मैं मां हूं। देवकी का मातृ-हृदय मुझमें भी है। उसकी भांति पुत्र-शोक से मेरा हृदय भी दग्ध है। श्रीकृष्ण ने देवकी की पीड़ा समझी है, तो क्या वह मेरे मन की पीड़ा न समझ पाएगा? देवकी की पीड़ा समझते ही वह वृन्दावन के समस्त नेह-बन्धनों को तोड़कर किस प्रकार आतुर हो दौड़ पड़ा था माता को सुख देने। नाथ! श्रीकृष्ण मां के आकुल-अंतर की गुहार समझता है। एक बार तो कहा होता उससे। अलौकिक शक्तियां उसके पास हैं। वह तो संकल्प-शक्ति से ही असंभव को संभव कर सकता है तो क्या मेरे एकमात्र खोए हुए पुत्र को नहीं ला देगा?'

'अवश्य ला देगा माता।'

महर्षि एवं उनकी पत्नी चौंक पड़े। निपट अंधकार में वे कुछ देखने में असमर्थ थे।

'कौन?.... श्रीकृष्ण क्या?'—महर्षि ने कंठस्वर पहचानते हुए पूछा।

'हां महाभाग! मैं कृष्ण हूं। माता! अब कष्ट न पाना। तुम्हारे कष्ट दूर कर सका तो मेरा जीवन धन्य हो जाएगा। तुम्हारा वत्स तुम्हें मिल जाए, आज से मेरे जीवन की यही महती कामना तथा सत्प्रयास रहेगा। विचलित न हों देवी! अब कृष्ण समूची शक्ति से प्रयास करेगा तुम्हारे अन्तर की पीड़ा मिटाने का। मुझे आशीष दें गुरुजन कि मैं अपने अभियान में सफल होकर पुनर्दत्त को लाकर आपके चरणों में डाल सकूं। आज्ञा दें गुरुदेव, कल ही सौराष्ट्र की ओर प्रस्थान करने की।

'धन्य है पुत्र तू! धन्य है वत्स! तू ने माता के पीड़ित मन की पुकार सुन ली अंततः। तू ने सदा मां की ममता की लाज रखी है। नारी की पीड़ा सब नहीं समझते, श्रीकृष्ण। तेरे जैसे सहृदय दयालु भी सब नहीं होते। तू सदा-सदा इसी प्रकार धर्म-प्रवर्त रहे। युग-युग जिये मेरा श्रीकृष्ण और चारों ओर आनन्द की वर्षा करता रहे सदा....'—गुरुपत्नी श्रीकृष्ण को अंक में भर कर फफक पड़ीं।

अपने कपोलों पर बह आए अश्रुओं को अंधकार में हौले से पोंछ कर महर्षि संयत हुए।

'श्रीकृष्ण! दो वर्ष हुए जब हम सौराष्ट्र में प्रभास तीर्थ गए थे तभी पुत्र पुनर्दत्त को समुद्री जीव, तिमि लील गया था। कह नहीं सकते कि पुत्र जीवित है अथवा नहीं। किन्तु तुमने जब निर्णय ले लिया है उसे कहीं से भी ढूंढ़ लाने का, तो अब वह दिन दूर नहीं जब तुम्हारे गुरुगृह में बुझी हुई वंश-ज्योति पुनः प्रदीप्त हो उठेगी। किन्तु वासुदेव! जब तक तुम लौट कर नहीं आओगे तब तक तुम्हारी यह माता ऐसी ही व्याकुल बनी रहेगी। प्रतीक्षा बड़ी पीड़ादायक होती है वत्स! बड़ी कष्टकर होती है। हम तुम्हारे लौटने तक निश्चिंत न बैठ सकेंगे, अतः हम दोनों भी तुम्हारे साथ ही प्रभास चलेंगे।

'अवश्य चलें गुरुदेव! आपका मार्गदर्शन हमें अपने अभियान में सहायता देगा।'

एकाएक गुरुपत्नी सांझ-प्रदीप प्रज्ज्वलित करने उठ गयी।

श्रीकृष्ण की चिंतातुर दृष्टि एकटक उस करुणामयी के विषादयुक्त मुख पर लगी हुई थी। कुछ देखा। कुछ पाया। और वे आश्वस्त हो गए। संतोष की मधुर मुस्कान उनके अधरों पर खेल गई।

गुरुपत्नी के अश्रुपूरित नेत्रों में आशा की लक्ष-लक्ष दीपशिखाएं मुस्कुरा कर झिलमिला उठी थीं।

× × ×

इधर श्रीकृष्ण व बलराम गुरु-परिवार के साथ सौराष्ट्र की ओर प्रस्थान कर रहे थे, उधर जरासंध का संवाद पाकर मगध राजधानी गिरिव्रज में विभिन्न नरेश एकत्रित हो चुके थे। सभागार के मध्य एक विराट सिंहासन रखा था जिस पर व्याघ्र-चर्म बिछा हुआ था और उस पर विराजमान था दीर्घ उच्छ्वासें छोड़ता, क्रुद्ध नागराज सा फुफुकारता हुआ सम्राट जरासंध।

जरासंध का भारी कंठस्वर सभागृह में गूंज उठा।

'आमंत्रित राज्याधिपो! आपको ज्ञात ही है कि हम सब किस शोक-विह्वल, वेदनाकुल-बेला में यहां एकत्रित हुए हैं। मेरे प्रिय जामाता व प्रचण्ड वीर मथुरेश का किस प्रकार एक ग्रामीण किशोर ने वध कर दिया, यह सर्वविदित है। नरेशो! प्रजा उच्छृंखल हो जाए तो पृथ्वी को रसातल जाने में देर क्या? जिस प्रकार वर्षा ऋतु में असंख्य कीट-पतंग भूमि फोड़-फोड़कर निकल पड़ते हैं और दीपक के प्रकाश को आच्छादित करने के प्रयास में भस्म हो जाते हैं उसी प्रकार भूमि फोड़ कर निकले कतिपय ग्रामीणों ने तेजयुक्त मथुरेश को मिटा देना चाहा। यही नहीं, उनके एकमात्र पुत्र, मेरे दौहित्र के तन को कृपाणों से बींध डाला। क्या उच्छृंखल प्रजा को इस प्रकार राजवध करके अराजकता फैलाने की स्वतंत्रता दी जा सकती है?'

'नहीं! नहीं!'—सभा में तुमुल घोष हुआ।

'इसी उत्तर की अपेक्षा थी आप लोगों से। व्यवस्था व शांति बनाए रखना राजा का प्रमुख दायित्व है। इसीलिये राजा के वध की गणना घोर पापों में होती है। अतः हमें अपना दायित्व समझकर प्रजाजन को उच्छृंखल होने से रोकना है। हमें मथुराधिपति कंस के वध का प्रतिशोध लेना है। हमें यदुवंश को समूल नष्ट करना है तथा भविष्य में ऐसे

उपद्रवियों व विप्लवियों से किसी राजा के लिए संकट उत्पन्न न हो सके, ऐसे प्रयास करने हैं।'

'आप आदेश दें महाराज! हम तैयार हैं'—पौन्ड्रक बोला।

जरासंध ने बात समाप्त कर चारों ओर दृष्टि डाली जैसे अपनी शक्ति का आकलन कर रहा हो।

'वर्तमान राजनीतिक अव्यवस्था देखते हुए हम एक प्राचीन राजनीतिक परम्परा को पुनर्जीवित करना चाहते हैं। प्राचीन युग में भी सम्राट चक्रवर्ती होता था। किन्तु एक पद उसके अधीन उपसम्राट जैसा होता था जो अर्धचक्रवर्ती कहलाता था। अर्धचक्रवर्ती वही शक्तिशाली नरेश हो सकता था जिसमें सामान्य वीर से अधिक अर्थात् चार बाहुओं का बल हो। परिस्थितियां ऐसी दिख रही हैं कि इस पद की पुनः स्थापना करना अनिवार्य हो गया है।'

'अर्थात् वासुदेव पद की पुनर्स्थापना?'—पौन्ड्रक ने पुनः पूछा।

'हां! सम्राट के दाहिने हाथ की भांति जो राजा होगा, वही वासुदेव का विरुद् धारण करेगा। वासुदेव वह होगा जो मध्य आर्यावर्त पर कठोर नियंत्रण रख सके। मगध राजधानी गिरिव्रज उस क्षेत्र से बहुत दूर हो जाती है। वह भूमि उपद्रवियों का गढ़ बन गई है। अतः विद्रोहियों पर अंकुश रखने हेतु हमें एक परम शक्तिशाली राजा को अर्धचक्रवर्ती बनाकर तथा उसे वासुदेव के विरुद् से विभूषित करके स्थापित करना है।'—जरासंध ने पुनः चारों ओर दृष्टि डाली।

वासुदेव का पद पुनर्जीवित किया जा रहा है। नरेशों में कौतूहल था।

'हमने निर्णय लिया है कि राजा पौन्ड्रक चूंकि परम बलशाली हैं अतः उन्हें हम वासुदेव के विरुद् से विभूषित करेंगे।'

'जय हो! जय हो!'—सभा जयघोष से गूंज उठी। पौन्ड्रक यह सुनते ही विभोर हो उठा।

'पौन्ड्रक राज! आज से तुम्हें वासुदेव की भूमिका निभानी होगी। तुम्हें हर्ष होना चाहिये कि हम तुम्हें यह सम्मान दे रहे हैं। स्मरण रहे, हमारा शत्रु कृष्ण केवल वसुदेव-पुत्र है, वासुदेव नहीं। वासुदेव तुम हो। दीर्घ काल से यह पद उपयोग में नहीं रहा है। क्योंकि, न तो इसके उपयुक्त कोई दुर्धर्ष वीर व्यक्तित्व हुआ, न ही इस पद की आवश्यकता हुई। अब साम्राज्य सुदूर तक फैल जाने से उस पर नियंत्रण रखने की जो चुनौती है, उसका सामना करने हेतु हम तुम्हें वासुदेव पद पर अभिषिक्त करते हैं साथ ही तुम में चार भुजाओं के बल की अपेक्षा भी करते हैं।'—जरासंध ने उपकार करने वाले भाव से कहा।

'महाराज! मुझे वासुदेव बनाएं। मैं वीर हूं और मेरे चार भुजाएं....।'—सन्नाटा चीरते हुए एक किशोर कंठ-स्वर सभा में तैर गया।

सब चौंक पड़े। जरासंध ने चकित हो देखा। भरी सभा में सुदृढ़ काठी का एक दस-ग्यारह वर्षीय बालक हाथ जोड़े खड़ा सम्राट से निवेदन कर रहा था।

जरासंध विस्मय से भर गया। कौतुक से मुस्कुराया दस वर्षीय बालक के साहस पर।

'कौन हो तुम वत्स?'

घबरा कर चेदिराज दामघोष ने अपने पुत्र को बैठने का इंगित किया व स्वयं खड़े होकर बोले—'सम्राट! धृष्टता क्षमा करें। यह मेरा पुत्र शिशुपाल है। स्वभाव से उद्धत है। क्षमा करें, मुझसे भूल हुई जो मैं इसे सभा में ले आया।'

शिशुपाल किंचित् भी बिना विचलित हुए बोला—'किन्तु महाराज! मैं वीर हूं और मेरी चार भुजाएं भी थीं। जो आपका अपराधी है, वही मेरा भी। उसी ने मेरी दो भुजाएं तोड़ कर मुझे अपने जैसा साधारण कर दिया। किन्तु मैं निश्चित रूप से कंसहन्ता का वध करूंगा।' बालक शिशुपाल अडिग खड़ा होकर पूरे आत्मविश्वास से बोल रहा था।

दामघोष विचलित हुए पुत्र की धृष्टता पर। किन्तु जरासंध प्रमुदित हो उठा—'प्रसन्न रहो वत्स! हम तुमसे बहुत प्रसन्न हैं राजपुत्र! हमें तुम्हारे जैसे वीर लोगों की आवश्यकता है। किन्तु अभी नहीं। अभी तुम्हारी वय बहुत कम है। उचित समय पर तुम्हें भी सम्मान सौंपा जाएगा। चेदिराज! तुम्हारा यह पुत्र हमें बड़ा प्रिय लगा। इसमें निडरता, स्वाभिमान व तेज ऐसे गुण हैं, जो मेरे पुत्र युवराज सहदेव में भी नहीं हैं। मैं इसे अपने प्रशिक्षण में रखना चाहता हूं। यह बहुत होनहार है। किन्तु यह जो चार भुजा वाली बात कह रहा है, क्या यह सत्य है?'

'महाराज! इसका जब जन्म हुआ था तभी से इसकी दो अतिरिक्त भुजाएं थीं। वे दुर्बल व अविकसित होने के कारण झड़ कर नष्ट हो चुकी हैं!'—दामघोष ने कहा।

'सम्राट! वे झड़ी नहीं। कृष्ण के द्वारा तोड़ दी गयीं। किंतु महाराज, फिर भी मैं वीर हूं'—शिशुपाल बल देकर बोला।

'अवश्य-अवश्य! राजपुत्र! तुम श्रेष्ठ नायक बनोगे। हमें तुमसे बहुत अपेक्षाएं हैं। हम तुम्हें शीघ्र ही अपने पास बुलवा लेंगे तथा पुत्रवत् तुम्हें पालेंगे!'

सभा मुस्कुरा उठी सम्राट के औदार्य पर।

तब तक वासुदेव-पद हेतु अभिषेक की सामग्री आ गयी। जरासंध ने पौन्ड्रक को वासुदेव-पद के विशिष्ट चिन्ह शंख, चक्र, गदा तथा पद्म सौंपे। भाल पर तिलक लगाया। पुष्पमाला पहनाई तथा विभिन्न सिंधु तथा सरिताओं के जल से अभिषेक किया, तथा वासुदेव-मुकुट उसके शीश पर रखा।

'वासुदेव की जय! पौन्ड्रक वासुदेव की जय।'—सभागार पुनः गूंज उठा।

'वासुदेव पौन्ड्रक! तुम्हारे क्षेत्र बहुत व्यापक हैं। मेरे समूचे राज्य का लगभग आधा भाग तुम्हारे ही नियंत्रण में रहेगा। तुम्हारे भाई काशी के राजा हैं। अतः उनकी ओर से भी हम आश्वस्त रह सकेंगे। अब हम सरलता से शौरसेन-प्रदेश की राजधानी मथुरा को घेर कर उसे नष्ट कर देंगे।'

'जय हो! जय हो!'—सभासद् पुनः जयघोष कर उठे।

'हम उन क्षुद्र कीट-पतंगों को मसल डालेंगे जिन्होंने हमें चुनौती दी है। एक क्षुद्र चींटी ने गजराज को चुनौती दी है, मित्रो! कैसी हास्यास्पद बात है। एक क्षुद्र चींटी ने सिंहराज को चुनौती दी है। हम कुचल डालेंगे उस चींटी को। रौंद डालेंगे उस चींटी को।

सेनाएं एकत्रित करो। यान करो। प्रयाण करो।'—जरासंध का मुख आवेश से लाल हो उठा।

राजसभा में उत्तेजना का वातावरण बन गया था। चेदिराज दामघोष की दृष्टि अपने अभिन्न मित्र विदर्भराज भीष्मक की भेदभरी दृष्टि से मिली।

'महाराज! मात्र एक चींटी को कुचलने हेतु सम्राट स्वयं क्यों कष्ट करें! मुझे आज्ञा दें। मैं सेना लेकर जाऊंगा आक्रमण करने'—चेदिराज दामघोष ने विनयपूर्वक निवेदन किया।

जरासंध ने तीक्ष्ण दृष्टि दामघोष पर डाली।

'चेदिराज! तुम यदुकुल के सम्बंधी हो। वसुदेवसुत के प्रति तुम मोहग्रस्त हो सकते हो क्योंकि तुम्हारी पत्नी वसुदेव की सहोदरा है। तुम पर हम यह दायित्व नहीं छोड़ सकते। हम स्वयं सेना लेकर जाएंगे यदुकुल को नष्ट करने, मथुरा को ध्वस्त करने।'

'किन्तु महाराज! एक चींटी को कुचलने हेतु स्वयं गजराज का जाना उचित नहीं। यह गजराज की प्रतिष्ठा के विपरीत भी है तथा उन्हें शोभा भी नहीं देता। महाराज! मुझे आज्ञा दें। मैं सेनाओं का नेतृत्व करूंगा'—विदर्भराज भीष्मक ने हाथ जोड़कर प्रार्थना की।

'नहीं! विदर्भराज! सुनने में आया है कि तुम कई बार गणतंत्रीय राज-व्यवस्था की प्रशंसा बड़े विभोर हो कर करते हो। सेना का नेतृत्व मैं स्वयं ही करूंगा। तुम अपनी सेना, अपने पुत्र युवराज रुक्मी के नेतृत्व में भेजना। तुम्हारे स्वयं के जाने की आवश्यकता नहीं।'—व्यंग्य-मिश्रित कठोर स्वर में जरासंध बोला।

× × ×

विदर्भराज भीष्मक तथा चेदिराज दामघोष मगध से अपनी-अपनी राजधानियों हेतु साथ-साथ निकले। जहां तक दोनों का मार्ग एक था, दोनों ने एक ही रथ में चर्चा करते हुए साथ जाने का सोचा। गिरिव्रज की सीमा पार करते ही उन्होनें दीर्घ श्वास ली।

दामघोष मुस्कुराए विद्रूप से व धीमे स्वर में बोले—'तो!...... उस चींटी को कुचलने के लिए गजराज को स्वयं ही जाना पड़ रहा है!'

'हां! स्वयं भी अकेले नहीं। गज-सेनाओं के साथ! मात्र एक चींटी को रौंदने के लिए गजराज को अपनी सम्पूर्ण शक्ति लगा देनी पड़ रही है'—भीष्मक ने स्मित हास्य से धीमे से कहा।

'वह चींटी भी तो अंततः साधारण नहीं। काली चींटी है बड़ी घातक! गजराज अपने विराट स्तंभ जैसे पांवों से धरती भले ही कुचलते रह जाएं, चींटी तो यदि एक बार शुंड में घुस गई तो गजराज भूमि पर लोटते ही दिखेंगे।'

दामघोष ने कहा और दोनों मित्र अट्टहास कर उठे।

× × ×

गुरुपुत्र की खोज में निकले श्रीकृष्ण व बलराम सौराष्ट्र पहुंच चुके थे। सौराष्ट्र के सुदीर्घ सिंधु-तट पर वह स्थल तथा नारियल वृक्षों का वह सघन झुरमुट कारणवश अथवा

अकारण ही श्रीकृष्ण को बहुत भा गया था। अधिकतर वे एकांत चिंतन वहीं करते थे। इस समय भी उन्हीं में से एक वृक्ष-तले, कुछ ऊंची भूमि पर तने से टिके वे विचार-मग्न बैठे थे। क्लांत-तन और क्लांत-मन। गहन चिंता में डूबे हुए। भाल पर चिंता की रेखाओं के साथ-साथ स्वेद-बिंदु भी थे। सामने महार्णव लहरा रहा था। उनकी एकटक दृष्टि पश्चिम-सिंधु की पछाड़ खाती हुई लहरों पर लगी थी। वे उत्ताल तरंगें शायद उन्हीं के मनःस्थिति की प्रतिबिम्ब थीं। किन्तु, देखते हुए भी वे कुछ नहीं देख रहे थे। महासागर पर उड़ती एकाकी बलाका की भांति ही उनका मन भी चिन्ता-सागर पार करना चाह रहा था। किन्तु पार पा नहीं रहा था।

कितना समय हो गया यहां आए, गुरुपुत्र का अभी तक कुछ पता नहीं लगा। समूचे प्रभास क्षेत्र को छान डाला था। तिल भर भूमि न बची होगी जहां वे स्वयं खोजने न गए हों। बलराम को कई बार वे साथ आने को मना कर देते। अकेले ही खोज में जूझते रहते।

कितने लोगों से भेंट हुई। चर्चा हुई। किन्तु कोई फल न निकला। कितने लोग उनके सम्बंधी और कुटुम्बीजन निकल आए उस सुदूर सिंधु तट पर भी। श्रीकृष्ण और बलराम अचंभित रह गये थे कि वास्तव में इतनी बड़ी संख्या में यदुवंशी सौराष्ट्र में बसे हुए हैं। कंस के उत्पीड़न से भयभीत होकर भी कई यदुवंशी शूरसेन-प्रदेश को छोड़कर यहां भाग आए थे। समुद्र-तट का लाभ उठाकर उन्होंने व्यापार-व्यवसाय द्वारा आशातीत समृद्धि पा ली थी।

यह संवाद पाते ही कि वसुदेव के दोनों वीर पुत्र सौराष्ट्र यात्रा पर आए हुए हैं, यदुवंशियों में हर्ष की लहर दौड़ गई थी। कंसहन्ता को देखने की, विस्तार में घटना जानने की तथा अपने बिछुड़े हुए सम्बंधियों के विषय में जानने को उन्होंने दोनों यदुवीरों का हार्दिक सत्कार किया। इस स्थान को वे पूर्णतः अपना कर रम चुके थे यहां के वातावरण में। यहीं नहीं, अपने साथ वे ब्रज-संस्कृति जो ले आए थे, वह भी फलफूल रही थी क्योंकि यहां उसके विरोध में प्रतिद्वन्द्विता करने वाली कोई दूसरी संस्कृति नहीं थी। बलराम और श्रीकृष्ण चकित थे सौराष्ट्र भूमि पर ब्रज-संस्कृति को विद्यमान देखकर। लगता था जैसे ब्रज का ही कोई टुकड़ा उड़ कर यहां चला आया हो।

इन सौराष्ट्रवासी यादवों को केवल एक कष्ट था। वह था परदेशों से आने वाले जल-दस्युओं के सतत् आक्रमणों और लूटपाट का। उन्होंने बताया था कि ये दुर्दमनीय जलदस्यु विशाल जलपोतों द्वारा सुदूर स्थित असुर देशों से आते हैं। यहां यादवों की नौकाएं लूट लेते हैं, उनकी व्यापारिक बहुमूल्य वस्तुएं लूट लेते हैं। यहां तक कि सुन्दर स्त्री-पुरुषों का भी अपहरण कर ले जाते हैं और उन्हें जीवन भर अपने देश में दास बनाकर रखते हैं। सिंधु-तट पर एकाकी विचरना सुरक्षा की दृष्टि से उचित न माना जाता था। अतः लोग समूहों में आया-जाया करते थे ताकि अपेक्षाकृत सुरक्षित रह सकें। ये जलदस्यु विदेशी हैं और अनार्य हैं अतः आर्यों से शत्रुता मानते हैं। आर्यों की संस्कृति, धर्म, सभ्यता के विरोधी हैं तथा प्रयासरत रहते हैं इनको नष्ट करने को। यादव बंधुओं ने बलराम और श्रीकृष्ण को यह भी बताया कि ये जलदस्यु बड़े दक्ष और दुस्साहसिक नाविक हैं। एक-एक पोत में सैकड़ों-सैकड़ों नाविक एक साथ पतवार चलाते हैं। अधिक

बलशाली और सम्पन्न दस्युओं के पास एक-दो नहीं, पोतों का पूरा बेड़ा होता है। इनमें युद्ध-सामग्री भरी रहती है। वे सामूहिक रूप से आक्रमण करते हैं तब उनको पराजित करना असम्भव प्रायः रहता है। कभी-कभी तो ये दुर्दान्त दस्यु, तटीय नगरों में भी भीतर तक घुस आते हैं, पूजा-स्थलों को भ्रष्ट करते हैं, आश्रमों को खण्डित करते हैं, व्यापारियों और वणिक-वीथिकाओं को लूटते हैं और नागरिकों पर अत्याचार करते हुए कितने ही निरीह स्त्री-पुरुषों का अपहरण कर ले जाते हैं।

बलराम और श्रीकृष्ण ने बड़े ध्यान से ये बातें सुनीं। श्रीकृष्ण बड़ी देर तक विचारमग्न रह गए थे।

'इन जल-दस्युओं और विदेशी आक्रमणों का प्रमुख कारण पश्चिमी सिंधु-तट पर किसी शक्तिशाली राज्य का अभाव ही प्रतीत होता है। कोई प्रतिरोध न होने से ये दस्यु न केवल समुद्र में लूटपाट करते हैं बल्कि नगरों तक में घुस आते हैं। यह समुद्री-सीमा बहुत असुरक्षित है। इससे लोगों के धन और जीवन के साथ-साथ हमारी समूची प्राचीन संस्कृति व धर्म के लिये भय है।'—विचारों में खोए हुए श्रीकृष्ण बोले!

'सत्य कहते हैं श्रीकृष्ण!'

'इन विदेशियों को प्रबल प्रतिरोध कोई शक्तिशाली राज्य ही दे सकता है यह सही बात है'—बलराम ने समर्थन किया।

'आप लोगों के राज्य इतने सबल नहीं?'....

'प्राचीन राज्यों में कई ध्वस्त हो चुके हैं। अब तो केवल सुरक्षा हेतु कुछ अस्त्र-शस्त्र व सभा तथा सुविधा के लिए नाममात्र के छोटे-मोटे राज्य हम लोगों ने बना लिये हैं।'

'वैसे तो शूरसेन-प्रदेश ही कौन सुरक्षित है? कंस-वध के पश्चात् अब जरासंध छोड़ेगा क्या यादवों को?'—एक सौराष्ट्रवासी ने पूछा था।

'नहीं! क्यों छोड़ेगा वह? आशंका नहीं, पूरा विश्वास है कि वह मथुरा पर प्रबल आक्रमण लगातार करेगा। वह तो महानाग है जिसके जामाता का वध करके हम उसे छेड़ चुके हैं। अब वह शांत से नहीं बैठेगा। वह जब तक जीवित रहेगा फूत्कार करता रहेगा, फण पटकता रहेगा और यादवों को दंश देता रहेगा?'—श्रीकृष्ण ने गम्भीर होकर कहा।

'तब तो मथुरा सुरक्षित नहीं।'

'नहीं। मथुरा निरापद नहीं। वही तो सोच रहा हूं। जरासंध से यदि हर समूचा अंधक-वृष्णि गणराज्य मथुरा से लाकर सौराष्ट्र में बसा दिया जाए तो कैसा रहे?'—श्रीकृष्ण स्वप्न देखते से बोले।

'उत्तम! अति उत्तम। हम भी सुरक्षित हो जाएंगे। हमारा बल बढ़ जाएगा।'

'पर यह स्थान भी तो सुरक्षित नहीं। यहां भी निरंतर आक्रमण होते हैं?'

'किन्तु यदि हम मथुरा से समूचा सुदृढ़ अंधक-वृष्णि-संघ राज्य उठाकर ले आएं और हमारे यहां के बंधुजन भी मिल जाएं तो शक्ति-वृद्धि तो होगी ही। जरासंध सम्राट है। उसकी सैन्य-शक्ति का सामना करने तथा इन छुटपुट लुटेरों का सामना करने में बहुत अन्तर है। वहां तो यह निश्चित है कि वह हमें चैन से बैठने ही नहीं देगा। उसकी दृष्टि से हटकर यहां आ सके तो व्यापार आदि से हमारे राज्य की समृद्धि कई गुनी हो जाएगी।

बल्कि मैं सोचता हूं कि अब हमें केवल यादव-बाहुबल पर ही निर्भर रहना चाहिये बल्कि एक स्थायी सेना का भी निर्माण करना चाहिये।'

स्थान-स्थान पर श्रीकृष्ण अपने से विचार दुहराते और श्रीकृष्ण के विचारों को व्यापक समर्थन मिलता गया सौराष्ट्रीय यादवों में। इसके साथ-साथ वे यदुवंशियों में परस्पर एकता और बंधुत्व की भावना जगा कर उन्हें संगठित भी करते जा रहे थे।

सोचते-सोचते श्रीकृष्ण एकाएक वर्तमान में लौट आए। अहो, गुरुपुत्र का पता नहीं लग रहा। नारियल वृक्ष से और टिक कर बायां पांव उन्होंने अपने उठे हुए दाहिने पांव पर रख लिया। एक दीर्घ निःश्वास लेकर अपने भाल पर हाथ फेरा।

तभी उनकी दृष्टि पड़ी कुछ दूर खड़े वनवासी भील पर जो उनकी ओर एकटक देख रहा था। हृष्ट-पुष्ट तन वाला वह भील ढेरों कौड़ियां, मनकों और पशुओं के हाड़ की मालाएं गले में पहने हुए था। शीश पर पक्षियों के रंग-बिरंगे पंख थे। हाथ में तीर-कमान था और कटि में वृषभ चर्म लिपटा हुआ था। उसकी उंगली पकड़े खड़ा था एक तीन वर्षीय नंग-धड़ंग बालक। वह भी बड़े भील की भांति मालाओं और पंखों से सजा हुआ था। हाथ में उसके भी नन्हा तीर-कमान था। बालक समुद्र-स्नान करके आया था इसलिये उसका शरीर भीगा हुआ था। अपनी ओर श्रीकृष्ण की दृष्टि पड़ते देख बड़ा भील मुस्कुराया। वह शायद बहुत देर से बात करना चाह रहा था।

'कहां से आना हुआ महाभाग?'—भील ने शुद्ध उच्चारण करते हुए उत्सुकता से तुरंत पूछा।

'अभी तो मालव-राज्य, उज्जयिनी से। वैसे मथुरा का रहने वाला हूं। क्यों भद्र? क्यों पूछा?'

'ऐसे ही। लगता है दिनरात पैदल चल रहे हैं। कितने शूल लगे हैं चरण में। पूरा पांव रक्तरंजित हो गया है। आपको कष्ट नहीं हो रहा?'—उसने आश्चर्य से पूछा।

'शूल! रक्तरंजित पद? कहां?'—श्रीकृष्ण चौंके।

अपना पांव उठाया तो देखा पांव लहूलुहान था। पदत्राण शूलों से बिंध कर फट चुका था। दूसरे पांव की भी यही स्थिति थी।

'वास्तव में मुझे पता न लगा। मैं दिनरात अपनी धुन में जो लगा हुआ हूं।'—श्रीकृष्ण ने भी किंचित् आश्चर्य से कहा।

भील निकट आकर बैठकर स्नेह से उनके चरण से सम्हाल-सम्हाल कर शूल निकालने लगा।

'बहुत चिंता होने से मनुष्य को शरीर का भान नहीं रहता महाभाग! आप किसी उच्चकुल के प्रतीत होते हैं। कैसा देवता सा भव्य रूप पाया है आपने मनुष्य होते हुए भी। कोई चिंता आपको मन ही मन खा रही है लगता है।'

भील का बालक बड़े ध्यान से देख रहा था।

'बाबा! कितना गाढ़ा रुधिर। कितना लाल-लाल।'—बालक के नेत्र आश्चर्य से विस्फारित थे।

'और पांव बिल्कुल कोमल।'—उसके पिता ने उत्तर दिया। बालक निकट आकर श्रीकृष्ण का चरण अपनी उंगली से छूकर देखने लगा।

'रक्त का रंग तो लाल ही होता है वत्स! तुझे लाल रक्त देखकर आश्चर्य क्यों हो रहा है?'—श्रीकृष्ण ने कौतूहल से बालक से पूछा।

'इतना ऽऽ लाल!'—बालक ने अपनी आंखें और भी फाड़ते हुए पूछा। वे हंस पड़े।

'तू तो आखेटक जान पड़ता है। अभी से आखेट करने लगा। तेरा छोटा सा तीर-कमान बड़ा लुभा रहा है।'

बालक न जाने समुद्र की ओर एकटक क्या देखने में लीन हो गया था।

फिर उसने आंखों के ऊपर हाथ लगा लिए और समुद्र की ओर और भी ध्यान से कुछ देखने लगा।

'वही आया.... वही आया.... वो देखो'—अचानक बालक कूद-कूद कर उंगली से समुद्र की ओर कुछ दिखाने लगा। उसका पिता भी उसी दिशा में ध्यान से देखने लगा।

'हां-हां वही आया है फिर से।'

'क्या है वह?'

'एक भयंकर दुर्दान्त जलदस्यु आया है अपने पोत के साथ। उसी को दिखा रहा है। बहुत जलदस्यु आते हैं। लूटपात करते हैं। लोकजन को पकड़ कर ले जाते हैं दास बनाने। ऐसा एक शंखासुर भी है। उसके पोत पर शंख बने हैं इसीलिये उसे शंखासुर कहते हैं। एक के पोत पर बाण बने हैं वह बाणासुर है। यह जो तीन माह बाद फिर से आया है इसे देखकर तो लोकजन प्राण बचाकर त्राहि-त्राहि करते भागते हैं। बड़ा अत्याचारी है। यहां के लोकजन की रक्षा करने वाला कोई नहीं है, महाभाग! न कोई राज्य है। न राजा। गत समय जब वह आया था तो मैं और मेरा पुत्र जरा झाड़ियों में छिप गये थे। किन्तु एक सुन्दर ब्राह्मण किशोर एक विराट तिमि मत्स्य को देखने तट पर ही खड़ा रहा। हमारे देखते-देखते महाभाग, वह दानवी मत्स्य उस सुन्दर किशोर को विकट जबड़ों में पकड़ कर लील गया। इस पश्चिम सागर में तिमि मत्स्य बहुत हैं। उधर पोत वालों ने जो देखा तो तुरन्त बर्छी भोंक-भोंक कर तिमि मत्स्य को अधमरा करके उसे पोत पर खींच लिया। हम लोग भय से देखते रहे। हमारे सामने ही देखते-देखते उन्होंने मत्स्य को शीघ्रता से चीर डाला और ब्राह्मण किशोर को जीवित निकाल लिया।'

श्रीकृष्ण श्वास रोके वृत्तांत सुन रहे थे।

'फिर महाभाग! उस किशोर ने कितने हाथ जोड़े उनके कि उसे वे छोड़ दें। उन्होंने नहीं सुना। इतनी यंत्रणा दी जाती थी उस सुकुमार को और इतने दुरूह कार्य कराये जाते थे उससे कि देखकर बड़ा कष्ट होता था। लगभग एक माह वह पोत खड़ा रहा। हम प्रतिदिन देखते उसे। वह किशोर पोत पर से सबकी दृष्टि बचा कर, तट की ओर हाथ जोड़ता कि कोई मुक्त करा ले! अपना श्वेत वस्त्र वायु में उड़ाकर दिखाता ताकि किसी का ध्यान उसकी ओर आकर्षित हो। पता नहीं अब भी वह उनका दास है अथवा मुक्त हो गया किसी भांति अथवा जीवित भी है या नहीं।'

श्रीकृष्ण निश्चल बैठे ध्यान से सुनते हुए उस पोत को देख रहे थे।

'इस दस्यु को क्या पुकारते हैं?'

'इसके पोत का चिन्ह तिमि मत्स्य होने से इसे तिमिंगिलासुर कहते हैं। महाभाग यह पंचजन असुरों का नेता है।'

'तिमिंगिलासुर?'

तुरन्त भील का हाथ झटके से हटा श्रीकृष्ण खड़े हो गए। जब तक हतप्रभ भील कुछ समझता, लम्बे-लम्बे डग भरते अदम्य शक्ति से श्रीकृष्ण पोत की दिशा में चले जा रहे थे।

श्रीकृष्ण जिस तीव्र गति से उठे थे उसी तीव्र गति से बेहिचक समुद्र में उतरते चले गए। गहरे और गहरे। और दूर और दूर। अचानक अपने नाम की पुकार सुन उन्होंने मुड़कर देखा। कहीं से बलराम ने इतनी उद्विग्नता से श्रीकृष्ण को समुद्र में बढ़ते देखा तो तुरन्त समझ गए कि अवश्य किसी उद्देश्यवश ही श्रीकृष्ण आतुर हैं। श्रीकृष्ण ने अग्रज को भी हाथ हिलाकर बुला लिया।

दोनों यदु-बंधु साथ-साथ सागर की उत्ताल तरंगों की थपेड़ों में अतुल बल से बढ़ते जा रहे थे। शायद लहरों की थपेड़ों में उतना बल न था जितना दोनों की तरुण-बाहुओं में था। प्रबल वेगवान लहरों को काटते हुए वे उन्मत्त गजराजों से अथाह नीलराशि में धंसे चले जा रहे थे। श्रीकृष्ण ने जो कुछ भील से सुना था वह बलराम को बताते जा रहे थे।

धीरे-धीरे वे उस विशाल पोत के निकट पहुंचने लगे। आश्चर्य से उन्होंने देखा कि वास्तव में पोत के एक किनारे पर एक एकाकी व्यक्ति अपना श्वेत वस्त्र पहरा रहा है। वे उत्साह और स्फूर्ति से भर गए और उसी दिशा की ओर बढ़ने लगे जिस ओर नवयुवक खड़ा था।

निकट आने पर उन्होंने देखा कि वह नौ-दस वर्षीय किशोर है जो भयभीत था एवं सशंकित दृष्टि से चारों ओर दृष्टि डालता और फिर अपना उत्तरीय फहराता तो कभी हाथ जोड़ता विनती करता हुआ।

निकट पहुंचकर वे पोत पर चढ़ने कर प्रयास करने लगे। तभी आश्चर्यजनक रूप से वह भयभीत किशोर जो अभी तक अपने को मुक्त कराने को उन्हें बुला रहा था, व्याकुल हो पुकार-पुकार कर और हाथ हिला-हिला कर उनसे कुछ कहने लगा जो सिंधु-तरंगों के भैरवनाद में स्पष्ट सुनाई नहीं दे रहा था।

श्रीकृष्ण और बलराम चढ़ने का प्रयास छोड़, उसकी बात सुनने की चेष्टा करने लगे।

वह हाथ हिला-हिला कर उतावली से उन्हें पोत पर चढ़ने को मना कर रहा था—

'लौट जाओ भद्र! लौट जाओ ऽऽ..... क्यों काल के मुख में आ रहे हो ऽऽ? लौट जाओ ऽऽ! यहां जीवित न रह सकोगे..... लौट जाओ ऽऽ! यहां काल बैठा है.... काल के मुख में मत आओ..... यहां काल है।'

'यहां महाकाल है!'—श्रीकृष्ण गरजे।

'चिंता न करो। महाकाल आ रहे हैं।'—बलराम ने गरजते हुए उत्तर दिया।

महाकाल?..... महाकाल का नाम लेने वाला इस सुदूर सौराष्ट्र-प्रदेश में कौन आया है? क्या कोई उज्जयिनी से दूत अथवा परिचित! किशोर की व्याकुलता अनायास शांत हो चली। उत्सुकता से मन भर गया। उत्साह और आशा की लहर मनप्राण पर छा गई।

वह पोत के किनारे से मुख झुका कर पुनः चिल्लाया'—ये लोग पकड़ लेंगे तुमको भद्र। तुम कौन हो SS?.... तुम कौन हो SSS?'

'हम महाकाल!'—बलराम गरजे।

'हम महाकाल!'—श्रीकृष्ण गरजे।

'हम महाकाल' सागर गरज उठा। चारों ओर से यही गर्जन उठ चला 'हम महाकाल'..... 'हम महाकाल।'

सिंधु महाकाल था। आकाश महाकाल था। प्रबल प्रभंजन महाकाल था। दिशाएं महाकाल थीं। बलराम महाकाल थे। श्रीकृष्ण महाकाल थे।

चारों ओर से भैरव नाद हो रहा था—'हम महाकाल! हम महाकाल!' पोत पर खड़े किशोर को जैसे कुछ दिव्य संदेह मिला हो। पुनर्जीवन मिला हो जैसे। यह श्याम-गौर युगल अवश्य भगवान महाकालेश्वर के दूत ही होंगे। भगवान शंकर के गण ही इनके रूप में उसे मुक्त कराने आए हैं क्या? जानबूझकर कौन मृत्यु के मुख में कूदेगा। काल के मुख में ये जो महाकाल बने चले आ रहे हैं, ये साधारण मनुष्य तो नहीं हो सकते। तट से यहां तक ये महासिंधु से संघर्ष करते आए हैं और न क्लांति हुई इन्हें, न साहस टूटा इनका, न ही मनोबल।

अनायास उसने पोत पर पुकार मचा दी—'बचाओ-बचाओ।' पुकारें सुनकर कितने ही गहरे काले वर्ण वाले असुर एकत्रित हो गए। सबके सब लहरों से संघर्षरत बलराम-कृष्ण को झांक-झांक कर देखने लगे।

पोत के ऊपर किशोर गुहार कर रहा था—'बचाओ-बचाओ दो युवक डूब रहे हैं बचाओ।'

पोत का नायक व मुख्य चालक आदि भी आ गए। परस्पर परामर्श हुआ। बलराम और श्रीकृष्ण के बलिष्ठ तन तथा उनकी जूझने की शक्ति को देख वे उत्फुल्लता से भर उठे। ये तो बड़े शक्तिशाली हैं। इन्हें बचा लें। दास बना कर इनसे बहुत से कार्य सरलता से कराए जा सकेंगे। असुर हर्ष से भर गए। तुरन्त एक रस्सी का सिरा उन्होंने समुद्र में डाल दिया और दूसरा सिरा एक सुदृढ़ खम्भ से बांध कर वे सब उत्सुकता से प्रतीक्षा करने लगे। देखते-देखते सरसर् सरसर् करते हुए बलराम-श्रीकृष्ण ऊपर चढ़े आ रहे थे।

जैसे ही वे पोत पर पहुंचे असुरों ने हर्षनाद के मध्य तुरन्त उन्हें मोटी रस्सियों से बांध दिया और अपनी कल्पित विजय पर चीत्कारें करते हुए उछल पड़े। पर उन्हें जिस तत्परता से बन्दी बनाया गया उससे अबोध किशोर हत्प्रभ रह गया। नेत्रों में क्षोभ के आंसू छलछला पड़े।

पोत में चारों ओर मत्स्य-दुर्गन्ध फैली हुई थी। स्थान-स्थान पर तिमि मत्स्यों के खोल और हड्डियां पड़ी हुई थीं। वे लोग मत्स्य का ही भोजन करते थे, मत्स्य खोल पहनते थे, मत्स्य ही बिछाते थे तथा मत्स्य ही ओढ़ते थे। बलराम-कृष्ण के हाथ बंधे हुए होने के

कारण वे नाक पर हाथ नहीं रख पा रहे थे और दुर्गन्ध के कारण यहां रुका नहीं जा रहा था। वे सोच रहे थे कि गुरुपुत्र को कितना कष्ट हुआ होगा गत दो वर्षों से इस विरूप वातावरण में दिनरात रहने में।

किशोर ध्यान से उन्हें ही देख रहा था। उछलते-कूदते असुरों के घेरे में बंधे हुए जब वे दोनों उसके पास से निकले, तो उसकी ओर देख कर मुस्कुराए। एक गहरी भेदभरी दृष्टि उस पर डालकर दोनों एक साथ उच्च स्वर में बोले—'जय महाकाल।'

'जय महाकाल।'—अपने आप ही किशोर के मुख से भी निकल पड़ा।

बलराम और श्रीकृष्ण आश्वस्त हो गये। निश्चित हो गया कि यही गुरुपुत्र पुनर्दत्त है अन्यथा 'महाकाल' अभिवादन उसे परिचित न लगता।

तब तक असुरों को सन्देह हो गया कि पुनर्दत्त एवं दोनों नवागंतुक परस्पर शब्द-विनिमय कर रहे हैं। पुनर्दत्त की गर्दन पकड़कर तुरन्त सैकड़ों नाविकों की पंक्ति में बिठा कर उसे एक भारी पतवार थमा दी पोत खेने हेतु।

पुनर्दत्त का मन साथ नहीं दे रहा था। उसका पूरा ध्यान नवागंतुक बंधुओं पर था। ये कौन हैं दोनों सुन्दर तरुण! ये महाकाल की जय कह रहे हैं किन्तु उसने कभी उन्हें उज्जयिनी में देखा नहीं। ये यहां क्यों आए हैं? जानबूझकर आत्मसमर्पण इन्होंने क्यों कर दिया प्रचण्ड शक्तिशाली होतें हुए भी? ये कौन हैं? ये क्या हैं?

तभी उसकी गर्दन पर भारी कराघात हुआ। वह लगभग अचेत हो गया। दो असुर उसे मारते-पीटते पोत के दूसरे कोने में तलघर की ओर ले गये। उन्हें आशंका हो गई थी कि यह या तो स्वयं भाग जाएगा नवागंतुकों की सहायता से अथवा उन्हें भागने में सहायता करेगा।

'..... हैया ऽऽ हो..... हो....!..... हैया ऽऽ हो...... हो.......' का घोष गूंजा। सैकड़ों विराट पतवारें हिलीं और पोत सरक कर चल पड़ा अन्य गंतव्य की ओर।

वेदना भरे नेत्रों से बड़े-बड़े अश्रु ढुलक कर चू पड़े। निराश पुनर्दत्त की मुक्त होने की आशा टूट गई।

× × ×

कृष्ण, बलराम व पुनर्दत्त को लिये वह पोत जहां आकर तट से लगा, वह विचित्र सा देश वैवस्वतपुर या प्रकाशपुर था। वहां पंचजन असुरों का वास था, जिनके शासक का नाम पुण्यजन था। किन्तु वह इतना क्रूर और निर्मम था कि असुर-गण भी उससे थर-थर कांपते थे और उसे 'यम' पुकारते थे। वह स्वयं भी अपने को यम कहता था। बात की बात में किसी के भी प्राण हर लेना उसका प्रिय खेल था। पशुचर्म पहने, यम ऊपर से नीचे तक स्वर्ण, मुक्ता और रत्नों से मढ़ा हुआ लग रहा था। सिंहासन में भी अमूल्य रत्न जड़े हुए थे। किन्तु वे जैसे-तैसे ठोककर जड़ दिये गये थे। कोई सौन्दर्य अथवा कलात्मक दृष्टि का नाम तक न था।

पोत के नायक ने बलराम और श्रीकृष्ण को राजा यम के समक्ष प्रस्तुत किया कि वे नई उपलब्धि हैं और पोत चलने से कुछ क्षण पूर्व ही प्राप्त हुए थे। यम ने ऊपर से नीचे

तक दोनों को देखा और प्रसन्नता से किलकारी मारी। उनके विलक्षण सौन्दर्य और तारुण्य से वह बहुत अभिभूत था। प्रसन्नता से उसने निकट रखे अद्भुत रूप से विशाल शंख को उठा कर मुख से लगा घोष किया। वह भीषण शंख-ध्वनि दूर-दूर तक पहुंच गई। श्रीकृष्ण की चकित दृष्टि उस भैरव-घोष करने वाले शंख पर कुछ पल को एकटक लगी रह गई।

'तुम क्या कार्य कर सकते हो युवको?'

'सब कार्य!!'—दोनों ने एक साथ उत्तर दिया।

यम किंचित् हतप्रभ हुआ उनके सगर्व उत्तर से। उसने घूर कर देखा उन्हें।

'सब कार्य का अर्थ?'

'सब कार्य!!'

'कठिन से कठिन?'

'कठिन से कठिन!!'

'अच्छा ऽऽ। तो क्या तुम काल से भी लड़ सकते हो?'

'नहीं।'

'ही-ही-ही-ही.... तो फिर क्यों बोले थे सब कार्य कर सकते हैं?'

'हम अपने से छोटे से नहीं लड़ते। काल हमसे छोटा है।'

'अच्छा ऽऽ.... ! तो तुम कौन हो?'

'हम महाकाल!'

'तुम महाकाल हो? महाकाल और तुम? तुम राजा यम को नहीं जानते इसीलिये ऐसे बढ़-बढ़ कर बोल रहे हो। इस यम की शक्ति नहीं देखी अभी? यम के सम्मुख किसी की नहीं चलती। भय खाओ मनुष्यो! भय खाओ यम से!'—यम के नथुने क्रोध से फूले जा रहे थे।

'यम हमारे लिये आखेट की वस्तु है!'—बलराम ने गंभीर होकर उत्तर दिया।

'जिस प्रकार तुम बड़े-बड़े तिमिंगिलों का आखेट करते हो उसी प्रकार हम तुम्हारे जैसे यमों का आखेट करते हैं।'—श्रीकृष्ण ने कहा।

शस्त्र खड़क उठे। तलवारें चमक उठीं। राजा ने इंगित से सबको शांत किया।

'बड़ी-बड़ी बातें करने वाले तरुणो! यम के सेवकों से पराजित होकर बन्दी हुए हो और तब यह दंभोक्ति है तुम्हारी कि तुम यम को कुछ नहीं समझते।'

'न हम परास्त हुए किसी से, न हम बन्दी हुए किसी के।'

'तुम डूब रहे थे समुद्र में, हमने तुम्हें बचाया मूढ़ो।'—पोत-नायक दांत किटकिटा कर बोला।

'हम डूब नहीं रहे थे। हम तो स्वयं पोत पर चढ़ना चाह रहे थे।'

'क्यों?'—राजा ने गुर्रा कर पूछा।

'अपने गुरु के पुत्र को खोजने।'

'कौन वही? जिसने गुहार मचाई थी कि ये दोनों डूब रहे हैं इन्हें बचाओ...... वही तो नहीं?'—नायक ने विस्मय से पुनः पूछा।

'हां वही!'

'कौन वह दुबला-पतला ब्राह्मण बालक। जो दिन भर बैठा-बैठा आंसू बहाता रहता है, जिससे कोई कार्य नहीं होता?'

'जब वह कोई कार्य नहीं करता और इस प्रकार तुम्हारे किसी कार्य का नहीं है तो उसे बन्दी क्यों बनाया है? उसे छोड़ क्यों नहीं देते?'—श्रीकृष्ण ने पूछा।

'उसे भी नहीं छोड़ेंगे और तुम्हें भी बन्दी बनाकर सत्कार से रखेंगे युवको। चिन्ता न करो।'—राजा ने व्यंग्य से मुस्कुरा कर कहा।

'हम यहां नहीं रहेंगे'—बलराम गरजे।

'यहां रहना ही होगा। यम के आदेश की उपेक्षा कोई नहीं कर सकता।'

'हम यम का आदेश नहीं मानते। हम महाकाल के आदेश से बंधे हुए हैं। उन्होंने जो आदेश दिया है, हम वह पूर्ण करेंगे।'—बलराम ने कहा।

'कौन है यह महाकाल? कहां रहता है?'

'महाकाल! समूची सृष्टि में ऐसा कोई प्राणी, कोई अणु भी नहीं जो महाकाल के प्रभुत्व में न आता हो। महाकाल समस्त कालों का सम्राट है। वह मृत्यु का प्रभु है। श्मशान का संप्रभु है। महाकाल चिताओं का स्वामी है। वह अपनी कनिष्ठिका पर धारण कालचक्र को स्वेच्छा से घुमाता है।'—बलराम की ओजपूर्ण वाणी से रोमांचक काव्यपाठ सा महाकाल-स्तवन निःसृत हो उठा।

'उज्जयिनी के महाकालवन में महाकाल विराजमान हैं। प्रचण्ड शक्ति है उनकी। श्मशान की नवचिता की मात्र भस्म लपेट कर महाकाल जब अपना डमरू बजाते हैं.... डिम्-डिम्-डिम्-डिम् तब सृष्टि स्थिर हो जाती है, पृथ्वी का स्पंदन थम जाता है। महाकाल तांडव करते हैं। डिम्-डिम्-डिम्-डिम् का महानाद आकाश-पाताल में छा जाता है। वायुमण्डल से परे अंतरिक्ष में भी केवल एक ही ध्वनि रह जाती है—डिम्-डिम्-डिम्-डिम्! महाकाल के महासर्प फुफकारते हैं। महानाग सरसराते हैं सर्-सर्-सर्-सर्....! महाकाल की जटाओं से बहती भागीरथी वेगवती हो सहस्रधार में उमड़ पड़ती है हर.... हर.... हर! और डमरू बजता रहता है डिम्-डिम्-डिम्-डिम्! महाकाल श्मशान की चिताभस्म तन पर लपेटे, भयावह फूत्कार करते हुए सर्पों को कंठ में लपेटे जब तांडव करते हैं, तो पृथ्वी डोल उठती है। और जब महाकाल के कंठ में पड़ी नरमुंडमाला हिल कर बजती है खडर-खडर-खडर-खडर तो आकाश भी थर-थर कर कांप उठता है। तारे टूट-टूट कर आर्तनाद करते बिखरने लगते हैं। जब महाकाल अपना तृतीय नेत्र खोलते हैं तो उससे धू-धू करती अग्नि-ज्वालाएं लपलपा उठती हैं चारों दिशाओं में। त्राहि-त्राहि मच जाती है। दिक्पाल भयातुर हो भाग चलते हैं। वृक्ष चटक-चटक कर जल उठते हैं। पर्वत महानाद कर-कर के फट उठते हैं। ज्वालामुखी फूट जाते हैं। समूची सृष्टि में भयावह हाहाकार मच उठता है। महाक्रोध में भरे महाकाल तांडव करते हुए काल भैरव से प्रतीत होते हैं। ध्वंस! प्रलय! विनाश! पुरातन सृष्टि को नष्ट करने, उसके दोषों को भस्म करने को..... नवीन

की सृष्टि हो सके.... नव निर्माण हो सके.... इसलिए तब महाकाल उठाते हैं अपना विराट शक्तिशाली महात्रिशूल.....'—बलराम धाराप्रवाह बोलते चले जा रहे थे।

अनायास एक अद्‌भुत चीत्कार सभागृह में गूंज गया। सभा का सम्मोहन भंग हुआ। कोई कुछ समझ नहीं पाया पहले तो। तभी देखा सभा ने और स्तब्ध रह गई देखकर कि यम का कंठ श्रीकृष्ण अपने बलशाली हाथों में जकड़े खड़े हुए हैं और यम के कंठ से भयंकर अद्‌भुत गों-गों ऽऽ की ध्वनि निकल रही है।

अचानक ही जैसे सब सोते से जागे। हड़कम्प मच गया। किसी को कुछ सूझता न था कि क्या किया जाए। सैनिक, सेवक, अधिकारी सब स्तब्ध थे।

बलराम ने लपक कर एक सुदृढ़ लम्बे से लौह-स्तंभ को उखाड़ लिया और यम तथा कृष्ण के चारों ओर तड़ित् वेग से घूमते हुए वे उसे गदा की भांति घुमाने लगे ताकि राजा को बचाने कोई आगे न बढ़ सके। जो अनुचर राजा को बचाने का साहस करने बढ़ते, उनके सिर चटाचट फट रहे थे। लौह खंभ के प्रबल आघातों से असुर एक के बाद एक तड़पड़ाते हुए लहूलुहान हो धराशायी होते जा रहे थे। बलराम के हाथ में वह लौह-खंभ न जाने गदा बन गया था या मूसल, समझ में न आता था। किन्तु भीषण चक्रवात सा प्रतीत हो रहा था। जो उससे टकराता उसके खण्ड-खण्ड हो कर छितर जाते धरा पर।

श्रीकृष्ण ने यम को खींच कर नीचे डाल दिया था और उसके वक्ष पर अपना चरण रखे रोषमूर्ति बने खड़े थे। श्रीकृष्ण से दुगुनी लम्बी-चौड़ी वह काया वस्त्र-ढेर सी निर्जीव लग रही थी।

यम के अनुचर अपने-अपने प्राण बचाने जहां-तहां भागे जा रहे थे। तथाकथित यम की तथाकथित शक्ति का उन्हें भान हो गया कि जो स्वयं ऐसा पड़ा है वह उन्हें क्या रक्षा देगा!

'महाकाल आया!' 'महाकाल आया!' चारों ओर से गुहारें-चीत्कारें उठ रही थीं। लटपटाती असुर स्त्रियां गिरती-पड़ती नाना प्रकार की विचित्र ध्वनियां मुख से निकालती भाग रही थीं। बलशाली असुर लोग भगदड़ में परस्पर टकरा-टकरा कर ही मरे जा रहे थे। एक दूसरे से कुचले जा रहे थे।

श्रीकृष्ण ने चरण शिथिल किया कुछ,—'पुनर्दत्त कहां है?'—श्रीकृष्ण दहाड़े।

भयातुर किसी सेवक ने दौड़कर चुपचाप पुनर्दत्त को मुक्त कर सभागृह में ठेल दिया व स्वयं प्राण बचाने भाग खड़ा हुआ।

श्रीकृष्ण ने पुनर्दत्त को कंठ लगाया। उसके भयातुर प्राणों को आश्वस्त किया।

यम की गर्दन पकड़, उसे उठा कर सिंहासन पर स्वयं श्रीकृष्ण ने बिठा दिया। वह वस्त्रों के ढेर सा अचेत ही पड़ा रहा। उसके नेत्र श्वेत हो चले थे। सिर चकरा रहा था। अधर शुष्क थे।

बलराम ने हाथ का लौहखंभ तीव्रता से घुमाते हुए उसे वेग से दूर फेंक दिया। भयंकर नाद हो ढनढनाता हुआ वह दूर जाकर गिरा जिससे आसपास की भित्तियां प्रकंपित हो उठीं।

श्रीकृष्ण ने यम का विराट शंख उठाकर मुख से लगाया और फूंका।

पांचजन्य-शंख से विजयघोष दूर-दूर तक गूंज गया। दूर-दूर तक वह रौद्र घोष सुनकर असुरों के रोंगटे खड़े हो गए।

उस तहस-नहस राज्य को वैसा ही छोड़कर श्रीकृष्ण और बलराम पुनर्दत्त को बीच में किए झूमते-झामते ऐरावत की भांति बाहर निकले। एक डोंगी पर सवार हुए और चल दिए प्रभास की ओर।

× × ×

समुद्र की उत्ताल तरंगों में छोटी सी डोंगी हचकोले खाती बढ़ती जा रही थी। श्रीकृष्ण खेवनहार थे। पुनर्दत्त के नेत्रों से अश्रु प्रवाहित थे। दो वर्ष की घनीभूत पीड़ा अब बरस-बरस कर निकल रही थी। माता-पिता के अपार क्लेश की कल्पना मन को मथे डाल रही थी। उनके दर्शन की आकुलता प्रतिपल तीव्र होती जा रही थी। बलराम उसके कंधे पर हाथ रखे उसे आश्वासन बंधा रहे थे।

धीरे-धीरे अंधकार छा गया आकाश में। परत पर परत काले मेघ न जाने कहां-कहां से आकर जुटने लगे सैन्यदल की भांति। ऊपर आकाश गहन श्याम, नीचे महार्णव भी गहन श्याम। दोनों में कौन अधिक कृष्णवर्ण था, कहना कठिन था। सघन काले घनों की परछाहीं महासिंधु पर पड़ने से वह और कालकराल लगने लगा। दूसरी ओर सागर का महाश्याम रूप मेघों पर प्रतिबिंबित हो उन्हें काल रूप दे रहा था। सिंधु और मेघ दोनों उद्वेलित थे। जैसे दोनों एक दूसरे से कुपित थे। दोनों भयंकर क्रोध से फूल गए थे। एक दूसरे पर दोनों बारी-बारी से गरज-दहाड़ रहे थे। किन्तु क्यों स्पर्धा है दोनों में अथवा दोनों में परस्पर ऐसी शत्रुता का क्या कारण हो सकता है, समझ न आता था।

इधर जलधि तरंगें भयावह रूप धारण कर दहाड़ती हुई उछलतीं, उधर रोष से फूले काल-जलधर मुंह झुका कर सिंधु को डपटते। मेघ रह-रह कर तड़ित्-वज्र छोड़ रहा था जो दिग्दिगन्त् में कौंध कर सागर-उर को थर्रा देता। बदले में उदधि, मेघों की ओर अपनी उत्ताल तरंगों के स्तंभ छोड़ता। सिंधु तरंगें उच्छ्वासें भरती, फूत्कार करतीं सहस्र-नागों सी लपलपा उठतीं कलुष-तन मेघों पर। मेघ जैसे क्रोध से भरे उतरे आ रहे थे सिंधु पर और सिंधु जैसे चढ़ा जा रहा था मेघ-शत्रु पर। क्षितिज न जाने कहां खो गया था दोनों के बीच। किन्तु धन्य था एक नाविक का अद्भुत मनोबल। उसकी छोटी सी डोंगी उस झंझावात् में भी छिपती-उभरती, डूबती-उतराती, संघर्ष करती निरंतर आगे बढ़ती जा रही थी।

श्यामघन की घनीभूत प्रतिच्छाया पड़ने से श्रीकृष्ण दुगुने घनश्याम हो गये थे और महार्णव की काली छाया से वे तिगुने काले प्रतीत हो रहे थे। मेघ सोचता था कि श्रीकृष्ण मेरी छाया के कारण काले हैं। सिंधु सोचता कि मैंने श्रीकृष्ण को श्यामवर्ण दिया है। श्रीकृष्ण सोचते आज मेघ और सिंधु ने पहली बार मेरा सही वर्ण चुराया है। सब कुछ प्रगाढ़ कृष्ण था।

देखते-देखते मूसलाधार वृष्टि प्रारंभ हो गई। बलराम ने भी एक पतवार ले ली। दोनों दुःसाहसी तरुण नाविकों ने उस छोटी सी तरणी से जैसे भवसागर ही पार करने का निश्चय कर लिया था। भीषण तरंगें थीं और उद्दण्ड सिंधु-समीर। तिमि और तिमिंगलों

का भयावह आक्रमण था नौका को लील जाने को। उनसे नौका बच पाती तो तरंगें हा-हा करती दौड़ी आतीं उसे लील जाने को। किन्तु दुर्धर्ष खेवनहारों की झलक पाते ही उलटे पांव हाहाकार करती लौट जातीं। सिंधु-तरंगों के झूले में झूल रहे थे दो दृढ़-प्रतिज्ञ नवयुवक, जिन्हें किसी भी स्थिति में यथाशीघ्र गुरु तक पहुंचना ही था। गुरु-दक्षिणा यशाशीघ्र गुरुचरणों में समर्पित करनी ही थी। अदम्य शक्ति से बलराम व श्रीकृष्ण गुरुपुत्र को सुरक्षित व शीघ्रातिशीघ्र गुरुवर को सौंप देने को आतुर थे। किंतु अत्यधिक वर्षा होने के कारण नौका में जल भरने लगा था इसलिये निकटतम जो भूतल दिखा, नौका को वहीं तट से लगा दिया। वह एक छोटा सा पर्वतीय द्वीप था। नौका तट पर बांध कर तीनों ऊपर चढ़ चले और ऊंचाई पर चढ़कर वर्षाकुल सिंधु का विहंगम दृश्य देखने लगे।

तभी बायीं ओर की नीचे की चट्टानों के पीछे से एक सुन्दर सा मुख ऐसे झांका जैसे पाषाण-शिलाओं पर अनायास ब्रह्मकमल खिल पड़ा हो। निर्जन द्वीप पर मूसलाधार वर्षा में यह एकाकी सुकन्या कौन? सुन्दर मुख ताम्बूलाकार होते हुए भी कुछ लम्बाई लिये हुये था। दीर्घ पतली नासिका, नुकीली चिबुक, पतले अरुण अधर और गौर वर्ण पर जैसे तूलिका से अंकित किए गए हों दो सुदीर्घ कजरारे नयन। केश भीग कर मुख के चारों ओर चिपक गए थे। मुख पर वर्षा-प्रहार के कारण किंचित् विचलित सा भाव था।

श्रीकृष्ण की दृष्टि पहले पड़ी। उन्होंने पीछे की ओर खड़े बलराम को बुलाया।

बलराम ने आगे बढ़कर देखा तो फिर देखते ही रह गए एकटक। रूपसी कन्या ने दृष्टि हटा ली अपनी, किन्तु पुनः उसने दृष्टि डाली जिधर बलराम निश्चल खड़े थे। दोनों की दृष्टि मिली और न जाने क्या हुआ कि बलराम का हृदय-स्पंदन तीव्र हो गया। श्वास तीव्र हो गई। सिंधु-समीर से शीतल और वर्षा से भीगे मुखमंडल पर भी स्वेद-बिंदु छलछला आए। कन्या का मुख अकारण ही आरक्त हो गया। नयनों में लाज का सिंधु उमड़ पड़ा, उसने मुख फेर लिया।

अनुज की चतुर दृष्टि बचाते हुए बलराम ने अपने भाल का स्वेद पोंछा। किन्तु उनका अनुज तो कुछ अधिक ही चतुर था न! यह वे न भांप पाए थे अब तक। बलराम का चतुर अनुज तो कब से मन्द-मन्द मुस्कुराता हुआ, अपने महाक्रोधी अग्रज के हृदय में प्रेमांकुर फूटने का चुपचाप आनन्द ले रहा था।

वर्षावेग कुछ कम हुआ तो वे लोग नीचे उतरने लगे। बलराम आत्मविस्मृत से थे। चरण आगे ही न बढ़ते थे उनके। पीछे मुड़-मुड़ कर देखना चाहते। किन्तु! इस हठीले अनुज की धूर्त दृष्टि तो उन्हें छोड़ ही नहीं रही है। उस अपरिचित एकाकिनी सुन्दर कन्या के प्रति मन में औत्सुक्य लिए हुए ही वे लोग धीरे-धीरे आगे बढ़े।

कुछ ही नीचे आए होंगे कि एक शिला पर बैठे हुए एक असाधारण से पुरुष को देख अनायास ठिठक गये। अपना शीश दोनों बाहुओं में छिपाए हुए भव्य-व्यक्तित्व से संपन्न वह महापुरुष मर्माहत सा बैठा था। उत्सुकता बढ़ चली और वे उस कन्या तथा इस व्यक्ति के बारे में बातचीत करते हुए अचंभा प्रकट करने लगे।

बातचीत की ध्वनि सुनकर उस व्यक्ति ने मुख उठाया। उसके स्कंध तक फैले केश भीग कर चिपक गये थे। मुखाकृति उस सुन्दर कन्या से मिल रही थी। मुख पर गहन

गांभीर्य था और नेत्रों में अपार व्यथा। निराशा में डूबे किसी व्यक्ति से कुशलक्षेम न पूछना धर्मोचित नहीं। अतः वे तीनों उसके पास रुक गये।

'महाभाग! आप इस निर्जन द्वीप में एकाकी किस चिंता में डूबे बैठे हैं। यदि आपको आपत्ति न हो तो हमें अपना कष्ट बताएं, संभवतः हम आपकी कुछ सेवा कर सकें।'—श्रीकृष्ण ने चिंता से उस व्यक्ति से पूछा।

उस पुरुष ने गहरे काले नेत्रों से तीनों को निहारा बारी-बारी से। बलराम को ऊपर से नीचे तक कई बार देखा। सुदूर-सागर-लहरों पर दृष्टि टिका उसने वेदनाकुल स्वर में धीरे-धीरे बोलना प्रारंभ किया।

'ठीक समझा आपने भद्र! मैं घोर संकट में फंसा हुआ हूं। किंतु मेरे लिए कोई कुछ कर भी नहीं सकता। चाहता हूं मृत्यु का वरण कर लूं तो वह भी अपने समस्त सांसारिक दायित्वों को निभाए बिना कैसे करूं! कुछ समझ में नहीं आता क्या करूं!'

'बताएं महाभाग! अपना कष्ट हमें अवश्य बताएं। यह क्यों सोचते हैं आप कि कोई आपके लिये कुछ नहीं कर सकता? स्यात् हम अपने को इस योग्य सिद्ध कर सकें कि आपकी यह धारणा मिट जाए।'—श्रीकृष्ण ने उन्हें आश्वस्त किया।

'भद्र! मैं इस सम्पूर्ण आनर्त प्रदेश का राजा था! मुझे कुकुद्मी रैवत कहते हैं। महाराज शर्याति हमारे पूर्वज थे। रेवताचल पर्वत की तलहटी का समूचा प्रदेश मेरे अधीन था। मेरी प्रजा प्रसन्न थी और मेरा राज्य समृद्ध.....।'—रैवत एक दीर्घ निःश्वास ले चुप हो गया।

'फिर आपकी यह दशा कैसी हुई महाभाग?'—बलराम ने करुणा-विगलित स्वर में पूछा।

'सब कुछ निकल गया मेरे हाथ से। मैं एक अत्यावश्यक कार्य से ब्रह्मलोक गया था। महाभाग ब्रह्मा संगीत-नृत्य में इतने मग्न थे कि मुझे वहां विलम्ब हो गया। लौट कर आया तब तक यहां कल्पांतर हो गया था। युग बदल गया। मैं कृतयुग में गया था महाभाग ब्रह्मा के निकट और उनकी दो घड़ी, मृत्युलोक के दो युग हो गए। यहां लौटा तो देखा लोगों के आकार छोटे हो गए। सात्विकता चली गई। चारों ओर हिंसा, अनाचार, अनैतिकता फैल गए हैं। तब ज्ञात हुआ कि द्वापरयुग आ गया है। मेरे साथ का कोई जीवित नहीं अब। मेरे राज्य पर दस्युओं तथा असुरों ने अधिकार कर लिया। प्रजा पीड़ित होकर भाग गई। मेरा सुन्दर सा राज्य उजड़ गया। धन, वैभव, राजपाट और सतयुग सब गंवा दिया मैंने। मैं... तब राजा था। आज..... वनचर बना वन-वन भटक रहा हूं। मेरी व्यथा कौन समझेगा?'

'विचित्र कथा सुनाई आपने महाभाग! वास्तव में आपकी पीड़ा का कारण भी कितना विचित्र है कि आप प्रजापति ब्रह्मा के पास से लौटे तो कल्पांतर ही हो गया।'.....—विचारमग्न श्रीकृष्ण ने आत्मविस्मृत स्वर में कहा।

'महाभाग! आप चिन्ता न करें। हम आपको वचन देते हैं कि आपका राज्य आपको पुनः लौटाने का पूरा प्रयास करेंगे। हमने स्वयं अपने सौराष्ट्र प्रवास में अनुभव किया है दुर्दान्त दस्युओं का आतंक इस क्षेत्र में बढ़ता ही जा रहा है दिन प्रतिदिन। यह स्थान बड़ा

अपवित्र एवम् असुरक्षित हो गया है। किन्तु महाभाग! आप पुनः यहां के शासक होंगे और धर्मानुसार प्रजा का पालन करेंगे।'—बलराम के व्यक्तित्व का समूचा तेज उनकी वाणी में समा गया था।

'धन्य हो नवयुवक! किन्तु मेरी चिन्ता यहीं पूर्ण नहीं होती। मेरा और तो कोई रहा नहीं मात्र मेरी प्रिय पुत्री के। ब्रह्मलोक गया था तो वह भी मेरे साथ थी। अतः केवल हम दोनों ही उस युग के जीवित प्राणी बचे हैं। उसके लिये एक योग्य वर ढूंढ़ पाना दुरूह हो गया है आज के विकृत युग में। अपनी पुत्री की शिक्षा-दीक्षा पर मैंने विशेष ध्यान दिया था। वह कुशल धनुर्धर होने के साथ ही कुशल अश्वारोही है। शास्त्र-पारंगत भी है और रण-कौशल भी है उसमें। अब इतनी सुयोग्य कन्या के लिए वर ढूंढ़ते-ढूंढ़ते विक्षिप्त सा हो चला हूं......।'

कन्या के गुण-वर्णन से तीनों श्रोता विस्मय-विमुग्ध हो गए। बलराम विशेष रूप से अभिभूत खड़े थे।

'आपकी कन्या वही तो नहीं, जिन्हें कुछ ऊपर शिलाओं के निकट अभी देखा है.....?'—श्रीकृष्ण ने उत्सुकता से पूछा।

'हां भद्र! वही है मेरी कन्या, रेवती।'

'आपकी कन्या हेतु वर खोजना वास्तव में कठिन है। अब तो कन्याओं को अश्वारोहण, शस्त्र-चालन, अश्व-विद्या आदि के प्रशिक्षण का प्रचलन बहुत कम हो गया है। किन्तु महाभाग, कन्या के उपयुक्त वर ढूंढ़ना कठिन ही होगा, असंभव नहीं। आप निश्चिंत रहें। अवश्य आपको सुयोग्य वर उसके लिए मिलेगा।'—श्रीकृष्ण ने बलराम को वंकिम दृष्टि से देखते हुए स्मित-हास्य से कहा।

'आप दोनों के शब्दों से अमृत झर रहा है, नवयुवको! मैं इतना दुःख और विषाद में डूब गया हूं कि सामान्य शिष्टाचार भी भूल गया। अब आप भी तो बताएं कि जो मेरे प्रति ऐसी संवेदना प्रकट कर रहे हैं तथा सहायता का वचन दे रहे हैं उन दोनों तरुणों का परिचय क्या है.....।'

'महाभाग, शूरसेन प्रदेश के यदुवंशियों में वृष्णिवीर वसुदेव के हम पुत्र हैं। मैं उनका ज्येष्ठ पुत्र बलराम हूं। यह मेरा अनुज है श्रीकृष्ण, और यह हमारे साथ, हमारे गुरु महर्षि सान्दीपनि का पुत्र पुनर्दत्त है जिसे हम पंचजन असुरों के राजा यम से मुक्त करा के लिए हैं।'

रैवत कुछ पल को निश्चल रह गए। जैसे उन्हें अपने कानों पर विश्वास न हुआ हो। फिर उनके गहन काले उदास नेत्रों में आशा की ज्योति जगमगाई और वे बलराम की ओर हाथ बढ़ाते उठ खड़े हुए।

रैवत खड़े क्या हुए कि जैसे खड़े होते ही चले गये हों! बलराम, श्रीकृष्ण व पुनर्दत्त की बोलती बन्द हो गई। वे अवाक् थे रैवत का दीर्घ आकार देख। नारियल-वृक्ष से कुछ ही कम लग रहे थे।

रैवत हर्षविभोर थे। उन्होंने झुककर स्नेह से बलराम के शीश पर हाथ रखा।

'तुम ही हो परमवीर बलराम वासुदेव। अहोभाग्य मेरा! वत्स तुम ही को तो ढूंढ़ते-ढूंढ़ते व्याकुल हो चला था·····।'

'मुझे? मैं आश्चर्यचकित हूं महाभाग, यह जानकर कि आप मुझे खोज रहे हैं·····'—बलराम अचंभे में थे।

सभी चकित थे।

'हां वत्स! मैंने अपनी कन्या हेतु उपयुक्त वर हेतु महाभाग ब्रह्मा का परामर्श मांगा था। तब वे बोले कि तुम इतनी देर यहीं बैठे रह गए, वहां मृत्युलोक में तो युगान्तर हो गया। अब तुम्हारी कन्या के योग्य तो कोई पात्र सम्भव ही नहीं। फिर कुछ सोचकर बोले कि कन्या रेवती हेतु एकमात्र उपयुक्त पात्र संकर्षण बलराम है जो पराक्रम, सौन्दर्य एवं तेज तथा पौरुष में रेवती के बिल्कुल अनुकूल है। वत्स! मैं तब से बलराम को खोज रहा हूं। मेरी कन्या रेवती सर्वगुण-संपन्न, सुन्दर व सुशील है। आओ वर्षा का वेग कम हो ही चुका है, मेरी कुटीर में चलो·····।'—उल्लसित कंठ से रैवत बोले।

बलराम संकुचित हुए। ताम्बूलाकार सरल, भोली व सुन्दर मुखाकृति नेत्रों में घूम गई।

'नहीं महाभाग! आज क्षमा करें।'—बलराम ने हाथ जोड़कर कुटीर में जाने से क्षमा मांगी।

रैवत का मुखमंडल तुरन्त कुम्हला गया।

'अग्रज!'—श्रीकृष्ण ने बलराम को टोकना चाहा कि कहां तो बलराम रेवती को दृष्टि ओझल नहीं कर पा रहे थे और अब न्यौता ठुकरा रहे हैं।

'नहीं, आज नहीं! महाभाग! हमें अन्यथा न समझें। हमारा कर्तव्य हमें पुकार रहा है। गुरुदेव के पुत्र को यशाशीघ्र उनके पास पहुंचाना परम आवश्यक है।'—बलराम ने गंभीरता से बल देते हुए कहा।

'किन्तु इतनी शीघ्रता क्या? आप विश्राम करें कुटीर में। मेघ पुनः घुमड़ रहे हैं। विकट-वर्षा में कहां जाएंगे? कल प्रातः प्रस्थान करना उचित होगा'—रैवत ने कहा।

'नहीं महाभाग! मुझे अपना पुत्र समझें। मैं निश्चित रूप से आऊंगा, दस्युओं से आपका राज्य मुक्त कराऊंगा तथा आपकी कन्या को वरूंगा। किन्तु महाभाग! पहले गुरुदक्षिणा का कर्तव्य निभा लें हम·····'—बलराम ने हाथ जोड़कर अनुनय की।

'सत्य कह रहे हैं मेरे अग्रज। महाभाग! हमारे गुरुदेव तथा उनकी पत्नी दो वर्षों से पुत्र-विछोह की दारुण यंत्रणा भोग रहे हैं। इधर पुनर्दत्त भी माता-पिता से मिलने को व्याकुल है। आप निश्चिंत रहें। आज से आपकी चिंताएं हमारे कंधों पर हैं। पुनर्दत्त को गुरुदेव तक पहुंचा कर हम आपकी सेवा में पुनः उपस्थित होंगे।'

'किन्तु गुरुदेव हैं कहां?'—रैवत ने पूछा।

'वे प्रभास में पिंडतारक तीर्थ में ठहरे हुए हैं।'

'पिंडतारक तीर्थ! वहां तक क्या आज ही पहुंचना चाहते हैं?'—रैवत ने आश्चर्य से पूछा।

'आज ही महाभाग!'—श्रीकृष्ण ने दृढ़ता से कहा।

'इस झंझा और वर्षा में?'—रैवत ने किंचित् संदेह से पूछा।

'किसी भी स्थिति में महाभाग! वहां आज सांझ तक किसी भी स्थिति में पहुंचना ही है ताकि कल भोर गुरुपूर्णिमा के अवसर पर अपने गुरु सान्दीपनि को गुरुदक्षिणा देने का कर्तव्य पूरा कर सकें। आंधी आए या चक्रवात, हम अभी प्रस्थान करेंगे प्रभास हेतु।'

'धन्य हो वृष्णिवीरो! तुम्हारी ऐसी लगन, कर्तव्यनिष्ठा तथा गुरुभक्ति अनुपम है। अवश्य कर्तव्य पालन करो। वह देखो रेवती भी इसी ओर स्यात् आ रही है···'

उन तीनों ने मुड़कर देखा तो एक बार फिर अवाक् रह गये। क्या लम्बाई थी रेवती की! उसने अपने गहन काले केशों को ऊपर कर जूड़ा बांध लिया था। अंगारवर्ण के वस्त्रों में आवृत्त उसका छरहरा, सुदीर्घ गोरा तन, घनश्याम मेघमालाओं की पृष्ठभूमि में दैदीप्यमान हो रहा था।

रैवत ने कौतुक से तीनों के मुख पर विस्मय का भाव देखा।

'मेरा और मेरी पुत्री का आकार आज के युग के अनुपात से कितना सुदीर्घ है न! अब तो मनुष्यों और वृक्षों के आकार छोटे-छोटे होने लगे हैं। बलराम अन्य पुरुषों से तो अधिक दीर्घता पाए हुए हैं किन्तु मेरी पुत्री के समक्ष तो ये भी कम हैं'—रैवत हंसते हुए बोले।

'आप चिन्ता न करें महाभाग! हमारे अग्रज का हल जादू का है। हल का स्पर्श होते ही मनचाहा आकार किसी भी व्रस्तु को दिया जा सकता है'—श्रीकृष्ण चपलता से मुस्कुरा कर बोले।

'अच्छा ऽऽ! तो यहां प्रतीक्षा रहेगी यदुवीरों की। कर्तव्य पूरा कर लो। मैं निश्चिंत हो गया हूं। और भी यदि कोई कार्य हो तो पूर्ण कर लेना, तब मेरे राज्य हेतु युद्ध में उलझना।'

रैवत ने स्नेह से तीनों का बारी-बारी से मस्तक सूंघा, आशीर्वाद दिया, विदा दी।

वे तीनों पुनः डोंगी में बैठे ही थे कि भयंकर वर्षा प्रारंभ हो गई। बाधाओं की उत्ताल लहरों में कर्तव्य-नौका संघर्षरत बढ़ती जा रही थी। दृढ़-मनोबल वाले दोनों नाविक अपने निश्चय पर अडिग थे कि कल गुरुपूर्णिमा को गुरुदक्षिणा निवेदन करना ही है।

× × ×

'हा··· हा··· हा··· हा···'—माधव का अनिरुद्ध अट्टहास सूर्यास्त-बेला पर मथुरा में यमुनाकूल पर बिखरा-बिखरा जा रहा था।

'हा-हा-हा-हा-हा··· तो तुमसे यह पूछा गोपियों ने उद्धव?··· हा-हा-हा-हा··· 'निर्गुण कौन देस को बासी?'··· —यह पूछा चन्द्रावली ने··· और तुम निरुत्तर रह गए!··· हा-हा हा-हा'··· —माधव के हृदय में हास्य की हिलोरें उठ रही थीं उद्धव की दशा पर।

कृष्ण-बलराम के जाने के बाद उद्धव ने महर्षि सान्दीपनि के आश्रम में उज्जयिनी में रह कर वेद-वेदांग शास्त्रों का विस्तृत, गहन तथा बड़ा सूक्ष्म अध्ययन किया था। अब

उद्धव की गणना शास्त्रों के प्रकाण्ड पंडितों में होने लगी थी। ज्ञानी उद्धव बुद्धि के प्रति पूर्णतः समर्पित थे एवं भावना अथवा हृदयपक्ष को उन्होंने पूर्णतः अस्वीकार कर दिया था। श्रीकृष्ण जब प्रभास से लौट आए और उद्धव उज्जयिनी से, तब दोनों में परस्पर गहन चर्चाएं व विवाद होते। श्रीकृष्ण द्वारा प्रतिपादित लोकधर्म और आस्था पर आधारित भक्ति योग को उद्धव सदा हेय दृष्टि से देखते। ज्ञान ही सब कुछ था उनके लिये। अंततः श्रीकृष्ण के आग्रह पर उद्धव वृंदावन गए थे और अब लौटकर श्रीकृष्ण को अपने विचित्र अनुभव सुना रहे थे।

श्रीकृष्ण आनंद विभोर थे। वृंदावन छोड़ने के बाद आज पुनः जैसे वृंदावन हृदय में खिल उठा हो। कंसवध, उज्जयिनी, वैवस्वतपुर का रोमांचक अभियान आदि से निवृत्त हो अब उद्धव से वृंदावन की चर्चा सुनकर भला उल्लसित क्यों न होते!

'एक तो मेरी दुर्गति हुई वहां जाकर, ऊपर से तुम्हारा यह असमय अट्टहास! सच कहो माधव। तुमने मुझे वहां मूर्ख बनने हेतु ही भेजा था क्या? मेरे ज्ञान का उपहास कराने मुझे जानबूझ कर ब्रज भेजा था? बोलो माधव!··· यह कैसा बैर निभाया मुझसे! यह कब का बैर निभाया मुझसे?' —उद्धव के स्वर में झुंझलाहट थी।

श्रीकृष्ण मगन थे। वे कल्पना कर रहे थे वृंदावन की चंचल गोप-बालाओं के मध्य भोलेभाले उद्धव की।

'कहो सखा! और कहो वृंदावन की बातें। हृदय प्रफुल्लित हो उठता है··· हास्य की तरंगें हिल्लोल ले उठती हैं ब्रजवासियों की चर्चा से। और कहो और क्या हुआ वहां?' —माधव ने अधरों को दांतों तले दबा कर हंसी रोकते हुए पूछा।

'माधव क्या कहूं? मेरा वृंदावन-प्रवास निष्फल हुआ। मैंने कितना समझाया उन बावरी प्रेम-देवियों को कि निराकार ब्रह्म ही सब कुछ है। निर्गुण की उपासना ही श्रेष्ठ है। वे बार-बार कहने लगीं कि हमारे तो भगवान हमारे गोपाल-लाल ही हैं, हम तो उसी रूप की उपासना कर सकती हैं। मैंने कहा —ब्रह्म सगुण रूप रख कर विष्णु या कृष्ण बनकर जब आए तभी तुम उपासना कर सको यह आवश्यक नहीं। कृष्ण के विरह में जो जल रही हो तुम लोग, यह उचित नहीं। ब्रह्म क्लेशदायक नहीं। तुम मूर्ति से प्रेम न करो। आकार से प्रेम न करो। कृष्ण के मोहन रूप से प्रेम करोगी तो वियोग सह पाना दूभर हो जाएगा। इसलिये हे गोपियो, तुम निराकार ब्रह्म की उपासना करो। मैंने कहा ब्रह्म आकाश में भी है। पूरी सृष्टि में है। जब घट में पट में ब्रह्म विराजमान है, तब कृष्ण की उपस्थिति की ही क्या आवश्यकता? इतनी बड़ी ज्ञान की बात सिखाई माधव मैंने··· और वे लगीं एक दूसरे को विस्फारित नेत्रों से निहारने और कटाक्ष करने कि — 'लो सुन लो इस बावरे की बातें।' —एक गोपिका तो विक्षिप्त सी होकर दोनों हाथ फैला कर पूरी मंडली की परिक्रमा लगाने लगी — 'ये लो समेटो आकाश अपने हृदय में। आकाश से प्रेम करो··· वायु से नेह करो··· यह ब्रह्म है··· लो भर लो आकाश··· लो भर लो आकाश···।'

'हा-हा-हा-हा'··· —माधव पुलकित हो उठे वृंदावन की रोचक गोपी-लीला सुनकर।

उद्धव किंचित् झुंझलाए—'तुम हंस रहे हो माधव! मेरी स्थिति तो विचारो तनिक। मैं कितना एकाकी पड़ गया उन उन्मादिनी गोपियों के मध्य! कितना असहाय था मैं

वहां! चारों ओर से व्यंग्य-वाणों की वर्षा से तिलमिला उठा था। कितने उपालंभ! उलाहने। कटाक्ष! मैं जिधर दृष्टि डालूं उधर ही उपहास से चमकती आंखें। आंचल से दबे मुखों से फूटती हंसी। नेत्रों से फूटती हंसी। और माधव! कैसा तुम्हारा जादू फिरा है समूचे वृंदावन पर! कैसी मोहिनी फेर आए हो वहाँ कि जब एक बार मैंने बहुत गंभीरता से और कुछ रोषपूर्ण स्वर में निराकार उपासना समझाई तो जानते हो क्या हुआ?'···

'वृक्षों पर बैठे वानर भी किटकिटा पड़े मुझ पर···।'

'हा-हा-हा-हा···' —माधव का हास्य पुनः वेगवती धारा सा फूट पड़ा।

'माधव! हंस लो तुम। किन्तु मेरी दयनीय स्थिति पर दया अवश्य आएगी तुम्हें, जब मैं अपनी पूरी बात कह लूंगा। तुम इतने चतुर निकले कि गोपियों का मन तो मुट्ठी में कर ही लिया था, पेड़-पौधे, पशु-पक्षी तक को छोड़ा नहीं अपने प्रभाव से? जब जाते ही मैंने नन्दभवन के अलिन्द पर गोप-सभा बुलवाई तो प्रारंभ से ही तो मेरे लिए अपशकुन होने लगे थे···।'

'वह कैसे?' —श्रीकृष्ण ने कौतूहल से पूछा।

'जब सब गोप-गोपी मेरी बात सुनने को उत्सुक थे और सभा में पूर्ण शान्ति थी, मैं बोलने ही वाला था कि तभी वृक्ष पर बैठी एक मानभरी सारिका ने सबसे पहले पलीता छोड़ दिंया। बड़े ही चिढ़े हुए, नाक के स्वर में वह वृक्ष पर से बोल उठी 'यहां बेसुंरी न बंजानां महांभांग, यहां बांसुरी बंजती रंही है संदा···'।

'हा-हा-हा-हा' —माधव का पुलक भरा हास्य फैल गया। 'अहो! धन्य है ब्रज के शुक-सारिका भी।'

'और फिर माधव! एक शुक उस सारिका को डपट उठा —'चुप रह शठ! प्रकाण्ड विद्वान हैं महाभाग, अभी कहेंगे कुछ ज्ञान की बात।'

'ज्ञान की बात?' —वह नकचढ़ी सारिका पुनः बोली 'गांओ गांओ···संब लोंग मिंलकंर गांओं··· गोविंद हरेंऽ गोंपांल हरें ऽऽ' —और माधव! वास्तव में तुम्हारे नाम का सामूहिक संकीर्तन होने लगा वृक्षों पर। तमाम शुक-सारिका व पक्षीगण ने ऐसा कोलाहल किया —'गोविन्द हरे गोपाल हरे' का कि मेरी तो बात ही सुनाई न देती थी, बोलूं तो क्या बोलूं?'

'हा-हा-हा-हा··· फिर क्या हुआ उद्धव? तुम अपनी बात कैसे प्रारंभ कर सके? बताओ, यह तो बड़ा रोचक प्रसंग है' —श्रीकृष्ण ने पुनः अपनी हंसी रोकते हुए पूछा।

'क्या होता फिर? नंद महाभाग ने स्वयं उठकर किसी भांति उड़ाया उन विघ्नकारी शुक-सारिकाओं को वहां से···।'

'तब?'

'तब क्या? जो कुछ शेष रहा था मेरा सम्मान, वह भी धो डाला उन हठीली गोपियों ने, जिनका तुम बड़ा गुणगान करते हो।'

'कहो बंधु, आगे कहो··· बड़े दिनों बाद ऐसे आनंद-हास्य का रसास्वादन मिल रहा है।'

'आगे क्या कहूं माधव? मैं बोलता गया और वे मुंह बाए मुझे ऐसे सुनती-देखती रहीं कि जैसे सोच रही हों कि यह कौन निरा बावरा घुस आया ब्रज में!....'

पुनः माधव की हंसी फूट पड़ी।

'माधव! ललिता बोली... —हम तो अपढ़ ग्वालनें हैं। यज्ञ और ज्ञान-वैराग्य हम क्या समझें! कुछ लीला-पद सुनाते तो हम भी आनन्द लेतीं। बड़ी भूल हो गई तुमसे। यह ज्ञान का सौदा करने अनुचित स्थान पर आ गए, महाराज! अरे किसी महानगरी में जाओ तो कोई ले-ले ज्ञान। यहां तो दूध-छाछ ही लिया-दिया जाता है। समेटो अपनी ज्ञान-गठरिया और लम्बे बनो यहां से.....।'

हा-हा-हा-हा... हास्य पुनः अनिरुद्ध वेग से प्रवाहित था।

उद्धव ने कातर होकर कृष्ण के दोनों हाथ अपने हाथों में पकड़ लिये —'सच कहो माधव! तुमने मुझे जानबूझकर वहां भेजा था? मेरे ज्ञान के अभिमान को खण्डित करने? सच बोलो माधव?'

'कहो सखा! आगे कहो। वृन्दावन की रस-बतियों में अनूठा रस छलकता है। आज तक मेरा मन उसी में डूबा हुआ है। आगे कहो क्या हुआ।'

'किंतु माधव! वे दिखती भर हैं भोली-भाली ग्रामबालाएं, किंतु हैं बड़ी चतुर और दूरदर्शी। मैं तो अतिथि था वहां का, अतः मेरा निरादर कैसे करतीं! एक भ्रमर गुंजन करने लगा बीच में आकर तो बस उसी को सुना-सुना कर मेरे प्रति अपने हृदय का सारा आक्रोश निकाल दिया उन्होंने। मधुकर को संबोधित कर-कर के ऐसी ऐसी खरी-खोटी सुना डालीं मुझे, कि मैं ग्लानि में डूबा जाता हूं। मैं क्या समझ नहीं सकता था कि यह मधुकर है कौन? मैं सान्दीपनि ऋषि का पट्ट-शिष्य! मुझमें इतनी भी बुद्धि नहीं थी क्या? स्वयं ही तो वे अटपटी बातें कहतीं, मुझसे अटपटे प्रश्न पूछतीं और झुंझला कर मुझसे ही कहतीं' —'मधुकर! छांड़ि अटपटी बातें!' अर्थात् मेरा समस्त षडदर्शन-ज्ञान अटपटा है? प्राचीन ऋषि-मुनियों के सिद्धान्त अटपटे? उन निपट अशिक्षित गोपियों ने समूचे वेद-उपनिषद् के दर्शन को एक झटके में ही अटपटा सिद्ध कर दिया। और वह तुम्हारी अति प्रिय गोपी, विशाखा कहती थी —हम तुम्हारे ब्रह्म को तुरन्त मान लें, यदि तुम्हारा ब्रह्म वैसी ही मधुर मुरलिया सुना दे जैसी हमारा कन्हैया बजाता था। वे तुममें इतनी डूबी हैं कि उबरना ही नहीं चाहतीं माधव! मैं तो चकित हूं। वे तुम्हें ब्रह्म मानती हैं, ईश्वर मानती हैं!'

श्रीकृष्ण के नेत्रों पर प्रेमाश्रु तैर आए। उद्धव न तब गोपियों को समझ पा रहे थे, न अब कृष्ण को।

'वे कहती थीं —तुम तो बिना भीति के, शून्य पर ही चित्र अंकित करना चाहते हो। अपने ब्रह्म को हाथ पकड़, लाकर खड़ा कर दो हमारे सामने, तो हम मानें। क्यों? क्या तुम्हारा ब्रह्म उतना ही सुन्दर-सलोना है, जैसा हमारा कान्हा? क्या वह भी मोर-मुकुट, पीताम्बर और वैजयंतीमाल धारण करता है? हमें तो ऐसा कोई नहीं सुहा सकता जो मोरमुकुट धारण न करे और पीताम्बर तथा वैजयंतीमाल न पहनता हो। हम तो उस पर

दृष्टि भी नहीं डालेंगी। माधव! मेरी बात समझना तो दूर, वे तो सुनना भी नहीं चाहती थीं।'

श्रीकृष्ण भावविभोर थे।

'विचित्र प्रभाव है तुम्हारा उन भोली-भाली सरल-हृदय ग्वालनों पर। कैसी सहजता से वे तुम्हें ब्रह्म का अवतार मानती हैं। तुम्हें हृदय में बसा कर रख लिया है उन्होंने। दिनरात तुम्हारी ही छवि का स्मरण करती हैं। दिनरात तुम्हारी ही स्मृति में डूबी रहती हैं। गृहकार्य करती रहती हैं तो भी तुम्हें स्मरण करती रहती हैं। दूध दुहती हैं, भोजन बनाती हैं, बच्चों को सुलाती हैं पर गीत तुम्हारे ही गाती रहती हैं हर पल। ऐसा परिपूर्ण समर्पण है उनका, जिसका दूसरा कोई दृष्टांत नहीं मिलेगा खोजने से। वे स्पष्ट कहती हैं कि हमारे मन में तो जिसे बसना था वह बस गया। अब तुम्हारे ब्रह्म के लिए स्थान ही कहां बचा मन में! 'ऊधो, मन न भए दस बीस!' ले-दे कर एक ही तो मन था अपने पास, वह भी ले गए घनश्याम प्यारे। अब ब्रह्म की उपासना के लिए और मन कहां से लाएं? विचित्र तर्क हैं उनके। उस दिन तो मुझे ऐसी विषम स्थिति से नन्द महाभाग ने ही उबारा। बोले —'अब बहुत हो गया, महाभाग चलें। सूर्यास्त हो रहा है। संध्योपासना करके प्रसाद प्राप्त करें। और माधव! मैं जैसे ही उठा, मैंने अनुभव किया कि कितनी उन्मुक्ति की दीर्घ श्वास ली है गोपबालाओं ने। मैं अपने षड्दर्शन, वेद-वेदांग सहित जैसे पाषाण-शिला बना बैठा था उनके मन पर। यही नहीं मेरे उठकर चल देने से सबके चेहरों पर विजय की ऐसी कुटिल मुस्कान आई जो चीरकर रख गई मेरे हृदय को। यह क्या हुआ माधव! मेरा ऐसा तिरस्कार! ऐसा अपमान! ऐसा निरादर! यह कैसा परिहास मेरे साथ तुम्हारा!'

श्रीकृष्ण मन्द-मन्द मुस्कुरा रहे थे।

'और क्या हुआ उद्धव?'

'क्या-क्या कहूं माधव! क्या नहीं हुआ मेरे साथ! दूसरे दिन भोर जब वंशीवट-तले गोपसभा में गया तो निरी उपेक्षा से उन गोपियों ने मुख ही फेर लिया। कोई पीठ फेर कर बैठ गई। तो कोई जमुहाई लेने लगी और कोई तो सखी के कंधे पर शीश टिका कर सचमुच नाक से ध्वनि करने लगी। जब पहले दिन मैं वहां पहुंचा ही था तो कितनी मेरी आवभगत हुई थी कि मैं कृष्ण की पाती लेकर आया हूं। सब दौड़ी-दौड़ी आई थीं। मुझे घेर लिया था चारों ओर से—'हम कों लिखौं है कहा? हम को लिखौ है कहा'—सब पूछने लगी थीं। जब पाती मैंने दे दी उन्हें तो मैं चकित होकर खड़ा देखता रहा कि आंसुओं की धारा बहने लगी उनकी। वे पढ़ना न चाहती थीं। अक्षर समझना न चाहती थीं। केवल पाती को छूना चाहती थीं। तब कैसा उन्होंने मुझे सम्मान दिया था कि मैं कृष्ण का सखा हूं। और बस! थोड़ी ही देर में सब पलट गया। मैं उनका बुरा बन गया। वे मुझे कृष्ण का शत्रु समझने लगीं। हां! कभी-कभी कृष्ण पर भी ताने कसने लगती थीं। वे तो अब तुम्हारे रंग में ऐसी रंगी हैं कि तुम किसी बड़े महर्षि को भी यदि भेजो, तुम स्वयं भी जाओ, तो भी वे कुछ नहीं सुनेंगी। तुम्हें भी अब कुछ नहीं गिनेंगी।'

उद्धव कुछ देर भावविभोर से बैठे रह गये।

फिर सहसा चौंक कर बोले—'माधव! तुमने पाती में ऐसा क्या लिख दिया कि ऐसा अपयश मिला मुझे! अभी तक मैं जहां भी गया, परम सम्मानित हुआ हूं सदा विद्वानों से।

और ये अपढ़ बालाएं! मुझे विदूषक समझती रहीं। जब-तब मुझे देखकर एक दूसरे को कोहनी मारतीं और हंस पड़ती। ऐस हास्यास्पद तो मैंने कुछ नहीं कहा था। मैं तो मात्र निराकार ब्रह्म, ज्ञान, वैराग्य आदि की मीमांसा कर रहा था। फिर तो मैं वृंदावन में जिधर निकलता उधर ही तीक्ष्ण वाक्बाण सुनने को मिलते। मैं तो उनका हितैषी था। हित करने गया था। समझाने गया था। किन्तु मैं ही शत्रु बन गया।'

'मैं पनघट की ओर से निकला तो बिचक गयीं वे लोग और लम्बे-लम्बे घूंघट डाल कर भाग चलीं चिल्लाती हुईं —'आयो ऽऽ आयो ऽऽ''' फिर आयो ऽऽ'''' जैसे मैं कोई हिंसक पशु हूं या कोई आततायी, अत्याचारी हूं! इस प्रकार स्त्रियों से भी अपमानित होना बदा था मेरे भाग्य में? गोप-नारियों से अपमानित होकर, लज्जित होकर मैं चारों ओर मुख छिपाता फिरा। मुझे वहां कोई शरणदाता न मिला। वे तुम्हें ईश्वर मानती हैं। कैसे? तुम्हारे बालपन में किए हुए चमत्कारों के कारण? अहो! तुम मुस्कुरा रहे हो मन्द-मन्द! यह कितनी अनुचित बात है श्रीकृष्ण कि जब मैं अपनी व्यथा सुना रहा हूं, तो सहानुभूति के स्थान पर तुम बड़ी रुचि से रस ले-ले कर मेरी पीड़ा सुन रहे हो। माधव! तुमने मेरे साथ बड़ा बुरा किया!'...

श्रीकृष्ण कहीं और थे। विह्वल से खोए हुए से।

'अहो उद्धव! ये ब्रज की कथाएं कभी समाप्त न हों। जी चाहता है कि यह कथामाल अनंत बनी रहे। एक-एक कथा, एक-एक चरित्र वहां का मुझे हृदय से प्यारा है। पुरानी स्मृतियां सजग हो गयीं। मित्र! इसलिए आनंद ले रहा हूं, मुस्कुरा रहा हूं। कहो बंधु, और सुनाओ वहां के हाल। मैं तो जा नहीं पाया। तुमसे सुनकर ही अपार शांति मिल रही है हृदय को। चुप न रहो। और कहो। और सुनाओ ब्रज की अमृतकथा...' —श्रीकृष्ण ने उद्धव के हाथ पकड़ कर दीनता से अनुरोध किया।

श्रीकृष्ण जहां वृंदावन की स्मृतियों से विह्वल हो रहे थे, उन्हीं को स्मरण करके उद्धव भड़क उठे थे। उनका पुलक भरा आक्रोश अब गोपियों से हटकर कृष्ण पर बरस पड़ा।

'अहो माधव! तुम जन्म के छलिया ठहरे! कैसा छल किया मेरे साथ! अपनी प्रिय गोपिकाओं से ही मेरा निरादर करवाया तुमने मेरा मानभंग करने हेतु? बड़ा अभिमानी था न मैं अपने ज्ञान पर। कैसा पाठ पढ़ाया गोपियों ने मुझे कि मुझे लगने लगा कि मैं कुछ नहीं जानता। कोई अबोध और अज्ञानी शिशु हूं जैसे, जिसकी अनर्गल बातों पर ध्यान नहीं देना चाहिये। जब नीची दृष्टि डाले मैं गोप-गृहों के बीच में से निकल रहा था तो मेरे मुंह पर ही फटाफट द्वार और गवाक्ष-पट बन्द होने लगे, जैसे मैं कोई दस्यु हूं! जहां भी जाता, एक कोई पुकार लगा देती —'आयो'

और फिर चारों ओर चीत्कार-पुकार और गुहार मच जाती—'आयो-आयो फिर आयो' की। कितनी लज्जा लगती थी मुझे तब।....

'वे तो प्रेमरस में ऐसी डूबी हैं कि सान्दीपनि ऋषि के प्रिय शिष्य के ज्ञान को दूध की मक्खी सा निकाल फेंका उन्होंने। यह मेरा ही अपमान नहीं माधव! मेरे स्थान पर किसी को भी भेजते तो उसे भी यह अपयश सहना पड़ता। तुम भी यदि जाओ उन्हें समझाने तो देख लेना, चुटकी बजा-बजा कर नचा डालेंगी तुम्हें। ऐसी है अटूट भक्ति उनकी तुममें! ऐसा अडिग स्नेह! ऐसी सुदृढ़ प्रेमडोर से हृदय बंधा है उनका!'

उद्धव कुछ पल मौन बैठे रह गए। श्रीकृष्ण, पर उन्हें मौन क्यों रहने देते भला! उन्हें तो जानबूझकर उद्धव को छेड़ने और कुरेद-कुरेद कर पूछने में बड़ा रस आ रहा था।

'तो सखा! तुम उन प्रेमदेवियों को समझा नहीं आए कुछ सार की बात! अन्ततः कुछ आंशिक सफलता भी मिली तुम्हें?'—श्रीकृष्ण के नेत्रों में नटखट भाव मुखरित था।

'यही तो दुर्भाग्य है मेरा इतनी विद्वत्-मंडलियों में प्रवचन देता रहा हूं आज तक माधव! बड़ी-बड़ी गूढ़ समस्याएं समझाई हैं मैंने। जीवन-मृत्यु के रहस्य खोलकर रख दिये लोगों के सामने। और माधव! मैं हारा··· तो तुम्हारी प्यारी गोपियों से। समझाता कैसे? एक दो होतीं पथ-भूलीं, तो समझा कर ठीक राह लगा देता। वह तो भीड़ की भीड़ ही मार्ग से भटकी हुई है। वृंदावन में तो सभी दिशाहारे बावरे से लगते हैं। कोई कुछ सुनने को तैयार ही नहीं। सबके सब बौराए हुए हैं। भक्ति में छके, पगे, डूबे, नहाए। मैं क्या करता माधव! 'कूप ही में वहां भांग परी है!'

'हा-हा-हा-हा··· '—माधव का वेगवान् अट्टहास निःसृत हो चला।

'मैंने बड़े गर्व से कहा कि मेरी बात को ध्यान से सुनो और गुणो तो भवसागर तर जाओगी। मैंने बहुत ग्रंथों का अध्ययन किया है, मैं महर्षि सान्दीपनि का पट्ट शिष्य हूं, मेरे ज्ञान को कोई चुनौती नहीं दे सकता। माधव! तो गोपों में बैठा एकतारा हाथ में लिए एक वृद्ध मुस्कुरा कर गा उठा—'गुमान गोविंदहि भावत नाहीं!' ऐसी तीर सी लगी उस ग्रामीण की बात मेरे मर्म में। किन्तु माधव! वह बड़ा विचित्र व्यक्ति था। उसके मुख का भाव··· नेत्रों की चमक बड़ी परिचित बड़ी निकटस्थ, बड़ी घनिष्ट थी। अरे हां। माधव, अब अनायास समझ पा रहा हूं। बिल्कुल तुम्हारी जैसी। अरे माधव! वह एकतारा बजाने वाला कौन था? तुम्हारी जैसी मुस्कुराहट उसने कहां से पाई? तुम्हारी जैसी चपल ज्योति नेत्र में कहां से पाई उसने, माधव! वह तुम ही तो न थे? उसकी मात्र एक बात से ही चूर-चूर हो गया मेरे अभिमान का दर्पण जिसमें मेरा ज्ञानपुंज सहस्र रश्मियों सा चमकता था। सच कहो माधव! तुमने मुझसे छल तो नहीं किया? मेरे गर्व को खंडित करने हेतु वह कौन था? तुम ही थे क्या? तुम वास्तव में अवतार हो कृष्ण? ईश्वर हो!.... ब्रह्म हो?'

'हा-हा-हा-हा···' माधव ने उद्धव के कौतूहल को भी अपने अट्टहास में विलीन कर लिया।

'माधव! सत्य कहता हूं। बड़ी देर से समझा हूं पर यह अनुभूत सत्य है कि गोपियों वाली वह उन्मादी अवस्था तो अध्यात्म में बहुत गहरे डूबने वाले की ही हो सकती है। वे सब की सब बौराई हुई हैं। छकी हुई हैं। विलक्षण देखा तुम्हारा प्रभाव वहां। उन्हें किसी की कोई बात नहीं सुहाती। रोम-रोम में कान्हा बसा है उनके। तुम्हारी नीलप्रभा में रंगी-डूबी वृंदावन की वे विपिन-देवियां अद्भुत हैं। तुम्हारा अंतरंग सखा होते हुए भी जब मुझे तुम्हारे विरुद्ध बोलते देखा, तो कपाट बंद कर लिए। चारों ओर से व्यंग्य-कटाक्ष, तानों की बौछार के बीच मैंने अपने दोनों कानों को हाथों से बन्द कर लिया और भाग चला वहां से सरपट। किन्तु उनके उलाहने··· व्यंग्य··· हास्य और खिलखिलाहट मेरा पीछा करते रहे। मैं भागता गया। धूल-धूसरित होकर भागता गया। और पीछे से वे चिल्लाती

रहीं—'अरे बावरे! जिसने प्रेम कभी किया नहीं, वह क्या जाने प्रेम का स्वाद! अरे भला! अमृतपान करने के बाद कोई करील फल भी खाता है? अरे! धरे रहो अपने करील फलों की पोटली अपने पास, ब्रज में तो अमृत पिया जाता है अमृत!'···

'मैं दौड़ता-भागता, गिरता-पड़ता धूल-धूसरित, स्वेद से लथपथ चला आ रहा हूं तुम्हारे आश्रय में माधव! तुम्हारी महिमा से अभिभूत! मैंने ब्रजवासियों को निःसंकोच धूल में लोटते देखा है कि यहां हमारे कान्हा के चरण पड़े थे। धूल उठा-उठा कर वे शीश पर रखते हैं। अपने केशों में भरते हैं। नेत्रों से स्पर्श कराते हैं। कृष्ण के सिवा कुछ नहीं है उनके जीवन में। कृष्ण उनका सर्वस्व है!'···

'माधव! भक्ति का यह रूप··· मेरे लिये कल्पनातीत था। मैं इससे सर्वथा अपरिचित था। मैं तो वेद-वेदांग की नीरसता और शुष्कता में ही पला हूं। मैं ठगा सा रह गया। मेरी ज्ञान-गठरी की सारी पूंजी फीकी पड़ गई गोप-गोपियों के निश्छल प्रेम और पूर्ण समर्पण के सामने। एक-एक रत्ती जो धूलि वे अपने शीश पर डालते थे, उनका मूल्य मेरे षड्दर्शन ज्ञान से अर्बुदों अधिक है।'

उद्धव! उद्धव! यही तो मैं चाहता था। उद्धव। मैंने कुब्जा की भक्ति को स्वीकार किया था। प्रेम से प्रस्तुत उसका भोजन भी ग्रहण किया था। निर्मल अंतःकरण संसार में सबसे अमूल्य तत्व है। ज्ञान, शिक्षा, जाति-कुल आदि के आधार पर कभी उसका तिरस्कार नहीं होना चाहिए। प्रेम का अपमान नहीं होना चाहिए। उद्धव! स्मरण है तुमने कुब्जा का दिया आसन भी स्वीकार नहीं किया था। उसे छूकर भूमि पर बैठ गये थे। इसीलिए तुम्हें वृंदावन जाना पड़ा। माधव मन ही मन सोच रहे थे।

माधव के मनोभाव बिना जाने उद्धव बोले जा रहे थे 'मैं विवश होता गया··· दुर्बल पड़ता गया। मुझे कुछ सूझता न था। आत्मविस्मृत हो भागते-भागते मुझे यमुना तट पर किसी गोप के वस्त्र रखे दिखे, जो यमुना में स्नान कर रहा था। मैंने पागल की भांति तुरन्त वे गोपवस्त्र स्वयं धारण कर लिये। भक्ति के उस कूप की भांग का प्रभाव इतनी तीव्रता से मुझ पर पड़ रहा था कि मैंने गोपवेष धारण कर लिया। यह देखो लकुटी! यह कामरिया! यह कुंदकली की माला! और कान्हा! त्याग दी मैंने अपनी राजसी वेशभूषा। देखो! देखो! मैं गोप बन गया! मैं गोप बन गया। उन्हीं की भांति पागल सा 'गोविन्द-गोविन्द' रटता हुआ रास्ते भर नाचता-नाचता आया हूं।···'

तो ज्ञान की कठोर शिला को अंततः भक्ति की गंगा ने काट दिया। उद्धव! तुम्हारा मन अब कैसा तरल हो चला न!

'मुझे चारों ओर कृष्ण ही कृष्ण दिख रहे थे··· जैसे मैं भी कोई प्रेमोन्मादिनी गोपी हूं। मेरे चरण थिरक रहे थे। मेरे हृदय में प्रेम का ज्वार था। मैं तुम्हारी शरण में आया हूं जैसे भक्त भगवान की शरण में आता है··· । अहो माधव! कैसा छल किया मुझसे! मेरा दर्प तोड़ दिया। मेरा गर्व चूर कर दिया। अरे तुम नटवर हो, तो स्वयं नाचते रहते न! तुमने तो मुझे भी नचा डाला। अपनी गोपियों का तो सम्मान रख लिया और मेरा सम्मान धूल में मिला दिया। मुझे जानबूझ कर प्रेमस्थली में भेज दिया। वहां मेरे उद्‌भट-ज्ञान की परीक्षा उन अपढ़ वन-सुताओं ने ले डाली। उनके अकाट्य तर्कों से हार गया। उनके प्रेम

की एकनिष्ठा से परास्त हो गया! तुम ब्रह्म हो! तुम अवतार हो! मैं ही न समझ पाया था! नारद मुनि समझे! अथवा वे अपढ़ गोप-गोपी समझे! मैं न समझा! हा दुर्भाग्य! हा दुर्भाग्य! हा! मैं क्यों न गोपी हुआ! हा! मैं क्यों न गोप हुआ! मेरे मन में क्यों रहा दर्प इतना, गर्व इतना! मैं क्यों न गोपी हुआ! तो प्रेम सीखना तो न पड़ता इस प्रकार। शरीर बाद में जन्मता, प्रेम पहले हृदय में आ जाता। अब तो उबारो मुझे माधव! सम्हालो मुझे माधव!' उद्धव कृष्ण के घुटनों पर अपना मस्तक रखकर बिलख कर रो पड़े।

श्रीकृष्ण ने स्नेहपूर्ण हाथ उद्धव की पीठ पर फेरा—'शांत हो उद्धव! तुम्हें बहुत कुछ उपलब्धि हो गई वृंदावन जाकर। अब तुम वेद-वेदांग तथा भक्ति, दोनों के ही स्वामी हो गए। किन्तु मित्र! मेरा मन नहीं भरा। और सुनाओ वहां की बातें। वहां की चर्चा···।'

उद्धव धीरे-धीरे संयत हुए। कुछ समझे।

'सब कुछ तो सुना दिया माधव। सब के विषय में। अब और क्या सुनना चाहते हो?'

'नहीं! अभी सबके विषय में तुमने कहां बताया है।'—श्रीकृष्ण अनायास गंभीर हो सुदूर देखते से बोले।

'किस के विषय में जानना चाहते हो? ब्रह्म होकर भी मानवीय लीला रचते हो। किसके विषय में जानना चाहते हो?'

श्रीकृष्ण मौन थे।

उद्धव समझे!

कातर-नयना राधिका!

'राधा के विषय में?'—उद्धव ने पूछा।

'हां मित्र!'—भरे गले से श्रीकृष्ण बोले।

सन्नाटा छा गया अचानक!

अब श्रीकृष्ण के हंसने की बारी जा चुकी थी। अब व्याकुल होने की बारी थी।

'चुप क्यों हो गए उद्धव। कहो! बोलो! वह··· वह कैसी है?'

'जीवित है।'

'अहो!!' कल्याणं राधा जीवति जीवति।'—एक दीर्घ निःश्वास ली श्रीकृष्ण ने।

'हां माधव! वह पीतवर्णा कृशकाया तपस्विनी जीवित है। अपर्णा होकर साक्षात् उमागौरी सी दिखती है। सदा मौन। सदा नतनयना। नयनों में जो छवि बसी है··· उसे सदा अपने सुकुमार पलकों में साधे रहती है। माधव! वह तुम्हारे ध्रुव-ध्यान में समाधिस्थ है।'

'वह तो सदा से ही निमीलित-नयना है, उद्धव।'

'किन्तु··· हा! कैसी करुणा की मूर्ति! माधव! तुमने बड़ा अन्याय किया उसके साथ!'

अब अट्टहास न फूटे माधव के। अब हास्य नहीं। परिहास नहीं।

उनींदे दो विशाल नयन यमुना पार स्थिर हो गए··· कुछ खोए से··· कुछ खोजते से··· नभचरों से उड़ते से··· जलधरों से उमड़ते से।

और जलधर उमड़ पड़े उनींदे नयनों में। उद्धव के दोनों हाथ पकड़ लिए माधव ने विह्वल हो।

उद्धव मौन थे। माधव मौन थे।

किन्तु जल भरे उनींदे लोचनों ने बहुत कुछ कह दिया।

कहा था—'ऊधो! मोहे ब्रज बिसरत नाहीं।'

× × ×

अब तक जमाता-वध से उद्विग्न जरासंध अपार सैन्य-दल जोड़ चुका था। विराट वाहिनी लेकर कंस-वध का प्रतिशोध लेने उसने मथुरा पर आक्रमण कर ही दिया।

यादव-राजधानी मधुपुरी चारों ओर से मगध-सम्राट जरासंध की चतुरंगिणी सेनाओं से घिर गई थी। पूर्व द्वार पर विदिशा-नरेश वामदेव, शकुनि-पुत्र उलूक, एकलव्य, वृद्धक्षत्र, उत्तमौजा, सिनीपति व सांकृति ने एक साथ आक्रमण किया। पश्चिम द्वार को कलिंगराज श्रुतायु, चेकितान, दंतवक्र, किन्नरराज द्रुम एवं बाल्हिक आदि नरेशों की चतुरंगिणी सेनाएं घेरे हुए थीं। उत्तर दिशा से विदर्भ कुमार रुक्मी, मालवा का सूर्याक्ष, छागलि, भूरिश्रवा, त्रिगर्त, वेणुदारि एवं सोमक की सेनाओं ने आक्रमण किया और दक्षिण द्वार पर सम्राट जरासंध स्वयं दरद एवं चेदिराज दामघोष के साथ हुंकार रहा था।

मथुरा नगरी इस प्रकार उस विराट सैन्य जलराशि की भंवर में फंसी हुई थी। कुल अठारह सहस्र ही तो यादव थे। अपने आत्मसम्मान की रक्षा हेतु वे पूरे प्राणप्रण से जूझ रहे थे। सेनानायक देवकीनंदन अद्‍भुत स्फूर्ति बल-पराक्रम एवं चातुर्य से सैन्य संचालन कर रहे थे। यादवों को उनकी प्राणप्रिय स्वाधीनता की शपथ दे-दे कर ललकार रहे थे। ललकार कर उन्हें मरने-मारने को उतारू होने को कह रहे थे।

बलराम अपने पूर्ण शौर्य-शिखर पर थे। कभी श्रीकृष्ण हुंकारते तो कभी बलराम शेषनाग से फूत्कार कर उठते। दोनों भाई दो विराट मकरों की भांति उस अथाह सैन्य-जलराशि में उथल-पुथल मचाए डाल रहे थे। जिधर पहुंच जाते, शत्रुसेना में त्राहि-त्राहि मच जाती। सेनापति वसुदेवनंदन श्रीकृष्ण के रथ पर फरफराती गरुड़-ध्वजा जैसे लपलपाती ज्वाला बन चली थी शत्रुओं को भस्म करने को।

यह गरुड़-ध्वजा स्वाधीनता की प्रतीक थी इसलिए यादवगण गरुड़-ध्वज देखते ही तुमुल हर्षनाद कर उठते। कंस-वध करके उस गरुड़ध्वज रथ के स्वामी ने क्रूर शासन से मुक्त करके उन्हें उनकी स्वतंत्रता का अधिकार वापस दिलाये थे।

जरासंध की बीस अक्षौहिणी सेना के सिंधु के समक्ष यादव-सेनाएं मात्र किसी शक्तिशाली जलप्रपात से अधिक न थीं। किन्तु अतुल था बल यादवों का। विकट थी मातृभूमि के प्रति भक्ति उनकी। अद्‍भुत था राष्ट्र-प्रेम उनका। रक्त की अंतिम बूंद तक लड़ने के लिए हर यादव कटिबद्ध था। यह युद्ध जरासंध और यादवों का न था। यह एक वैचारिक द्वन्द्व था—गणतंत्र और निरंकुशतंत्र में। धर्मतंत्र और अधर्म-तंत्र में।

अंधकवृष्णि-संघ तथा स्वेच्छाचारी साम्राज्यवादी शक्ति में।

यादवों की सीमित सेना को श्रीकृष्ण ने अद्‌भुत चातुर्य से विभाजित कर साम्राज्य की सेनाओं के सम्मुख सुदृढ़ प्राचीरों सा खड़ा कर दिया था। ये प्राचीरें इतनी शक्तिशाली सिद्ध हुईं कि जरासंध की अक्षौहिणी सेनाओं की वेगवती तरंगें उन प्राचीरों से टकरा-टकरा कर लौट जाती थीं क्योंकि मुट्ठी भर यादवों में देशप्रेम और राष्ट्र-भक्ति की जो आग धधक रही थी वह जरासंध के सैनिकों में कहां? यादवों में जो सर्वस्व-न्यौछावर कर देने का संकल्प था, वह उन वेतनभोगी सैनिकों में कहां!

दक्षिण द्वार पर बलराम के नायकत्व में शिनि, अनाधृष्टि, अक्रूर, विपृथु एवं आहुक आदि वीर भैरवनाद के साथ शत्रु को प्रबल टक्कर दे रहे थे। उत्तरी द्वार पर देवकीनंदन श्रीकृष्ण स्वयं, विदूरथ, शतद्युम्न, अवगाह, पृथु, कंक आदि के साथ शत्रुओं का संहार कर रहे थे। और पूर्व में सात्यकि के नेतृत्व में श्वफलक, सत्राजित, प्रसेन, चित्रक, युयुधान, मृदुर आदि यादवश्रेष्ठ शत्रु सेना के काल बने हुए थे।

बलराम के हाथ में कभी गदा और कभी मूसल वज्र सा चमकता हुआ शत्रुओं में हाहाकार फैला देता। श्रीकृष्ण के धनुष से एक बार में कई बाण सरसराते सर्पों की भांति आते और शत्रुओं के मस्तक धड़ से अलग कर जाते।

भयंकर धूल थी। कोलाहल था। यादव त्याग और कष्टों में उपलब्ध अपनी स्वतंत्रता को फिर से गंवा देने को कदापि तैयार न थे। पूरे प्राण-प्रण से वे स्वाधीनता की रक्षा हेतु तत्पर थे।

वसुदेवनंदन गरज रहे थे—'कौन जीता है, कौन मरता है, मत सोचो! कौन जीतता है, कौन हारता है, विचार मत करो। केवल एक लक्ष्य हो हमारा! अंधकवृष्णि-संघ…'

'अमर हो!'—असंख्य कंठों से भैरवघोष होता।

'यादव स्वाधीनता…'—श्रीकृष्ण ने और भी उच्च स्वर में आह्वान किया।

'चिरायु हो!'

'यादव-गणराज्य…

अमर हो।'

'महाराज उग्रसेन की…

जय हो!'

'अंधकवृष्णि-संघ की…

जय हो!'

'अंधकवृष्णि-संघ…

अमर हो!'

यदुवंशी-वीर पागलों से अपने गणराज्य की स्वाधीनता हेतु गरज-गरज कर युद्धोन्मत्त गजों की भांति लड़ रहे थे। और अन्ततः जय हुई। विराट सेनाओं की नहीं। प्रबल इच्छाशक्ति की। मुट्ठी भर यदुवंशियों ने अपनी प्रबल इच्छाशक्ति का परिचय दिया था।

सदा का अपराजित मगध-सम्राट जरासंध जीवन में पहली बार पराजित हुआ था, वह भी मुट्ठी भर लोगों से!

× × ×

मथुरा की राजसभा से सहस्रों कंठों से स्वराज्य प्रार्थना गूँज रही थी—

"इत्था हि सोम इन्मदे ब्रह्मा चकार वर्धनम्।
शविष्ठ वज्रिन्नोजसा पृथिव्या निःशशा अहिमर्चन्ननु स्वराज्यम्
निरिन्द्र भूम्यो अधि वृत्रं जघन्थ निर्दिवः।
सृजा मरुत्वतीरव जीवधन्या इमा अपोऽर्चन्ननु स्वराज्यम्
सहस्रं साकमर्चत् परिष्टोभत विंशतिः।
शतैनमन्वनोनवुरिन्द्राय ब्रह्मोद्यतु स्वराज्यम्....."

यादवों का स्वराज्य गीत सुनता हाथ मलता, अपमान से उद्विग्न और गहरी निःश्वासें लेता हुआ मगधराज अपनी सैन्य-छावनी से दूर एकांत में यमुना तट पर टहल रहा था। पराजय! अविश्वसनीय! अकल्पनीय! पराजय! उस मगध-सम्राट की जिसके इंगित मात्र पर भारत के राजन्य सेनाओं सहित दौड़ पड़ते हैं! जिसकी अपार सेना की संख्या का आज तक सही आकलन नहीं हो पाया, उस महाबलशाली चमूपति का गर्व यों मिट्टी में मिल गया! जिसके नाम से बड़े-बड़े राजा भय से थर्राते थे, उसके बल और प्रतिष्ठा पर यों पानी फिर गया! मथुरा में न सेनाएं थीं, न कोई अजेय पार्वत दुर्ग था। मथुरा कितनी सरलता से जेय थी! और वही अजेय हो गई आज!

जरासंध बार-बार भाल पर स्वेद-बिंदुओं को पोंछता।

वे किशोर! देहाती गोप! हा मगधसम्राट! तू आज हारा भी तो किससे? उन क्षुद्र ग्वालों से! धिक्-धिक्! आज तो चुल्लू भर पानी में डूब मरने की बात हुई है। किसी का साहस, शौर्य था कि सम्राट को हरा दे! हस्तिनापुर के अजेय भीष्म पितामह उससे दबते हैं। महापराक्रमी द्रुपद उससे मुठभेड़ लेने से कतराते हैं। कोई वीर नहीं धरा पर जो जरासंध के सम्मुख खड़ा भी हो सके।

और आज मित्र-राजाओं, अधीनस्थ सामन्तों व देश-विदेश के सैनिकों ने स्तब्ध होकर उसका पराक्रम यों धूलधूसरित होते देखा। धिक्-धिक्!

एकांत में यमुनातट पर टहलता हुआ जरासंध का विराट आकार, आधी रात्रि के बाद तक, कई लोग दूर से देख रहे थे। उसके मन की छटपटाहट वे समझ रहे थे।

टहलते-टहलते वह रुक गया। वह आत्मलीन था। हृदय में कुछ विचित्र सी हलचल हुई। अनुभूति। अंतर्ध्वनि।

कहीं.....कहीं यह देवकीनंदन..... यह कहीं स्वयं वासुदेव ही तो नहीं! तो..... तो क्या वासुदेव नारायण का अवतार सच में हो चुका? जरासंध के नेत्र विस्फारित थे। मुंह खुला हुआ था। शरीर निश्चल था।

असंख्य वन्यपशुओं का वध करने वाला, कालियनाग को परास्त करने वाला, तृणावर्त से भी बच गया, न जाने कितने चक्रवातों और झंझावातों से भी बच निकला!

कंस के प्रयासों से भी बच गया। तो क्या इस पर किसी का प्रभाव नहीं। इसका अनिष्ट कोई नहीं कर सकता। कंस का वध, पलक झपकते करने वाला··· यही है! तो फिर असंभव क्या··· कि यही वासुदेव हो।

कब से यह जनचर्चा चल रही है कि शीघ्र ही भगवान् विष्णु अब वासुदेव के रूप में अवतरित होने वाले हैं। जरासंध वर्षों पूर्व से इस वासुदेव-अवतार की कल्पना से प्रभावित था। इसीलिए उसने वासुदेव नामक अर्धचक्रवर्ती का पद पुनः प्रारंभ कर दिया था। किंतु श्रीकृष्ण! उसका शत्रु वासुदेव हो सकता है, यह उसने कभी नहीं सोचा था।

जरासंध चकित था। विस्मय में था। कभी अपने भाल पर हाथ फेरता तो कभी हाथों की उंगलियां चटकाता। किन्तु वासुदेव-अवतार के दावेदार तो और भी हैं। करवीरपुर का वासुदेव पौन्ड्रक तो सदा से कहता आया है कि वह बालपन से स्वप्न में स्वयं को वासुदेव देखता रहा है। चेदिराज-पुत्र शिशुपाल की कल्पना है कि वासुदेव का अवतरण उसके तन में हुआ है। किन्तु···यह ग्वाला। यह अजेय नहीं क्या? और इसका रण कौशल। सेना-संचालन। शौर्य। बुद्धिमत्ता। दूरदर्शिता। तो क्या यही बहुप्रतीक्षित वासुदेव है!

और!··· क्या अद्भुत सौन्दर्य-राशि! ऐसा सुन्दर रूप धरा पर होता है किसी पुरुष का! श्यामवर्ण में यह आकर्षण? यह खींचने की शक्ति! और वह, उसका वह घातक हास्य! सदा अधरों पर थिरकने वाला मंद-स्मित उसका! कभी लुप्त न होने वाली उसकी चिर-मुस्कान!···

वह शरीर-सौष्ठव! वे भुजाएं! स्कंध! वक्ष!··· सभी अद्वितीय।

और वह अंतस्तल तक गहरी पैठ जाने वाली अंतर्भेदी दृष्टि! लगता है उससे कोई कुछ छिपा नहीं सकता। लगता है उसकी वह तीक्ष्ण धार सी तीक्ष्ण गहन दृष्टि अंतर्पट की एक-एक परत खोलती हुई उसे उघारा किए डाल रही है।

तो··· क्या यही वासुदेव है! अपराजेय! तो क्या ऋषियों की वाणी सत्य हुई है?

जरासंध स्तब्ध खड़ा था।

'सम्राट!'—दंतवक्र, पौन्ड्रक, भौमासुर, रुक्मी आदि अंधेरे में खड़े कब से प्रतीक्षा कर रहे थे कि सम्राट का ध्यान उनकी ओर आए।

'हूं!'—वह जैसे नींद से जागा।

'आप हताश न हों! विजय अंतिम रूप से सम्राट की होगी। आपकी पराजय से सब चकित हैं। कुछ छल है इसमें। किन्तु हम पुनः शक्ति-संचय करके आक्रमण करेंगे।'—दंतवक्र ने आश्वस्त किया।

जरासंध का विशाल शीश झुक कर वक्ष पर लटक गया।

'नहीं दंतवक्र! यह पराजय असह्य है। यह अपमान सहा नहीं जा रहा। हार का स्वाद ऐसा तिक्त होता है, पहले कभी जाना न था। भौमासुर! यह तिक्त स्वाद निगला नहीं जा रहा। आप सब मेरे हितैषी और मित्र हैं। आपके सामने हमारी अक्षौहिणी सेनाओं का कैसा महासंहार कर डाला इन मुट्ठी भर यदुवंशियों ने, यह तो अपनी आंखों से देख ही लिया है। जरासंध की पराजय का ढिंढोरा पिटेगा कल भोर से धरती पर। लोग हंसेंगे कि यही था वह मगध-सम्राट जो डींग मारता था कभी न हारने की! ये ही हैं

मगधराज की सेनाएं जो क्षुद्र कीट-पतंगों सी मसल डाली गईं। अहो! यह अपमान! यह तिरस्कृत जीवन! सहा न जाएगा। मेरे प्रिय जामाता का वध हो गया। मेरी दो पुत्रियां विधवा हुई बैठी हैं गिरिव्रज में। मैं प्रतिशोध भी न ले सका। स्वयं पराजित हो गया। यह कैसे हुआ महादेव! यह कैसे हो गया, शंभो! यह अघटित कैसे घट गया पशुपतिनाथ! अहो, यह लज्जास्पद स्थिति! कैसा हास्य का पात्र बन गया मैं ग्वालों से हार कर! कहां मुख दिखाऊं? अपनी शोक-विह्वल बेटियों को क्या सांत्वना दूंगा? कैसे उन्हें मुख दिखा सकूँगा कभी? नहीं-नहीं। असंभव। यहीं इति है मगधराज की। अब मैं मगधराज नहीं। मित्रो! आप सम्हालें जग-संसार! मैं··· वनगमन करूंगा।'

'नहीं महाराज!'—उपस्थित नरेशों के अवरुद्ध कंठों से कातर वाणी निकल पड़ी।

जरासंध निढाल हो बैठ गया एक शिला पर। भौमासुर आगे बढ़ा।

'महाराज! रणनीति का यह एक मान्य सिद्धान्त है कि पराजय को अंतिम न माना जाये। पीछे हटने का अर्थ पराजय नहीं। शक्ति-संचय करके, हम पुनः आएंगे और इन मदमत्त यादवों का घमण्ड चूर-चूर कर देंगे। सम्राट! हम सब आपके इंगित पर प्राण न्यौछावर करते हैं। हमें अनाथ न करें। आप वनवास ग्रहण कर लेंगे, तो ये दुर्दान्त नवयुवक दिन पर दिन और उच्छृंखल होते जाएंगे। इन जनसाधारण से उठे हुए ग्वाल-बालों का दुःसाहस और बढ़ जाएगा। ये किसी की न सुनेंगे। किसी से न डरेंगे। ये श्रेष्ठ राजाओं का वध करते हुए निर्द्वन्द्व घूमेंगे धरती पर। नहीं महाराज! हम सब आपके आश्रय में हैं। आपकी शरण में हैं। इस अनुशासनहीन उद्दण्ड प्रवृत्ति से हमें धरती को बचाना है। महाराज! हम हारे हैं··· किन्तु सदा के लिये नहीं। हमारा शौर्य अभी अपना असली परिचय दे कहां पाया है! हम पुनः आएंगे। आक्रमण करेंगे। यादव अन्ततः पराजित होंगे, इसमें संदेह नहीं। चलें महाराज! मध्यरात्रि से ऊपर समय हो गया है। विश्राम करें।'—भौमासुर ने उद्वेलित हृदय से कहा।

शिथिल जरासंध ने एक हाथ भौमासुर के कंधे पर रखा, दूसरा रुक्मी के और बोझिल चरणों से शिविर की ओर चल पड़ा।

उसकी दृष्टि लगी थी मथुरा-नगरी की प्राचीर पर प्रज्ज्वलित उल्काएं लिए घूमते हुए प्रहरियों के काले आकारों पर।

'यदुवंशी पराजित होंगे, इसमें आप लोगों को संदेह न हो, किन्तु मुझे अब सन्देह हो चला है।'—भर्राएं कंठ से जरासंध ने कहा।

मित्र राजा सिहर उठे।

'कैसी बात कह रहे हैं सम्राट!'—रुक्मी ने आश्चर्य से कहा।

'विदर्भ-कुमार! यह वसुदेवनंदन साधारण नहीं। यह असाधारण है। अद्वितीय है! संभव है कि वासुदेव का अवतार'···

'महाराज!!'—सबके मुख से एक साथ विस्मय से निकल पड़ा।

'हां मित्रो! मैं बहुत मंथन करता रहा हूं। इतने समय से प्रचलित विश्वास कि वासुदेव का अवतार होगा, लगता है फलीभूत हो गया है। वे सभी लक्षण इस एक तन में विद्यमान हैं। सारा कथा-गल्प बालपन से अब तक का, कितना अद्भुत है वसुदेवसुत का!

कैसा पराक्रमी! वीर योद्धा। कुशल धनुर्धर। चतुर सेनानायक। विलक्षण लोकनायक। अपूर्व सौन्दर्य-राशि का स्वामी। इतनी कम वयस और कितनी विकट उपलब्धियां!'.....

'महाराज! अभिभूत न हों इस मायावी से'—व्याकुल स्वर से रुक्मी ने टोका।

'अभिभूत न होऊं··· तो क्या होऊं? मेरा मन तो युद्ध के मध्य ही कितनी बार मुग्ध होकर रह जाता था उस पर। कितनी बार मैं युद्ध रोक, उसे जी भर कर देखते रहना चाहता था। कैसी प्रबल आकर्षण शक्ति है उसमें। कैसी अलौकिक सी सुनील-कांति है उसकी। ऐसी तो देखी नहीं कभी!'—जरासंध जैसे स्वयं से बात कर रहा था।

'सम्राट! वह शत्रु है आपका। आपकी पुत्रियों को विधवा बनाने वाला है वह ग्वाला है। उसकी प्रशंसा न करें। उसका गुणगान करना शोभा नहीं देता आपको'—शाल्व ने ओठ चबाते हुए कहा।

'शत्रु के गुणों की प्रशंसा करके उसे मान्यता देने में कोई दोष नहीं!.....'

'किन्तु भूलें भी नहीं सम्राट, वह शत्रु है आपका। आपको पराजित किया है उसने। उससे पराजय का प्रतिशोध लेना है। ऐसे शत्रु की प्रशंसा कर-कर के तो प्रतिशोध की भावना आपके मन से धुल जाएगी पूर्णतः। आप पराक्रमी सम्राट हैं।'—भौमासुर ने उग्र होकर कहा।

'हां पराजय! यह पराजय का भाव बड़ा कष्टदायक है। उसे हरा सकेंगे क्या हम! नहीं। मैं पराजित हो गया। अहो कष्ट। मैं वनगमन करूंगा मित्रों।'—पराजय का तिक्त स्मरण आते ही जरासंध एकाएक तिलमिला उठा।

'नहीं महाराज! हम फिर आक्रमण करेंगे। आप ऐसे साहस-धीरज खोएंगे तो हम जैसे साधारण नरेश कहां जाएंगे? क्या करेंगे? किसका अवलंब लेंगे! श्रीकृष्ण तो कालमेघ बना हमें सबको लील डालेगा। युद्ध! महाराज! युद्ध चाहिये हमें। पराजित नहीं पड़े रहेंगे हम। अपमान के इस दलदल से हम पुनः उबरेंगे।'—रुक्मी बोला।

'अवश्य उबरेंगे! पराजय हमें स्वीकार नहीं।'—भौमासुर ने बल दिया।

'पराजय हमें स्वीकार नहीं!'—दंतवक्र ने समर्थन किया।

'महाराज! आप वनवास ले लेंगे? अपनी पुत्रियों के वैधव्य और अपमान का प्रतिशोध लिये बिना, तो जगत आपको धिक्कारेगा नहीं'—रुक्मी बोला।

'और आपके शूरवीर जामाता की आत्मा क्षमा करेगी क्या आपको।'

'हा कष्ट!'—जरासंध के नेत्रों में क्षोभ के आंसू थे।

'पुत्रियों के शोक-दग्ध-हृदय और मथुरा-नरेश कंस की आत्मा को शांति तभी मिलेगी जब आप यदुकुल का विनाश कर डालें। आज नहीं तो कल यह होना ही है'—रुक्मी ने पुनः बल दिया।

'होना ही है!'—दंतवक्र ने कहा।

'निश्चित ही यह होना है। वनवास का अभी समय नहीं आया है, महाराज!'—शाल्व ने जरासंध को संयत करते हुए कहा।

'अहो मेरी दुःखी पुत्रियां! अहो मेरा पराक्रमी जामाता! मुझे बल दो प्रभु पशुपतिनाथ! साहस दो पराजय सहने का। मुझे बल दो भगवान जटाशंकर! पुनः यादवों

पर आक्रमण कर उन्हें सदा के लिए हरा देने का। मुझे बल दो महादेव! मेरी खोई हुई प्रतिष्ठा लौटा दो देवाधिदेव!'—जरासंध आकाश की ओर भुजाएं फैला कर गुहार उठा कैलाशपति से।

× × ×

वृंदावन! मन में सहस्रदल श्वेतपद्म से सदा प्रफुल्लित वृंदावन! चिरस्मरणीय! प्रातः स्मरणीय! सायं-वंदनीय वृंदावन की भूमि। श्रीकृष्ण जितना शमन करना चाहते ब्रजस्मृति को, उतने ही प्रबल वेग से उठ खड़ी होती वह उत्ताल तरंगों सी।

प्रति सांझ की भांति श्रीकृष्ण कालिंदी के घाट पर एकांत में बैठे आत्मलीन थे। वृंदावन की दिशा से बहकर आती हुई पुष्पमाला उन्हें प्रतिदिन भोर और सांझ मिलती थी। युद्ध और राजनीति की व्यस्तता में भी वे उस समय वहां रहते और कुंदमाला अथवा कदंबमाला उन्हें कालिंदी लाकर राधा की सखी की भांति भेंट करती। प्रेमनदी, राधा से लेती और वासुदेव को देती। वही एकमात्र प्रेमसखी थी। दूती-कर्म में निपुणा। उस दिन भी सुगंधित पुष्पमाल्य यमुना के शीतल जलकणों से आच्छादित थी। श्रीकृष्ण ने उठाकर अपने हृदय से लगा लिया।

उद्धव अब छाया की भांति उनके साथ रहते। राजनीति में तो कई अन्य भी सखा थे उनके। किन्तु प्रेम और भक्ति को अंतर्मन से उद्धव ही समझते। वृंदावन से लौटकर आने के बाद से उद्धव, उद्धव न रह गये थे। परम सात्वत हो चुके थे। भागवत् थे। कितनी ही बार इसी घाट पर बैठ पर वासुदेव से उन्होंने सात्वत् धर्म का मर्म आचमन किया है। कितनी बार वे भक्ति की निर्मल धारा में डूब कर वासुदेव के चरणों से लिपट कर रो चुके हैं। वे शिष्य की भांति गुरु के साथ रहते। भक्त की भांति भगवान के साथ रहते। उद्धव अब माधव के हृदय के सबसे निकट हैं।

'माधव! अब तो युद्ध हो गया। जरासंध की विराट सेनाओं की बुरी पराजय हुई है। अब अवकाश है। क्यों नहीं एक बार वृंदावन जाते? कितने हर्ष से नाच उठेंगे भक्त गोप-गोपी वहां तुम्हें पुनः देख कर। वे तो पलछिन तुम्हारी स्मृति में डूबे रहते हैं। कैसी आर्तभाषा थी गोपश्रेष्ठ रायण की, जब सभा में उन्होंने ब्रजवासियों की ओर से बलराम व तुम्हें निमंत्रण दिया था। जाओगे नहीं वहां? इतने कातर हो गुहार रहे हैं वे? जल का अभाव हो चला है वहां। यमुना ने अपना स्थान छोड़ दिया है। पशु-पक्षी, गोप-गोपी व्याकुल हैं। एक तो पहले ही तृषित थे तुम्हारे दर्शनों के अभाव में और अब तो दुहरी मार पड़ी है उन पर। यमुना वृंदावन छोड़कर दूर चली गयी है सरकती हुई। तुम जाओ तो उनकी तृष्णा बुझेगी माधव! उनके दग्धहृदय पर शीतल अनुलेप होगा? अब यहां क्या शेष है! उनका आमंत्रण है कि यमुना को वृंदावन से पुनः लगा जाओ। क्या होगा उनके निमंत्रण का?'

श्रीकृष्ण मौन थे।

'मौन क्यों माधव! तुम्हीं ने तो कहा था सभा में कि रायण गोप के साथ तुम जाकर उनके कष्ट हरोगे। किन्तु जा नहीं रहे? वृंदावन जाने को आतुर भी रहते हो और अवसर आया तो जाते भी नहीं!'—उद्धव ने उतावले होकर पूछा।

'नहीं'—माधव के मुख से आत्मविसृत सा निकला।

'परन्तु क्यों?'—उद्धव ने विस्मय से पूछा।

'अग्रज जा रहे हैं, इसी उद्देश्य से वहां''' तुम्हें नहीं ज्ञात?'

'अग्रज? बलराम? बलराम जा रहे हैं वृंदावन? और तुम?'

उत्तर में विराट मौन छा गया कालिन्दी के तट पर।

× × ×

कंस की मृत्यु के बाद उसकी मागध सेना भंग हो चुकी थी। इसलिए अंधक-वृष्णि गणराज्य को कोई सेना न प्राप्त हुई थी। यह देख सुरक्षा हेतु श्रीकृष्ण ने रायण गोप से ब्रज के गोप-मल्लों को यादव सेना में सम्मिलित होने का निमंत्रण भिजवाया था। श्रीकृष्ण द्वारा निमंत्रण और रायण गोप द्वारा आग्रह। बस फिर क्या था देखते-देखते दूर सुदूर ग्रामों के उत्साही दुर्दान्त गोपमल्लों की एक अक्षौहिणी सेना खड़ी हो गई। श्रीकृष्ण इसे नारायणी सेना कहते हैं। इसके हर सैनिक को वे नारायण नाम से पुकारते। सैनिक भी श्रीकृष्ण को नारायण कहते। इस सेना में अभिवादन, जयघोष, संचालन हेतु नारायण शब्द का ही प्रयोग होता है। नारायण शब्द ही उनका गोपनीय सांकेतिक शब्द और उनकी पहचान है।

युद्ध! युद्ध! और युद्ध! जरासंध जितना प्रयास करता अपनी पराजय का प्रतिशोध लेने का, उतनी ही उसकी पराजयों की संख्या बढ़ती जाती। जितने आक्रमण करता मथुरा पर, उतनी ही बार हार कर उसे पीछे हटना पड़ता। अब मगधसम्राट जरासंध को हार पर हार देने वाले मथुरा के यादवों के आश्चर्यपूर्ण बल-पराक्रम की दुन्दुभी चारों ओर बज रही है। उनकी शौर्यगाथाएं सुदूर अंचलों में फैल गयी हैं। यदुवंशी अपने स्वाभिमान और राष्ट्रीय स्वतंत्रता के लिये लड़ रहे हैं। जरासंध के पास सेनाओं की क्या कमी है? साम्राज्य के अधीनस्थ नरेशों की सेनाएं सदा उसकी सेवा में तत्पर रहती हैं। किन्तु फिर भी वह एक दो बार नहीं, छह बार पराजय के कड़वे घूंट उतार चुका है।

किन्तु श्रीकृष्ण देख रहे हैं कि सतत युद्ध से वे दुर्दमनीय यदुवंशी भी अब शिथिल पड़ने लगे थे। एक युद्ध से विजयी हो उबरते कि दूसरे महायुद्ध के बादल छा जाते। उससे उबरते कि तीसरे घोर युद्ध की आंधी उठ खड़ी होती। सांस भी न ले पाते। शांति कहां चली गई? शांति! सुख! आमोद-प्रमोद! उत्कर्ष और विकास! कुछ नहीं।

हर सुबह उठकर यह चिंता सताने लगती कि जरासंध आ रहा है? इन नन्हें बालकों का क्या होगा? क्या फिर युद्ध होगा? परिवार, पत्नी, शिशु, वृद्ध माता-पिता। क्या होगा इनका? और फिर अनायास पुकारें गूंज उठतीं—जरासंध आ रहा है। जरासंध आ रहा है।

युद्ध की विभीषिका और आतंक से यदुवंशियों के चित्त व्याकुल हैं। सतत सावधानी और तत्परता बरतनी पड़ती है। सतत तनाव में जीना भी कोई जीना है? युद्ध आदिम है। अविकसित मानव-मस्तिष्क का परिचायक है। युद्ध की परिणति शांति में होनी चाहिए।

ॐ शांतिः शांतिः शांतिः।'''

विचारमग्न वासुदेव उठ कर चल दिये सभा की ओर।

× × ×

यादव सभा में सभी गणमान्य यदुवंशी एकत्रित हो चुके थे। यादवों के मुखमंडलों का तेज चिन्ता की छाया से धूमिल था। सब गहरे विचारों में मग्न थे। विक्रदु ने संवाद दिया

था कि ब्रहद्रथनंदन सम्राट जरासंध अपनी विराट वाहिनी लेकर पुनः चल पड़ा है मथुरा की ओर। समय कम है। तत्काल कुछ निर्णय लेना ही होगा।

'सेनानायक श्रीकृष्ण!'—उग्रसेन का चिंतित स्वर सभागृह में गूंजा।

'आज्ञा महाराज!'

'श्रीकृष्ण! तुम ही यदुवंश के कुशल सेनानायक हो। तुम ही रक्षक हो। अब जरासंध के सातवें आक्रमण का सामना करने हेतु तुम्हारी क्या योजना है? तुम नय-कोविद हो। तुमने यादवों का स्वाधीनता व आत्म-सम्मान लौटाया है। उत्पीड़न, शोषण व अत्याचार से मुक्त करके इन्हें स्वराज्य दिया है। अब इस सातवें आक्रमण हेतु मार्गदर्शन दो। यदुवंशी तुम्हारा मुख निहार रहे हैं। अपने जीवन व योगक्षेम हेतु ये तुम पर निर्भर हैं। इनके भय व भ्रमों का निवारण करो।'

श्रीकृष्ण मौन बैठे रहे कुछ पल। तब तक किसी अन्य तरुण की ओज भरी वाणी सभा में गूंज गई।

'हमने छह बार आक्रमणों का प्रतिकार कर सम्राट की विराट सेनाओं को पीछे ठेला है, तो अब सातवें आक्रमण में भी ठेल सकते हैं। तथाकथित अपराजेय सम्राट का सम्मान, हम यदुवंशी पुनः धूल में मिलाकर रख देंगे।'—युयुधान् आवेश से गरज उठे थे।

युवकों को आवेश में देख वसुदेव उठ खड़े हुए—'यदु-युवको! धीरज। तनिक धीरज रखो। श्रीकृष्ण चूंकि सेनानायक हैं अतः पहले उनकी बात हमें सुननी चाहिये। षाड्गुण्य-नीति में इस समय वे कौन सी नीति अपनाना चाहेंगे! संधि, विग्रह, यान, आसन, द्वैधि-भाव या संश्रय!'

'संधि! जरासंध से? हम यदुवंशी इतने वीर्यहीन हो चुके हैं जो आक्रमक से संधि करें'—कृतवर्मा बोला।

'संश्रय! क्या कह रहे हैं यदुश्रेष्ठ? जिस शत्रु ने हमें इतनी बार उत्पीड़ित किया हो, हम उसी के आश्रय में जाएंगे? धिक्-धिक्!'—सात्यकि पुनः आवेग में थे।

सभा में कोलाहल मच उठा था। तरुणवर्ग एक ओर था तथा प्रौढ़ यदुवंशी दूसरी ओर। ज्येष्ठ यदुवंशी शांति से विचार करने को बार-बार आग्रह करते किंतु तरुण वीर विचार करने हेतु तैयार न थे।

'विचार करने की आवश्यकता क्या? आक्रमण एक चुनौती है और हर क्षत्रिय का धर्म है कि वह चुनौती का मुंहतोड़ उत्तर दे। जैसा हम अब तक जरासंध से व्यवहार करते आए हैं, वैसा ही अभी भी करेंगे, इसमें संशय एवं ऊहापोह के लिए स्थान ही कहां?'

'हम छह बार हरा चुके हैं उस महाशक्तिवान को तो सातवीं बार और भी भयावह रूप से उसे पराजित करेंगे। हम सिद्ध कर देंगे कि हमें ईश्वर ने विजय हेतु ही बनाया है। हम पुनः सिद्ध करेंगे कि सम्राट जरासंध को अपना दुर्भाग्य स्वीकार करना ही होगा। हम सिद्ध करेंगे कि जरासंध कहीं भी जीते, किन्तु यादवों से वह सदा-सदा पराजित होगा। हम सिद्ध करेंगे कि मुट्ठी भर यदुवंशी पृथ्वी की किसी भी भयंकर शक्ति को चूर-चूर कर सकते हैं। हम सिद्ध कर देंगे कि गण अधिक शक्तिशाली हैं, साम्राज्य नहीं। स्वराज्य

अधिक शक्तिशाली है, साम्राज्य नहीं। हम पुनः बता देंगे कि अंधक-वृष्णि-संघ आकार में छोटा है, किन्तु शक्ति की तुला के एक पलड़े पर यदि साम्राज्य को रखा जाए और दूसरे पर अंधकवृष्णि-संघ को, तो देख ले समूचा विश्व आंख खोल कर कि अंधक-वृष्णि-संघ कितना भारी पड़ता है सम्राट के लिए…।' सात्यकि आवेश से बाहु उठा कर बोले।

जय हो! जय हो! जय हो!—सभागार में जयघोष हो रहा था।

तरुणों की खंग चमक उठी थी। तरुणों के उत्साह, उद्वेलन और विजय की पुनर्लालसा से सभागृह हिल उठा।

'अंधकवृष्णि-संघ की…

जय।'

'स्वाधीनता…

अक्षय हो।'

'यादव गणराज्य…

अमर हो।'

'शांति! शांति! कृपया शांत रहें'—उग्रसेन हाथ उठाकर शांत कराने का प्रयास कर रहे थे, किन्तु युवकों का उत्साह शांत न हो पा रहा था।

वसुदेव भी शांत करा रहे थे युवकों को। कई अन्य वरिष्ठ सभासद भी उठ कर व्यवस्था रखने का प्रयास कर रहे थे। किन्तु युवकों के सिर पर भैरवी चढ़ी हुंकार रही थी।

'श्रीकृष्ण! श्रीकृष्ण! सम्हालो। बोलो कुछ। इन उद्वेलित तरुणों को शांत करो'—उग्रसेन ने व्याकुल हो श्रीकृष्ण को पुकारा।

श्रीकृष्ण खड़े हुए नहीं कि गगनभेदी जयघोष से सभागृह की भित्तियां व स्तंभ प्रकंपित हो उठे।

'वासुदेव श्रीकृष्ण की…'—सात्यकि हुंकारे।

'जय।'

'गणराज्य के मुक्तिदाता की…

जय।'

तरुणों का उत्साह जैसे प्रबल सरिता से बढ़कर अब सिंधु-ज्वार का रूप धारण कर चुका था।

श्रीकृष्ण ने चारों ओर दृष्टि फेरी। अधरों पर वही सुललित स्मित जादूभरी! एक हाथ उठा और एकाएक घोर नीरवता छा गई सभा में जैसे कोई प्राणी उपस्थित ही न हो।

'महाराज! उपस्थित वरिष्ठ सभासदगण एवं बंधुओ! मैंने परिस्थिति पर भली-भांति विचार कर लिया है…'

'और निष्कर्ष!'—कृतवर्मा ने बीच में ही उतावली से पूछा।

'निर्णय?'—सात्यकि ने हर्षित हो उत्साह से पूछा।

यान! विग्रह! तरुणों की आशा यही थी। ईंट का बदला पत्थर से देंगे! यही नहीं, हमीं स्वयं प्रयाण करके पहले आक्रमण कर देंगे।

'निष्कर्ष सुना रहा हूं।'—श्रीकृष्ण ने गंभीर स्वर में कहा।

पुनः शांति छा गई। कौतूहल व औत्सुक्य का पार न था।

'महाराज! माननीय सांसदगण। वर्तमान स्थिति को देखते हुए मैंने षाड्गुण्य-नीति पूर्णतः त्याग दी है। न संधि, न विग्रह, न यान। न आसन, न द्वैधिभाव और न ही समाश्रय…'

'अरे ऽ!!… तो फिर क्या?'—बलराम की भृकुटि तनी।

'मृत्यु-वरण?'—सत्राजित् ने व्यंग्य से पूछा।

सभा भौंचक थी इस अनोखे निर्णय से!

'यह कैसा विचित्र निष्कर्ष, माधव?'—चकित उद्धव ने पूछा।

'यह निर्णय… मृत्यु को बुलावा?'—गद ने विस्मय से पूछा।

'नहीं! न मृत्यु के सामने झुकना, न शत्रु के सामने झुकना।' 'झुकना' शब्द से मैं पूर्णतः अपरिचित हूं।'—श्रीकृष्ण के स्वर में कोई उद्वेलन तथा उत्तेजना न थी।

'जय हो, जय हो!'—तुमुल जयघोष हो उठा। किन्तु विस्मय अभूतपूर्व था।

'बलिनः संनिकृष्टे तु न स्थेयं पण्डितेन वे!'—श्रीकृष्ण बोले।

'क्या?' एक बड़ा सा प्रश्नचिह्न सभासदों के चकित व भ्रमित नेत्रों के सामने उभर पड़ा।

'हां महाराज! विद्वान या बुद्धिमान व्यक्ति के लिये यही हितकर है कि वह बलशाली शत्रु के पास रुके नहीं, तत्काल वहां से हट जाए।'

श्रीकृष्ण!… श्रीकृष्ण! माधव… यह क्या? हत्प्रभ तरुणों के हाथ श्रीकृष्ण की दिशा में क्षोभ से फैल गए।

'क्या कहना चाहते हैं माधव! स्पष्ट करें'—उग्रसेन ने विस्मय से कहा।

'क्या पलायन?'—कोई उग्र स्वर गूंजा।

'नहीं। महाराज! मेरा यह मान्य सिद्धान्त है कि राष्ट्र के हित के लिये ग्राम का त्याग, ग्रामहित में कुटुम्ब का त्याग एवं कुटुम्ब-हित में एक व्यक्ति का त्याग कर देना उचित है। महाराज! दीर्घ विवेचना के बाद मैं इस निष्कर्ष पर पहुंचा हूं कि चूंकि सम्राट जरासंध को पूरे यदुवंश से वैर नहीं है, अतः समूचे कुल को बार-बार युद्ध की ज्वालाओं में क्यों झोंका जाय?'

कैसी विचित्र बात! सभा स्तब्ध थी।

'तात्पर्य क्या है तुम्हारा श्रीकृष्ण?'—सात्यकि ने अधरों पर जिह्वा फेरते हुए पूछा।

'तात्पर्य समझाने का समय नहीं, वीर युयुधान! निर्णय! निर्णय सुना रहा हूं सबको कि जरासंध के आक्रमण मेरे लिये हैं। मेरे व अग्रज बलराम के प्राणों का भूखा है वह। समूचे यदुकुल से उसकी शत्रुता नहीं। अतः मैं व अग्रज तुरन्त प्रयाण पर जा रहे हैं।'

सभा में कितने ही लोग उत्तेजित हो खड़े हो गए।

'कहां?'—वसुदेव ने हतप्रभ हो पूछा।

'दक्षिण दिशा में। वहां हमारे संबंधी हैं। वे हमें सहायता देंगे। यह ज्ञात होते ही कि हम मथुरा में नहीं हैं, जरासंध मथुरा छोड़ हमारे पीछे आएगा और दिशा-भ्रष्ट हो जाएगा। इस प्रकार मधुपुरी व यदुवंश सुरक्षित बच जाएंगे।'

सन्नाटा छा गया कुछ पल को।

'धिक्कार है हमारी वीरता को जो हमारे होते श्रीकृष्ण-बलराम अपने जीवन हेतु कहीं और ठौर ढूंढ़े'—सात्यकि का कंठ अवरुद्ध था और नेत्रों में क्षोभ के आंसू थे।

'नहीं सात्यकि! अनेक के लिए एक का त्याग आवश्यक है। हम तो वहां अपने ही सम्बंधियों के निकट जा रहे हैं। अपने जीवन की रक्षा हेतु नहीं, अपनी प्राचीन इस राजधानी तथा यदुकुल की रक्षा हेतु!'—श्रीकृष्ण ने समझाया।

'तो क्या वासुदेव, तुम सोचते हो कि जरासंध के सातवें आक्रमण का सामना करने में हम असमर्थ हैं? क्या हम शौर्य-शून्य हो चुके हैं? थक चुके हैं? शिथिल हो चुके हैं?'—कृतवर्मा ने भावावेग से कांपते हुए स्वर में पूछा।

'नहीं! कोई भी यादव शौर्य-शून्य नहीं। कोई यदुवंशी कभी शौर्य-शून्य नहीं हो सकता। जीवन की अंतिम श्वास तक भी प्रत्येक यदुवंशी शौर्य से उद्वेलित ही रहेगा। भले ही यह शौर्य-उद्वेलन समूचे कुल के लिए विनाशकारी हो जाए, किन्तु यादव कभी शौर्य शून्य नहीं होगा।'—वासुदेव की स्मित एकाएक गहरी हो गई और नेत्रों में हास्य तैर गया।

'तो फिर ऐसी क्या विवशता है कि तुम्हें मथुरा छोड़ कर जाना पड़े?'

'मित्र मेरे! मेरी शूरवीर बंधुओ! सब कुछ होते हुए भी, हमें यथार्थ को स्वीकार करना चाहिये, करना पड़ेगा भी। कोई दूसरा उपाय नहीं। स्वर्गीय भोजराज कंस ने न तो मथुरा को कोई दुर्भेद्य दुर्ग दिया, न ही अक्षौहिणी सेनाएं। न ही संपन्न कोष दिया, न ही समृद्ध और कर्तव्यनिष्ठ प्रजा। यह सर्वविदित है कि कंस ने अपने प्रतापी श्वसुर मगध सम्राट की कृपा से शासन किया था। इसलिए राज्य को सुदृढ़ बनाने वाले सभी तत्व पूर्णतः उपेक्षित रह गये हैं। अब कब तक और कितने और आक्रमण सह सकेगी यह जर्जर राजधानी? बंधुओ! राजकोष रिक्त है। युद्ध-मानसिकता से क्षुब्ध हो चुके हैं सभी यदुगण। लोकजन विश्राम चाहते हैं। शांति चाहते हैं। जप-तप, यज्ञ और विकास चाहते हैं। आमोद-प्रमोद और मनोरंजन चाहते हैं। वीर सात्यकि! पराक्रमी कृतवर्मा! महाबली सत्राजित्! तुम सबके शौर्य पर अंधक-वृष्णि-संघ को गर्व है। तुम संघ के तेजस्वी और शक्तिवान प्रहरी हो। किन्तु, एक बार अपने हृदय पर हाथ रख कर सोचो। अंतर्मन से सत्य बोलो, क्या तुम जप-तप, शांति, आमोद-प्रमोद और समृद्धि नहीं चाहते?'...

वासुदेव के स्वर के तारों पर यदुसभा में सन्नाटा तना रह गया। वासुदेव के ही शब्द सबके कानों में झंकृत होते रहे। उन्होंने चारों ओर दृष्टि डाली।

'युद्ध, युद्ध और युद्ध! युद्ध अपने आप में सदा अनुचित और अनैतिक है। युद्ध अपूर्णता का द्योतक है। हिंसा सर्वथा त्याज्य है। युद्ध उचित हो सकता है तो केवल सापेक्ष

अर्थ में और शांति के साधन के रूप में। युद्ध साध्य नहीं। आत्मरक्षा के लिए लड़ा जाए, आत्मसम्मान की रक्षा हेतु लड़ा जाए या चुनौती के प्रतिकार स्वरूप लड़ा जाए तो युद्ध उचित है अथवा युद्ध तब उचित है जब उस युद्ध से शांति प्रतिफलित होने वाली हो और धर्म की स्थापना होने वाली हो!'.....

'किन्तु बंधुओ! यहां तो युद्ध, शांति को नहीं, नित नए युद्ध को जन्म देता जा रहा है। युद्ध स्थायी हुआ जा रहा है और शांति क्षणिक। युद्ध भी युद्ध को ही जन्म दे रहा है और यह क्षणिक शांति भी युद्ध को ही!.....

'सत्य यह है कि दुर्दान्त यदुवंशी विषम और विपरीत परिस्थितियों में भी अब तक छह बार सम्राट के दांत खट्टे कर चुके हैं। किन्तु समस्या सुलझी नहीं है। यह युद्ध की मानसिकता हमारा तब तक पीछा नहीं छोड़ेगी जब तक युद्ध हमें न छोड़ेगा। यदि युद्ध हमें नहीं छोड़ता तो हम युद्ध को छोड़ देंगे। कैसा भयावह है यह शीतयुद्ध का वातावरण जिसमें जीवन की समस्त ऊष्मा तिरोहित होती जा रही है! जीवन का आनन्द-उल्लास शीतयुद्ध की हिम-कठोरता में दब गया है।'.....

'क्या इसीलिए किया था हमने कंसवध कि उसके अत्याचारों से बचकर हम युद्धाग्नि की लपटों में सतत झुलसते रहें? एक बुराई से बच कर दूसरी बुराई का आलिंगन कर लें? नहीं यदुश्रेष्ठ, नहीं! अब युद्ध रोकना है। विभीषिका बचाना है। इसलिए मैं और अग्रज प्रस्थान करेंगे यथाशीघ्र ताकि शूरसेन-प्रदेश की यह जीर्णशीर्ण राजधानी, जरासंध के प्रबल झंझावाती आक्रमण से पूरी तरह ध्वस्त न हो जाए। इस प्रकार मधुपुरी भी बचेगी और यदुवंशी भी सुरक्षित रह सकेंगे। दूसरी ओर हम दक्षिण व पश्चिम में रहने वाले अपने उन सम्बंधियों से टूटा सम्पर्क पुनः जोड़ेंगे, जो कंस के अत्याचारों के कारण यहां से हट कर वहां बस गये हैं। हम महाराज उग्रसेन के दूतों के रूप में जाएंगे। अपने दौत्य-कर्म से अंधकवृष्णि-संघ हेतु मित्रों की संख्या बढ़ाएंगे। अंधकवृष्णि-संघ को सुदृढ़ करेंगे। इस एकता-अभियान हेतु हमें आशीष दें, पूज्य ज्येष्ठगण! हमें शुभकामनाएं दें, तरुणगण। हम तत्काल प्रस्थान करेंगे ताकि हमें यहां न पाकर सम्राट मथुरा को ज्यों का त्यों छोड़ तुरन्त हमारा पीछा करे। हम उसे सघन वनों में भटका डालेंगे, पर्वतों पर चढ़ा कर थका डालेंगे और उसकी शक्ति को चूर करके आपकी सेवा में पुनः उपस्थित होंगे।'

इस अद्भुत नीति पर सहसा कोई विश्वास न कर पा रहा था। गहन नीरवता छा गई थी सभा में। अंततः उग्रसेन बोले।

'श्रीकृष्ण। कितनी ही बार हम लोग तुम्हारी बात समझने में विफल रहते हैं। किन्तु हर बार अनुभव यही होता आया है कि तुम्हारे सुझाव हर परिस्थिति में सार्थक व सफल रहते हैं। तुम जो करते हो, वही उचित निदान होता है। तुम्हारे बुद्धिकौशल एवं दूरदर्शिता के सामने हम सब नतमस्तक हैं। हमारे आशीष तुम दोनों के साथ हैं।'

दोनों वासुदेवों ने उठकर ज्येष्ठों की पगधूलि ली और मित्रों ने गले से लगा उन्हें शुभकामनाएं देकर विदा किया।

× × ×

भाग गया! मथुरा छोड़कर भाग गया! प्राणों की रक्षा हेतु अपने भाई बलराम के साथ भटक रहा है वन-वन! अब समझ पाया कि जरासंध को छेड़ने का क्या अर्थ है? कल का बालक! जरासंध वह भयंकर विषधर है जिसे एक बार कोई छेड़ दे तो वह बिना प्रतिशोध लिए चैन से नहीं बैठ सकता। तो संयोगवश ही वह अब तक विजयी होता आया था? और मैं दुर्बुद्धि उसे वासुदेव का अवतार समझने लगा था। काले कृष्ण! वह मात्र जरासंध की फूत्कार थी, इसलिए तू जीतता गया। विषदंत तो अब निकाले हैं मैंने। अब कहीं भी जाए तू, मैं वनों में झाड़ी-झंखाड़ों और खाई-खन्दकों में सर्प की भांति विचरूंगा और जब तक न बलराम के गोरे तन को अपने विषदंत से नीला कर दूं और कृष्ण के सांवले रंग को काला कर दूं तब तक मगध न लौटूंगा।

मथुरा से कृष्ण और बलराम के चले जाने से जरासंध तिलमिला उठा था।

चलो! दक्षिणापथ पर चलो! जरासंध ने सेनाओं को आदेश दिया। गजों, रथों, अश्वों, ऊंटों और पदाति सैनिकों की वह विराट सेना तुमुल कोलाहल करती और धूल उड़ाती हुई दक्षिण-प्रयाण को प्रस्थित हुई। श्रीकृष्ण व बलराम को मथुरा में न पाकर जरासंध की क्रोधाग्नि खीझ में बदल चली थी। वह क्षोभ और क्रोध से भभक उठा था। जाल बिछाने से पूर्व ही पंछी फुर्र हो जाएगा इसकी उसे कल्पना न थी। द्वेष से कांपते और क्षोभ से हाथ मलते हुए उसने निश्चय कर लिया कि कृष्ण-बलराम कहीं भी हों, इस बार वह उन्हें जीवित न छोड़ेगा। और इसलिये अपनी प्रबल जलधारा सी हरहराती सेना को ले चला दक्षिण की ओर।

गुप्तचरों को उसने पहले ही भेज दिया था विभिन्न दिशाओं में जो दूर-दूर तक आगे जाकर कृष्ण-बलराम की खोज कर रहे थे।

अच्छा! गोमंतक प्रदेश के वनों में छिपा हुआ है! प्रवर्षण पर्वत पर जरासंध हर्षनाद कर उठा। अब आ गया पकड़ में। वह पर्वत कोई दुर्गम और बहुत ऊंचा नहीं है। घेर लो चारों ओर से पर्वत को। चढ़ चलो ऊपर चारों दिशाओं से। सावधानी रखो, कहीं आंख में धूल झोंक कर भाग न जाए वह चतुर नट। समझ लो कि तुम सब कुशल मछुआरे हो इसलिए भलीभांति जाल डाल दो चारों ओर उन मत्स्य-युगल को पकड़ने। हाथ आएं, तो कस कर पकड़ रखना कहीं फिसल न जाएं फिर हाथ से।

सेना चढ़ने लगी पर्वत को चारों ओर से घेरती हुई।

चेदिराज दामघोष व्याकुल हो उठे। वे केवल शरीर से ही सम्राट के अधीन थे। मन तो उनका अटका था बलराम-श्रीकृष्ण में। दो विलक्षण तरुणों को ऐसी भारी सेना से क्या सचमुच मरवा डालेगा? दामघोष की सहानुभूति अपनी पत्नी श्रुतश्रवा के भाई वसुदेव के प्रचण्ड प्रतापी सुयोग्य पुत्रों की ओर थी। वे व्यग्र हो उठे श्रीकृष्ण-बलराम को बचाने।

'सम्राट! मेरी दृष्टि से सेना द्वारा पर्वत पर चढ़ाई करना उपयुक्त नहीं।'

'क्यों?'—जरासंध ने विस्मय से पूछा।

'महाराज! विश्वस्त सूत्रों से ज्ञात हुआ है कि दोनों वासुदेवों को महर्षि परशुराम का मार्ग-दर्शन प्राप्त हुआ है तभी वे वहां गए हैं। यही नहीं, महर्षि ने उन्हें वहां भलीभांति सुरक्षित रूप से स्थापित कर दिया है और अब वे दोनों इस पर्वतीय प्रदेश तथा निकट वनों के मूलवासियों के परम मित्र हो गये हैं। ये बर्बर वनवासी, भील आदि जातियां प्राण

न्यौछावर कर देंगी, पर इन दोनों पर आंच न आने देंगी। और यहां के मूल निवासी गरुड़ जाति के हैं जो भयंकर पराक्रमी तथा विकट निष्ठावान् एवं कर्तव्यपरायण हैं। ये विचित्र आयुधों का निर्माण करते हैं। इन्होंने श्रीकृष्ण को अपना देवता मान लिया है, स्वामी मान लिया है। श्रीकृष्ण ने इन पर बहुत उपकार किये हैं और इनका मन और विश्वास पूरी तौर पर जीत लिया है। ये स्वामिभक्त वीर गरुड़गण दोनों भ्राताओं को हाथों-हाथ धारण किए हुए हैं। गरुड़राज विनतानंदन हाथ जोड़े खड़े रहते हैं दिनरात सेवक की भांति। अपने समस्त अद्भुत अस्त्र-शस्त्र उन्होंने इन दोनों वृष्णिवीरों को न केवल समर्पित कर दिये हैं बल्कि उन्हें प्रशिक्षित भी कर दिया है उनके उपयोग हेतु। अब बलराम और श्रीकृष्ण के पास ऐसे-ऐसे आयुध हैं जिनकी हम कल्पना भी नहीं कर सकते। यह भी सुना है कि बलराम व श्रीकृष्ण के उपकारों के प्रति आभार व्यक्त करते हुए ये गरुड़गण एक विलक्षण यंत्र का विशेष रूप से निर्माण कर रहे हैं श्रीकृष्ण को समर्पित करने हेतु जो अपने आप में अद्वितीय होगा!'···

'क्या है वह तथाकथित अद्वितीय यंत्र?'—जरासंध ने कुछ चिढ़े स्वर में पूछा। उसे अपनी नीति और अभियान की आलोचना बुरी लग रही थी और श्रीकृष्ण-बलराम की प्रभुता वन्य-भीलों और गरुड़ों में इस प्रकार स्थापित हो गई है, जानकर ईर्ष्या से उसका अंतर्दाह हुआ जा रहा था।

'महाराज! वह आकाशचारी विमान होगा जिस पर बैठकर कहीं भी पहुंचा जा सकेगा। यह पक्षी के आकार का एक यंत्र होगा जिसमें दो विराट कृत्रिम पंख लगे होंगे और जब यह आकाश में उड़ेगा तो विकट नाद होगा···।'

'बस! ऐसा ही कुछ तो सौभ-विमान शाल्व के पास भी है। एक विमान होने से ही मैं डर जाऊंगा तुमने सोचा है? चेदिराज! कहीं तुम्हारी सहानुभूति मेरे शत्रुओं के साथ तो नहीं, जो तुम्हारी पत्नी के भाई के पुत्र होने से तुम्हारे निकट के सम्बंधी हैं? इसीलिए क्या मुझे भयभीत करके दुर्बल बनाना चाहते हो'—जरासंध गरज उठा।

'नहीं महाराज! मैं कदापि आपको भयभीत नहीं करना चाहता क्योंकि यह भलीभांति जानता हूं कि आप किसी से भयभीत नहीं हो सकते। किन्तु सम्राट के समक्ष तथ्य प्रस्तुत करना, किसी भी अधीनस्थ नरेश का दायित्व है। मैं अपना कर्तव्य निर्वाह कर रहा हूं और यह स्पष्ट रूप से निवेदन कर रहा हूं कि इन वनों और गिरिमालाओं में असंख्य, अनगिनत सहस्रों दुर्दान्त गरुड़ व अन्य वन्य-जातियां छिपी रहती हैं जो बड़ी क्रूर एवं बर्बर तथा भयंकर आक्रामक हैं। महाराज! वासुदेव की प्रभुता यहां स्थापित हो चुकी है। आपकी सेना उनका अब कुछ बिगाड़ नहीं पाएगी। ये सहस्रों वनजातियां भयंकर वन्य-चींटों की भांति चिपट-चिपट पड़ेंगी और कौओं की भांति नोंच-नोंच पर चिथड़े उड़ा देंगी हमारे सैनिकों के। इनके विचित्र आयुध पंखों, चोंच और पंजों की भांति नुकीले और घातक हैं। वृक्ष, डाली, शिलाएं व पत्थरों से खेलने वाले इन बर्बर वनवासियों पर एक बार भूत सवार हो जाए तो ये मनुष्य का कलेजा चीर कर सामूहिक रक्तपान करने में हिचकते नहीं। और फिर महाराज! वासुदेव को इन्होंने अपना इष्टदेव और आराध्यदेव स्वीकार कर लिया है। ऊपर से भगवान परशुराम उनके परामर्शदाता हैं। मुझे जो कहना था वह कह चुका हूं। अब निर्णय आप ही लें।'—दामघोष ने एक दीर्घ निःश्वास के साथ

अपनी बात पूरी की।

'यहां भी प्रभुता उसकी! देवकी ने वर्षों इसकी माटी की मूर्ति को वीरपुत्र मानकर क्या पूजा, यह तो सभी का पूज्य हुआ जा रहा है! देवकी ने वीरपुत्र कहा। गोपगोपी ने इसे देवता माना क्योंकि इसने जंगली पशुओं से उन्हें अभय दिया। यदुवंशी इसके भक्त हैं क्योंकि इसने कंस का वध कर दिया। और अब ये वनवासी गरुड़ भी पूजक! इनका भी वह इष्ट बन गया। आराध्य बन गया। तो फिर किया क्या जाए उस पर विजय पाने के लिये, यदि पर्वत पर चढ़ाई न की जाए तो?'—जरासंध ने उधेड़बुन में पड़ कर खीझ कर पूछा।

'महाराज! युद्ध न करके उन्हें युक्ति से हराएं।'

'युक्ति भी तो सुझाएं कोई!'—जरासंध ने अपने भाल पर हाथ फेरते हुए कहा।

दामघोष विचार-मग्न रहे कुछ देर। फिर अचानक उनके नेत्र चमक उठे।

'महाराज! पर्वत के चारों ओर के वन को घेर कर आग लगा दी जाए। पूरा वनप्रांत जलेगा तो जीव-जन्तुओं के साथ-साथ उसमें रहने वाले मनुष्य भी जल कर भस्म हो जाएंगे। इस प्रकार हमारे सैनिक हताहत न होंगे और गरुड़ों के आक्रमण से भी बच निकलेंगे हम। दावानल कितना प्रबल होता है यह तो सर्वविदित है सम्राट!'

'सुझाव तो अच्छा है!'—जरासंध ने कुछ सोचते हुए उत्तर दिया।

तुरन्त घोषणा की गयी कि पर्वत पर चढ़ाई रोक दी जाए और पर्वत के चारों ओर अग्नि प्रज्ज्वलित कर दी जाए।

सुनते ही सेना में हर्षोल्लास छा गया। इस नए उपाय से सैनिक प्रसन्नता से उछल पड़े। फिर क्या था! सैकड़ों प्रज्ज्वलित अग्नि-उल्काएं, शलाकाएं ले-ले कर वे पर्वत की तली के वृक्षों में आग लगाने लगे। असंख्य जलते हुए पलीते दूर से पर्वत के वृक्षों पर फेंकने लगे। देखते-देखते पर्वत को घेरती हुई अग्नि-ज्वालाएं विकराल होती हुई ऊपर चढ़ चलीं। अग्नि की कोटि-कोटि रक्त-जिह्वाएं समूचे प्रवर्षण पर्वत को लील जाने को लपलपा उठीं।

पर्वत के नीचे खड़ी सम्राट की अपार सेना हर्षोन्मत्त थी अग्निदाह का विचित्र दृश्य देखकर। जैसे-जैसे अग्नि-जिह्वाएं स्वयं को द्विगुणित, त्रिगुणित करती ऊपर की ओर लपलपातीं, वैसे-वैसे सैनिकों के मुख से सम्राट की जय-जयकार का घोष और प्रचण्ड होता जाता।

जरासंध अट्टहास कर-कर के हंस रहा था। ताल ठोक-ठोक कर हंस रहा था। झूम-झूम कर हंस रहा था। रुक्मी की बांछें खिली जा रही थीं। शाल्व और भौमासुर तालियां पीट-पीट पर हर्ष से पागल हुए जा रहे थे।

छह युद्धों की विफलता और सतत् प्रयासों के बाद आज कहीं अपने जामाता कंस के वध के प्रतिशोध का संकल्प पूरा हो पाया।

चटाचट! चटाचट! हरे-भरे वृक्ष चटक रहे थे। ऊंचे दीर्घकाय वृक्ष भयावह रुदन-स्वर करते से अरअरा कर गिर रहे थे। हरी वनस्पतियां और कच्चे वृक्षों के जलने से भयंकर काले धुएं के मेघ चारों ओर छा रहे थे। कड़वा धुआं आंखों में भर रहा था।

आंखों से पानी बह रहा था। पशु-पक्षियों के आर्तनाद की विचित्र ध्वनियां चारों ओर गूंज रही थीं। कच्चा मांस जलने की दुर्गन्ध फैल रही थी।

रोमांचकारी दृश्य से अभिभूत हो जरासंध, दंतवक्र, रुक्मी, पौन्ड्रक, शाल्व, भौमासुर आदि सब ठठाकर हंस रहे थे। मदमत्त हुए जा रहे थे। हरी वनस्पतियों के जलने से धीरे-धीरे कड़वा धुआं और बढ़ गया। आंख खोलना दूभर हो रहा था। अंततः सम्राट अपने साथियों सहित शिविर में चला गया।

शिविरों में आज विजय-पर्व मनाया जा रहा था। पर्वत की तली में अग्निदेव की लपलपाती जिह्वाओं से जो पशु बच कर भाग रहे थे उन्हें वहीं भूना जा रहा था। उन पशुओं के शरीरों को यथावत् रख भून-भून कर बांसों में टांग कर लाया गया राज-शिविर में। भुने हुए हिरण लाए जा रहे थे। गौएं भून कर लाई जा रही थीं। भुने हुए पक्षी लाए जा रहे थे। रात्रि-भोज चल रहा था। मदमत्त नरेश पागलों की भांति उन पशुओं की टांगें, मुंह, कान व सिर चीथ-चीथ कर भक्षण कर रहे थे।

भौमासुर गोमंत आते-आते मार्ग में से कितनी ही कन्याओं का अपहरण कर लाया था। उन निर्दोष बालाओं को राजशिविर में संगीत एवं नृत्य हेतु बाध्य किया जा रहा था। सारी रात सुरा-सुन्दरी और मांसभोज के द्वारा विजयोल्लास मनाया गया और फिर धीरे-धीरे सब निढाल पड़ते गए और इधर-उधर लुढ़कते हुए निद्रा के वशीभूत हो गए।

निद्रा में भी जरासंध अपूर्व संगीतमय स्वप्न देख रहा था। फूलमालाओं से सजी विशाल राजनौका में जरासंध है, अन्य नरेश हैं और सुन्दरियों का वीणावादन व गायन चल रहा है। नौका हौले-हौले चल रही है एक विशाल नदी पर। लोगों का हर्षनाद है, आनन्दोल्लास है, वीणा, वेणु, मृदंग और मंजीर तथा नुपूर हैं। अनायास ही हर्षनाद, गीत-संगीत व मधुर वादन कोलाहल में बदलने लगा। नौका में जल भरने लगा था। समूचे जलपोत पर त्राहि-त्राहि मच उठी। जिसे जहां सूझता, अपने प्राणों की रक्षा हेतु दौड़ रहा था। नौका डूब रही थी। बचाओ, बचाओ की पुकारें थीं। गुहारें थीं। चीत्कारें थीं। सम्राट के पांवों पर नदी का जल चढ़ा आ रहा था। जरासंध के चारों ओर जल था। और जल शीतल था। चारों ओर कोलाहल था।

और जरासंध की आंख खुल गई। उसे लगा वह अब भी स्वप्न देख रहा है। चारों ओर कर्णभेदी चीत्कारें, पुकारें थीं। लोग कहीं भाग रहे थे। उसने आंखें मलीं। स्वप्न नहीं! वह जाग्रत अवस्था थी। उसके पांवों पर जल लहरा रहा था। वह चौंक कर उठ बैठा। शिविर में पानी भरा हुआ था। उसके वस्त्र भीगे हुए थे। शिविर-द्वार पर लहराते जल में कोई दीर्घकाय पशु खड़ा है। सेवक गुहार रहे हैं।

'महाराज! सम्राट! शीघ्रता से ऊंटनी पर चढ़ें। विकट प्लावन है। पूरा क्षेत्र डूब गया है। जल बढ़ता जा रहा है।'—भौमासुर हांफता हुआ कह रहा था।

जरासंध हत्प्रभ था।

'जल कहां से आया नरकासुर?'—जरासंध किसी भांति बोला।

'प्रवर्षण पर्वत के ऊपर से महाराज! सहस्रों धाराएं न जाने कहां से प्रकट हो गई हैं उस पर्वत में। विकराल मोटी-मोटी धाराओं वाले असंख्य प्रपात से खुल गये हैं। प्रबल जल-धाराओं ने वेग से नीचे आकर समूची सेना को व्याकुल कर दिया है। उठें महाराज!'

'ऊंटनी? पागल हुए हो! गज नहीं कोई?'—सम्राट ने चिढ़े स्वर में पूछा।

'महाराज! प्लावन से बचने के लिए हाथियों पर चढ़-चढ़ कर हमारे सैनिक पहले ही भाग गए हैं।'

'और रथ?'—सम्राट क्रोध से चिंघाड़ता हुआ बोला।

'महाराज! रथों पर आरूढ़ हो-हो कर सैनिक भागे हैं।

'तो अश्व भी नहीं कोई'—पानी में खड़ा जरासंध क्रोध से व्याकुल हो गर्रा उठा।

'महाराज! अश्व भी नहीं। शीघ्रता करें, जल-स्तर बढ़ रहा है।'

'और··· और ··· वह अग्नि क्या हुई? पर्वत पर लगी अग्नि'···—जरासंध ने हकलाते हुए पूछा।

'बुझ गई महाराज!'

'अग्नि बुझ गई!'

'हां नाथ!'

'चेदिराज! यह क्या है?'—जरासंध दूसरी ऊंटनी पर बैठे हुए दामघोष पर गरजा।

'यह?··· सम्राट! यह वही है?'

'क्या वही!'—वह क्रोध से दहाड़ा।

'वासुदेव की विलक्षण लीला! अनबूझ पहेली! कल्पनातीत कोई युक्ति!'—दामघोष ने सुस्थिर स्वर में कहा।

ऊंटनी पर बैठे-बैठे जरासंध ने घृणा से ऊंटनी के मुंह को पहली बार निकट से देखा। वितृष्णा से भर गया। ऊंटनियों पर तो सेना की रसद, पशुओं, गजों और अश्वों का चारा-भूसा लादा जाता था कूच के समय। इस ऊंटनी पर भी भूसा लदा हुआ था। भूसा जरासंध के वस्त्रों और केशों पर चिपक गया था। जरासंध भूत सा बना ऊंटनी पर बैठा था। क्षोभ व अपमान से ओष्ठ चबा रहा था प्रवर्षण पर्वत की ओर देख कर। पर्वत का ऊपरी भाग हरा-भरा था और जगह-जगह से जलप्रपात फूटते चले आ रहे थे नीचे की ओर।

'रुक जाओ!'—वह गरजा।

ऊंटनियों की पूरी पंक्ति भरे जल में खड़ी हो गई। यह देख रहा था पर्वत-शिखर के झरझराते, हरहराते कितने ही प्रपात उफनते हुए चले आ रहे थे।

'यह क्या किया है उस मायावी ने?'

'महाराज! शीघ्रता करें। रुकने का समय नहीं। प्राण बचाएं पहले। वह देखें··· उस नए वेगवान् प्रपात की मोटी धारा को।'

जरासंध का कंठ सूखा था। अधर सूखे थे। जिह्वा सूखी थी। जल बीच प्यासा वह विवशता से सूखे अधरों पर जिह्वा फेरता हुआ बैठा रहा ऊंटनी पर। ऊंटनी भाग चली उसे प्लावन से बचाती।

ऊपर पर्वत शिखर पर खड़े देख रहे थे श्रीकृष्ण एवं बलराम, विनतानंदन व असंख्य गरुड़जन इस विशाल पलायन को और हंस रहे थे। गरुड़जन उछल रहे थे। भांति-भांति के वाद्य बजा रहे थे। विजय गीत गाते हुए नाच रहे थे अपने नायकों, श्रीकृष्ण व बलराम को घेर कर।

श्रीकृष्ण हंस रहे थे। उनके कंधे पर रखा था नवीन-शक्तिशाली गदा कौमोदकी, जिसके प्रहारों से उन्होंने विराट जलाशय के तटबंध तोड़े थे। बलराम हंस रहे थे। उन्होंने अपने नूतन सौनन्द गदा तथा हल से तटबंध पर दुर्दान्त प्रहार किए थे। उन्हें तटबंध तोड़ते देख, सैकड़ों गरुड़ भी भारी-भारी लौह-आयुधों से पिल पड़े थे और फिर तटबंध टूटने में विलम्ब न लगा। प्रबल धाराएं उफनती हुई उसमें से बह चलीं नीचे की ओर। बलदेव ने हल के द्वारा पहले से ही भूमि खोद कर जलमार्ग बना रखे थे। उसी जल ने सहस्रों में बंटकर दावानल बुझाकर शत्रु-शिविरों में घुसकर प्लावन कर दिया था।

सामने प्लावन का विहंगम दृश्य था। और सामने पलायन का विहंगम दृश्य था।

यह वासुदेव की युक्ति थी। वे हंस रहे थे। सम्राट जरासंध व अन्य नरेशों को भीगे वस्त्रों, कीचड़ और भूसे से लथपथ हुए ऊंटनियों पर बैठे भागते हुए देखकर हंसी का पार न था। सैनिक हाथियों, रथों तथा अश्वों पर पहले ही चढ़-चढ़ कर भाग निकले थे। मगध-सम्राट जरासंध को मिली थी ऊंटनी और मिली थी, एक बार फिर से करारी हार!

× × ×

पराजय! पराजय! और पराजय! जरासंध ने अपने हाथ कपाल पर दे मारे।

क्षोभ, अपमान, विवशता व क्रोध से मगध सम्राट जरासंध बौखला उठा था। भगवान् पशुपतिनाथ का अनन्य कृपापात्र! अजेय योद्धा! एकछत्र सम्राट! और पराजयों की यह अंतहीन शृंखला!!

पराजय! वह भी किससे! वे मुट्ठी भर यदुवंशी! और वह! एक साधारण सा ग्वाला मात्र!! धिक्-धिक! हा सम्राट! समूचे जंबूद्वीप पर तुम जैसा कोई और उपहास का पात्र है क्या? जरासंध पीड़ा से उच्छ्वासें छोड़ता हुआ बेचैनी से टहल रहा था।

हे प्रभो पशुपतिनाथ! तुम्हारे भक्त की यह दुर्दशा! हे दीनबंधु दीनानाथ! तुम्हारा कृपापात्र ऐसा दीनहीन! तुम्हारी दया पाकर ही तो मैं स्वयं को असाधारण संपन्न समझता आया था कि मेरा अहित करने वाला समूची वसुधा पर कोई नहीं। हे कृपानिधान! यह क्या हो रहा है तुम्हारे शक्तिशाली, प्रतापी और सर्वसमर्थ भक्त के साथ? मेरी कोई भूल? कोई दोष मेरा! कोई त्रुटि मेरी? अहो भगवन्! किस बात का दण्ड भोग रहा है तुम्हारा यह परमप्रिय दास? मुझसे अनजाने में हुए समस्त अपराध क्षमा करना दयामय! किन्तु अपनी कृपा से वंचित न करना। मुझे शक्ति दो प्रभो! मुझे शक्ति दो! अपने शत्रु को पराजित कर सकूं, मुझे बल दो प्रभो।

उस दीनहीन ग्वाले से अपनी पराजय सही नहीं जाती नाथ! दिनरात अंतर्दाह होता रहता है। प्रभो! अपमान और तिरस्कार की इस घुटन से मुझे मुक्ति दो। मुझे मुक्ति दो। नाथ, मुझे मुक्ति दो।

व्याकुल जरासंध आकाश की ओर हाथ फैला कर गुहार उठा कैलाशपति को। आंखों में पीड़ा के अश्रु थे। हृदय में तीव्रतम उद्वेलन।

धीरे-धीरे हाथ नीचे आए। जरासंध ने बाहु के पृष्ठभाग से अपने आंसू पोंछ डाले। और वह संयत हो चला।

पूरी शक्ति से प्रयासरत हूं। सारे संभव उपाय प्रयुक्त कर लिए हैं। शाल्व राज से कह कर द्वारका के आसपास के दुर्दान्त आमीरों को अपनी ओर मिलाने को भरपूर संपत्ति दान करवाई है और उनसे कहा है कि वे वहां शांति नहीं रहने दें। सतत उपद्रव, उत्पात, हिंसा, रक्तपात, लूटमार के बदले में उन्हें और धन निरंतर मिलता रहेगा।

जिस वृद्धा दासी ने मेरे जन्म के समय मेरे शरीर के दोनों भागों को जोड़कर मानव रूप दिया था जिससे मैं जरासंध हुआ, उस जरा दासी के पुत्र-पौत्र आदि को बहुमूल्य पुरस्कार आदि देकर कुशस्थली में बसा दिया है। उनसे कह दिया है कि मेरी एकमात्र सेवा करनी है उन्हें। वह सेवा यह होगी कि अवसर पाते ही वे द्वारका के नीले प्रभु की लीला समाप्त कर दें। किसी भी प्रकार उसका जीवन समाप्त करना है। अब और क्या करूं प्रभो ?

हां प्रभो! यह भी करूंगा। यही करूंगा नाथ! तुम्हारी कृपा पाने हेतु यह भी करूंगा।

भगवन्! एक सौ एक क्षत्रिय राजपुत्रों के मुंड काटकर चढ़ाऊंगा। प्रभो! एक सौ एक तरुण राजाओं की नरबलि चढ़ेगी तुम्हें। मेरा अभीष्ट पूरा करा देना नाथ! यथाशीघ्र विभिन्न राजवंशों के एक सौ एक राजाओं का अपहरण करके बन्दी बनाकर रखूंगा। संख्या पूर्ण होते ही भयंकर रौद्र नरमेध-यज्ञ करूंगा।' अपने आराध्य भगवन् पशुपतिनाथ को प्रसन्न करूंगा। आशीर्वाद दो! वरदान दो महादेव, मेरी मनोकामना पूर्ण हो।

मगधराज ने किंचित् संतोष से सांस ली।

अब देखूंगा उस क्षुद्र ग्वाले को, वह क्या कर सकता है मेरे समक्ष! अब मेरे साथ भगवान् महादेव की शक्ति है। अब वह धूर्त मेरा कुछ नहीं बिगाड़ सकता। कुछ नहीं बिगाड़ सकता··· कुछ नहीं बिगाड़ सकता··· हा-हा-हा-हा···

अब समस्त पराजयों का प्रतिशोध एक साथ ले डालूंगा। मेरी पुत्रियों के वैधव्य का कारण तू ही है, कंसहन्ता! उनके दुःखों का मूल तू ही है। कितने ऊंचे आदर्श तेरे कि स्वयं अपने मातुल का वध किया। और जब दुर्बल पड़ा तो भाग निकला बच कर।

किंतु! किंतु! इस वासुदेव में कुछ विलक्षणता है अवश्य जो इसे अन्य सबसे पृथक करके रख देती है। पृथक ही नहीं··· अपितु कहीं कुछ उच्चता प्रदान करती है उसे क्या है वह विलक्षणता ?

बिना अस्त्र-शस्त्र के, मात्र अपने बुद्धिकौशल से ही पराजित कर देता है वह बात की बात में। अहो! वह गोमंत का निष्फल अभियान मेरा! न जाने कहां से स्रोत काट-काट कर मेरी सम्पूर्ण लपलपाती हुई योजना पर पानी फेर दिया। ऊंटनी! ऊंटनी!··· अहो! सम्राट को भागने के लिये ऊंटनी मिली। पशुओं के चारे से लदी ऊंटनी। भूसे से लदी ऊंटनी। मगधराज सम्राट जरासंध सिर से पांव तक पानी, कीचड़ और भूसे से सना

हुआ भागा। यह उसी की कुटिल नीति थी। दामघोष कहता है··· यह वासुदेव की 'लीला' है। वह लीलावतार है। बकवाद! व्यर्थ की कपोल-कल्पना। और फिर भी मैं उसके विषय में इतना सोच रहा हूं। क्यों सोचता हूं? क्यों? क्यों? क्यों?

क्योंकि···। इस श्रीकृष्ण की हर बात निराली है। इसका हर कार्य अनोखा है। इसकी हर वस्तु विलक्षण है। यह क्या है? यह कौन है? यह कौन है? कह कौन है?

अपनी अपरिभाषित दुर्बलता और अद्‌भुत विवशता पर जरासंध अर्धविक्षिप्त सा अपना कपाल ठोकने लगा।

× × ×

मथुरा नगरी फिर एक बार हर्ष से बावरी हो चली थी। संवाद मिला था कि किस प्रकार पुनः श्रीकृष्ण-बलराम के हाथों मगधराज को मुंह की खानी पड़ी। इस बार न सेना, न अस्त्र-शस्त्र साथ में। मात्र श्रीकृष्ण की युक्ति के बल पर और बौद्धिक सूझबूझ व दूरदर्शिता से ही जरासंध का पराभव हुआ। लोकजन आनंद ले-ले कर उन कथाओं को कहते और सुनते जो घूम फिर कर मथुरा तक आ रही थीं कि कैसे पर्वत पर आग लगाई गई और कैसे फिर पासा पलट गया और अग्नि भी बुझ गई तथा जरासंध के सैन्य शिविरों में जल ही जल हो गया। सम्राट को हाथी, अश्व व रथ भी नहीं मिले भागने को। ऊंटनी पर चढ़ भागा जरासंध प्लावन से बचने को। और भी रोचक कथाएं सुनाई पड़ीं कि कैसे श्रीकृष्ण को गोमंत प्रदेश के गरुड़ों ने अपना देवता मान लिया और किस प्रकार निर्विवाद रूप से उनकी प्रभुता को चारों ओर स्वीकार कर लिया गया।

आज श्रीकृष्ण और बलराम मथुरा लौटे हैं। लोग उन्हें हाथों हाथ उठाए हुए है। मुख्य-द्वार पर ही उनका अभूतपूर्व स्वागत आरती एवं पुष्प-हारों से किया गया। पुष्प, अक्षत और रोली की वर्षा की गई उन पर।

यदुसभा में श्रीकृष्ण के प्रवेश करते ही महाराज उग्रसेन उठ खड़े हुए और श्रीकृष्ण को बाहुओं में भरते ही विह्वल स्वर से बोले—

'वासुदेव! तुम अद्वितीय हो। तुमने मथुरा राज्य व यदुवंशियों की प्रतिष्ठा की कैसी श्रीवृद्धि की है कि चारों ओर आज तुम्हारे कारण अंधकवृष्णि-संघ की दुन्दुभी बज रही है। वासुदेव! तुम्हारी जय हो! तुम दीर्घायु हो। अंधकवृष्णि-संघ की जय हो! किन्तु अंधकवृष्टि-संघ की कीर्तिध्वजा जिस प्रकार तुम फहरा रहे हो, श्रीकृष्ण, उससे सिद्ध होता है कि तुम ही गणप्रमुख के पद के योग्य हो। माधव! अब अस्वीकार न करो और मथुरा राज्य तथा अंधकवृष्णि-संघ के गणप्रमुख राजा का पद भार सम्हालो। तुम्हें गण-प्रधान के सिंहासन पर देख कर न केवल मैं गद्‌गद होऊंगा, बल्कि समस्त स्त्री-पुरुष, आबाल-वृद्ध हर्ष से झूम उठेंगे। मेरी प्रार्थना न ठुकराओ यदुश्रेष्ठ! आओ! सिंहासन पर बैठो। मैं यह मुकुट स्वयं तुम्हारे शीश पर रखूंगा। एक के बाद एक विजयों की सतत शृंखला पाने से तुम्हारी वैजयंती सुदीर्घ हो गयी है। आओ। कृतार्थ करो समस्त आतुर-व्याकुल हृदयों को।'—उग्रसेन ने भाव-विभोर हो श्रीकृष्ण को सिंहासन की ओर चलने का आह्वान किया।

एतावच्छतशो प्येवं सत्येनैतद् ब्रवीमि ते।
न मे कार्यं नृपत्वेन विज्ञाप्यं क्रियतामिदम्॥
न चाहं मथुराकाङ्क्षी न मया वित्त काङ्क्षया।

महाराज! मैं सत्य की शपथ खा कर सौ-सौ बार दुहरा कर आप से कहता हूं कि मुझे राज्य से कोई प्रयोजन नहीं है, आप इसे भलीभांति विज्ञापित करवा दीजिये। न मैं मथुरा राज्य का आकांक्षी हूं, न ही वित्त का। मैंने किसी, प्रलोभन से आपके पुत्र का वध नहीं किया है। आप यदुवंशियों के अग्रगण्य स्वामी हैं, प्रभु हैं, अतः मेरे लिए भी आप ही माननीय हैं। आप ही राजा बने रहें। आप जो आज्ञा देंगे, करूंगा। आपके आदेशों का पालन करूंगा। अंधकवृष्णि-संघ के हित एवं ख्याति में सब कुछ करूंगा। किन्तु महाराज! पद नहीं। सत्ता नहीं। मुझे बंधन में न बांधें महाराज! मुझे इस स्वर्णशृंखला में न जकड़ें। मैं शुद्ध-बुद्ध मुक्त हूं और ऐसा ही रहूंगा। कर्तव्यपालन करूंगा किन्तु पद की लालसा नहीं। मुझे सत्ता की आकांक्षा नहीं। मुझे सेवक ही रहने दें और आज्ञा देते रहें सेवा करने की'—कह कर आदर एवं विनय से श्रीकृष्ण ने लगभग बलपूर्वक उग्रसेन को सिंहासन पर बिठा दिया।

और तुरंत ही सासंदों के मुक्त कंठ स्वर में राष्ट्र तथा राष्ट्र अधिपति की अभ्यर्थना गा उठे—

'आ त्वाहार्षमन्तेरधि ध्रुवस्तिष्ठविचाचलिः।
विशस्त्वा सर्वा वांछन्तु मा त्वद्राष्ट्रमधि भ्रशत्
इहैवैधि माप च्योष्ठाः पर्वत इवाविचाचलिः।
इन्द्र इवेह ध्रुवस्तिष्ठेह राष्ट्रमु धारय
ध्रुवं ते राजा वरुणो ध्रुवं देवो बृहस्पतिः।
ध्रुवं त इन्द्रश्चाग्नि राष्ट्र धारयतां ध्रुवम्

उग्रसेन, वसुदेव, सात्यक, आहुक, श्वफल्क, देवक, देवभाग, विकद्रु, अक्रूर आदि सभी गणमान्यों के नेत्र छलक आए। सब अपने-अपने स्थानों पर बैठे हुए मुग्ध भाव से एकटक निहार रहे थे मधुसूदन को। किसी को कुछ कहना न था। सब सुनना चाहते थे, कुछ अमृत-वाणी श्रीकृष्ण के ही मुखारविंद से।

श्रीकृष्ण ने सविस्तार वृत्तांत सुनाया जरासंध द्वारा गोमंत के घेरे का, गरुड़ों से मित्रता का, पर्वत पर अग्नि और प्रत्युत्तर में विलक्षण चातुर्य से पर्वत-स्थिर विराट जलाशय के तटबंध गदा और हल के आघातों से तोड़ कर कैसे जल प्रवाहित कर दिया गया अग्नि बुझाने को और कैसे फिर वे वेगवती उफनती धाराएं अबाध गति से फनफनाती हुई घुस गयीं राज-शिविरों में, कैसे सम्राट व उनके मित्रों को ऊंटनियों पर चढ़-चढ़ कर भागना पड़ा।

एक तो वृत्तांत अपने आप में रोचक! और फिर कथाकार भी बांका! वे रस ले-ले कर, चुटकियां ले-ले कर इस प्रकार कथा प्रस्तुत कर रहे थे कि सभासदों का हंसते-हंसते बुरा हाल था। वासुदेव की शैली इतनी चित्रात्मक थी कि लगा जैसे सभी घटनाएं वे लोग स्वयं अपनी आंखों से देख रहे हों।

'वासुदेव श्रीकृष्ण की जय।'—गगनभेदी स्वर गूंज उठा।

'अंधकवृष्णि-संघ अमर हो।'

यदुवंशी आतुर थे विजयोल्लास मनाने हेतु एक वृहत् आयोजन करने को। अब तो सदा के लिए मगध-सम्राट को समझ में आ गया होगा कि दो यदुवीर ही उसकी अक्षौहिणी सेनाओं हेतु कितने भारी पड़ते हैं! अब कभी साहस न करेगा मथुरा की ओर देखने का भी। चलो आज आनन्द-पर्व मनाएं।

श्रीकृष्ण ने तुरन्त हाथ ऊंचा करके हिलाया और उनके भावावेश को संयत किया। सब अचंभित हो गए। श्रीकृष्ण एकाएक गंभीर क्यों?

'क्या हुआ वासुदेव? वापस मधुपुरी आकर क्या प्रसन्न नहीं? आनन्दोल्लास मनाने के क्यों रोक रहे हैं यदुवंशियों को? आज तो हमारे सर्वाधिक गर्व करने का दिवस है। गंभीर क्यों वासुदेव?'—यदुश्रेष्ठ सात्यकि ने चकित हो पूछा।

''राजपुरुषों को काम, क्रोध, लोभ, मोह तथा मद से तो बचना ही चाहिए, साथ ही हर्ष से भी बचना चाहिए। हर्ष का अतिरेक विवेक को कुंठित कर देता है। शत्रु से असावधान कर देता है। स्थिति बड़ी गंभीर है तात! जैसा सुरक्षित और निरापद यदुवंशी अपने को मान रहे हैं, वैसी स्थिति है नहीं।'

'तात्पर्य!'—उग्रसेन ने चिन्ता से पूछा।

'सम्राट के सम्मान को भारी ठेस पहुंची है इन सतत पराजयों से। वह अत्यंत ही कुपित है हम पर, क्षमा नहीं करेगा यादवों को…।'

'तो…? … तो … तात्पर्य क्या? क्या पुनः युद्ध की तैयारी करनी होगी?'—विकद्रु ने पूछा।

'हां। तैयारी करनी है, किन्तु इस बार युद्ध की नहीं।'—श्रीकृष्ण ने कहने के साथ समूची सभा पर दृष्टि डाली।

'पहेली न बुझाएं देवकीनंदन! स्पष्ट कहें क्या करना है हमें! युद्ध की नहीं तो किसकी तैयारी करें!'—सत्राजित् ने किंचित् झुंझलाते हुए पूछा।

'प्रयाण की।'

'प्रयाण की तैयारी?'

'प्रयाण की तैयारी?'

समूची यदुसभा विस्मय से भर उठी। चारों ओर कोलाहल उठ चला।

'हां। दीर्घ प्रयाण की तैयारी। यथाशीघ्र हमें मथुरा छोड़ देना है। सदा के लिए छोड़ना है।'

'मथुरा छोड़ देना होगा…! यह क्या कह रहे हैं माधव! यह क्या सम्भव है कभी?'

'परिस्थितियां उसे सम्भव बना देंगी।'

'दीर्घ यात्रा? कहां को?'—वसुदेव अचंभित थे अपने पुत्र के निर्णय पर।

'पश्चिम दिशा में सौराष्ट्र की ओर।'

सनसनी फैल गई सभा में।

'वहां क्या है?'

'यादवों का नवराज्य बसेगा वहां कुशस्थली में।'

कोलाहल मुखरित हो उठा।

'कैसी बातें कर रहे हैं माधव! समूची प्रजा जाएगी इतनी दूर उस अपरिचित सुदूर अंचल में बसने? परन्तु क्यों?'

'क्योंकि यही एकमात्र निदान है।'

'किस रोग का? किस समस्या या आपत्ति का?'

'मगधराज के आक्रमण का।'

आनन्दोल्लास और गर्व-पर्व की बातें कपूर सी उड़ गयीं लोगों के मन से। वे जड़ से निश्चल बैठे थे।

'क्या यह व्यावहारिक होगा?'

'अब केवल यही व्यावहारिक होगा और कुछ नहीं। अव्यावहारिक तो अब यही होगा कि हम और देर तक मथुरा में रुके रहें। जरासंध ने आशा नहीं छोड़ी है। सुना है उसने कालयवन से सहायता मांगी है इस बार।'

कालयवन!! एक सिहरन सी दौड़ गई सिर से पांव तक।

'अब दो ओर से आक्रमण होगा मथुरा पर। कालयवन व जरासंध दोनों एक साथ आएंगे।'

श्वासरोधक सन्नाटा छा गया सभा में।

'तो क्या यह पलायन नहीं?'

'क्षत्रिय होकर हम रणक्षेत्र से भागेंगे?'

'हमें कायर न कहेगा संसार?'

'हमें डरपोक न कहेंगे मगधराज व उसके मित्र?'

'सौराष्ट्र पहुंच कर क्या हम शांति से रह सकेंगे?'

'क्या वह स्थान निरापद है?'

प्रश्न! प्रश्न! प्रश्न! असंख्य प्रश्न! भांति-भांति के प्रश्नों की बौछार प्रारंभ हो गई श्रीकृष्ण पर।

वासुदेव अडिग थे अपने निर्णय पर।

'महाराज उग्रसेन! वरिष्ठ सभासदगण एवं तरुण बंधुओ! आप स्वतंत्रतापूर्वक स्वयं मंथन करें परिस्थिति पर। यहां हम रहेंगे तो मगध-सम्राट जरासंध अपनी बलशाली सेनाओं के साथ जब तब हमें आखेट करने को निरंतर आता ही रहेगा। उसके हृदय में प्रतिशोध की जो ज्वाला धधक रही है, वह शांत नहीं होगी। क्या आप लोग सारा जीवन युद्ध ही करते रहने को तैयार हैं? ऐसे युद्ध जिनकी गिनती नहीं! और, क्या आप में आत्मविश्वास इतना है कि आप सदा ही विजयी होंगे? क्या हमारे पास पर्याप्त सेना है? हमारे पास सुदृढ़ वर्ग हैं? हमारे पास समृद्धि है? संपन्न कोष है? क्या हमारे पास बड़े निष्ठावान् मित्र-राजा हैं? युद्ध! युद्ध! और युद्ध! और कितने युद्ध करने पड़ेंगे? और कितने युद्ध आप जीत सकते हैं जरासंध से? दो? चार? छह? आठ? सत्रह? अठारह? उसकी सेनाओं से तो हम तीन सहस्र वर्ष लड़ कर भी नहीं जीत सकते। आक्रमण करना और युद्ध करना जरासंध के लिये खिलवाड़ है क्योंकि उसके पास सेनाओं का पार नहीं। किन्तु हमारे लिए युद्ध खिलवाड़ नहीं। हमें पूरे प्राण-प्रण लगा देने पड़ते हैं। यदुवंशी अपने प्राणों पर खेल जाता है राष्ट्र के लिए। एक-एक यदुवंशी-परिवार पर हर युद्ध में अनिश्चितता की नग्न खंग डोलने लगती है। हमें सदा एक मानसिक तनाव में जीना पड़ रहा है। सदा युद्ध की तैयारी में हम श्वास ले रहे हैं।'...

'क्या यदुवंशी कभी शांति से न बैठना चाहेंगे? क्या आनंदोल्लास जीवन से सदा के लिए चला गया? कंस का प्रेत जैसे हाथ धोकर हममें से हर किसी के पीछे पड़ गया है। यदुवंशियों के मन-मस्तिष्क पर पिशाचिनी सी बैठी कंस की आत्मा सतत आतंकित करती रहती है। सदा ही युद्धाभ्यास! सदा ही रणभेरी! सदा ही युद्ध के नगाड़े! सत्य कहें, क्या ये रौद्र रण-वाद्य सुनते-सुनते संगीत-प्रेमी यादवगण वितृष्णा से नहीं भर गए? अब न नृत्य-समारोह होते हैं, न संगीत के सुदीर्घ नैशिक-सत्र! क्या सदा ऐसा ही जीवन जीना चाहेंगे आप सब महानुभाव...'

'क्या सुनना चाहेंगे आप सब? केवल शस्त्रों की झनझनाहट! युद्धोन्मत्त गजराजों की चिंघाड़ें? अश्वों की व्याकुल हेषाध्वनियां और धनुषों की टंकारें? जीवन क्या इसी को कहते हैं? युद्ध ही जीवन है क्या? सत्य कहें महानुभावो! कितने ही वीरों के शत्रु-वध को आतुर हाथ निद्रा में अपनी प्रियाओं के ही कंठ पर नहीं पहुंच जाते? यदुवंशी आज सोता है तो युद्ध की भावना से, जागता है तो युद्ध की भावना से। युद्ध की मानसिकता में हम पल-पल जी रहे हैं अथवा कहें कि पल-पल अपना अमूल्य जीवन नष्ट कर रहे हैं। और यह ध्यान रखें वीर यादवगण, कि मगध सम्राट आक्रमण बंद नहीं करेगा। कभी नहीं करेगा। यदि हम इस शूरसेन-प्रदेश में बैठे उसे ललचाते रहेंगे तो अवश्य वह हमारे प्राणों का ग्राहक बना बार-बार आएगा और शीघ्र आएगा।'

सन्नाटा छा गया था। यदुसभा काष्ठवत् बैठी थी।

श्रीकृष्ण ने चारों ओर देखा और फिर अपने वक्तव्य का भंग सूत्र उठा लिया।

'तो क्या, जो मगधराज चाहता है उसे वह करने दिया जाए? क्या हम सदा उसे मथुरा पर आक्रमण करने का अवसर प्रदान करते जाएंगे? सोचें तनिक! क्या इन सतत् आक्रमणों पर आप पूर्णविराम न लगाना चाहेंगे? अथवा महाभोज की तैयारी कर मगधराज को यों न्यौता दे-दे कर बुलाते ही रहना चाहेंगे?'

सभा निरुत्तर थी।

कुछ पल के सन्नाटे के बाद अचानक श्रीकृष्ण सांसदों की मतभिन्नता दूर कर उनमें सकल्प और विचारों की एकता हेतु गंभीर स्वर में प्रार्थना कर उठे—

"सं वो मनांसि व्रता समाकूतीर्नमामसि।
अमी ये विव्रता स्थन तान्वः सं नमयामसि
अहं गृह्णामि मनसा मनांसि मम चित्तमनु चित्तेभिरेत।
मम वशेषु हृदयानि वः कृणोभि मम यातुमनुवर्त्मान एत....

'शांति में भी युद्धाभ्यास! सतत युद्ध-प्रशिक्षण! और फिर। युद्ध! लहूलुहान धरती! चारों ओर छितरे हुए क्षतविक्षत मानव-तन। घृणा नहीं होती आपको इस वीभत्स जीवन से? वेदना नहीं होती मानव-संहार करते हुए? वितृष्णा नहीं जागती हृदय में ऐसे जीवन से? ईश्वर ने यह जो देव-दुर्लभ सुन्दरतम मनुष्य-जन्म दिया है, यह क्या इसी प्रकार युद्धों और हिंसा में गंवा देने को ही? क्या चाहते हैं वीर यादवगण? गिद्ध और कौओं का अहोरात्र महाभोज? शृगालों और श्वानों के हृदय कंपा देने वाले रुदन-स्वर? सड़ते हुए शवों की भयंकर दुर्गन्ध? और फिर शवों के सामूहिक अग्नि-संस्कार का दारुण-दृश्य?'

सब मौन थे। इस मौन के पीछे छिपी थी हृदयों की आकुलता। श्रीकृष्ण के तर्क संगत प्रखर वक्तव्य से बड़े-बड़े शूरवीरों के मन अस्थिर हो उठे थे।

'नहीं! अब युद्ध नहीं! मथुरा में जरासंध को अब और न्यौता नहीं। अपनी खोई हुई स्वाधीनता को पुनः प्राप्त करके भी महागौरवशाली अंधकवृष्णि-संघ उसके सुखों से अभी तक वंचित रहा है। पहले कंस के अत्याचार। अब जरासंध के आक्रमण। हम शांति चाहते हैं ताकि हम अपनी पुनः प्राप्त स्वाधीनता एवं स्वराज्य का पूर्ण लाभ व आनन्द ले सकें। हमें युद्ध नहीं चाहिए। हमें शांति चाहिए।'

'हमें युद्ध नहीं चाहिये! हमें शांति चाहिये!'—यदुसभा सम्मोहित सी एक स्वर में दुहरा उठी।

'ॐ शान्तिः शान्तिः शान्तिः'—वासुदेव के गुरुगंभीर कंठ से शांति-वचन निकले।

'ॐ शान्तिः शान्तिः शान्तिः'—मंत्रमुग्ध यदुसभा दुहरा उठी।

महाशांति छा गई सभा में। जैसे किसी के पास कुछ कहने को रहा ही नहीं। जैसे सबके मन की बात श्रीकृष्ण ने कह दी हो। कुछ पल ऐसे ही नीरवता व्यतीत होते गए। सबकी दृष्टि एकटक लगी थी सभा-मध्य आत्मविस्मृत से सुदूर कुछ देखते से जनार्दन पर। उत्तरीय, पीतांबर, वैजयंतीमाल फरफरा रहे थे। कौस्तुभ-मणि हृदय के स्पंदन से जगमगा कर यहां-वहां रंग-बिरंगी रश्मियां फेंक रही थी, किन्तु वे स्वयं जैसे वहां नहीं थे।

'तो क्या करना होगा माधव?'—वसुदेव ने सभा का मौन भंग करते हुए पूछा।

'प्रयाण! यथाशीघ्र! पश्चिम को!'—पूर्ववत् निश्चल खड़े माधव ने उत्तर दिया।

'क्या इतने यदुवंशियों के बसने के लिए वहां अनुकूल परिस्थिति, निरापद एवं विस्तृत स्थान है?'—उग्रसेन ने चिन्ता से पूछा।

'हां महाराज! हमारे परम मित्र विनतानंदन स्वयं, गरुड़-विमान से जाकर हमारे हेतु उपयुक्त स्थल खोज कर आए हैं। सौराष्ट्र में कुशस्थली हमारे लिए सर्वथा उपयुक्त है। मथुरा बहुत संकीर्ण बसी नगरी है, जबकि कुशस्थली बहुत विस्तृत है। वहां हम विशाल राजपुरी बसा सकेंगे। सिंधु-तट होने से यादवगण व्यापार-व्यवसाय के द्वारा समृद्धि पा सकेंगे। वहां हमारे अनेक स्वजातीय बंधुगण विगत कई पीढ़ियों से रहते आ रहे हैं। हमारे पूर्वज महाराज आनर्त एवं उनके पुत्र महाभाग शर्याति की वह पुण्यस्थली है। मथुरा से कंस के अत्याचारों से उत्पीड़ित होकर भागे हुए हमारे अनेक बंधुजन भी वहीं निकट के स्थलों पर पुर बसा कर रह रहे हैं। वहां हमें अपने खोए हुए बंधु मिलेंगे। वे हमारा स्वागत करेंगे। उन्होंने हमें निमंत्रण दिया है और वे प्रतीक्षा कर रहे हैं। हमारा अंधकवृष्णि-संघ इस प्रकार और अधिक सुदृढ़ व सबल होगा। वह रत्नाकर-सिंधु रत्नों का कोष है। हमारा राजकोष संपन्न हो सकेगा। इतनी सुदूर कुथस्थली में बसने से हम सुरक्षित रहेंगे। वहां कई द्वीप हैं जो चारों ओर से जल से सुरक्षित हैं। वहां पहुंच पाना शत्रु के लिए सरल नहीं। हम जल की शरण में रहेंगे। वहां पहुंच कर हमें नवजीवन मिलेगा। हमारा नया जन्म होगा। एक नवीन प्रारंभ होगा! वहां जरासंध न पहुंचेगा, मित्रो! सुख और शांति वहां हमारी प्रतीक्षा कर रही है।'

यादवों के मुखमंडल पर आशा की मुस्कान थिरक गई। नेत्रों में नवजीवन की ज्योति थी। शरीर में एक नव-स्फूर्ति थी।

'किन्तु··· किन्तु··· माधव!··· क्या यह पलायन नहीं?'—सात्यकि अब भी अपना भ्रम निवारण करने में असमर्थ थे।

'वीर युयुधान! निश्चय ही यह रणनीति का एक चातुर्य भरा चरण है। हमारा पीछे हटना भी जरासंध के लिए पराजय के समान ही होगा। यदि हमने यहां रहकर इस बार उसके आक्रमण का प्रतिकार करना चाहा तो क्या होगा जानते हो? एक ओर से जरासंध विराट सेनाओं के साथ आ ही रहा है, दूसरी ओर से कालयवन आंधी सा चला आ रहा है बलशाली वाहिनी के साथ। दोनों प्रचण्ड सेनाओं की आंधी, झंझा और चक्रवात में मधुपुरी तिनकों के नीड़ सी झड़-बिखर कर उड़ जाएगी। हमारे पास सेना नहीं है। हमारे पास कोष नहीं है। हमारी स्वयं की संख्या भी इतनी नहीं कि हम उन दोनों लक्ष-लक्ष सेनाओं की समानता कर सकें। सात्यकि! जरासंध और कालयवन के बीच पिस जाएंगे यदुवंशी इस बार। धज्जियां उड़ा कर रख देंगे वे हमारे गौरवशाली गणराज्य की। चूर-चूर हो जाएंगे हमारे स्वराज्य के स्वप्न-महल। बुझ जाएगी हमारी प्रिय स्वाधीनता की ज्योति! शत्रु की शक्ति को कभी कम करके मत आंकों युयुधान! शत्रु यदि प्रबल है तो उससे युद्ध करने का क्या परिणाम होता है? यह हमारा प्राण-प्रिय अंधकवृष्णि-संघ फूट जाएगा माटी के कुंभ की भांति टुकड़े-टुकड़े होकर। हम पीछे हट रहे हैं तो सदा के लिये नहीं। हमारा दृष्टिकोण सदा यथार्थवादी होना चाहिये। पीछे हटना अभी अत्यांवश्यक है हमारे लिए। किन्तु हमने अपने स्वाभिमान का सौदा नहीं किया है। आत्मसम्मान बेचा नहीं है। कितने भी जरासंध और कालयवन हमें झुका नहीं सकते। जहां शक्ति काम न आए, वहां युक्ति काम आती है। आप समस्त पराक्रमी यदुवंशी निश्चिंत रहें। कालयवन एवं जरासंध अवश्य मारे जाएंगे। शक्ति द्वारा नहीं तो युक्ति द्वारा! आप आश्वस्त हों। पीछे हटना कभी-कभी दूरदर्शिता एवं विलक्षण बुद्धिमत्ता का चरण होता है। कालयवन की लक्ष-लक्ष सेनाएं व जरासंध की सेनाएं जब झंझा और चक्रवात् सी गरजती हुई आएंगी तो क्या पाएंगी? सुनसान राजपुरी! सूने राजपथ व गलियां! एक खाली राज्य! इतनी दूर से उत्साह-उमंग भरा उनका प्रयाण, उनका परिश्रम तब क्या घोर निराशा में नहीं बदल जाएगा? उन्हें क्या मिलेगा यहां? कुछ नहीं। उन्हें रिक्त हाथों से लौटना पड़ेगा। उनमें तब भी पराजय का भाव रहेगा। निराशा का भाव रहेगा। खीझ और ग्लानि रहेगी। क्षोभ और अपमान से वे तिलमिला उठेंगे और उन्हें खाली ही लौट जाना पड़ेगा। यह भी उनके मुख पर यदुवंशियों द्वारा एक करारा आघात होगा। यह भी एक युक्ति है दुर्दान्त शत्रु को नीचा दिखाने की।'

यादव-मुखों पर प्रशंसा का भाव था। माधव की सूझबूझ पर आंखों में गर्व की चमक थी। वे आश्वस्त थे।

'वसुदेवनंदन! तुम ही यदुकुल के तारनहार हो। तुम्हारे बुद्धिकौशल की जितनी प्रशंसा की जाए कम ही है। हममें से कोई यह नहीं सोच सकता था कि बिना रक्त की बूंद बहाए भी हम जरासंध को नीचा दिखा सकेंगे। यह अति उत्तम युक्ति है कि पूरा यदुकुल सुरक्षित निकल जाए सुदूर कुशस्थली में और जरासंध यहां आकर सूनी मथुरा पाकर हाथ मलता रह जाए। धन्य हो! धन्य हो! वासुदेव! तुम्हारी जय हो।'

सभा मुखरित हो उठी। लोग परस्पर चर्चा करने लगे इस नवीन अभियान की।

'किन्तु देवकीनंदन! अंततः तो यह पलायन ही हुआ न? रण छोड़ कर भागना क्या पौरुष का चिह्न है? क्या हमें मगधराज, कालयवन तथा अन्य नरेश एवं साधारण प्रजा कापुरुष नहीं कहेगी? क्या भविष्य की पीढ़ियां हमें पलायनवादी नहीं कहेंगी? तुम्हारे निर्णय से समूचे यदुकुल पर कलंक का टीका नहीं लगेगा? तुम्हारे निर्णय से हम सभी कापुरुष नहीं सिद्ध हो जाएंगे?'—सत्राजित् रोष से भर कर उठ खड़ा हुआ।

पुनः विवाद छिड़ गया। श्रीकृष्ण बड़े संयम और धैर्य के साथ समझाने लगे।

'आर्य सत्राजित्! मैंने कहा रणनीति का यह एक असामान्य किंतु चातुर्यपूर्ण चरण है। यह युक्ति है। युद्ध में सदा शक्ति ही नहीं, शक्ति और युक्ति दोनों का यथा समय प्रयोग होना चाहिए। जहां शक्ति काम न आए, वहां युक्ति का ही सहारा लिया जाता है। फिर भी मैंने आश्वस्त किया हैं कि यदुवंश का कोई भी शत्रु जीवित नहीं रह सकता। जरासंध और कालयवन भी मृत्यु के ग्रास बनेंगे। रही बात रण छोड़ कर भागने की। तो यदुश्रेष्ठ! मगधराज जरासंध की शत्रुता मुख्य रूप से मुझसे है क्योंकि मैंने ही उसके जामाता कंस का वध किया था और मैंने ही उसे प्रवर्षण पर्वत तक छका डाला था। जरासंध को यदुवंशियों से वैर नहीं। अतः रणछोड़ होने का अपयश मैं अपने माथे लेता हूं। यदुकुल पर यदि कोई कलंक आए तो उसके लिए मेरा भाल प्रस्तुत है। इस वृहत् पलायन का उत्तरदायी मैं हूं, क्योंकि यह मेरा ही सुझाया हुआ उपाय है। मैं आश्वासन देता हूं पुनः, यदुकुल को कोई कायर कहने का साहस नहीं कर सकता। यह चरण मैं अपने व्यक्तिगत दायित्व पर उठा रहा हूं अतः इसका समस्त दोष मुझे मिले। मैं यदुकुल के उज्ज्वल नाम पर अपकीर्ति न आने दूंगा, महानुभावो! समस्त अपकीर्ति, जो यदुकुल पर लगने वाली हो, मैं झेल लूंगा अपने हृदय पर। यदुकुल का अपयश, अपकीर्ति, कलंक सब मुझ पर लगे और यदुकुल का नाम पूर्ववत् उज्ज्वल रहे तो मेरे लिए गौरव की बात होगी। मैं स्वयं को धन्य मानूंगा। समूचे कुल-कुटुम्ब को सुरक्षित करने के लिए यदि मुझ पर क्लीवता का आक्षेप लगे भी तो मुझे कोई अन्तर नहीं पड़ता। लोग पलायनवादी कहें मुझे कोई अन्तर नहीं पड़ता। मुझे रणछोड़ कहें, मुझे आपत्ति नहीं! अधिक से अधिक, मुझे एक और नया नाम ही तो उपलब्ध होगा!'...

'राष्ट्र हेतु ग्राम का त्याग, ग्राम हेतु कुटुम्ब का त्याग तथा कुटुम्ब के हित में व्यक्ति का त्याग सर्वथा उपयुक्त है। महाभाग सत्राजित! आप निश्चिंत रहें! मेरे रहते यदुकुल पर कोई उंगली नहीं उठा सकता। समस्त कलंक अकेले ही झेल लेने की यथेष्ट शक्ति है मुझमें। रण छोड़ने का कलंक मुझे स्वीकार्य है, ताकि समूचा कुल इस कलंक से बचा रहे और सुरक्षित रहे'—वासुदेव मुस्कुरा-मुस्कुरा कर बोल रहे थे। हर शब्द के साथ अपनी जादूभरी मोहिनी सभा पर फेर रहे थे।

'तो कब करना होगा प्रयाण?'—उग्रसेन ने पूछा।

'महाराज! सांसद वृंद! मैंने कालयवन को प्रतीकात्मक संदेश भिजवाया था। यदुवंशियों की प्रबलशक्ति के प्रतीक स्वरूप घड़े में एक भयंकर काले विषधर भुजंग को बन्द करके भेजा था कि यदुवंशी कालयवन के लिए विषधर से कम नहीं। बंधुओ! कालयवन का उत्तर आ गया है। यह देखें कुंभ जो मैंने भेजा था, इसे कालयवन ने लौटाया है।'

श्रीकृष्ण ने एक कुंभ को सभामध्य रखवा दिया। उत्सुक यदुवंशी तुरंत आ जुड़े कुंभ के चारों ओर। श्रीकृष्ण ने ढक्कन हटाया। वे सब झांके और! हतप्रभ रह गए।

कालयवन ने उसमें काले बड़े-बड़े चीटें छुड़वा दिए थे जिन्होंने सर्प से चिपट कर उसे बुरी तरह खा डाला था। कुंभ में चीटें विचर रहे थे। सांप के कुछ चिह्न मात्र ही शेष थे।

'कालयवन ने प्रतीक रूप से समझा दिया कि यदुकुल को वह ऐसे नष्ट कर डालेगा। अब और कोई राह नहीं। केवल प्रस्थान! प्रस्थान!!' श्रीकृष्ण ने कहा।

'कब करना होगा प्रस्थान?'—उग्रसेन ने पूछा।

'यथाशीघ्र! जितने भी गज, अश्व, रथ तथा शकट आदि हमारे पास हैं, उन्हें तुरंत तैयार करके वृद्धों, स्त्रियों, बच्चों, संपत्ति-रत्न आदि के साथ यथाशीघ्र प्रस्थित करा दिया जाए। जो भी साधन उपलब्ध हो तुरंत उसे लेकर यदुवंशी चल पड़े। विलंब करने का समय नहीं। विवाद पर्याप्त हो चुका है। चर्चा हो चुकी है भली-भांति। अब विलंब करना सर्वनाश को बुलाना है। मैं स्वयं साथ जाकर सबको अस्थायी रूप से कुशस्थली में बसाकर आऊंगा। तब तक बची हुई प्रजा की देखभाल परमवीर हलधर करेंगे। वहां से लौटने पर शेष प्रजा हलधर के साथ जाएगी और तब सबसे अन्त में मैं मथुरा छोड़ूंगा।'

भारी ऊहापोह, चर्चा, विवाद, कोलाहल, उत्तेजना और उद्वेलन में यदुसभा विसर्जित हुई और प्रस्थान की तैयारियां होने लगीं।

× × ×

कुशस्थली में यदुवंशियों का अस्थायी पड़ाव पड़ चुका था। श्रीकृष्ण स्वयं सबको लेकर गए थे। साथ में थे असंख्य हाथियों, रथों, अश्वों और शकटों पर स्त्री-पुरुष, आबाल-वृद्ध, धन-धान्य, अनाज-बर्तन आदि। साथ में थे उनके विराट गोवंश। वृषभ, गौएं, गोवत्स। साथ में चल रहे थे शकटों पर बैठे हुए उनके प्रिय मयूरों के झुंड और चहकते हुए शुकसारिकाएं आदि। वे पक्षी कभी दूर-दूर तक उड़ते, फिर लौट कर कभी रथों पर बैठकर तो कभी गाय-बैलों पर बैठे-बैठे यात्रा-सुख लेते थे। वे भी उत्सुक थे नवनगरी में बसने को। स्थान-स्थान पर सब लोग रुकते, शकटों के ब्रज बनाते, रात भर हास-परिहास, नृत्य-संगीत चलता और पौ फटते ही पुनः चल देते तीव्रगति से। श्रीकृष्ण उन्हें कम से कम दूरी वाले मार्ग से ले गए थे। अल्प दिनों में ही न केवल उन्हें पहुंचा दिया, बल्कि बसा भी आए वहां।

अस्थायी रूप से एक विराट कुटीर-नगर देखते-देखते बस गया था। चारों ओर नव-निर्मित कुटीरें थीं जिनमें सब परिवार अपनी संपत्ति एवम् पशुओं के साथ बस गये थे। जीवन में पहली बार सिन्धु देख और शीतल सिंधु-समीर का अनुभव कर के यदुवंशी पुलकित थे। पुनः मन ही मन श्रीकृष्ण को साधुवाद दे रहे थे। कहां प्राचीन नगरी मथुरा की तंग गली-वीथिकाएं और कहां यह अनंत विस्तार। खुला आकाश। खुली धरती और अनंत सिंधु। धन्य हैं वासुदेव! धन्य हैं श्रीकृष्ण! ऐसे सुन्दर स्थान की तो कल्पना तक न की थी कभी किसी ने। हर्ष से बावरे होकर वे सिंधु-स्नान करते। फेनिल लहरों को आलिंगन करते। सिंधु की भांति मत्त होकर हर्षोन्माद से ठठाते। उन्हें जैसे किसी दीर्घ बंदी-जीवन के बाद मुक्ति मिली हो। यदुवंशी प्रसन्न थे। गद्‌गद थे।

अस्थायी कुटीर-नगर स्थापित कर के श्रीकृष्ण ने मथुरा लौट कर बलराम के संरक्षण में अन्य बचे हुए लोगों को भी कुशस्थली भेज दिया। अब मथुरा में वे ही एकमात्र यदुवंशी बचे थे।

वे सूर्यतनया तट पर सूर्योदय-बेला में अर्घ्य दे रहे थे। सूर्य नमस्कार किया। यमुना ने उनके चरण छुए और वे गहन विचारों में लीन हो चले।

यमुना। प्रेमनदी! अब बिछुड़ जाएगी यह भी। वहां सौराष्ट्र में सरिता की मृदुल कलकल कहां! कुशस्थली में तो सिंधु का गरजता नाद है। नेत्रों में कालिन्दी-तट पर रचे रास स्वप्नवत् उतर आए। और उतर आई माधुरी मूरत प्रिया की। सखियां। प्रेम-विह्वल गोपगोपी। नवनीत से कोमल हृदय वाले नंद-यशोदा। अहो वृंदावन! अहो वृंदावन!

छूट जाएगा सदा के लिये। कुशस्थली हेतु अंतिम प्रयाण से पूर्व एक बार छवि क्यों न देख लूं वृंदावन की! मिल लूं प्रेमीजनों से! कहते हैं वृंदावन में उदासी विराज गई है। गोपियां सूखे पीले पातों सी वृक्षों तले निढाल पड़ी रहती हैं गोविंद-माधव जपती हुईं। कहते हैं राधा बावरी सी नाचती फिरती है कुंज-गलियों में श्याम-श्याम रटती। अहो राधिके! अहो चारुशीले!

श्रीकृष्ण के हाथ में आज पुनः एक बंसरी थी। वे उस नूतन बंसरी को उलट-पलट कर देख रहे थे।

जिस मुरली को वृंदावन में अधर लगाए-लगाए बजाते रहे थे, वह तो दे आए थे विदा की बेला में प्राणसखी को सदा के लिये। राधा उसे अधर लगाए बजाती होंगी स्यात्! बजाती न भी होंगी, तो अधर तो लगाती होंगी!

वृंदावन की ओर प्राण उड़े जा रहे थे। एक बार दर्शन! एक बार पुनर्मिलन! श्रीकृष्ण डूबे हुए थे वृंदावनी-स्मृतियों की चंदन-सुवास में। एक बार प्रिया की छवि नयनों में उतार लेने को प्राण व्याकुल-आतुर हो छटपटा रहे थे।

माली उनके लिए आज अत्यंत ही मनोहारी पद्ममाला गूंज कर लाया था। यह वही राजमाली था जिसने श्रीकृष्ण के प्रथम मथुरा आगमन पर कंस के होते हुए भी राजमालाएं श्रीकृष्ण को अर्पित की थीं। वह जानता था अब जा रहे हैं वासुदेव सदा के लिए मथुरा छोड़कर। आज उसने बड़े मनोयोग से सुपुष्ट उत्पल-माल्य गूंथी थी। श्रीकृष्ण ने प्रेम से वह शतदल-नलिनमाला धारण की कंठ में और वृंदावन की मधुर स्मृति में डूबे ही धीरे-धीरे न जाने किधर चल दिए।

आज तो वृंदावन जाना ही है। सौराष्ट्र-प्रयाण से पूर्व एक बार ब्रजरज शीश धारण करूंगा। एक बार प्रेम-सिंधु की हिलोरों में पुनः डूब कर भुला दूंगा यह सांसारिक क्षुद्र व्यवहार! अहो वृंदावन! अहो नंदकानन!

दूर से ही पुकारूंगा वंशी पर राधे-राधे!··· सुनकर अपना नाम, विश्वास करेगी क्या मैं आया हूं? स्वरावेश पहचानेगी? पहचानते ही, बावली हो दौड़ न पड़ेगी मुझमें समा जाने को! कैसी रोती-बिलखती, हंसती-बौराती सी स्थिति हो जाएगी उस प्रीति-बावरी की! और वंशी पर टेरूंगा-विरजा, ललिता, विशाखा, चित्रा और··· और··· वृंदावन में भूचाल आ जाएगा।

घेर लेंगी भक्ति और प्रीति में छकी हुई वे विपिन-देवियां। निश्छल, सरल-हृदय गोपगोपियां पकड़ लेंगे। जकड़ लेंगे। रो-रो कर अपनी व्यथा सुनाएंगे। हंस-हंस कर फिर अपने कान्हा को रिझाएंगे।

'कान्हा !!' अहो यह मधु-मिश्री सा नाम! किसी ने न पुकारा इस नाम से। कितने वर्ष बीत गए! संघर्ष! संघर्ष! युद्ध! राजनीति! सांसारिक प्रपंचों में न जाने कहां खो गए मेरे वे माखन-मिश्री के सोंधे-सलोने रातदिन! अब पुनः 'कान्हा' 'कान्हा' की पुकारें गूंज उठेंगी! कानों में अमृत-वर्षा होगी इतने वर्षों बाद!

विह्वल प्राण माधव वृंदावन की रट में खोए हुए राजनगरी के मुख्य-द्वार पर आ गए थे। मोर-मुकुट। पीतांबर। हाथ में नवीन मुरली और कंठ में अद्वितीय सहस्र-दल नलिनों की सुपुष्ट माला ऐसी सुगंधित कि मतवाले अलिंदों के यूथ खिंचे चले आ रहे थे गुंजन करते-करते। वृंदावन हेतु इससे भी सुन्दर शृंगार हो सकता था क्या? इसकी भी क्या आवश्यकता! बस नयनों में प्रीति का अंजन आंज लो और अधरों पर मुस्कान सजा लो! शृंगार पूरा! अहो वृंदावन!

वे मुख्य-द्वार के बाहर निकल चुके थे। चरण मुड़ चले वृंदावन की प्रीति-डगर पर। निमीलित सुलोचन। जाग्रत अवस्था में भी स्वप्न देखते से। वृंदावन की प्रीति-माधुरी में गहरे डूबे श्यामकृष्ण, वक्ष पर भारी पद्ममाला झुलाते स्वयं झूमते-झामते चल पड़े थे प्रीति-प्रयाण पर। प्रेम-अभियान पर। मानिनी प्रिया को आश्वस्त करने। अंततः आज कहीं वह पुण्य-मुहूर्त आया तो जब प्रियादर्शन होंगे। मन्द-मन्द मुस्कुराते, राधा-स्मृति में खोए माधव-मुकुन्द चले जा रहे थे वृंदावन की प्रेम-पथी पर।

तभी पीछे से कोलाहल सुनाई दिया।

कालयवन आया··· कालयवन आया··· बचो! भागो! कालयवन आया।

और सुनाई दिया एक भारी पुरुष-स्वर—'रे कहां छिप कर भागा जा रहा है दुष्ट! आज पकड़ में आया तू। अभी बताता हूं···'

कालयवन !!!

हां! यह कालयवन का गर्जन था। श्रीकृष्ण को देखते ही वह रथ से कूद कर पैदल दौड़ पड़ा था उनके पीछे-पीछे नग्न खंग उठा कर। सशस्त्र-शत्रु! वीर योद्धा!

और श्रीकृष्ण! 'चंदन-चर्चित नीलकलेवर पीतवसन वनमाली!' श्रीकृष्ण तो आज प्रेमी-चातक बने हुए थे। न अस्त्र! न शस्त्र! न संगी! न साथी! न संरक्षक! कटि में खंग के स्थान पर वंशी खुसी हुई। वक्ष पर कवच के स्थान पर पद्ममाल्य। संगी-साथी के स्थान पर मत्त-भौरें जो पद्ममाला के चारों ओर गुंजन करते चल रहे थे।

'कालयवन आया! कालयवन आया! भागो! बचो! कालयवन आया।'

मुख्य-द्वार के बाहर रहने वाले कृषकों और श्रमिकों की कुटीरों में आतंक से कोलाहल मच उठा था। गुहारें और पुकारें मच उठी थीं—'कालयवन आया! कालयवन आया!'

अब! अब क्या किया जाए! न अस्त्र! न शस्त्र! और शत्रु इतना निकट।

अब!!

क्षिप्र गति से चरण भले ही मुड़ चले।

मन में राधे! नयनों में राधे!

मन ही मन वे अभी भी वृंदावन की प्रेम-वीथि पर ही चल रहे हैं। त्वरित गति से चरण बढ़ रहे थे।

पीछे-पीछे आ रहा था चमचमाती खंग हिलाता हुआ कालयवन का दानवाकार।

'ठहर जा ओ कंसहन्ता! राजद्रोही! रुक जा। आज तुझे पकड़कर सम्राट जरासंध को सौंप कर अमूल्य उपहार पाऊंगा। सम्राट के नरबलि-यज्ञ हेतु एक शीश तेरा भी दे आऊंगा उन्हें।··· भागता कहां है? कालयवन जैसे श्रेष्ठ धावक को चुनौती दे रहा है कायर। ठहर जा! अभी बताता हूं। ओ बांके रणछोड़!'

रणछोड़ विचित्र लीला कर रहे थे। रणछोड़ कौतुक से मुस्कुराते, झूमते, थिरकते, आत्मलीन से चले जा रहे थे। उनके नयनों में तो वृंदावन था। उन्हें और कुछ न दिखता था सिवा वृंदावन के···!

वृंदावन ही वृंदावन मन···

पग जिधर चले; वहीं वृंदावन!···

कालयवन पीछे-पीछे दौड़ता आ रहा था बड़े-बड़े डग भरता। किंतु चरणों में वह क्षिप्रगति और मन में वह विद्युत-स्फूर्ति कहां जो नटवर नागर के तन तथा चरण-लाघव में थी!

वन के वन फूल उठे हैं। फाल्गुन आ गया। वृंदावन टेर रहा है··· पुकार रहा है। राधिका की स्मृति वासंती-सौरभ सी तन-मन से लिपटी जा रही है। राधे-राधे! राधे-राधे!

नलिनमाला-धारी आतुर प्रेमी चला जा रहा था राधे-राधे रटता हुआ।

सघन वन प्रारंभ हो गया था। अर्धमीलित नेत्रों से ब्रज के एक-एक प्रेमस्थल स्पष्ट दिख रहे थे!

ये आई कदम्ब की छांह सघन···

यह प्रीति-वीथि, यह गह्वर वन···

'अरे शठ! रुक जा ग्वाले! आज तेरे प्राण न ले डाले तो मेरा नाम कालयवन नहीं! अरे मैं काल हूं काल! आज तुझे छोड़ूंगा नहीं तू चाहे जितना प्राण बचाने वनों में भागता फिरे।'—पीछे से कालयवन दहाड़ा।

भय से वृक्षों पर पक्षी फड़फड़ा उठे। मृगों की टोली आतंकित हो भाग चली किन्तु जिसे सुना कर आतंकित करने को कालयवन दहाड़ा था, उसने नहीं सुना। वह तो बड़ा पुलकित-मन स्मृति-भीगा झूमता हुआ चला जा रहा था।

पुष्पलताओं से आच्छादित पगडण्डी दिखते ही मन उल्लसित हो उठा। चरण द्रुतगति से थिरक उठे।

यह मानशिला की गंध-पथी····

थी यहीं कहीं राधा रूठी···

वे आत्मविस्मृत थे। सुधबुध खोए से गहरे डूबते जा रहे थे न केवल सघन वनों में, अपितु राधा-प्रेम के सघन कानन में।

असंख्य कदली-वृक्षों से भरे अगले वन में प्रवेश करते ही मन खिल उठा। बस बैठी होगी वहीं कहीं मानभरी राधिका किसी विशाल कदलीपत्र की ओट किये उन्हें छलने को!

वंकिम पथ पर यह वन-कदली···

क्या यहीं छिपी वह लाज भरी?···

अनायास मयूरों की केका-ध्वनि से वन-प्रांत गूंज उठा। वे हंस पड़े। स्मरण हो आया कैसे एक बार मानिनी प्रिया को मनाने और रिझाने हेतु उन्हें मयूर-नृत्य करना पड़ा था। क्या वही स्थान आ गया!

फिर केका-रव, फिर नृत्य सुभग···

लोचन नहिं जल, मुस्कान अधर···

और मानभरी राधिका प्रसन्न भी तो हो उठी थीं उस विलक्षण मयूर-मनुहार से। उन्हें लगा राधिका सामने ही खड़ी बुला रही है। आतुर चरणों ने और द्रुतगति पकड़ ली। प्राण व्याकुल हो उठे—अहो राधे! अहो चारुशीले। वे उड़ चले जैसे।

कालयवन ने देखा और गरज उठा—

तेरे भेजे हुए सांप को मैंने चीटों से कटवा कर मरवा डाला, तो तूने उत्तर में कुंभ में वे चीटियां भर कर भेज दीं जिनके पंख उग आए थे। ढीठ! अरे जाएगा कहां भाग कर गोपाल! कालयवन की आंख में धूल झोंकना ऐसा सरल नहीं धृष्ट! कालयवन की धावक-क्षमता का अनुमान नहीं तुझे! ठहर जा! अभी पकड़ता हूं।'—कालयवन वेग से दौड़ पड़ा उनके पीछे-पीछे।

वे निर्लिप्त थे कालयवन से। वे मगन थे मनभावन वृंदावन में। वृंदावन! कितने वर्ष हो गए! क्या-क्या न परिवर्तन हुए होंगे वहां?

पी कहां ऽऽ? पी कहां ऽऽऽ?···

किसी एकाकी पपीहे की प्राणलेवा पुकार समूची सृष्टि को भेद गई। माधव के अन्दर की पुकार को ही जैसे पपीहे ने पीड़ा-सिक्त स्वर दे दिया हो।

कुछ बोल पपीहे बोल सही···

वेणी में सजती कुंदकली?···

पपीहे की रस-सिक्त पीयूष-वाणी के तुरन्त बाद जैसे मेघ गरज उठा। कालयवन का प्रलाप उच्च स्वर में गूंज उठा वन में। दौड़ता-भागता वह जितना-जितना माधव के निकट पहुंचना चाहता, उसे रिझाते-खिझाते माधव उससे और दूर हो जाते। कभी उसे दिखता कि आ गया बिल्कुल निकट। अभी पकड़ लेगा उस श्याम-सांवरे को। और निकट पहुंचते ही श्रीकृष्ण अनायास कितनी दूर दिखाई देने लगते! कालयवन विस्मित था।

माधव मन ही मन वृंदावीथि पर चले जा रहे थे। जहां वे पहुंचते वृक्षों और वन-पथिकों को लगता जैसे वसंत मूर्तिमान होकर आया हो। वृक्ष झुक-झुक कर उन पर पुष्प झरा कर उनका शृंगार कर देते और माधव मगन-मगन प्रीति पुलकित से ऋतुराज बने आगे बढ़ चलते।

पलकों में प्रीति-स्वप्न साधे···

तन में राधे! मन में राधे!···

वे ऋतुराज से चल रहे थे। और पीछे-पीछे आ रहा था हांफता-हांफता कालयवन नग्न खंग चमकाता हुआ। अंधड़ की भांति वृक्षों को तोड़ता, झाड़ियों को रौंदता, लताओं को मोड़ता, फूलों को कुचलता। लता-वृक्षों, विटपों आदि को हाथों से झकझोरता, झिझोड़ता, पांवों से निर्दयता से रौंदता हुआ कालयवन साक्षात् वन का काल बना चला आ रहा था।

और अब पलाश-वन! चारों ओर अनुराग-रंजित लाल-लाल टेसू के फूल थे। मन में सुदूर अतीत की प्यारी सी स्मृति हूक उठी।

अहो फूल उठे वन में पलाश···

वंकिम चितवन! तन पर गुलाल!···

और ये मलय समीर के झोंकों से झरने लगा फूल-रेणु! पराग! तो अवश्य वृंदावन आ गया निकट ही। फाल्गुनी दुपहरिया और राधा की सखियों की टोली का नयनाभिराम चित्र अनियारे नयनों में घूम गया।

उड़ता अबीर, बिखरा कुंकुम···

उड़ती चुनरी, नूपुर रुनझुन!···

'अरे धूर्त! कहां चढ़ा जा रहा है पर्वत-शिखर पर! ठहर जा! मैं कहता हूं रुक जा अन्यथा··· अन्यथा···'—कालयवन का गर्जन घाटी के घने वनों में गूंजकर रह गया।

श्रीकृष्ण क्षिप्र गति से चढ़े जा रहे थे पर्वत पर··· जैसे बरसाना आ गया हो। राधिका की गढ़ी वहीं है।

कालयवन थक चला था। दो पल खड़ा रहा सुस्ताने। फिर हुंकारता हुआ वह भी चढ़ चला ऊपर। श्वास फूलने से गति बहुत धीमी पड़ गयी थी उसकी।

किन्तु माधव की स्फूर्ति तो कम न होती दिखती थी किसी भी भांति। वे उसी प्रकार आनंदित, नृत्यरत चरणों से थिरकते हुए से क्षिप्र-गति से पार करते जा रहे थे ऋक्षवान पर्वत शृंखला और उपत्यकाएं! धूल-धूसरित पथों, बीहड़ों, कन्दराओं और सघन वनों में से चढ़ते-उतरते, झूमते-हंसते, मुस्कुराते हुए वे चले जा रहे थे।

कालयवन अचंभित था श्रीकृष्ण की स्फूर्ति को देख। अरे! उसे तनिक भी थकान नहीं। क्लांति नहीं।

पर्वत-शिखर पर पहुंच कालयवन पुनः थम गया। चारों ओर ढूंढ़ता रहा कि पीताम्बर वाले का कोई चिह्न तो दिखे। कहीं नहीं दिखा कुछ।

कहां गया वह चतुर नट? कालयवन ने स्वेद पोंछा। इस ओर अथवा उस ओर?

और अचानक गूंज उठी वंशी की मधुरतान। प्रेमी द्वारा प्रेमिका को दुलार-भरा आह्वान करती हुई वह बांस की बांसुरी।

कालयवन ने होंठ चबाए। पराकाष्ठा है निडरता की भी। भय नहीं इसे तनिक भी प्राणों का। वंशी बजा कर कालयवन को नहीं स्वयं ही काल को निमंत्रण दे रहा है। कालयवन दौड़ पड़ा खंग उठा कर विक्षिप्त सा वंशी की स्वर-लहरी के पीछे।

मुरली-धुन तैरती सी आ रही थी सुदूर से वन-पवन की तरंगों पर बैठी, पर्वतों को पार करती, सघन वन को भेदती हुई।

वंशी-तान पंचम पर चढ़ रही थी। कालयवन पुनः पर्वत चढ़ रहा था हांफता हुआ। पंचम से सप्तम पर पहुंच गई तान। कालयवन दुर्गम चढ़ाई पर था।

और बांसुरी उतरने लगी लोरी गाती सी। झरते हुए द्रुमदलों की सरसराहट सी। कालयवन उतर रहा था घाटी में।

बांसुरी बज रही थी कहीं निकट ही। कालयवन थम गया। चकित हो चारों ओर दृष्टि दौड़ाता हुआ। आसपास खोजता हुआ।

और बांसुरी हौले-हौले दूर हो चली। धीमे-धीमे, लजाती, सकुचाती, नववधू के पदचापों सी।

कालयवन चल पड़ा खिंचता, ठिठकता, रुकता, देखता।

बांसुरी डूब रही थी सघन कांतारों में। झाड़-झंखाड़ निमर्मता से हटाता हुआ कालयवन धंसता चला जा रहा था घने वनों में। क्रोधोन्मत्त नेत्रों से अग्नि-स्फुलिंग छूट रहे थे। न जाने किस प्रदेश में आ गया है अब वह।

पशु-पक्षी आर्तनाद करते फड़फड़ाते उड़ने लगे। भयातुर पशु छिटकते हुए प्राण बचाने चारों ओर दौड़ चले। कोई आखेटक घुस आया है।

इसके पूर्व जो अभी गया था वेणुवादक, उसकी अलबेली वेणु धुन से तो कृष्णसार-मृग बावले हो उसके पीछे-पीछे चलने लगे थे। कितने मृग-झुंड जुड़ गए थे। पर वेणुवादक को मृग नहीं दिख रहे थे। उसे दिख रही थीं अपनी वृंदावन वाली धेनुएं श्यामा, वत्सला, गौरी, धवला आदि। मृगों से घिरा वह अनोखा मुरली-मनोहर विहंस रहा था। कमलमाला पर मंडराते मिलिन्दवृंद गुंजार कर रहे थे वंशी की धुन में स्वर मिलाते हुए।

जहां-जहां चरण पड़ते वेणुवादक के, वृक्ष बिछा देते पथ में शाल्मलि के कोमल रक्त-पुष्प। चंपक-वृक्ष सजा देते उसके शीश पर चंपक-पुष्प। माधवीलता झुककर पहना देती उसे सुकोमल माधवी-पुष्प के गुच्छ के गुच्छ। उसके पीछे मृग पागल थे। वृक्ष पागल थे। भौंरे बावरे थे।

पीछे-पीछे आ रहा था वंशीनाद से खिंचा हुआ कालयवन। वनों को लांघता-फांदता, हांफता-हांफता, कांखता-कराहता। भयंकर प्रभंजन सा लता-गुल्मों को रौंदता। तहस-नहस करता। उसके पदत्राण फट गये थे। पग-पग पर उसे रुकना पड़ता शूल निकालने। शूल और धूल जैसे उसी के लिए थे। और आगे जाने वाले उस मायावी की कमलमाला से जो भ्रमर पिछड़ गए उन्होंने कालयवन पर सामूहिक धावा बोल दिया सो अलग। कालयवन पर क्रोधित हो चिपट पड़े थे भ्रमरगण।

और तभी अचानक वंशी मौन हो गई।

हतप्रभ कालयवन खड़ा रह गया। कहां लुप्त हो गया मायावी पुनः! कैसा मायाजाल है यह! यहां कहां फंसा दिया सुदूर सघन वन-प्रदेश में उस एकाकी को! अवश्य अब वह पीताम्बर-धारी आक्रमण करेगा उस पर। कालयवन सन्नाटे में सशंकित हो चारों ओर देखने लगा। कहां गया है वह? कौन सा प्रदेश है यह!

अनायास ऊपर वृक्ष पर खड़-खड़ हुई। उसने चौंक कर ऊपर देखा। एक वानर! एकटक उसे निहार रहा था डाल पर बैठा। नहीं, । हंस रहा था उसकी दयनीय स्थिति पर व्यंग्य से। वानर ने दांत किटकिटाए ही थे उस पर कि कालयवन के क्रोध का पारावार न रहा। उसने कुपित हो नग्न खंग का वार किया कि चपल शाखामृग ने किलकारी मारी और तुरन्त उछल कर और ऊपर चला गया।

कुहू··· कुहू··· कुहू—कोयल की कूक की अनेकों प्रतिध्वनियां गूंज उठीं सूने वन में। गिरिशृंखला में। घाटी में। कन्दराओं में।

कुहू··· कुहू···कुहू···

कालयवन चौंक उठा एक बार फिर। नहीं। यह कोयल नहीं। यह वंशी पर कोयल की ध्वनि है। दुष्ट! यहीं कहीं छिपा हुआ है। वह उद्भ्रांत मारुत् सा दौड़ पड़ा कुहू-कुहू की दिशा में।

किन्तु कूक शांत हो गई। वंशी मौन थी। फिर छलिया ने छकाया उसे।

कालयवन ने दृष्टि दौड़ाई। वहां ऋक्षवान पर्वतशृंखला में अनेक कन्दराएं थीं। वह प्रफुल्लित हो उठा। अवश्य किसी कंदरा में छिपा है कायर रणछोड़। प्रथम कन्दरा के ही द्वार पर कालयवन पहुंचा तो हर्ष से उछल पड़ा।

हां! कन्दरा में सो रहा था पीतांबर ओढ़े। वंशी भी निकट ही रखी थी। हारा-थका निढाल पड़ा है ग्वाला। थक गया न अंततः। बड़ा चला था कालयवन को छकाने और पड़ गया स्वयं यों मूर्च्छित हो क्लांति से। मैं अब तक चैतन्य हूं।

हा-हा-हा-हा··· कालयवन का उन्मत्त अट्टहास कन्दरा में गूंज उठा।

'अरे मायावी कापुरुष! छल करता रहा इतनी देर और स्वयं हारकर अधमरा होकर यों पड़ा है। ले तुझे चिर-निद्रा ही दिए दे रहा हूं। अब तुझे चिर-निद्रा में सुलाए देता हूं।'—उसने सोने वाले पीताम्बर धारी पर वेग से पदाघात कर, खंग उठाया मारने को।

अचानक पीताम्बर के भीतर से एक अत्यंत वृद्ध, दुर्बल और कृशकाय हाथ निकला। उस हाथ ने पीताम्बर को एक ओर किया और एक दीर्घ श्वेत-केशों व श्मश्रुओं से ढका हुआ झुर्रियों वाला अति वृद्ध मुख झांक उठा। उसके उनींदे नेत्र निद्रा के वशीभूत होने से खुल नहीं पा रहे थे।

'अहो! तो मायावी ने रूप भी बदल लिया इतनी शीघ्र!··· धृष्ट!'—कह कर कालयवन लपका।

अकस्मात् तभी उस वृद्ध के नेत्र खुल गये। अहो! कैसे दाहक अग्नि-स्फुलिंग छूट रहे हैं इन वृद्ध नेत्रों से। कालयवन ताप से व्याकुल हो छटपटा उठा।

अग्नि···! हा अग्नि! हा अग्नि··· भीषण ताप! अहो!··· कोई बचाओ! अग्नि!··· हा अग्नि! बचाओ! बचाओ!

फर-फर-फर-फर··· ज्वालाएं लपलपा उठीं। कालयवन ज्वालाओं से घिर कर तड़प उठा और पलक झपकते कालयवन की दीर्घ काली-काया भस्म के ढेर में परिणित हो गई।

वर्षों से सो रहे मुचकुंद ने आँखें मलीं। कुछ स्पष्ट दिख न रहा था उन्हें। कंदरा के एक कोने में प्रकाशवान् एक आकृति सी दिखी।

'कौन?··· कौन हो तुम?'—मुचकुंद का निद्रा भंग हो जाने का क्रोध अभी शमित न हो पाया था।

कोने से आकृति आगे बढ़ी। मुचकुंद विस्फारित नेत्रों से पीते रह गए अलौकिक रूप-सुधा।

पीतवसन वनमाली! तेज पुंज! देवमूर्ति!

मुचकुंद चकित थे।

अग्निदेव? भगवान भुवन-भास्कर! शशांकमोहन? इन्द्र या कोई अन्य लोकपाल अथवा पुरुषोत्तम नारायण?

अभिभूत मुचकुंद के हाथ अपने आप जुड़ गए।

'कौन हैं आप माहभाग, जिसकी अंगकांति से कन्दरा में उजाला हो रहा है? कैसा दिव्य रूप है आपका! कहीं मैं अभी तक स्वप्न ही तो नहीं देख रहा? विश्वास नहीं हो रहा अपने नेत्रों पर? दिव्य रूप और अलौकिक तेज के स्वामी, आप कौन हैं?

प्रमुदित-मुख श्रीकृष्ण और निकट आ गए।

'महात्मन्! शूरसेन-प्रदेश के वृष्णिवीर-वसुदेव का मैं कनिष्ठ पुत्र कृष्ण हूं।'—माधव ने अत्यंत विनय से हाथ जोड़कर महात्मा को प्रणाम करते हुए कहा।

'वसुदेवसुत!!··· वासुदेव! श्रीकृष्ण!! यह मैं क्या सुन रहा हूं?··· तो··· तो यह कौन सा युग आ गया महाभाग?—वृद्ध मुचकुंद ने आश्चर्य-चकित हो पूछा।

'महाभाग! यह द्वापर का द्वितीय चरण है।'

'अहो! तभी··· तभी··· अहो···'—वृद्ध आगे भाव-गद्‌गद हो जाने से कुछ बोल न सके।

'क्षमा करें महात्मन्! क्या आपका परिचय मिल सकेगा?'—विनयपूर्वक वासुदेव ने पूछा।

'अहो! क्षमा करें वासुदेव। मैं अभिभूत रह गया। बैठें वासुदेव! विश्राम करें।'—वृद्ध ने शीघ्रता से स्थान दिया वासुदेव को।

'वासुदेव! मैं इक्ष्वाकु-वंशी भुवनाश्वनंदन महाराज मान्धाता का पुत्र मुचकुन्द हूं। त्रेतायुग में सोया था। आज द्वापर में जाग रहा हूं आपके दर्शन से। जीवन भर देवताओं की रक्षा हेतु मैंने सतत संघर्ष किया था। युद्ध ही करता रहा उनके लिए। अपना सर्वस्व छोड़ दिया था देवताओं के लिये। पृथ्वी छोड़ी, राज्य छोड़ा, परिवार, पत्नी, पुत्र सब त्याग दिए। जब देवता मेरे अथक परिश्रम से प्रसन्न हुए तो मुझसे वर मांगने के लिए कहा। महाभाग, तब तक मेरा तन थकान से चूर हो चुका था। मैंने निद्रा मांगी केवल। गहन निद्रा। निर्विघ्न निद्रा। अपनी निद्रा में बाधा डालने वाले को मैं दृष्टिमात्र से भस्म कर सकूं, यह वरदान मैंने पाया था। किसी ने मेरी निद्रा में विघ्न डालने का दुःसाहस किया था अभी। और वह मेरी दृष्टि से जल कर भस्म भी हो गया है। कौन था वह?'—मुचकुंद ने कालयवन के शरीर की भस्म के ढेर की ओर देखते हुए पूछा।

'वह कालयवन था महाभाग, जो मेरे प्राण लेने मथुरा से मेरा पीछा करता आ रहा था। मैं निःशस्त्र था अतः मैंने आपकी कन्दरा में शरण ली। आपने मुझे संकट से बचा लिया महात्मन्।'—श्रीकृष्ण ने कहा।

मुचकुंद ने कौतुकपूर्वक वासुदेव को भेदभरी दृष्टि से देखा।

'यदुवंश में अवतीर्ण··· कहीं देवाधिदेव तो नहीं आप? वृद्ध गर्ग कहते थे कि द्वापर-युग में यदुवंश में पुनः नारायण विष्णु का अवतरण होगा। वैसी ही नव-जलधर सी नीलकांति है आपकी। वही तेज है। वासुदेव! नारायण! और कहते हैं कि आप निःशस्त्र थे और मेरे आश्रय में आपके प्राणों की रक्षा हो सकी'—मुचकुंद ने पुनः भेदभरी दृष्टि डाली वासुदेव पर।

श्रीकृष्ण मुस्कुराए।

'कहीं आपकी दाहक दृष्टि मुझ पर ही पहले पड़ गई होती महाभाग, तो··· ?'—और श्रीकृष्ण का निर्मल अट्टहास वर्षों से सूनी पड़ी उस कंदरा में गूंज उठा।

युगों से पुरुष-कंठ का हास्य न सुना था। मुचकुंद का हृदय हर्ष-विभोर हो नाच उठा। रोम-रोम रोमांचित हो उठा।

श्रीकृष्ण हंसते-हंसते स्वयं ही बोले—'किन्तु ऐसा कदापि न होता महाभाग! उसे यहां मैं लाया ही इसलिए था ताकि आपकी शक्ति से उसका वध हो सके। मैं निःशस्त्र था। वनों, पर्वतों और कन्दराओं में कब तक छकाता फिरता उसे! मुझे ज्ञात था पूर्व से कि महर्षि मुचकुंद यहां गहन निद्रारत हैं। कन्दरा में घुस कर अपना पीताम्बर आपको उढ़ा तथा वह बंशी आपके निकट रख कर स्वयं अंधेरे कोने में खड़ा हो गया था। कालयवन को द्वार से पीताम्बर एवं वंशी ही दिखी। वह आपको समझा कि मैं हूं। यदि उसने मुझे प्रथम देखा होता तो उसका नग्न खंग और मैं! यदि आपने मुझे प्रथम देखा होता तो···।'

'हा-हा-हा-हा'—एक महावृद्ध और एक तरुण कंठ-स्वर के उल्लासमय अट्टहास एक हो गए।

'धन्य-भाग्य नारायण! कि परोक्ष ही सही, कुछ सेवा आपकी कर सका। जीवन धन्य हो गया। क्लांति मिट गई तन की। मन नवस्फूर्ति से भर गया है। कहें वासुदेव! कालयवन क्यों पीछे पड़ा आपके?'—मुचकुंद ने आश्चर्य से जिज्ञासा प्रकट की।

श्रीकृष्ण ने कंस द्वारा किए गए यदुवंश पर अत्याचारों और फिर जरासंध के आक्रमणों तथा कालयवन से सम्बंधित वृत्तांत कह सुनाया।

'अहो! बड़ी विचित्र कथा है। तो क्या आजकल अधिकांश नरेश गण ऐसे ही अधर्मी एवं स्वेच्छाचारी हो गए हैं?'—मुचकुंद ने कौतूहल से पूछा।

'हां महाभाग! अधिकांश वर्तमान नरेश नैतिक आदर्शों से च्युत हैं। वे घमंडी, अधर्मी एवं स्वेच्छाचारी हैं। किसी भी नियंत्रण एवं नियम को नहीं मानना चाहते। स्वयं अपनी इच्छा से नए-नए धर्म व नियम बनाते हैं तथा प्रजा को उन्हें मानने को विवश करते हैं। ये रक्षक नहीं, भक्षक हैं। ये राजन्य प्रजा से उसकी आय का छठा भाग प्राप्त करते हैं किन्तु प्रजा को सुरक्षा प्रदान नहीं करते। जब राजा ही इस प्रकार के अनैतिक आचरण करेंगे तो महाभाग, प्रजा से कैसे अपेक्षा की जाए कि वह नैतिक आचरण

करेगी? यादृशो राजा तादृशो प्रजा! युग प्रवर्तको राजा! राजा स्वयं ही तो अपने कर्मों से अपने युग का निर्माता होता है!'

'सत्य कह रहे हैं वृष्णिवीर! कैसी विषम स्थिति। इतना अधःपतन मानव-समाज का हो चुका है?'—विस्मित मुचकुंद ने पूछा।

'बहुत हो चुका है महात्मन! यह तो दृष्टांत मात्र है जो मैंने आपके समक्ष प्रस्तुत किया है। अब मेरा उद्देश्य है अधर्म-तंत्रों और निरंकुश-तंत्रों को उखाड़ फेंकना एवं धर्मतंत्र की पुनर्स्थापना धर्म-राज्यों से धरा को छा देना चाहता हूं महात्मन्!'

'सफल होंगे वासुदेव! संदेह नहीं। आपसे असंभव कुछ नहीं। क्षत्रिय धर्म भी बड़ा विचित्र धर्म है। इसमें कितने वध करने पड़ते हैं। और मैंने तो अपने सुदीर्घ जीवन-काल में सतत युद्ध ही किए तथा वध ही वध किये। वध करते-करते मैं स्वयं मृतप्राय हो गया क्लांत होकर। अब मेरे प्रायश्चित्त का समय आ गया। उपासना करूंगा। अब जब तक जीवित रहूंगा आपका नाम रटता रहूंगा। वही प्रायश्चित्त होगा जो मुझे मेरे पापों से मुक्ति दिला देगा।'—वृद्ध मुचकुंद ने उठने का प्रयास करते हुए कहा।

श्रीकृष्ण उनके पुरातन एवं जर्जर किन्तु दीर्घ तन को अवलम्ब देकर कंदरा से बाहर लाए। मुचकुंद चकित हो गए देख कर कि वृक्षों के आकार कितने लघु हो गए हैं। गौ एवं मृग तो उन्हें नवजात गोवत्स एवं शावक प्रतीत हुए थे। वे सृष्टि की विचित्रता पर हंस पड़े।

'चलूं गोविन्द! मुझे जाते-जाते अपना कुछ प्रसाद देते जाएं ताकि मेरा मन अब हरि-स्मरण में रम जाए।'—मुचकुंद ने हाथ जोड़कर कहा।

कंदरा से बाहर निकलते समय श्रीकृष्ण ने अपना पीतांबर उठा कर तन पर डालते समय निकट रखी वंशी भी उठा ली थी। उस वंशी को दोनों हाथ में लेकर उन्होंने मुचकुंद की ओर बढ़ा दिया।

'कभी बाल्यकाल में वृंदावन में जब धेनु चराने जाता था तब वंशी से ही उन धेनुओं के नाम पुकारता था। वेणु से ही हेरता-टेरता उन्हें लौटा लाता था नंदग्राम। आज मुरली से कालयवन को हेरते-टेरते कहां-कहां भटकाता-छकाता यहां ले आया सिंह की कंदरा में। काल के ग्रास में। अब यह वंशी ही रख लें महात्मन् मेरे चिह्न-स्वरूप।'

'मुरलीधर! मुरली मुझे दे रहे हैं! तो आपके हाथ में फिर क्या सुशोभित होगा?'

'चक्र!'

'चक्र?'—मुचकुंद ने आश्चर्य से पूछा।

'हां महाभाग! अब वंशी को साध पाना संभव नहीं रहा मेरे लिए। अब धर्म चक्र धारण करने का समय आ गया है। अधर्मियों के विनाश एवं धर्म की पुनर्स्थापना करने हेतु चक्र धारण करूंगा अब।'—सुदूर देखते हुए खोए हुए से स्वर में वासुदेव बोले।

"जय हो चक्रपाणि!"

मुचकुंद ने आगे बढ़कर वंशी ले ली उनके हाथ से और अपने भाल से लगा ली।

वासुदेव अपने दोनों हाथ पीछे बांधे चल पड़े हौले-हौले कान्तारों में। खोए से, झूमते-झामते और मंद मुस्कुराते हुए वे सौराष्ट्र-मार्ग पर चले जा रहे थे। किन्तु पुनः मन में

वृंदावन विहंस उठा था, जैसे वह गंधपथी वृंदावन की ओर जा रही हो। चरण थिरक उठे। अधर गुनगुना उठे—

मन-भंवरे चल नित वृंदावन
कर प्रेमगीत का प्रिय गुंजन…
कालिन्दी तट बैठी जोगन
धानी चूनर, चन्दन-चितवन…
कर प्रेमगीत का प्रिय गुंजन…
मन भंवरे चल नित वृंदावन
मन भंवरे चल नित वृंदावन…
राधे जोगन! राधे जोगन!!

द्वारकायां विभूषणं

कुशस्थली में स्थान-स्थान पर लता-पत्रादि से निर्मित कुटीरों का विशाल नगर पहले ही बसाया जा चुका था। नवागत यादवगण प्रफुल्लित थे। वहीं उनकी गौशालाएं थीं। हाथी, अश्व तथा अन्य पशु एवं रथादि भी वहीं पर थे। अब स्थायी रूप से नगर निर्माण तथा आवास-गृहों की व्यवस्था करनी थी।

राजपुरी कहाँ बसाई जाए? एक ऊँची शिला पर खड़े हुए माधव सोच रहे थे। सामने महार्णव लहरा रहा था। सुदूर तक कोई छोर न था उसका। केवल नीलिमा थी। नीलिमा का अनंत विस्तार।

वे शिला से उतर आए। सिंधु तट की ओर बढ़े। वह भूखंड समुद्र के मध्य एक द्वीप जैसा था। किंचित् छोटा। एक ओर से वह द्वीप चूंकि शेष भूमि से जुड़ा हुआ था, अतः पूर्णतः वह द्वीप भी न था। यदि यही स्थल और विस्तृत होता तो इस पर सुन्दर नगरी बसाई जा सकती थी। वे और आगे बढ़े रत्नाकर सिंधु की ओर। सिंधु उमड़ता-घुमड़ता आया और सहस्रों हाथों ने उनके युगल-चरण प्रक्षालन कर, चरणोदक आचमन कर हर्ष से हरहराता लौट गया।

वे और आगे बढ़े। सिंधु सादर पीछे हट गया। वे और आगे बढ़े। सिंधु संकुचित हो और पीछे चला गया। नहीं। इतनी नहीं। पूरी बारह योजन भूमि चाहिए। वे और आगे बढ़े। अभिभूत सिंधु निनाद करता हुआ पीछे हट चला। वे खड़े हो गए वहां। सिंधु की ओर पीठ करके उन्होंने उस विशाल भूखण्ड पर दृष्टि डाली। हां, इतनी भूमि उपयुक्त होगी। सिंधु भावातिरेक से गुनगुनाया कुछ। उन्होंने सिंधु पर दृष्टि डाली।

यहाँ तक अनुमानतः बारह योजन होते हैं। यह बारह योजन भूमि ली है मैंने पश्चिम द्वार पर। यहाँ तटबंध बनेगा। यहाँ नगर-प्राचीरें और यहीं तक रहेगी सिंधु-सीमाएं। मर्यादा में रहना बंधु, तो सदा तुम्हारे निकट ही रहूंगा।

हो-हो-हो-हो करके सिंधु हर्षनाद कर उठा। नतमस्तक हुआ विनय से।

प्रकृति वासुदेव पर मुग्ध थी। सिंधु चरणों में लोट-लोट जाता। वे अपनी बात प्रकृति के किसी भी तत्व से कह सकते थे। सृष्टि का अंग, रंग और अंश-अंश उनकी बात समझता था। ब्रह्माण्ड का अणु मात्र भी उनकी आज्ञा के अधीन था।

एक शुभ शनिवार को रोहिणी नक्षत्र का मुहूर्त देखकर यादवों और पुरोहितों द्वारा सूत्र से भूमि मापी गई। बारह योजन लम्बाई तथा आठ योजन चौड़ाई वाला क्षेत्र था वह। दिनरात राजधानी का निर्माण होने लगा। कितने ही विश्वकर्मा, शिल्पी व वास्तुकार संलग्न थे एक अद्वितीय राजनगरी के निर्माण में। सर्वप्रथम बने प्राकृतिक शक्तियों के मंदिर। पश्चिम द्वार पर बसी द्वारावती के नगर-रक्षक देवताओं के मंदिरों का निर्माण हुआ।

इनमें सर्वप्रथम बना वरुण-मंदिर। सबसे पहले सिंधु तट पर वरुण का मंदिर बना कर, वरुण के प्रति कृतज्ञता व्यक्त की गई क्योंकि उनसे ही द्वारका हेतु पर्याप्त भूखण्ड पाया गया था अथवा द्वारका बसी ही थी वरुणालय में। वरुण मंदिर से कुछ दूर पश्चिम की ओर सिंधु तट पर ही बना अग्नि-मंदिर। इस मंदिर के मध्य चौकोर प्रांगण में एक विराट यज्ञ-कुंड था जिसमें दिनरात अग्नि प्रज्ज्वलित रहती थी। यज्ञ-कुंड के मध्य से एक वृहत् गोलाकार और बांस की भांति पोला बड़ा ऊँचा स्तंभ था। इसके भीतर से होती हुई विराट यज्ञ ज्वालाएं स्तंभ के ऊपरी मुख से बाहर की ओर निकल कर सतत आकाश में. फरफराती रहती थीं और कोसों दूर से ही दिख जाती थीं। वस्तुतः यह प्रकाश स्तंभ था जो सागर में आने-जाने वाले पोतों को दिशा-निर्देशन देने हेतु बनाया गया था। नगर की पूर्व दिशा में इन्द्र का मंदिर था और नगर के मध्य ब्रह्मा का मंदिर स्थित था। ब्रह्मा के मंदिर के सामने ही नगर के पेय जल की पूर्ति हेतु एक विशाल जलाशय था जिसे ब्रह्मकुंड कहते थे। इस प्रकार वरुण, अग्नि, इन्द्र व ब्रह्मा की अर्चना-अभ्यर्थना द्वारकापुरी के जन-जीवन से अभिन्न रूप से जुड़ गईं। ये चारों रक्षक देव थे नवद्वीप-धाम के।

इन मंदिरों के अतिरिक्त एक विशिष्ट मंदिर भी निर्मित किया गया जो सामान्यतः कहीं नहीं मिलता। यह विशिष्ट मंदिर था दृश-दोलूखल अथवा सिल-ओखली का। यह मंदिर श्रीकृष्ण के इस संकल्प का प्रतीक था कि द्वारका में कोई निर्धन न रहे, भूखा न रहे, न किसी को हाथ फैलाना पड़े, न ही उपवास करना पड़े। सिल-ओखली अन्न के प्राचुर्य अथवा अन्न देवता या अन्नपूर्णा का प्रतीक था। श्रीकृष्ण ने ब्रज में गोवर्धन-पूजन तथा अन्नकूट की जो परंपरा प्रारंभ की थी, यह मंदिर उसी परंपरा के चरमोत्कर्ष बिंदु का प्रतीक था।

इष्ट देवों के देवालयों के निर्माण के पश्चात् द्वारकापुरी को सुदृढ़ प्राचीरों से घेर दिया गया। शक्तिशाली तटबंध निर्मित किया गया जो महोदधि की सहस्र-फणधारी शेषनाग जैसे वेगशाली तरंगों के प्रबल आघातों को सह सके। साथ ही समुद्र से एक नहर काट कर उसे नदी जैसा रूप देकर नगर के केन्द्रीय स्थल के किनारे तक ले आया गया था। सिंधु के निकट होते हुए भी न श्रीकृष्ण यमुना की पुण्य कलकल धारा भुला पाते थे, न ही यादवगण। यहाँ यमुना तो थी नहीं अतः उन्होंने इस सिंधु-सरिता का ही सृजन कर डाला और उसे गोमती नाम से पुकारने लगे।

नगर के मध्य एक ऊँचे से स्थान पर वासुदेव ने अपना आवास-गृह बनवाया था ताकि चारों ओर दृष्टि रखी जा सके। उसके चारों ओर ज्येष्ठ एवं श्रेष्ठ यादवगणों के घर थे। प्रशस्त जनपथ, राजमार्ग, खुले आवास-गृह, वणिक-वीथियाँ, व्यापारिक संस्थान, मंदिर-शिखर, स्तूप, स्तंभ, गोपुर, प्राचीरें, अलिंद, चतुष्पथ, वापिकाएं तथा उद्यान थे।

द्वारका का अद्भुत दुर्ग निर्मित हो गया था। वासुदेव अथक परिश्रम कर सकते थे। पहले जब वे एक बार अपने गुरु-पुत्र की खोज में प्रभास आए थे, तभी पश्चिम-तट पर सुरक्षा का नितांत अभाव देख कर हतप्रभ रह गये थे। एक प्रबल राज्य के अभाव का ही यह दुष्परिणाम था कि विदेशी जल-दस्यु तटों पर से निर्दोष लोगों का अपहरण करके ले जाते थे। यही नहीं, तटीय नगरों में घुस कर वे लूटमार करके उत्पात करते और प्रजा को उत्पीड़ित करते। वहाँ ऐसा कोई नहीं था जो प्रजा की रक्षा और इन आतंककारी जल-

दस्युओं को सशक्त प्रतिरोध दे पाता। इसी अराजक स्थिति का लाभ उठाकर तिमिंगल गुरुपुत्र पुनर्दत्त को अपहृत कर ले गया था। अतः सुरक्षा को प्राथमिकता देना अनिवार्य था। आत्मरक्षा हेतु वासुदेव विराट युद्ध-पोतों का निर्माण करा रहे थे। वे इंगित करते, घूम-घूम कर देखते कि व्यापारिक जलतोप भी सुदृढ़ता में सामरिक पोतों से कम न हों। मोटी लौह-शृंखलाओं से जलपोत तट पर पाषाण-स्तंभों अथवा लंगरों से बाँधे जाते। कई-कई युद्धवीर प्रचंड जयघोष करते हुए उन पर चढ़ते। सैकड़ों बलशाली केवट विराट जलपोतों को एक साथ खेते। युद्धपोतों का वह बेड़ा नहीं, लगता था जैसे पश्चिमी तट पर दुर्भेद्य रक्षा-प्राचीर खड़ीं हो। सुदूर सिंधु में जल पर तैरते हुए पोत अभेद्य-दुर्ग से कम न प्रतीत होते। वासुदेव के रूप में सौराष्ट्र को अब एक प्रबल प्रहरी मिल गया था।

सीमा की सुरक्षा जितनी आवश्यक थी उतनी ही आर्थिक सुदृढ़ता एवं समृद्धि। अंधक-वृष्णि-संघ ने कंस से मथुरा की जर्जर अर्थव्यवस्था तथा रिक्त कोष विरासत में पाये थे। मथुरा वे छोड़ आए। अब द्वारका में उन्हें पांव जमाने थे। अंधक-वृष्णि-संघ के गणराज्य को स्वावलंबी व आत्मनिर्भर बनाना एक चुनौती भरा कार्य था। यह उनका नवोदय काल था। पुनर्निर्माण हेतु स्वर्ण चाहिए। स्वर्ण की खोज हो रही थी। स्वर्ण हेतु भूमि का उत्खनन और पर्वतों का दोहन हो रहा था, विशिष्ट नदियों की बालू में स्वर्णकण खोजे जा रहे थे। समृद्धि हेतु व्यापार बढ़ाना आवश्यक था। व्यापारी श्रेष्ठिजनों को संरक्षण देकर बसा दिया गया था। व्यापार हेतु मोती-माणिक व रत्न हेतु सागर-मंथन हो रहा था। संतुष्ट एवं सुरक्षित निषादगण यह कार्य अभूतपूर्व उत्साह से कर रहे थे। वे लोग मूल्यवान मोती-रत्न समुद्र से निकालकर लाते जिसके कारण पश्चिम के सागर का नाम रत्नाकर-सिंधु पड़ गया था। वास्तव में समुद्र-मंथन हो रहा था और उससे लक्ष्मी प्रकट हो रही थीं। प्रजापालन हेतु अन्न चाहिए। कृषि का दायित्व सदा की भाँति हलधर पर था। बलराम का संवर्तक हल तथा सौनन्द मूसल दोनों प्रकार की भूमिका निभाते थे—सृजनात्मक तथा विध्वंसात्मक। रचनात्मक कार्य में वे अमूल्य उपकरण थे तथा विध्वंस हेतु शक्तिशाली आयुध। हलधर के निर्देशन में खेती योग्य भूमि खोज ली गयी थी। हल चल रहे थे। विशाल उलूखलों में मूसलों से अन्न कूटा जाता। सौनन्द मूसल बहुत विशाल और भारी था। उसे कई लोगों के कई हाथ उठाते। उस अकेले से ढेरों अन्न कुट जाता। भूमि रत्नगर्भा थी। दक्ष हाथों का स्पर्श हुआ तो सोने की बालियाँ व रत्नों से अन्न कण उगलने लगी।

शनैः-शनैः व्यापार बढ़ चला। देश-विदेश के व्यापारी मुक्ता-माणिक खरीदने आने लगे। नगर के मध्य जब हाट लगती तो भाँति-भाँति के रत्न और मोतियों के ढेर लग जाते। रत्न पारखियों की पूछ बढ़ जाती। भीड़ बढ़ जाती। अनाजों के ढेर लगे रहते। चकित विदेशीजन एक से एक सुन्दर व हृष्ट-पुष्ट पशुओं का क्रय-विक्रय करते। द्वारका के संपन्न श्रेष्ठिजनों व्यापारिक पोत सुदूर देशों में व्यापार हेतु जाने लगे। स्थल मार्ग पर भी द्वारका से मगध तक बड़े-बड़े सार्थ उठते थे।

कलाकारों और शिल्पियों का तांता लगा रहता। रसिकजन नाना प्रकार के वाद्य-यंत्र, शिल्प, मूर्तियाँ व हस्तकौशल की विविध वस्तुओं को निरखते-परखते। यदुवंशी वैसे भी ललित कलाओं और संगीत तथा नृत्य आदि के प्रेमी थे पर मथुरा में कंस के आतंक और

अत्याचार से ये कलाएं कुंठित हो चली थीं। अब यहाँ आकर उन सुप्त-कला-कौशलों के विकास का भरपूर अवसर मिल रहा था। द्वारका में बड़ी-बड़ी नाट्यशालाएं और रंगमंच स्थापित किए गए थे। नृत्य, संगीत व नाटक आदि के अतिरिक्त छालिक्य-गान्धर्व का नया प्रयोग यहीं हुआ था। यदु-तरुण कभी रैवतक पर्वत पर विहार करने जाते तो कभी रमणद्वीप पर आमोद-प्रमोद करने।

श्रीकृष्ण की चौकस दृष्टि चारों ओर थी। यह सत्य है कि समृद्धि हो रही थी, विकास हो रहा था किन्तु वह पर्याप्त नहीं था। अभी समय कठोर संघर्ष का था, भोग का नहीं। वे सावधान थे कि समृद्धि बढ़ते ही भोग-लिप्सा के प्रेत की शक्ति भी बढ़ जाती है। वैभव-लिप्सा का भूत जब आ चिपटता है तो विवेक के देवता भी हाथ जोड़ पलायन कर जाते हैं। उन्हें चिंता थी मथुरा की कष्टप्रद स्थिति से मुक्त होते ही द्वारका में भौतिक सुखों के आलिंग-पाश में वे दिनों दिन डूबते जा रहे थे। वे जानते थे कि सभागारों में अर्धरात्रि तक यादव तरुण सुरापन और द्यूतक्रीड़ा में लिप्त रहते थे। वे लोग नित-नए प्रयोग करके नई से नई मदिराएं निर्मित करते हैं। अतिशय सुरापान करके वे मदमत्त होकर किसी भी छोटी सी बात पर परस्पर द्वन्द्वरत हो जाते और तब बड़ा कठिन होता है उन्हें एक दूसरे के अलग करना। तब श्रीकृष्ण ही जाते, उन्हें अलग करते, फटकारते और समझाते। मद्यपान त्याग कर सोमपान करने हेतु प्रेरित करते। वे समझाते कि सोम वह दिव्य औषधि है जिससे स्वास्थ्यवर्धन, स्मृतिवर्धन और आयुर्वर्धन के लाभ प्राप्त होते हैं।

यक्ष-संस्कृति के विरोधी श्रीकृष्ण यादवों में बढ़ते हुए भोगवाद से विमुख करने को उन्हें युद्धाभ्यास व प्रशिक्षण में लगाते। इस हेतु उन्होंने विराट युद्ध-शालाएं तथा मल्ल-विधा के केन्द्र बनवाए थे जहाँ धनुर्विद्या, अस्त्र-कौशल तथा सारथी-कला का प्रशिक्षण दिया जाता था। आयुध-शालाओं, अश्व-शालाओं तथा रथ-शालाओं को और अधिक संपन्न कैसे बनाया जा सकता हैं इस पर यादवों की विचार-गोष्ठियां होतीं। रणकौशल की स्पर्धाएं आयोजित की जातीं। रथ-स्पर्धा होती। अश्व-दौड़ आयोजित होती। अश्वों, गजों व अन्य पशुओं को निरोग व शक्तिशाली बनाने, उन्हें प्रशिक्षित करने के दायित्व तरुणों को सौंपे जाते।

पुरुषों के युद्ध-प्रशिक्षण से ही वासुदेव संतुष्ट न थे। यदुरमणियों को भी वे रणकौशल का प्रतिक्षण दिलवाते। अश्व-विद्या, धनुर्विद्या तथा सारथित्व का प्रशिक्षण महिलाएं भी पातीं ताकिं यदि कभी द्वारका पर आक्रमण हो तो स्त्रियां हाथ पर हाथ धरे बैठी न रहें। स्त्रियों के लिए भी रथ-स्पर्धा, अश्व-दौड़, लक्ष्यवेध-स्पर्धा आयोजित की जातीं। द्वारका का दुर्ग भी इसी दृष्टि से दुर्भेद्य व सुदृढ़ बनाया गया था कि कभी स्त्रियों को दुर्ग की रक्षा करनी पड़े, तो वे पुरुषों जैसी कुशलता से कर सकें। दुर्ग की रक्षा का दायित्व स्त्रियों पर पड़ सकता है इसलिए उन्हें प्रशिक्षित करना आवश्यक भी था।

उग्रसेन राजा का विरुद् धारण कर पुनः गणाधिपति बन गये थे। अनाधृष्टि सेना-पति तथा विक्रदु प्रधानपंत्री थे। शासन को परामर्श देने हेतु एक शीर्षस्थ मंत्रिमण्डल था जिसके सदस्य दस ज्येष्ठ यादव थे यथा—वसुदेव, उद्धव, कंक, विपृथु, श्वफल्क, चित्रक, गद, सात्यकि बलभद्र एवं पृथु। श्रीकृष्ण स्वयं बंधन और सत्ता से मुक्त रहे। उनका कार्यक्षेत्र सीमित न हो सकता था। वे केवल द्वारका के नहीं, केवल यादवों के नहीं थे।

फिर भी द्वारका व यदु गणराज्य उन्हीं के कर्मठ नेतृत्व तथा दूरदर्शी दिशा-निर्देशन से सुरक्षित था।

द्वारका में दूर-दूर से नृत्यकार, संगीतकार, गायक, कवि, शिल्पकार व अन्य कलाकार आने लगे थे। उनका अनुमान था कि द्वारका शांत व निरापद स्थान है और उनकी प्रतिभा का समुचित आकलन वहीं हो सकता है। झुंड से झुंड महाप्रतिष्ठित साधु-संन्यासी आते। उन्हें अनुभव होता कि ज्ञान और तप का सर्वाधिक सम्मान द्वारका में ही है। वे जानते थे कि वासुदेव जहाँ हैं वहाँ कोई भय नहीं। महर्षि सांदीपनि के पुत्र को यही शक्तिशाली यदुवीर खोज लाया था। संन्यासियों व तापसों के मन पर श्रीकृष्ण के बाहुबल व नीति-विवेक का गहरा प्रभाव था। साधुसंतों के निरंतर आगमन से द्वारावती पर आशीर्वादों की वर्षा होती रहती। यहाँ से जा कर ये ऋषि-मुनि स्थान-स्थान पर वासुदेव का गुणगान करते।

वासुदेव निश्चिंत थे और निश्चिंत थे समस्त यदुवंशी। द्वीप पर द्वारिका! तीन ओर सिंधु। एक ओर से वह भूखण्ड शेष प्रदेश से जुड़ा हुआ था। चारों ओर द्वीप थे। सप्त-द्वीपों पर बसा हुआ था कुशस्थली राज्य। अब वे समुद्र के आश्रय में थे। वरुणालय में थे। उन्हें नवजीवन मिला था। नव आशालता पल्लवित होकर झूम रही थी। अब समृद्धि और विकास दूर नहीं। आशा-लता को पुष्पित होने में विलंब नहीं।

प्रति संध्या हौले से आ उतरती सौम्य रजनी और समुद्र-मध्य बसी द्वारावती का अपूर्व शृंगार कर देती। तब सहस्रों दीपाधारों से द्वारका ऐसे जगमगा उठती जैसे नक्षत्र-दीपों से सुशोभित अम्बर ही धरा पर उतर आया हो। महलों और प्रासादों से झिलमिलाते दीपों से ऐसा प्रतीत होता जैसे कोई विराट जलपोत महासिंधु में खड़ा हो। द्वारावती के रूपमहलों की रत्नच्छायाओं से शृंगारित रत्नाकर-सिंधु अपने मोहक लावण्य पर स्वयं ही मुग्ध होकर हिलोरें लेता रहता।

सुन्दर राजपुरी। सिंधु-तरंगों द्वारा सतत द्वारकापुरी का तट-प्रक्षालन होता रहता। उन्मत्त सिंधु-समीर द्वारा निरंतर उस पर व्यजन डुलाया जाता। सिंधु की शीतल फुहारों से प्रतिपल उसका अभिषेक होता।

द्वारावती निर्मित हो चुकी थी।

× × ×

श्रीकृष्ण अजातशत्रु कभी न थे। द्वैषी नरेश उनसे चिढ़ते कि कृष्ण जो कह दे वही कैसे उचित है! जिसे वह अनुचित कह दे, वही अनुचित! वह कौन होता है नीति-अनीति की मीमांसा करने वाला? क्या नीति बताने को पृथ्वी पर साधु-महात्मा नहीं बचे, जो यह बता रहा है! क्या ऋषि-मुनियों का तपोबल क्षीण पड़ गया है जो वे इसकी हाँ में हाँ मिला रहे हैं।

जिसके अतीत का पता तक नहीं, वह कृष्ण आज राजनीति, व्यापार-नीति, धर्म और दर्शन में सर्वपूज्य हुआ जा रहा है। जिसके जन्म और कुल तक संदेहास्पद हैं, विवादों से घिरे हैं, वह कौन होता है राजाओं की समानता करने वाला! कहाँ जन्म हुआ, कहाँ पालन हुआ, किसने जन्मा, किसने पाल कर बड़ा किया, कितनी हत्याएं-वध किये उसने

और आज वह पूजा जा रहा है। स्वयं को वासुदेव कहने वाला क्या वह वास्तव में वासुदेव होने की क्षमता रखता है? वसुदेव-सुत होने से ही कोई वासुदेव हो जाता है क्या? वासुदेव अर्थात् अर्ध-चक्रवर्ती। वासुदेव अर्थात् विष्ण! वासुदेव अर्थात् पूर्णावतार! किसने उसे वासुदेव का विरुद् दिया। किसी ने नहीं। वह गोपाल है। कृषक है। वन में पला हुआ एक क्षुद्र तरुण! वह वासुदेव नहीं, केवल वसुदेव-सुत है। वह व्रात्य है, व्रात्य! राजनीति व समृद्धि के क्षितिज में उदित इस देदीप्यमान नव-नक्षत्र के चारों ओर निरंतर बढ़ते हुए आभा मण्डल से ईर्ष्यालु राजा चिढ़ते, खीझते व हाथ मलते।

मगध राजधानी गिरिव्रज में संवाद पहुँचते तो जरासंध नागराज की भाँति गहन उच्छ्वासें छोड़ता। अमूल्य कौस्तुभ-मणि का वर्णन सुनता। सत्राजित् की किसी भी धातु को स्वर्ण में परिणित करने वाली स्यमंतक मणि के विषय में सुनता और तिलमिला उठता। वह और उसके मांडलिक नरेश क्षोभ से दांत पीसते कि उनके हाथों से छूट कर भागे हुए इस रणछोड़ की दुन्दुभि क्यों बज रही है।

भौमासुर रुष्ट था। वक्रदंत होंठ चबा रहा था। दानवराज वाणासुर क्रोध से महासिंधु सा उफनता रहता।

ये धर्मतन्त्र-विरोध्री नरेश सुनते और कुढ़ते कि कृष्ण विद्वत्ता में अद्वितीय है। वेद-वेदान्त, धर्म और शास्त्रों में निष्णात् है। वह परम धर्मात्मा है। अद्वितीय दार्शनिक है। अद्वितीय संगीतज्ञ, नर्तक व कलाकार है। वासुदेव हर क्षेत्र में अद्वितीय थे। वे जो करते वह अद्वितीय होता। वे अद्वितीय पोत-निर्माण, अद्वितीय दुर्ग निर्माता, अद्वितीय यान-निर्माता और अद्वितीय आयुध निर्माता थे। जिस विलक्षण कौशल से उन्होंने द्वारका नामक वारि-दुर्ग बनाया था उससे समस्त नरेशकुल अचंभित रह गये थे। पहले तो विश्वास ही न हो पाया था किसी को। किसी के लिये भी यह अकल्पनीय था कि दुर्ग के चारों ओर खाई खोद कर उसे जल से भर देने के बजाय, जल में ही क्यों न रहा जाए। जल भी किसी नदी या झील का नहीं। यह पहला दृष्टांत सम्मुख आया था जब प्रचंड तरंगों वाले अथाह महोदधि के मध्य कोई समृद्ध राज्य बसाया गया हो। लोग विस्मित थे। श्रीकृष्ण के चातुर्य की प्रशंसा करते अघाते न थे। जरासंध पर आनंद-कटाक्ष होते। व्यंग्य-बाण चलते। अहो। आनन्द आ गया। कैसा पाठ पढ़ाया जरासंध को! जल-नगरी सा सुरक्षित तो कोई राज्य नहीं है! अद्वितीय है! अभिभूत जनसमुदाय वासुदेव का जय-निनाद करते थकता न था।

चुनौती! श्रीकृष्ण अपने विरोधी नरेशों के लिए गंभीर चुनौती बने जा रहे थे। ऊपर से वे लोग जितना-जितना कृष्ण को क्षुद्र ठहराते, मन ही मन उसके नाम से अधिकाधिक आतंकित व संत्रस्त होते जाते। उनमें परस्पर संदेशों का विनिमय होता। मूढ़ मंत्रणाएं होतीं। श्रीकृष्ण को पराजित करने के उपाय ढूंढ़े जाते। जरासंध के नेतृत्व में इन क्षुब्ध-क्रुद्ध नरेशों का शक्तिशाली संघ वासुदेव के विरुद्ध सतत क्रियाशील रहता।

पर वासुदेव दुर्दमनीय थे। विवादों की सीमाएं तोड़, बाधाओं को लांघ और निंदा की प्राचीरों को ध्वस्त करता हुआ उनका आकार निरंतर व्यापक होता जा रहा था। विराट होता जा रहा था। कृष्णनाम सर्वव्यापी होता जा रहा था।

जरासंध के नेतृत्व में गठित नरेन्द्र-मंडल मेघों की भाँति गरज-गरज कर उसे भयाच्छादित करना चाहते। किन्तु श्रीकृष्ण का तेज सहस्र-रश्मि सूर्य सा उन महामेघों की

एक-एक परत को विदीर्ण करता हुआ निरंतर उनसे ऊपर और ऊपर और अधिक ऊपर चढ़ता चला जा रहा था।

× × ×

अपरान्ह का समय होगा। उस दिन वसुदेव के घर कुछ इष्ट मित्रों का जमघट था और राजनीति पर चर्चा चल रही थी।

'किंतु यह समझ में नहीं आ रहा कि मगधराज जरासंध क्यों उत्सुक हैं कि विदर्भ राजकुमारी रुक्मिणी का विवाह चेदिराज दामघोष के पुत्र शिशुपाल से ही हो।'—उद्धव ने राजनीति के दाँव-पेंच समझ न पाने के कारण विस्मय से पूछा।

उद्धव वैसे राज्य के परामर्शदाता मंडल के मान्य सदस्य थे। किन्तु! उद्धव का ज्ञान चाहे जितना बढ़ जाए पर राजनीति में यह सदा बालक ही बना रहेगा—अक्रूर ने सोचा और वे इस विवाह-योजना के पीछे छिपी कूटनीतिक चाल को समझाने लगे।

'अरे उद्धव! यह तो बड़ा स्पष्ट है। जरासंध जानता है कि दामघोष यदुनंदिनी श्रुतश्रवा के पति होने और यादवों के जामाता होने के कारण हमारे सम्बंधी ही नहीं, हमारे हितैषी व परम स्नेही मित्र भी हैं। दामघोष जरासंध से दबते हैं अतः खुल कर उसका विरोध नहीं कर पाते। जरासंध ने बड़ी धूर्तता से उनके पुत्र शिशुपाल को तो अपनी मुट्ठी में बन्द कर ही लिया है और उसे अपना सेनापति भी बना रखा है। अतः जरासंध ही शिशुपाल का संरक्षक व अभिभावक है, जहाँ चाहेगा उसका विवाह भी वहीं करेगा। दूसरी ओर विदर्भराज भीष्मक भी दामघोष की भाँति जरासंध को हृदय से नहीं मानते, पर डरते हैं। भीष्मक का पुत्र रुक्मी भी जरासंध का अंधभक्त है। इस प्रकार चेदिराज और विदर्भराज मन ही मन जरासंध के विरोधी हैं, किन्तु दोनों के पुत्र उसके अनुयायी हैं, यह वह भली-भाँति जानता है। राजकन्या रुक्मिणी का शिशुपाल से विवाह द्वारा वह दामघोष व भीष्मक को एक साथ नाथना चाहता है।'

'तो इतना तो स्पष्ट ही है कि राजकुमारी रुक्मिणी का विवाह शिशुपाल से होना सुनिश्चित है।'—युयुधान ने कहा।

'किन्तु यह भी ज्ञात हुआ है कि राजकन्या रुक्मिणी शिशुपाल की कटुआलोचक हैं।'—वृद्ध सात्यकि ने गूढ़ रहस्य उजागर किया।

यादवगण चौंक पड़े।

'आलोचक? राजपुत्री रुक्मिणी.........शिशुपाल की?'

'हाँ! वह स्पष्ट शब्दों में अपने भ्राता रुक्मी, पिता और पितामह के सामने भी कितनी ही बार शिशुपाल की कठोरतम शब्दों में भर्त्सना कर चुकी है। वस्तुतः राजकन्या उससे घृणा करती है।'

'सत्य?'

'सत्य! शत प्रतिशत सत्य!'—सात्यकि ने अपूर्व आत्मविश्वास से कहा।

'अपूर्व साहसी है राजपुत्री।'—अक्रूर ने आश्चर्य से कहा।

'अपूर्व साहसी! और अत्यंत नीति परायण और शीलयुक्त। जहाँ युवराज रुक्मी का आतंक पूरे राज्य में व्याप्त है, युवराज की अनुजा ही सिंहनी की भाँति उसका प्रतिकार करती है! सुनने में यह भी आया है कि विदर्भ कुमारी ने शिशुपाल से विवाह करना

अस्वीकृत कर दिया है। वह कुछ अनपेक्षित पग भी उठा सकती है एक अवांछित पुरुष को पतिरूप में अपने ऊपर थोपे जाने के विरोध में।'

'अहो! अहो'— यदुज्येष्ठों के मुख से प्रशंसायुक्त शब्द निकल पड़े।

'हाँ यदुश्रेष्ठ! सुनते हैं कि राजपुत्री वैदर्भी न केवल शिशुपाल की निंदा करती है, बल्कि अपने भ्राता रुक्मी की भी करती है वह और यही नहीं, मगध सम्राट जरासंध की भर्त्सना भी खुले स्वर में करने में हिचकती नहीं। वह अद्‌भुत बाला, वक्रदंत, भौमासुर आदि सबके प्रति अपनी हार्दिक घृणा छिपाती नहीं।'

सबके मुख विस्मय से साथ-साथ प्रशंसा के भाव से उद्‌भासित थे। तभी प्रतिहारी ने सूचना दी कि एक विद्वान ब्राह्मण भेंट हेतु पधारे हैं। स्वागत है, स्वागत है कहते हुए सब खड़े हो गये। एक गभीर किन्तु मृदु भावधारी विद्वान ब्राह्मण का आगमन हुआ। विप्रवर ने आते ही तीक्ष्ण दृष्टि चारों ओर दौड़ाई और पारिवारिक गोष्ठी को देख आश्वस्ति की श्वास ली। श्रीकृष्ण पर दृष्टि पड़ते ही न जाने क्या हुआ, अधर प्रकंपित हुए, नेत्र जलमधुर हुए और कंठ वाष्प गद्‌गद हो गया। उन्हें आसन दिया गया तथा सत्कार हेतु मधुपर्क, फल, मिष्ठान्न आदि प्रस्तुत किये गए। वसुदेव ने प्रणाम निवेदन करते हुए पूछा—'विप्रदेव! कहाँ से आगमन हुआ आपका।'

'यदुश्रेष्ठ! मैं भक्तिबिंदु हूँ और विदर्भ राजधानी कुंडिनपुर से आया हूँ।

'अहो, अहो!' आश्चर्य से कई कंठों से निकल पड़ा।

भक्तिबिंदु सामने रखे मधुपर्क को देखते हुए बोले—'महाभाग! यह स्वीकार करने के पूर्व मुझे अपना वह कर्त्तव्य निभाना अभीष्ट है जिस हेतु मैं सन्देशवाहक बनकर आया हूँ। वासुदेव श्रीकृष्ण! आपके लिए यह पत्र है।'

भक्तिबिंदु ने एक पत्र वासुदेव की ओर बढ़ाया। श्रीकृष्ण ने पीले रेशमी वस्त्र में गोल लिपटा हुआ भुर्जपत्र लिया और धीरे-धीरे पूरी लम्बाई में खोल कर उसे पढ़ना आरंभ किया।

'कर्णों में पावन यशोगान
पड़ते ही हरता अंगताप
जिस रूप सुदर्शन से पल में
लोचन हों शीतल लाभवान्,
इस नलिन-चरण में अहो आज
मन उमड़ चला तज लोकलाज।'

श्रीकृष्ण विस्मित हुए। आगे पढ़ा—

'ऐसे महान् गुणशील-वान्
विद्या, वय, धन और रूपधाम
के कंठ, कौन सी कुल-बाला
चाहे न डालना वरमाला!'

कौतुक प्रगाढ़ हुआ मुख पर। आगे पढ़ा—

'पतिव्रत से स्वयं समर्पित मैं
उन महाभाग के चरणों में।
वनराजसिंह का वीर भाग
कोई शृगाल ले जा पाए

मुझे, अम्बुजाक्ष! उस से पहले
स्वीकार करो निज प्रभुता से।'

अधरों पर मन्द स्मित खेल पड़ा।

'तुम को पाने में पूर्ण नहीं,
भयभीत प्रकंपित, स्वामी! मन,
दानार्चन, विप्र-गुरु-पूजन
कहीं विफल न हो सब आराधन!
दमघोष-पुत्र या अन्य कोई
कर लेगा मेरा पाणिग्रहण—
हा! आ न सके यदि तुम भगवन्!
हा! आ न सके यदि तुम भगवन्।'

वासुदेव के मुख पर अब अनोखी हास्य-छटा आलोड़ित थी। उन्होंने आगे पढ़ा—

'प्रभु! मगधराज का कर मर्दन
दे डालो वीर्यशुल्क मेरा
राक्षस-विधि से ही करो ग्रहण
हे वीर महा, हे यदुनंदन!
करने समाप्त अज्ञान-तिमिर
ऋषि-मुनि औ सारे विप्रदेव,
पद-पंकज-रज पाना चाहें
सब देव, सदाशिव महादेव।
हे कमलनयन! यदि की न कृपा
व्रतक्षीण करूंगी देह सुखा
शतशत जन्मों यही आकांक्षा
ले कर त्यागूं मैं प्राण, अहा!!'[1]

---

१. श्रीमद्भागवत, दशम स्कंध, अध्याय ५२ के निम्नलिखित श्लोकों का सरल भावानुवादः—

श्रुत्वा गुणान् भुवनसुन्दर शृण्वतां ते
निर्विश्य कर्णविवरैर्हरतोऽगंतापम्।
रूपं दृशां दृशिमतामखिलार्थलाभं
त्वय्यच्युताविशति चित्तमपत्रपं मे ॥ ३७ ॥
का त्वा मुकुन्द महती कुलशीलरूप—
विद्यावयो द्रविणधामभिरात्मतुल्यम्।
धीरा पतिं कुलवती न वृणीत कन्या
काले नृसिंह नरलोकमनोऽभिरामम् ॥ ३८ ॥
तन्मे भवान् खलु वृत्तः पतिरंग जाया—
मात्मार्पितश्च भवतोऽत्र विभो विधेहि।
मा वीरभागमभिमर्शतु चैद्य आराद्
गोमा युवन्मृग पतेर्बलिमम्बुजाक्ष ॥ ३९ ॥

वासुदेव गम्भीर थे!

सबकी दृष्टि एकटक उन पर लगी हुई थी। भारी जिज्ञासा और कौतूहल सबके मुख पर था। श्रीकृष्ण गंभीर थे।

'क्या है संदेश माधव?'—उद्धव ने धीमे स्वर में पूछा। पर श्रीकृष्ण तब तक मौन रहे जब तक भक्तिबिंदु फल और मिष्ठान्नादि ग्रहण न कर चुके।

'विप्रवर भक्तिबिन्दु! कुछ पलों के लिए क्या हम लोग बाहर चल कर चर्चा कर लें?'—श्रीकृष्ण ने कहा।

'अवश्य!'—गद्‌गद कंठ से भक्तिबिंदु बोले और बाहर की ओर अग्रसर हुए। श्रीकृष्ण ने उनके साथ बाहर जाते-जाते उद्धव के हाथ में वह पत्र थमा दिया।

उद्धव ने पत्र पढ़े। पहले मुख पर विस्मय उभरा, फिर कौतुक। फिर मंद स्मित। फिर हास्य प्रस्फुटित हुआ और अंत में उद्धव गंभीर हो गए।

'क्या है संदेश उद्धव? पत्र किसका है',—सात्यकि, युयुधान अपनी उत्सुकता अब दबा न सके।

'विदर्भ महाराजकुमारी देवी रुक्मिणी का हस्तलिखित सन्देश है माधव के नाम।'

'क्या ऽऽ??' आश्चर्यचकित हो यदुवंशी उछल पड़े जैसे आसनों से।

'राजकन्या का सन्देश श्रीकृष्ण के नाम?'

'पढ़ो उद्धव! पत्र पढ़ो! यह साहसी राजकन्या शिशुपाल के श्येन पंजों से बचने हेतु क्या यदुकुल की सहायता चाहती है?'—वसुदेव ने पूछा।

उद्धव मुस्कुराए—'सहायता ही नहीं तात! आश्रय भी!'

'आश्रय?'

'हां महांभाग! राजकन्या वसुदेवनंदन माधव के श्रीचरणों में अनुरक्त है एवं उनसे विवाह की प्रार्थना कर रही है।'

उद्धव ने पत्र पढ़कर सुना दिया। आश्चर्य एवं हर्ष की लहर दौड़ गई मंडली में। वृद्धों की ग्रीवाएं तन गईं गर्व से। मित्रों के वक्ष तन गए हर्ष से! युवकों के मस्तक उठ गए दर्प से।

पूर्तेष्ट दत्तनियमव्रत देवविप्र—
गुर्वर्चनादिभिरलं भगवान् परेशः।
आराधितो यदि गदाग्रज एत्य पार्णि
गृह्णातु मे न दमघोषसुता दयोऽन्ये॥ ४० ॥
श्वोभाविनि त्वमजितोद्वहने विदर्भान्
गुप्तः समेत्य पृतनापतिभिः परीतः।
निर्मथ्य चैद्यमगधेन्द्रबलं प्रसह्य
मां राक्षसेन विधिनोद्वह वीर्यशुल्काम्॥ ४१ ॥
यस्याङ्घ्रिपंकज रजः स्नपनं महान्तो
वाञ्छन्त्युमापतिरि वात्मतमोऽ पहत्यै।
यर्ह्यम्बुजाक्ष न लभेय भवत्प्रसादं
जह्यामसून व्रतकृशाञ्छत जन्मभिः स्यात्॥ ४३ ॥

'विदर्भ महाराजपुत्री हमारी कुलवधू बनना चाहती हैं?'—वसुदेव परम आनंदित थे।

'किन्तु वह राजपुत्री हैं और श्रीकृष्ण.....।'

तब तक श्रीकृष्ण और उनके पीछे आनंदोन्मत्त विप्रवर भक्तिबिंदु लौट कर आ गए।

सात्यकि एवं कृतवर्मा ने हर्षोन्मत्त हो उछल कर श्रीकृष्ण को ऐसे कंठ से लगाया जैसे वर्षों बाद उनसे मिले हों। उस मित्र पर उन्हें गर्व था कि जिसके साहस व शक्ति के कारण आज यदुकुल की दुन्दुभि समूची पृथ्वी पर बज रही थी। एक अति प्राचीन एवं महाप्रतिष्ठित राजवंश की सुकन्या उनके उस प्रतापी मित्र से विवाह करना चाहती है। यदुवंश में अब तक राजकन्याओं का आगमन कम ही हुआ था। यदुकुल की तो कितनी ही कन्याएं विवाहित होकर विभिन्न राजकुलों में गई हैं, परन्तु अब यदुकुल में किसी वर्तमान राजकुल की कन्या पहली बार हमारी कुल लक्ष्मी होकर आएगी। राजलक्ष्मी आएगी।

किन्तु वासुदेव मौन थे।

'मौन क्यों हो माधव?'—वसुदेव ने पूछा।

'विवाह! तात! अभी तक तो मुझे अवकाश ही न मिल पाया विवाह की कल्पना करने का। अभी तो हमारे चरण भी नहीं जम पाए हैं कुशस्थली में। अभी तो यादवों को सुदृढ़ नहीं कर पाया हूँ'—श्रीकृष्ण गंभीरता से बोले।

'हम सुदृढ़ हैं श्रीकृष्ण! हमारी ओर से तुम निश्चिंत रहो। हम इतने बलाढ्य और शक्ति-संपन्न हो गए हैं कि कोई भी शत्रु हमें पराजित नहीं कर सकता अब ! किन्तु देवी रुक्मिणी को उन श्रृगालों से बचाना अनिवार्य है। हम पर गुरुतर भार आ पड़ा है एक असहाय एवं निरीह बाला की रक्षा का जो आपत्ति में तुम्हें गुहार रही है'—सात्यकि दृढ़ता से बोले।

वसुदेव ने गंभीरता से समझाया—'माधव! विवाह न करके तुम एक निष्पाप अबला कुमारी के वध के पाप के भागी होगे ! लिखा नहीं उसने—

यर्ह्यम्बुजाक्ष न लभेयभवत्प्रसादं,
जह्यामसून व्रतकृशांछतजन्मभि:स्यात ॥'

'सत्य है! सत्य है।'—कई मुखों से भावावेग से निकला।

'इसके अतिरिक्त श्रीकृष्ण! विदर्भराज से वैवाहिक सम्बंध हमारे लिए वरदानस्वरूप सिद्ध होगा। इससे यदुकुल की शक्ति एवं प्रतिष्ठा में वृद्धि होगी और हम समूचे आर्यावर्त पर छा जाएंगे।'

'सत्य है! सत्य है।'—अक्रूर, सात्यकि, कृतवर्मा और उद्धव के नेत्रों में अपूर्व ज्योति थी।

'किन्तु तात! शिशुपाल?'—श्रीकृष्ण ने वसुदेव से पूछा और अनायास सन्नाटा छा गया।

वसुदेव की भगिनी श्रुतश्रवा का पुत्र शिशुपाल! वसुदेव का अपना स्वयं का भागिनेय शिशुपाल। चेदिराज दामघोष का पुत्र शिशुपाल। यादवों का भागिनेय और दौहित्र शिशुपाल। रुक्मिणी का शिशुपाल का वाग्दान हो चुका है। अब राजकन्या शिशुपाल की वागदत्ता-वधू थी। शिशुपाल का अपमान! वसुदेव के भागिनेय का अपमान। वसुदेव की भगिनी का अपमान! वसुदेव के सुयोग्य भगिनी-पति चेदिराज दामघोष का अपमान। मगधराज जरासंध का अपमान। शिशुपाल का अपमान उस रज्जु के समान था जो कई महानुभावों के अपमानों से बटकर बनी थी।

देवक कुछ सोच रहे थे। उनके चिन्तनशील नेत्र कुछ पल मुंदे रहे फिर धीरे-धीरे उन्होंने बोलना प्रारंभ किया।

'इसका एक और पक्ष भी है मित्रो! जब आपत्ति में पड़ा हुआ मनुष्य पुकार करे तो सब छोड़कर क्षत्रिय को उसकी रक्षा हेतु दौड़ना चाहिए। पुरुषोचित व्यवहार यही होगा कि अब परिणाम जो भी हो, उस दीन कपिला का उद्धार करे कोई।'

'कोई कौन? वृकों के बीच से कपिला को कोई बचा सकता है तो कोई नरसिंह ही। उठो मेरे वीर अनुज! उठो माधव! कुन्डिनपुर की ओर प्रयाण करने में जुट जाओ। रेवती के साथ मुझे विवाह-सूत्र में बाँध देने की तो बड़ी शीघ्रता मची थी तुम्हें और अब अपने समय बातें बनाने की क्या आवश्यकता!'

बलराम मुस्कुराकर बोले क्योंकि अब युद्ध-संभावना के कारण उन पर से वारुणी का प्रभाव उतर चला था।

श्रीकृष्ण ने सब पर दृष्टि डाली। सब एकमत थे।

'मेरे आलस्य अथवा प्रमाद के कारण किसी जीव को संकट में प्राण न त्यागना होगा, विप्रवर! आप राजपुत्री देवी रुक्मिणी को आश्वस्त कर दें कि मुझ पर जो विश्वास उन्होंने व्यक्त किया है वह व्यर्थ न जाएगा। मैं महाराजकुमारी की प्रेम-भावना का अभिनंदन करता हूँ।'—श्रीकृष्ण ने गंभीरता से कहा।

'साधु-साधु।'—विह्वल विप्रवर के दोनों हाथ आशीर्वाद में उठ गए।

वसुदेव ने भी आश्वासन दिया—'महाभाग! आप राजकन्या से कह दें कि वे धैर्य रखें। यदुकुल उनके लिए पलक पांवड़े बिछाए प्रतीक्षा कर रहा है।'

'धन्यवाद! धन्यवाद! साधु-साधु। मेरा यहाँ आना सार्थक हुआ! धन्य है यदुकुल। धन्य है द्वारावती नगरी।'

× × ×

यादवश्रेष्ठ सत्राजित् के व्यक्तित्व को देख कोई भी सरलता से समझ सकता था कि वे यदुवंशियों में धनकुबेर हैं। सूर्योपासना से वरदानस्वरूप प्राप्त स्यमंतक मणि से वे इच्छानुसार अन्य धातुओं का स्वर्ण बनाते थे। स्वर्ण की कमी नहीं कोई। इसीलिए उनका आवास द्वीप स्वर्णद्वीप के नाम से विख्यात था। भोगवृत्ति से पृथुल शरीर ने उन्हें यक्षस्वरूप प्रदान कर दिया था। स्वर्ण-हिंडोल पर उनका यक्षाकार धीमे-धीमे झूल रहा था। उनका स्वाभाविक फूला हुआ मुखमंडल इस समय कुछ अधिक फूला लग रहा था मुख में दबे सुवासित ताम्बूलों के कारण।

पुत्र के अभाव में उनकी मुंहबोली अपूर्व सुन्दरी पुत्री भामा ही उनके लिये पुत्रवत् थी जो इस समय स्वर्णपिंजर में बैठे हुए शुक को छेड़ती हुई आनन्दमग्न थी। निकट ही एक अन्य स्वर्ण-हिंडोल पर उसकी विमाता बैठी थी।

'मैं आज तक न समझ सका कि अंततः कृष्ण में ऐसा क्या है जो लोकजन उसके पीछे बावले बने घूमते हैं। वह छलछद्म वाला मायावी! समूचे यदुवंश को उसने संकटों के अनंतसागर में डूबो दिया है। जिस दिन से उसने चरण रखा मथुरा में, हमारे दुःख पहले से द्विगुणित रूप से बढ़ गए। एक के बाद एक उत्पात होते जा रहे हैं। आपत्तियाँ आ रही हैं। किन्तु धन्य हैं यादवगण जो चेतते नहीं।'—सत्राजित् ने ताम्बूल चर्वण करते हुए कहा।

'वास्तव में तात! न कसंवध होता, न हम इतने उखड़े-उखड़े भटकते! यायावर बना डाला उसने हमें। कृष्ण आए और शौरसेन-प्रदेश में दावानल लग गया जैसे। जरासंध, कालयवन, आक्रमण! आक्रमण! और आक्रमण! मुझे तो लगता था तात कि हम जीवित

भी न बचेंगे'—पुत्री ने शुक में रुचि लेना छोड़ हिंडोल पर बैठकर कहा।

'और हमें उखाड़ कर यहाँ लाकर कोसों दूर बसा दिया इस उजाड़ और अपरिचित स्थल में जहां चारों ओर नाग, असुर और अनार्य, आभीर आदि असभ्य जातियाँ बसती हैं। हमारे सभी संकटों का मूल वह कृष्ण है। कंस ने भी जो उग्रसेन को कारागार में डाला, वसुदेव-देवकी को बन्दी किया और यादवों को आतंकित किया, वह भी तो कृष्ण के ही कारण।'—सत्राजित् की पत्नी ने अपना रत्नजटित बाहुबंद ठीक करते हुए कहा।

सत्राजित् के आलस्य-प्रमाद पूरित नेत्र कुछ पल मुंदे रहे। अचानक बड़ी-बड़ी आँखें निकाल आश्चर्य प्रकट करता हुआ वह बोला—

'और कैसी मूर्ख निकली, इतने प्राचीन और प्रतिष्ठित राजवंश की राजकन्या जो चेदिराजपुत्र शिशुपाल की वाग्दत्ता वधू होकर भी, उसे त्याग कर कृष्ण से प्रणय निवेदन कर रही है। मूढ़! अबोध।'

'क्या? कौन?'—भामा का झूला झटके से रुक गया और झटके से उनके दोनों चरण धरती पर लग गए।

'यह क्या कह रहे हैं नाथ?'—पत्नी का तांबूल-रंजित मुख खुला रह गया।

'हाँ! विदर्भ-राजकुमारी भीष्मक पुत्री रुक्मिणी चेदिराज के युवराज को अस्वीकार कर इस गोपाल को अपनाएगी। और देख लेना तुम लोग, यदि ऐसा हुआ तो सर्वनाश हो जाएगा यदुकुल का। युवराज शिशुपाल की वाग्दत्ता वधू को एक ग्वाला ले जाए, तो क्या वह परमवीर शिशुपाल शांत बैठा रहेगा? और सोचो तनिक, शिशुपाल सेनापति है मगधराज जरासंध का। अपमान से तिलमिला कर जरासंध मथ कर रख देगा यादवों को। शिशुपाल को पूरे जगत में उपहास का पात्र बनाकर उसकी वाग्दत्ता वधू को कोई अपनाए तो, देख लेना, कहे देता हूँ.....यादवों को जरासंध, शिशुपाल, रुक्मी, शाल्व, वक्रदंत, मुर, नरकासुर चारों ओर से घेर लेंगे।'

'नाथ जो भी कहते हैं सदा सत्य ही कहते हैं'—पत्नी ने हाथ जोड़े पति की ओर—'अब तो नाथ! फिर घोर संकट के दिन आने वाले हैं। रक्तपात की कल्पना से हृदय कांपता है। निर्दोष यादव मारे जाएंगे कृष्ण के ही कारण, यदि विदर्भ-राजकन्या यदुकुल में आई तो।'

'वह तो होना ही है'—सत्राजित् ने दृढ़ता से कहा।

उत्तेजना के उस वातावरण में भामा सहसा मूर्ति सी निश्चल रह गई थी। ऐसे सुविख्यात महान् राजवंश की महाराजकुमारी प्रणय-निवेदन कर रही है कृष्ण से! कृष्ण! जिसके कारण यदुकुल संकटों में हिचकोले खा रहा है। वह ऐसे प्रणय का पात्र ! ऐसी महान् उपलब्धि उसकी, जिसकी चौबीस घड़ियों, आठों पहर सत्राजित् परिवार में निंदा होती रहती है! जिसके विरुद्ध घर में दिन-रात निरंतर विषवमन होता है। क्या राजकन्या कृष्ण के वास्तविक रूप को जानती नहीं? क्या वह लुट गई केवल श्रीकृष्ण के मोहन रूप पर? मोर-मुकुट पर? तिरछी चितवन पर! अवश्य ही वह अति भोली होगी तभी नहीं जानती कृष्ण का मायावी रूप। कहाँ शिशुपाल जैसा सुपात्र और कहाँ यह छद्मी!

किन्तु अचानक ही उसे लगा कि हृदय में कोई शून्य उभर आया है। विचित्र सी स्थिति अनुभव हो रही थी। जैसे कुछ खो गया। जैसे कुछ छिन गया। अमूल्य कुछ! अपरिभाषित कुछ। कैसी अजानी शूल-पीड़ा यह!

उस माधव में कुछ जादू है अवश्य। भामा ने सदा पिता की बातों पर विश्वास करना चाहा। कभी-कभी उसे लगता कि पिता जो कहते हैं वही सही है। किन्तु कई बार मन संदेह से भर जाता। पिता की परम लाडली थी अतः उनके सुर में सुर मिलाती अवश्य थी पर कई बार स्वयं से छल कर के। पिता के समान चाहती कि वह भी कृष्ण से घृणा करे किन्तु कितनी ही बार स्वयं को रोक न पाती कृष्ण की झलक पाने के प्रलोभन से। अकारण ही न? किंतु है प्रबल आकर्षण उसमें क्योंकि शत्रु भी तो उसकी मोहिनी में फंस जाते हैं। किंतु यह महाराजकुमारी रुक्मिणी देवी कहां से टपक पड़ीं? ऐसा भाग्य कृष्ण का कि एक राजपुत्री उसके प्रणय में व्याकुल है और लोक-समाज, कुल मर्यादा की चिंता छोड़, लज्जा छोड़, बावली होकर पत्र लिख रही है उसे। अहो! किन्तु यह अपरिभाषित रिक्तता कैसी उर में?

'भामा। तू रुग्ण तो नहीं पुत्री?'

'नहीं तात!'

'अनायास तेरा मुख कुम्हला गया! क्लांत तो नहीं वत्से, कैसा पीला मुख पड़ गया है...।'

'नहीं तात!..... कुछ नहीं!'

'नहीं-नहीं! इसे मैं भी कई दिन से देख रही हूँ कि यह दुर्बल होती जा रही है दिन पर दिन। भोजन भी नहीं करती ठीक से। कालयवन को पराजित करने पर मंगलोत्सव के पश्चात् वासुदेव-गृह से लौट कर आते ही अचेत हो गई थी।'

'नहीं अम्ब! मैं स्वस्थ हूं। पूर्णतः स्वस्थ।'

'अब इसे सुयोग्य वर मिलना चाहिये'—विमाता ने सहानुभूति से उसकी ओर निहारते हुए कहा।

'मेरी पुत्री लाखों में एक है। जहाँ जाएगी जगमगा देती उस कुल को। यदुकुल क्या, समूची धरा पर नहीं इसके योग्य कोई पात्र। दिन में भी दीपक लेकर ढूंढ़ना पड़ेगा इसके लिए वर। यह कृतवर्मा........ वह शतधन्वा......और सात्यकि...... ये यदु-तरुण। हा-हा-हा-हा ......मैं जानता हूँ ये यदुवंशी युवक मेरी स्यमंतक मणि एवं कन्यारत्न दोनों को कैसे भी हथियाना चाहते हैं। लेकिन कहाँ मेरी भामा, कहाँ ये क्षुद्र युवक! रंग-रूप और गुण-योग्यता के कारण मेरी पुत्री किसी उच्च राजकुल की राजमहिषी बनने योग्य है। और ज्योतिषी भी कहते हैं कि राजरानी के लक्षण पाए हैं इसने। मैं तो समस्त राजपुत्रों की ओर देखता हूँ कि चेदिराज्य, हस्तिनापुर, पांचाल आदि राज्यों में कोई श्रेष्ठ वीर राजपुत्र दिखाई तो पड़े मेरी कन्या हेतु।'

किन्तु भामा जैसे वहाँ थी ही नहीं यह सब सुनने को। अपने स्वप्नलोक में,. अपनी चिंताओं में, अपनी उधेड़बुन में लीन थी। क्या लिखा होगा रुक्मिणी ने प्रेमपाती में? तो कृष्ण की प्रतिक्रिया क्या हुई? रुक्मिणी दिखने में क्या बहुत सुन्दर है? और अब होगा क्या? क्या कृष्ण आमंत्रण स्वीकार करेंगे? रुक्मिणी को पत्नी बनाएंगे? अथवा युद्ध की संभावना से उपेक्षा करेंगे उसके पत्र की।

किन्तु यह मर्मान्तक शूल-व्यथा क्यों? रुक्मिणी ने कृष्ण को प्रणयपाती क्या लिख दी, उसे लगा जैसे वह स्वयं कोई बड़ा दांव हार गई हो। जैसे वह कहीं पिछड़ गई हो।

× × ×

उधर ताप्ती नदी की घाटी में बसे हुए कुंडिनपुर में राजपुत्री रुक्मिणी की विचित्र मनोदशा थी। भक्तिबिंदु की प्रतीक्षा में कभी वह गवाक्ष से झांकती तो कभी तनिक सी आहट पाकर द्वार की ओर भागती। पर विप्रवर नहीं आये। रुक्मिणी का धीरज चुक रहा था। कहीं ऐसा तो नहीं कि वे द्वारका गये ही न हों। क्या यह संभव है? नहीं-नहीं। इतने स्नेहशील सज्जन के लिए ऐसा सोचना कदापि उचित नहीं।

ममता की मूर्ति है मंदिर-पुजारी भक्तिबिंदु। भयावह अन्तर्द्वन्द्व एवं कष्ट के समय उन ही ने तो उसे सांत्वना दी एवं मनोबल बढ़ाया। जब वह नन्हीं सी थी और माता अथवा धात्री के अंक में चढ़कर मन्दिर में जाती थी तब से भक्तिबिंदु-महाभाग उस पर अपना ममत्व उड़ेलते आए थे। वह डगमगाती हुई दौड़कर उसके पाँवों से लिपट जाती और वे आह्लादित हो उसे तुरन्त उठा लेते। वह अपनी छोटी सी कोमल हथेली फैलाती और वे उस नन्हीं सी हथेली को प्रसाद से भर देते।

बड़े होते-होते राजकन्या के लिए ताप्ती व पूर्णा के संगम पर बना, वह पीले कनेर-कुंजों से आच्छादित अन्नपूर्णा गौरी का मन्दिर जैसे आश्रय कुंज बन गया था। राजमहल का वातावरण उसे रास न आता। अन्य सभी भाई-बहन उससे बहुत छोटे पड़ जाते और अग्रज रुक्मी का आतंकवादी रूप उसे तनिक न सुहाता। पिता भीष्मक तथा पितामह कैशिक व क्रथ आदि सभी रुक्मी से अत्यंत भयभीत रहते। रुक्मी अपनी मित्रमण्डली के साथ अहोरात्रि सुरापान और व्यर्थ ही बकवादों में व्यस्त रहता।

रुक्मिणी एक अत्यंत संवेदनशील, स्नेहशील तथा भावुक कन्या थी। उसका मन वहाँ घुट जाता। भरे हुए राजमहल में भी वह स्वयं को एकाकी पाती और गौरी मंदिर में आते ही जैसे वह बंधनमुक्त हो जाती। जैसे उसे पंख लग जाते और वह उड़ी-उड़ी सी फिरती। गाती, गुनगुनाती मंदिर के उद्यान में, प्रांगण में और नदी तट पर स्वच्छंद विचरती। फूल चुनकर लाती, माला बनाती, देवी का शृंगार करती। बहुत रोकने पर भी स्वयं नदी से घट के घट जल भर कर लाने में उसे बड़ा आनन्द आता और हठ करके स्वयं ही मंदिर के जगमोहन का परिमार्जन करती। पूजा करती, अर्चना करती और भक्तिबिंदु से नाना प्रकार की चर्चा करती। जब भी उसका मन उचटता वह तुरंत शिविका मंगवा कर एक दो दासी साथ ले बड़े निःसंकोच भाव से और आत्मविश्वास पूर्वक वहां चली आती थी।

सहसा प्रतीक्षारत रुक्मिणी की विचारधारा यहाँ टूट गई। महाभाग भक्तिबिंदु द्वारका से लौटे नहीं अब तक! संध्या हो चली। क्या होगा प्रभु! निराश नयन गवाक्षों से लेकर द्वार तक देख आए किंतु विप्रवर का कोई पता नहीं। रुक्मिणी निढाल सी बैठ गई गवाक्ष में ही बने स्फटिक अलिंद पर घुटनों पर चिबुक रख कर। विप्रवर भक्तिबिंदु छल तो नहीं करेंगे उसके साथ। वे स्वयं तो वासुदेव के भक्त हैं। वेदान्त के मर्मज्ञ होते हुए भी वे नए 'भक्ति पथ' का प्रचार कर रहे थे। उन ही से उसने सर्वप्रथम भगवतावतार एवं भक्ति के विषय में ज्ञान पाया था। उसने उस वृद्ध पुजारी से जिज्ञासा की थी—

'तात! तो इस अधर्म-वृद्धि का अंत होगा ही नहीं?'

'होगा वत्से?'

'कैसे तात! कौन करेगा ?'

'स्वयं भगवान! भगवतावतार द्वारा?'

विस्मय से नेत्र विस्फारित हो गये थे उसके।

'तो क्या भगवतावतार होगा?'

'हो चुका है राजपुत्री'—आनंद विह्वल भाव से वे बोले थे।

'सत्य? कहाँ ? कब?'—रुक्मिणी आश्चर्य एवं हर्ष से चौंक पड़ी थी।

'यदुश्रेष्ठ वसुदेव के पुत्र के रूप में स्वयं भगवान् विष्णु अवतरित हुए हैं।'

वह निश्चल रह गई थी। कुछ क्षण कुछ न बोल सकी। कुछ समय बाद किसी भाँति अस्फुट शब्दों में बोली।

'और बताएं तात.....भगवतावतार के विषय में।'

'क्या बताऊं वत्से। जिस श्रीकृष्ण के नाम की चारों ओर दुन्दुभी बज रही है, जिसने बाल्यावस्था में बात की बात में मथुरापति कंस का वध कर दिया, जिसने वर्षों से कारागार में पड़े अपने चिर पीड़ित माता-पिता को मुक्ति दिलाई, जिसने आतंकित यादवों को भयशून्य किया, जिसने अद्‌भुत चातुरी से कालयवन को मृत्यु के मुख में पहुंचा दिया.... वह श्रीकृष्ण वासुदेव' ....

'तात?......वही यदुनदंन, जिसने अपराजेय मगधराज जरासंध को दो बार नहीं पूरी आठ बार पराजित कर दिया था.... उसी की बात कर रहे हैं आप?'—सहसा आतंकित हो रुक्मिणी ने पूछा।

'तू तो स्वयं बुद्धिमती है! क्या जरासंध की उन विराट सेनाओं को वे गिने चुने यादव स्वयमेव हरा सकते थे? क्या उनके पीछे कोई दिव्य शक्ति नहीं थी? क्या कुल अठारह सहस्र यदुवंशी ही पर्याप्त थे जरासंध की बीस अक्षौहिणी सेनाओं को पराजित करने को? नहीं। जरासंध की पराजय के पीछे अलौकिक शक्ति है। यदुवंशियों की विजय के पीछे वासुदेव की चक्रशक्ति है। यदुवंशियों के विजयघोष के पीछे वासुदेव का पांचजन्य का भैरवघोष है। वासुदेव मनुष्य नहीं........ वे स्वयं ईश्वर हैं। स्वयं परमात्मा हैं।'—वृद्ध ब्राह्मण गद्‌गद भाव से बोले थे।

'क्या कह रहे हैं तात! मुझे भय लग रहा है। यदि .....यदि युवराज रुक्मी ने आप की बात सुन ली तो ...तो....'—भयातुर रुक्मिणी आगे बोल न पाई।

'भलीभाँति ज्ञात है मुझे कि क्या होगा मेरा। मेरा शीश न बचेगा तन पर। राजकन्ये! मैं मगधराज्य में रहता था तब भी वासुदेव के अवतार होने की बात निर्भीकता से प्रचारित करता था। जरासंध ने मुझे वहाँ से निकाल दिया। मैं मथुरा रहने लगा। बीच-बीच में ब्रज में जाता भक्ति सीखने। जब एक बार मैं गोपवेष में था, कंस ने मथुरा से मुझे निकाल दिया। कुंडिनपुर मुझे शांत लगा। महाराज भीष्मक भक्त हैं। मैं यहाँ रह गया। रुक्मी निकाल देगा तो यहाँ से भी चला जाऊंगा। संसार में बहुत स्थान हैं निश्छल भक्त के लिये।'—भक्तिबिंदु मुस्कुराए।

उनके नेत्र चमक रहे थे। उनके तेज एवं निर्भीकता से राजकन्या कुछ पल को हतप्रभ रह गई। रुक्मी के आतंक राज्य में जहाँ श्रीकृष्ण की निंदा उन्मुक्त रूप से की जाती है, वहीं ये एकाकी वृद्ध कृष्णगाथा कितने निडरता और गर्व से कह रहे हैं।

'किन्तु तात! क्षमा करें। यह कैसे विश्वास किया जाय कि वसुदेव-सुत विष्णु के वासुदेव-रूप में अवतरित हुए हैं। पौन्ड्रक राज भी अपने को वासुदेव कहते थे। सुना है दामघोष सुत शिशुपाल की भी महत्वाकांक्षा अपने को वासुदेव सिद्ध करने की रही क्योंकि जन्म के समय उनके चार भुजाए थीं। तो वसुदेवनंदन को वासुदेव कैसे माना जाए महाभाग?'

'राजकन्ये! जो-जो लक्षण अवतरण-बेला हेतु बताए गए थे वे सब उस समय घटित हुए जब प्रभु का अवतरण हुआ था। वही नक्षत्र, घड़ी, पल, मुहूर्त! यही नहीं राजपुत्री! उनके शारीरिक लक्षण भी वे ही हैं जो अनादिकाल के अवतारों में परिलक्षित होते रहे हैं।'

'हां तात! कहते हैं तब वसुदेव महाभाग शिशु को लेकर प्रलयंकारी यमुना को भी पार करके सकुशल गोकुल पहुँच गए। वहीं वृक्षारण्यों में श्रीकृष्ण का पालन-पोषण हुआ। कितना अद्‌भुत और रोमहर्षक जन्म और शैशवावस्था का वृत्तांत है वासुदेव का।'

'सत्य कहती हैं राजपुत्री! एक बालक ने कालियानाग का मर्दन किया। उस बालक ने कैशी और धेनुक जैसे भयंकर वन्य पशुओं का वध किया। कंस की बालघातिनी दूती पूतना का वध किया! असुरों से और वन्य पशुओं से ब्रज को भयमुक्त कर दिया। क्या यह संभव है किसी सामान्य बालक के द्वारा। बाल्यावस्था से ही वह दार्शनिक तत्वों की कैसी विलक्षण और अकाट्य मीमांसा करता रहा। क्या यह आश्चर्यजनक नहीं?'

रुक्मिणी निश्चल थी। पूरा तन जैसे कानों में समा गया था। दत्तचित थी वह। कुछ पल मौन छाया रहा वहाँ।

'तात! कहते हैं जन्म से पूर्व उन्होंने आर्या देवकी तथा महाभाग वसुदेव को चतुर्भुज रूप से दर्शन दिए थे स्वप्न में?'

'नहीं! नहीं! स्वप्न में नहीं, जागृत अवस्था में! साक्षात् दर्शन पाए उनके महाभाग माता-पिता नें।'

रुक्मिणी के तन-मन में विद्युत तरंग दौड़ गई थी।—'और तात!…' कुछ कहते-कहते रुक्मिणी संकुचित हो रुक गई।

'बोल पुत्री! रुक क्यों गई पूछते-पूछते? मुझे वासुदेव-चर्चा हार्दिक प्रिय है। उनका नाम-स्मरण जितना अधिक हो उतना पुण्य मिलेगा मुझे। पूछे पुत्री, क्या पूछना चाहती है।'

'तात! किन्तु वे गोपी, ब्रजबालाएं…?' —रुक्मिणी संकोच से बोल न सकी।

'किससे सुनी वह पावन ब्रजगाथा?'

'तात! संतों की एक टोली ब्रज से आई थी। वे सदा नृत्य संगीत में रत रहते और जब शांत हो बैठते तो सदा गोपी-प्रेम की चर्चा करते थे। उन महात्माओं को पितामह ने अत्यंत आवभगत पूर्वक ठहराया था तथा उनकी सेवा का दायित्व मुझे सौंपा था। वे स्वयं को कभी गोपी कहते थे तो कभी राधा। सदा कृष्ण-प्रेम में लीन रहते थे। तो यह गोपी-प्रेम क्या है तात?'

'वही तो भागवतधर्म है, राजकुमारी! भक्तियोग है।'

'भक्तियोग क्या, महाभाग?'—रुक्मिणी की जिज्ञासा बढ़ चली।

'संक्षेप में भक्तियोग का तात्पर्य है कि मनुष्य स्वयं को पूर्णरूपेण ईश्वर को समर्पित कर दे तथा भगवान वासुदेव के श्रीचरणों में निजत्व को, अहं को मिटा डाले, घुला डाले। जो कुछ करे वह ईश्वर को समर्पित कर दे तथा सदा आनंदमग्न रहे प्रभु स्मरण में।

पुनः शांति छा गई। रुक्मिणी खोई सी बैठी थी। और धीरे-धीरे प्रकोष्ठ में उन वृद्ध पुजारी का भाव प्रकंपित सुधा स्वर लहरा उठा—

श्रद्धामृकथायां ये शश्वन्मदनुकीर्तनम्।
परिनिष्ठा च पूजायां स्तुतिभिः स्तवनं मम॥.....
आदरः परिचर्यायां सर्वागैरमिवन्दनम्।
मद्भक्तपूजाभ्यधिका सर्व भूतेषु मन्मतिः॥....
मदर्थेष्वंग चेष्टा च वच सा मद्गुणेरणम्।
मय्यर्पणं च मनसः सर्वकाम विवर्जनम्॥
मदर्थे र्थ परित्यागो भोगस्य च सुखस्य च।
इष्टं दत्तं हुतं जप्तं मदर्थम् यद् व्रतं तप्रः।.....

रुक्मिणी मंत्रमुग्ध थी। जैसे वह देह, काल और स्थान के परे सुदूर कहीं हौले-हौले उठती जा रही है, उड़ती जा रही है, अपरिचित उंचाइयों में अलौकिक आलोक-देश में, नीलिमाच्छन्न महाव्योम में।

कुछ समय वहां नीरवता छाई रही।

संध्या-आरती का समय हो चला था। विप्रवर ने राजपुत्री को इंगित कर मंदिर के प्रांगण के दूसरी ओर स्थित अपने निजी प्रकोष्ठ में आने को कहा। रुक्मिणी खोई सी, अलसाई सी, मंत्रमुग्ध सी पीछे-पीछे चल दी थी। प्रकोष्ठ द्वार पर पहुँचते ही वह ठिठक कर खड़ी रह गई।

वह दिन! रुक्मिणी उस सायं-बेला की पावन स्मृति कभी न भुला पाती। उन दिन उसने प्रथम दर्शन पाये थे। प्रकोष्ठ के एक कोने में पड़ी झीनी यवनिका का आवरण भक्तिबिंदु ने हटा दिया था और वहाँ पुष्पहारों से सुसज्जित था एक अप्रतिम श्याम चतुर्भुज विग्रह। एकाएक नेत्र झपक जाएं ऐसा कुछ तेज उस श्याममूर्ति से प्रस्फुटित होता हुआ लगा था। उसने तुरंत द्वार का अवलंब ले लिया। शंख, चक्र, गदा, पद्म! और वह अपूर्व लावण्य! स्निग्ध मनोहर श्यामवर्ण। मधुर स्मित अधरों पर। स्निग्ध नेह दृष्टि! स्निग्ध आलोक पंचप्रदीप का। समूचा प्रकोष्ठ महक रहा था पुष्प, चंदन-अगरु और कपूर की सुवास से। समूचा प्रकोष्ठ नहाया हुआ सा था अपूर्व स्निग्ध आलोक में।

वह अवाक् थी। सम्मोहित थी। नेत्र अपलक लगे थे उसी पर। हृदय में कुछ उमड़ पड़ा था तब। जैसे कोई अदृश्य स्रोत फूट पड़ा हो.......कोई निर्मल स्रोत मन्द-मन्द, ...कल-कल.....कल-कल। उसे लगा जैसे विग्रह के अधरों पर मुस्कान गहरा गई है। नहीं। विहंस उठा है अद्भुत विग्रह। सुलोचन कुछ कर रहे हैं। बुला रहे हैं क्या?

सम्मोहित रुक्मिणी ने शीश रख दिया युगल श्रीचरणों में और तभी, उसी मुहूर्त हार गई थी अपना सर्वस्व।

भक्तिबिंदु के स्पर्श से उसे चेत आया और वह उठी थी तो प्रेमरस में छकी सी। प्रेमोन्माद में लड़खड़ाती सी। कपोलों पर अबाध्य प्रेम पावस था। भक्तिबिंदु भी अपने अश्रु पोंछ रहे थे।

'अद्‌भुत तात!'—किसी भांति हृदय-स्पंदन थाम, भाव विह्वल कंठ से वह केवल इतना ही बोल सकी थी।

वह दिन! वह बेला। और रुक्मिणी फिर रुक्मिणी न रह गई थी। तब से लेकर आज तक वह उसी को अपना सर्वस्व, अपना पति माने बैठी थी। तब से आज तक पूरी भक्ति, पूरे समर्पण के साथ उसने अनदेखे वासुदेव की प्रतीक्षा की है। स्त्रियोचित कुलमर्यादा तोड़ कर उसने स्वयं पत्र लिख कर भेजा है श्रीकृष्ण को भक्तिबिंदु के हाथ। किन्तु! प्रतीक्षारत रुक्मिणी का हृदय पुनः उद्वेलित हो उठा। आए क्यों नहीं अभी तक लौट कर पुजारी? संध्या गहरा रही हैं। वह कब से खोई बैठी रह गई है अपनी प्रणय-कथा के प्रथम पृष्ठ में ही। उसने फिर गवाक्ष से झांका। दूर दूर तक महाभाग भक्तिबिंदु का पता नहीं। अहो! प्रतीक्षा कितनी दुःख दायिनी होती है।

अच्छा ही था कि उसकी सखियां आदि स्वयंवर में भाग लेने को आए हुए अतिथि नरेशों और राजकुमारों को देखने में व्यस्त थीं और दासियां मदमत्त। रुक्मिणी ने पहले से ही सब को दूर हटा दिया था यह कह कर कि आज वह पूरे दिनरात माता जगदंबा की उपासना में रत रहेगी। राजमहल में भारी चहल-पहल और हर्षोल्लास का वातावरण था। किसके लिए किन्तु ? उसके विवाह के लिए ये लोग इतने हर्षित और यह स्वयं कितनी दुःखी। एकाकी! अधीर! उसका विवाह शिशुपाल से ! यह स्वयंवर एक झूठा नाटक! दिखावा! हा कष्ट! हे नाथ नारायण वासुदेव! विवशता के दो अश्रु कपोलों पर चू पड़े। श्रीकृष्ण के संदेश की प्रतीक्षा में बैठी रुक्मिणी फिर डूब चली इन सुखद स्मृतियों में जब वासुदेव को बिना देखे ही उसके मन में उनके श्रीविग्रह की प्राण-प्रतिष्ठा हो गई थी।

फिर वह माहों तक न जा पाई थी गौरी-मंदिर जहाँ से अपार शांति मिलती थी और मिलता था नाम-संकीर्तन अपने प्राण का।

इस बीच शिशुपाल को उसका वाग्दान कर दिया गया था। कैसा वज्रपात हुआ था उस पर! कितने दिन-रात और माह पर्यन्त वह संघर्षरत रही माताओं से, पिता से, पितामह से, पितृव्यों से। और रुक्मी को तो वह देखना भी न चाहती। कैसा संताप झेला था। यहाँ तक कि माता-पिता एवं गुरुजनों को भय हो गया था कि आवेश में राजकन्या कहीं कुछ भीषण न कर डाले। अतः वह सदा स्वयं को घिरा पाती अवांछनीय दासियों, सखियों एवं परिजनों से। इसीलिए कितने माहों तक वह जा न पाई उस पुण्यस्थली भवानी मंदिर को।

धीरे-धीरे स्वयं को संयत करके वह सब का विश्वास जीत पाई कि वह कोई भयानक पग न उठाएगी। और तब कहीं उस दिन प्रत्यूष बेला में अपनी विश्वस्त दासी के साथ वह पुनः आ पाई थी भक्तिबिंदु की शरण में।

देवी के चरणों में न जाने कब तक शीश नवाए बैठी रहकर उसने मन की व्यथा को बहा डाला था। और महागौरी की आशीष से ही जैसे उसे आश्रय स्वरूप भक्तिबिंदु का स्नेहस्पर्श प्राप्त हुआ। फूट-फूट कर रो पड़ी थी वह।

'मुझे बता, वत्से, क्या हुआ! इतना कष्ट है तुझे ऐसा क्या घट गया......पुत्री ! मुझ से जो संभव होगा तेरे सुख के लिए करूंगा।'

ब्राह्मण की सुधावाणी सुन, जल-आचमन ले, प्रसाद पा वह कुछ सुस्थिर हुई।

'अब बता पुत्री, क्या कष्ट है तुझे?'

'वही रुक्मी....तात! उससे पिताश्री भी दुखी हैं और मेरा मन होता है कि मैं आत्मघात कर लूं....' —वह रो पड़ी।

'वासुदेव नारायण। हरे मुरारे..... यह कैसी अशुभ बात मुख से निकाल रही है पुत्री तू इतनी संयत और धैर्यवान होकर!' —वृद्ध तात कितने विचलित हो गए थे।

और वह लज्जित थी अपने भावावेग पर।

'क्या चाहता है युवराज?'

'यह कि मैं उसके मित्र और मगधराज के महाचाटुकार शिशुपाल से विवाह करूँ, इच्छा न होते हुए भी।'

'शिशुपाल से? आश्चर्य! अनिच्छा से विवाह! क्षत्रियों में तो कन्या स्वयंवरा होती है अथवा वीर्यशुल्का। बलप्रयोग की तो बात ही नहीं उठती।'

'इस महान प्राचीन कुल में युवराज रुक्मी के काल में कन्या तो मात्र एक राजनीतिक मुद्रा है और द्यूत का अक्ष है....' —राजकन्या अप्रतिम तेज से प्रदीप्त हो उठी।

'किन्तु युवराज को इससे क्या प्राप्त होगा?'

'मगध सम्राट की पौत्री से उसका विवाह हो सकेगा और मगधराज की अनुकंपा से उसकी शक्ति और प्रतिष्ठा में वृद्धि होगी। अहो, तात मुझे बचायें! शिशुपाल मुझे तनिक नहीं भाता! तात, मुझे बचाएं...' —वह बिलख पड़ी थी।

'तात! यह स्वयंवर का आयोजन हो रहा है मात्र आवरण हेतु। मुझे विवश किया जा रहा है दामघोषसुत के कंठ में वरमाल्य डालने हेतु। तात! मेरा वाग्दान कर दिया शिशुपाल को मेरी इच्छा के विरुद्ध। अहो तात! मेरी रक्षा करें। मुझे बचाएं।'

भक्तिबिंदु की द्वारका से लौटने की प्रतीक्षा करती रुक्मिणी पुनः व्याकुल हो उठी। अहो तात! कितना विलंब हो गया तुम्हें द्वारावती से लौटने में! तो क्या वही करना होगा मुझे जो नहीं चाहती। क्या शिशुपाल को वरना ही होगा! नहीं-नहीं। यदि और विलम्ब किया, विप्रदेव, तो मृत्यु को वरण कर लूंगी।

वह फिर सोचने लगी वृद्ध पुजारी की बातें। अनायास ही उनकी हथेली पर दृष्टि पड़ते ही तात चौंक पड़े थे और बोले थे—'तेरे लक्षण तो नहीं शिशुपाल की वधू जैसे, तू लक्ष्मीस्वरूपा है। तेरा पति तो कोई पुरुषोत्तम होना चाहिए।'

'अहो तात! मेरा क्या होगा। रुक्मी, शिशुपाल, जरासंध, दंतवक्र का यह षड्यंत्र है। उनके राजनीतिक उद्देश्यों की पूर्ति हेतु मेरी बलि चढ़ाई जा रही है।'

'किंतु तेरा विवाह शिशुपाल से होना ही नहीं है।'—वे दृढ़ता से बोले थे।

'लेकिन वचन दे दिया गया है महाराज दामघोष को।'

'कुछ भी हो!'

'तात!...'

'बोल पुत्री!'

'मैं शिशुपाल से तो विवाह नहीं कर सकती। मेरे लिए दूसरा विकल्प है तो केवल मृत्यु!'

'और....क्या तीसरा विकल्प नहीं पुत्री?'—स्नेह से पुजारी ने पूछा था।

विप्रदेव के इस प्रश्न ने उसका जीवन ही बदल दिया। सहसा कैसे पूरे तन में उष्मा दौड़ गई थी। स्पंदन तीव्र हो गया। कपोलों पर लाज भरे बादल उमड़-घुमड़ पड़े और नयन स्वयं ही मुंद गए। जैसे किसी स्वप्न को बांध लिया हो पलकों में, रोक लिया हो नयनों में। उसका वह स्वप्न कहीं कोई और न देख ले। कहीं उसका वह स्वप्न उड़ न जाये सुदूर। वह स्वप्न तो उसकी अमूल्य धरोहर थी। कैसे-कैसे तो पाल पाई थी उस मधुर, मनोरम, पावन स्वप्न को नयनों में। नयनों ने मुंद कर उस अमूल्य निधि को सम्हाल कर थाम लिया सुललित पलकावली में।

'क्या कोई तीसरा विकल्प नहीं पुत्री? शिशुपाल नहीं और मृत्यु भी नहीं! क्या धरा पर कोई अन्य सुयोग्य पात्र नहीं? स्यात् वही तुझे इस विडंबना से मुक्ति दे। कोई तीसरा विकल्प?'—भक्तिबिंदु ने बल देकर पुनः पूछा था।

तब समूचा तन हृदय बन कर धड़क उठा था। कितना सहज प्रश्न पूछना उनका! कितना कठिन उत्तर देना उसका!

'पुत्री! कोई भाग्यवान्, जिसे तू मन से पति रूप में वरना चाहे?' —वे कितना आग्रहपूर्वक, कितने धीरज से और कितना बल देकर बार-बार पूछ रहे थे।

'यदि शिशुपाल को नहीं चाहती, तो पतिरूप में पाना किसको चाहती है?'

साहस का अभाव था अथवा लाज का आधिक्य! किन्तु उस प्रत्यक्ष एवं अत्यंत स्पष्ट प्रश्न से उसे बल मिला। अधर कंपकंपाये।

'वसुदेवनंदन।'

वृद्ध अवाक् हो उसे देखते रह गए थे कुछ पल।

'सत्य कह रही है राजपुत्री?'

अहो! तात की वह मर्मभेदी दृष्टि।

'सत्य तात! मेरा सम्पूर्ण जीवन उसी क्षण न्यौछावर हो गया उनके श्रीचरणों में जिस क्षण उनके चतुर्भुज विग्रह के आपने दर्शन कराए थे मुझे।'—भावावेग से उसकी वाणी कंपित थी।

'पुत्री!'—आह्लाद से विह्वल हो भक्तिबिंदु रो पड़े थे।

'मुझे बचाएं तात! शिशुपाल से बचाएं।'

'अब तो······वही बचाएगा तुझे! तू निश्चिंत हो जा! छोड़ दे सब कुछ उसी पर। जो उसकी शरण में जाता है, उसे स्वयं अपनी चिंता नहीं करनी पड़ती। अब तेरा कल्याण करना······ उसकी चिन्ता का विषय है वत्से!'

'तात! किन्तु कल ही तो सांझ गोधूलि वेला में स्वयंवर है। अतिथि राजन्य तो पधार चुके हैं। अहो वह लोलुपदृष्टि शिशुपाल की! मुझे बचाएं। कुछ करें मेरे हेतु'—उसने व्याकुल होकर उनके हाथ पकड़ लिये थे।

'करूंगा वत्से! अवश्य करूंगा।'—वे उठे और उन्होंने एक भुर्जपत्र तथा लेखनी रुक्मिणी के हाथ में थमा दिए।

'ले पुत्री! तू इस भुर्जपत्र पर लिख दे अपना सन्देश। मैं अभी द्वारावती प्रस्थान करूंगा। इसी मुहूर्त!'

तब वह चौंक पड़ी थी! यह कैसी अग्नि-परीक्षा! पत्र-लेखन!

'मैं लिखूं? सन्देश? नहीं तात! यह कैसे संभव होगा?'—वह लाज संकोच एवं मर्यादा से विचलित हो उठी थी?

'क्यों नहीं संभव होगा? तू क्या अशिक्षित है? अभी अक्षरज्ञान नहीं पाया क्या तूने? विद्यारंभ अब तक न हुआ क्या तेरा?'—वे स्नेह और कौतुक से मुस्कुरा कर पूछ रहे थे।

'किन्तु मैं······मैं लिखूँगी क्या? मैं······?'

'मन की बात अपनी और क्या?'—वे निश्छल भाव से मुस्कुराये थे।

'किन्तु तात! आप मौखिक रूप से ही मेरा संदेश दें तो अनुचित होगा क्या?'

'तेरा लिखना अधिक उचित होगा।'

भुर्जपत्र और लेखनी! उसका तन थरथरा रहा था। उंगलियाँ कांप रही थीं। हृदय प्रकंपित था। शब्द सूझते न थे। भाषा आती न थी। भाव ही भाव थे। अस्पष्ट से······ज्वार से उमड़ते चले आ रहे थे।

'न······ न······तात! यह नहीं होगा!'—उसने व्याकुल हो लेखनी तथा भुर्जपत्र रख दिया एक ओर।

'होगा पुत्री! अवश्य होगा'—उन्होंने पुनः दोनों वस्तुएं उसके हाथ में दृढ़ता से थमा दीं।

'किन्तु तात!'—वह रो पड़ी।

'मैं······मैं लिख दूं मन की बात? मैं स्वयं आमंत्रण दूं, और तो भी वे न आए तो मेरी रक्षा को······तो······तो?'

वे चौंक पड़े। 'कौन? वासुदेव श्रीकृष्ण! पुत्री! वे अवश्य आयेंगे। जब कोई उन्हें पूरे मन से पुकारता है तो वे अवश्य आते हैं। उन पर विश्वास रख वत्से! और निश्चिंत हो जा। शीघ्र लिख दे और मैं इसी मुहूर्त निकलूँगा कल संध्या निश्चित रूप से लौट आऊंगा उन्हें साथ लेकर।'

भक्तिबिंदु चले गये पत्र लेकर और लौटे नहीं अभी तक।

अहो वासुदेव! क्या हुआ मेरे उस अपरिपक्व शब्दावली वाले पत्र का? बलि की बेला कालमुख फाड़े चली आ रही है मुझे लीलने। क्या ठुकरा दी मेरी प्रार्थना? अस्वीकृत हूँ मैं? और महाभाग भक्तिबिंदु कहते हैं कि बुलाने से वे अवश्य आते हैं। तो क्या मेरे बुलाने में कुछ त्रुटि रह गई? कोई दोष!

राजमहल नृत्य संगीत से आह्लादित था। नीचे राजमार्ग पर चतुष्पथों पर कहीं नटों की टोलियाँ प्रदर्शन कर रही थीं, कहीं नृत्य मंडलियां थीं। कहीं तुरही, मृदंग, मजीरा और वंशी बज रहे थे। नागरिक समाज उमड़ पड़ा था राजमार्गों पर आनन्दोत्सव में भाग लेने। चारों ओर से लोग आमोद-प्रमोद में मग्न थे। चारों ओर अभ्यागत नरेशों के सुसज्जित आवास थे। स्थान-स्थान पर अग्नि-प्रज्ज्वलित थी। नृत्य-संगीत और सुरा का राज्य था, किन्तु किसके लिए—यह सब। भग्न-हृदय रुक्मिणी के लिए? मिथ्या हर्ष। छलावा। दिखावा। वह कितनी एकाकिनी है?

प्रतीक्षा! प्रतीक्षा! प्रतीक्षा! रुक्मिणी ने पुनः खोल लिए अतीत के पृष्ठ और डूब चली वासुदेव को लिखे अपने प्रणय-पत्र की स्मृति में। कितना कष्टसाध्य था हृदय के प्रेम-निवेदन को लिपिबद्ध करना। तात भक्तिबिंदु से अनुरोध कर वह भुर्जपत्र व लेखनी लिए उनके निजी प्रकोष्ठ में गई और देखा—वहीं चतुर्भुज श्याम मनोहर विग्रह। मोहिनी मुस्कान, बांकी चितवन और प्रेम का प्रबल आग्रह। बस! हृदय उमड़ पड़ा! थरथराती उंगलियां दौड़ पड़ी थीं भुर्जपत्र पर। अक्षर स्थिर न थे। अश्रु ढुलकते जा रहे थे भुर्जपत्र पर। उन्ही कांपती उंगलियों से पीतवस्त्र में लपेटा पत्र और दे दिया था भक्तिबिंदु को।

पत्र देते समय उनसे कहा था—'मेरा जीवन आपके हाथ है तात। शीघ्र लौट कर आएं। मैं अधीर होकर प्रतीक्षा करूंगी।'

'मेरे हाथ नहीं राजपुत्री! उसके चरणों में। वह आएगा तेरा उद्धार करने। चिन्ता न कर।'

कितना दृढ़ विश्वास था वृद्ध पुजारी को उन पर। पर कितना विलंब हो गया उनके आने में। मध्यरात्रि बीत चली। केवल दिन भर ही तो शेष है। गोधूलि बेला में ही तो लग्न मुहूर्त है। अब क्या होगा? रुक्मिणी व्याकुल हो छटपटा उठी। व्यग्रता से टहलने लगी। और अन्त में विवश हो द्वार की चौखट से लिपट कर रो पड़ी। हे रुद्राणी! हे गिरिजा। हे वासुदेव! हे नाथ!

मन के भीतर से कोई बोला—कुछ नहीं रुक्मिणी। अवश्य तुझ में ही कुछ दोष है। बहुत ऊँचा स्वप्न देखा था तूने जो संभव नहीं। चंद्र-मोहन से प्रीति लगाई थी बावली! आकाश-कुसुम तोड़ने चाहे थे मूढ़! यदि तूने वासुदेव को मन से पति माना है और यदि तू पतिव्रता है तो कूद पड़ अट्टालिका से और मृत्यु को वरण कर। छोड़ दे इन्द्रधनुषी स्वप्नों का संसार और प्राणोत्सर्ग हेतु तैयार हो जा। यदि आना ही होता वासुदेव को तो इतना विलंब क्यों करते? संदेश तो भिजवा ही देते।

सोचते-सोचते रुक्मिणी सप्तखंडी राजप्रासाद के सातों खंड कब चढ़ गई उसे ज्ञात नहीं। पांव किन्तु कांप रहे थे। सर्वोच्च अट्टालिका से उसने नीचे राजमार्ग पर झांका।

आमोद-प्रमोद समाप्त थे। कुंडिनपुर राजनगरी भी सजी-सजाई नववधू की भाँति प्रतीक्षा करते-करते अलसा कर सो गई थी। दूर कहीं रह-रह कर श्वानों के भूकने की ध्वनि आती। गहन निराशा में मन नौका हचकोले खा रही थी। व्याकुल रुक्मिणी ने और झांक कर राजमार्ग को देखा। फिर देखा। वहाँ कुछ था।

उन्मादिनी सी हो उसने नेत्र विस्फारित कर ध्यान से देखा। किसी वस्तु का छोटा सा ढेर पड़ा था राजमार्ग पर। उसे लगा उसी की मुट्ठीभर अस्थियों का चूर्ण! हाँ! सारा संसार जान ले कि वह अस्थि-चूर्ण उसका था जो विदर्भराज भीष्मक की रुक्मिणी नामक पुत्री थी। वह अस्थिचूर्ण उस राजकन्या का था जिसने प्रबल पराक्रमी शिशुपाल को अस्वीकृत कर दिया था। जिसने अपने प्रियतम को सन्देश भेज कर मनुहार करके बुलवाया था। जिसने एक-एक पल गिनते हुए व्याकुल प्रतीक्षा की थी अपने प्राण की ......और जब वे न आए तो निराशा से वह कूद गई सप्तखंडी अट्टालिका से।

सारा विश्व जान ले कि यह अस्थिचूर्ण है उसी पतिव्रता का। उसी समर्पित प्रेमिका रुक्मिणी का। नेत्रों से बहते अविरल प्रवाह ने उसकी दृष्टि धुंधली कर दी।

चारों ओर अंधकार। गहन नीरव यामिनी। मूक और बुझे-बुझे से तारकवृंद। घड़ी दो घड़ी बाद प्राची में अरुणोदय हो जाएगा। उसके भाग्य का अरुणोदय? इतने बड़े विश्व में वह एकाकी। निपट एकाकी! कितनी असहाय। कोई सांत्वना देने वाला नहीं। धीरज के दो शब्द कहने वाला नहीं।

कोई तो आशा की किरण दिखे। कोई तो जीवन का आधार मिले। आँसू पोंछते हुए रुक्मिणी ने पश्चिम की ओर देखा। क्लांत सुधांशु का तेज मद्धम हो चला था। केवल एक उदास पीली सी आभा उसके चारों ओर लिपटी हुई रह गयी थी।

सहसा वासंती भोर की मादक समीरनी उसके तप्त भाल को सहला गई। दूर क्षितिज पर श्वेत मेघ कैसा? धूल सी उड़ती हुई पश्चिम से। निद्राहीन क्लांत और बोझिल नयन सजग हो गए। मन को संयमित किया। वही मार्ग तो प्रभास को जाता है। वह श्वेत मेघ नहीं। वायुवेग से दौड़ता चला आ रहा कोई रथ। उसने पुनः अश्रु पोछे दृढ़ता से...श्वास रोककर देखा...वहां एक रथ न था......उसके पीछे असंख्य रथ चले आ रहे थे।

द्वारावती से! ध्वजाएं ही ध्वजाएं! अश्व ही अश्व! रथ ही रथ! लगता था समूची द्वारावती रथों सी उमड़ पड़ी हो। जैसे समूचा रत्नाकर सागर ही उमड़ता आ रहा हो उसे अपने अंक में समा लेने को। पताकाएं सिंधु फेन सी लहरा रही थीं। सिंधु-तरंगों से उमड़ते चले आ रहे थे तीव्र गति वाले वे सेंधव तुरंग।

हर्ष से बावली हो वह रो पड़ी। प्रेम से व्याकुल हो हंस पड़ी। वसंत-कोकिला सी कूक उठी! जैसे फैल गए हों उसके सहस्रनयन पंख और मत्तमयूरी सी वह नाच उठी। ये बंधन! इन प्राचीरों से मुक्ति। अहो मुक्तिदाता! स्वागत मुक्तिदाता!

× × ×

दूसरे दिन अक्षय तृतीया की गोधूलि वेला में स्वयंवर तथा विवाह था। किन्तु उससे पूर्व प्रातःकाल एक बड़ा महत्वपूर्ण अनुष्ठान था। वह था ताप्ती तथा पूर्णा नदी के संगम

पर स्थित प्राचीर अन्नपूर्णा मंदिर में कन्या द्वारा देवी पूजन। वे अन्नपूर्णा भवानी, कुंडिनपुर के राजपरिवार भोजकुल की कुलदेवी थीं। इस अनुष्ठान के कारण भोर से ही ऐसा लग रहा था जैसे समूची नगरी को गौरी पूजन हेतु मंदिर में जाना है। राजपथ पर नागरिकों की भीड़ उमड़ रही थी। लोग चर्चारत थे। प्रतीक्षारत थे। यह वह सुअवसर था जब नागरिक समस्त अतिथि नरेशों को भी देख सकेंगे। भव्य राजयात्रा निकलने वाली थी।

'अभी उत्सव यात्रा में विलंब है क्या मित्र?'

'हाँ अभी कुछ विलंब दिखता है क्योंकि अभी अभ्यागत नरेशगण कुंडिनपुर राजपरिवार का यह मंगलोत्सव देखने हेतु नहीं पधारे हैं।'

'वे अतिथि राजन्यगण यहाँ क्या करेंगे?'

'क्या करेंगे? अरे देखेंगे उत्सव यात्रा। विवाह के एक दिन पूर्व किस प्रकार सौभाग्यकांक्षिणी राजकन्या अंबा-भवानी से आशीर्वाद माँगने मंदिर तक पैदल जाती है। और फिर मित्र! वे नरेशगण क्या उत्सुक नहीं होंगे कि स्वयंवर से पूर्व ही विदर्भ राज्य की नयनतारा, उस अतीव सौन्दर्यमती राजकुमारी की एक झलक उन्हें मिल जाए! अतः शीघ्र ही समस्त माननीय अतिथि राजन्य भी अपने-अपने रथों में सुसज्जित हो यहीं पधारेंगे।'

'किंतु बंधु! तुमने अपनी यह दशा कैसी बना रखी है? इतने सुन्दर वस्त्र और ये भीग कहाँ से गए? वर्षा तो हुई नहीं!'

'अरे यह! यह तो मित्र रसफुहार है......रसफुहार!'

कंडक ने हंसकर उत्तर दिया।

'रसफुहार?'

'हाँ मित्र! आज भोर से ही राजमार्ग को रसफुहारों से सींचा जो जा रहा है! अद्भुत दृश्य था वह भी। थोड़े-थोड़े समय बाद विशाल गजराजों की टोलियाँ फूलहारों से सजी, झूमती-झामती, घंट बजाती आतीं मार्ग सींचने हेतु। उनकी पीठ पर विराट कलशकुंभों में सुवासित जल भरा रखा था जिसे वे अपनी शुंडों से ले लेकर राजपथ सींचते थे। कौतुकप्रिय नागरिकों एवं बालकों की भीड़ देखकर कभी-कभी वे मनचले गजराज उन पर भी शुंड से जल छोड़ देते। और एक गजशावक तो बहुत ही नटखट था। उसे न जाने क्या सूझा कि वह पूरे समय यही खेल करता रहा पुरवासियों के साथ। जल लेता शुंड में और चुपचाप किसी व्यक्ति पर फुहार छोड़ देता। मित्र! ऐसा आनंदोल्लास का दृश्य उपस्थित हो गया यहाँ कि भीड़ बढ़ने लगी। और न जाने क्यों वह नन्हा गजशावक मेरे तो पीछे ही पड़ गया? जहाँ भागूं बचने वहीं वह तुनटुन घंटी बजाता, थुलथुल कर दौड़ता चला आता और मुझे भिगो कर फिर थुलथुल करता भाग चलता।'

श्रोता नागरिक आनंद ले ही रहे थे कि इस कथा का कि राजरथों का आगमन प्रारंभ हो गया।

'वे कौन श्रेष्ठ राजपुरुष हैं जिनका रथ सबसे आगे आ रहा है।'

'वे ही तो चेदिराज सुत शिशुपाल हैं, जिनसे राजपुत्री का विवाह सुनिश्चित है। आह। क्या रूप पाया है युवराज ने! सुनते हैं, वे हैं भी सर्वाधिक सुयोग्य पात्र अपनी राजकुमारी हेतु।'

'और वे कौन हैं भद्र, उस विराट राजरथ में?'

'कितना विराट रथ है वह!'

'अहो! उनको नहीं जानते? वे तो राजाओं के भी राजा हैं। वे सम्राट हैं! मगधराज जरासंध!'

'अच्छा-अच्छा ये ही हैं सम्राट! कैसा बलशाली व्यक्तित्व है। जैसे स्वयं वनराज सिंह उपस्थित हो गए हों राजसमाज में।'

'और कैसा बलिष्ठ तन है इस आयु में भी! कैसा तेज है मुख पर! और वे देखो, वे चले आ रहे हैं महाराज वक्रदंत.......और वे.......'

'हाँ सब आ तो रहे हैं किन्तु चेदिराजसुत शिशुपाल जैसा व्यक्तित्व किसी का नहीं मित्र। वे ही राजकन्या के योग्य प्रतीत होते हैं मुझे तो।'

'अहो! अभी तो और भी अभ्यागत आ रहे हैं वह देखो एक और रथ आया। कौन है उसमें?'

'ये तो अपने महाराज भीष्मक आ रहे हैं उसमें। किन्हीं गण्यमान्य अतिथि को साथ लेकर आए हैं। कौन है उनके साथ रथ में?'

एक दिव्य पीताम्बरी आभा हौले से फैल गई चारों ओर। जैसे केसर-कण व्याप्त हो गए हों सहसा वायुमंडल में।

सब अचंभित हो उठे। औत्सुक्य बढ़ चला। एक-दूसरे को धक्के दे देकर लोग देखने का प्रयास कर रहे थे। आँखों के ऊपर हथेली से छाया करके देख रहे थे। पंजों के बल खड़े होकर पीछे वाले देख रहे थे। एक-दूसरे के कंधों के ऊपर से झांक-झांक कर देख रहे थे।

मोरपंखों का गुच्छ! मयूरमुकुट! ......तो ......तो...क्या श्रीकृष्ण भी आए हैं? यह तो हमें ज्ञात न था कि वासुदेव भी पधारेंगे। भाग्य खुल गए राजकन्या के!'

'अरे अहोभाग्य भीष्मकराज के! द्वारकाधीश भी आये हैं।'

'मैं तो पहले ही कहता था मित्र, हमारी राजकन्या के उपयुक्त और कोई वर नहीं है। देखो। कैसे विलक्षण रूप है इनका! और वह शिशुपाल वासुदेव के सामने? उंह!!'

'मित्र, ये वासुदेव सामान्य मनुष्य नहीं। सुना है, अवतार हैं।'

'हाँ कुछ अलौकिक है अवश्य इनमें।'

हर्ष से विदर्भ-प्रजा विह्वल थी। वासुदेव के मयूरमुकुट, पीताम्बर, कस्तूरी तिलक, कौस्तुभ मणि। वैजयन्तीमाला और स्मित हास्य पर लोग लुट गये थे। श्रीकृष्ण हंस-हंस कर सबका अभिवादन स्वीकार कर रहे थे।

'वासुदेव श्रीकृष्ण की जय। वासुदेव श्रीकृष्ण की जय'—तुमुल जयघोष से आकाश पाताल एक हो गया।

उन्हें देखते ही मगधराज जरासंध की भृकुटि तन गई। शिशुपाल का क्रोध प्रकंपित अधरोष्ठ दांतों तले था। युवराज रुक्मी अपने पिता महाराज भीष्मक को आग्नेय दृष्टि से देख रहा था जो विशेष आवभगत से श्रीकृष्ण एवं बलराम को ला रहे थे।

तभी राजमहल के मुख्य द्वार की दिशा से तुरही, मृदंग, भैरी व पणव आदि मंगलवाद्यों की ध्वनि आई। मागध, सूत एवं वन्दीजन विरुदावली गाने लगे। मंगलयात्रा प्रारंभ हो गई थी राजद्वार से।

सशस्त्र सैनिक आगे-आगे चल रहे थे। कलश, पूजन सामग्री, फूल-मालाएं आम्र पल्लव लिए नगर-वारांगनाओं के दल थे। नागरिक महिलाएं थीं। मंगलगीत गातीं ब्राह्मण महिलाएं थीं। तब रानियों, राजकुमारियों, सखियों और दासियों से घिरी सबके मध्य सौभाग्यकांक्षिणी राजकन्या रुक्मिणी राज-मरालिनी सी धीरे-धीरे आ रही थी।

वही गौरी मंदिर! वे ही पीले कनेर के पुष्प और माधवी मंडप। राजकन्या ने पूजन किया अंबा का। नेत्र मूंद कर आशीर्वाद मांगा कुछ। वर में मांगा एक अद्‌भुत वर।

'राजपुत्री! निकट के प्रकोष्ठ में महाभाग से आशीर्वाद ले लें'—वृद्ध पुजारी भक्तिबिन्दु के एक शिष्य ने विनय से कहा।

जब तक अन्य नारियाँ पूजन करतीं, विप्रवर के प्रकोष्ठ में जाकर उसने पुनः दर्शन पाए·····पुष्प भार में खड़े उसी चतुर्भुजी श्याम विग्रह के।

विप्रवर ने श्री विग्रह के ललाट पर लगे हुए चंदन-कुंकुम को अंगुलि में लेकर राजकन्या के भाल पर लगा कर, शेष उसकी मांग में भर दिया। न कोई देख पाया। न कुछ समझ पाया। राजकन्या का हृदय भर आया। झुक कर आशीर्वाद लिया वृद्ध ब्राह्मण का और सखियों से घिरी बाहर आई।

किन्तु अब?

एक-एक पग उठाना दूभर हो रहा था उसे।

एक-एक पग बोझिल था। हृदय आंदोलित था। क्या होगा? कब होगा! सफल होगी क्या योजना?

राजमार्ग के दोनों ओर पंक्तिबद्ध खड़े राजन्यगण अपलक दृष्टि से देख रहे थे, प्रकृति के उस सर्वथा सरल एवं नवस्फूर्त सौन्दर्य को। सद्यःस्नाता राजकन्या की सघन केशराशि कंधों व पृष्ठभाग पर फैली हुई थी। उस घुंघराली अलकावली में जलकण जगमगाते ही कणिकाओं से बिंधे हुए थे, जो धीमे-धीमे शिशिरकणों के नीचे तक आकर ढुलक जाते। कुछ घुंघराली अलकें सूख चली थीं और नटखट वायु से प्रकंपित हो सुन्दर भालचन्द्र पर झूल-झूल जाती थीं। राजकन्या सबकी दृष्टि बचाती हुई सी बार-बार उन हठीली घुंघराली अलकों को हटाती और वे पुनः चपलता से लौट कर वही अठखेलियाँ करने लगतीं।

हृदय का उद्वेग बढ़ रहा था। चरण कांप रहे थे। पूरा गात किसी की प्रतीक्षा बन गया था। किसी मुहूर्त की प्रतीक्षा। हठीली अलकों को हटाने के बहाने ही तो लजीली चितवन से वह ढूंढ लेना चाहती थी·····कहीं तो मयूरमुकुट दिखे! कहीं तो स्निग्ध श्यामल-घन दिख कर तृप्त करें दृष्टि को!

और जब सहसा उसे एक परिचित सी विलक्षण सुगंध लगी निकट ही कहीं·····तो चरण जैसे विश्वासघात कर गए। हृदय का स्पंदन जैसे थम गया। पुजारी ने मंदिर में

उसकी मांग में और भाल पर जो अंकित किया था कुंकुम के साथ, वही चंदनगंध अब निकट ही कहीं थी। हरिचंदन गंध!

उसने थरथराती उंगलियों से सुनयनों पर से पुनः उन चंचल अलकों को हौले से हटाया! इतने निकट! पीताम्बर सरसरा रहा था। मयूरपंख झिलमिला रहे थे। मुख पर वही शाश्वत मन्द मनोहर स्मित। विशाल सुलोचनों में उसके प्रेम के प्रति कृतज्ञता आलोड़ित। हृदय की थमी हुई गति पुनः प्रारंभ हो गई और अब विकट गति के साथ। किन्तु चरण अशक्त पड़े जा रहे हैं......वह अचेत हो रही है......उसे लगा कोई उसे सम्हाल रहा है......उठा रहा है......और ......! झटके के साथ गरुड़ध्वज रथ वायुवेग से उड़ चला प्रभास मार्ग की ओर।

पूरे राजसमाज, प्रजाजनों, सैनिकों, सम्राट, राजाओं, महिलाओं और ब्राह्मणों के विराट जनसमूह को हक्का-बक्का छोड़, सबके बीच से वासुदेव ने फूल की भाँति राजकुमारी रुक्मिणी को उठाकर देखते-देखते अपने रथ में रखा और पलक झपकते वे दृष्टि से ओझल हो गए।

और तब अचानक सब सोते से जैसे जाग पड़े। राजकुमारी कहाँ? हरण? आकाश टूट पड़ा जैसे राजसमाज पर। तुमुल कोलाहल फट पड़ा।

रुक्मी भयंकर क्रोध से पागल हो रथ पर सवार हो तीव्र गति से दौड़ चला गरुड़ध्वज के पीछे-पीछे। उसके पीछे विदर्भ सेनाएं दौड़ पड़ीं। जरासंध ओष्ठ चबा-चबा कर गहरी उच्छ्वासें भर रहा था।

शिशुपाल लुटा सा खड़ा रह गया था हाथ मलता हुआ। आरक्त कर्णशिखर! स्वेद से नहाया हुआ। मृतप्रायः सा। ऐसा भयंकर अपमान। भरे समाज में! वह वर बनने आया था! विदर्भराज का भावी जामाता! वह खड़ा रह गया और उसके देखते-देखते उसकी भावी वधू को ले उड़ा वह मायावी! उसकी स्वप्नमाला उड़ी चली जा रही थी वैजयंती माला में गुंथी हुई द्वारका की ओर। उसी महत्वाकांक्षा! उसका भविष्य! उसकी आशाओं को भव्य सप्तखंडी राजमहल! पलक झपकते सब चूर-चूर हो गया। और उस ग्वाले का दुःसाहस कि एक राजकन्या से विवाह करे! वह भी उसकी स्वयं की वाग्दत्ता वधू से। शिशुपाल व्यग्र था! शिशुपाल उद्विग्न था। अपमान से तिलमिला रहा था। क्रोध से मूर्च्छित हुआ जा रहा था। प्रतिशोध से धधक रहा था।

अपमान का घूंट पिये हतप्रभ खड़े थे माननीय राजन्यगण वहाँ। जरासंध, दंतवक्र भौमासुर, दुर्योधन आदि। यशहीन। श्री हीन। शौर्यहीन। उनकी प्रतिष्ठा और यश देखते-देखते एक गोप लूट ले गया था।

रुक्मी की सहायता हेतु कई राजा चले जा रहे थे अस्त्र-शस्त्र और सेना सहित। किन्तु यदुवीरों के तीक्ष्ण शरों के आघात उन्हें आगे न बढ़ने देते। जरासंध एक बार फिर अपमान का घूंट पीकर रह गया था। उसकी योजना धरी की धरी रह गई थी। वह अपने को किसी भाँति संयत कर शिशुपाल को समझाने लगा।

'युवराज शिशुपाल! कई बार वीर पुरुषों को भी भाग्य के सामने झुकना पड़ता है। कभी मैं, मगधसम्राट भी अपराजेय था। किन्तु क्या हुआ जब मैंने मथुरा पर आक्रमण

किया! शिशुपाल! मैं पराजित हुआ था इसी गोपाल से। मेरी विराट सेनाएं बार-बार पराजित हुईं एक ग्वाल-नेता से। और हर बार मैं अपमान का घूंट पी कर रह गया। किन्तु जय-पराजय जीवन में होती रहती है। वीर पुरुष की नीति यही होनी चाहिए कि पराजय से कभी पराजित न हो। मन छोटा न करो दामघोषसुत! विचलित न हो। भविष्य हेतु तत्पर हों। कल हमारे दिन फिरेंगे। कल हम यादवों पर विजय पायेंगे। धीरज और उत्साह किसी भी स्थिति में छोड़ना न चाहिए। धीर धरो शिशुपाल। धीर धरो!'— जरासंध का दीर्घकाय आकार शिशुपाल के कंधे पर कांपता हुआ हाथ रखे उसे धैर्य बंधा रहा था। हाथ ही नहीं, जरासंध का चिबुक भी अपमान से थरथरा रहा था।

रुक्मिणी-हरण किसी और पर नहीं, फिर से जरासंध के मुख पर एक और प्रचंड कराघात था। जरासंध का सारा बल वासुदेव के विचित्र कार्य-कलापों के सामने वाष्प सा उड़ जाता। जरासंध नित नई योजनाएं रचता और श्रीकृष्ण की नीति अंधड़ की भाँति उन योजनाओं को उड़ा ले जाती। जरासंध की सारी शक्ति और समय केवल इसी उधेड़बुन में चुके जा रहे थे कि कैसे द्वारका से साँवले जादूगर को पराजित किया जाये।

रुक्मिणी-हरण के कारण शिशुपाल भी अपमान से विक्षिप्त प्रायः हो गया था। क्या किया जाये? कुछ तो करना ही था!

जरासंध पहले ही शाल्वराज को आदेश दे चुका था कि द्वारका के निकट रहने वाले आभीरों को सम्राट की ओर से भरपूर संपत्ति बांटे। शाल्वराज का मार्तिकावत राज्य अन्य राज्य की तुलना में द्वारका के निकट ही थी। शाल्वराज ने सम्पत्ति बांटी और सम्राट की ओर से आभीरों को स्पष्ट निर्देश दिए कि उन्हें केवल इतना ही करना है कि द्वारकावासियों को शांति से न रहने दें। द्वारका नगरी और यदुवंशियों को कष्ट पहुँचाने हेतु हर उपद्रव, उत्पात, लूटमार, हत्या व अपहरण के पुरस्कार स्वरूप आभीरों को अलग से राशि दी जाती थी।

द्वारका के निकटवर्ती असुरों को भी जरासंध ने अपने प्रतिशोध हेतु निमित्त बना रखा था। असुरों, विशेष रूप से शम्बरासुर को विशेष रूप से आदेश दिया था कि यदु बालकों का हरण कर लिया करे। विशेष रूप से उसे निर्देश दिया था कि वह रुक्मिणी पर दृष्टि रखे और रुक्मिणी के पुत्र होते ही उसका अपहरण कर ले। यह श्रीकृष्ण, रुक्मिणी तथा विदर्भराज भीष्मक को एक ही वार में दंडित करने की कुटिल नीति थी। साथ ही यह शिशुपाल के पीड़ा और अपमान से दग्ध हृदय पर शीतल औषधि का अनुलेप भी था। जरासंध अपने भी विभिन्न अपमानों और पराभवों का प्रतिशोध इस प्रकार ले रहा था।

यही नहीं। जिस वृद्धा दासी जरा ने जरासंध को प्राणदान दिया था उसके पूरे कबीले को पुत्र-पौत्र-प्रपौत्र सहित अपने सौराष्ट्र में बसा दिया था। यह जरा-कुल जरासंध के प्रति निष्ठावान् था और मगध से ही मन में कृष्ण विरोध की उग्र भावना लेकर आया था। उनका कार्य लोगों में श्रीकृष्ण-विरोधी प्रचार करना और कृष्णानुयायियों को आतंकित करना था।

इतना सब करने के बाद भी जरासंध किंचित् भी निश्चिंत न हो पाया था। उसे यह भय था कि कृष्ण-नीति की हल्के से झोंके में ही उसके सारे महती प्रयास तिनकों से उड़ जायेंगे।

जरासंध का शरीर जन्म के समय दो निर्जीव भागों में विभाजित था। वृद्धा यक्षी जरा बड़ी कुशल धाय थी। उसने शिशु के शरीर के दोनों टुकड़ों को परस्पर जोड़कर बालक में प्राण संचार कर दिये थे। जरा यक्षी के नाम और उसके द्वारा शरीर के टुकड़ों की संधि कर देने से ही जरासंध नाम पड़ा था। जरासंध के पिता ने इस घटना से प्रसन्न होकर जरा यक्षी को नगर यक्षी घोषित कर घर-घर जरा यक्षी की प्रतिमा बनाकर उसकी पूजा करना अनिवार्य कर दिया था। नगर के हर चौराहे पर जरा यक्षी की प्रतिमाएँ स्थापित करवाई थीं। अब जरासंध ने उसी जरा यक्षी के कुछ वंशजों को समृद्ध करके कुशस्थली में बसा दिया है ताकि वें श्रीकृष्ण का वध अवसर पाते ही कर दें।

× × ×

उस दिन भोर से ही सत्राजित के स्वर्णद्वीप में कोलाहल मचा हुआ था। नए वस्त्र-परिधान और आभूषणों से युक्त स्त्रियां शुभांकित घट शीश पर धरे मंगलगीत गाती द्रुतगति से चली जा रही थीं। पुरुषगण टोलियों में रंग-बिरंगे शीश पट्ट और फूलमालाएं पहने उत्साह एवं उमंग से हाथ हिलाते हुए उच्च स्वर में बातचीत करते, ठहाके लगाते चले जा रहे थे। शकट के शकट लोगों से भरे हुए चले जा रहे थे। तटों पर नौकाएं फूलों से सजीं खड़ी थीं लोगों को राजपुरी ले जाने को प्रस्तुत।

ऐसा क्या मंगल घट गया स्वर्णद्वीप में? भामा ने शय्या पर पड़े-पड़े ही सोचा। फिर तनिक सा उठकर उनींदे नयनों से गवाक्ष से झांका।

उसकी प्रौढ़ा दासी निकट ही खड़ी देख रही थी गवाक्ष से। स्वामिनी का कौतूहल समझकर उसने बताया।

'संवाद आया है कि अनेकों प्रतापी राजाओं के मध्य से उठाकर विदर्भ राजकुमारी का हरण वासुदेव श्रीकृष्ण ने सफलतापूर्वक कर लिया है और आज वे महाभाग अपनी राजवधू को लेकर आ रहे हैं। विवाह मधुमती क्षेत्र में ही, आते समय संपन्न हो चुका है। पीछा करती विदर्भ सेनाओं के कारण यह आवश्यक हो गया था। भयंकर युद्ध भी हुआ यादवों और विदर्भ कुमार तथा अन्य राजाओं में किन्तु यदुवंशियों ने अपूर्व विजय पाई है।'

संवाद ने स्वप्नलोक में विचरती उनींदी भामा को जैसे वेग से धकेल कर यथार्थ के धरातल पर पटक दिया। नेत्र विस्फारित रह गए उसके। सच क्या?

जरासंध! शिशुपाल! रुक्मी! दंतवक्र! पौन्ड्रक। शृंगलव! भीष्मक! सब के बीच से हरण! कुलदेवी-पूजन के पश्चात् मंदिर के बाहर आते ही श्रीकृष्ण ने अपने लिए वधू का हरण कर लिया! जाने कैसा तीखा-कड़वा स्वाद मुँह में भर गया भामिनी के।

तभी पांचजन्य का चिरपरिचित महाघोष सुदूर कहीं गूंज उठा। ग्रामवासी थिरक उठे उत्साह से। जनपद-वधुएं नाच उठीं उल्लास से। भारी समारोह है आज राजधानी में विवाह का। एक राजकन्या कुलवधू बनकर आ रही है यदुकुल की। लोगों के पाँव धरती पर न पड़ते थे। लोग चर्चा करते अघाते न थे कि जैसी तो निर्भीक और साहसी वह राजबाला जिसने शिशुपाल और मगध सम्राट तक की धता बता दिया और वैसा ही वीर

हमारा माधव कि सिंह की भाँति राजसमाज में घुस कर सब के देखते-देखते रुक्मिणी को उठा लाया!

'रुक्मिणी—माधव की जय। रुक्मिणी-माधव की जय।' —आकाश फटा पड़ रहा था। धरती हिली जा रही थी।

अश्रु गुटक लिये भामिनी ने और पुनः अपना ओढ़ा हुआ वस्त्रावरण खींच कर मुँह ढाँप कर पड़ गई।

'अहो स्वामिनी। यह क्या? इतना नृत्य और खेल देख लिया और फिर सो गई! कितनी धूप चढ़ आई। आज तो बड़ा पावन दिवस है यदुवंशियों के लिए। कैसा अनोखा विवाह हुआ है कि यादवों की कीर्ति ध्वजा समूचे आर्यावर्त में फहरा दी महाभाग श्रीकृष्ण ने। कैसी मनोहर युगल जोड़ी होगी वरवधू की।'

दासी ने गद्‌गद स्वर में कहा।

'ऊंह! सोने दे मुझे! रात भर सो नहीं पाई'—सत्राजित की लाड़िली—गर्वीली पुत्री ने अश्रु रोकने का उपक्रम करते हुए झुँझला कर कहा।

'अरे आज तो मंगल उत्सव होगा......'

'होने दे......मुझे क्या करना किसी के विवाह से? सोने दे मुझे' —चिढ़ कर उससे करवट बदल ली।

'किन्तु वधू के स्वागत में चलना नहीं है?'—प्रौढ़ा दासी ने विस्मय से पूछा।

'न......न......मुझे नहीं जाना......छोड़ मुझे अकेला।'

दासी चली गई भामा की हठधर्मिता की सूचना विमाताओं को देने।

हर्ष न हो वह तो ठीक, पर इतना बुरा ही क्यों लग रहा है मुझे? इतने विवाह होते रहते हैं संसार में। मुझे किसी विवाह से क्या लेना देना? मैं व्यर्थ में क्यों व्याकुल हुई जा रही हूँ! भामा अपने आपको समझने और समझाने में असमर्थ हो रही थी।

उसने पुनः करवट बदली। अनदेखी अपरिचित रुक्मिणी मस्तिष्क में दामिनी सी कौंध-कौंध पड़ रही थी। पल-पल मस्तिष्क को चकाचौंध किये डाल रही थी। लगता था सिर वेदना से फट जाएगा और वह छलछ्‌दमी कृष्ण मेघ सा घुमड़-घुमड़ कर उसके नयनों को नीर बनाए डाल रह था।

यह कृष्ण भी अद्‌भुत है। जब से भामा ने रुक्मिणी द्वारा उसे प्रेमपाती लिखने की चर्चा सुनी है तभी से वह भामिनी के मन-मस्तिष्क पर मेघ सा छाया जा रहा है। अब तक तो मन में केवल पिता का व्यक्तित्व, वैभव, ख्याति एवं विचार की महावट की भाँति उसके मन पर फैले रहते थे। समस्त विश्व, यदुकुल और कृष्ण तो पिता के उन वैभव-वक्ष पर बसने वाले निरीह पक्षी मात्र थे। अनायास सब पलट गया जैसे।

रुक्मिणी के पत्र की घटना के बाद से भामिनी के मानस में आमूल परिवर्तन हो चला। कृष्ण महावट सा छाया जा रहा है समूचे मानस पर और पिता-माता सब नन्हें पक्षियों के समान महत्वहीन हुए जा रहे हैं। तब से न जाने क्यों वह कृष्ण को अपने स्वप्नों में अधिक ही पाती है। विचारों में पाती है। कल्पना में पाती है। स्मृति में पाती है।

अब वह और अधिक स्पष्ट दिखने लगा है। अधिक दीर्घ भी। अधिक श्रेष्ठ भी। उसे अपने ऊपर झुंझलाहट और ग्लानि होती जब वह स्मरण करती कि किस प्रकार वह स्वप्न में लजाती-सकुचाती हुई कृष्ण के चरण पखार रही थी।

व्यग्रता से उसने करवट बदली। रुक्मिणी क्या मुझसे भी सुन्दर होगी! राजपुत्री है तो क्या! आवश्यक तो नहीं कि सुन्दरी भी हो। और जहाँ तक वैभव का प्रश्न है तो यदुश्रेष्ठ सत्राजित के वैभव को कोई पार पा सकता है! स्वर्ण-वैभव किसी राजा से कम है क्या स्वर्णद्वीप का?

एकालाप चल रहा था। एक कोई राधा भी तो थी न! कहते हैं कृष्ण की बालसखी थी। अभूतर्पू सौन्दर्य की राशि। ऊंह! ·····होगी कोई राधा अथवा बाधा। मुझे क्या! वह स्वयं हंसी अपनी राधा-बाधा बुद्धि पर। मुझे क्या करना किसी से! किन्तु यह कैसा पराजय-भाव मन में पैठा जा रहा है गहरे-गहरे! कैसी पराजय! किससे पराजय! कहाँ से पराजय! आह री हताशा!

कुछ भी हो। पिता चाहे जितने कृष्ण के विरोधी हों पर कृष्ण में कुछ अद्वितीय और अनुपम है अवश्य। कभी, बहुत पहले उसने कृष्ण का पक्ष लेते हुए पिता का प्रतिवाद कर दिया था तो पिता कैसे क्रोधाग्नि से भभक उठे थे। तब से वह भी सच्चे मन से प्रयास करने लगी थी यह मानने का कि पिता कृष्ण के विरुद्ध जो कुछ कहते हैं वह सत्य ही कहते हैं।

किन्तु फिर भी पराक्रमी यदु-युवकों की भीड़ में मोर मुकुट अलग से ही दिखता है। और लोग कैसे बावले होकर दौड़ पड़ते हैं उसे देखने को। वह भी तो स्वयं कितनी उतावली हो जाती है उसकी झलक पाने को। लोग कृष्ण की जय जयकार करते हैं। चरण रज लेते हैं। बलैयां लेते हैं। परन्तु केवल स्वयं उसे ही कभी अवसर नहीं मिल पाता। एक बार मिला था·····जब कालयवन को मृत्यु के मुख में झोंक देने के बाद मंगलोत्सव में यदुनारियां कृष्ण का अभिनंदन कर रही थीं। अपनी बारी आते-आते उसका हृदय कैसा धड़क उठा था। किन्तु तभी आर्य सात्यकि के आ जाने से श्रीकृष्ण तुरंत मुड़ गये उनकी चरण रज लेने हेतु। और वह अपने दाहिने अंगूठे में रोली-अक्षत लगाए खड़ी रह गई थी। वह शूल आज तक उर से न निकला। तब से उसे लगता रहा है कि श्रीकृष्ण वास्तव में क्रूर हैं, दंभी हैं, स्वार्थी हैं। उसे लगा पिता द्वारा श्रीकृष्ण का मूल्यांकन बिल्कुल उचित है।

किन्तु फिर भी तो श्रीकृष्ण के आकर्षण से वह मुक्त नहीं हो पाती। लोग श्रीकृष्ण को कितना सम्मान देते हैं कि वह अभिभूत रह जाती देखकर। यह क्या है श्रीकृष्ण? क्या वास्तव में अवतार विष्णु का? तो·····तो·····रुक्मिणी क्या लक्ष्मी का अवतार! अहो·····अहो! रुक्मिणी तीव्र गति से कौंध पड़ी कनपटी पर। सिर फटा जा रहा है।

सत्राजित् चिंताकुल हो पुत्री के मस्तक पर हाथ फेर रहा था।

'कितना तीव्र ज्वर है इसको! क्या हो गया मेरी पुत्री को?'

माताएं, दासी, धात्री आदि चारों ओर खड़ी थीं।

'श्रीकृष्ण मायावी नहीं······विष्णु का अवतार······'—वह ज्वर के वेग में बड़बडा रही थी। वह चिल्ला रही थी—'हरण·····मुझे ले जा रहा है····· तात, मुझे बचाएं······।'

'कोई नहीं ले जा सकता तुझे अपहरण करके पुत्री! कौन ले जा रहा है तुझे'—सत्राजित ने नेत्र विस्फारित करके पूछा।

'श्रीकृष्ण······मुझे रथ में ······अहो तात!'

'नहीं नहीं ······पुत्री! श्रीकृष्ण का साहस नहीं स्वर्णद्वीप पर पांव रखने का!······ यहाँ कोई नहीं है बाहर का व्यक्ति। नहीं। यहाँ हमी लोग हैं केवल।'

'रथ······रथ·····उड़ रहा है······मोरमुकुट······'

'अहो! मेरी अबोध पुत्री के कोमल मन पर श्रीकृष्ण का कैसा आतंक छा गया है कि यह ज्वर-ग्रस्त हो गई। श्रीकृष्ण का भय उसे आक्रांत करे डाल रहा है। भामा! वत्से! तू निर्भय हो। श्रीकृष्ण बहुत दूर है, वह यहाँ नहीं।'—सत्राजित ने कहा।

'विवाह किसका?'

'अरे उसी श्रीकृष्ण का जिसने तुझे आतंकित कर रखा है। वह यहाँ नहीं आएगा। उसका स्वागत हो रहा है विदर्भ कुमारी से।'

'अहो! विष्णु-लक्ष्मी। विवाह। अवतार।'

'देखा·····कैसा उस मायावी ने अपना जादू इस पर चला दिया कि यह बेचारी उसे अवतार कह रही है मूर्च्छा में! विष्णु-लक्ष्मी नहीं, वत्से! रुक्मिणी व कृष्ण। अभी तो शिशुपाल चढ़ा आ रहा है। वह बन्दी बना ले जाएगा कृष्ण को। तू निश्चिंत हो जा। कृष्ण तेरा कुछ नहीं बिगाड़ सकता।'

'क्या ऽऽ?······' वह तुरंत उठ बैठी उन्मादिनी सी रक्त-नेत्रों को विस्फारित किए। 'बन्दी कौन? ······किसे बन्दी?······'

'शिशुपाल श्रीकृष्ण को बन्दी बना कर ले जाएगा। अच्छा दण्ड मिलेगा कृष्ण को तब·····।'

'अच्छा दण्ड!······अच्छा दण्ड! श्रीकृष्ण······छद्मी! क्रूर·····निर्दयी। कठोर हृदय ·····निर्मम! हा हा हा हा'—वह विक्षिप्त सी हंस पड़ी।

'किन्तु श्रीकृष्ण·····बन्दी·····बन्दी······नहीं। बन्दी नहीं······' और वह फूट-फूट कर रो पड़ी उपधान से चिपट कर।

तभी वैद्यराज का प्रवेश हुआ।

× × ×

वसुदेवगृह क्या, आज समूची राजधानी जैसे मंगलमंडप में परिणित हो गई थी। स्थान-स्थान पर वन्दनवार, कदलीद्वार, तोरणद्वार, मंगलकलश, पुष्प मालाएं, सुवासित छिड़काव, मंगलगान, वेणु, मृदंग, शंख, मंजीरा आदि से सुसज्जित सुगुंजित राजपुरी

पहचानी नहीं जा रही थी। कहीं नटों की टोलियाँ, तो कहीं नर्तन-मंडलियाँ, तो कहीं वारुणी देवी की अभ्यर्थना में औंधे पड़े लोग।

जिस स्थान पर नववधू एवं श्रीवर बैठे थे वहाँ तो हास्य-परिहास अबीर-गुलाल सा बरस रहा था। हर व्यक्ति उस उल्लास-अबीर में रंजित था। हंसी ठिठोली, व्यंग्य-विनोद, कटाक्ष और अट्टहासों की बहुरंग वर्षा में सब उन्मत्त और आनंद-मग्न थे।

यदि कोई इस रंग-उल्लास से अछूता रह गया था तो वह थी अत्यंत रूपवान, शिख से नख तक स्वर्ण विभूषित सत्राजित्-सुता भामिनी। एक स्तंभ से टिकी वह ऐसे उस दृश्य को निहार रही थी जैसे तट पर खड़ा कोई निर्विकार भाव से सागर-उल्लास देख रहा हो। आज विशेष रूप से स्वयं को सज्जित किया था उसने। स्वर्ण लड़ियां ऊपर से नीचे तक उस पर झूल रही थीं। मणिमालाओं और रत्नमालाओं की झूमरों से सजी भामा स्वर्ग से उतरी अफसरा लग रही थी। उतरे हुए ज्वर की लालिमा अभी भी नेत्रों और कपोलों पर थी। हृदय की पीड़ा उच्छ्वासों से प्रकट हो जाती थी।

किन्तु अपने इस रूप वैभव के प्रदर्शन से किंचित् भी उसे संतोष नहीं हो पा रहा। इस रूप-प्रदर्शन से तनिक भी तो शीतलता अनुभव नहीं कर पा रहा उसका दग्ध हृदय।

उदास-नयना चुपचाप देख रही थी यदुवंशियों का अपरिमित उल्लास। एक महा प्रतिष्ठित राजवंश से वैवाहिक सम्बंध हो जाने से धन्य हो गया था यदुकुल। जिस अपूर्व साहस एवं चातुर्य का परिचय देकर विदर्भ कुमारी का हरण किया गया था उस प्रसंग की कथाओं-चर्चाओं का तो अंत न था। सम्राट जरासंध से लेकर उस समय के पारंपरिक श्रेष्ठ राजकुलों के मुखों पर वह बड़ा ही कठोर प्रहार था। कितनों का अपमान था वह। यदुकुल की दुन्दुभी बज रही थी। यदुवंशियों के पाँव धरती पर न थे। वे उछले-उछले पड़ रहे थे।

श्रीकृष्ण को स्त्री पुरुष जैसे गोद में उठाये ले रहे थे। लजीली नववधू सबके कौतूहल, प्रेम तथा आदर की केन्द्रबिंदु थी जिसने अपूर्व साहस का परिचय देकर स्वयंवर का ढोंग ठुकराया, अवांछित शिशुपाल को ठुकराया, खोखली राज-मर्यादाओं को ठुकराया और स्वयं आगे बढ़कर माधव को आमंत्रण दिया। वह साहस की प्रतिमा इस समय लाज से दुहरी हुई जा रही थी। महाराज कुमारी के शील स्वभाव पर यदुकुल लुट गया था अवाक् था उसके सौन्दर्य को देख। शशांकलेखा सी मृदुल! सुधांशु की सौम्य रश्मि सी स्निग्ध!

इस विवाह से श्रीकृष्ण का प्रतिष्ठा-दीप एकाएक पंचमुखी प्रदीप सा प्रज्ज्वलित हो उठा था। यदुकुल में उनका विरोधी पक्ष हतप्रभ सा रह गया था इसी महती उपलब्धि से। श्रीकृष्ण के ख्याति-सिंधु पर रुक्मिणी का उदय पूर्णिमा सा हुआ और उनके यश और लोकप्रियता के सिंधु से ज्वार उमड़ पड़ा था।

वर-वधू की उत्फुल्लता छिपाए न छिपती थी। रुक्मिणी का वंकिम दृष्टि से देखना और बात-बात पर लजाना सबको कितना लुभा रहा था। देवी सी सजी-सजाई सिमटी-सकुचाई बैठी राजवधू दृष्टि पड़ते ही छुई मुई हो जाती।

श्रीकृष्ण की नेह भरी दृष्टि रुक्मिणी पर पड़ती तो रुक्मिणी नेह-वर्षा से निहाल हो जाती किन्तु अकारण ही सत्यभामा ज्वाला सी भभक उठती।

भामा के अंतर में कुंडली मारे बैठा हुआ पराजय का भाव अनायास ही अब ईर्ष्या के फण फैला कर फुफकार उठा! किन्तु पराजय क्यों? किससे? कैसी? ईर्ष्या क्यों? किससे? कैसी?

× × ×

सुधर्मा सभा में यादव लोग अपने-अपने आसनों पर विराजमान थे। वातावरण में उग्रता व उत्तेजना व्याप्त थी। युयुधान् का मुख बोलते समय तमतमा रहा था।

'यदुश्रेष्ठ! जहाँ समूचा अंधकवृष्णि-संघ जीवन हेतु संघर्षरत है वहाँ सत्राजित्-परिवार आकंठ भोगविलास में डूबा हुआ है। जहाँ समूचा गणराज्य पुनर्निर्माण में कठोर परिश्रम से संलग्न है, यदुश्रेष्ठ सत्राजित् व्यक्तिगत रूप से स्वर्ण-निर्माण करते हैं और हमारी प्राचीन परम्परा के विरुद्ध केवल अपने ही परिवार पर उसे पूरा बरसा देते हैं। जहाँ धनाभाव से हमारी कन्यायें कुलवधुएं आभूषणविहीन रहती हैं वहीं सत्राजित्-सुता पर स्वर्णलड़ियाँ झूलती रहती हैं। यह सब क्या उचित है? संघ की एकता को जहाँ कुठाराघात पहुँचा है इन कार्यों से, वहीं यदुगण सत्राजित् के व्यवहार से क्षुब्ध हैं। सत्राजित् स्वार्थी है, दंभी हैं, लोभी हैं......।

'सत्राजित महाभाग को चाहिये कि वे अपनी मूल्यवान् स्यमंतक मणि को जिससे उन्हें प्रतिदिन आठ भार स्वर्ण प्राप्त होता है, उदारतापूर्वक अंधकवृष्णि संघ राज्य को भेंट कर दें।'— श्रीकृष्ण का गंभीर एवं अनुत्तेजित स्वर सभागृह से गूंज गया।

'क्याऽ!' कृतवर्मा के मुख से विस्मय से निकला।

'यह भला संभव है?'—गद ने सन्देह प्रकट किया।

'यह एक श्रेष्ठ परम्परा एवं गरिमामय सिद्धांत है कि विराट के हित के लिए लघु का हित त्याग देना चाहिए। राष्ट्रहित के लिए ग्राम के हित का त्याग, ग्राम के हित के लिए कुटुम्ब-हित का त्याग तथा कुटुम्ब-हित हेतु व्यक्तिगत हित का त्याग होना चाहिये। यह किसी भी यदुवंशी के लिए अशोभनीय एवं अनुपयुक्त है कि वह समूचे समाज के कल्याण की उपेक्षा करके स्वयं के लिए स्वर्ण गढ़ कर विलासिता में डूबा रहे जबकि अन्य जन जीवनयापन हेतु संघर्ष कर रहे हैं'—श्रीकृष्ण का गंभीर स्वर पुनः गूंजा।

'उचित है, उचित है'—सभासदों ने तुमुल ध्वनि से समर्थन किया।

तभी प्रमुख द्वार पर ऐसा प्रभापुंज चमक पड़ा कि सभासदों के नेत्र चकाचौंध हो गए।

महाभाग सत्राजित् स्वयं आ गए अपनी स्यमंतक मणि को धारण किए। 'स्वागत है महाभाग! स्वागत है!'—श्रीकृष्ण तुरंत समझ गए कि यह विलक्षण प्रभापुंज स्यमंतक मणि से ही प्रकट हो रहा है जो सत्राजित् ने अपने कंठहार में धारण कर रखी है।

यदुगण अवाक् थे। विस्फारित नेत्रों से अपलक देख रहे थे सत्राजित् के स्वर्ण रूप को। स्वर्णाभूषण, मुक्तामालायें, रत्नजटित मुकुट, मुद्रिकाएं, भुजबंद एवं कंठ में वही सूर्य प्रभामण्डल सी मणि। अनुज प्रसेनजित एवं अन्य बंधु बांधवों से घिरे हुए सत्राजित् ने नगर कुबेर की भाँति सभा में प्रवेश किया। एक-एक तन पर इतना-इतना स्वर्ण! यादव

सभा हतप्रभ थी। अक्रूर ने दांत भीचे। शतधन्वा ने ओष्ठ चबाए। युयुधान की मुट्ठियां भिंच गयीं। कृतवर्मा ने वितृष्णा से नेत्रों पर हाथ रख लिया।

'यदुश्रेष्ठ सत्राजित्! आप दीर्घायु हैं। अभी आप ही की चर्चा हो रही थी और आप स्वयं ही आ गए। आप यादव-संघ के एक वरिष्ठ एवं मान्य सदस्य हैं। आप भलीभाँति जानते हैं कि इस समय राजकोष रिक्त-प्रायः है। धनाभाव के कारण स्थिति गंभीर हो चली है। हमारा मूलमंत्र सदा से यह रहा है कि अनेक के कल्याण हेतु एक के हित का त्याग कर देना चाहिए। इसी सिद्धान्त के परिपालन के लिए यदुवंश की रक्षा हेतु हमने कंस का त्याग किया था। अब जब कि इस नये प्रदेश में बसने और पुनर्निर्माण में हमारी आर्थिक स्थिति गंभीर हो चली है, यह सुधर्मा सभा एकमत से आपसे प्रार्थना करती है कि आप अपनी स्यमंतक मणि यदुकुल के हित में दान कर दें। यादवों के पास विवाह एवं यज्ञादि अनुष्ठानों तथा दानदक्षिणा हेतु पर्याप्त धन नहीं है। अतः सभा की इच्छा तथा विनम्र विनती आप से है कि आप उक्त मणि अंधकवृष्णि-कोष को उदारतापूर्वक समर्पित कर दें ताकि इससे पूरे समाज का कल्याण हो सके।'—श्रीकृष्ण ने अनुरोध किया।

'नहीं!......कदापि नहीं!'—सत्राजित् गरज उठा। आवेश में कुछ पल वह आगे बोलने में असमर्थ रहा। पुनः उसने कहना प्रारंभ किया।

'यह सर्वथा अनुचित है कि व्यक्ति की अपनी अर्जित की हुई संपत्ति को सामाजिक संपत्ति बनाया जाए। स्यमंतक मणि मेरी उपलब्धि है। प्रभास में सूर्यस्थान पर जव मैं सूर्योपासना से उठा तब समुद्र तट पर मुझे मिली थी। यह भगवान भुवन भास्कर के वरदान स्वरूप मुझे प्राप्त हुई है। उसका प्रयोग मैं जैसे चाहूँ कर सकता हूँ। उसका स्वामी मैं हूँ। मैं स्यमंतक मणि किसी स्थिति में नहीं दे सकता। मैं यदुवंश के लिए त्याग करूं......किन्तु इस यादव संघ ने मेरे लिए क्या किया? श्रीकृष्ण! सतत युद्ध में नहीं झोंक दिया तुमने समूचे यदुकुल को और मेरे परिवार को? प्राणरक्षा हेतु मैं स्थान-स्थान भागता फिरा परिवार के साथ......।'

'तो वीरवर! पलायन किया था तुमने?'—कृतवर्मा ने व्यंग्य से मुस्कुरा कर पूछा।

'पलायन! मैं पूछता हूँ, पलायन किसने नहीं किया था रणछोड़ जी?'—व्यंग्य से सत्राजित ने श्रीकृष्ण से पूछा। कृतवर्मा व सात्यकि आदि से तो वह बात भी नहीं करता था। अतः कृतवर्मा के प्रश्न का उत्तर उसने श्रीकृष्ण से प्रश्न पूछ कर दिया।

'पलायन तो रणनीति की चातुरी का भी एक चरण होता है महाभाग! वासुदेव ने उसी रणनीति के अंतर्गत पलायन किया था, ताकि बल-संग्रह करके पुनः युद्ध में शत्रु को पराजित किया जा सके। यदुश्रेष्ठ सत्राजित्! अपने भीरुतापूर्ण पलायन को आप माधव के युद्धनीतिपूर्ण पलायन से कृपया न तौलें'—सात्यकि ने आवेश में कहा।

श्रीकृष्ण ने देखा विवाद उग्र हो रहा है। वे स्थिति सम्हालने का प्रयास करते हुए बोले।

'यहाँ तक विवाद अप्रासंगिक है बंधुओ! मूल चर्चा से हट कर इस प्रकार हम सभा का मूल्यवान् समय ही नष्ट कर रहे हैं। समस्या यह है कि समूचे यादव समाज की सुरक्षा तथा राज्य के पुनर्निर्माण हेतु स्वर्ण की गंभीर आवश्यकता है। स्वर्ण के स्रोत तो ढूंढ़े ही

जा रहे हैं। किन्तु, महाभाग सत्राजित् एक निष्ठावान् यादव हैं अतः यादवों की इस संकट की घड़ी में वे उदारता से अपनी स्यमंतक मणि यदुकोष में दान कर देंगे, हम यह आशा करते हैं।'

'यदि स्वर्ण इतना ही आवश्यक है यादवों की सुरक्षा के लिए, तो कुंतीनंदनों को सहायता रूप में अक्रूर द्वारा स्वर्ण भिजवाने की क्या आवश्यकता थी?'—सत्राजित ने उग्र स्वर में पूछा।

'वह भी आवश्यक था महाभाग! मित्र को, बंधु को, निकट संबंधियों को आपत्तिकाल में अवश्य सहायता करना चाहिए। नीति यही कहती है। तभी यह सम्भव होगा कि हमारे संकट में वे हमारा साथ देंगे। पांडुनंदनों को सहायता भेजना तब तक आवश्यक नहीं था जब तक हमें ज्ञात न थी उनकी अनाथवत् स्थिति। जब तक महाराज पांडु के आश्रय में वे लोग पार्वत्य-प्रदेश में थे, हमारा विशेष दायित्व उनके प्रति न था। पर अब स्थिति बदल गई है। महाराज पांडु के स्वर्गवासी होने से हमारी पितृष्वसा यदुनंदिनी कुंती असहाय हैं तथा उनके तथा उनके पुत्रों के साथ हस्तिनापुर राज्य न्याय नहीं कर पा रहा है। वे अन्याय व अत्याचार से दुःखी हैं। उनकी ऐसे में सहायता करना हमारा धर्म है। वे हमारे सम्बन्धी हैं। महाभाग! आप कृपया शांति एवं धीरज से विचार करें तत्पश्चात् स्यमंतक मणि महाभाग अक्रूर को सौंप दें।' —वासुदेव के स्वर में लेशमात्र भी उत्तेजना न थी।

'नहीं! जिस प्रकार मैंने कुंतीनंदनों को आर्थिक सहायता देना अस्वीकार किया था उसी प्रकार मैं स्यमंतक मणि देना भी अस्वीकार करता हूँ और अक्रूर का ही क्या विश्वास! वे अपने परिवार हेतु भी तो इसका उपयोग कर सकते हैं। उससे तो यही श्रेष्ठ है कि मणि मेरे ही परिवार में रहे।'

'अक्रूर को देने का अर्थ उन्हें व्यक्तिगत रूप से मणि का प्रयोग करने का अधिकार दे देना नहीं है, सत्राजित्! कोषाध्यक्ष होने के नाते महाभाग अक्रूर उसे कोष में रखेंगे और समूचे यदुकुल के हित में उसका प्रयोग होगा। सत्राजित्! यदुकुल के हित में ही तुम्हारा हित भी सन्निहित है……' —बड़ी देर के बाद महाराज उग्रसेन ने सभाध्यक्ष की आसन्दी से हस्तक्षेप किया।

'किन्तु मुझे विश्वास नहीं कि स्यमंतक मणि का सार्वजनिक हित में ही प्रयोग होगा। मुझे प्रतीत होता है कि प्रत्येक यादव की गृद्ध-दृष्टि मेरी संपत्ति तथा मेरी रूपवती कन्या पर लगी हुई है।'

'झूठ है! मिथ्या आरोप है यह'—देवभाग गरज उठे।

'प्रलाप बन्द करो सत्राजित्!'—सात्यकि ने मुट्ठी तान हाथ ऊँचा किया।

'मिथ्या आरोप लगा कर सुधर्मा सभा की पवित्रता नष्ट न करें, महाभाग'—उद्धव ने हाथ जोड़े।

सत्राजित् के आक्षेपपूर्ण वक्तव्य ने तो जैसे यादव-युवकों के रहे सहे धीरज को भी लौ दिखा दी। घोर कोलाहल मच उठा। आरोप-प्रत्यारोपों की बौछार प्रारम्भ हो गई।

'शांत हो·····शांत हो······। कृपया अपने-अपने स्थान पर सब बैठ जाएं'—उग्रसेन ने दुर्बल हाथों को हिलाते हुए उत्तेजित सभासदों को शांत करने का प्रयास किया।

'मुझे शांत न करें कृपया। इस सुविख्यात सुधर्मा सभा में जब समस्त सदस्य स्वतंत्रता से अपने विचार अभिव्यक्त कर सकते हैं तो मेरा ही मुँह क्यों बन्द किया जा रहा है? मेरा मुख बन्द न होगा, यदि समूचा यदुकुल मेरे विरुद्ध एक हो जाए तो भी! मैं निर्भीकता से कहना चाहता हूँ कि श्रीकृष्ण आदि की धूर्तता मैं समझता हूँ। मेरे वैभव से ये यादव ईर्ष्या करते हैं। मेरी संपत्ति इन्हें फूटी आँख नहीं सुहाती।'

पुनः क्षुब्ध यादवों के गर्जनों से सभा भवन गूंज उठा।

वासुदेव उठ खड़े हुए। विनती कर करके एक-एक को शांत करके बिठाया और पुनः सत्राजित् को समझाने लगे।

'यह आपका भ्रम है, महाभाग सत्राजित्! आपकी संपत्ति से कोई ईर्ष्या नहीं करता। किन्तु हमारी इच्छा एवं उद्देश्य है कि हर यदुवंशी इतना धनिक हो जाए जितने कि आप हैं। हमें आपकी संपत्ति, वैभव एवं संग्रह पर गर्व है। आपकी अद्भुत, अलौकिक एवं अद्वितीय स्यमंतक मणि पर गर्व है। किन्तु यदुवीर! कृपया शांत भाव से यह सोचें कि हमें यदुराज्य और द्वारकापुरी की सुरक्षा हेतु, कोष हेतु, आपत्तिकाल हेतु, अनावृष्टि एवं अतिवृष्टि हेतु, वेतनादि देने हेतु धन चाहिए। स्वर्ण चाहिए। वह हम कहाँ से पाएं? अपनी नाभि में ही कस्तूरी रखे हुए हम उन्मादी कस्तूरी-मृग की भाँति वन-वन भटक रहे हैं स्वर्ण की खोज में। एक के बाद एक गिरि-मालाओं में उत्खनन कर रहे हैं सरिताओं के जल में से बालुकण निकालकर उसमें स्वर्णकण बीन रहे हैं। जबकि यादवकुल में ही आप जैसे कीर्तिवान महोदय के पास स्वर्ण का अक्षय कोश है। हम तो आप से दान हेतु निवेदन कर रहे हैं। स्वच्छ से दान कीजिए। सबके हित में दान कीजिए। बल प्रयोग की तो बात ही नहीं उठती। हम निरंतर अनुरोध करते ही रहेंगे आपसे इस प्रयोग हेतु।'—श्रीकृष्ण ने शांत स्वर में पुनः समझाया।

'नहीं!'—क्रोध से सत्राजित् का रूप प्रचंड हो गया था।—'मुझे किसी पर किंचित् भी विश्वास नहीं। मेरे हाथ से निकलते ही इस अमूल्य मणि हेतु लोभी यादव परस्पर लड़ने लगेंगे और श्रीकृष्ण अपनी स्वाभाविक धूर्तता से उसे पा लेगा। मैं स्यमंतक मणि नहीं दूँगा। नहीं दूँगा। कदापि न दूंगा।'—तमतमाए मुख से सत्राजित् बोला और गहन उच्छ्वासें भरता उठकर धीर-धीरे बाहर चला गया। उसके बंधुबांधव भी पीछे-पीछे चले गए।

आरोप-प्रत्यारोप पुनः मुखर हो चला सभा में। आवेश और उत्तेजना में कोई एक दूसरे की बात ही न सुनता था। केवल वासुदेव तनाव रहित हो शांत बैठे थे।

चिंतित महाराज उग्रसेन ने अपने भाल पर विवशता से हाथ फेरते हुए सभा विसर्जित कर दी।

× × ×

अस्ताचलगामी अंशुमाली की अंतिम स्वर्ण रश्मियां द्वारावती नगरी को उद्भासित कर रही थी। प्रासादों के शिखरों से सहस्रों सूर्य उद्भासित प्रतीत हो रहे थे। अंधकार के

पदार्पण की संभावना से दीप प्रज्ज्वलित कर दिये गये थे। दीपमालिकाओं को धारण किये, जैसे स्वर्ण किरीटों से जगमगाती और अरुणरश्मियों से सजी-संवरी द्वारावती सुनील रत्नाकर-सिंधु तट पर नवतरुणी सी अभ्यर्थना में खड़ी थी।

सूर्यास्त शिला पर बैठे अपलक नेत्रों से इस स्वर्गिक दृश्य का अवलोकन कर रहे थे महान् सौन्दर्य उपासक वासुदेव श्रीकृष्ण। निकट बैठे थे युयुधान सात्यकि एवं उद्धव।

'वासुदेव! मुझे भय है कि सत्राजित् की हठधर्मिता यदुकुल को ले डूबेगी...... ।'—वासुदेव मौन थे।

'किसी भी प्रकार यह स्यमंतक-मणि प्राप्त हो जाए तो यदुकुल पर मंडराते आपत्ति के बादल बरस न सकेंगे। हमारी समस्याएं तुरन्त हल हो जाएंगी।'—उद्धव ने कहा।

'मणि तो सत्राजित् के पास वस्तुतः दो हैं। स्यमंतक मणि के अतिरिक्त उसके पास अद्वितीय कन्यारत्न भी है जिसके रूप और गुण का भी सत्राजित् को घमण्ड है......'—सात्यकि बोले।

'वही न जो महाभाग अक्रूर की वाग्दत्ता वधू है'—उद्धव ने पूछा।

'अक्रूर की? नहीं!......उसका वाग्दान तो शतधन्वा को हुआ है।'

'शतधन्वा को? मैंने तो नहीं सुना। बल्कि कृतवर्मा अवश्य लालायित है उस कन्या हेतु। मैंने सुना है कि उसे आश्वासन भी प्राप्त हो चुका है प्रसेनजित् से।'

अनायास वासुदेव के उच्च स्वर में अट्टहास से वे चौंक उठे।

'क्या हुआ वासुदेव?'—सात्यकि ने विस्मय से पूछा।

'कुछ नहीं मेरे मित्र मुझे हंसी आ रही है कि सत्राजित् ने अपनी एक ही पुत्री का वाग्दान कई यदुवंशियों को कर दिया है क्या?'

'यह सत्य है वासुदेव! सत्राजित् को समझ पाना कठिन है। कभी मेरे लिए उसने चर्चा चलाई थी तात से, किन्तु आप जानते ही हैं कि सत्राजित् के परिवार की तात कितनी आलोचना करते हैं अतः उन्होंने तुरंत ही उसकी कन्या को पुत्रवधू बनाना अस्वीकार कर दिया था। फिर उसने महाभाग अक्रूर को फंसाना चाहा। उधर शतधन्वा से भी कह दिया कि तुम ही को पुत्री दूंगा। इधर सत्राजित् के अनुज प्रसेनजित् ने कृतवर्मा को भी आश्वस्त कर दिया।'

'हा हा हा हा हा ......'—वासुदेव का अट्टहास सिंधु गर्जन से स्पर्धा कर उठा।

'अच्छा तो अब समझ में आया उस दिन आनंदशाला में कृतवर्मा और शतधन्वा में द्वंदयुद्ध का क्या कारण था'—उद्धव ने गम्भीरता से सोचते हुए कहा।

'अरे उनके मध्य द्वंदयुद्ध क्या पहली बार हुआ है! क्या एक बार हुआ है? कितनी ही बार हो चुका है। एक बार तो महाभाग अक्रूर, कृतवर्मा और शतधन्वा तीनों ही उलझ पड़े थे। बड़ी कठिनाई से उन्हें अलग किया जा सका था। ......'

हा हा हा हा......वासुदेव पुनः उन्मुक्त रूप से हंस रहे थे।

'लगता है कि यदुकुल को आर्थिक विपन्नता नहीं, कहीं नारी ही तो नहीं ले डूबेगी......हा हा हा हा'—वासुदेव हंस रहे थे।

'असंभव नहीं वासुदेव! वह कन्या जितनी ही सुन्दर है, उतनी ही रूपगर्विता। व्यस्तता के कारण तुम्हारा ध्यान नहीं गया वासुदेव, कि वह गर्वीली बाला तुम्हारे विरुद्ध क्या कहती है।'—सात्यकि ने गंभीर होकर कहा।

'मेरे विरुद्ध?'—वासुदेव चौंके।

'हाँ वासुदेव! कन्या उतनी दोषी नहीं इस विषय में क्योंकि उसके पिता ने तुम्हारा विरोध उसे घुट्टी में ही डालकर पिला दिया था। देवी रुक्मिणी के स्वागत-समारोह में वह ऐसी स्वर्णजटित होकर आई थी कि महाराजकुमारी रुक्मिणी भी निस्तेज हो जाए उसके समक्ष। उसका अभिप्राय किसी से छिप सका था क्या?'

'अरे यह वैभव-प्रदर्शन तो उस परिवार की विशेषता है सात्यकि, उसे इतनी गंभीरता से न लो। और वह जब इतनी सुंदरी है, पिता की लाडली है तो क्यों स्वर्णाभूषणों से सज्जित होकर आती? किन्तु मुझसे सत्राजित् की पुत्री को क्या आपत्ति हो सकती है, यह मैं समझने में असमर्थ हूँ।'—श्रीकृष्ण ने कौतुक से कहा।

'वह भी अपने पिता की ही भाँति रटती फिरती है कि श्रीकृष्ण का महत्व उनके चाटुकारों के कारण व्यर्थ में ही बढ़ गया है, माधव में है कौन सी विलक्षणता?'

'हा हा हा हा......! बस इतनी सी बात! इसी से तुम इतने क्षुब्ध हो गए उस अबोध बाला से?'—वासुदेव ने पूछा।

'नहीं माधव! तुम समझते नहीं। उसने तुम्हारे विरुद्ध अन्य कारणों से भी मन में कटुता पाल रखी है।'

'वह क्या?'—चकित हो वासुदेव ने पूछा।

'उसका कहना है कि कालयवन पर विजय पाकर अपने अभिनंदन-समारोह में तुमने उसे अपने ललाट पर जानबूझकर अभिषेक नहीं करने दिया था।'

माधव अचंभित थे।

'क्या ऽऽ? मैं तो उस यदुबाला को पहचानता भी नहीं। मैंने कभी किसी नारी का अनादर नहीं किया। यह अवश्य है कि कालयवन पर विजयोपरांत अभिषेकोत्सव को मैं बहुत कुछ भूल चुका हूँ, किन्तु किसी नारी का अनादर तो स्वप्न में भी मुझसे संभव नहीं।'

'अरे बात तो विस्मृत करने ही योग्य है। यदु-रमणियाँ आपका अभिषेक कर रही थीं। जैसे ही वह आगे बढ़ी संयोगवश आप उसी क्षण तात सात्यकि के पधारने से उनके चरणस्पर्श करने को मुड़ गए थे। यह मेरे सामने की घटना है'—उद्धव ने स्मरण दिलाया।

'हा हा हा हा ......' पुनः वही अट्टहास गूंज ऊठा सिंधु से स्पर्धा करता सा।

'यह तो मानना पड़ेगा मित्र कि बड़ी कल्पनाशील सुकन्या है सत्राजित् की। मुझे कुछ भी स्मरण नहीं। तुम तो जानते हो मित्र कि मैंने सदा नारी को सम्मान की दृष्टि से देखा है। सदा उसे ऊँचा स्थान दिया है। सदा मेरा प्रयास रहा है कि नारी को उसकी हीन स्थिति के मुक्त किया जाए तथा समाज में प्रतिष्ठा का स्थान दिया जाए। मैं तो सोच भी नहीं सकता कि मैंने किसी सुशीला का अपमान अजाने में भी किया हो। यह तो बड़ा

गभीर आरोप है मुझ पर।'—श्रीकृष्ण गंभीर हो गए थे।

'उसे गंभीरता से न लो माधव! उससे तो और कितनी अधिक गंभीर समस्याएं सम्मुख हैं। किन्तु वह यत्रतत्र सर्वत्र यही भुनभुनाती फिरती है।'—सात्यकि ने कहा।

'क्या नाम है सत्राजित् की सुकन्या का?'

'भामिनी! भामा नाम से पुकारा जाता है परिवार में उसे।'

'भामिनी तो वह है ही! ......पर उसका नाम तो मानिनी होना चाहिए था!......हा हा हा ......'—वासुदेव का निश्छल हास्य तट पर सिंधु फेन सा छा गया।

'यह भामा-प्रसंग तो गौण है माधव! किन्तु स्यमंतक मणि के विषय में अवश्य कुछ किया जाना चाहिए एवं यथाशीघ्र किया जाना चाहिये। देखा नहीं आज सत्राजित् विशेष रूप से प्रदर्शन हेतु ही वह मणि धारण करके सभा में आया था। और अभी संध्या को जब हम सिंधु तट आ रहे थे तब उसका अनुज प्रसेनजित् उसी मणि को धारण किये राह में मिला तो किस प्रकार घमंड से उसने हम लोगों की ओर देखा था।'—युयुधान् ने किंचित् रोष से कहा।

'प्रदर्शन करना तो उस परिवार की चारित्रिक विशेषता है। स्यात् वह दिखावे के लिए ही स्यमंतक-मणि धारण किए थे क्योंकि वह तो आखेट की वेशभूषा में था। आखेट हेतु प्रस्थित व्यक्ति ऐसी मूल्यवान निधि क्यों धारण करेगा।'—उद्धव बोले।

'आखेट। संध्या समय?'—वासुदेव चौंके।

'अरे हाँ। यह तो बात हमारे ध्यान में ही नहीं आई। किन्तु यह सत्य है कि वह आखेट की ही वेशभूषा में था। अश्वारूढ़ भी था। और गया भी वह दारुकावन की ही ओर था! लेकिन वासुदेव की शंका भी उचित है। संध्या समय आखेट हेतु वन की ओर प्रस्थान करना कुछ रहस्यमय सा लगता है।'

'क्या ज्ञात, वह केवल मणिहार पहन कर अपने अहं की तुष्टि करके आसपास ही घूम कर वापस भी चला गया हो अब तक घर।'—उद्धव ने सोचते हुए कहा।

वासुदेव विचार मग्न थे।

'मेरे विचार से, सात्यकि, एक बार और सत्राजित् को समझाने में कुछ अनुचित नहीं है। सभाभवन में वे अत्यधिक रोष में भर गये थे। उनके घर जाकर यदि हम प्रार्थना करें तो संभव है कि पुनर्विचार कर लें सभा के प्रस्ताव पर।'—वासुदेव ने गंभीर होकर कहा।

'जैसी तुम्हारी इच्छा माधव। किन्तु मुझे तो कोई आशा दिखती नहीं।'

'प्रयास करने में हानि तो नहीं। कल प्रातः ही हम स्वर्णद्वीप चलेंगे सत्राजित् के गृह।'

× × ×

स्वर्णद्वीप सत्राजित् की छोटी-मोटी किन्तु वैभवशाली राजपुरी थी। श्रीकृष्ण आज सर्वाधिक संपन्न यादवश्रेष्ठ की कुबेरनगरी में याचक बनकर आए थे।

'महाभाग! वसुदेवनन्दन श्रीकृष्ण और सात्यकि युयुधान् पधारे हैं'—प्रतिहारी ने सत्राजित् को सूचना दी।

'कौन? वे......चोर। अब क्यों आए हैं यहाँ? उनका यह साहस कि स्वर्णद्वीप पर मेरी अनुमति के बिना पाँव रखें। उनसे कहो मैं उनका कृष्णमुख देखना तक नहीं चाहता। निकाल दे उन्हें स्वर्णद्वीप के बाहर। जा शीघ्रता कर अन्यथा तेरा शीश तन पर न रह पाएगा'—क्रोध से बावला सत्राजित् गरजा।

'आप व्यर्थ ही प्रतिहारी पर कुपित हो रहे हैं महाभाग! उसने तो कर्त्तव्य का पालन किया था और हमे पूरी शक्ति से आने से रोका, किन्तु तो भी हम आ ही गए आपकी सेवा में······।'

सत्राजित् ने चौंककर देखा वही मोरमुकुट और पीताम्बरधारी मायावी अपनी सम्मोहक मुस्कान से समूचे परिचारक-वृंद को मंत्रमुग्ध किए खड़ा है।

'कृष्ण!······हाँ तू कृष्ण है। वास्तव में तू कृष्ण है। यथानाम तथा गुण। तू यहाँ आया कैसे?'—सत्राजित् रोष से बात पूरी न कह पाया।

'नौका से महाभाग।'—मुस्कुरा कर कृष्ण ने कहा।

सत्राजित् तमतमा गया इस निरीह उत्तर से। एक गहरी उच्छ्वास लेकर कुछ कहने को तत्पर हुए ही कि माधव ने हाथ जोड़ दिए उनके सम्मुख।

'महाभाग। हम पुनः निवेदन करने आए हैं कि यदुकोष में स्यमंतक मणि स्वेच्छा से दान करके समूचे यदुकुल की डूबती नैया को तार लें आप।'—श्रीकृष्ण की वाणी में हार्दिक विनय एवं निश्छलता थी।

'चोर! मिथ्याभाषी! दस्यु!'—सत्राजित् हाथ उठाकर वेग से चिल्लाया।

भीड़ जुड़ने लगी थी। कुटुम्बीजन, परिचारकगण स्तब्ध थे।

'न हम चोर हैं, न मिथ्याभाषी, न ही दस्यु! हम आप ही की भाँति सत्यनिष्ठ एवं पराक्रमी श्रेष्ठ यदुवंशी हैं—।'

'चोर हो, तुम। चोर हो। तुम चोर हो। तुम्हारी गृद्ध-दृष्टि से मैं पहले ही समझ गया था कि स्यमंतक मणि अब मेरे पास अधिक समय रहने वाली नहीं है। अब क्या मुझसे मिथ्या सम्वेदना प्रकट करने आए हो मणि चुराने के उपरांत?'

'क्या? मणि······?चोरी······?' —वासुदेव एवं सात्यकि दोनों चौंक पड़े।

'आ हा हा हा ······बड़ा सुन्दर नाटक कर लेते हो नटनागर! एक तो मणि चुरा ली, और अब कैसे भोले बन रहे हो नटवर।'—सत्राजित् ने व्यंग्य से टेढ़ा मुख करके हाथ नचाते हुए कहा।

'सत्राजित्। बस करें। आप क्रोध के उद्वेग में उचित-अनुचित का ध्यान नहीं रख रहे और निरंतर अनर्गल प्रलाप किए जा रहे हैं। आपकी बहुमूल्य मणि खो गई है······इसका तो हमें भान भी नहीं। यदि वास्तव में वह खो गई है, तो हमें भी उतना ही क्लेश है जितना आपको है। किन्तु माधव पर निराधार दोषारोपण कृपया न करें।'—सात्यकि ने आवेश में कहा।

'चुप रह कृष्ण के चाटुकार! तेरे रोकने मात्र से मैं क्या सत्य संभाषण से रुक जाऊँगा, शठ! मैं दोनों बाहु उठाकर पुकार-पुकार कर कहूँगा और उच्च स्वर में सबको सुना कर कहूँगा— यह कृष्ण चोर है। कृष्ण ने मेरी स्यमंतक मणि चुराई है। कृष्ण चोर है! कृष्ण चोर है! कृष्ण चोर है!......'—सत्राजित् क्रोधोन्माद से चिल्लाने लगा।

वासुदेव हत्प्रभ रह गए थे।

'महाभाग! आपकी पीड़ा का हम अनुमान लगा पा रहे हैं। किन्तु मेरे ऊपर दोषारोपण का कोई आधार? कोई प्रमाण आपके कथन के पक्ष में?'—वासुदेव ने विनयपूर्वक पूछा।

'मैं यहाँ कुछ नहीं कहूँगा। मुझे जो कहना है सुधर्मा सभा में कहूँगा। सबके सामने कहूँगा। पुकार-पुकार कर कहूँगा। समस्त यदुवंशियों के मध्य कहूँगा कि जिस कृष्ण पर वे इतना गर्व करते हैं, वह उनका मायावी नायक एक क्षुद्र चोर से अधिक कुछ नहीं। समूची द्वारावती में मैं घूम-घूम कर घोषणा करवाऊंगा कि वसुदेव पुत्र ने स्यमंतक-मणि चुरा कर अपना वास्तविक चरित्र उजागर कर दिया है। कृष्ण चोर है! कृष्ण चोर है! सुन लो हे यदुवंशियो! हे द्वारापुरी-वासियो, यह कृष्ण चोर है ......'—सत्राजित् की श्वास फूल गई आवेग से।

'शांत हो महाभाग! शांत हों। सभा में आपको तथ्यों को रखने एवं अपने विचार रखने की पूर्ण स्वतंत्रता है। किन्तु उस स्वतंत्रता का दुरुपयोग कोई नहीं कर सकता। साक्ष्य एवं प्रमाण के अभाव में किसी पर भी आरोप लगाना आपको शोभा नहीं देता।'—श्रीकृष्ण का स्वर अभी भी पूर्णतः शांत था।

'मुझे शोभा नहीं देता! अच्छा! अब तू मुझे ही सिखाने लगा? प्रमाण चाहता है.....प्रमाण? साक्ष्य चाहता है! साक्ष्य की कमी है क्या धृष्ट! अब तो भरी सभा में ही तुझे चोर ठहराऊँगा और तेरे अनुचित कार्यों को निरावरण करके यादवों की बुद्धि पर से तेरा सम्मोहन जाल सदा-सदा के लिए भंग कर दूंगा......'—विद्रूप भरा अट्टहास करता हुआ सत्राजित् एक परिचारिका का अवलंब ले प्रलाप करता हुआ वहाँ से चला गया।

श्रीकृष्ण स्तब्ध थे समूचे काण्ड से।

'चलें माधव! यह क्षुद्रतावश कुछ भी कर सकता है! अब यह प्रमाण तैयार करवाने और साक्ष्य जुटाने गया है भीतर। हम लोग शीघ्र ही सभाभवन पहुंचें। समय अल्प है'—सात्यकि ने श्रीकृष्ण के कंधे पर हाथ रखा।

'किन्तु मित्र! ऐसा घोर आरोप मुझ पर! सत्राजित् एक सामान्य मनुष्य है मुझे इस पर भी सन्देह होने लगा है।'—धीमे पगों से लौटते हुए माधव ने कहा।

'नहीं वासुदेव, वह सामान्य नहीं। संपत्ति के प्राचुर्य ने उसे विकृत कर दिया है। वह अंधा हो गया है वैभव के कारण। उसकी सोचने-समझने की बुद्धि नष्ट हो गई है। वह अत्यंत स्वार्थी, लोलुप एवं आत्मकेन्द्रित व्यक्ति है, इसलिए अन्य सबको सन्देह की दृष्टि से ही देखता है। मुझे तो सन्देह होता है कि सामान्य तो सामान्य, सत्राजित् मनुष्य भी है क्या? जो तुम पर चोरी का आरोप लगा सकता है, वह क्या कहलाने योग्य है? अहो माधव! वह रही सत्राजित् की दूसरी अनुपम मणि, उसकी कन्या भामिनी!'

सत्राजित् के प्रासाद के सामने ही एक विराट पद्मवन था। उसी कमलवन के किनारे कोई स्वर्णसुन्दरी एकाकी खड़ी नवप्रस्फुटित पद्मों का अवलोकन कर रही थी।

'तो यही भामिनी मुझसे रुष्ट है कुछ काल्पनिक कारणों से, सात्यकि?'—श्रीकृष्ण ने उत्सुकता से पूछा।

'हां यही है वह कल्पनामयी!'

'आश्चर्य! पुत्री ने भी मुझ पर काल्पनिक आक्षेप लगा रखे हैं और पिता ने भी!'—वासुदेव का हास्य फैल गया कमलोद्यान में।

भामिनी ने चौंक कर दृष्टि उठाई तो पीताम्बर लहरा गया दृष्टि में। वह अस्थिर हो उठी। क्रोध, आवेश, घृणा और न जाने क्या-क्या मन में उमड़ पड़ा। नीचे का अधर दबा। भृकुटि तनीं और तीव्र गति से घूम कर वह उन लोगों की ओर पीठ करके खड़ी हो गई।

'सत्राजित् की पुत्री है या साक्षात् अग्निशिखा! वास्तव में अत्यंत रूपवान है। प्राची की सद्यः अरुणाभा सी। यदि पिता को गर्व है पुत्री के रूप पर तो उचित ही है'—माधव ने मन्द स्मित से कहा और वे युयुधान को विभिन्न पद्मों का परिचय देने लगे।

'देखो यह शतदल है और यह सहस्रदल! इन दोनों में बहुत कम लोग भेद कर पाते हैं। और विदर्भकुमारी आँख मूँद कर स्पर्श करके ही बता देती है कि शतदल है कि सहस्रदल। कैसा आश्चर्य!'

फचाक्!

विदर्भकुमारी का उल्लेख! और अट्टहास! थरथरा कर भामिनी तनिक और किनारे की ओर जो हटी तो पाँव गया कीचड़ में।

'अहो।'—एक व्याकुल सा स्वर निकला उसके आवेगपूर्ण कंठ से।

जब तक वह कुछ समझ पाती, वासुदेव ने तुरंत आगे बढ़कर उसे दृढ़ता से पकड़ कर पंक से निकालकर, फूल सा रख दिया भूमि पर।

उसे तो काठ मार गया जैसे। मुखमंडल आरक्त हो उठा। स्वेद की बड़ी-बड़ी बूँदें भाल पर झलमला आईं। नेत्र झुके के झुके रह गये।

'स्वस्थ तो हैं न, भामिनी?'—कर्ण कुहरों में मन्द हास्य से मिश्री घोलकर वासुदेव मित्र के साथ चल दिए।

किसने पूछा यह? पीताम्बर ने? या मयूरमुकुट ने? या कृष्ण-गंध ने? या उन सुनील बाहुओं ने जिन्होंने उसे उठा कर पंक से बाहर किया था? किसने पूछा? मुख तो उसने देखा ही न था। पीताम्बर दिखा था बस। मोरमुकुट झलमलाया था बस। उन ही ने पूछा होगा क्या?

उसे चारों ओर केवल पीताम्बर ही दिख रहा था। पीताम्बर की सरसराहट अभी भी कानों में थी। हरिचंदन की गंध हृदय में बैठी जा रही थी। अंग से लिपटी जा रही थी। जैसे वह भामिनी नहीं रही, वैजयंतीमाल्य हो गई ......झूलने को आतुर......झूमने को

व्याकुल......नीलवक्ष पर।......यह मणिचोर क्या वास्तव में मायावी है! यह क्या हुआ? यह क्यों हुआ! अहो मायावी!

× × ×

अश्व के पंख लगे थे मानो। बलाहक उड़ा जा रहा था। वासुदेव का मुखमंडल आवेग, क्षोभ, रोष एवं दुपहरी की कठोर धूप से तमतमा रहा था। स्वामी का मर्म अश्व भली-भाँति जानता था। मुख से फेन बहाता वह वायुवेग से जैसे आकाश पीता चला जा रहा था।

भरी सभा में सत्राजित् ने वासुदेव का अपमान करने, उन्हें नीचा दिखाने एवं उनको घृणा का पात्र बनाने में तनिक भी चेष्टा न छोड़ी थी। वासुदेव ने दृढ़ता से सत्राजित् के आरोप का खण्डन करके घोषणा की थी कि मणि उन्होंने तो नहीं चुराई किन्तु वे अवश्य उसका पता लगाकर मिथ्या आरोपों से स्वयं को मुक्त करेंगे। और वे चल दिये थे तड़ित वेग से प्रसेनजित् की खोज में। अंतिम बार प्रसेनजित् को स्यमंतकमणि-माला धारण किये संध्याकाल में दारुकावन की ओर जाते देखा गया था।

अनायास झटका लगा और भयंकर हेषानाद से वनप्रांत गूंज गया। बलाहक ठिठक गया और अपने अगले पाँवों को उठा कर हेषानाद करने लगा था। श्रीकृष्ण ने देखा कुछ ही आगे दाहिनी ओर सूखी पुष्पमालाओं से सज्जित एक अश्व मरा पड़ा है। श्रीकृष्ण ने अपना अश्व रोका और कूद पड़े।

मृत अश्व के निकट जाकर देखा कि उसे मरे दो दिन तो हो ही गए होंगे। निकट ही सिंह के पंजे स्पष्ट बने हुए थे। सिंह ने अश्व को मार कर अपनी क्षुधा मिटाई क्या?

किन्तु आरोही कहाँ? उन्होंने चारों ओर दृष्टि दौड़ाई। कुछ दूर वृक्ष तले कुछ दिखाई दिया। वे तुरंत वहाँ पहुँचे। प्रसेनजित्!! प्रसेनजित् भी सिंह द्वारा माया गया। वासुदेव झुके। स्यमंतक मणि कहाँ? प्रसेनजित् का कंठ, वक्ष, बाहु, कटि सब खोज डाला। स्यमंतक मणि कहाँ? चारों ओर खोजा। मणि कहाँ? फिर सिंह के पद चिन्हों का अनुसरण करते हुए वे आगे बढ़े।

कुछ दूर जाने पर सिंह भी एक बाण से बिंधा हुआ मृत पड़ा मिला। रहस्य बढ़ गया। गुत्थी उलझ गई। जिसने सिंह को बाण मारा होगा वही मणि ले गया होगा। उन्होंने सिंह के तन से बाण निकाल उसका परीक्षण किया। बाण में पीछे की ओर पंख के स्थान पर वन्य-भालू की अस्थियों के टुकड़े लगे थे। वे समझ गए किसी वनवासी ने सिंह का वध किया है। वे आगे बढ़े तो पगडंडी पर विशाल मानव पगचिन्ह दिखाई दिए। माथा ठनका। हो न हो यह किसी ऋक्ष का कार्य हो। इस ऋक्षवान पर्वत की तलहटी में सघन जंबू वनों में भारी संख्या में ऋक्ष नामक वन्यजाति बसी हुई है। वे कन्दराओं में रहते हैं, फलमूल तथा आखेट किए हुए पशुओं का मांस खाते हैं। उनमें से कुछ ने आर्यों के सम्पर्क में आकर आर्य सभ्यता के कुछ तत्व ग्रहण कर लिए हैं और वे आर्य भाषा भी समझ लेते हैं। वहाँ से आते-जाते पथिकों ने इन ऋक्ष वनवासियों को कितनी ही बार मध्य रात्रि के समय अग्नि प्रज्ज्वलित कर उसके चारों ओर विचित्र वाद्य बजाते हुए नाचते

देखा है। संयोगवश उस क्षेत्र में घने जंबूवन तथा असंख्य मधुमक्खी के छत्ते होने से वहाँ भालू भी विराट संख्या में रहते हैं। ऋक्ष पशु तथा ऋक्ष मनुष्यों में परस्पर बड़ा स्नेहभाव व मित्रता है। कई लोग तो हास-परिहास में ऋक्ष मनुष्यों को भी भालू या रीछ ही कहते थे।

इतने विशाल पद-चिन्ह तो ऋक्षराज जांबवान् के ही संभव हैं। जांबवान् का आकार अन्य ऋक्षों से भी कहीं दीर्घ था। जांबवान के दीर्घाकार तथा अतुल बलशाली शरीर की चर्चा बहुधा योद्धा मंडलियों से हुआ करती थी।

श्रीकृष्ण ने मुड़ कर पीछे देखा जहाँ वे अपना अश्व छोड़कर आए थे। बलाहक उन्हें एकटक निहार रहा था। उन्होंने अपना उत्तरीय हवा में लहरा कर संकेत किया उसे घर लौट जाने को। बलाहक न मुड़ा। हिंसक पशुओं से भरे ऐसे सघन वन में प्रभु को एकाकी छोड़ देना कैसे संभव?

वे मुस्कुराए। दोनों हाथ ऊपर उठा कर उसे आश्वस्ति देते हुए लौट जाने को कहा। बलाहक हिनहिनाया और धीरे-धीरे अनिच्छुक भाव से द्वारका की ओर चल दिया।

तो ये विशाल पद-चिन्ह जांबवान् के ही हैं। कहाँ है उसका निवास? वे उन पदचिन्हों का अनुसरण करते चल दिये।

प्रारंभ हो चुका था घनघोर जम्बूवनों का सिलसिला। पके जम्बू फलों की सुगंध से वन महक रहा था। हाथों से झाड़-झंखाड़ हटाते वे बढ़ रहे थे। झाड़ियों में कभी शिरस्त्राण फंसता, तो कभी उत्तरीय उलझता। दूर एक-दो गुहाद्वार दिखाई दे रहे थे।

अचानक पके जम्बू फलों का एक बड़ा सा गुच्छा ऊपर से आकर इनके कंधे पर गिरा। वे चौंक पड़े देख कर कि उसमें तीर बिंधा हुआ था। तब तक उनके दोनों ओर से कई तीर सर्र-सर्र करते निकले और एक के बाद एक पके जम्बूफलों के गुच्छों के गिरने से आसपास की भूमि पट गई। कौतूहल से उनकी दृष्टि खोजने लगीं उस अनूठे निरामिष आखेटक को जो तीर से पशु का आखेट नहीं, फलों का आखेट कर रहा है और सघन ऋक्ष शाखाओं तथा पत्रदलों में से भी पके जम्बूफलों में अचूक लक्ष्य साध पा रहा है।

तभी सूखे पत्तों के खड़खड़ाने की ध्वनि हुई और उन्होंने उधर देखा तो कौतुक में डूब गए। सामने खड़ा था आखेटक। तीर कमान लिए खड़ी थी एक श्यामवर्ण भीलबाला। शीश के ऊपर रंगबिरंगे पंख। तन पर मृगछाला। पाँवों में चाँदी के कड़े पहने। उसकी काली कजरारी बड़ी-बड़ी आँखें उन्हें देख सहसा भय-विस्मय से और दीर्घ हो गई थीं।

'अहो! तुम हो निरामिष आखेटक जो फलाहार की व्यवस्था कर रही हो, भद्रे।'

श्रीकृष्ण आगे बढ़े और चौंक पड़े। उस वनबाला के कंठ में स्यमंतक मणि झूल रही थी।

'अहो भद्रे! यह मणि तुम्हारे पास कहाँ से आई?'—श्रीकृष्ण आश्चर्य से उसकी ओर आगे बढ़े।

मृगछाला से अपनी श्यामल देह ढकने का प्रयास करती, चीत्कार करती हुई वह बाला, द्रुत गति से दौड़ती हुई जाकर सामने की प्रमुख कन्दरा में लुप्त हो गई।

देखते-देखते कन्दरा के द्वार पर कई ऋक्ष युवक-योद्धा एकत्रित हो गए। श्रीकृष्ण ने उनसे जांबवान् से मिलने एवं उनके प्रति आदर प्रदर्शित करने की इच्छा प्रकट की।

वासुदेव के मुख से अपनी भाषा सुनकर वे भौंचक रह गए और धीरे-धीरे मार्ग से हट गए।

वासुदेव को ऋक्षराज के निकट ले जाया गया। वह सर्प-कन्दरा तो जैसे अनंत थी। कितने मोड़। कितने द्वार। कभी निरंतर सिर बचाकर चलते रहना पड़ता तो कभी निरंतर नीचे उतरते जाना पड़ता। और तब आया उस गुहा का दूसरा मुहाना और एक रमणीय घाटी का दृश्य। चारों ओर वन सुषमा थी। निकट ही गिरते जलप्रपात ने स्थल की शोभा बढ़ायी थी। चारों ओर चित्रांकित शैल मालाएं थीं। विशेष रूप से बड़े-बड़े, सुस्वादु व सौगंधक जम्बूफलों के सघन वृक्ष थे। चारों ओर वन्य-भल्लुक भी अपार संख्या में विचर रहे थे। अधिकांश ऋक्ष लोग भल्लुक चर्म ही धारण किए हुए थे। एक ऊँची शिला पर ऋक्षराज जांबवान् ही केवल व्याघ्रचर्म धारण किये बैठा था। उसकी पीठ के पीछे छिपी हुई बैठी थी मृगछालाधारिणी वही श्याम-किशोरी जो अभी भी भय-विस्फारित नेत्रों से वासुदेव को बीच-बीच में झांक कर निहार लेती थी।

जांबवान् ने स्वेत भवों के नीचे से अपनी तीक्ष्ण दृष्टि से आगंतुक का सिर से नख तक निरीक्षण किया।

'हूँ!!'—भवें ऊँची करके उसने अस्पष्ट प्रश्न किया।

'ऋक्षराज! एक उज्ज्वल मणि की खोज में निकला हूँ मैं। वह स्यमंतक मणि यदुवंशी प्रसेनजित् धारण किए था। प्रसेनजित् तथा उसके अश्व को सिंह ने आखेट कर दिया। तत्पश्चात् सिंह भी बाण द्वारा आखेट कर दिया गया। ऋक्षराज! वह मणि प्रसेनजित् के शरीर पर भी नहीं मिली और निकटवर्ती स्थल पर भी नहीं मिली। स्यात् वह आपके पास है। मेरा विनम्र निवेदन आप से है कि कृपया वह मणि मुझे लौटा दें।'

सुरापात्र मुख की ओर ले जाता जांबवान् का हाथ रुक गया। किंचित् मुस्कान उभरी मुख पर।

'यह किस आधार पर कहते हो कि मणि मैंने ही ली होगी! यहाँ तक कैसे आ पाए?'

'जिस प्रकार के बाण से सिंह बिंधा पड़ा है, उस प्रकार के बाण बहुधा ऋक्षराज ही प्रयुक्त करते हैं। और आपके पदचिन्हों को मैं सहज ही समझ सका कि ये किसी साधारण ऋक्ष के नहीं हैं, ऋक्षराज! उन्हीं पदचिन्हों का अनुसरण करता यहाँ आया हूँ।'

'हूँ।'—प्रशंसा पूरित अस्पष्ट ध्वनि निकली जांबवान् के कंठ से।

और शांति छा गई कुछ देर।

श्रीकृष्ण ने चारों ओर खोजती हुई दृष्टि डाली। और देखा ऋक्षराज के दीर्घाकार के पीछे छिपी हुई भयातुर श्याम किशोरी को।

'यह! ये किशोरी बाला......स्यात आपकी पुत्री...उसी मणि को धारण किए हुए है.....।'

मृगछाला-धारिणी वनचरी जो कौतुक से वासुदेव को निहार रही थी अपने ऊपर दृष्टिपात होते ही तुरंत सिमट गई पिता के पीछे।

'ठीक कहते हो नवयुवक! यह मेरी पुत्री है। मेरी अत्यधिक स्नेह-भाजन। इसके लिए मैं सदा सुन्दर एवं विलक्षण वस्तुएं लाता रहता हूँ। मणि सुन्दर थी, अतः लाकर इसे दे दी। वह इसकी सर्वाधिक प्रिय वस्तु है और यह उसे दे नहीं सकती। युवक! तुम लौट जाओ।'

'लौटूंगा तो मणि लेकर ही!'—श्रीकृष्ण ने दृढ़ता से कहा।

'यह तुम्हारा दृढ़ निश्चय है?'

'दृढ़ निश्चय!!'—वासुदेव मुस्कुराए।

'अबोध युवक! किससे बात कर रहा है?'

'ऋक्षराज जांबवान् से!'—वासुदेव ने स्मित हास्य के साथ कहा।

'जांबवान् की शक्ति से अपरिचित है?'

'नहीं ऋक्षराज! आपके बल एवं शौर्य की ख्याति वर्षों से सुनता आया हूँ। भेंट प्रथम बार हुई है।'

कैसा विचित्र है यह तरुण। विनम्र भी है और निडर भी। आदर भी करता है और गिड़गिड़ाता भी नहीं। जांबवान् चकित था।

'तुम सूर्यवंशी हो?'—सहसा जांबवान् ने पूछा।

'नहीं चन्द्रवंशी।'—श्रीकृष्ण ने उत्तर दिया।

'गत युग में जब हमारे पूर्वज किष्किंधा के निकट रहते थे तब एक श्याम अतिथि आया था, वह सूर्यवंशी था। बाद में वह सूर्यवंशी, जिसे हम रघुनाथ कहते हैं, तथा हमारे पूर्वज घनिष्ट मित्र हो गए थे। किन्तु तुम शत्रुरूप में आए हो! तरुण! नहीं जानते कि तुम अग्नि से खेल रहे हो। मणि वापस नहीं दी जाएगी।'

'तो मणि बलपूर्वक ले ली जाएगी।'

सुनते ही अनेकों ऋक्ष-योद्धा हुंकारें मारते तुरंत उठ खड़े हुए।

'अच्छा!! यह दुःसाहस! तो तैयार हो जा युवक, द्वन्द्वयुद्ध हेतु। किन्तु उसके पूर्व अपने इस धृष्ट एवं दुःसाहसी प्रतिद्वंद्वी का परिचय जानना चाहूँगा।'

'मैं द्वारकावासी यदुश्रेष्ठ वसुदेव का कनिष्ठ पुत्र कृष्ण हूँ।'

जांबवान् का मुख खुला रह गया। वसुदेवनंदन!

'कृष्ण······कृष्ण······श्रीकृष्ण!······' अनायास जांबवान् भावविभोर हो उठे।

'तुम ही श्रीकृष्ण हो, यदुश्रेष्ठ? जैसा सुना था वैसा ही तुम्हें पाया! वैसे ही निडर, वीर और साहसी। हाँ, तुम्हारे पराक्रम की दुंदुभि बज रही है चारों ओर इस समय। किन्तु वासुदेव! मैं चुनौती दे चुका हूँ द्वंद्वयुद्ध की! मणि हमारी है। हम उसे बिना युद्ध में पराजित हुए वापस नहीं कर सकते।'

'चुनौती स्वीकार है ऋक्षराज।'

'आज रात्रि विश्राम करो। कल द्वंद्वयुद्ध हेतु तत्पर रहना। श्यामवर्ण आर्य हमारा सदा से सम्मानित अतिथि रहा है। द्वंद्वयुद्ध के समय के अतिरिक्त, तुम हमारे मान्य अतिथि की भाँति ही रहोगे।'—कहते-कहते जांबवान् के नेत्र स्निग्ध हो चले। जांबवान् ने इंगित किया। माँस, मदिरा, फलों का ढेर लग गया वासुदेव के समक्ष।

'मद्यपान नहीं करते वासुदेव?'

'नहीं ऋक्षराज!'

'आश्चर्य! यदुकुल तो सुरापान में विशिष्टता प्राप्त करता जा रहा है। तुम ही अपवाद प्रतीत होते हो।'

× × ×

संध्या गहरा चुकी थी। सामने विराट अलाव प्रज्ज्वलित था।

ऋक्ष स्त्री-पुरुष एकत्रित हो रहे थे। ढोल, तुरही, पणव तथा कई विचित्र वाद्य बजने लगे। युवक-युवती सामूहिक नृत्य में संलग्न हो गए। कई भालू भी पर्वतों से उतर कर मनोरंजक हावभाव करते हुए नृत्य में उनका अनुकरण करने लगे।

'ये भल्लुक अत्यंत निरीह जीव हैं। हमारे समाज से इनका पुरातन एवं पारम्परिक सम्बन्ध है। जब त्रेतायुग में हमारे पूर्वज किष्किंधा के निकट रहते थे तब वहाँ भी ये ऋक्ष विराट संख्या में थे और शीघ्र ही हमारे मित्र हो गए थे। ये हमें बड़ी सुरक्षा प्रदान करते हैं। इनके चर्म से हम अपनी ठंड मिटाते हैं। भल्लुक-चर्म हमारे ओढ़ने-बिछाने, पहनने के उपयोग में आता है। ये हमारे लिए आखेट भी करते हैं। दुरूह वनों एवं वृक्षों से फल ला देते हैं। दुर्लभ कन्दमूल उखाड़ कर हमें देते हैं, भूमि गर्भ से और मधु का अभाव हमें कभी नहीं होता इनके कारण। ये ही मधुमक्खियों के छत्ते तोड़कर गिरा देते हैं। हमारा मनोरंजन भी इस प्रकार नाच कर करते हैं। कई तो इतने प्रशिक्षित हैं कि मनुष्यवत व्यवहार करते हैं। जब हम ऋक्षवान् पर्वत के इस भाग में बसने आए तो यहाँ पर ये भालू बड़ी संख्या में इन ही कन्दराओं में रह रहे थे। प्रारंभ में हमें इनसे जूझना पड़ा किन्तु क्योंकि हम इनके स्वभाव से पूर्व परिचित रहे हैं अतः धीरे-धीरे ये हमारे मित्र हो गए।'—जांबवान् नव अतिथि को ऋक्ष-गाथा सुनाने लगे।

नृत्य वेग पकड़ता जा रहा था। युवक-युवतियों के जोड़े नृत्य-मग्न थे। किन्तु मृगछाला वाली श्यामा पिता के पीछे ही बैठी रही। कौड़ियों और मनको की माला पहने कई ऋक्षबालाएं आईं उसे बुलाने। उसका हाथ पकड़ कर बलपूर्वक नृत्य में शामिल करने का प्रयास किया उन्होंने किन्तु वह हिली तक नहीं वहाँ से। कई युवक भी अनुनय करने आए। किन्तु वह न गई। उसका समस्त ध्यान केन्द्रित था अपरिचित सुनील व्यक्ति पर। प्रथम बार ही तो कन्दराजीवन में बाहर का कोई मनुष्य दिखा था। वह कौतुक-विमोहित थी।

जांबवान् के इंगित पर हड्डियों और सींगों की मालाएं धारण किए एक युवक नायक ने आकर श्रीकृष्ण को आमंत्रित किया नृत्य में।

श्रीकृष्ण बड़ी प्रसन्नता से उठ कर नृत्य में सम्मिलित हो गए। दोनों ओर दो ऋक्ष-बालायें उनका हाथ पकड़े थीं। श्रीकृष्ण की नृत्य गति, ताल, लय, धुन एवं भाव देख कर सब चकित थे। जैसे वे सदा-सदा से ऋक्षों के मध्य नृत्य करते रहे हों, ऐसी अपूर्व दक्षता से वे पद-संचालन कर रहे थे। कितने अभ्यस्त चरण थे उनके। ऋक्ष-नृत्य कहाँ सीखा उन्होंने! सब भौंचक थे।

ऋक्ष-रमणियाँ प्रशंसा के भाव से नृत्य करते में उन्हें निहार रही थीं। धीरे-धीरे वह प्रशंसा से पुलक में बदल गई। पुलक फिर मुग्धाभाव में बदल गई।

गति बढ़ चली। अब श्रीकृष्ण ही नेतृत्व कर रहे थे। श्रीकृष्ण गति दे रहे थे नृत्य को। नृत्य उन्माद हो रहा था। नृत्य सिंधु-तरंगों सा उमड़ रहा था। युवक-युवती आपा खो रहे थे।

जांबवान्-पुत्री के भी चरण थिरकने लगे। देह थिरक रही थी। एक स्थान पर बैठे-बैठे ही वह नृत्य की ताल पर झूमी जा रही थी, तरुणी नागिन की भाँति।

कृष्ण की गति का साथ देने वाला और कोई न था। अतः धीरे-धीरे नर्तक हटते जा रहे थे।

और अब श्रीकृष्ण एकाकी थे। नृत्य चल रहा था। वादक के हाथ शिथिल पड़ रहे थे। श्वास फूल रही थी तुरही वादक की। और फिर तुरही भी शांत हो गई।

किन्तु नृत्य चल रहा था। वाद्य शांत हो गए किन्तु श्रीकृष्ण नर्तमान थे। सब अपने-अपने स्थल पर सम्मोहित से नर्तमान थे। वंशी बज रही थी। श्रीकृष्ण नर्तमान थे।

और फिर धीरे-धीरे नृत्य थम गया। सब चित्रलिखित से रह गये थे। कुछ पल बाद ही चेत आया सबको।

और वासुदेव के जयघोष का भैरव-स्वर गूँज उठा कन्दराओं में, गिरि मालाओं में, वनों में, घाटियों में।

जांबवान् के वृद्ध नेत्रों में अश्रुकण चमके और ढुलक गए व्याघ्र-चर्म पर। हाथ स्वयमेव उठा और टिक गया पुत्री के कंधे पर। वह झुक आई पिता के वक्ष पर। जांबवान् न जाने क्या सोचते हुए पुत्री का शीश सहलाता रहा कुछ पल। उसके कंठ में पड़ी स्यमंतक मणि को हाथ में लेकर निहारा और फिर छोड़ दिया एक दीर्घ निःश्वास के साथ।

ऐसा नृत्य तो किसी ने न देखा था। सब अभी तक सम्मोहित से थे। ऋक्ष-बालायें जांबवान्-सुता को घेर उत्साह से बातें करने लगीं। बीच-बीच में पुलक भरी प्रशंसा-दृष्टि आज के नटवर नायक पर डालतीं। कृष्ण के नृत्य की गति का साथ यदि कोई दे सकता था तो जांबवान्-पुत्री ही, वे उससे कह रही थीं। आज तो वह जड़ रह गई थी। हाँ कल के नृत्य में अवश्य सम्मिलित होगी। यह नवागंतुक ऐसा भयावह नहीं जैसा कि प्रारंभ में उसे प्रतीत हुआ था।

जांबवान् की कन्दरा के निकट की कन्दरा में श्रीकृष्ण रात्रि विश्राम हेतु गए और जाकर विस्मित रह गए। स्यात् वह जांबवान् की पुत्री की कन्दरा थी। इसमें बड़ी विलक्षण और मूल्यवान् वस्तुओं का संग्रह था जो ऋक्षजाति के वन्य जीवन से किंचित् भी मेल न खाता था। बड़े कौतुक से उन्होंने कन्दरा को निहारा। एक भित्ति पर विराट कांस्य-दर्पण रखा जगमगा रहा था। अनेकों दीपाधार सुसज्जित थे। स्वर्णाभूषण थे, मणिमालाएं थीं, रेशमी वस्त्र थे। क्या सभी अतिथि उस कन्दरा में ठहराए जाते होंगे? अथवा केवल श्यामवर्ण आर्य ही! श्याम वर्ण की यह महिमा तो बड़ी निराली है। प्रतीत तो ऐसा हो रहा है जैसे वे शत्रु न हों ऋक्षराज के ·····जामाता हों! श्रीकृष्ण मुस्कुराए।

× × ×

चार दिन हो गए द्वन्द्व-युद्ध होते। दोनों बराबरी के वीर थे। न जांबवान् पराजित होते, न श्रीकृष्ण। प्रति संध्या द्वंद्व के पश्चात् जब नृत्य होता रहता जांबवान् को औषधि लेपन करवाना पड़ता अपने आहत तन पर। किन्तु श्रीकृष्ण द्वंद्वयुद्ध के पश्चात् भी उत्फुल्लता से नृत्य में सम्मिलित होते और ऋक्षसमाज घंटों तक सम्मोहित बैठा विलक्षण नृत्य देखता।

उस दिन नृत्य-समाप्ति के पश्चात् माधव अपनी कन्दरा में विश्राम हेतु लेटे कुछ सोच रहे थे।

खन्न्!! वे चौंके इस ध्वनि से। आँखें खोल कर देखा दीपक के स्निग्ध आलोक में स्निग्ध श्याम-सुन्दर काया। हाथों के कांप जाने से औषधि-पात्र का ढक्कन गिर गया था जिससे जांबवती संकुचित एवं भयभीत सी खड़ी थी।

'यह क्या जांबवती?'—उठकर बैठते हुए माधव ने मृदुलता से पूछा।

'औ⋯⋯औ⋯⋯औषधि।' हकलाते हुए जांबवती ने आर्य भाषा के थोड़े से सीखे हुए शब्दों में से एक बड़ी कठिनाई से बोला।

'औषधि? क्या मेरे लिए?'—माधव हंस पड़े—'किन्तु मेरे तो कोई आघात नहीं, जांबा।'

उत्तर में जांबवती ने उंगली से उनके स्कंध की ओर इंगित किया।

'अहो! यह? यह तो अत्यंत साधारण है'—माधव ने उसे आश्वस्त करना चाहा।

'औ⋯⋯औषधि।'—वह बोली और बैठ कर उसने औषधि-पात्र उनकी ओर बढ़ा दिया।

वे हंसे और कुछ औषधि अपने स्कंध के आघात-स्थल पर अनुलेपन कर लिए उन्होंने।

'बस! संतुष्ट?'

उत्तर में कृतज्ञता भरी दृष्टि से वह मात्र उन्हें निहार सकी और औषधि-पात्र लेकर हौले-हौले बाहर चली गई।

× × ×

आज दस दिन हो गए थे द्वन्द्व-युद्ध होते। न कोई जीतता था, न हारता था। दिन में युद्ध होता, रात्रि में नृत्य। श्रीकृष्ण सबके मित्र हो गए थे, युवक-युवतियों के और वृद्धों के भी। उन्हें बड़े आदर की दृष्टि से देखा जाता था।

मध्यरात्रि तक उनकी आँख झपकी ही थी कि चरणों पर किसी कोमल स्पर्श से नेत्र खुल गए। उसी सुचिक्कन श्याम वर्णा जाम्बा के कोमल करतलों का स्पर्श था वह।

'अहो जाम्बा!⋯⋯कहो!'

'क्लांति⋯⋯!'—वह चिंतित भाव से बोली।

'क्लान्ति? नहीं! विशेष क्लान्ति नहीं।' वे हंस पड़े—'तुम क्यों मेरी इतनी चिन्ता करती हो जाम्बा?'

प्रश्न समझते ही वह संकुचित हो अस्थिर हो उठी। नयन झपक गए झपाक् से।

नयन झुके ही रहे और वह हौले-हौले चरण दबाने लगी।

'ऋक्षराज सो गए?'

'हूँ!'

'और भ्राता तुम्हारे?'

'हूँ!'—शीश झुकाए ही वह संक्षिप्त उत्तर देती रही।

'और तुम?'—मन्द स्मित से माधव ने पूछा।

उसके विशाल कजरारे नयन ऊपर उठे, कौतुक से मुस्कुराए और लाज भरे से झुक गए।

ड्योढ़ी के पार जांबवान् की दीर्घाकार परछांही हौले से दूर हो गई।

× × ×

चौदह दिन हो गए। कन्दरा की छत पर प्रकृति द्वारा बनाई गई कलाकृतियों को एकटक देखते माधव विचार-मग्न थे।

तभी वह आई। पुनः औषधि-पात्र लिए।

'अरे ऽऽ! यह औषधि-पात्र क्यों? आज तो कोई आघात नहीं। कोई पीड़ा नहीं।'

'पीड़ा है……।'—धीमे से वह बोली।

'पीड़ा है? किसको?'

घुटने के बल बैठते हुए उसने स्वयं की ओर इंगित किया।

'तुमको पीड़ा? आघात? कैसे? कहाँ पीड़ा है, कहाँ आघात लगा?'—माधव उठ बैठे।

'यहाँ'—बड़े ही भोलेपन से वनबाला ने अपने हृदयस्थल पर हाथ रख दिया।

'अरे! वहाँ आघात है……तब तो तेरे लिए उत्तम वर खोजना पड़ेगा शीघ्र ही……'—माधव ने हंसते हुए कहा।

'हूँ?'—जांबवती समझ न पाई माधव की बात।

'वर! वर! विवाह आवश्यक है तेरा। विवाह समझती है न?'

झपाक् से बड़ी-बड़ी काली पलकें झपक गईं उसकी और कपोलों पर लालिमा लहरा गई।

'अब जब यह द्वन्द्वयुद्ध समाप्त हो, तो द्वारका जाकर तेरे लिए एक श्रेष्ठ वर लाऊँगा ढूंढ़ कर यदुवंशियों में से।

'ऊँ हूँ ऽऽ!!'—उसका आतुर हाथ श्रीकृष्ण के मुख पर पहुँच गया उन्हें बोलने से रोकने हेतु।

और तुरंत वह उठ गई।

'अरे......पूरी बात कहने भी न दी और रुष्ट होकर चल दी। क्या हो गया तुझे?'

किन्तु अश्रु भरे नयनों से वह बाहर जा चुकी थी।

× × ×

पच्चीस दिन हो गए उन्हें वहाँ आए। श्रीकृष्ण उद्विग्न थे। द्वारका में क्या हो रहा होगा। द्वारका असुरक्षित है। सब उनकी चिन्ता में डूबे होंगे। उनकी खोज कर रहे होंगे।

उन्हें भान न था कि दीपक की मद्धिम लौ में जांबवती कब से बैठी उन्हें अपलक निहार रही है।

वह उन्हें देख रही थी और स्मरण कर रही थी नैशिक-नृत्य का संपूर्ण सत्र जब उसने वासुदेव के साथ नृत्य किया था। सब थक कर बैठ गए थे किन्तु उन दोनों का नृत्य उल्लासमय वेग पर था। उनके कंठ की वैजयंतीमाल्य का स्पर्श होने से उसके तन में विद्युत-तरंग दौड़ गई थी। सुगंध ने उसके तन में आह्लादमय नृत्य-संगीत भर दिया था। वह स्वयं नृत्य हो चली थी। कभी पीताम्बर का सरसराता हुआ शीतल स्पर्श होता तो कभी शीतल पुष्पमाल्य का। कभी चंदन-गंध, तो कभी केसर-कपूर। वह निशा-नृत्य उसके जीवन की गति बन गया था। उसके मन की गति बन गया था।

वह बैठी-बैठी उद्वेगमय हो उठी। निकट पड़े पीताम्बर का छोर उसके हाथ में आ गया और वह कौतूहल से उस पर धीरे-धीरे हाथ फेरने लगी।

अचानक तभी माधव ने करवट ली।

'जाम्बा? कब से बैठी है तू।'

वह मौन थी। केवल नयन बोलते थे उसके। वे भी झुके हुए थे। पीताम्बर का छोर हाथ में लिए वह काष्ठवत् रह गई थी।

'जाम्बा! यह पीताम्बर अच्छा लगता है तुझे?'

'हूँ।'—बड़ी-बड़ी आँखें उठा कर उसने संक्षिप्त उत्तर दिया।

मुस्कुराते हुए उन्होंने तुरन्त पीताम्बर हौले से उस पर डाल दिया। एक अद्‌भुत चान्दनी गंध लिपट गई उसके अंग-अंग से। एक दिव्य सा आलोक छा गया उसके चारों ओर। उसकी दृष्टि पड़ी दर्पण में......वासुदेव और वह! तन पूर्ण चंद सा हो गया था। मन सहस्रदल सा खिल उठा था।

जांबवान् की दीर्घ परछाहीं हौले से द्वार पर से हट गई।

जांबवती ने धीरे-धीरे पीताम्बर बड़े स्नेह से समेटा, अपने कपोलों और भाल से लगाया। अपने मुख को कुछ पल डुबो दिया उसकी शीतलता और चंदनी सुवास में और फिर तुरन्त भय से उसे दूर हटा दिया।

'जांबा! भय लगता है मुझसे?'

उसने शीश हिला कर उत्तर दिया—'नहीं।'

'किन्तु मुझे तो तुझसे बड़ा भय लगता है......' —वे गंभीर होकर बोले।

उसका मुख खुला रह गया। नेत्र विस्मय से विस्फारित रह गए।

'भय?'—वह विस्मय से बोली।

'हाँ·····देख! ये तेरे नख·····कितने बड़े हैं। मुझे तो बड़ा भय लगता है।'

भवों में बल डाल कर उसने अपने हाथों के नख देखे। उन पर उसने कभी ध्यान ही न दिया था। सभी ऋक्षों के तो ऐसे ही नख होते हैं, दीर्घ और मलिन। उसकी दृष्टि माधव के सुन्दर-सुडौल रक्ताभ नखों पर गई। वह सहम गई। धीरे से उसने अपने हाथ पीछे कर लिए।

'इन नखों से तो वस्त्र फट जाएंगे, पीताम्बर भी फट जाएगा।'—उन्होंने स्नेह से समझाया।

'मेरे साथ द्वारका चलना। वहां इस पीताम्बर से भी अधिक बहुमूल्य वस्त्र हैं।'

द्वारकापुरी का नाम तो उसके लिए वह स्वप्न-हिंडोल था जिस पर वह गत पच्चीस दिन से दिन रात बैठी झूलती रहती थी। स्वप्नपुरी द्वारका·····न जाने कैसी होगी।

'किन्तु पहले इन दीर्घ नखों को समाप्त कर दे। फिर द्वारका से जितनी इच्छा हो बहुमूल्य वस्त्र ले आना अपने लिए।'

उसकी मुस्कान तुरन्त उड़ गई। भवों में बल पड़ गए और वह बिना बोले उठकर चली गई।

× × ×

अट्ठाईस दिन हो गए। ऋक्षराज का वृद्ध शरीर अत्यंत क्लान्त हो चुका था प्रतिदिन के घोर द्वन्द्व-युद्ध से। वे अभिभूत थे वासुदेव के अद्वितीय बल से।

श्रीकृष्ण अब द्वारका की चिन्ता में अत्यंत व्यग्र थे। निद्रा का नाम न था पलकों में। बार-बार करवट बदल रहे थे। तभी पाँवों की पिंडलियों पर परिचित कोमल स्पर्श लगा।

'जांबा। आओ। किन्तु मैं किंचित् भी क्लान्त नहीं।'

जांबा निकट खिसक आई।

'माला·····।'

वासुदेव ने देखा जांबवती हाथों में सुन्दर गुंथी हुई पुष्पमाला लिए उनकी ओर बढ़ा रही है।

'माला·····किसके लिए? मेरे लिए?'—वे उसकी निश्छलता से अभिभूत रह गए।

'कल·····युद्ध में·····'—उसने अटकते हुए कुछ और नए सीखे आर्य शब्द बोले।

'कल पहनूँ युद्ध में? अच्छा अवश्य पहनूंगा। तब मेरी विजय होगी न?' वे हंस पड़े।

किन्तु मुझे संदेह है कि कल द्वन्द्व युद्ध होगा। ऋक्षराज अत्यंत क्लांत हो चुके हैं। यदि कल द्वन्द्व न हुआ, तो तेरी माला कैसे पहन पाऊँगा? यह तो विजय हेतु है न?'

'तो·····तो·····इस समय·····'—और उतावली से जांबवती ने वह पुष्पहार माधव के कंठ में डाल दी। वे मुस्कुराकर रह गये उसके नितान्त भोलेपन पर।

'जाम्बा! ये ऋक्ष युवक-युवतियाँ क्या अहोनिशि इसी प्रकार सुरापान करते, नाचते-गाते रहते हैं?'

'हूँ।'

'किन्तु तू वहाँ नहीं रहती उनके साथ रात भर? तुझे नहीं भाता?'

'ऊहूँ!!'—उसने नकारात्मक शीश हिलाया।

उनके विचार पुनः द्वारका पर अटक गए। सब कितने व्याकुल होंगे उनके लिए। तब दीर्घ निःश्वास ली उन्होंने।

वह चौंक पड़ी।

'क्यों?'—उसने आश्चर्य से पूछा।

'मैं बहुत दिनों से द्वारका से बाहर हूँ·····परिजन, मित्र, बंधु, सखा सब चिंता से व्याकुल हो गए होंगे अब तक।'—उन्होंने गंभीरता से कहा।

उसके मुख की दीप्ति बुझ सी गई।

'दारा·····?'—अटकते हुए उसने पूछा।

'हाँ। पत्नी भी ·····' रुक्मिणी भी चिंतित होगी।

यह सुनते ही उसके मुख पर निराशा की काली बदली उमड़ आई।

वे भांप गए। और तुरन्त उनका उन्मुक्त हास्य कन्दरा को आलोकित कर गया।

'मैं पत्नी की चिन्ता नहीं कर रहा। किन्तु वह मेरे लिए अवश्य चिंतित होगी। जांबा! तू भी तो मेरे लिए चिंता करती है। क्यों करती है? कोई कारण? अकारण ही?'

'अ·····का·····र·····ण!!'—उसने अटकते हुए दबे स्वर में दुहराया और एक दीर्घ निःश्वास निकल गया जांबवती का।

'अब मुझे यहाँ से जाना चाहिये जांबा। कोई उपाय बता।' उन्होंने नेत्र मूंद कर अपने भाल पर हाथ फेरते हुए चिन्ता से कहा।

वह चुपचाप कातर दृष्टि से निहारती बैठी रही उन्हें।

'जांबा। मैं चला जाऊँगा तो स्मरण रखेगी मुझे?'

उसके नेत्र डबडबा आए।

'तू कितनी मौन रहती है! बोलती ही नहीं। अब तो तुझे आर्यभाषा का पर्याप्त ज्ञान हो गया है तो भी मौन बैठी-बैठी सुनती रहती है बस। बोल जांबा, मेरे यहाँ रहने पर इतनी चिन्ता करती है मेरी कि तेरा ऋणी हो गया हूँ। किन्तु जब चला जाऊंगा तो स्मरण न करेगी मुझे?'

जांबवती विचलित थी। हृदय उमड़ा पड़ रहा था। नत-नयनों में ज्वार था।

उसका शीश झुका आ रहा था उनकी ओर।

'अरे·····अहो·····यह·····क्या।'

समर्पण!!

पूरे तन-मन के साथ वह सिमट कर ढुलक गई थी माधव के वक्ष पर और धोए जा रही थी सतत प्रेमाश्रु-प्रवाह से उनका चंदन-अनुलेप।

श्रीकृष्ण उसे थामे थे एक बाहु से। दूसरे हाथ से उसका शीश सहला रहे थे।

वही पुष्प-गंध! चंदन-कपूर गंध! शीतल पीताम्बरी!

द्वार के पास से जांबवान् की दीर्घ परछाहीं धीरे से हट गई।

× × ×

जैसा कि अनुमान था दूसरे दिन द्वन्द्व नहीं हुआ। एक प्रौढ़ ऋक्ष आकर श्रीकृष्ण को बुलाकर आदर से वहाँ ले गया जहाँ ऋक्ष-सभा जुड़ी थी। उन्हें देख निढाल बैठे ऋक्षराज ने तनिक सीधे बैठने का उपक्रम किया।

'बैठो वासुदेव!'—वाणी में आत्मीयता थी। स्नेह था। सम्मान था।

'तुम बड़े पराक्रमी हो यदुवीर, इसमें सन्देह नहीं। द्वन्द्व तो अभी चलने को बहुत दिन चल सकता है। किन्तु अब मैंने युद्ध बढ़ाने का विचार त्याग दिया है।'

'स्वागत है ऋक्षराज! किन्तु स्यमंतक मणि के बिना मेरा यहाँ से जाना संभव नहीं……।'

ऋक्षराज मुस्कुराए।

'मणि तुम्हें दी जा सकती है, किन्तु उसकी एक शर्त है……।'

'वह क्या?'

'मेरी एकमात्र पुत्री, जांबवती की वह मणि है। वह उससे विलग नहीं हो सकती। एक ही उपाय है मणि पाने का तुम्हारे लिए। वह यह कि तुम मेरी पुत्री जांबा से विवाह कर उसे भी द्वारका ले जाओ अपने साथ।'

जांबा अचानक उठकर भागती हुई लाज से बल खाती, लहराती वृक्ष के तने से लिपटती हुई उसकी ओट में चली गई।

कुछ पल तक मौन छाया रहा।

'ऋक्षराज! कन्या की इच्छा के विरुद्ध उसका विवाह कदापि नहीं होना चाहिए। हमारी संस्कृति में तो कन्या स्वयंवर होती है, अथवा वीर्यशुल्का होती है। संभव है आपकी सुयोग्य पुत्री आप से विलग न होना चाहे। इस सघन जम्बू-वन के आनन्द से विलग न होना चाहे। क्या आपने अपनी कन्या की इच्छा जान ली है?'—अधरोष्ठ दबा कर अपनी मुस्कान रोकते हुए माधव ने पूछा।

सबकी दृष्टि वृक्ष के पीछे छिपी खड़ी ऋक्ष राजकुमारी की ओर लग गई।

ऋक्षराज तनिक विस्मित हुए इस प्रश्न से। क्या वे जानते नहीं?

'जांबवती से पूछने की आवश्यकता नहीं श्रीकृष्ण। मैं अपनी पुत्री को भली-भाँति समझता हूँ।'

'किन्तु'—माधव कुछ कहते-कहते रुक गए।

'किन्तु!!'—वृक्ष के पीछे वनबाला के नयनों में क्षोभ से आँसू तैर आए। वह 'किन्तु' और 'परन्तु' क्यों? क्या वासुदेव समझ नहीं पाए अब तक उसका निवेदन? 'किन्तु!!'

अथवा यह मात्र उनकी परिहास-शीलता और विनोद-प्रियता है। परिहास! ऐसे गंभीर क्षण में?

'किन्तु ऋक्षराज! आपकी सुकन्या अब तक जिस उन्मुक्त प्राकृतिक वातावरण में रही है, द्वारका का वातावरण उससे पूर्णतः भिन्न है। कहीं वहाँ पहुँच कर वह दुःखी न हो। अस्वस्थ न हो जाए। कहीं वहाँ जाकर उसका मन कुम्हला न जाए। स्यात् आपके समान सुख में उसे देने में समर्थ न हो सकूं। ऋक्षराज! यहाँ सभा में वयोवृद्ध जन हैं, प्रौढ़ ऋक्षगण हैं, तरुण हैं, स्त्री हैं, पुरुष हैं। उत्तम हो यदि सबके सम्मुख ऋक्षराज-सुता विवाह हेतु अपनी स्वीकृति दे दें।'—माधव के मुख पर चंचल हास्य थिरक रहा था।

उधर वृक्ष के पीछे खड़ी जांबवती क्षोम और झुँझलाहट से वृक्ष का तना ही अपने नखों से खरोंचे डाल रही थी। और नख उसने काट डाले थे अतः वृक्ष पर भी झुंझलाई जा रही थी और नखों पर भी।

'यदुश्रेष्ठ! मैं अपनी पुत्री का मन तथा हित भली-भाँति समझता हूँ। अतः यह केवल जानना चाहता हूँ कि तुम्हें तो जांबा से विवाह करने में आपत्ति नहीं?'

'मुझे आपत्ति नहीं ऋक्षराज! किन्तु मेरी यह विनम्र प्रार्थना है कि आपकी पुत्री पंचों के समझ अपनी स्वीकृति घोषित कर दे। अनिच्छित विवाह कन्या पर थोपना हमारे यहाँ घोर पाप का कारण माना जाता है।'

जांबवती के पांव थरथरा रहे थे। जैसे वह खड़ी न रह सकेगी अब। रात की चंदनगंध तन-मन पर अब तक व्याप्त थी। झुँझलाहट में नखों से बलपूर्वक वृक्षछाल खरोंचने से उंगलियाँ छिल गई थीं। स्वेद से लथपथ हुई जा रही थी वह।

'जांबा!' वृद्ध पिता के स्नेह-प्रकंपित स्वर ने पुकारा।

विवशता से रुआसी सी हो उसने काँपते हाथ से झटका देकर अपने कंठ से मणिमाला खोल डाली और व्यग्र चरणों से बढ़ चली।

देखते-देखते वासुदेव के कंठ में झूल गई स्यमंतक मणि माला। श्रीकृष्ण ने हंसते हुए अपना पीताम्बर उत्तरीय डाल दिया जांबवती पर। वही चंदन-गध। केसर-कपूर!

वन उद्भासित हो उठा केसरिया आभा से। श्रीकृष्ण मन्द हास्य के साथ हौले से दिशा बदल कर उसकी दाहिनी ओर खड़े हो गये।

जांबवान् मुस्कुराए। उन्होंने इंगित किया और भाँति-भाँति के वाद्य बज उठे।

वृद्ध जाम्बवान् के झुर्रियों भरे कपोलों पर अश्रुधारा थी।

'ऐसे ही सांवले श्रीराम मेरे पूर्वज के मित्र हुए थे। किन्तु तब आर्यों-अनार्यों के बीच वैवाहिक संबंध नहीं होते थे। आपने एक नई परंपरा का शुभारंभ किया है। वासुदेव! आप मेरे मित्र हैं, अतिथि हैं और सम्बन्धी भी हो गए। आप मेरे जामाता हैं। वीरता और उदारता के कारण हमारे अभिनंदन के पात्र हैं। सदा का अपराजित जांबवान् आज पराजित हुआ आपसे!............

जाने त्वां सर्व भूतानां प्राण ओजः महोबलम्!'

भल्लुकों के समूह के समूह उतर आए शिलाओं पर से। विचित्र हावभाव करते हुए भल्लुकों का भी नृत्य प्रारंभ हो गया था।

× × ×

'और अब वह बालू की बेटी······।'

'हा हा हा हा······' भामिनी के व्यंग्य पर सखियों के अट्टहास छूट पड़े।

'हाँ जाम्बवान् भालुओं के बीच रहता है और दिखता भी भालू जैसा ही है। पूरे तन पर बड़े-बड़े रोए हैं। वस्त्र नहीं पहनते ऋक्ष लोग। बड़े असभ्य हैं।'—भामा ने गंभीरता से ज्ञानोपदेश दिया सखियों को।

'किन्तु हैं तो वे मनुष्य ही'—एक सखी ने हंसते हुए संशोधन करना चाहा।

'अरे जो मनुष्य दिखने में भल्लुक सा दिखता हो, वन में रहता हो और भल्लुकों को साथ-साथ रखता हो, वह स्वयं क्या हुआ?'

'भल्लुक······!' समवेत कंठों से निकला और सखियों की खिलखिलाहट गूंज गई सत्राजित् के भवन में।

'तो यदुश्रेष्ठ वसुदेवनंदन रणछोड़ जी, मणिचोर जी के साथ विवाह हेतु वही बची थी भल्लुक-सुता।'

'भल्लुकी कहो न उसे, भल्लुकी! कृष्ण की पत्नी कौन? ······भल्लुकी!'—और वे पुनः हंस पड़ीं।

'गया तो था वह स्यमंतक मणि की खोज करने और ले आया अपने लिए एक भालू की बेटी!'

'तो मणि ढूंढ कर कहाँ से लाएगा? जब स्वयं ही चुराई है मणि तो लौटा देने के लिए तो कोई चोरी करता नहीं! तात कहते हैं निश्चित रूप से कृष्ण ने ही मणि चुराई है।'

'बड़ा आश्चर्य होता है सुन कर, सहसा। वासुदेव का कितना सम्मान है और वे ऐसा कार्य कर सकेंगे, यह तो स्वप्न में नहीं सोचा जा सकता था'—एक गंभीर सखी ने धीमे स्वर में कहा।

'अरे······तू जानती नहीं! तात उसे भलीभाँति जानते हैं। तात कहते हैं कृष्ण मायावी है। लोगों को सम्मोहित कर लेता है इसलिए लोकजन उससे अभिभूत हो उसका सम्मान करते हैं······'—भामिनी ने अपनी अबोध सखी को समझाया।

यदुवंश में एक अनार्य कन्या जांबवती के कुलवधू बनकर आने का सत्राजित्-सुता ने सखियों सहित भरपूर उपहास किया था। किन्तु सखियों के जाने के बाद जब भामिनी एकाकी रह गई तो व्याकुल हो रो पड़ी। रुक्मिणी की प्रणय-पाती से ही उसे यह विचित्र सी अनुभूति होती आ रही थी। कृष्ण उसके समूचे परिवार को अप्रिय था। स्यमंतक मणि की चोरी के बाद से तो भामा के मन का रहा सहा कृष्ण के प्रति विश्वास भी ढह गया। यह भी सर्वविदित हो चुका था कि उसके पितृव्य प्रसेनजित् का भी वध मणि के लोभ में कृष्ण ने ही किया था।

किन्तु यह भालू की बेटी कहाँ से टपक पड़ी? उसे लगा कि मणिचोर और पितृव्य के हंता कृष्ण से अधिक कहीं उसका रोष जांबवती पर है। पर क्यों? जिसने उसके परिवार के इतने अपकार किये थे, उस कृष्ण पर तो वह पर्याप्त रूप से कुपित नहीं हो पा रही थी और एक अपरिचित वनवासिनी के प्रति मन में क्रोध उमड़ा पड़ रहा था।

जांबवान् बलवान है। भय से कर लिया होगा, कृष्ण ने उसकी पुत्री से विवाह। नहीं तो ऋक्ष-कन्या में भला क्या रखा है सौन्दर्य! वैसे यह कृष्ण भी है अद्‌भुत। कोई विश्वास नहीं इसका। क्या पता······उस भल्लुकी पर यही मोहित हो गया हो। अब रुक्मिणी को आएगा आनन्द। प्रणय-निवेदन किया था न। बड़ी भोली थी राजपुत्री······अब देख लिया कृष्ण का चरित्र! तात प्रारंभ से ही सत्य कहते आए हैं कि कृष्ण सरल एवं निष्कपक व्यक्ति नहीं है।

किन्तु वह पीताम्बर का लहराना! वह हरिचंदन गंध! और दृढ़ता से उसे पकड़ कर पद्‌म-पंक से निकाल कर भूमि पर खड़ा कर देना! अहो!

किन्तु यह भालू की बेटी कहाँ से टपक पड़ी?

स्वर्णमंडित हो वह दर्पमयी पहुँची वसुदेवभवन में पुनः नव वधू-सत्कार में। और भौंचक रह गई देख कर कि रुक्मिणी अत्यंत स्नेह से अपनी कनिष्ठा जांबवती को कैसे बाहुओं में भरे ले रही हैं। कजरारे विशाल नयनों वाली सांवली जांबवती कितनी भयभीत और दबी-सहमी सी सबसे चरण स्पर्श कर रही है।

अच्छा है। बहुत गाएं चराई हैं गोकुल-वृंदावन में कृष्ण ने, तो द्वारका में भी उसे मिल गई एक धवली······एक श्यामा। वह व्यंग्य से अपने आप मुस्कुराई। किन्तु मन से कृष्ण-चर्चा हटती क्यों नहीं! कृष्ण-स्मरण जाता क्यों नहीं! घुमड़-घुमड़ लौट-लौट क्यों आता है!

× × ×

इस स्वागत-समारोह के तुरंत बाद ही सुधर्मा सभा का अत्यावश्यक विशिष्ट सत्र बुलाया गया था। भरी सभा में श्रीकृष्ण ने संयत भाषण में स्यमंतक मणि की अद्योपांत कथा कह सुनाई कि किस प्रकार मणि प्रसेनजित् से सिंह और सिंह से जांबवान् तक पहुँच गई थी और अट्‌ठाईस दिन के घोर द्वन्द्वयुद्ध के पश्चात् उन्हें मिल पाई। साथ ही जांबवान्-सुता भी उपलब्ध हुई पत्नी रूप में।

सभा स्तब्ध थी। सत्राजित् काष्ठवत् रह गया था। श्रीकृष्ण निर्विकार थे। पिछली सभा में सत्राजित् ने अभूतपूर्व कोलाहल मचा-मचा कर श्रीकृष्ण पर मणि चोरी का आरोप लगाया था। मिथ्या साक्ष्य एवं प्रमाण भी प्रस्तुत करा दिए थे अपने सेवकों द्वारा।

किन्तु मणि प्रसेनजित् के पास से जांबवान् पर पहुँची थी। अब मणि वासुदेव के हाथ में जगमगा रही थी। दृष्टि उठाने का सत्राजित् में साहस न था। कुछ बोलने का सामर्थ्य न रहा था। ग्लानि व पश्चाताप का भार प्रतिपल हृदय पर बढ़ता जा रहा था।

'महानुभाव! ग्रहण करें अपनी मणि। मेरे मन में एक क्षण के लिए भी इसके प्रति लोभ न था। न अब है। आपकी वस्तु है, आपको लौटा रहा हूँ। किन्तु यह सिद्ध हो

चुका है कि चोरी मैंने नहीं की थी······'—वासुदेव का दृढ़ स्वर शांत था।

सत्राजित् आसन पर जड़ा बैठा रह गया था।

'सत्राजित्! भरी सभा में माधव पर मनगढ़ंत, मिथ्या एवं अशोभनीय आरोप लगाने के अपने अपराध के विषय में आपको क्या कहना है।'—वृद्ध सात्यकि ने पूछा।

सत्राजित् चुप था?

'बोलें महाभाग! उस समय तो उचित-अनुचित का विवेक नहीं रखा आपने। हर प्रकार की असंसदीय भाषा का प्रयोग किया माधव के विरुद्ध एवं झूठे लांछन लगाए उन पर। अब अपनी भूल स्वीकार करते हैं अथवा नहीं?'—बलराम चिढ़े हुए स्वर में बोले!

सत्राजित् शीश झुकाए ही अंततः खड़ा हुआ।

'महाभाग उग्रसेन! वसुदेवनंदन श्रीकृष्ण! वयोवृद्ध यदुश्रेष्ठगण तथा यदु-युवको। मुझे खेद है मैंने आवेश में आकर सभा में मिथ्या संभाषण किया। मिथ्या आरोप लगाए वासुदेव पर क्रोध से वशीभूत होकर। मुझे अत्यंत आत्मग्लानि है। पश्चाताप में घुला जा रहा हूँ।'—और वह दोनों हाथों में सिर थाम कर बैठ गया।

× × ×

आज भामिनी का भारी भ्रमजाल एक झटके में टूट कर छिन्न-भिन्न हो गया था। आज वह क्रुद्ध सिंहनी सी पिता के समक्ष खड़ी थी।

'मणि तो ले आए तात और क्षमा माँगी या नहीं?'—भामा तनी हुई पिता से पूछ रही थी।

'नहीं पुत्री! क्षमायाचना नहीं की।'

'अहो! अपराध भी किया और क्षमायाचना भी न की!'—व्यंग्य से भामा बोली।

'खेद प्रकट किया मैंने'—निढाल स्वर में सत्राजित् बोले।

'उंह! खेद!!'—व्यंग्य से भामा बोली, 'किसी सज्जन पुरुष को चोर ठहराने में तो बड़ी उतावली रही आपको। हर प्रकार का अनर्गल आरोप लगाए वसुदेवनंदन के विरुद्ध। कितना नहीं विषवमन किया उनके विरुद्ध। कितनी नहीं हम सबके हृदय में वासुदेव के प्रति घृणा भरी! तब क्यों उतावली थी और अब क्षमा मांगने में उतावली क्यों ना रही तात?'

सत्राजित् स्तंभित था। कुटुम्बीजन, परिचारकवृंद स्तब्ध थे। सत्राजित् की मुँहबोली पुत्री को क्या हो गया है आज! भामिनी आज दामिनी बनी पिता पर कड़क रही है। बरस रही है। न्यायाधीश की भाँति स्पष्टीकरण मांग रही है पिता से। भामा सत्य की मूर्ति बनी दमक रही थी तेज से।

'आपका अपराध इतना गुरु गंभीर है तात, कि क्षमायाचना करने पर और क्षमा कर दिए जाने पर भी आपका पाप-क्षय न होगा। मात्र पूर्वाग्रहों से ग्रस्त होकर आपने बहुत अनुचित कहा है वासुदेव के विरुद्ध। आपको उनका हर कार्य अनुचित लगा। हर पराक्रम मायाजाल लगा। उनका हर कर्म आपको अपने विरुद्ध लगा। और ······अब? पूरे

यदुकुल में आपकी क्या प्रतिष्ठा रह गई आज? समूचे समाज के सामने आपका परिवार कितना क्षुद्र बन गया आपके व्यवहार के कारण। श्रीकृष्ण को चोर कहकर कोई उन पर उंगली नहीं उठा रहा। बल्कि उनके शौर्य की भूरि-भूरि प्रशंसा हो रही है। वे महावीर हैं। जांबवान् को पराजित् कर उनकी प्रतिष्ठा कई गुणित बढ़ गई है। मणि लाकर उन्होंने पूरे यदुकुल का सम्मान एवं विश्वास जीत लिया है। ऋक्षराज ने अपनी पुत्री उन्हें दे दी। यह वासुदेव की शूरता का अभिनंदन है। तात! श्रीकृष्ण पर कोई उंगली नहीं उठाता मणि चोर कहकर, किन्तु आप पर सब उंगली उठा रहे हैं। भविष्य में भी उठाएंगे कि यह है वह व्यक्ति जिसने एक महापराक्रम सज्जन पुरुष पर झूठा लांछन लगाकर अनुचित ढंग से उसकी प्रतिष्ठा को मिटाने का प्रयास किया। यह है वह मिथ्याभाषी यादव जिसने महान् वासुदेव को चोर ठहराने की क्षुद्रता दिखाई। यह है वह यदुवंशी जिसने प्राचीन गण-परंपराओं को तोड़कर अनुपयुक्त प्रणाली व्यक्तिगत स्वार्थ में अंधे होकर अपनाई! तात! आपकी क्या प्रतिष्ठा रह गई है समाज में?'

सत्राजित् दोनों कानों पर हाथ रखे वेग से शीश हिला रहा था। भामा का एक-एक शब्द सत्य था। निश्चल खड़ा था विराट कुटुम्ब उसका। सब अवाक् थे। भामा सत्य की मूर्ति बनी अटल खड़ी थी।

भामा की वाणी सत्य की धार सी चमक रही थी। असत्य का उच्छेदन कर रही थी। भामा के नेत्रों में सत्य का अद्भुत तेज था। वह निर्भीक थी। निडर थी। पहली बार आज वह पिता की अनुचित नीतियों की भर्त्सना पिता के सामने ही खुले स्वर में कर रही थी।

'मैं यह स्यमंतक मणि वासुदेव को ही दे दूँगा व्यक्तिगत उपयोग हेतु'—सत्राजित् प्रकंपित स्वर में बोला।

'व्यक्तिगत भेंट वे कभी न लेंगे। अभी भी उस व्यक्ति को आप परख न पाए तात! उन्होंने यदुकोष हेतु आपसे भिक्षा मांगी थी स्यमंतक की!'

'मैं वासुदेव के चरणों में रख दूंगा......वे जो चाहे करें इसका!'

'तो भी आपका पाप क्षय नहीं होता।'

'मैं' क्षमा याचना करूंगा...मैं पश्चाताप और आत्मग्लानि में झुलसा जा रहा हूँ.....'

'तो भी आपका पाप-क्षय नहीं होता।'

'जानता हूँ पुत्री! जानता हूँ। मैंने घोर अपराध कर डाला है। मैं भरी सभा में वासुदेव के चरणस्पर्श कर लूँगा......।'

भामा रोष से तमतमाती चुपचाप खड़ी रही।

सत्राजित् स्वयं ही अवरुद्धकंठ से बोला—'तो भी मेरा पाप-क्षय नहीं होता......यह भी मैं जानता हूँ पुत्री! मैं प्रायश्चित करूंगा......तो भी मेरा पाप क्षय नहीं होता। तो मैं उन ही की शरण में हूँ। वासुदेव मेरा उद्धार करें......'—सत्राजित् ने दोनों कांपते हुए हाथ जोड़कर ऊपर कर दिये।

भामा चौंक पड़ी। कुटुम्बीजन चौंक पड़े।

और सत्राजित् ने अन्न त्याग दिया। सत्राजित् ने निद्रा त्याग दी। वस्तुतः क्षुधा एवं निद्रा स्वयं ही उसे त्याग गई थीं। वह अहोरात्र एकाकी टहलता रहता। दिनरात मंथन करता। न किसी से मिलता, न किसी से बात करता।

कई दिन पश्चात् उसने पुत्री को बुलवाया।

भामा पिता के दुर्बल तन को देख चौंक पड़ी।

'भामा! मैं कल सभामध्य यह मणि वासुदेव को समर्पित करूंगा।'

'यह तो आपको उसी दिन कर देना था तात'—भामा के स्वर की तिक्तता गई न थी।

'मैं वास्तव में कुछ सोच रहा था......।'

'मणि देने में अभी भी आपको संकोच है यह मैं जानती हूँ। आपकी लोभी वृत्ति ने ही आपको इस धर्मसंकट में डाला है, तात! और अब भी आप लोभ से उबर नहीं पा रहे हैं! समूची द्वारावती में आपके लिए लोग किस-किस प्रकार की चर्चा कर रहे हैं......।'

सत्राजित् का स्वर कांप उठा।

'पुत्री! मुझे अन्यथा न समझ। अब मुझे मणि का लोभ नहीं। मेरे नेत्र खुल गए हैं। मुझे किसी वस्तु का अब कोई लोभ नहीं रह गया। करने दो लोगों को मेरी चर्चा। जननिंदा ही मेरे पापों का दण्ड है अतः उसे मैं शिरोधार्य कर रहा हूँ। मैं कुछ और सोच रहा था......'

'तो सोचते रहिये! विलम्ब करते जाइये और पाप की मात्रा बढ़ाते जाइये। लोक निंदा होने दीजिए। इतनी बड़ी घटना घट गई और आप अभी तक सोच ही रहे हैं'—भामा के स्वर में विद्रूप प्रखर था।

'तू मेरी सहायता कर पुत्री, मेरे इस संकट में!'—सत्राजित् गिड़गिड़ा उठे।

'मैं! मैं क्या सहायता करूं तात! मुझे पुत्री मानते हैं किन्तु मेरी बात आप सुनते हैं भला? मानते हैं कभी? मैंने तो मणि वासुदेव को देने को तभी कहा था, पर आप लोभ में ही पड़े रहे। सत्य बात कहने का खेद है तात, किन्तु सत्य की रक्षा हेतु ही कह रही हूँ आपसे कि आप लोभी हैं, आत्मकेन्द्रित हैं, स्वार्थी हैं, दुर्बल हैं और का......'

सत्राजित् हाथों में सिर थामे बैठा निश्चल बैठा था।

'बस पुत्री! बस कर पुत्री! मुझे क्षमा कर। बस.....एक बात बता दे मुझे.....एक बात बता दे,.....बस......'

'क्या अभी और कुछ कहलवाना चाहते हैं मुझसे'—तड़ित् वेग से अधीर हो भामा कड़क पड़ी।

'बस केवल एक बात पूछना चाहता हूं भामा.....एक बात.....तुझे श्रीकृष्ण कैसे लगते हैं?'—अनायास पिता का स्वर नेह से भीग कर आर्द्र हो आया।

भामा विस्फारित नेत्रों से पिता को देखती रह गई।

'बोल पुत्री! श्रीकृष्ण महापुरुष हैं। पुरुषोत्तम हैं। यही नहीं। उन्हें अवतार-पुरुष कहा जा रहा है। किन्तु······तुझे कैसे लगते हैं वासुदेव? उन्हें पति रूप में तू वरण करना चाहेगी?'

भामा के विस्फारित नेत्रों की प्रखरता सहसा तरलता में तिरोहित होने लगी। तनी हुई ग्रीवा झुक चली और झुकती गई जब तक उसका सुन्दर मुख घुटनों में छिप न गया।

पिता का स्नेहस्पर्श उसके शीश को सहला गया।

'यही मैं चाहता था पुत्री! इतने दिनों से मैं इसी मंथन में डूबा हुआ था। बड़े ऊहापोह में पड़ा था। मैं मात्र स्यमंतक मणि ही नहीं सौंपना चाह रहा था वासुदेव को। उनको अपनी दूसरी बहुमूल्य मणि भी अर्पित करना चाहता हूँ। उनके समान कोई तरुण नहीं धरा पर और तेरे अनुरूप कोई अन्य वर नहीं। तेरा रूप, गुणवत्ता, प्रखरता, सत्यप्रेम, साहस एवं निर्भीकता ही तुझे वासुदेव के योग्य बनाते हैं। मैं अपने अद्वितीय जामाता के शीघ्र ही चरणस्पर्श करूँगा। जब उन्हें अपनी पुत्री भामा नहीं, सत्यभामा को उन्हें सौंपूंगा। सत्य के लिए तूने पिता का भी विरोध किया। न्याय के लिए तूने वासुदेव का पक्ष लिया। तू तो उन्हीं की है। तू सत्यभामा है।'

× × ×

स्वर्णसुन्दरी सी सजी हुई सत्यभामा शृंगार कर चुकने के बाद भी दर्पण में अपना रूप निहार रही थी। वैसे उसे शृंगार-प्रसाधन की आवश्यकता नहीं थी क्योंकि विधाता ने अनुपम-रूपलावण्य से शृंगार करके ही उसे धरा पर भेजा था। त्वचा का रंग दमकते हुए स्वर्णपुरुष भगवान् भास्कर सा प्रदीप्त था। पूर्णचन्द्र से मुख पर चंचल मीन के सुन्दर नयनों की चर्चा दूर-दूर तक फैली हुई थी। पर इस मीनाक्षी की एक और विशेषता भी थी। उसके नयनों में चपलता के साथ-साथ तेज, निर्भीकता तथा प्रखरता भी थी।

रुक्मिणी और जांबवती उसकी सपत्नी होंगी। किन्तु उसमें स्वयं में आत्मविश्वास की कमी नहीं। पूर्व की श्रीकृष्ण की विवाहिताएं या उसके पश्चात् भी चाहें जितनी सपत्नी आ जाएं, वह स्वयं सदा ही अपूर्व रहेगी। किन्तु फिर भी मन में कहीं से चिन्ता की क्षीण रेखा रह-रह कर बिजली सी कौंध ही जाती है। चिन्ता है कि उसका क्या किया जाए? उसका, अर्थात् जिसका बहुवल्लभ-योग पड़ा है? उसे वरने तो लगता है, चली आएगी रमणियों की भीड़ की भीड़! जैसे-जैसे श्रीकृष्ण का यश-सौरभ फैलता जा रहा है, हर तरुणी का हृदय-सम्राट वही बना जा रहा है। हर तरुणी के स्वप्नों का वही राजकुमार था। हर नरेश के नेत्रों में उसे अपना जामाता बनाने के स्वप्न पल रहे थे। पांचाल-नरेश द्रुपद की राजकन्या के संभावित स्वयंवर की भनक सुनाई देने मात्र से ही सत्यभामा का मन विशेष उद्वेलित हो उठा था। कहीं द्रुपद-नंदिनी भी······! ऐसी स्थिति में तो बहुवल्लभ पतिदेव के मन को साधे रखने के लिए विशेष तंत्र-मंत्र की साधना ही करनी पड़ेगी। अपने भावी वैवाहिक जीवन के प्रति सत्यभामा अभी से सजग और सावधान थी।

रूप! यह रूप ही भामा का अस्त्र है। यह रूप ही उसका वैभव भी। उसने अपनी कमान सी भवों में बल डालकर दर्पण में निहारा। फिर वंकिम चितवन से स्वयं को निहारा। शशांकसुन्दर मुख। मृणाल ग्रीवा। सुकुमार किन्तु सुपुष्ट स्कंध। मृणाल बाहु।

क्षीण कटि। उसे और क्या चाहिए भला! आनन्द से उसने अपनी मृणाल बाहुओं को ऊपर करके फैला दिया पंखों के समान। बिल्कुल धवल राजहंसिनी सी कमनीय देह में राशि-राशि लावण्य भरा था। अपने नखशिख को निरख-परख कर उसे हार्दिक संतोष हुआ।

वह अपनी उंगलियों का सूक्ष्म परीक्षण करने लगी। एक-एक उंगली जैसे स्वयं ब्रह्मा ने शिल्पित की हो। गुलाबी रंग के कोमल करतल तथा उंगलियां। उसने नृत्यमुद्रा बनाई और उंगलियों को अर्ध-प्रस्फुटित पुष्प का आकार देकर देखा। पर मन कहीं और भटक गया। पांचों उंगलियाँ फैली रहीं। वह उन्हें देखते हुए भी देख नहीं रही थी। फिर सहसा आँखों में चमक आई। अधरों पर गर्व भरी मुस्कान। और उंगलियाँ एकाएक सिमट गईं। बदल गयीं एक दृढ़ मुट्ठी में। भामा ने अपनी दूसरी हथेली फैलाई और उस पर अपनी मुट्ठी का प्रहार किया।

इस प्रकार! साम, दान, भेद, दण्ड! तंत्र, मंत्र अभिचार, जादू-टोना! समस्त उपाय। सम्पूर्ण शक्ति। पूरी दृढ़ता से नियंत्रण और विजय! फिर चाहे रुक्मिणी हो, जांबवती हो अथवा कोई भी मानवती हो। वह स्वयं पराजित न होगी। गर्व से ग्रीवा तन गई। अभिमानिनी नायिका की देह मान में बल खा गई। दर्प से दोनों मीनाक्ष चमक उठे और अधरों का मुस्कान ले सत्यभामा पूर्णतः निश्चिंत हो गई विजय-प्रयाण हेतु।

× × ×

कौन सतत गाता रहता है ऐसा विरहाकुल वेदनागान? वृक्ष? लता? विटप? भंवरे अथवा शुक-सारिकाएं? वृंदावन के कान्तारों में कातर गीतमाला गूंजती रहती है—

कब की ठाड़ी पंथ निहारूं

अपने भवन खड़ी......

आली री ऽ ऽ ऽ......

मेरे नैना बान पड़ी......

राह चलते पथिकों की टोली ठिठक जाती है। ऋषि-मुनियों के नेत्रों से प्रेमाश्रु बह चलते हैं। वे वीथियों में, लता-गुल्मों में ढूंढ़ते हैं इस सुधासिक्त वाणी की स्वामिनी को। उस जोगन-बैरागन को जो कुसुम्भी रंग सारी पहने भरी दुपहरिया में एकतारा बजाती बीथि-बीथि भटकती हुई गाती है—

जोगिया से प्रीति किए दुःख होय......

दोपहर ढल जाती है सांझ में। सांझ ढल जाती रात में। रात भी ढलने लगती है किन्तु उसकी व्यथाकथा का कोई अंत नहीं। भोर होता है और उनींदे नयनों वाली विरहिन गा उठती है—

'जो मैं ऐसा जानती

कि प्रीति किए दुःख होय

नगर ढिंढोरा पीटती

कि प्रीति न करिए कोय......'

समूचा वृंदावन रो उठता है। यमुना हृदय थाम लेती है। पक्षियों का कलरव थम जाता है। पशुओं के नेत्रों से अश्रुधार बहने लगती है। वृंदावन उस जोगन के बावरेपन पर लुट गया है। वृंदावन बावरा हो गया है। पूरे वृंदावन ने उसकी विरह पीड़ा को आत्मसात कर लिया है। वहाँ का कण-कण उसकी पीड़ा से भीगा हुआ है।

रात में सोते हुए ब्रजवासियों की नींद टूट जाती है। राधा की वंशी बज रही है। कान्हड़ा गूँज रहा है पहाड़ियों में। हाँ। राधा ने एक नये राग को जन्म दिया है। कान्हा राग! वही कान्हड़ा रात-रात भर वंशी पर बजा कर किसी भाँति राधा लम्बी रातें काटती है।

यह बावरी सी जोगण वृंदावन की अधिष्ठात्री है। इष्टदेवी है। अपने कष्ट-निवारण हेतु लोग उसके पास आते हैं। एक ही मंत्र है उसके पास, किन्तु उसमें बड़ी शक्ति है। वह मंत्र पढ़ती है और लोगों का कष्ट-दुःख-दारिद्रय दूर हो जाता है।

किन्तु, उसकी अपनी पीड़ा? वह कहती है उसकी पीड़ा का उपचार कोई 'वैद्य संवरिया' ही कर सकता है। ऐसा कोई वैद्य ब्रज में नहीं है। लेकिन जोगन भी विचित्र है। वह अपनी वेदना में ही सुख पाती है। बावरी है न ! वेदना-विलासिनी है। पीड़ा गंवाना नहीं चाहती। उसे संजोए रखना चाहती है। उसे अपनी अमूल्य निधि मानती है। कहती है उसकी पीड़ा अलौकिक है और दिव्य नामरस में पगी हुई है। लोग उसकी बातें समझ नहीं पाते।

कितनी बार भोर से ही वह यमुना तट पर बैठी निहारती रहती है नीड़ों से उड़कर जाते हुए पंछियों को। क्या सभी नीड़ छोड़कर चले जाते हैं?

वह उनसे पूछती है—सांझ को तो घर लौट आओगे न वृंदावन के पंछियों?

सांझ होते न होते वह बेसुध सी दौड़ती है और देखते ही हर्षविभोर हो उठती है—आ रहे हैं। आ रहे हैं। वृंदावन के पंछी घर लौट-लौट कर आ रहे हैं। वह तालियाँ बजाती है। गाती है। थिरक उठती है। मयूरों के साथ-साथ नृत्य कर उठती है।

धीरे-धीरे पंछी बसेरा लेते हैं। ताल, तमाल, अश्वत्थ और कदम्बों पर तुमुल कलरव गूंज उठता है।

किन्तु ! वह नहीं आया! सब लौट आते हैं। केवल वही नहीं आता। रात उतर आती है। निस्तब्धता छा जाती है। भरी ज्योत्स्ना में रात भर राधा का एकतारा बजता है। रात भर वेदनासिक्त स्वर लहराता है—

'लज बैरन भई, सखी री……
श्रीलाल गोपाल के संग
काहे नाहिं गई……
सखी री……लाज बैरन भई……'

फागुन में पलाश वन फूल उठते हैं। दोपहरी में चटक जाते हैं शाल्मली के लाल फूल। राधा के रूखे बिखरे केशों को संवार कर ललिता नेह से वेणी बांधती है और राधा फूट पड़ती है पीड़ा गीत में।

झर······झर······झर······द्रुमदल झरते हैं। विरहाकुलता सृष्टि के अंतस्तल तक में गहरी पैठ जाती है।

पावस की अंधियारी रात में जोगन विरहा गाती है।

'सुने री सखी······

पिता जोगिया भए······

हमहूँ जोगन होइ जाएं······'

टप टप टप······प्रकृति रोती है। मेघमाला के आँसू रुकते नहीं। सौदामिनी पीड़ा से थर्रा जाती है।

अचानक ही किसी दिन राधा कुंजवन की कोकिल बन कर कुहुक उठती है—

'आज श्याम मोहिनी बाँसुरी बजाएँगे······।'

जैसे कहीं से कोई संदेश मिला हो। भोर से ही कुटिया बुहारती है। लीपती है। गोबर से नहीं। वहाँ केवल अश्रु ही रहते हैं। गा-गा कर नयनों के प्रेमजल से ही लीपती रहती है। आँसुओं से चौक पूरती है। आँसुओं से ही दीवार-द्वार पर बेलबूटे उकेरती है। प्रेम की बातें बेलबूटे हैं उसके। उन्हें उकेर कर प्रीतिमती मगन-मगन पुलकती है। हंसती है। गीत गा गाकर कुटिया को सजाती है। द्वार पर झूलती हुई माधवीलता के निहोरे करती है कि देख आज तू गमक कर फूलना, सांवरा आ रहा है।

प्रतीक्षा करती है। नाचती है। शीश में मोरपंख लगाती है। बांसुरी बजाती है। कृष्ण बन जाती है। और······फिर! मूर्ति सी द्वार से टिकी बैठी रह जाती है। सूने नेत्रों से अपलक निहारती है पथ।

धीरे-धीरे लोचन नीर बन चलते हैं। झील बन चलते हैं। नयन-झील में एक नौका है जिसमें उसका नील केवट बैठा है। राधावल्लभ। राधारमण। वही राधामोहन उसका खेवनहार है। उस खेवनहार का मोरमुकुट दिखते ही अधर पल्लवों पर मुस्कान खिल उठती है। यही बस! यही तो वह चाहती है नयनों में भर लेना। समा लेना। समेट लेना। उस मोहनमूर्ति को वह हौले-हौले बन्द कर लेती है सुललित पलकावलियों में। सुलोचन मुंदते हैं और स्मृति का सुखद आंचल समेट लेता है हरिप्रिया को।

विशाखा और चित्रा आकर उसे हिलाती हैं—'राधे! देख तो संसार में कितना कष्ट है। रोग है, व्याधि है, पीड़ा है। चल तो, महावट के नीचे पड़े रोगी पथिक को स्वस्थ कर दे।'

जोगन चौंक उठती है। अपना दुःख कंठ उतार लेती है और स्मृतिरस से डूबी सी खोई सी एक तारा बजाती चल पड़ती है रोगी की दिशा में। उसकी सेवा करती है। सुश्रूषा करती है। रोगी को पथ्य देती है। अहोरात्र वहाँ बैठकर उसे धैर्य देती है साथ ही नामस्मरण करती रहती है। उसे स्वस्थ कर देती है। राधा के स्पर्श में दैवीय कुछ है। राधा सेवा और त्याग की देवी है। प्रेम और करुणा की अवतार है।

सखियाँ उसके लिये दुःखी होती हैं। क्या पता वह कहाँ रमण कर रहा हो। किसके साथ कर रहा हो! और यह यहाँ वैरागन बनी कुंज-कुंज में पागल सी उसे ढूंढ़ती फिरती

है। राधा अपने हाथ से सखी का मुंह बन्द कर देती है। राधा के वृंदावन में कोई किसी को उपालंभ नहीं दे सकता। कोई उलाहना नहीं दे सकता। कोई कुछ दे सकता है, तो केवल प्रेम दे सकता है। पा सकता है, तो केवल प्रेम पा सकता है।

सबको प्रेम बाटती फिरती है। सेवा करती है। करुणा बरसाती है। फिर? चारों ओर मयूरों के समूह हैं। कृष्णसार मृग हैं। गोवत्स हैं। गौएं हैं। माधवीकुंज में सबके बीच पीले वस्त्र पहने बैठी हुई जोगन वीणा के तार छेड़ती है और पीड़ा के गीत गाती है—

'ए री मैं तो प्रेम दीवानी
मेरा दरद न जाने कोय......'

लगता है जैसे कहीं मंदिर में पूजा हो रही हो, आरती हो रही हो, चारों ओर मलय चंदन और अगरु की सुवास फैल चलती है।

× × ×

अनोखा है वृदांवन का संसार भी! विचित्र हैं वहाँ के गोप-गोपी। न जाने किस दुनिया में खोए रहते हैं! न जाने किस अमृतरस से छके रहते हैं कि उन्हें दीन दुनिया से कोई मतलब ही नहीं! वे वृंदावन से बाहर का कुछ जानना-सुनना नहीं चाहते। वे 'राधे-गोविन्द' का महामंत्र सिद्ध कर चुके हैं। शरीर सांसारिक कर्मों में लगा रहता है, तो भी मन राधेकृष्ण में डूबा रहता है। सांसारिक कृत्यों से अवकाश पाते ही 'राधेगोविंद' संकीर्तन कर उनके पाँव थिरक उठते हैं, तन में नृत्यगति भर जाती है, हाथ आनन्द मुद्रा से उठ जाते हैं। विचित्र समर्पण है। विचित्र आनंदानुभूति है।

वे आज भी कृष्ण के लिए ऐसे उत्कट रूप से विरहाकुल हैं जो कृष्ण ने अभी-अभी ब्रज छोड़ा हो। उनके विरह-भाव की उत्कटता और तीव्रता घटती नहीं, बढ़ती ही जाती है। प्रेमाश्रुओं में डूबे गोप-गोपी कभी वृक्ष को कृष्ण समझ कर उससे लिपटते हैं तो कभी गौ से, कभी मृगों से। सब कुछ कृष्णमय है। चारों ओर कृष्ण ही कृष्ण है। कृष्ण से वे पल भर भी विलग नहीं हो पाते।

भोर होते ही गोचारण हेतु आज भी 'गोपाल-गोपाल' की पुकारें लगती हैं जैसे वह अभी भी वहीं हो। गोपाल के आए बिना गोचारण कैसे होगा? कष्ट में भी राधेकृष्ण! हर्ष से भी राधेकृष्ण! उनका खाना-पीना, गोचारण, कृषि, अन्न कूटना, धान फटकना, बच्चों का लालन-पालन करना आदि सब राधाकृष्ण मय है।

वे कलेवा करते हैं तो पहले गोपाल को कराते हैं। भोजन करते हैं तो पहले कन्हैया को भोग लगाते हैं। वन में छाक जीमते हैं तो पहले गिरधारी को जिमाते हैं। उसे डाँटते-डपटते भी हैं और लाड़ भी उस पर बरसाते हैं। 'रीझौं तो गोपाल ही पै, खीझौं तो गोपाल ही पै!'

कैसी महिमा है कृष्ण की कि उसने गोप-गोपियों को संगीतकार और कवि बना दिया है। अन्न कूटते-पीसते समय उन अपढ़ ग्वालिनों का मुख से नित नये प्रेमगीत अपने आप मुखरित हो उठते हैं। किन्तु निरीह गोप-गोपी स्वयं अपनी महिमा से अनभिज्ञ हैं।

वे कृष्ण की स्मृति पर न्योछावर हैं। कृष्ण की विचित्र लीलाओं पर मुग्ध हैं। वे राधा के विचित्र प्रेम पर न्योछावर हैं। राधा के त्याग पर मोहित हैं। वे राधाकृष्ण के परस्पर प्रेम

के भक्त हैं। ऐसा प्रेम कहीं देखा नहीं। कहीं सुना नहीं। यह सांसारिक प्रेम नहीं। अलौकिक है। अद्‍भुत प्रेम है।

वे प्रेमविभोर होकर राधाकृष्ण की लीलाएं रचते हैं। रास रचाते हैं। युगल जोड़ी के प्रेम की महिमा गाते थकते नहीं। जब कृष्ण यहां था तब केवल रास होते थे। अब रास के साथ-साथ संकीर्तन भी होता है। राधा की बांसुरी ने उनकी भक्ति में माधुरी घोल दी है, यह तो कृष्ण भी न कर पाया था।

ये अबोध, निश्छल और निर्मल अंतर वाले ब्रजवासी इस लोक से कहीं बहुत ऊपर हैं। उनकी कोई बराबरी नहीं। उन्हें तर्क-वितर्क में पड़ने की आवश्यकता नहीं। वे चिन्तन-मनन नहीं करते। वे अध्ययन-पठन नहीं करते। वे ध्यान नहीं लगाते। आसन-प्राणायाम नहीं करते। गायत्री-जप नहीं करते। वे केवल नामस्मरण करते हैं। उनकी सारी पूजा, साधना, तपस्या और उपासना का आदि और अंत 'राधेकृष्ण' से ही होता है।

बिना योगसाधना के उन्होंने प्रेमयोग को सिद्ध कर लिया है। उन्होंने भक्ति में सिद्धि प्राप्त की है।

राधा जैसे ही बांसुरी पर तान छेड़ती है, सारे गोप-गोपी कामकाज छोड़ पागल से चिरयुगल प्रेमियों के नाम का संकीर्तन कर उठते हैं। नृत्य कर उठते हैं—राधे गोविन्द भज राधे गोविन्द……।

× × ×

'मेरा मन कहता है कि पांडव बंधुओं को बहुत कुछ करना है जीवन में। वे अन्याय का प्रतिकार करने वालों में से थे, अन्याय के आखेट होकर मिट जाने वालों में नहीं। मेरी अंतरात्मा कहती है कि कहीं कुछ भ्रम हुआ है। उन्हें अभी जीवित होना चाहिए, मृत नहीं।'—प्रबल आत्मविश्वास से श्रीकृष्ण ने कहा।

पितृष्वसा कुंती एवं उनके पांचों पुत्र वारणावत के अग्निकांड में जल कर भस्म हो गए, यह सूचना पाकर विचलित बलराम व श्रीकृष्ण हस्तिनापुर आए हुए थे। विदुर के अधरों पर मुस्कान आई। कौतुक से भरकर वे बोले—त्रिकालदर्शी वासुदेव! क्यों सदा छल करते हैं? आप क्या नहीं जानते?'

'मैं क्या जानता हूँ।—श्रीकृष्ण ने विस्मय से पूछा।

'यही कि पांडव जीवित हैं'—विदुर ने प्रकोष्ठ की भित्तियों पर दृष्टि डालते हुए दबे स्वर में कहा।

बलराम जैसे उछल पड़े आसन से। श्रीकृष्ण के नेत्र विस्फारित थे।

'सत्य महाभाग?'—उन्होंने पूछा।

'सत्य वासुदेव!'—धीमे स्वर में विदुर ने कहा।

'कहाँ हैं वो लोग?'—बलराम ने पूछा।

'ज्ञात नहीं। अभी कुछ नहीं कहा जा सकता।'

'तो यह दुर्घटना नहीं, षड्‍यंत्र ही था न?'—श्रीकृष्ण ने पूछा।

'हाँ'—विदुर ने उत्तर दिया।

'और वे भाग्यवान् षड्यंत्र से सकुशल बच निकले।'

'हाँ अच्युत।'

'अवश्य ही आपकी दूरदर्शिता व वात्सल्य के कारण ही वे बचे होंगे'—श्रीकृष्ण ने कहा।

'हाँ यदुश्रेष्ठ! आप लोग जानते ही हैं कि यहाँ तीनों भ्राताओं की संतति में परस्पर वैमनस्य अब पराकाष्ठा पर पहुँच चुका है। दुर्योधन बड़ी ही निम्न मनोवृत्ति वाला है। राजसिंहासन हथिया कर वह अपने प्रतिद्वंद्वियों को पूर्णतः नष्ट कर देना चाहता है और इसके लिए नित-नवीन योजनाएं व षड्यंत्र गढ़ता रहता है। यह ईश्वर की कृपा ही हुई कि मेरे विश्वासपात्र गुप्तचरों के कानों में यह भनक पड़ गई कि पांडवों को उनकी माता सहित वारणावत भेजा जा रहा है। पर क्यों? इसका उत्तर न था। तभी मुझे लगा कहीं कुछ अनिष्ठ की संभावना सी है। फिर ज्ञात हुआ कि पुरोचन वरणावत में पांडवों हेतु एक अद्भुत भवन निर्मित करने वाला है। वह पुरोचन······अधम! उनका नाम सुनते ही मेरे रोंगटे खड़े हो गए। वासुदेव! वह अत्यंत नीच व्यक्ति है। कुछ मुद्राओं व स्वर्ण पाने के लिए वह लोभी कीट कुछ भी कर सकता है······हत्या, हिंसा, छल-कपट, रक्तपात। वह पातकी इन ही से बना है और इन ही के लिए बना है। सूत्र पाते ही मैंने अपने गुप्तचरों को पुरोचन की मंडली में सम्मिलित करा दिया ताकि उसका विश्वास जीतकर वे पता लगा लें कि वह भवन क्यों और किस प्रकार का निर्मित किया जा रहा है। और वासुदेव! मुझे ज्ञात हुआ कि वह आवास-गृह······वह भवन······'—क्षोम और पीड़ा से विदुर का कंठ अवरुद्ध हो गया।

किसी भाँति उन्होंने स्वयं को संयत किया।

'वासुदेव! मैं अचंभित रह गया दुर्योधन की योजना जानकर। उसकी कुटिलता और क्रूरता मुझे हतप्रभ छोड़ गई। माधव! वह समूचा भवन लाख से निर्मित किया जाने वाला था।'

'लाक्षागृह!'—दोनों यादवों के मुख से विस्मय से निकला।

'हाँ वृष्णिवीरो! वह लाक्षागृह था। लाक्षा के अतिरिक्त उसमें अन्य भी कोई ज्वलनशील पदार्थ मिश्रित किये गये थे। कल्पना करें छल और विश्वासघात की पराकाष्ठा की'—विदुर ने विकल हो अपने अश्रु पोंछते हुए कहा।

दोनों वासुदेव स्तब्ध बैठे रह गये थे।

'यदुनंदनो! सारी स्थिति मुझे स्पष्ट हो गई। बड़ी सूझबूझ से समूचे कार्यक्षेत्र को तात भीष्म की सतत चौकस दृष्टि एवं महाभाग धृतराष्ट्र के नियंत्रण की सीमा से सुदूर भेज दिया गया। ईश्वर की कृपा से समय पर बुद्धि काम कर गई अन्यथा हम अपने परम प्रिय निरपराध पांडवों को अब तक गंवा बैठे होते। मैंने लाक्षागृह में एक गुप्त मार्ग भीतर ही भीतर सुरंग के रूप में बनवा दिया था। यह मार्ग एक भूमिगत सर्प-कन्दरा सा बहुत दूर जाता है। उसी मार्ग से पाण्डव लाक्षागृह की उस प्राणलेवा अग्नि से बच कर सकुशल निकल गये।'

'धन्य महाभाग! धन्य महाभाग। आप धन्य हैं। आपकी दूरदर्शिता से ही पांडुकुल का दीपक बुझ न पाया'—व्याकुल कण्ठ से बलराम ने कहा।

'यह सब विधि का विधान ही रहा। संयोगवश एक वनवासिनी भीलनी तथा उसके पाँच युवक पुत्रों ने एक दिन पूर्व ही वहाँ रहने की शरण मांगी थी। दुर्भाग्य रहा कि वे निरीह प्राणी उस विकट अग्निकाण्ड में होम हो गए।'

'अहो! अहो! तो उन ही के जले हुए शवों से भ्रम हुआ होगा।'

'हाँ ऐसा ही हुआ। किन्तु अब पांडव कहाँ हैं, यह पता नहीं लग पा रहा है।'—विदुर ने कहा।

'अभी कुछ दिन अज्ञातवास करना ही उनके लिए श्रेयस्कर होगा।'—श्रीकृष्ण ने कहा।

'यहीं उचित होगा'—विदुर ने समर्थन किया।

'किन्तु पितृष्वसा का जीवन कितना कष्टमय रहा है प्रारंभ से ही। लगता है जैसे उन्हें तथा उनके पांचों पुत्र सतत दुःख झेलने के लिए ही बने हैं।'

'नहीं तात! दुःखों का अन्त होगा। और अत्याचार तथा अन्याय का प्रतिकार भी। पर अभी बहुत सोच-समझकर धीरज से ही पग बढ़ाना होगा।'—श्रीकृष्ण ने कहा।

कुछ पल सन्नाटा छाया रहा। श्रीकृष्ण के दीर्घ निःश्वास लेने से सहसा विदुर तथा बलराम चौंक पड़े।

'अब यह दीर्घ निःश्वास क्यों? अब तो मन का एक बोझ हट गया और प्रसन्न होना चाहिए कि पितृष्वसा व प्रिय पांडव बंधु जीवित हैं।'

तभी श्रीकृष्ण ने दूसरी दीर्घ निःश्वास ली। विदुर तथा बलराम के नेत्र एकटक श्रीकृष्ण पर स्थिर हो गए। श्रीकृष्ण उनके विस्मय को समझ गये।

'स्थिति अभी भी सामान्य प्रतीत नहीं हो रही आर्य। मुझे लगता है कि मृत्यु की छाया है अवश्य कहीं निकट ही। पांडव जीवित हैं यह तो हर्ष की सूचना ही है। पर मन का विषाद जाता नहीं। मन कहता है कि ......।'

बीच में ही विदुर बोल उठे—'माधव! सबको स्थिर मन हेतु उपदेश देते हैं आप और लगता है कि आप ही का मन सर्वाधिक चंचल है।'

वे सब हंस पड़े।

'पहले आपका मन कह रहा था कि पांडव जीवित हैं। पांडव मृत हैं, यह आपका मन स्वीकार न करता था। मन की बात अंततः सही सिद्ध हो गई तो अब भी आपके मन को चैन नहीं। यह कैसी अद्भुत बात! बड़ा चंचल मन है आपका।'

पुनः तीनों हंसे विदुर की बात पर। विदुर ने पूछा—'तो अब क्या कहता है आपका मन यह तो बताएं।'

'यही कि अभी भी स्थिति सामान्य नहीं है। किसी न किसी मृत्यु हेतु हमें तत्पर रहना है।'

'किसी न किसी मृत्यु हेतु?'

'हाँ मुझे आभास हो रहा है कि कहीं से कोई मृत्यु-संवाद हमें अवश्य मिलने वाला है।'

श्रीकृष्ण के यह कहते ही बलराम तथा विदुर के चेहरे पर चिन्ता की रेखाएं उभर आईं। श्रीकृष्ण ने हाथ बढ़ा कर दीपशिखा को मन्द किया, अपने उपधान को शीश के नीचे ठीक किया और लेट गये। बलराम पूर्व से ही लेटे हुए थे। अब उनकी नाक बजने लगी थी। विदुर भी लेट गए अपनी शय्या पर। तभी कक्ष से लगे मार्ग पर तीव्र गति से आते हुए रथचक्रों की गड़गड़ाहट से वे लोग सजग हो गए। मध्यरात्रि बीते नगर के बाहर से विदुर के घर कौन आ रहा है। पाण्डवों का संवाद कोई! वही होगा, क्योंकि पाण्डवों के अस्तित्व को गुप्त रखने के लिए स्वयं विदुर ने ही गुप्तचरों को यह निर्देश दे रखे थे कि कोई भी संदेश मध्यरात्रि के बाद ही दिया जाए तथा दिन में तो कदापि नहीं। किन्तु रथ? वे लोग ध्यान से सुनने लगे। रथ राजमार्ग से मुड़ गया था उस गली में जहाँ विदुर-गृह का द्वार था। कुछ ही देर में मुख्यद्वार पर आहटें हुईं। सेवक व प्रहरी तथा आगंतुक आदि कुछ परस्पर बोल रहे थे। तीनों ने प्रश्न सूचक दृष्टि से एक दूसरे की ओर देखा। फिर कौतूहल से उनकी दृष्टि एकटक प्रकोष्ठ के द्वार पर लग गयी।

सहसा वे तीनों चौंक कर बैठ गए। द्वार पर अंधकार में एक धुंधला सा नारी आकार दिखा। मध्यरात्रि के बाद कोई नारी!

'कौन?......कौन हो देवी?'—विदुर ने पूछा।

साथ आते हुए प्रतिहारी के हाथ के दीपक से दिखा कि आगंतुका के मुख पर दीर्घ घूंघट था। दुर्बल तन पर मलिन वस्त्र थे। वह द्वार की चौखट पकड़ कर उसी से शीश टेक कर अवश सी ड्योढ़ी पर ही ठिठक गई।

'कौन हो देवी? क्या संकट है तुम पर!'—श्रीकृष्ण ने आश्चर्य से पूछा।

उत्तर में स्त्री दोनों हाथों में मुख छिपा कर फफक पड़ी। श्रीकृष्ण ने निकट रखे दीपक की ज्योति ऊँची की तथा एक अन्य दीपक हाथ में लेकर द्वार के समीप पहुँचे। स्त्री का मुख छिपा हुआ था। स्वर्ण से रत्नजटित बहुमूल्य वलय पहने हुए दो कोमल हाथ मुख छिपाए हुए थे। परिचित वलय! श्रीकृष्ण के हाथ का दीपक कांप गया।

'सत्यभामा!......तुम!'

श्रीकृष्ण की बात सुनते ही बलराम व विदुर भी चौंक कर खड़े हो गए।

'भामे! तुम! यहाँ ......कैसे? यह तुम्हारा वेष......ये मलिन वस्त्र! इतनी गहरी काली अमावस्या की रात! तुम कहाँ से आ रही हो ......?' —श्रीकृष्ण ने विचलित स्वर में पूछा।

'सीधे द्वारका से नाथ!' सत्यभामा ने अवरुद्ध कंठ से किसी भाँति उत्तर दिया।

'और कौन है तुम्हारे साथ'—चकित श्रीकृष्ण ने पूछा।

'वृद्धा दासी चरणी, वरिका, सुगुप्त तथा प्रणत आदि'—हिचकियों के मध्य सुनाई दिया।

'मुख का आवरण हटाओ भामे! यहाँ कोई बाहरी पुरुष नहीं। केवल तात विदुर एवं अग्रज हैं।'

कांपते हाथों ने आवरण हटाया तो उभर आया रो-रोकर सूजे हुए नेत्रों वाला एक करुण मुख। वायुवेग के आघातों से बिखरे हुए धूल धूसरित केश। दीर्घ-यात्रा से क्लांत तन। टूटा हुआ मनोबल।

यह सत्यभामा है? बलराम अवाक् थे। जिसके सौन्दर्य के कारण आए दिन यादव-तरुणों में उग्र विवाद और द्वन्द्व छिड़ जाया करते थे! जिसे यदुसुंदरी का विरुद् प्राप्त था! जिसकी निर्भीकता तेज एवं साहस से यदुनारियां प्रेरणा लेती थीं, वह इतनी हारी हुई?

'आओ देवी! पहले आसन ग्रहण करो।'—विदुर ने आगे बढ़कर सत्यभामा को अवलंब दिया और सत्यभामा पितृतुल्य विदुर के कंधे पर सिर रखकर वेग से फूट पड़ी। सत्यभामा के दारुण विलाप से भित्तियाँ कांप उठीं। दीपक की लौं थरथरा गई। श्रीकृष्ण ने सत्यभामा को जल दिया। मुख धोकर, जल पीकर वह कुछ कहने की स्थिति में आई।

'सत्यभामे! द्वारका में कुशलमंगल तो है न सब?'—बलराम ने स्वयं को झुठलाते हुए पूछा।

'नहीं आर्य! नहीं तात! द्वारका अनाथ है। आप लोगों के यहाँ आते ही वहाँ क्रूरता, पाशविकता तथा अधमता का तांडव हो रहा है......।'

'अहो ऽ ऽ ऽ......!'—यादवों के मुख से निकला।

'हुआ क्या भामे? हमारी चिन्ता का पार नहीं। ऐसा क्या घट गया जो तुम्हें अचानक द्वारका से हस्तिनापुर की प्राणलेवा यात्रा अकेले करनी पड़ गई? क्या घट गया वहाँ भामिनी?'—श्रीकृष्ण ने मृदुस्वर में पूछा।

'क्या नहीं घटा नाथ? सब कुछ घट गया मेरे पितृकुल में। मेरे पिता......मेरे पिता नहीं रहे......'और सत्यभामा पुनः बिलख पड़ी।

'यदुश्रेष्ठ सत्राजित्!'—बलराम और श्रीकृष्ण ने चौंक कर पूछा।

'क्या हो गया था उन्हें? वे तो स्वस्थ थे! वे हृष्ट-पुष्ट बलशाली नर श्रेष्ठ......उन्हें तो कोई व्याधि रोग आदि न था। क्या हुआ उन्हें?'—श्रीकृष्ण ने पूछा।

'जिसकी कल्पना न थी...वध! नाथ! अत्यन्त निर्ममता से उनका वध कर...' आगे सत्यभामा की वाणी हिचकियों में डूब गई।

'वध!! हत्या!! सत्राजित् की!' सब स्तब्ध रह गए।

कहीं यह अन्त का ही आदि तो नहीं! श्रीकृष्ण सोच रहे थे।

'हाँ नाथ! उन लोलुप यादवों ने अन्ततः मेरे पिता के प्राण ले ही डाले खड्ग से।'

शोक एवं ग्लानि से बलराम-श्रीकृष्ण ने शीश झुका लिए।

'किन्तु यह हुआ किसलिए सत्यभामा?'—बलराम ने पूछा।

'मणि-लोलुपता के कारण। स्यमंतक-मणि पाने हेतु।'

'किसने किया होगा वध, कुछ अनुमान?......'—बलराम ने पूछा।

'यह क्रूर कार्य अवश्य ही अक्रूर तथा कृतवर्मा का होगा'—बीच में श्रीकृष्ण ने बोलते हुए कहा।

'नहीं नाथ! वध शतधन्वा ने किया है'—सत्यभामा ने कहा।

'नहीं भामे! तुम मनुष्य स्वभाव की कुटिलता नहीं जानती। शतधन्वा तो मात्र निमित्त रहा होगा। उसे नचाने वाले अक्रूर और कृतवर्मा ही हो सकते हैं। शतधन्वा कायर है, भीरु है। उसके पास अपनी स्वयं की निर्णय-बुद्धि नहीं है। अपने विवेक से वह छोटा सा भी कार्य नहीं कर सकता फिर यह तो बड़े ही दुःसाहस का कार्य था। उसे वध करने को उकसाया गया होगा। मैं अक्रूर तथा कृतवर्मा के मानसिक धरातल से भली-भाँति परिचित हूँ।'

कातर सत्यभामा मौन रही। कुछ पल ऐसे ही सन्नाटा छाया रहा। बलराम ने मौन भंग किया।

'विचलित न हो सत्यभामे! हम भोर ही द्वारका के लिए प्रस्थान करेंगे। यादवों में लोभ इस पराकाष्ठा पर पहुँच जाएगा यह अभी अनुमान न हुआ था। हमारी अनुपस्थिति से प्रतिफलित निर्द्वन्द्वता व अराजकता का दुष्परिणाम तुम्हारे ऊपर घटा, यह कैसा दुर्भाग्य हमारा! स्वर्गवासी सत्राजित् के परिवार में कोई पुरुष नहीं यह भी कैसी विडम्बना है। प्रसेनजित् पहले ही सिंह का आखेट हो गया था सत्राजित् को शतधन्वा जैसे शृगाल का आखेट होना पड़ा। तुम्हारे पिता के कोई पुत्र भी नहीं है। सत्यभामा! तुम ही उनकी पुत्री हो अतः तुम्हें ही पुत्र के सारे कर्तव्य निभाने पड़े और आगे भी निभाने होंगे। तुम्हारी पीड़ा बड़ी त्रासदायी है।'

'तात! इसीलिए आप लोगों को सूचित करने का साहस करके मैं स्वयं चली आई।'—एक दीर्घ निःश्वास के साथ सत्यभामा बोली।

'किन्तु यदुश्रेष्ठ आर्य सत्राजित् के शरीर का क्या प्रबंध किया?'—बलराम ने पुनः पूछा।

'तैल-नौका में रखवा कर तुरंत चली आई। अब आप लोग सम्हालें वहाँ चलकर।'—सत्यभामा पुनः रो पड़ी।

'तुम्हारे धैर्य, साहस, दूरदर्शिता एवं बुद्धि की सराहना करनी पड़ती है, भद्रे!'—अभिभूत विदुर के मुख से निकला।

'शांत हो सत्यभामा! सुस्थिर हो। हम शीघ्र ही वहाँ पहुँच कर आर्य सत्राजित् का दाहकर्म पूरी वैदिक-विधि से कराएंगे और जब तक उस कापुरुष शतधन्वा के प्राण नहीं हर लेंगे, चैन से न बैठेंगे।'—बलराम ने कहा।

काफी देर से विचारों में डूबे हुए श्रीकृष्ण कुछ सोचते से बोले—'यह ईर्ष्या-द्वेष, लोभ और स्पर्धा यदुवंशियों को कहीं का न रखेंगे। अक्रूर कहते थे कि सत्राजित् ने पुत्री उसे देने को कहा है किन्तु दे दी कृष्ण को इसलिए उसे स्यमंतक मणि ही दे दी जाए। यह कृतवर्मा अथवा अक्रूर का दुष्कृत्य है इसमें संदेह नहीं। शतधन्वा को तो निमित्त बना लिया गया। सत्यभामे, तुम्हें पिता के पुत्र न होने के कारण पिता का दाह व श्राद्ध क्रिया तुम ही करोगी। अतः उनकी संपत्ति व मणि तुम्हारे ही पुत्रों को मिलनी चाहिए। तुम चिंता न करो। साहस संचय करो। धीर धरो तुमने अपनी विमाताओं तथा विशाल

परिवार को ऐसी दुःख की घड़ी में सम्हाला, पुत्रवत् अपने पिता के शरीर का समुचित प्रबंध किया और फिर इतनी लम्बी यात्रा का साहस किया, तुम धन्य हो। तुम्हारा साहस तथा धैर्य अनुपम है।'—श्रीकृष्ण ने शोक-विह्वला सत्यभामा को धैर्य बंधाते हुए कहा।

द्वारका आकर श्रीकृष्ण का अनुमान सही सिद्ध हुआ। अक्रूर ने कभी सत्यभामा की लालसा की थी। साथ ही स्यमंतक मणि का लोभ भी उन्हें प्रबल था। शतधन्वा को भड़का कर उन ही ने सत्राजित् का वध करवाया था। शतधन्वा ने सत्राजित् का वध करके मणि अक्रूर को सौंप दी। पर अक्रूर ने स्वार्थवश शतधन्वा के प्राण बचाने का प्रयास नहीं किया। फलस्वरूप श्रीकृष्ण-बलराम से प्राण बचाने शतधन्वा अपनी अद्वितीय वेग से दौड़ने वाली घोड़ी 'हृदया' पर सवार हो द्वारका से भाग गया। विकट रोष से भरे हुए बलराम व श्रीकृष्ण ने उसका पीछा किया। मिथिला के निकट श्रीकृष्ण ने उसका वध किया पर मणि नहीं मिली। श्रीकृष्ण खिन्न हो गए। बलराम को बताया तो वे भी खिन्न हो गए। एक यादव का वध भी हुआ और जिसके कारण हत्या हुई वह मणि मिली नहीं। बलराम तो मिथिला नरेश जनक से मिलने चले गए। श्रीकृष्ण द्वारका लौटे तो पाया कि तब तक अक्रूर मणि को धारण कर द्वारका से पलायन कर चुके हैं। मन क्षोभ से उद्विग्न हो उठा। यदि अक्रूर को प्रताड़ित करते तो यदुकुल में निश्चित रूप से फूट और भी भयानक रूप धारण कर लेती अतः वे संयम करके उपेक्षा कर गए। किन्तु यह मणि चमत्कारिक थी। उसके प्रताप से, जहाँ वह रहती वहाँ सदा समय पर वर्षा होती और इसलिए धनधान्य का प्राचुर्य रहता था। अक्रूर जब से मणि लेकर द्वारका से चले गए तब से द्वारका में अनावृष्टि व दुर्भिक्ष का प्रकोप हो गया। अंततः अक्रूर के अपराध को क्षमा करने उन्हें द्वारका बुलवाया गया। अक्रूर ने लज्जित भाव से श्रीकृष्ण को मणि दे दी। किन्तु श्रीकृष्ण को उसकी क्या आवश्यकता! उन्होंने सत्यभामा को समझाकर उसे वापस अक्रूर को ही लौटा दिया।

सत्यभामा का अनुमान धीरे-धीरे सत्य ही सिद्ध हुआ। वास्तव में वासुदेव का बहु-बल्लभ योग पड़ा था। देखते-देखते रुक्मिणी, जांबवती और सत्यभामा के अतिरिक्त कालिंदी, भद्रा, मित्रविन्दा, लक्ष्मणा तथा सत्या आदि भी उनकी पत्नी हो चुकी थीं। इनमें से किसी ने स्वयंवर में स्वयं ही उन्हें वरा, किसी को स्वयंवर में प्रतियोगिता से द्वारा उन्होंने जीता और किसी का पिता एवं भ्राताओं द्वारा श्रीकृष्ण से विवाह किया गया। आठ पत्नियाँ! आठों में परस्पर ईर्ष्या-द्वेष, खींच-तान होती रहती। किन्तु अद्भुत थे श्रीकृष्ण। वे मुस्कुराते और अनासक्त रहते।

× × ×

वासुदेव उद्विग्न थे। सूर्यास्त-शिला पर एकाकी बैठे हुए गहन चिंता में लीन थे। यादवों के व्यवहार से क्षुब्ध थे। कितना कठिन है यादवों को संगठित किए रखना। इनमें परस्पर एकता व सद्भाव बनाये रखना। ये स्वतंत्रता-प्रेमी हैं। पर जानते नहीं स्वातंत्र्य क्या है। इनके लिए स्वतंत्रता का अर्थ है उच्छृंखलता, अनुशासनहीनता और हठधर्मिता। ये स्वाभिमानी हैं। पर जानते नहीं स्वाभिमान क्या है। मूर्ख हैं ये जो अहंकार को स्वाभिमान समझे बैठे हैं। इतना शूरवीर यादव समाज! इसे कोई बाहरी शक्ति नहीं तोड़

सकती। किन्तु भीतरी दुर्बलताएं ही यदुवंश को तोड़कर सर्वनाश कर देंगी। मूढ़ यदुवंशी समझते नहीं कि अपने अहंकार और उच्छृंखलता के कारण वे टूट कर चूर-चूर हो जाएंगे मृत्तिका कुंभ के समान। किस बात का घमण्ड है? दर्प। मिथ्याभिमान। अहंकार का ऐसा विनाशकारी रूप। अहंकार के कारण एक दूसरे के प्राण लेने को उतारू हैं। बढ़ता हुआ भोगवाद। तृष्णा। लिप्सा। सुरापान । आतंक-हिंसा। रक्तपात। वासुदेव का मन वितृष्णा ने सिहर उठा।

अनंत सागर लहरा रहा है। सिंधु समीर के हिंदोल पर झीनी सी मृदुल फेनिल-फुहारें आतीं और सहला जातीं उन्हें। उनका ध्यान गया सामने उमड़ती-घुमड़ती हुई असंख्य नील-तरंगमालाओं पर। अचानक मन में खिल उठा कोई अदृश्य सहस्रदलपद्म। और उसके पद्मकोष से निकल पड़ा गुनगुनाता हुआ, पद्म-रेणुपान के छका हुआ मदमत्त मिलिन्द सा उनका अन्तर्मन।

नयनों में लहरा गया एक केकीकंठी नील घाघरा, उन तरंग मालाओं सा। राधा की नीलांबरी। लगा जैसे राधा दौड़ती चली जा रही है अपना केकीकंठी नील घाघरा समेटती, हंसती-खिलखिलाती। अंबर पर फहरा रहा है राधा का गुलाबी दुकूल। मेघ नहीं वे स्वर्ण-कुंतल हैं। घुंघराली-स्वर्ण-लटें झूल रही हैं राधा के भाल पर। और वह भी तो है! अरुण-कलश राधा का······जिसे बालपन में कंकड़ी मारी है, कितनी ही बार। राधा दौड़ती चली आ रही है। स्वर्ण लटें झूल रही हैं। अरुण-कलश छलक रहा है ।

राधे ऽ! राधे ऽ ऽ! वे पुकार उठे। व्याकुल से आगे बढ़े। किन्तु राधा लौट चली अपने नील घाघरे की लहरों को समेटती, दौड़ती, हंसती और खिलखिलाती हुई।

राधे! रुक जा राधे! यह बाललीला! चारुशीला! न जा दूर! गगरी फोड़ने का खेल तो कब का समाप्त हो गया। आश्वस्त हो। राधे! राधे ऽ! राधेऽऽ······!

वे फेनिल लहरों में डूबते-उतराते यहाँ से वहाँ तक राधे-राधे पुकारते भटकते हैं। राधा छेड़ती है। राधा रूपी लहरें आती हैं सरसराती हुई और पलक झपकते लौट जाती हैं हरहराती हुई। प्रेमरस से छकी हुई राधे, प्रेमरस से भिगो जाती है उन्हें ।

और फिर! सब शांत! वे आचूड़ भीगे हुए खड़े रह जाते हैं सिंधु तट पर। लुप्त हो चुका है आकाश से गुलाबी दुकूल। तिरोहित हो गई स्वर्ण-अलकावली। डूब चुका है अतल गहराई में वह राधा-घट। रंगमंच पर सांवली यवनिका खिंच गई है। सामने है—उदधि के अन्तर में सतत पछाड़ें खा कर हाहाकार करती लहरें। अन्तर उद्वेलित है। किसका? सिंधु का? या स्वयं का?

'प्रभों!'

वे चौंके।

'प्रभो! पांचाल नरेश महाराज द्रुपद के दूत आए हैं, राजकुमारी द्रौपदी के स्वयंवर का निमंत्रण देने।'

'स्वप्निल नयन स्वप्नलोक से उतर आए सांसारिक जगत में। ठोस धरातल। क्रूर यथार्थ। स्वयंवर। विवाह। संतानोत्पति। संघर्ष। युद्ध। जय-पराजय। और अन्त में? वही मृत्यु! कालचक्र!'

× × ×

पाण्डव जीवित हैं यह तो ज्ञात हो गया था किन्तु वे कहाँ और किस स्थिति में हैं यह अभी तक पता नहीं लग पाया था। इधर पांचाल राज्य की राजकुमारी द्रौपदी के स्वयंवर में दूर-दूर जनपदों से राजा व राजकुमार एकत्रित हुए थे। सभा में एक से एक प्रतापी क्षत्रिय बैठे थे। पर आज सबका प्रताप क्षीण पड़ चुका था। स्वयंवर हेतु इतनी कठोर लक्ष्यवेध की स्पर्धा रखी गई थी कि कोई वीर उसमें सफल नहीं हो पा रहा था।

सभागार की छत से झूलते हुए स्वचालित चक्रयंत्र में लगी एक मछली द्रुतगति से चक्र के साथ-साथ वृत्त में घूम रही थी। नीचे भूमि पर जलकुंड था। प्रतिस्पर्धी राजपुत्र को जलकुंड में प्रतिबिंब को देखते हुए ऊपर घूमती मीन की आँख को वेधना था। लक्ष्यवेध प्रतियोगिता उपस्थित क्षत्रिय समाज के लिए बहुत ही कड़ी सिद्ध हुई थी। अंगराज कर्ण स्पर्धा हेतु उठा और वह लक्ष्यवेध में निश्चित ही सफल हो गया होता, किन्तु तभी राजपुत्री द्रौपदी ने स्पष्ट शब्द में कह दिया कि वह सूतपुत्र से विवाह नहीं करेगी। कर्ण क्षुब्ध हो अपने आसन पर लौट आया। घर अब कौन? सब विस्मय में पड़े थे कि अंततः महाराज द्रुपद ने अपनी राजपुत्री के स्वयंवर हेतु इतनी कठोर शर्त क्यों रखी। कर्ण के पश्चात् अब तो कोई ऐसा सिद्धहस्त धनुर्धर शेष नहीं धरा पर। कर्ण तथा अर्जुन की ही दुन्दुभि बजती रही थी अब तक धनुर्विद्या के क्षेत्र में। अर्जुन के विषय में सबकी धारणा थी कि वह तो अपने चारों भ्राताओं व माता सहित कब का लाक्षागृह की अग्नि में भस्म हो चुका। बचा था कर्ण! कर्ण को राजपुत्री ने स्वयं अस्वीकार कर दिया। अब? अब क्या होगा इस महाप्रतिष्ठित राजकुल की महाविदुषी कन्या का!

'तात, आप उठें।'—श्रीकृष्ण के धीमे स्वर में निकट बैठे बलराम से कहा।

'मैं!!'—बलराम जैसे आकाश से गिरे।

'मैं और लक्ष्यवेध! गदा या मूसल का भारी, मोटा-झोटा काम होता तो अब तक मैं उठ कर यह तंत्र-वंत्र-मत्स्य आदि तोड़फोड़ कर कब का ढेर कर चुका होता। किन्तु यह लक्ष्यवेध का झमेला बड़ा जटिल है। इस प्रकार के सूक्ष्म कार्य भला मुझसे हो सकते हैं? तुम उठो श्रीकृष्ण। लक्ष्यवेध करो'—बलराम ने हंसते हुए कहा।

श्रीकृष्ण नहीं हिले। बैठे-बैठे मंद-मंद मुस्कुराते रहे। बलराम ने उन पर प्रश्न सूचक दृष्टि डाली।

'तात! मुझे ज्ञात है कि पांचाल नरेश महाराज द्रुपद, अर्जुन को अपना जामाता बनाने की हार्दिक अभिलाषा वर्षों से हृदय में संजोए हुए हैं। अतः इस स्पर्धा में हममें से किसी का भी भाग लेना उचित न होगा।'

'अर्जुन! किन्तु क्या पता अर्जुन किस परिस्थिति में, किस स्थान पर हो। लाक्षागृह से बचकर वे पांचों भाई व पितृष्वसा आर्या कुन्ती अपने प्राण बचाने न जाने किस जनपद में हों।'—बलराम ने दीर्घ निःश्वास लेते हुए कहा।

'दैव बड़ा बलवान है तात! क्या कहा जा सकता है कि अब क्या चमत्कार घटित हो जाए।'—श्रीकृष्ण ने उत्तर दिया।

तभी देखा कि ब्राह्मण-समुदाय में से एक सुदीर्घ ब्राह्मण तरुण खड़ा होकर लक्ष्यवेध की अनुमति मांग रहा था। सदा के चौकस-बुद्धि श्रीकृष्ण ने तुरन्त अपनी तीक्ष्ण दृष्टि से

तरुण ब्राह्मण को सूक्ष्मता से निरख-परख लिया। हो न हो, कहीं यह अर्जुन ही तो नहीं! देखा तो नहीं कभी अर्जुन को, किंतु उसके विषय में इतनी जनचर्चाएं जनपदों में फैल चुकी हैं कि लगता है अर्जुन का नख-शिख तक परिचित है।

गंभीर ब्राह्मण युवक ने जिस ढंग से धनुष पकड़ा, उठाया व शरसंधान किया, उसे देख श्रीकृष्ण ने उद्वेलित हो बलराम का हाथ हौले से पकड़ लिया।

'अग्रज। यह ब्राह्मण नहीं। यह तो कोई महाधनुर्धर लक्ष्यवेधी वीर है। तात! यह अर्जुन ही है। वह देख उसके स्कंध पर धनुष की रगड़ का चिन्ह है। वे ही विख्यात आजानु बाहु। वही श्याम वर्ण। भावुक नेत्र एवं तीक्ष्ण नासिका। तात! निःसंदेह यही अर्जुन है।'

बलराम ने कौतूहल से आगे झुक कर ध्यान से देखा। हाँ। श्रीकृष्ण की बात ही सत्य प्रतीत होती है।

और पलक झपकते तुमुल हर्षध्वनि के बीच लक्ष्यवेध संपन्न हो गया। ब्राह्मण-वेशी अर्जुन ने जब लक्ष्यवेध किया न था, तब तक नरेन्द्रमंडल के प्रतापी सदस्य विद्रूप भरे उपहास में संलग्न थे कि इस ब्राह्मण का दुःसाहस तो देखो! जहाँ एक से एक धुंरधर क्षत्रिय वीर विफल हो गये वहाँ यह महत्वाकांक्षी मूर्ख कैसे आत्मविश्वास से लक्ष्यवेध हेतु खड़ा हुआ है! उस ब्राह्मण की उपेक्षा में कटाक्ष हो रहे थे, परिहास हो रहे थे, व्यंग्य-बाण छोड़े जा रहे थे।

पर! सबके तिरस्कार और व्यंग्यों को झुठला कर ब्राह्मण ने लक्ष्यवेध कर दिया! किसी को विश्वास नहीं हुआ अपनी दृष्टि पर। जैसे ही विश्वास हुआ वैसे ही क्षत्रिय-रक्त खौल उठा। क्षत्रिय मुख तमतमा उठे। बाहुएं फड़क उठीं। यह कैसा अघटित घट गया! एक भिक्षुक हरे ले जा रहा है राजमाला को। दरिद्र ब्राह्मण के कंठ पड़ गई पांचाल-वंश की स्वर्णमाला। असंभव! यह नहीं होने देंगे।

देखते-देखते खिसियाए हुए नरेशों ने युद्ध छेड़ दिया। अर्जुन ने पुनः धनुष उठा लिया। अर्जुन का साथ देने ब्राहाण वेश में भीम भी आगे आ गए! श्रीकृष्ण ने देखा कि अर्जुन व भीम के साथ अन्य तीनों ब्राह्मण उठकर वहाँ से जा चुके हैं। वे भांप गये कि अवश्य ही वे तीनों युधिष्ठिर, नकुल एवं सहदेव थे।

संघर्ष की तीव्रता देखते हुए पांचाल राजकुमार धृष्टद्युम्न ने आगे बढ़कर आक्रमण के विरुद्ध मोर्चा सम्हाल लिया एवं सावधानी से अर्जुन, द्रौपदी व भीम को पीछे के द्वार से सुरक्षित बाहर तक पहुँचा दिया।

किसी राजकन्या को कोई विप्रदेव ले जाएं यह बात उद्धत क्षत्रियों के कंठ उतर न पा रही थी। युद्ध गंभीर हुआ जा रहा था। श्रीकृष्ण उठे एवं दोनों पक्षों के ठीक मध्य जाकर शक्तिशाली वृषभ से अड़ गये दोनों हाथ उठा कर।

'शांति! शांति! नरेश गण! आप बुद्धिमान हैं। ज्ञानी हैं। यह कैसा अविवेकीय कार्य करने जा रहे हैं? क्या राजरक्त मूल्यवान् नहीं जो तर्कशून्य होकर इसे वृथा बहाना चाह रहे हैं? स्वयंवर हेतु एक निश्चित क्रिया संपन्न करनी थी। स्वयंवर केवल इस तथ्य पर आधारित था कि क्या करना है; कौन करता है इस पर नहीं। अतः लक्ष्यवेध करके

किसने राजकन्या पाई यह तो विवाद एवं संघर्ष का कारण किसी भी दृष्टि से बनता ही नहीं। इसलिए न महाराज द्रुपद दोषी हैं, न वह ब्राह्मण युवक जिसने लक्ष्यवेध करके राजपुत्री पाई है। आप लोग क्षत्रिय हैं, अतः शीघ्र ही आवेश में आ जाना स्वाभाविक है। किन्तु आप विचार-शक्ति से भी संपन्न हैं, अतः अपने क्रोध पर भी तुरंत नियंत्रण पा सकते हैं। आप सब बुद्धिमान तथा उच्च कुलों के हैं। विचार करके देखेंगे तो स्वयं ही समझ जाएंगे कि युद्ध का कोई आधार नहीं, कोई कारण ही नहीं, अतः वृथा रक्तपात क्यों किया जाए'—श्रीकृष्ण ने सदा की भाँति अपने उसी परिचित स्मित हास्य के साथ तर्क प्रस्तुत किए।

नरेशों ने एक दूसरे की ओर देखा। बात बिल्कुल युक्तिसंगत है। धीरे-धीरे सबके शस्त्र नीचे हो गए एवं धृष्टद्युम्न आदि बंधुगण भी राजाओं के आतिथ्य-सत्कार में व्यस्त हो चले। श्रीकृष्ण तथा बलराम बाहर आकर अपने रथ में बैठ कर खोजने चल दिये कि उनके बंधु किस दिशा को गये हैं।

स्थान-स्थान पर पथिकों से पूछते कि एक नवविवाहिता वंधू के साथ दो बलशाली विप्रदेवों को जाते देखा है क्या? धीरे-धीरे वे पता लगाने में सफल हुए एवं उस कुंभकार के घर पहुँच गए जहाँ एकचक्रा नगरी से आकर पांडवों ने आश्रय लिया था।

बलराम-कृष्ण के बालपन व किशोरावस्था बड़ी विषमताओं में बीते थे। ब्रज में पले, मथुरा गए, कंसवध हुआ, जरासंध के आक्रमणों का सामना करना पड़ा, अंततः वहाँ से द्वारका जाना पड़ा, फिर द्वारका में सतत पुनर्निर्माण व यदुराज्य के स्थायित्व हेतु संघर्षरत रहे। इन ही की भाँति इनके पांडव बंधुओं का भी अब तक का जीवन बड़ा संघर्षमय रहा था। जन्म एवं बालपन सुदूर पर्वत-प्रदेश में हुआ। अर्जुन की चौदहवीं वर्षगाँठ के दिन ही पिता महाराज पांडु का निधन हो गया। अनाथ स्थिति में वे सब अपनी दुःखी माता के साथ हस्तिनापुर आए। पर वहाँ उनके पितृव्य धृतराष्ट्र के पुत्रों से उन्हें सदा उत्पीड़न झेलना पड़ा, यहाँ तक कि वारणावत के लाक्षागृह में पाण्डवों को जीवित ही भस्म कर डालने का कुचक्र भी उन ही ने रचा था। इन सब जटिल परिस्थितियों के परिणामस्वरूप अभी तक कृष्ण-बलराम अपनी पितृष्वसा तथा उनके पुत्रों से मिल नहीं पाए थे। बीच-बीच में उनके समाचार अवश्य लेते रहे थे। यथासंभव स्वर्ण आदि से सहायता भी करते रहे थे। पांडवों तथा कुंती के साथ अन्याय व अत्याचार के समाचार पाते तो वे तिलमिला उठते प्रतिकार हेतु। वे ही नहीं समूचा यदुवंश यदुनंदिनी पृथा व उनके पुत्रों के कष्टों से सदा उद्वेलित रहता। परस्पर न मिल पाने पर भी एक अदृश्य सूत्र उनमें स्थापित हो गया था। वे एक दूसरे से मिलने को बहुत ही आतुर थे और आज वह महामिलन का पुण्य-अवसर आ ही गया।

बलराम एवं श्रीकृष्ण ने वहाँ पहुँच कर जैसे ही अपना परिचय दिया कि वे वृष्णिकुल-भूषण वसुदेव के पुत्र हैं वैसे ही उनकी पितृष्वसा कुंती हर्ष से बावरी हो उठीं। पाण्डव अपने उन प्रसिद्ध दुर्धर्ष वीर बंधुओं से बड़े चकित भाव से मिले तथा यादव अपनी पितृष्वसा व वीर बांधवों की विपन्नावस्था से पीड़ा-व्याकुल होकर मिले। प्रथम भेंट में ही यादवों व पाण्डवों का रक्त-सम्बन्ध तुरन्त घनिष्ट मैत्री में परिणत हो गया।

वहाँ आते ही श्रीकृष्ण का ध्यान अर्जुन पर गया। नरेशों के उस विराट एकत्रित समूह को अपनी द्वितीय लक्ष्यवेध-निपुणता से किस प्रकार आक्रांत करके, राजकुमारी द्रौपदी को पाने की उन सबकी अभिलाषाओं को रौंद कर सिंह के समान उस राज-पुरस्कार को उठा लाया था। प्रशंसा भरी दृष्टि अर्जुन से हट नहीं पा रही थी कि अचानक ही वे गहन विस्मय में डूब गए।

राजलक्ष्मी की महती उपलब्धि को पाने वाला यह शूर नायक ऐसा निढाल क्यों? क्षुब्ध और म्लानमुख क्यों? नेत्रों में गहन वेदना! दीर्घ निःश्वास! क्यों? जब सब हास-परिहास में संलग्न थे तब भी यह अंतर्मुखी शौर्य-सम्राट किसी गंभीर पीड़ा से आप्लावित क्यों?

आदर-सत्कार तथा चर्चाओं के मध्य अनायास तब स्तब्धता छा गई जब वृष्णिनंदिनी कुंती ने बताया कि विकट भ्रम की स्थिति में वे अर्जुन को विचित्र आज्ञा देकर स्वयं अधर्म को निमंत्रण दे बैठी हैं। विचलित स्वर से कुंती ने पूरी घटना बताई कि उन्हें स्वप्न में भी अनुमान न था कि उनके पुत्र भिक्षाटन हेतु न जाकर आज पांचाल नरेश की सुकन्या के स्वयंवर में गए हैं। उन्हें क्या ज्ञात कि अर्जुन भिक्षा लेकर नहीं, पत्नी लेकर लौटे हैं। जब अर्जुन ने द्वार खटखटाया तो उन्होंने अज्ञानवश बिना द्वार खोले ही भीतर से आज्ञा दे दी कि आज की उपलब्धि को भी अर्जुन सदा की भाँति अपने भ्राताओं के लिए पाँच भागों में बांट लें। जब द्वार खोला तो स्तंभित रह गईं अपनी करनी पर।

वृत्तांत बताते-बताते पृथा रो पड़ीं। कैसा अधर्म हो गया अनजाने में उनसे! अर्जुन की वधू को उन्होंने पाँचों पुत्रों की सामान्य पत्नी बनाने की आज्ञा दे डाली!

बलराम व श्रीकृष्ण अवाक् रह गए कुछ पल। बलराम अधिक समय मौन न रह सके तथा अपनी जिज्ञासा की शांति के लिए युधिष्ठिर की ओर उन्मुख हुए।

'किन्तु युधिष्ठिर! आप तो अर्जुन, भीम वह द्रुपदनंदिनी से पहले ही स्वयंवर-सभा से उठकर चल दिए थे। लक्ष्यवेध संपन्न होने के तुरंत पश्चात् ही तो मैंने आप, नकुल एवं सहदेव को वहाँ से उठकर बाहर निकलते हुए देखा था। तो आपने यहाँ आकर माता को इतनी महत्वपूर्ण घटना के विषय में सूचना नहीं दी?'—बलराम ने आश्चर्य से पूछा।

युधिष्ठिर मौन रहे। सन्नाटा खिंचा रहा कुछ देर तक। बलराम व श्रीकृष्ण के विस्मय का पार न था।

'तो आप क्या स्वयंवर से उठकर सीधे यहाँ न आकर कहीं और गए थे?'—बलराम ने सहज भाव से पूछा।

युधिष्ठिर किसी गंभीर विचार में मग्न थे संभवतः।

'नकुल! सहदेव! क्या आप लोग कहीं और भी गए थे, यहाँ आने से पूर्व! क्योंकि यदि आपने अर्जुन द्वारा समस्त क्षत्रिय समाज को अपने लक्ष्यवेध से स्तंभित कर देने की घटना की सूचना पितृष्वसा को पूर्व में ही दे दी होती, तो ऐसी अधर्मपूर्ण घटना घटती ही क्यों? आज पांचालनरेश की राजपुत्री के स्वयंवर में जो भी कुछ घटा वह तो अत्यंत ही महत्वपूर्ण है संपूर्ण क्षत्रिय समाज के लिए भी एवं पाण्डवों के लिए भी। पाण्डवों के लिए तो इतने प्रतिष्ठित राजकुल से वैवाहिक सम्बन्ध हो जाना राजलक्ष्मी एवं ख्याति का द्वार खुल जाने के समान है! फिर आप लोग अपने भावी जीवन को गहन रूप से प्रभावित

करने वाली ऐसी घटना को माता को बताना कैसे भूल गए?'—विस्मित बलराम ने पुनः बल देकर पूछा।

पृथा दीर्घ निःश्वास लेकर कुछ कहने को तत्पर हुई, किन्तु युधिष्ठिर पर दृष्टि पड़ते ही मौन हो गई।

बलराम पुनः जिज्ञासा करने को उद्यत हुए ही थे कि श्रीकृष्ण ने उनका हाथ पकड़ कर हौले से दबा दिया। बलराम नहीं समझे, किन्तु मानव स्वभाव के प्रखर मर्मज्ञ श्रीकृष्ण से तो सूक्ष्म-से-सूक्ष्म भाव भी भला क्या छिपा रह सकता था? व्यर्थ पूछने से लाभ? हर प्रश्न पर युधिष्ठिर नतशिर हैं। नकुल तथा सहदेव जैसे पृथ्वी में गड़े जा रहे हैं। भीम प्रसन्न हैं। अर्थ क्या स्पष्ट नहीं?

और यदि अस्पष्ट है भी कुछ, तो वह नखशिख तक स्वर्णाभूषणों से ढकी, कोने में बैठी द्रुपदनंदिनी के डबडबाए हुए विशाल नेत्र नहीं स्पष्ट किए दे रहे कि क्या हुआ है।

धीरे-धीरे युधिष्ठिर ने शीश उठाया!

'वासुदेव! आपको ज्ञात है कि हम पाँचों का जन्म व पालन उत्तर के पार्वत प्रदेश में हुआ है। वहाँ मैंने सदा यही देखा था कि हर परिवार में सभी भ्राताओं की सामान्य पत्नी होती थी। वहाँ के गिरिजनों में भी यही रीति थी तथा कई ऋषि-मुनियों ने भी इसी परंपरा को स्वीकार कर लिया था। गौतमी जटिला सात ऋषियों की सामान्य पत्नी थीं। अतः मुझे किंचित भी अनुचित अथवा अधर्म नहीं अनुभव होता यदि हम पांचों भ्राताओं की एक सामान्य पत्नी हो। इसके अतिरिक्त, मेरे अविवाहित रहते हुए अर्जुन द्वारा विवाह कर लेने से अर्जुन परिवेत्ता हो जाते और उन्हें पाप का दोष लगता। मैंने कुल के हित में यही निर्णय उचित समझा कि राजपुत्री द्रौपदी हम पाँचों की सामान्य भार्या हो।'

द्रुपदनंदिनी के नयन उमड़ पड़े। पृथा के नेत्र छलछला उठे।

'तो······अर्थात् ······पार्वत प्रदेश के नियम को आपने अपने समाज पर आरोपित कर दिया। वहाँ इस प्रथा के पीछे कारण हैं। एक तो स्त्रियों की संख्या वहाँ कम है, दूसरे आजीविका के पर्याप्त साधन न होने के कारण आर्थिक अभाव रहता है। किन्तु आपने आर्यावर्त के संस्कारों का ध्यान ही न रखा! यह तो सर्वथा अनुचित हुआ युधिष्ठिर! क्या इसी कारण अपनी माता को······अंधकार में······'—बलराम के मन का कोहरा अभी भी पूर्णतः छंट न पाया था।

वातावरण विषाद्-बोझिल हो उठा। पृथा बार-बार आंचल से अपने आँसू पोंछती। नववधू द्रुपदनंदिनी के भोले नयनों से अविरल अश्रुमाल प्रवाहित थी। अर्जुन ने अपना वेदनार्थ मुख दूसरी दिशा में मोड़ लिया था। पीड़ा! अर्जुन व द्रौपदी दोनों पीड़ित थे। श्रीकृष्ण कभी अर्जुन को देखते कभी द्रौपदी को। कितने सुन्दर युगल हैं दोनों। किन्तु दोनों ही कितने दुःखी। भग्न-हृदय! ध्वस्त मनोबल! टूटे हुए से!

—हा हा हा हा ······अनायास श्रीकृष्ण का अट्टहास गूंज गया। सब चौंके। असमय हास्य! ऐसे गंभीर वातावरण में अट्टहास! हास्य भी साधारण नहीं। सिंधु की उत्ताल तरंगों सा उमड़ता हुआ अनिरुद्ध अट्टहास। फेनिल फुहारों से सबको भिंगोता हुआ सिंधु-हास्य। तप्त मनों को शीतल करता हुआ हठीला उन्मुक्त अट्टहास।

सब विस्फाटित नेत्रों से देखते रह गए श्रीकृष्ण को।

धीर-धीरे वह वेगवान हास्य-निर्झर मंद पड़ा किन्तु मुख पर जैसे सहस्रों शतदल खिले-खिले पड़ रहे थे।

'दैव को कोई टाल नहीं सकता तात! जो होना था, वह तो हो ही गया। जो होता है वह अच्छा ही होता है। इस अद्‌भूत घटना के पीछे भी कोई कल्याणकारी योजना छिपी होगी'—हंसते-हंसते उन्होंने कहा।

फिर वे द्रौपदी से बोले—'किन्तु राजकन्ये! तुम्हें नहीं ज्ञात कि अग्रज लक्ष्यवेध करने को मुझे कैसा बाध्य किए दे.रहे थे। बाल-बाल बच गया मैं! मेरा तो साहस नहीं था कि उठकर लक्ष्यवेध करूं और तात बार-बार मुझे उठने को कह रहे थे।'

'साहस! तेरा साहस? साहस क्यों नहीं हो रहा था?'—बलराम ने आश्चर्य से पूछा।

'अरे देखा नहीं था, राजकन्या ने कैसे दर्प से कह दिया कि मैं सूतपुत्र से विवाह नहीं करूँगी। महावीर अंगराज कर्ण तक को बिठा दिया इसने। बेचारा कितना हताश हो गया था। बस! उसकी स्थिति देखी तो मेरा साहस भी जाता रहा। राजपुत्री! मेरे तो हाथ-पाँव शिथिल पड़ गये थे, फिर भी अग्रज के आदेश पालन हेतु उठ ही रहा था कि अर्जुन उठ गए। बच गया मेरा सम्मान!'— कृष्ण ने अपने भाल से कल्पित स्वेदबिंदु पोंछने का अभिनय करते हुए कहा।

सब इस सरल परिहास से नहा गए। द्रौपदी के अश्रुसिंचित मुख पर भी स्मित हास्य की हल्की सी आभा डोल गई।

'तेरे सम्मान को भला कौन चोट पहुँचाता वहाँ?'—बलराम ने उत्फुल्ल हास्य के साथ पूछा।

'अरे यही, और कौन! महाराजकुमारी द्रौपदी! कैसे कह दिया कि सूतपुत्र से मैं विवाह नहीं करूँगी। मुझे तो बड़ा भय था कि यदि मैं उठ गया तो ये कहीं यह न कह दे कि मैं नहीं करती इस चरवाहे से विवाह! मुझे नहीं करना इस गोपाल······गोचारक से विवाह! कह देती, तो मुझे भी मुँह लटका कर नहीं बैठ जाना पड़ता?······हा हा हा हा।'

कुंभकार के छोटे से घर की कच्ची भित्तियां सामूहिक अट्टहासों से थरथरा गईं।

द्रौपदी के मुख पर हास्य की रेखा और प्रगाढ़ हो गई।

'आप नहीं जानते अग्रज! द्रौपदी सी वाक्-पटु, प्रतिभाशालिनी पत्नी मुझे मिली होती तो मेरी तो बोलती ही बंद हो जाती। अकेला बेचारा मैं, भला कैसे सह पाता इस प्रखरा को! हाथ ही बांधे खड़ा रहना पड़ता मुझे तो भवानी के सामने। बड़ा बचाया देव ने मुझे तो। राजकुमारी के साहस व वाक्-चातुर्य को भला कोई एक अकेला पुरुष सह सकता है? अतः बिलकुल उत्तम हुआ। एक ओर द्रुपदसुता अकेली और दूसरी ओर पांच! अब बिल्कुल उचित संतुलन हुआ। ये पाँचों संयुक्त होकर राजपुत्री की तर्कशक्ति और बौद्धिकक्षमता को सह सकने में अवश्य समर्थ होंगे! हा हा······हा हा ······ —श्रीकृष्ण नाटकीय हाव-भाव के साथ बोले और पुनः उसका निर्मल हास्य हर अंधेरे मन को आलोकित कर गया।

इस प्रांजल परिहास ने जादू का काम किया। द्रुपदनंदिनी का एक-एक आँसू उस अट्टहास से तरंगित हो मोती सा झिलमिला उठा। नयनों में अश्रु थे पर अधरों पर मुस्कान तो खेल ही गई थी। हृदय व्यथा-पीड़ित था पर सुडौल चिबुक आनंद से फड़क रही थी। फलकें भीगी थीं तो क्या, कभी-कभी मुस्कान भी तो भीगी होती है। द्रौपदी ने वंकिम दृष्टि से, कटाक्ष भरी मुस्कान सहित वासुदेव को देखा। स्वयं कैसे वाचाल-शिरोमणि और तर्क-विशारद हैं और कैसा अभिनय कर रहे हैं!

श्रीकृष्ण ने द्रौपदी की वंकिम दृष्टि में समाया हुआ कटाक्ष पकड़ा और उच्च स्वर में हंस पड़े।

'द्रुपदसुते! वैसे मुझे तुमसे पूरी मुक्ति न मिली है, न मिलेगी। लगता है तुम्हारे सामने हाथ जोड़े तो मुझे अभी भी जीवन भर खड़ा ही रहना पड़ेगा। या तो मुझे ही लोग तर्क-पंडित व प्रखर राजनीतिज्ञ मानते हैं, या तुम ही तर्क-विशारदा हो। और मैंने सुना है कि तुमने बृहस्पति के राजनीतिशास्त्र का गूढ़ अध्ययन भी किया है। तो तुम मेरी समानधर्मा हुई न! दो महाशक्तियों को परस्पर साथ ही चलना चाहिए, टकराना नहीं चाहिए। अतः हम दोनों परस्पर अच्छे मित्र बन सकेंगे। तुम आज से मेरी सखी! और तुम्हारे आगे हाथ जोड़े मैं इसलिए खड़ा रहूँगा क्योंकि प्रत्येक समझदार अग्रज को यही करना पड़ता है। अपनी मुँहबोली अनुजा से भला कौन सा समझदार अग्रज नहीं दबता? है न! तो सखी! अब कभी मेरे इन पाँचों भोले-भाले बंधुओं से अनजाने में तुझे कोई कष्ट पहुँचे तो निर्भीक होकर अपने इस सखा को स्मरण कर लेना। यदि तेरी बात, तेरे तर्क ये न समझ पाएं तो मुझे बुला लेना। फिर मैं और तू! हम दोनों मिलकर सरलता से निपट सकेंगे तेरे इन भोलेनाथों से! मैं और तू! हम दोनों मिलकर तो तर्कशास्त्र, न्यायशास्त्र व राजनीतिशास्त्र की पट्टी किसी को भी अच्छी तरह पढ़ा सकते हैं। है न! हा हा हा हा ......'—श्रीकृष्ण की उज्ज्वल हास्यधारा शारदीय ज्योत्स्ना सी कण-कण पर बिखर गई।

द्रुपदसुता के अश्रु अब तक पूर्णतः सूख चुके थे। मुख पर हास्य का सुनहला प्रभात उदित हो चुका था। वह चकित थी। कैसा अद्भुत आकर्षण है इस कृष्ण में। जैसे जन्म-जन्मांतरों से वह इसे जानती रही है। कभी यह छोटा बालक प्रतीत होता है तो कभी महामानव। कभी बहुत दूर लगता है तो कभी हृदय में ही बैठा हुआ प्रतीत होता है! अवसाद-मेघ छंट चुके थे और छा गया था सबके मन में असीम निरभ्र विष्णु-आकाश। नीली विष्णु छाया ने मन का उद्वेग व ताप हर लिया था। श्रीकृष्ण की दृष्टि अब अर्जुन पर पड़ी। अर्जुन अभी भी नतशिर बैठे थे।

'कहो वीरवर! इतनी धूम मचा आए स्वयंवर सभा में! अपने शौर्य से स्तब्ध कर आए संपूर्ण क्षत्रिय-समाज को और यहां कैसे पराजित योद्धा से मन मारे बैठे हो!'

कैसा खुलापन है श्रीकृष्ण के व्यवहार में! कैसी आत्मीयता! सहजता व अनौपचारिकता! जैसे युगों से वे लोग साथ ही रहते आए हों।

श्रीकृष्ण की उपस्थिति में अनायास ही धर्मज्ञ और महाज्ञानी युधिष्ठिर को लगा कि जैसे वे धर्मज्ञान से शून्य हों। जैसे वे धर्म के विषय में कुछ नहीं जानते। भीम को लग रहा था वे व्यर्थ ही अब तक स्वयं में पौरुष को मूर्तिमान होने का दंभ भरते थे। पौरुष और बल तो श्रीकृष्ण में मूर्तिमान है। अर्जुन को अचानक लगा कि उन्हें कुछ नहीं आता।

न वे महावीर हैं, न धनुर्धर ! अर्जुन को लग रहा था कि उनका यह समवय बंधु उनसे बहुत बड़ा है। आज पहली बार नकुल को लग रहा था कि वे पृथ्वी पर सर्वाधिक रूपवान व सुकुमार पुरुष नहीं। राशि-राशि रूप तो इस श्यामवर्ण में रच-बस कर रह रहकर अपने सौभाग्य पर इठला रहा है। सहदेव को पहली बार लगा कि न वे दूरदर्शी हैं, न ही बुद्धिमान। कुंती को लग रहा था कि उनके हृदय का वात्सल्य एवं ममता इस करुणासिंधु के समक्ष कुछ नहीं। इस अद्‌भुत पुरुष के भीतर कहीं एक बहुत विशाल मातृ-हृदय है। श्रीकृष्ण कितने अद्‌भुत हैं। विभिन्न हैं। उनके समक्ष सब बौने हुए जा रहे थे। सबको अपनी-अपनी रिक्तता व लघुता का आभास हो रहा था।

बलराम और श्रीकृष्ण ने चलने की अनुमति माँगी।

'पितृष्वसा! कभी कोई मेरे योग्य सेवा हो तो निःसंकोच रूप से हमें स्मरण करना'—श्रीकृष्ण ने कुंती को आश्वासन देते हुए कहा।

कुंती फफक पड़ी सांत्वना से शब्द सुनते ही।

'श्रीकृष्ण! इन पाँचों पितृहीन पुत्रों को तुम्हें ही सौंप रही हूँ। ये दीन हैं, अबोध हैं, व छल-कपट से दूर हैं। इन्होंने कभी कोई सुख नहीं पाया। तुम समर्थ हो, शक्तिवान हो, प्रभावशाली एवं महाप्रतिष्ठित हो। जैसे उचित समझो इन्हें मार्गदर्शन दो। कौरवों के अत्याचारों से अब तक तो आर्य विदुर के सहयोग से इन्हें सुरक्षित बचाती आई हूँ। अब आगे से इनके योगक्षेम का दायित्व तुम्हारा है जनार्दन।'

'निश्चिंत रहें पितृष्वसा! हमें विधाता ने एक विशेष मुहूर्त व परिस्थिति में मिलाया है तो विगल होने के लिए नहीं, संयुक्त होने के लिए ही। आज से इनके कष्ट, मेरे कष्ट हैं। अब मेरा दायित्व है इनके प्रति हुए अन्याय का प्रतिकार करना। पितृष्वसा! आप चिंता न करें व मन में ग्लानि भाव न पालें। आपसे अनजाने में जो विचित्र आज्ञा निकल चुकी है वह भी विधाता का वरदान है। कभी-कभी अभिशाप में भी वरदान छिपा रहता है। पाँच उंगलियाँ एक दूसरे से पृथक होने पर अवश्य दुर्बल होती हैं। किन्तु वे ही जब परस्पर संयुक्त हो जाती हैं तो फिर उस मुट्ठी का प्रहार वज्र सा कठोर हो जाता है। पितृष्वसा, यह मेरी अनुजा व सखी द्रौपदी वही कठोर मुष्टक है जिसने पाँचों को एक सूत्र में बाँधा है। यह शक्ति की प्रतीक है। अब कोई नहीं बच सकता इनकी संयुक्त शक्ति से। ये अब दीन व दुर्बल नहीं। पाण्डव अब शक्तिवान हैं। साक्षात् शक्ति आई है घर में।'

सब उठ कर खड़े हो गए थे तथा परस्पर विदा लेने में व्यस्त थे। तभी द्वार के निकट खड़े श्रीकृष्ण का हास्य-स्रोत पुनः झरझरा उठा।

सबने देखा कि द्रुपदनंदिनी उनके निकट खड़ी अपने वैवाहिक मंगल-दुकूल का चीर फाड़ कर उनकी कनिष्ठिका में बांध रही है। कोई कुछ न समझा कि क्या हो गया। श्रीकृष्ण ने हाथ उठाकर उन्हें आश्वस्त किया।

'देखें पितृष्वसा! कैसी अनोखी है मेरी यह अनुजा! मैं तो समझता था कि हमारी पूर्व नगरी मथुरा ही तीन लोक से न्यारी है, किन्तु मेरी सखी भी अनुपम है। संसार भर की समस्त भगिनी एक ओर और मेरी यह अनुजा एक ओर। सब बहनें तो भाई की कलाई पर राखी बांधती हैं और यह राखी कहाँ बाँध रही है! मेरे कनिष्ठिका पर!'

तब सबको समझ में आया कि उनकी कनिष्ठिका से रक्त टपक रहा था। कपाट का आघात लगा था और सब लोग चर्चाओं में इतने मग्न थे कि कोई देख ही न पाया था। द्रुपदसुता ही भावविभोर होकर अपने अदभुत नए अग्रज को अपलक निहार रही थी। अतः उन्हें आघात लगते ही वह त्वरित गति से आगे बढ़ कर अपना चीर फाड़ कर उनके घाव पर बाँधने लगी।

श्रीकृष्ण मुस्कुराते हुए स्नेह-सिक्त दृष्टि से उसे देख रहे थे।

'राखी तो राखी ही है! और बंधन-बंधन ही है! मणिबंध पर बांध दे चाहे अंगुलि में। बंधन में तो बंध ही गया तेरी रक्षा के। तू तो अभी से ही मेरा इतना ध्यान रखने लगी कि मैं अभिभूत हो उठा हूँ कृष्णे। बोझ बन गया आज से तेरा चीर मेरे मन पर और सदा ही बोझ बना रहेगा। सदा तेरा ध्यान रखना पड़ेगा मुझे। कृष्णा मेरे छोटे से कष्ट में सहायक हुई है, तो कृष्ण को कृष्णा के हर कष्ट में सहायक होना ही पड़ेगा। किन्तु हे तर्क-पंडिता! पूरे मन से पुकार अवश्य लेना मुझे, अपना पांडित्य तनिक छोड़कर'— उन्होंने स्मित हास्य से कहा।

अर्जुन अभी तक खोए से मूर्तिवत् बैठे हुए थे। श्रीकृष्ण ने स्नेह से उनका स्कंध थपथपाया।

'उठो वीर! ऐसे उल्लास-पर्व पर इस प्रकार क्षुब्ध हो कर क्यों बैठे हो? इसे जो जीतकर लाए हो न भरी सभा में से तो अब तुम्हारे कंठ की विजयमाला सुदीर्घ ही होती जाएगी। अब तुम्हारे धनुष को क्षण भर विश्राम नहीं। उठो वीर! अब और अधिकाधिक अपने शौर्य के प्रमाण देकर अभिभूत कर दो संसार को। ऐसा शौर्य-चमत्कार दिखाओ कि तुम्हारे नाम की दुन्दुभि युग-युगों तक आर्यावर्त में बजती रहे।'

श्रीकृष्ण ने स्पर्श क्या कर दिया कि निढाल अर्जुन एकाएक सीधे हो गए। उन्हें लगा जैसे किसी ने मन का शिथिल तार कस दिया हो, झंकृत कर दिया हो और अब उससे पुनः ओज भरा वीर-स्वर निःसृत हो उठा हो। जैसे मन की प्रत्यंचा को खींच कर तान दिया किसी ने और मन में टंकार घोष हो उठा हो। अर्जुन की माँसपेशियां तन उठीं। तन रोमांचित हो उठा। वे उठ खड़े हुए।

अर्जुन को लग रहा था कि उसके मन की सारी विवशता, निराशा, कुंठा, व्याकुलता और दुर्बलता कोई खींचे ले रहा है। जैसे किसी परम शक्तिवान मित्र, अग्रज व गुरु की सुखद नीली छाया उन पर छा गई हो। भावुकता के कठिनतम क्षण में जो अर्जुन टूट रहे थे, अनायास ही वे नवस्फूर्ति और नवजीवन से प्रेरित हो जब उन्नत ललाट किए शालवृक्ष से सीधे खड़े थे।

श्रीकृष्ण उन्हें अपनी बाहुओं में घेरते हुए हंस कर बोले—'हम दोनों को मिलकर बहुत कार्य करने हैं। यह अपने शौर्य के बल पर खोए हुए राजवैभव को पुनः वापस पा लेगा। पितृष्वसा! मैं और अर्जुन एक ही हैं। दोनों समवय। दोनों कृष्ण। बस यह भोला है और मैं धूर्त!'

किशोर-स्वप्न के खंडित होने से जो द्रुपदनंदिनी भग्न लतिका सी ढह गई थी अब वह मंजरि-मंजरि मुकुलित हो आनंद से लहरा रही थी।

अभूतपूर्व महामिलन हुआ था आज। निर्बल का शक्तिवान से! दुर्बलता का पौरुष से! पीड़ा का परमानंद से और कष्टों का सत्-चित्-आनन्द से।

श्रीकृष्ण के विराट पुरुषत्व के सामने सबको लगा था कि वे सब शून्य हैं। किन्तु जब वे चले गए तो शनैः शनैः उन्हें आभास हो उठा कि वे सब कितने सामर्थ्यवान हैं। युधिष्ठिर को लगा कि उनका धर्मज्ञान पहले की अपेक्षा अधिक पुष्ट हो गया है। सैद्धान्तिकता के साथ व्यावहारिकता का अनूठा समन्वय क्या होता है, वे सीख गए थे। उनका ज्ञान परिपूर्णता की ओर अग्रसर था। भीम को लगा कि अभी तक जो उनका बल था वह तो केवल शारीरिक था, जिसमें पाशविक तत्व बहुत था। अब जैसे उनके तन में अपरिमित पौरुषमय परिष्कृत बल का संचार हो रहा हो। अर्जुन को लगा जैसे उनके भावुक मन की समस्त पीड़ाओं, भ्रमों और शंकाओं की घटाएं दूर होती ज़ा रही हैं और मन में ज्ञान की किरण शनैः शनैः उद्भासित हो रही हैं। नकुल चकित थे कि उनके रूपवान् व सुकुमार तन में शक्ति का संचार हो रहा है। और सहदेव सोच रहे थे कि उनकी बुद्धि किसी श्याम-शिला पर घिस कर और भी पैनी तथा तीक्ष्ण हो गई है। कुंती को लगा उनके संकट दूर हो गए। द्रुपदनंदिनी को लगा कोई देवदूत उसे कर्म हेतु आह्वान कर रहा हो। गरज-गरज कर कह रहा हो कि जीवन रोने बिसूरने के लिए नहीं। जो कुछ उपलब्ध है उसी से श्रेष्ठ की संरचना करने में ही मानव जीवन की सार्थकता है।

सबके मन से शैथिल्य तथा विषाद का अंधकार जा चुका था। ज्योत्स्ना का झीना आलोक था और मन में थे शारदीय शशि से आलोकपुंज—वासुदेव!!

× × ×

पांचाल नरेश ने प्रारंभ में विरोध किया था कि किसी नारी के पाँच पति होना उचित नहीं। किन्तु बाद में परिस्थितिवश तथा युधिष्ठिर के समझाने पर वे तैयार हो गए, और बड़े हर्षोल्लास से यह अनूठा विवाह संपन्न हुआ। हस्तिनापुर में समाचार पहुँचते ही कई प्रतिक्रियाएं हुईं। भीष्म तथा विदुर जहाँ पाण्डवों और पांचालों के सम्बन्ध से प्रसन्न हो उठे, वहीं धृतराष्ट्र और उनके पुत्र ईर्ष्या से क्रुद्ध गए। फिर भी अब पांचाल जैसे प्रतिष्ठित राजकुल के सामने अपनी प्रतिष्ठा बचानी थी अतः धृतराष्ट्र ने पाण्डवों को आधा राज्य देते हुए उन्हें खांडवप्रस्थ में राज्य करने का अधिकार दे दिया।

राज्याभिषेक होने के बाद युधिष्ठिर अपनी माता, अनुजों तथा द्रौपदी के साथ खांडवप्रस्थ में राज्य करने आ गए थे। खांडवप्रस्थ पुरुवंशियों की प्राचीन राजधानी थी जहाँ उनके पूर्वजों, यथा—पुरूरवा, आयुष्य, नहुष एवं ययाति ने शासन किया था। कालांतर में राजनगरी के चारों ओर स्थित सघन वंनों में हिंसक पशुओं की संख्या में अभूतपूर्व वृद्धि हो जाने तथा अन्य कई कारणों से उसे त्याग दिया गया था। अब तो समूचा क्षेत्र भयावह घने जंगलों में परिणित हो चुका था।

उस विराट गहन खांडववन की सीमा पर कुछ टूटे हुए खंडहर और उनके चारों ओर वनवासियों की बिखरी-बिखरी सी बस्ती थी। बस यही थी पांडवों की राजधानी खांडवप्रस्थ।

प्रजा के नाम पर थे कुछ वनवासी। ये दीनहीन वनवासी अब तक एक दूसरे ही संसार में जीते आये थे। वनों के बाहर का संसार कैसा है, वे जानते न थे। न वे कभी

नगर जाते, न नगर से कभी वहाँ कोई झांकने आता। परन्तु आजकल उन निरीह वन्यजनों के आश्चर्य का पार न रहा था। जब से युधिष्ठिर राजा बन कर वहाँ आए हैं तब से सब कुछ बदल गया है। भोले वनवासियों के नेत्र कौतूहल और विस्मय से जैसे सदा ही विस्फारित रहते। उन्हें चारों ओर राजा ही राजा दिखते थे।

एक से एक श्रेष्ठ रथ वहाँ आते और वे लोग आंखें फाड़े आश्चर्य से देखते। युधिष्ठिर उन्हें निकट बुलाते, उनकी बातें सुनते, उनके कष्टों तथा अभावों के विषय में पूछताछ कर उनकी समस्याओं का निराकरण करते। बालकों को बुलाते, उन्हें स्नेह करते। कुंती उन लोगों को अनाज बांटती। द्रौपती सबको मिष्ठान्न देती तथा स्त्रियों से उनके सुख-दुख पूछती। और वे लोग पांडवों से रेशमी वस्त्र, कुंडलों, मालाओं तथा मुकुटों की जगमगाहट पर चकित रह जाते।

उस दिन संध्या हो चुकी थी। वनों पर विशेष रूप से संध्या शीघ्र ही उतर आती है। पक्षियों द्वारा अपने-अपने नीड़ों में बसेरा ले लेने से अब कलरव भी शान्त हो चला था। तभी किसी रथ के चक्रों की गड़गड़ाहट से लोग चौकन्ने हो उठे।

रथ चला आ रहा था। मार्ग के दोनों ओर मिट्टी के घर व कुटीरें शृंखलाबद्ध और व्यवस्थित रूप से बने हुए थे। सब लोग अपने सायंकालीन भोजन-पानी अथवा भगवत्-भजन में व्यस्त थे। रथ किसका आया? क्या हस्तिनापुर से आर्य विदुर आ रहे हैं। अथवा सूतपुत्र संजय? आजकल प्रतिदिन ही तो उन्हें कुछ न कुछ नया व अद्भुत देखने को मिलता है। कभी रथ, तो कभी अश्वारोही संदेशवाहकों की एक से एक विचित्र वेशभूषा।

रथचक्र गड़गड़ा रहे थे। क्षुद्र घंटिकाओं की रुनझुन की ध्वनि गूंज रही थी। गरुड़-ध्वज फहरा रहा था रथ-शिखर पर। भीत और अचंभित वनवासी हाथ जोड़कर पथ के दोनों ओर खड़े हो गए।

मार्ग के दोनों ओर थोड़ी-थोड़ी दूर पर खंगधारी प्रहरी खड़े थे। रथ जब और आगे पहुँचा तो मार्ग के दोनों ओर प्रज्ज्वलित उल्काएं लिए हुए प्रतिहारी भी दिखे जिनके प्रत्येक के साथ एक-एक धनुर्धारी प्रहरी खड़ा था। रथचक्रों की गड़गड़ाहट से वे सब सावधान की मुद्रा में खड़े हो गए। रथ निकट आते ही उल्काएं उठा कर उन्होंने गणमान्य अतिथि को पहचानने का प्रयास किया। मोरपंखों के झिलमलाते ही वे उत्साह से भर उठे।

'प्रभु ! द्वारकाधीश! पधारें प्रभु!'—दो प्रहरी उल्काएं लेकर रथ के आगे-आगे दौड़ने लगे।

मार्ग जहाँ समाप्त होता था वहीं मुख्य खंडहर स्थित था। प्राचीन प्रासाद का कुछ ही भाग किंचित् ठीक स्थिति में था। शेष सारा टूट कर अतीत के गौरव की करुण गाथा बन कर रह गया था। इस भाग को ही कुछ जोड़-तोड़ और साज-संवार कर रहने योग्य बना लिया गया था। उसकी भित्तियों पर चित्रकारी कर, बेलबूटे काढ़ कर उसे राजमहल जैसा रूप देने हेतु कड़ा परिश्रम किया गया था। उस प्रमुख भाग के आसपास मिट्टी के भवन बनाये जा रहे थे। एक ओर अभी भी कुछ सेवक मिट्टी की भित्ति खड़ी करने में संलग्न थे। दूसरी ओर भूमि समतल कर देने के बाद उसे गोबर से लीपा जा रहा था। प्राचीन

भित्ति में आलों में दीपक जल रहे थे।

बाहर अलिन्द पर एक विराट दीपाधार के निकट काष्ठ-चतुष्पदी पर युधिष्ठिर बैठे थे। रथचक्रों की ध्वनि सुनकर पास रखा हुआ अपना राजमुकुट उन्होंने शीश पर रखा, स्कंध पर उत्तरीय को ठीक किया व ध्यान से देखने लगे सामने से आते रथ की ओर।

यही थे खांडवप्रस्थ के राजा और यही था उनका राजमहल।

वासुदेव के रथ से उतरते ही वह ऊँघता हुआ खंडहर प्रायः मृतिका-महल जैसे जाग पड़ा। महाशांत वनक्षेत्र में जैसे सहसा सूर्योदय हो गया। राज परिवार के सदस्य, सेवक, परिचारक सब भागदौड़ में लग गये। कुंती उतावली से बाहर निकल आईं। द्रौपदी पदप्रक्षालन हेतु जल लेकर आई। अर्जुन, भीम, नकुल, सहदेव आदि जो जहाँ थे, वासुदेव के आगमन की सूचना पाते ही उत्साह से दौड़े चले आए।

कुंती ने कुशलक्षेम पूछा ही था कि वृक्ष पर से उलूक की भयंकर ध्वनि सुन उन्होंने भयातुर हो कानों पर हाथ रख लिए। सहदेव ने इंगित किया तो एक सेवक ने कंकड़ मार कर उलूक को उड़ा दिया। कुंती ने आश्वस्ति की सांस ली। सबने आसन ग्रहण किए तथा चर्चा होने लगी।

कुछ ही देर हुई थी कि सिंह की दहाड़ से समूचा वनप्रांत कांप गया। प्रहरियों के शस्त्र खड़खड़ा उठे। धनुर्धारियों के तीर तुरंत सिंहगर्जन की दिशा में तन गये। समस्त रक्षक सजग हो आँखें फाड़-फाड़ कर अंधेरे में कुछ खोजने लगे। उल्काधारियों की उल्काएं ऊँची उठ गई थीं।

'इस भयावह वन में राज्य करने को भेज दिया हमें धूर्त धृतराष्ट्र ने ताकि वन्य पशुओं के आखेट होकर हम नष्ट हो जाएं'—भीम ने कड़वाहट भरे स्वर में कहा।

तभी द्रौपदी के मुख से चीत्कार निकला और सेवक-परिचारक दौड़ पड़े। उल्का के प्रकाश में देखा एक विशाल वन-वृश्चिक तीव्रगति से द्वार के पास से चला जा रहा था। द्रौपदी का पांव उस पर पड़ते-पड़ते बच गया था। भीम ने तुरन्त द्वार से टिका हुआ अपना गदा उठाकर वृश्चिक को वहीं कुचल दिया। कुंती सिहर उठीं।

'हां वासुदेव! यही हमारा राज्य है। हम वन पर राज्य कर रहे हैं। हम हिंसक पशुओं से घिरे हुए हैं। उस कुटिल वृद्ध के कारण'—भीम ने पुनः तिक्त स्वर में कहा।

'तो बुरा क्या है भीमसेन! पुरुषार्थ हो तो वन को भुवन कर लो। जंगल में मंगल कर लो।'—वासुदेव बोले।

सबने विस्मय से श्रीकृष्ण को देखा।

'सत्य कह रहा हूँ।'

'हिंसक पशुओं से भरे इस वन में भी मंगल हो सकता है भला?'—नकुल ने आश्चर्य से कहा।

'निश्चित रूप से!'—श्रीकृष्ण ने दृढ़ता से कहा।

अर्जुन ने चारों ओर चिन्ता से दृष्टि डालते हुए पूछा—'हमारी समूची शक्ति और समय तो केवल अपने तथा अपने ऊपर आश्रितों एवं सेवकों की प्राणरक्षा में ही चुक

जाते हैं। आनंदमंगल की तो यहाँ हम कल्पना भी नहीं कर सकते। वासुदेव! कैसे संभव है इस वन को मोदमय भुवन में परिणित कर देना?'

पुरुषार्थ से! लगन, परिश्रम एवं धैर्य से।'

'और स्पष्ट करें, द्वारकाधीश!'—युधिष्ठिर ने कहा।

'पांडुनन्दन! अभी यहाँ पर पशुओं की संख्या अधिक है। और मनुष्यों की कम। इस क्रम को पलट देना होगा। धर्मप्रिय प्रजा को आमंत्रण दो यहाँ बसने के लिए। उन्हें प्रोत्साहन दो। धनधान्य, भूमि, स्वर्ण और आजीविका दो। इस भूमि को समृद्ध करो तो चारों ओर से अन्य राज्यों की श्रेष्ठ प्रजा बड़ी संख्या में यहाँ खिंची चली आएगी।'

'किन्तु तात! यह तो वह विख्यात वन है जहाँ अन्य वनों की तुलना में सबसे अधिक संख्या में हिंसक पशु बसते हैं!'—सहदेव ने विस्मय से कहा।

'यही तो अपनी योग्यता सिद्ध करने का सुअवसर तुम लोगों को ईश्वर ने दिया है। इस भूखंड को सुराज में परिवर्तित करके तुम लोग इसको पुरूरवा तथा आयुष्य की गौरव नगरी और वर्तमान हस्तिनापुर से भी अधिक श्रेष्ठ बना सकते हो। पांडुनंदनो! यह एक चुनौती है। स्वीकार करो यह चुनौती और अपने पुरुषार्थ से इसका उत्तर दो।'

कुंती अभी तक विचलित थीं, बोलीं—'श्रीकृष्ण! यह ऐसा भयावह वन है कि मैं तो यहाँ पलक भी नहीं झपका पाती। ऐसा वैर क्यों निकाला गया हमसे?'

'हमें अपनी दृष्टि से ओझल करने को यहाँ भेज दिया गया है।'—भीम ने रोष से भूमि पर गदा पटकते हुए कहा। भीम के गदा प्रहार को भूमि सह नहीं सकती थी। दरक गई।

'भीम! कुपित न हो। यह बड़े सौभाग्य की बात है कि तुम लोगों को ऐसी भूमि राज्य बसाने को मिली है जो नवभूमि है। इस पर इच्छानुसार बीज बोया जा सकता है। अपने संकल्प से इस राज्य-वसुंधरा को पुष्पित-पल्लवित कर सकते हो। जबकि किसी अन्य के द्वारा पूर्व-शासित भूमि, अन्य के द्वारा कसे गये अश्व की भाँति होती है जिस पर निश्चिंत होकर अधिक समय नहीं आरूढ़ हुआ जा सकता। हमारा दुर्भाग्य था कि हमें मथुरा में खांडवप्रस्थ जैसी नवभूमि नहीं मिली थी। इसीलिए हम मथुरा में समृद्धि लाने में असफल हुए थे क्योंकि कंस के शासनकाल में सम्पूर्ण व्यवस्था खोखली होकर बुरी भाँति चरमरा चुकी थी, अतः हमें उत्तराधिकार में एक दुर्बल और दरिद्र राज्य तथा रिक्त कोष मिला था। दूसरी ओर द्वारका में हम इसीलिए सफल हुए क्योंकि हमसे पूर्व वहाँ कोई शासक न था। वहाँ हम अपनी इच्छानुसार योजनाएं बना कर उत्कर्ष कर पाए।......'

'अब यहाँ चातुर्वर्ण्यों को बसाओ। वन के मूलवासियों को पुनः बसाओ। उन्हें धनधान्य दो। सुरक्षा दो। आश्रय दो। आजीविका दो। एक श्रेष्ठ राज्य, श्रेष्ठ पुर, श्रेष्ठ जनपद एवं श्रेष्ठ राजा का प्रयोग यहाँ होगा। यह नई भूमि नये प्रयोगों हेतु पूर्णतः उपयुक्त है। अपने बुद्धि-कौशल तथा पुरुषार्थ का उपयोग करके इसे सर्वश्रेष्ठ वसुंधरा का रूप दे दो। पांडुनन्दनो! यह भूमि उर्वरा है। इसे पुरूरवा, आयुष्य व नहुष आदि ने अपनी आकांक्षाओं से सींचा था। अब तुम इसमें संभावनाओं के बीज डालो और सफलताओं की फसल काटो।'

श्रीकृष्ण वहीं कुछ दिन रहे। वहाँ की भूमि का यथोचित आकलन करके चरागाह, कृषि, उद्यान, नगर आदि हेतु उसको खण्डों में विभाजित कर उन्होंने इन्द्रप्रस्थ राज्य की योजना तथा मानचित्र तैयार किया।

नये राज्य के अभ्युदय की सुखद कल्पना से सब रोमांचित थे।

× × ×

द्वारका में रत्नाकर सिंधु के तट पर अपनी प्रिय सूर्यास्त-शिला पर बैठे श्रीकृष्ण विचारमग्न थे। अरुण-सूर्य धीरे-धीरे नीलार्णव में उतर रहा था।

पराकाष्ठा है अराजकता की। दस्यु व तस्कर दिन पर दिन अबाध्य होते जा रहे हैं। रक्षक ही भक्षक हो गये हैं। राजा! नरेश! क्या ये प्रजा की रक्षा कर रहे हैं? क्या ये धर्मोचित शासन कर रहे हैं? मानवजाति की सर्वाधिक हानि तो इन शासक रूपी दस्युओं से हो रही है जो अपने स्वार्थ में लिप्त हो प्रजा-उत्पीड़न में व्यस्त रहते हैं। जरासंध! भौमासुर! पाशविक बल के आधार पर ये राजा बने हुए हैं। धर्म के बल पर नहीं। आश्चर्य है कि सभी नीति परायण श्रेष्ठ शासक पीठ पीछे इनके अधर्म की निंदा करते रहते हैं, किन्तु सामने आने का साहस नहीं। भीष्म! कितने प्रतापी कुरुश्रेष्ठ हैं किन्तु जरासंध का उल्लेख आते ही सांप सूंघ जाता है उन्हें। पांचाल नरेश द्रुपद! एक महाप्रतिष्ठित् महाशक्तिशाली शासक हैं एक विराट राज्य के। मन ही मन जरासंध के शत्रु हैं, किंतु उनका भी सामने विरोध करने का साहस नहीं। विदर्भराज भीष्मक! कितने धर्मात्मा शासक! और चेदिराज दामघोष! किन्तु जरासंध की प्रबल शक्ति ने उन्हें अपना मांडलिक सामन्त बनाकर छोड़ दिया है। जरासंध के हर अन्याय परं उच्छ्वासें लेकर मौन रह जाते हैं वे लोग। किन्तु क्या मूक उच्छ्वासों से ही अन्याय का प्रतिरोध हो जाता है? आततायी शासकों को क्या इन ही उच्छ्वासों द्वारा प्रजा की रक्षा हो जाएगी? क्या मानव जाति के प्रति किसी शासक का कोई दायित्व नहीं?

मंथन चल रहा था। दिन प्रतिदिन बढ़ते हुए नैतिकता के ह्रास एवं शासकों की उच्छृंखलता व उद्दण्डता से वासुदेव क्षुब्ध थे। उनके पूर्व संभवतः किसी का ध्यान न गया था कि पृथ्वी सबकी है अतः उसे श्रेष्ठ बनाना हर मनुष्य का कर्तव्य है। किसी ने न सोचा था कि पृथ्वी पर शांति-स्थापन के महायज्ञ का सभी लोग पुण्य लें। वासुदेव विस्मित रह जाते देखकर कि मनुष्य में अन्याय व अनाचार सहते जाने की भी कितनी अद्‌भुत व असीम क्षमता है। वे चकित होते देखकर कि समर्थ एवं शक्तिवान धर्मज्ञ संयुक्त होकर भी आतंकवादियों के विरुद्ध कार्यवाही करने में हिचकते हैं। वे धर्मज्ञ हैं, किन्तु अधर्म का विरोध करने का साहस नहीं उनमें।

एक शिला पर बैठे, दूसरी से पीठ टिकाए हुए वासुदेव मंथन-रत थे। ऊपर था असीम नीलाकाश। सामने था अथाह सिंधु और वेगशाली उत्ताल तरंगें। मनुष्य की संकीर्णता, क्षुद्र बुद्धि तथा निम्न मनोवृत्तियों पर क्षुब्ध हो उनका मन भी सामने गरजते हुए सागर के समान गरज उठता था। सागर-मंथन चल रहा था।

धन्य है मनुष्यों में अन्याय सहने की शक्ति! धन्य है धैर्य! पृथ्वी किसी की नहीं। सर्वहित की भावना किसी में नहीं। सर्वमंगल की कामना कोई नहीं करता। लोकहित की

चिन्ता किसी को नहीं। सब अपने आप में मग्न हैं। शक्तिशाली और समर्थ शासक भी सोचता है कि मुझे क्या प्रयोजन! केवल अपना राज्य, अपना नगर, अपना परिवार और अपना जीवन सुरक्षित रहे। इनके अतिरिक्त जरासंध किसके साथ क्या कर रहा है, यह सोचकर क्या करना? धर्मज्ञ राजा स्वयं को जरासंध के आक्रोश से बचा कर ही संतुष्ट है। इतनी सीमित दृष्टि! आत्मकेन्द्रित मनुष्य का ऐसा संकुचित क्षितिज! संकीर्ण संसार! तो समूची पृथ्वी किसकी है? मानव की नहीं?

यही कारण है कि धृष्ट और उद्धत तत्वों को खुली छूट मिली है। वे जो चाहे करते रहते हैं। निडर हो गये हैं। निर्द्वन्द्व हैं। आतंक का बोलबाला है चारों ओर। जिसमें जितना अधिक पाशविक बल, वह उतना ही श्रेष्ठ बना बैठा है। जरासंध ने कितने ही निर्दोष राजपुत्रों को बन्दी बना रखा है। अब तक छियासी क्षत्रिय-कुल-भूषण उसके कारागार में बन्दी हो चुके हैं। राजाओं की एक सौ एक संख्या हो जाने पर वह भगवान पशुपतिनाथ को उनकी बलि चढ़ाएगा।

वासुदेव का रोम-रोम सिहर उठा।

पराकाष्ठा है! वीभत्स अति! देव को प्रसन्न करने हेतु मानव बलि! नरमेध! क्या इससे देव प्रसन्न होंगे? हिंसा घृणित, अनुचित व त्याज्य है। वह भी नरबलि! देवता को प्रसन्न करने का कोई और विधान नहीं? घोर पाप! नारकीय! वे बन्दी छियासी नरेश जीवन और मृत्यु के बीच झूल रहे हैं। उनका गुप्त संदेश आया है कि हमें मुक्ति दो। वे तड़प रहे हैं मुक्ति के लिए। जीवन के लिए। छटपटा रहे हैं गिरिव्रज के कारागार की दुर्भेद्य प्राचीरों में। उन नरसिंहों को बन्द ही छटपटाता रहने दूँ क्या? जैसे अन्य समस्त नरेशों ने मौन साध कर उनकी ओर से आँख-कान बन्द कर लिये हैं, क्या मैं भी वही करूँ? विरक्त हो जाऊं? उन ही की भाँति केवल अपने योगक्षेम में लिप्त होकर आनंदमग्न हो जाऊँ क्या? असंभव! असंभव!!

निर्बलों को सहायता देने के लिए आज भय के कारण कोई नहीं आगे बढ़ता। पीड़ित, शोषित और त्रस्त निर्दोषजनों की गुहार किसी को सुनाई नहीं दे रही है। पर मैं! कैसे छोड़ दूँ आतंकवादियों को अधर्म और उत्पात मचाते हुए घूमने के लिए। क्षोभ से दो विशाल बूँदें पद्मपलाक्षों पर छलछला आई।

भौमासुर को दस्युराज कहा जाता है। है ही वह महादस्यु। उसके अधीन चोरों, डाकुओं और लुटेरों के विराट समूह हैं जो समूची धरा पर उत्पात, लूटपाट, चोरी, डकैती करते निर्द्वन्द्व घूमते फिरते हैं। भौमासुर न केवल वस्तुओं का संग्रह करता है, वह नारी संग्रह का सबसे बड़ा लालची है। श्रेष्ठ और संभ्रांत सज्जनों के घरों से स्त्रियों का हरण करना उनके अनुचरों का बाएं हाथ का खेल है। चारों ओर उसके दस्युओं का आतंक बढ़ता जा रहा है। स्त्री-पुरुष सब आतंकित हैं। ऐसे आतंकवादी दस्युओं पर न राज्य का नियंत्रण रह गया है, न धर्म का, न विधि का, न दण्ड का और न समाज का। जैसे धर्म और विधि से वे ऊपर हों। उन्हें कोई दण्डित नहीं कर पाता। उन पर कोई मर्यादाएं नहीं।

और वह महादस्यु भौमासुर! कुटुम्बियों के देखते-देखते वह कितनी सुकन्याओं का अब तक अपहरण कर चुका है और कोई नरेश साहस न कर सका विरोध का। उस

असुर ने क्या कुमारियों का ही हरण किया होगा! रावण ने क्या साध्वी वैदेही को नहीं हरा था। भौमासुर के मणि-पर्वत दुर्ग में बन्दी स्त्रियों में न जाने कितनी कुमारियाँ होंगी जिन्हें उनके पिता और भाइयों के संरक्षण में से उड़ा लिया गया। न जाने कितनी विवाहिताएं होंगी जिन्हें पति के देखते-देखते असुरों ने हरण कर लिया होगा। और उन स्त्रियों के अभिभावक सब पुरुष हैं, जो हाथ पर हाथ धरे बैठे रह गये। अब भी वे प्रयास नहीं करते अपनी स्त्रियों की मुक्ति हेतु। अकेले नहीं कर सकते तो क्या संयुक्त रूप से भी प्रयास नहीं कर सकते? बिना विरोध किये ही शस्त्र डाल दिये। अन्याय और उत्पीड़न के समक्ष यों असहाय होकर पौरुषहीन होकर घुटने टेक दिये। कापुरुष! भीरु! नपुंसकों की भीड़ हो गई है पृथ्वी पर। जैसे धमनियों में उनका रक्त जम चुका है। निर्जीव क्षत्रिय तन। निर्जीव पुरुष। मन होता है एक-एक को हिला-हिला कर उनमें शक्ति का संचार कर दूँ।

उसके उद्धत मांडलिक चारों ओर आतंक मचाते घूम रहे हैं। मनमाना उत्पात करते हैं, और कोई प्रतिरोध नहीं। ये राजा हैं! रक्षक हैं! इन्हानें राजधर्म की घोर उपेक्षा की है। निर्दोष, निर्बल, शोषित तथा उत्पीड़ित का कोई नहीं। मुट्ठी भर दुष्टजन समूचे संसार को आक्रांत किये हुए हैं और श्रेष्ठ से श्रेष्ठ शासक सुख की निद्रा में मग्न हैं। प्रजा हाहाकार करती सुरक्षा की खोज में विराट समूहों में एक राज्य से दूसरे राज्य में पलायन कर रही है। चारों ओर यही तो हो रहा है—चोरी, डकैती, रक्तपात, अपहरण! भ्रष्ट शासक! भ्रष्ट प्रजा! उद्धत शासक! उद्धत प्रजा! यादृशों राजा, तादृशो प्रजा!

मंथन चल रहा था। क्या अत्याचारी, भ्रष्ट व अधर्मी शासकों के विरुद्ध कोई शक्तिशाली प्रतिरोध नहीं उठ खड़ा हो सकता? कोई राजा श्रेष्ठ नहीं हो सकता! क्या श्रेष्ठ राजाओं को संगठित नहीं किया जा सकता किसी धर्मज्ञ राजा के नेतृत्व में? क्यों नहीं। संघ में शक्ति है।

खोज! खोज! एक आदर्श राजा की! जो राजधर्मानुसार शासन चलाये। जो धर्मतंत्र, शांति व्यवस्था व सुराज की स्थापना करे। प्राचीन गौरवमय परम्परा को पुनर्स्थापित करना होगा। राजा की निरंकुशता नहीं, वैधानिक प्रभुता को स्थापित करना होगा। किन्तु इसके लिए कौन हो सकता है उपयुक्त आदर्श शासक!

महाराज द्रुपद वृद्ध हो चले। उनका पुत्र धृष्टद्युम्न महावीर है किन्तु बड़ा आवेशी है। शिखंडी व अन्य पुत्र भी तुरन्त ही उत्तेजित होने वाले विवेकहीन क्षत्रिय हैं। विदर्भराज भीष्मक सज्जन हैं किन्तु अपनी अवस्था के कारण पुत्र रुक्मी से दबते हैं। चेदिराज दामघोष मानवता की दृष्टि से श्रेष्ठ पुरुष हैं किन्तु साहस का अभाव है उनमें। और फिर अपने उद्धत पुत्र शिशुपाल ने सदा त्रस्त रहते हैं जो मगध सम्राट जरासंध का सेनापति बना बैठा है। मत्स्यराज विराट तो स्वयं ही दुर्बल हैं। उनका शासन उनकी पत्नी सुदेष्णा का कुटिल और लम्पट भ्राता कीचक चलाता है और वे स्वयं पासा खेलते रहते हैं।

रुक्मी, शिशुपाल आदि तरुण हैं पर उद्धत हैं। उनका न अपने हृदय पर नियंत्रण है, न मस्तिष्क पर। कैसी विडंबना कि कंसवध करने के बाद भी पृथ्वी पर कंस ही कंस दिखते हैं। किन्तु क्यों? क्या कारण है कि पृथ्वी कंसों, कालयवनों, भौमासुरों और जरासंधों से ही भरी हुई है? क्यो नहीं कोई श्रेष्ठ व आदर्श नरेश दिखाई पड़ता?

खोज! खोज! एक आदर्श, चरित्रवान् एवं श्रेष्ठ शासक की खोज। आदर्श राजा के गुण हैं किसमें? एक ऐसे व्यक्ति को आदर्श राजा बना कर दिखा दिया जाये जो सदा के लिए अनुपम दृष्टांत बनकर रह जाये पृथ्वी पर। कोई गुणवान धर्मज्ञ वीर तरुण। समस्त भ्रष्ट नरेश एक ओर और आदर्श शासक एक ओर। एक बार देख तो लें जरासंध, भौमासुर, शाल्व आदि कि आदर्श राजा क्या होता है। आदर्श राजा के नेतृत्व में समस्त शांतिप्रिय धर्मज्ञ राजाओं का एक गठबंधन अथवा महासंघ बनाना अनिवार्य है जो अधर्मी तथा अत्याचारी शासकों के विरुद्ध खड़ा तो हो सके। खोज चल रही थी। मंथन चल रहा था।

हस्तिनापुर में! नई पीढ़ी का कोई नव-तरुण! दुर्योधन वीर है, बलवान है, शासक की अच्छा है। किन्तु! महाद्वेषी, हठधर्मी। वयोवृद्ध तक का अपमान करने में किंचित् भी संकोच नहीं उसे। वह स्वार्थी है, सत्ता-लोलुप है। संपत्ति-लोलुप है। नहीं! दुर्योधन नहीं। दुर्योधन के अन्य सभी भ्राता भी वैसे ही हैं।

खोज चल रही थी। आदर्श राजा की खोज।

कोई ऐसा राजपुत्र जो संयत और संतुलित हो, जिसमें आत्मसंयम, आत्मनियंत्रण के महागुण हों। जो विद्वान व ज्ञानी हो। धर्मभीरु हो। श्रेष्ठ योद्धा हो, कुशल प्रशासक हो और महत्वाकांक्षी हो।

कोई नहीं। नव-पीढ़ी में कोई योग्य शासक नहीं। तो भविष्य का क्या होगा? क्या जरासंधों, भौमासुरों और बाणासुरों को पृथ्वी पर आतंक फैलाने और अत्याचार तथा शोषण करने हेतु निरंकुश छोड़ दिया जाए?

नहीं! यह पुण्य-प्रयास छोड़ा नहीं जा सकता। जम्बू द्वीप का राजनीतिक स्वरूप बदल देना होगा। वर्तमान विकार-ग्रस्त राजनीति को हटाना होगा और विकृत मानसिकता वाले राजपुरुषों को भी हटाना होगा। ये धूर्त नरेश सड़े अंग की भाँति समूचे समाज को सड़ा डालेंगे। इन्हें हटाना होगा। विराट शल्यक्रिया करनी होगी। सड़े-गले अंगों को काटकर निकाल देना आवश्यक है। स्वस्थ राजनीति। स्वस्थ प्रशासन। स्वस्थ समाज। धर्मतन्त्र की स्थापना तभी हो सकेगी जब पहले अधर्मतंत्र का मूलोच्छेदन हो जाए।

एक आदर्श राजा को स्थापित करना ही होगा जो धर्मानुसार शासन भी करे और साथी ही आर्यावर्त में धर्मतन्त्र की स्थापना करे। दुष्ट शासकों का विरोध करके जो सज्जनों को सुख दे सके। मंथन हो रहा था। पद्मपलाक्ष मुंदे हुए थे। खोज चल रही थी। एक आदर्श, धर्मप्रिय राजा की! संत-विद्वानों का सम्मान करने वाले शासक की, जो सभा परिषद तथा मंत्रियों के परामर्श के अनुसार कार्य करे। एक धर्मराज चाहिए।

तरुण और उद्यमी पांचालकुमार धृष्टद्युम्न, विदर्भ राजपुत्र रुक्मी, चेदिराज पुत्र शिशुपाल, उज्जयिनी के विंद-अनुविंद, दुर्योधन आदि मूर्ख अहंकारी तथा असंयमी हैं।

अनायास उनके नेत्र खुल गए! युधिष्ठिर!!

युधिष्ठिर!!

युधिष्ठिर क्यों नहीं। वासुदेव का मुख सहस्र दल-पद्म सा एकाएक खिल कर विहंस उठा। अरे कहाँ-कहाँ दूर भटक आया और यह अमूल्य रत्न तो अपनी ही मुट्ठी में था।

मंथन विफल नहीं गया था। हृदयं सिंधु के मंथन से एक तेजोमय रत्न निकाल ही लिया था वासुदेव ने। वे प्रसन्न थे अपनी उपलब्धि पर। स्वयं ही चकित थे।

युधिष्ठिर! युधिष्ठिर के समान कोई सुपात्र नहीं जो धर्मतंत्र का प्रमुख बन सके और जो धर्म के अनुसार जीवन संचालन का अनुपम दृष्टांत प्रस्तुत कर सके। सारे गुण जो एक आदर्श धर्मभीरु राजा में होने चाहिए वे सभी युधिष्ठिर में विद्यमान हैं। युधिष्ठिर विनयशील है। उच्च कुल के हैं। उनके समतुल्य विद्वान, ज्ञानी तथा धर्मज्ञ पाना दुर्लभ है। सहिष्णुता एवं सहनशीलता के वे मूर्तिमान रूप हैं। क्रोध पर उनका जो नियंत्रण है, वह अद्वितीय है। आवेश-उत्तेजना नाम को नहीं। वैभव की लालसा नहीं। संपत्ति की लिप्सा नहीं। संतों व वयोवृद्धों के सत्संग में दृढ़ आस्थावान हैं। उन्हें तो ब्राह्मण ही होना था। वे क्षत्रिय तन में एक ब्राह्मण ही हैं। वे स्वयं संत हैं। परम संतोषी हैं जैसे विदेह राजा जनक के ही पुनरावतार हों।

युधिष्ठिर! आदर्श शासक। युधिष्ठिर न केवल राजा होंगे, वे राजाधिराज बनेंगे। युधिष्ठिर नरेन्द्राधिपति बनेंगे। सम्राट बनेंगे। और न केवल राज्याधिराज, वे धर्मराज बनेंगे। सम्राट व राजाधिराज तो बहुत हुए हैं और होते रहेंगे, किन्तु धर्मराज का विरुद् केवल युधिष्ठिर ही पायेंगे। अधर्मी शासक देखेंगे कि उनमें व श्रेष्ठ शासक में क्या अन्तर है। अभी तक युधिष्ठिर धर्मपुत्र ही रहे हैं, अब धर्मराज होंगे। प्रजाजन जान सकेंगे कि हर शासक धर्मराज नहीं है। धर्मराज वह है जो श्रेष्ठ है, उत्तम गुणों से विभूषित है और धर्मप्राण है। जिसमें प्रजा-वत्सलता व कठोर आत्मसंयम, आत्म नियंत्रण व आत्मानुशासन के गुण हैं।

राजाधिराज युधिष्ठिर! सम्राट युधिष्ठिर! धर्मराज युधिष्ठिर!

युधिष्ठिर तरुण हैं, आभिजात्य हैं। धीर-गंभीर हैं। उनके धर्मराज अथवा श्रेष्ठ शासक बनने से देख लेगा समूचा संसार कि आदर्श शासक कैसा होता है। हाँ। वे दार्शनिक हैं। तत्वज्ञानी हैं। चिंतक हैं अतः अवश्य अपेक्षानुसार व्यावहारिक नहीं हैं। प्रचण्ड वीर भी नहीं। किन्तु धीर हैं। वीर नहीं हैं, इसकी चिन्ता नहीं। भाग्यवान हैं वे कि उनके अनुज उनके व्यक्तित्व के इस अभाव के श्रेष्ठ पूरक हैं।

व्यसन? राजाओं के चार प्रमुख व्यसन, विषयासक्ति, मृगया, मद्यपान और द्यूत, साक्षात् काल के समान दोष हैं। विषयासक्ति! अपने स्वर्गीय प्रपितामह महाराज शान्तनु की भाँति युधिष्ठिर में विषयासक्ति अथवा नारी-आकर्षण की दुर्बलता नहीं। न ही अपने स्वर्गीय पिता महाराज पाण्डु की भाँति वे आखेट के व्यसनी हैं। बलराम अथवा अन्य यादवों की भाँति वे मद्यपी भी नहीं।

द्यूत! द्यूत पर आकर वासुदेव का चिंतन कुछ थम सा गया। प्रसन्न मुख पर चिंता की रेखाएं उभर आईं। युधिष्ठिर में यही एकमात्र दुर्बलता है। वे द्यूतक्रीड़ा के अनुरागी हैं। द्यूत-विलासी हैं। उनका एकमात्र मनोरंजन है—अक्षप्रेम। अकेले बैठे-बैठे भी वे पासे फेंकते रहते हैं। बड़ी विचित्रता है यह उनके व्यक्तित्व की। एक ओर गहन दार्शनिक चिंतन में डूबे रहते हैं। पर उससे उबरते हैं तो उनका हाथ सीधे अक्ष पर ही पड़ता है। कितना बड़ा दुर्गुण हैं। यदि विषयासक्ति आखेट, सुरापान और द्यूत इन चारों में से राजा में एक भी व्यसन हो तो राज्य को भस्म होने में विलम्ब नहीं।

श्रीकृष्ण गंभीर थे। मंथन चल रहा था।

द्रुपदनंदिनी युधिष्ठिर के अक्षप्रेम की प्रखर आलोचक है। वह इस व्यसन से घृणा करती है। वह साध सकेगी। संभवतः द्रुपदसुता के निरन्तर आग्रह करते रहने से युधिष्ठिर इस कुसंस्कार से मुक्त भी हो जाएं। द्यूत! द्यूत किन्तु भीषण दुष्परिणाम देने वाला दोष है। इसे कम करके कैसे आंका जा सकता है! वासुदेव ने दीर्घ निःश्वास ली।

अंततः किया भी क्या जा सकता है? जो भी सामग्री उपलब्ध हो, कलाकार को उसी से शिल्प गढ़ना पड़ता है। जो है ही नहीं, उसे पाया कैसे जाए! और जो पाया नहीं जा सकता उसके अभाव में हाथ पर हाथ धरे बैठा कैसे जाए! वर्तमान समस्त राजपुत्रों में युधिष्ठिर ही श्रेष्ठ हैं। वे हर कसौटी पर खरे उतरते हैं। एकमात्र दोष द्यूत है। यदि धर्मसंघ बनाना आवश्यक है तो धर्मराज युधिष्ठिर ही हो सकते हैं। यदि वे नहीं, तो कोई नहीं।

युधिष्ठिर के अन्य सद्‌गुण उनके इस दोष का निराकरण कर सकेंगे। उनका सबसे बड़ा गुण यही है कि वे सबकी बात सुनते तो हैं। दोष-दुर्बलता किसमें नहीं होते? मनुष्य तो मनुष्य ही है। पुरूरवा, नहुष, ययाति अथवा शांतनु आदि में से कौन सा पुरुष ऐसा निकला जो पूर्णतः दोषमुक्त हुआ हो। युधिष्ठिर में सुधार की संभावनाएं हैं। सब मिला कर वे ही श्रेष्ठ हैं। धर्मात्मा, दयालु, विद्यावान। आदर्श राजा या धर्मराज वे ही होंगे।

युधिष्ठिर धर्मराज होंगे। उनके नेतृत्व में समस्त धर्मप्रिय व शांतिप्रिय नरेशों का धर्मसंघ बनेगा। दृढ़ता से वासुदेव की मुट्‌ठी बंध गई। मन में प्रसन्नता की रागिनी फूट पड़ी। जैसे मन में वीणा के तार की मृदुल सी झंकार हो रही हो। भीनी-भीनी झंकार। वे मगन हो झूम उठे।

किन्तु! यह मन-वीणा की झंकार नहीं। यह तो सचमुच कहीं वीणा ही बज रही है। कच्छपी वीणा के तारों की ध्वनि? अमृत-संगीत की झंकार! तो क्या देवर्षि पधार रहे हैं? वासुदेव ने घूम कर देखा कि देवर्षि नारद अपनी धुन में मगन करताल बजाते चले आ रहे थे। उनके नृत्यरत थिरकते हुए चरण सिंधु तट की बालू तथा प्रस्तर खण्डों को स्पर्श ही न कर पाते थे। सदा प्रसन्न। सदा हरिस्मरण में लीन।

वासुदेव ने उठकर प्रणाम किया। देवर्षि ने एक शिलासन पर विराजमान हो सिंधु-स्नान हेतु आतुर भगवान अंशुमाली पर मुग्ध दृष्टि डाली।

'देवर्षि! कहाँ से आगमन हो रहा है?'—वासुदेव ने पूछा।

'देवराज इन्द्र की व्यथा-गाथा लेकर उपस्थित हुआ हूँ वासुदेव। वे आपकी सहायता चाहते हैं। दिन पर दिन स्थिति गंभीर होती जा रही है। भौमासुर कितना दुर्दान्त दस्यु है आप तो जानते ही हैं। दिन पर दिन उसका दुःसाहस बढ़ता जा रहा है। चारों ओर लूट-पाट और आतंक फैला रखा है उसने। अब तो वह देवलोक में घुसकर माता अदिति के पुरातन अमूल्य आभूषण तक चुरा ले गया है। इन्द्र के वश में नहीं उसे पराजित करके अपनी संपत्ति वापस पा लेना। आप ही यह कर सकेंगे। देवराज विकल हैं। आपसे प्रार्थना की है।'

वासुदेव गंभीर भाव से कुछ सोचने लगे।

'वासुदेव! भौमासुर से मुक्ति दिलाएं सबको। आभूषण तो आभूषण, वह प्रजापति त्वष्टा की पुत्री कशेरु को हर ले गया है। कई रमणियों का हरण करके उसने उन्हें अपने दुर्ग में बन्द कर रखा है। मधुसूदन! उच्च कुलों के लोग इतने भयाक्रांत हैं उससे कि उन्होंने अपनी कुलवधुओं को प्राचीरों में बन्द कर दिया है। चारों ओर आतंक का साम्राज्य है। भौमासुर के चर चारों ओर फैले रहते हैं। किसी नारी को देखा नहीं बाहर कि पिता, भाई, पति आदि के रहते हुए भी दस्युगण रोती-कलपती साध्वियों को बलपूर्वक उठा ले जाते हैं। अतः स्त्रियां बन्दियों जैसा जीवन व्यतीत करने को बाध्य हो गई हैं। वे कहीं बाहर आ-जा नहीं सकतीं? मेले-समारोह-उत्सव आदि में जाना उनके लिए निषिद्ध हो गया है। न वे उद्यानों में ही घूम सकती हैं, न अट्टालिकाओं पर। उन्हें सदा बन्द प्रकोष्ठों में रहना पड़ता है। अपहरण के भय से उन्हें सदा मुख पर आवरण डाले रहना पड़ता है। वे बन्दी हैं। उनकी सुरक्षा हेतु परिवार दिन पर दिन स्त्रियों पर प्रतिबंध बढ़ाते जा रहे हैं। वे खुल कर श्वास तक नहीं ले पातीं। वासुदेव! स्त्रियां घुट रही हैं। यह सब भौमासुर तथा उसके समान क्षुद्र मनोवृत्ति वाले अन्य दुष्टजनों के कारण है।'

'प्रतिबंध लगाने से समस्या का हल नहीं होता! देवर्षि! स्त्रियाँ नहीं घुटेंगी। स्त्रियाँ बन्दी नहीं बनेंगी। भौमासुर मारा जाएगा। स्त्रियाँ मुक्त होंगी बंधनों से। स्त्रियाँ मुक्त रहेंगी।'

श्रीकृष्ण ने गंभीरता से कहा।

'आप धन्य हैं वासुदेव! अभी आते समय मैं देवी जांबवती के उद्यान के पास से निकला तो अभिभूत होकर रह गया। ऋक्षवान्-पुत्री इतनी कुशल धनुर्धर हैं, यह मुझे ज्ञात न था। वह उद्यान में यदुरमणियों को धनुर्विद्या का प्रशिक्षण दे रही थीं। और यदुनंदिनी सुभद्रा भी बड़ी दक्षता से लक्ष्यवेध करने लगी हैं। नारायण! किन्तु सबसे अधिक चकित तो मुझे कर दिया एक छोटी सी बालिका ने।'

'छोटी सी बालिका! कौन?'—श्रीकृष्ण ने पूछा।

'चारुमती! अपनी चार वर्षीया बेटी कितनी निर्भीक है। उसके शीश पर फल रख कर उसे दूर खड़ा कर दिया जाता है और तब यदुनंदिनी सुभद्रा उस फल का लक्ष्यवेध करतीं। मैं तो कितनी देर वहाँ खड़ा-खड़ा यही देखता रहा। अपनी ओर तीर आते देख कर भी वह नन्हीं कृष्णनंदिनी किस निडरता से खड़ी रहती कि वह दृश्य मेरी आँखों से अभी भी ओझल नहीं हो पा रहा। कभी-कभी तीर के वेग से उसकी छोटी सी काया का संतुलन बिगड़ जाता, वह गिर जाती, यदुदेवियाँ विकल हो उसे सम्हालने को दौड़तीं किन्तु वह पहले ही धूल झाड़ कर खिलखिलाती हुई फिर खड़ी हो जाती अपने शीश पर फल रखकर। धन्य हैं आप और देवी रुक्मिणी जिन्होंने पुत्री को वीरबाला बनाने का संकल्प लिया है। वास्तव में आपने महिलाओं को युद्धप्रशिक्षण की व्यापक और श्रेष्ठ व्यवस्था कर रखी है।'

'महाभाग। कभी पुरुषगण यदि युद्ध में दूर गए हों तब उनकी अनुपस्थिति में द्वारका की रक्षा का भार इन ही पर तो रहता है। दुर्ग का निर्माण भी मैंने इसी दृष्टि से करवाया है। यदुरमणियाँ कुशलता से दुर्ग रक्षा करती हैं। देवर्षि! वैदिक युग हमारी संस्कृति का स्वर्ण युग था। तब किसी प्रकार का भेदभाव न था। स्त्री-पुरुष भी समान थे। मेरा स्वप्न

है कि उस वैदिक स्वर्णयुग की समानता फिर से धरा पर उतार लाऊँ। मैं चारुमती का उपनयन संस्कार करवाऊँगा, मेरी सब सन्तानों का यज्ञोपवीत-संस्कार हो और केवल एक का न हो, अकेली चारु का न हो, यह कैसा अन्याय! केवल इसलिए कि वह कन्या है? जिस संस्कार से मनुष्य द्विज बनता है, उसका दूसरा जन्म होता है अथवा उसका आध्यात्मिक जन्म होता है, उस महत्वपूर्ण संस्कार से नारी वंचित क्यों? वेदकाल में तो ऐसा नहीं था। मै चारुमती का यज्ञोपवीत संस्कार संपन्न करवाऊँगा।'—कहते-कहते श्रीकृष्ण के स्वर में उत्तेजना आ गई।

'नारायण नारायण। किन्तु आप क्या-क्या करेंगे? आपके स्वप्नों का तो कोई पार नहीं दिखता। कितनी रूढ़ियाँ तोड़ेंगे! कितने सुधार करेंगे?'

'जो कुछ दूषित शैवाल, फूफंद और कंटक हमारे स्वस्थ जीवन को प्रदूषित करने उग आए हैं, उन सबको उखाड़ फेंकूँगा।'

'नारायण नारायण! तब तो भौमासुर नामक विष वृक्ष निश्चित रूप से शीघ्र ही नष्ट होगा। आपसे यही आश्वासन पाने की आशा थी वासुदेव!'

'और कहाँ-कहाँ हो आए महाभाग?'—श्रीकृष्ण ने पूछा।

'इन्द्रप्रस्थ होता हुआ ही आया हूँ। देखना चाहता था कि युधिष्ठिर का राज्य शासन कैसा चल रहा है। वासुदेव! बड़े कम समय में उल्लेखनीय प्रगति तो की है इन्द्रप्रस्थ ने। किन्तु अब उसे एक समृद्ध और शक्तिशाली राज्य बनाना होगा। युधिष्ठिर की राजसूय यज्ञ संपन्न करने की है। आपकी इच्छा जानना चाहते हैं वे।'—नारद ने कहा।

श्रीकृष्ण की बांहु प्रसन्नता से फैल गई—'स्वागत! स्वागत है। यह तो बड़ा उत्तम विचार है। किन्तु यज्ञ से पूर्व समस्त बाधक तत्वों को हटा देना होगा। सबसे बड़ी बाधा जरासंध है। अपने जीते जी युधिष्ठिर का राजसूय यज्ञ वह संपन्न नहीं होने देगा, क्योंकि वह युधिष्ठिर की अधीनता स्वीकार नहीं कर सकता। अतः ऐसे तत्वों का पहले निराकरण किया जाए तब राजसूय हेतु उपयुक्त वातावरण बन सकता है। महाभाग! यह बड़ा अच्छा है कि आप से सारे संसार के समाचार घर बैठे मिल जाते हैं। इसलिए सबको आपकी प्रतीक्षा रहती है। पृथ्वी का एक छोर का समाचार दूसरे छोर तक पहुँचा कर आप संसार का बड़ा कल्याण करते हैं। अन्यथा इस विराट और विश्रृंखलित समाज में निकट के लोग भी क्या दूसरे को पूछते हैं! यह जगत आपका बड़ा ऋणी है।'—वासुदेव ने विनय से कहा।

'ऋणी! कल्याण! नारायण नारायण। वासुदेव यह आप क्या कह रहे हैं। मेरे ऊपर तो सदा आरोप लगाए जाते हैं कि मैं यहाँ के संवाद वहाँ पहुँचाने के फेर में इधर की बात उधर लगा देता हूँ, लोगों में फूट डाल देता हूँ, उन्हें परस्पर लड़वा देता हूँ। और कैसी विडंबना कि मेरे लड़वाने से लोग लड़ भी जाते हैं।'—देवर्षि बड़े भोलेपन से बोले।

'हा हा हा हा ....' वासुदेव के अट्टहास को सुनते ही सिंधु भी अट्टहास कर उठा।

'हंस रहे हैं वासुदेव। जब-जब मेरी दुर्गति होती है, आप ऐसे ही अट्टहास कर उठते हैं। मेरे उद्देश्य को भ्रमवश अन्यथा समझा जाता है और आप मुझ पर हंस रहे हैं।'

श्रीकृष्ण और भी उच्च स्वर में हंस पड़े।

'हा हा हा हा ………… दुर्गति की भली चलाई महाभाग! इस संसार में दुर्गति किस की नहीं है? क्या मेरी कम दुर्गति है। दिन-रात सबके सेवा में लगा रहता हूँ, तो भी यश नहीं पाता। ललाट पर विधाता ने निंदा ही लिख कर भेजा है मुझे मृत्युलोक में। पुत्र-पौत्र इतने धृष्ट और उद्धत हैं कि मेरी बात मानते नहीं। यदुवंशी ऐसे स्वाधीनता प्रेमी हैं कि परस्पर लड़ते ही रहते हैं! यादवों में दो पक्ष हो गये हैं। कितना प्रयास करता हूँ समझौता कराने का, किन्तु न अक्रूर मानते हैं, न आहुक। अब दोनों को घनिष्ठ सूत्र में बांध दिया है आहुक की पुत्री का विवाह अक्रूर से करके—किन्तु स्थिति आज भी यथावत् है। दिन-रात परिश्रम का पुरस्कार क्या मिला मुझे? चोरी का आक्षेप! स्यमंतक मणि चुराने का आरोप ही लगा दिया मुझ पर! अपनी आठों पत्नियों को अलग शांत करता रहता हूँ। उन्हें प्रसन्न रखने के क्या नहीं प्रयास करता किन्तु उनके परस्पर ईर्ष्या-द्वेष-षड्यंत्र आदि बढ़ते ही जाते हैं। देवर्षि! यह संसार तो कज्जल-कारा है। यहाँ कालिमा से न आप बच सकते है, न मैं। किन्तु फिर भी आप ही अच्छे हैं। जब तक आपकी निन्दा प्रारंभ हो, आप तो उठकर वहाँ से दूसरे लोक को चल देते हैं। पीठ पीछे आपके विषय में कौन क्या कहता है यह सुनने से तो बच जाते हैं। और लोगों को परस्पर लड़वाने का दोष तो आपकी विशिष्ट वक्तृत्व शैली का सुपरिणाम है।'—श्रीकृष्ण हंसते हुए बोले।

'वह कैसे?'—आश्चर्य से नारद मुनि ने पूछा।

'आपका स्वभाव ही आपकी शैली है। हे विश्व-संवाददाता! कथा और संवाद को अधिकाधिक रोचक बना कर प्रस्तुत करने के फेर में जो आप घट-बढ़ करते हैं न……'

'अर्थात्! उसे सुस्वादु और चटपटा बनाने हेतु नमक-मिर्च लगाता हूँ? मैं और चटपटा! नारायण नारायण। मेरे जैसे सात्विक व्यक्ति का भला नमक-मिर्च से क्या संबन्ध। मैं तो शुद्ध सात्विक फलाहारी हूँ'—देवर्षि नारद पुनः भोलेपन से बोले।

'आप तो फलाहारी निश्चित रूप से हैं किन्तु आपकी बातें, शैली व कल्पना-शक्ति बड़ी ही चटपटी है। एक बार जो आपके जाल में फंस जाए, वह फिर उबर नहीं पाता मेरी ही भाँति।…………हा हा हा हा हा……… ! अपनी कल्पना-शक्ति के आधार पर ही तो आप धन-ऋण, गुणा-भाग से चटपटी बना देते हैं किसी साधारण सी घटना को भी। और जब तिल का ताड़ बन जाएगा तो आप पर आरोप आएगा या नहीं?'—वासुदेव मुस्कुराते हुए बोले।

नारद मुनि बड़े ध्यान से सुन रहे थे। वासुदेव की बात समाप्त होते ही, वे उनके और निकट सरक आए और अपनी विवशता समझाने लगे।

'वास्तव में नारायण, मैं तो बड़ा ही विवश हो जाता हूँ। परिस्थितियों की मार ही ऐसी पड़ती है। मैं ठहरा एक निरीह संवाददाता। वस्तुस्थिति यह है कि जब मैं एक स्थान से दूसरे स्थान हेतु चलता हूँ तो समय बहुत बीत जाता है। इसलिए गंतव्य पर पहुँचते-पहुँचते अपने संवाद-सूचना, घटनाएं आदि बहुत कुछ भूल जाता हूँ। कुछ आदि स्मरण रहता है, तो कुछ अन्त। अब क्या करूं! तो, जो कुछ भूल जाता हूँ वह मन से जोड़ना ही पड़ता है। दूसरी बात यह है कि जब एक स्थान से चला था तो देख कर चला था कि

ऐसा-ऐसा घटित हुआ। दूसरे स्थान पहुँचता हूँ तो समय लग ही जाता है, अतः अनुमान लगा लेता हूँ कि अब तक स्थिति कहाँ तक पहुँच चुकी होगी और अब तक क्या-क्या घट चुका होगा। अब तो अमुक ने यह भी कह दिया होगा अथवा उन दोनों में फिर हाथापाई भी हो गई होगी इत्यादि। इसलिए उतनी पुरानी घटना के आगे की बातें स्वयं कल्पना से जोड़कर बता देता हूँ। और आप कहते हैं कि मैं तिल का ताड़ बना देता हूँ।'—कहने के साथ ही देवर्षि नारद तथा वासुदेव के उन्मुक्त अट्टहास गूँज उठे। सागर हरहरा उठा।

प्रायः संध्या समय राज-रमणियाँ वहाँ सिंधु-समीर का आनंद लाभ करने आती थीं। इस समय भी यही हुआ। शिविकाओं से कई राजमहिलाएं उतरीं। उनमें से रुक्मिणी तथा सत्यभामा एंक रथ से उतर कर साथ-साथ इधर ही आती दिखाई दीं। नारद कौतुक से मुस्कुराए। संध्या और उषा! दोनों परस्पर विरोधी! आज भला साथ-साथ कैसे?

रुक्मिणी तथा सत्यभामा ने देवर्षि को प्रणाम किया। देवर्षि के नेत्र चमके। श्रीकृष्ण ने तुरन्त उनके नेत्रों की चमक पकड़ ली। न जाने क्या इच्छा है महाराज की—सोच कर वासुदेव मुस्कुराए। अब तो कोई बचाव नहीं इनकी कौतुक-लीला से! तब तक देवर्षि ने अपने कमंडल में रखे एक विलक्षण सौगंधित पुष्प को श्रीकृष्ण की ओर बढ़ाया श्रीकृष्ण ने आदर से लिया। सुन्दर। अति सुन्दर। श्रीकृष्ण ने मुदित हो वह निकट खड़ी रुक्मिणी को दे दिया। रुक्मिणी तो निहाल हो गईं। सूंघा उसे तो बावली सी हो उठीं। सत्यभामा सिटपिटाई ही खड़ी रह गईं।

फिर नारद मुनि ने पुष्प की महिमा कह सुनाई—

'देवि! यह इन्द्रलोक का अद्भुत पारिजात पुष्प है। यह पृथ्वी पर नहीं होता। ऋषियों ने मन्दार का सार निकालकर पारिजात का निर्माण किया है। अतः इसे मन्दार, पारिजात तथा कुछ अज्ञानी लोग कोविदार भी कहते हैं। इस चमत्कारिक पुष्प के फल से सुख, सौभाग्य तथा पति की अनुकंपा में वृद्धि होती है। सद्गुणवती भोजनन्दिनी! आज सबके समक्ष सिद्ध हो गया कि वासुदेव की सर्वाधिक प्रिय पत्नी तुम ही हो। तुमने अपनी समस्त सौतों को अपमान के जल से सींच दिया। सत्यभामा देवी सदा स्वयं को मधुसूदन की सर्वाधिक प्रिया मानती रही हैं, आज उनका भ्रम टूट गया क्योंकि यह मन्दार पुष्प सबके सामने माधव ने तुम्हें ही दिया है। तुम ही श्रीकृष्ण की आत्मा हो। तुम ही उनकी प्राण। तुम्हारे जीवन-रथ पर विजय पताका लहरा उठी है। धन्य हो देवि!'

अपने भाग्य पर विमोहित रुक्मिणी ने सुनते ही गर्व से मन्दारपुष्प को अपनी लहराती वेणी में लगा लिया। बस! सत्यभामा भभक उठीं। द्रुतगति से देवर्षि को प्रणाम किया और छन्न् मन्न्! छन्न् मन्न्! ये गईं और वो गईं। जैसे उज्ज्वल तारा अचानक सजल जलघर की ओट में चला गया हो।

हो गया कल्याण आज तो! वासुदेव ने कपाल ठोक लिया अपना। कनखियों से देवर्षि को देखा। धन्य हो महाराज! अब आग लगाकर मन्द-मन्द मुस्कुरा रहे हो। बड़े ही कौतुकी हैं मुनिवर। सारी सृष्टि बदल जाए पर इनका स्वभाव नहीं बदलेगा। उधर वो चली जा रही हैं आगबबूला बनीं! अब तो जब तक समूचा पारिजात-वृक्ष ही न लाकर

चढ़ा दूँ भवानी के चरणों में, तब तक ये ज्वालादेवी ही बनी रहेंगी। तभी गद को आते देख उन्हें देवर्षि के सत्कार का दायित्व सौंप वासुदेव उठ गये। किसी के मन को अकारण ठेस क्यों लगे? किसी से अश्रु वृथा क्यों बहें? कोई भी पीड़ित क्यों हो? और कलह! कितने मूर्खतापूर्ण कारण से कुछ लोग कलह-क्लेश में फंस जाते हैं। एक दीर्घ निःश्वास ले वासुदेव मानभरी सत्यभामा को मनाने का गुरुतर भार सम्हालने चल दिये।

× × ×

सत्यभामा सीधी रैवतक पर्वत पर स्थित अपने प्रासाद में कोप-भवन में चली गईं। अपने अलंकारों-आभूषणों को उतार कर जहाँ तहाँ फेंक दिया। कुंकुम तथा कुसुम्भी रंग के वस्त्र उतार फेंके और श्वेतवस्त्र धारण कर लिए। माथे के किनारे लाल चंदन पोत कर शीश पर श्वेत दुकूल का पट्टा बांध लिया। केशों को एक वेणी में समेट वे अपने क्रीड़ाकमल को नोंच-नोंच कर उसी पर क्रोध उतारने लगीं।

महल में सनाका खिंच गया। दास, दासी, सेवक आदि कांप उठे। श्रीकृष्ण जब वहाँ पहुँचे तब विचित्र दशा थी वहाँ की। जो दासियाँ सत्यभामा को मनाने कोप-भवन में गईं उनमें किसी को फटकार पड़ रही थी, किसी को झिड़का जा रहा था। किसी के हाथ से शीतल मधु जल-पात्र को लेकर फेंक दिया गया था तो किसी के हाथों के पात्र से फल उठा-उठा कर चारों ओर फेंक दिये थे। पूरा प्रकोष्ठ अस्त-व्यस्त था। कोई दासी चरण पकड़े अनुनय कर रही थी तो कोई थर-थर कांप रही थी। कोई भय से आगे ही नहीं बढ़ पा रही थी तो कोई भूमि पर पड़े अलंकार-आभूषण समेट रही थी। कोई दासी सत्यभामा पर व्यजन कर रही थी। क्रोध से उफनती सत्यभामा अब तक कमलफूल को पूर्णतः तहस-नहस कर चुकी थीं। चारो ओर चीत्कार-पुकार मची हुई थी। वासुदेव ने देखा तो द्वार पर ही ठिठक कर रह गये। समस्या बड़ी जटिल थी।

वे रुक्मिणी का विशेष ध्यान रखते थे क्योंकि रुक्मिणी पुत्र-विछोह से पीड़ित थी। प्रथम पुत्र प्रद्युम्न दो वर्ष का हुआ था कि अचानक लुप्त हो गया। उसे कितना खोजा गया अब तक पता नहीं चल पाया। रुक्मिणी के मातृ-हृदय की पीड़ा वे समझते थे अतः केवल उनका मन बहलाने को पारिजात पुष्प दे दिया था उन्हें। पर सत्यभामा पर भी उन्हें करुणाभाव था। सत्यभामा एकाकी थी। पिता नहीं, पितृव्य नहीं, भाई नहीं। जो कुछ थे कृष्ण ही थे उनके। अतः सत्यभामा को भी पीड़ित नहीं देखना चाहते थे।

चौंसठ कलाओं में निष्णात् जो हो, उसे भला रूठी हुई नायिका को मनाना भी तो आना चाहिए। श्रीकृष्ण मानव मन के मर्मज्ञ ठहरे। भला यह क्या कठिन कार्य!

उदास सत्यभामा बाहु में मुख ढांपे उपधान पर निढाल पड़ी थीं। उन्होंने दासियों को शांत रह कर पूर्ववत अपना कार्य करते रहने को इंगित किया और स्वयं चुपचाप जाकर सत्यभामा के पीठ की ओर खड़े हो गये। पारिजात-पुष्प से जो कुछ पलों का उनका संसर्ग हुआ था। उससे उनके तन में अद्‌भुत सुगंध अभी तक आ रही थी जिससे सत्यभामा चौंकीं। वे कौतूहल रोक न सकीं। आगे देखा, पीछे देखा। पर कहीं कुछ नहीं।

तब तक सत्यभामा को लगा कि वही दिव्य सुगंध उन्हें मनाती हुई कोमल स्वर में गा रही है...

प्रातःकाल के तेजहीन सा चंद्र हुआ मुख कैसे?
कुम्हलाया मध्यान्ह काल में मनहर पंकज जैसे!

क्यों न पहनती वस्त्र कुसुम्भी, कुंकुम रंग की सारी,
प्राणवल्लभे! आज श्वेत पर कैसे कृपा तुम्हारी?

क्यों न किए धारण आभूषण मुक्ता-माणिक-माला?
चित्र रचे होते जिस मुख पर, आज अश्रु की धारा?

सुन्दर मुख जो पूर्ण चन्द्र से करता नित स्पर्धा
पद्म-सुगंधित, मितभाषी, क्यों आज नहीं कुछ कहता?

अर्धमिलित लोचन से ही मुझे क्यों न देखती भामिनि?
दीर्घ श्वास ले, पावस धारा मात्र बहातीं मानिनि!

आज्ञा दो सेवा की देवी जैसी देती रहतीं
किंकर हूँ मैं सदा तुम्हारा, जाने सारी जगती।

अंबर में है शब्द, भूमि में क्षमा, अटल स्नेह है मेरा तुम में
पद्मकोष की आभा जैसी सुन्दरि प्राण-प्रियतमे![1]

सत्यभामा के कपोलों पर बाढ़ थी आँसुओं की। हृदय पसीजा किन्तु मन न माना अभिमानिनी का। आँसू पोंछ कर बोलीं—'अब क्या रह गया? अभी तक बड़ा गर्व था मुझे अपने सौभाग्य का। आज समस्त सपत्नियों और दासियों के समक्ष आपने उपहास का पात्र बनाकर रख दिया। जो रत्नों से भी बहुमूल्य वस्तु थी, मेरे देखते-देखते आपने अपनी इस प्रिया को दे दी, और अब भोले बन रहे हैं! चाटुकारिता कर रहे हैं। मुनिवर नारद ने आपकी उस प्रिया की स्तुति गाई और बड़े हर्ष से मुस्कुराते हुए आप अपनी प्राणवल्लभा की स्तुति सुनते रहे! मुझसे सदा कहते रहे कि तुम ही मेरी सबसे प्रिय भार्या हो,

---

१. हरिवंश, विष्णुपर्व ६६ के निम्नलिखित श्लोकों का सरल भावानुवाद :—

प्रभाते पूर्णचन्द्रस्य मध्याह्ने पंकजस्य च
विभर्ति तव किं वक्त्रं वपुस्तव मनोहरे॥ २८ ॥
किमर्थं कौङ्कुम वासो महाराजतमेव च
नानुगृह्णासि सुश्रोणि शुक्लं वासोऽनुगृह्यते॥ २९ ॥
किंश्चानाभरणं गात्रं सुगात्रि तव कथ्यताम्।
चित्रक स्यान माक्रान्तं कस्मादवरवर्णिनि॥ ३१ ॥
पूर्णचन्द्र सपत्नेन स्मेरेणा बहुभाषिणा
किमु नो भाषसे माय मुखेनोत्पल गन्धिना॥ ३६ ॥
अर्धाक्ष्णापि हि तावन्मां किमर्थं न निरीक्षसे।
मुंचस्येव सनिश्वासं तोयमश्रुन दुर्दिनम्॥ ३७ ॥
त्वदीयोऽहं यदा देवि ख्यातो जगति किंकरः
राज्ञापयसि किं मां त्वं पुरेव वरवर्णिनि॥ ३९ ॥
क्षमा दयश्च मेदिन्यां शब्दाद्याश्चाम्बरे गुणाः।
ध्रुवं पंकजगर्भाभे त्वयि स्नेहस्तथा मम॥ ४४ ॥

सत्राजित्‌कुमारी, और आज वास्तविकता उजागर हो गई। मैं नहीं जानती थी कि आप इतने कपटी और धूर्त और मुझ जैसी भोली-भाली अबलाओं को ठगने वाले हैं। नाथ! मुझे इसका दुःख नहीं कि मुनिवर ने मेरी सपत्नी की स्तुति की, किन्तु दुःख और रोष इस बात का है कि आप शठ से चुपचाप बैठे सुनते रहे। इस विराट संसार में कौन है मेरा? मेरे पिता नहीं, पितृव्य नहीं, भ्राता नहीं, माता नहीं। किन्तु निपट एकाकी होते हुए भी मैं स्वयं को सदा सर्वाधिक सौभाग्य संपन्न व समर्थ समझती रही हूँ तो केवल आपके प्रेम के कारण। हा दुर्भाग्य। अब मुझे रोकें नहीं नाथ! अब मैं यहाँ नहीं रहूँगी। मैं तपस्या करके देह सुखा डालूंगी। मैं वन में प्राणोत्सर्ग करूँगी। मेरे जीवन का कोई उद्देश्य नहीं रहा'— और सत्यभामा फूट-फूटकर रो पड़ीं।

कितने मान-मनुहार। पर महारानी न मानें किसी भी भाँति। अंततः हृदयवल्लभ ने हाथ जोड़ दिये।

'मुझे दुःख है कि मेरे कारण तुम्हें कष्ट पहुँचा देवि! वह पुष्प मैंने रुक्मिणी के अनुरोध पर उसे दे दिया था। यदि तुम इसे मेरा अपराध मानती हो, तो मेरे इस एकमात्र अपराध को सह लो। किन्तु अब रुष्ट न हो क्योंकि एक पारिजात पुष्प क्या, मैं पूरा वृक्ष लाकर तुम्हारे महल में लगा दूँगा। पर अब प्रसन्न हो जाओ मुझ पर।'

सुनते ही सत्यभामा के सजलाये हुए मुख पर मुस्कान ऐसी उभरी जैसे वर्षा के बाद मेघों के पीछे से सुनहरी धूप खिल पड़ी हो।

× × ×

श्रीकृष्ण भौमासुर द्वारा स्त्रियों को बंदी बनाने से तो उद्विग्न थे ही, जब से देवर्षि ने बताया कि वह देवमाता के मूल्यवान् आभूषण भी चुरा ले गया है तब से उन्हें चैन नहीं। अंततः देवर्षि की आज्ञापालन करके भौमासुर का वध करने हेतु उन्होंने संकल्प ले लिया। कई यदुवीरों को लेकर उन्होंने गरुड़-विमान से प्रागज्योतिषपुर की ओर प्रस्थान किया।

दस्युराज भौमासुर प्रागज्योतिषपुर में घने वनों के मध्य मणिपर्वत शृंखला की घाटियों में रहता था। भूमि के भीतर रहने तथा उसकी माता का नाम भूमि होने के कारण उसे भौमासुर पुकारा जाता था। गरुड़-विमान ही वहाँ पहुँच सकता था। चालक गरुड़ ने तीक्ष्ण दृष्टि से सुदूर आकाश से ही दिखा दिया था वह स्थल जहाँ भौमासुर अपने विराट दस्युदल व कुटुम्बियों के साथ रहता था।

परन्तु मानिनि सत्यभामा को भी तो प्रसन्न करना अभी शेष था। देवर्षि नारद का दिया पारिजात पुष्प श्रीकृष्ण ने रुक्मिणी को क्या दे दिया था कि सत्यभामा को तो दिन का चैन व रात की नींद ही उड़ गई। वे सदा उच्छ्वासें ही भरती रहतीं और हर उच्छ्वास से निःसृत होता —हा पारिजात! हा पारिजात!

भौमासुर से देवमाता अदिति के कुंडल आदि आभूषण प्राप्त कर लेने पर देवलोक जाना होगा, उन्हें देवमाता को सौंपने। तभी देवलोक में सत्यभामा अपनी इच्छानुसार चाहे जितने मन्दारपुष्प उपहार स्वरूप पा सकेंगी और तभी शायद उनका दग्ध हृदय भी शांत हो। इसीलिए श्रीकृष्ण अपनी रूठी ठकुरानी को साथ लेते आए थे।

अनेक सहायकों तथा अनुचरों यथा, मुर, हयग्रीव, निसुन्द, पंचनद आदि सहित अंततः भौमासुर मारा गया। भौमासुर की कन्दरा रूपी तलघरों में उसका छिपा हुआ

विलक्षण संग्रह देखा तो सब अचंभित रह गए। इतना लूट का माल! चोरी का माल! वरुण का स्वर्णछत्र! देवमाता के कुंडल। स्वर्णसिंहासन। असंख्य रत्नादि। श्रीकृष्ण ने आदेश दिया कि जहाँ की जो वस्तु हो उसे वहां पहुँचा दिया जाए। रात्रि विश्राम हेतु सत्यभामा को अंतःपुर से सर्वश्रेष्ठ कक्ष में ठहराया गया। अन्य यदुवंशी भी अपने लिए नियत स्थानों पर गये।

उसी मणि-पर्वत शृंखला के मध्य एक पर्वत दुर्ग में श्रीकृष्ण के विश्राम का प्रबंध किया गया था।

मध्यरात्रि के समय अनायास उनकी निद्रा भंग हुई। रात्रि की नीरवता किसने भंग की है? प्रकंपित नारी कंठ में कोई करुण गीत वायु के झोंकों में तैरता सा आ रहा था।

वासुदेव उठ गये। ध्यान से सुना। एक नहीं, कई स्त्रियाँ एक के बाद एक बारी-बारी से गा रही थीं। शब्द स्पष्ट न थे। संभवतः भौमासुर का रात्रि में गीत गाने का आदेश रहा हो इसीलिए आज भी मध्यरात्रि पश्चात् गीतधारा से समूची उपत्यका आप्लावित हो उठी थी।

वे बाहर अट्टालिका पर आ गये। वन्य वनस्पतियों की गंध नीरव निशा में और भी मधुर हो गई थी। शांत थे सभी पर्वत-दुर्ग। उस निस्तब्ध वनस्थली में बह रही थी केवल गीतधारा। पर्वतों, दुर्गों, वृक्षों, खाइयों व वनों से लिपटे हुए थे गीत। गीत क्या, करुणा की अजस्र निर्बाध निर्झरणी थी।

वे धीरे-धीरे दुर्ग के ऊपर के खण्ड की सीढ़ियां चढ़ने लगे। सबसे ऊपर खुले में पहुँच कर उन्होंने ध्यान से सुनने का प्रयास किया उस रहस्यमय कातर गीति-गुहार को। समझ में आया। निकट ही स्थित दूसरे पर्वत-दुर्ग से वह ध्वनि आ रही थी। उन्होंने ध्यान से सुना और अचंभित रह गए कि ये नारी स्वर तो उन ही से कुछ विनती कर रहे थे।

उन्होंने उस दुर्ग की ओर देखा। और पुनः चौंक पड़े। दुर्ग के सबसे ऊपरी खण्ड की अट्टालिका पर निरभ्र ज्योत्स्ना में कितने ही धवल नारी आकार खड़े थे। श्वेत वस्त्र धारे, केश बिखेरे, दुर्ग की सर्वोच्च अट्टालिका पर खड़ी क्या स्वर्गिक अप्सराएं हैं? नारी-समूह! हाँ वे कई नारियाँ थीं। पीड़ित। दुःखी! व्याकुल! हाथ जोड़े कंपित स्वर में याचना करती हुई।

अहो! तो ये वे ही नारियां तो नहीं जिन्हें भौमासुर स्थान-स्थान से अपहरण कर-कर के लाता रहा है? इतनी विशाल संख्या में बन्दी बालाएं! तो क्या यही अलकापुरी दुर्ग है।

उस पर्वत दुर्ग की अट्टालिका पर शुभ्र बलाका पंक्ति सी वे विवश बालाएं आर्द्र स्वर में वेदनागान गाती रहीं। और इस पर्वत दुर्ग की अट्टालिका पर भरी ज्योत्स्ना में वासुदेव मौन हो रात भर टहलते रहे। असहाय व निरीह कन्याओं की पीड़ा का घूंट-घूंट आचमन करते रहे। सुनते रहे।

भोर होने पर समस्त यदुवंशी तथा सत्यभामा आदि एकत्रित हुए। प्रागज्योतिषपुर के कुछ वरिष्ठ अधिकारी भी वहाँ थे।

'अलकापुरी दुर्ग में कितनी नारियाँ बंदिनी हैं?'—वासुदेव ने पूछा।

'प्रभो, पूरी एक सौ संख्या है उनकी।'

'एक सौ ऽ ऽ ऽ!'—विस्मय से वासुदेव के नेत्र विस्फारित रह गए।

'एक सौ ऽ ऽ ऽ!'—यादवों के मुख खुले रह गए।

'एक सौ ऽ ऽ ऽ!'—सत्यभामा के हाथ फैले रह गए कुछ पल नीरवता में बीते।

'तो अब इन बन्दिनी नारियों के जीवन हेतु क्या व्यवस्था होनी चाहिए?'—वासुदेव ने जैसे स्वयं से प्रश्न किया।

'व्यवस्था क्या?' वे मुक्त हैं। जहाँ जाना चाहें, जाएं।'—अक्रूर ने कहा।

'कहाँ जाएं?'—वासुदेव ने गंभीरता से पूछा—'क्या उनके परिवारजन उन्हें पुनः अपनाएंगे?'

'कदापि नहीं।'—सत्यभामा दृढ़ स्वर में बोलीं।

'वे निर्दोष हैं। आश्रित हैं। उनको पुनर्जीवन मिलना चाहिए। उन्हें समाज में पुनर्स्थापित किया जाना चाहिये'—वासुदेव ने कहा।

'असंभव!'—अक्रूर बोले।

'क्यों?'

'कौन स्वीकार करेगा ऐसी स्त्रियों को जो परपुरुष की बंदिनी बन कर रह चुकी हों?'—सात्यकि बोले।

'किन्तु वे बंदिनी बनीं, इसमें उनका क्या दोष? दोष उनके संरक्षकों तथा अभिभावकों का है। उन्होंने उनकी रक्षा क्यों नहीं की भौमासुर से? वे निरीह बालाएं हैं। आश्रिताएं हैं। निर्दोष तथा साध्वी हैं।'—वासुदेव ने बल देते हुए कहा।

'इस पर कौन विश्वास करेगा माधव?'

'किन्तु उनकी इस स्थिति का दायित्व उनके संरक्षकों पर है अतः क्या यह उनही संरक्षकों का कर्तव्य नहीं बनता कि वे अपनी रक्षिताओं को ससम्मान घर ले जाएं?'

'किन्तु वे लेंगे नहीं।'—सत्यभामा ने कहा।

'परन्तु उन्हें यहाँ असुरक्षित भी तो नहीं छोड़ा जा सकता'—वासुदेव ने पुनः बलपूर्वक कहा।

कुछ देर तक फिर मौन छाया रहा।

एकाएक वासुदेव का ओजभरा गंभीर स्वर गूँजा।

'वे यदुवंश की कुलवधुएं बनेंगी।'

सब चौंके और स्तब्ध रह गए।

'नहीं! यह संभव नहीं'—अक्रूर गरज उठे।

'यह कैसी बात कर रहे हैं नाथ! उन हीन स्त्रियों को ऐसा सम्मान! वे हमारे बराबर सम्मान पाएंगी? यह भी तो नहीं ज्ञात कि कौन कुमारी हैं, कौन विवाहिता और कौन······· '—सत्यभामा बोलीं।

'और कौन विधवा? जब श्रीराम की पत्नी का अपहरण रावण कर सकता था तो यह तो मानी हुई बात है कि राक्षस अथवा असुर यह सोचकर अपहरण नहीं करते कि कुमारियों का ही अपहरण हो और असंभव नहीं कि भौमासुर ने इनमें से किसी से विवाह भी रचाया हो। भौमासुर के वध के पश्चात् इस प्रकार वह नारी विधवा हुई।'

सत्यभामा सिहर उठी।

'प्रमुख बात यह है कि वे संस्कारवती, सुशील स्त्रियाँ हैं जिन्हें बल प्रयोग से बंदिनी बनाया गया है। मानवता के नाते उनकी पुनर्स्थापना करना हमारा नैतिक दायित्व है। उन्हें यदुवंश अपनाएगा।'

'नहीं।'—सामूहिक कठोर स्वर उग्रता से विरोध कर उठा।

कुछ क्षण पुनः सन्नाटा रहा फिर अक्रूर ने मौन भंग किया।

'वासुदेव! आप कितनी अनुचित बात कर रहे हैं। आप भूल रहे हैं कि श्रीराम ने सीता जैसे साध्वी का भी परित्याग इसीलिए किया था कि वे रावण की बंदिनी रह चुकी हैं। और माधव! दूर क्यों जाते हैं, स्मरण नहीं, शाल्वराज ने काशिराज-पुत्री अम्बा को अस्वीकार क्यों किया था? केवल इसलिए कि भीष्म ने उसका हरण किया था तथा उसे कुछ समय हस्तिनापुर में रहना पड़ा था। किसी दूसरे पुरुष के पास रही हुई स्त्री को कैसे स्वीकार किया जा सकता है। और फिर जनकनंदिनी की तो अग्निपरीक्षा भी हो चुकी थी तो भी मर्यादा पुरुषोत्तम श्रीराम ने उनका परित्याग....... '

'किन्तु मैं मर्यादा पुरुषोत्तम राम नहीं। मेरे रहते किसी सीता की अग्निपरीक्षा नहीं होगी। मेरे रहते कोई जानकी रो रोकर वन में जीवन नहीं काटेगी। न ही मेरे रहते कोई नारी अम्बा की भाँति आत्मघात कर सकेगी। मैं किसी को शोषित तथा उत्पीड़ित नहीं देख सकता। उत्पीड़न व शोषण समाप्त करने हेतु मैं कुछ भी कर सकता हूँ। अनेक के हित के लिए एक का बलिदान ही मेरे जीवन का सिद्धान्त है। आज तक इसे जिया है तो कोई कारण नहीं कि अब इस सिद्धांत को छोड़ दूँ। अनेक के कल्याण हेतु आवश्यक होगा तो न केवल बल, बल्कि छल प्रयोग भी कर सकता हूँ, कौशल का प्रयोग कर सकता हूँ।'

वासुदेव के गर्जन के समक्ष सब नतशिर बैठे रह गए। किसी का साहस न हुआ कुछ बोलने का।

'हमने विजय पाई है। हमारा दायित्व है यहाँ के हर निवासी के जीवन-यापन हेतु व्यवस्था करने का। अतः हम उन सन्नारियों की उपेक्षा नहीं कर सकते। यदुकुल के नवयुवक उनसे विवाह करेंगे!'—वासुदेव ने गंभीर स्वर में कहा।

सब अवाक् बैठे थे। वासुदेव ने एक-एक कर आह्वान किया—'सात्यकि!'

कोई उत्तर नहीं।

सात्यकि ने धीरे से शीश झुका लिया।

'कृतवर्मा!'

कृतवर्मा ने शीश झुका लिया।

'गद!'

गद ने शीश झुका लिया।

वासुदेव की दृष्टि यदु-तरुणों पर एक-एक करके घूम रही थी। एक-एक का नाम वे पुकारते जा रहे थे। और हर यादव विवशता में शीश झुकाता जा रहा था।

निशठ! उल्मुक! उपदेव! सुपार्श्व! चारुदेष्ण! अरिमर्दन! भद्रश्रेण्य!

सब मौन। नतशिर। नत-नयन।

वासुदेव हतभ्रम थे।

'शृंखलाओं में जकड़े हुए पुरुषो! इतना भी शौर्य नहीं तुममें से किसी में कि एक नारी का उद्धार कर सको। उन निर्दोष अबोध बालाओं को जानबूझकर आत्मघात की दिशा में मोड़ रहे हो! धिक्कार है तुम्हें! कापुरुषो!'—वासुदेव पुनः गरजे।

'किन्तु......वे नारियाँ......! आपको क्या हो गया है नाथ?' सत्यभामा भय-प्रकंपित स्वर में धीरे से बोलीं।

वासुदेव फिर गरज उठे।

'हुआ मुझे कुछ नहीं है। तुम्हें हुआ है। तुम नारी होकर नारी का कष्ट नहीं समझ पा रहीं? आश्चर्य है। घोर आश्चर्य। सत्यभामे! तुम्हें तो मात्र एक पारिजात पुष्प नहीं मिला तो पीड़ा से छटपटा रही हो। एक पुष्प के कारण तुम्हारा सुख, चैन व निद्रा लोप हो गई, देवि! और उन निरीह, असुरक्षित बालाओं के प्रति तुम्हें सहानुभूति नहीं? उस चौदह वर्षीया, प्रजापति की पुत्री कशेरु के प्रति भी किंचित दया अथवा करुणा मन में नहीं उमड़ पाती?'

सत्यभामा स्तंभित थीं। कहाँ गई वह सुललित पदावली जिसे गा गा कर इन्होंने उस दिन उन्हें मनाया था? ये वे ही श्रीकृष्ण हैं? आज सबके मध्य प्रताड़ना के स्वर में बोल रहे हैं। किसी का साहस न था बोलने का। वासुदेव कुछ देर रोष भरी दृष्टि से देखते रहे बारी-बारी से शीश झुकाए बैठे यदुवंशियों को।

'वे नारी भी मनुष्य हैं। निष्पाप हैं। उन्होंने जब किसी का अहित नहीं किया, तो वे किस पाप का दण्ड भोगने को बाध्य की जा रही हैं? उनके प्रति यह समाज अपराधी है जो उन्हें रक्षा देने में असमर्थ है, उन्हें सम्मान देने में असमर्थ है। और यह सर्वविदित है कि समाज की ऐसी जर्जर व सड़ी-गली रूढ़ियों का मैं पुरातन बैरी हूँ। मेरे रहते किसी को उन सती-साध्वियों की चिन्ता करने की आवश्यकता है भी नहीं। मैं उन्हें सुरक्षा दूँगा। उन्हें सम्मान से मंडित करूँगा। उन्हें सौभाग्य से विभूषित करूंगा। मैं उनसे विवाह करूंगा। गंडक जाओ! मणिपर्वत दुर्ग में सूचना दो कि मंगल-आयोजन की व्यवस्था करें। कल भोर मैं पाणिग्रहण करूंगा उन सभी देवियों का!'

वज्रपात!!

यदुवंशी स्तब्ध थे और सत्यभामा काष्ठवत्!

कुछ ही समय पश्चात् मणिपर्वत दुर्ग में आनंद-कल्लोल की ध्वनियाँ फूट पड़ीं। हास्य-परिहास की फुहारें छूट रही थीं। आसपास का समूचा वातावरण उल्लास वर्षा से नहाया जा रहा था।

अलकापुरी दुर्ग की भित्तियों पर वे बन्दी-बालाएं बेलबूटे काढ़ रही थीं। वन्दनवारें सजा रही थीं। मंगल-घटों की स्थापना कर रही थीं। चौक पूर रही थीं। यज्ञ-स्तंभ लगाये जा रहे थे। मंडप छाए जा रहे थे।

मुक्ति! मुक्ति!

उनके निपट अंधेरे बन्दी-जीवन में सहसा आलोक छा गया था। असंख्य प्रदीप प्रज्ज्वलित हो झिलमिला उठे थे।

प्रदीप! मुक्ति का। आशा का। नवजीवन का। सम्मान और प्रतिष्ठा का। प्रेम तथा सौभाग्य के लक्ष-लक्ष दीपक जगमगा उठे थे।

आज बंदिनी रोहिणी के स्वर में करुणा नहीं, आशा थी। वे सब गीत गा रही थीं। किन्तु वेदना गीत नहीं। मंगलगीत! प्रेमगीत व स्वागत-गीत, सब एक साथ। उनकी चिर

प्रतीक्षा पूर्ण हुई थी। मुर्झाई हुई आशालता आज पल्लवित हुई थी। वे मगन थीं। वे हंस रही थीं। वे गा रही थीं। विभोर हो नृत्य कर रही थीं।

समूची उपत्यका में प्रेमगीत छाया जा रहा था।

सुप्रियंबत पश्यामश्चिरश्रुतमरिंदमम्।
दर्शनेन कृतार्था हि वयमद्य महात्मनः॥

सत्यं च यत् पुरा वायुरिहास्यमान् वाक्यमब्रवीत्।
सर्वभूतमतिज्ञश्च देवर्षिरपि नारदः॥

विष्णुर्नारायणो देवः शंखचक्रगदासिभृत्।
स भौमं नरकं हत्वा भर्ता च भविता सवः॥

× × ×

श्रीकृष्ण को अपनी एकमात्र और लाडली अनुजा सुभद्रा के विवाह की अब बड़ी चिन्ता थी। सुभद्रा विवाह योग्य वय होने हुए भी अभी तक कैसी अबोध बालिका सा व्यवहार करती है! बहुत अल्हड़ है। केवल हंसती-खिलखिलाती हुई घूमती रहती है। कहाँ क्या कहना चाहिए, इसका ध्यान नहीं। कहाँ क्या घट रहा है इसका भान नहीं। अपने आप में मगन रहती है। चपलता, सरलता और निश्छलता की मूर्ति है बिल्कुल। माधव अपनी सिर चढ़ी अनुजा के विषय में सोचते हुए पुलकित हो रहे थे। रथ में बैठे हुए वे उपधान से टिके हुए थे और उनकी वह चपल अनुजा सुभद्रा, सारथी बनी रथ-संचालन में अपना कौशल दिखाती हुई वायुवेग से रथ दौड़ा रही थी।

श्रीकृष्ण के मन के वात्सल्य अथवा ममत्व का यदि कोई अधिकारी था, तो वह थी सुभद्रा। अपने पुत्रों पर भी उन्हें वह ममता न थी जो अपनी इकलौती बहन पर थी। उसके हेतु उपयुक्त वर चाहते थे। अग्रज बलराम सुभद्रा का वाग्दान अपने शिष्य दुर्योधन को कर चुके थे। किन्तु श्रीकृष्ण को स्वीकार्य न था यह सम्बंध। अग्रज का विरोध वे कभी नहीं करते थे। अतः चुप रह गये थे। किन्तु उनकी हार्दिक इच्छा थी यदि अर्जुन और सुभद्रा का विवाह हो सके। सुभद्रा की ही भाँति अर्जुन पर भी उनका हार्दिक ममत्व था। अर्जुन की विनय, सरलता, सौम्य-दर्शन, त्यागी-प्रवृत्ति, साधु-स्वभाव, जिज्ञासु मन, शौर्य और पराक्रम से वे सदा अभिभूत थे। अर्जुन जैसा सर्वांगीण गुण-संपन्न तो कोई युवक नहीं धरा पर। सभी श्रेष्ठ गुण अर्जुन में संग्रहित हैं। पर यह सुभद्रा तो बड़ी ही विचित्र है। कब से वे उनके समक्ष अर्जुन के अद्भुत शौर्य तथा साहस की प्रशंसा करते जा रहे हैं किन्तु यह बावरी तो एक कान से सुनती और दूसरे से निकाल देती है। उसे समय ही नहीं अपने विवाह अथवा भावी वर के विषय में चर्चा सुनने अथवा कुछ सोचने का। न उसे दुर्योधन में रुचि है न ही किसी और में ही। न जाने किस बात में इतनी व्यस्त रहती है। श्रीकृष्ण मंद-मंद मुस्कुरा रहे थे। उनकी दृष्टि एकटक लगी थी सारथी बनी सुभद्रा पर। वर्ष-दो वर्ष में विवाह हो जाएगा फिर इसका हिरणी के समान चौकड़ी भरना बन्द। कब बड़ी होगी यह हठीली? विवाह! दायित्व! जीवन-संघर्ष! क्या जीवन के कठोर मार्ग पर भी इसका नैसर्गिक जलप्रपात सा झर-झर करता हुआ स्वभाव

ऐसा ही बना रह सकेगा! हंसमुख चेहरा, सदा प्रसन्न-वदना। परन्तु! कितना भी हंसमुख व्यक्ति हो विषाद की झंझा से कुम्हला कर मलिन पड़ जाता है। भाग्य के कराघात से मन का खिला पुष्प न केवल मुर्झाता है बल्कि टूट कर बिखर ही जाता है। माधव की नेह-पूरित दृष्टि पर अनायास मेघ घुमड़ आये। रथ चला जा रहा था।

श्रीकृष्ण तथा सुभद्रा दोनों ही एक दूसरे के प्रति ऐसे समर्पित थे जैसे कम ही भाई-बहन मिलते हैं। दोनों का स्वभाव, रुचियों तथा शारीरिक लक्षणों तक में अद्‌भुत साम्य था। श्रीकृष्ण के समान ही सुभद्रा का भी गोल भरा हुआ मुख, सुन्दर विशाल राजीव-लोचन, उनके समान ही चिबुक और अधर-पल्लव थे। बस, रंग उसका बलराम की भांति बहुत गोरा था। सुभद्रा के मुख को देखकर तो दूर-सुदूर का अपरिचित व्यक्ति भी बता देता कि वह वासुदेव की भगिनी है। उसके सुशिल्पित गोल-गोल हाथ-पांव तथा घुंघराली अलकों की चर्चा बहुधा यदु-नवयुवकों में होती थी। सुभद्रा का स्वभाव भी सहोदर बलराम से कम और श्रीकृष्ण से अधिक मिलता था। सदा आनंदमग्न। सदा दोनों हास-परिहास से परिपूर्ण। सदा परिहास की सृष्टि करने वाले। सुभद्रा भी एक ऐसे उदारहृदय की स्वामिनी थी जिसमें रागद्वेष, ईर्ष्या का अंश लेशमात्र भी न था। अपने अग्रज की भाँति ही सुभद्रा भी न केवल नृत्य-संगीत में ही निपुण थी बल्कि उनसे विशेष प्रशिक्षण लेकर वह दक्ष सारथी भी सिद्ध हो चुकी थी।

प्रभास में अभी संध्या होने में समय था। हरी-हरी दूर्वा पर नारियल-वृक्षों के झुरमुट में से आती हुई सूर्य किरणों का सुनहला मेला सा लगा हुआ था। अर्जुन टहलते हुए मुग्ध दृष्टि से वह रश्मि-क्रीड़ा निहार रहे थे। वे आज प्रातःकाल ही कुशस्थली आए हैं। प्रभास में ठहरे हैं।

पाँचों पाण्डवों के अभूतपूर्व ढंग से द्रौपदी से विवाह होने से कुछ व्यावहारिक समस्याओं की चिंता सभी के मन में बनी हुई थी। देवर्षि नारद ने इन्द्रप्रस्थ पहुँच कर उनके अद्‌भुत दाम्पत्य-जीवन को संचालित करने हेतु एक सुविधाजनक किन्तु कठोर नियम बना दिया था। वह नियम यह था कि द्रुपदनंदिनी बारी-बारी से एक-एक वर्ष हेतु अपने प्रत्येक पति की सेवा में रहे। जब एक पति की सेवा में द्रौपदी हो, तब दूसरा पति वहाँ कदापि न पहुँचे अन्यथा वह बारह वर्ष के निर्वासन से दण्डित होगा। एक बार युधिष्ठिर एवं द्रौपदी जब एकांत-चर्चा में लीन थे तभी एक ब्राह्मण ने गुहार की थी कि दस्युगण उनका पशुधन हरे ले जा रहे हैं। संयोगवश अर्जुन के अस्त्र-शस्त्र उसी प्रकोष्ठ में थे जहाँ युधिष्ठिर तथा द्रौपदी बैठे हुए थे। या तो दाम्पत्य-नियम टूटता या राजधर्म का प्रजा की रक्षा का नियम। अर्जुन ने राजधर्म निभाया और प्रकोष्ठ में जाकर अस्त्र उठाए व ब्राह्मण का पशुधन लौटाया पर दाम्पत्य-नियम तोड़ने के अपराध में स्वयं निर्वासन स्वीकार कर लिया था। नियम उल्लंघन के कारण अर्जुन बारह वर्षों से निर्वासन भोग रहे थे और उस दण्डकाल में स्थान-स्थान पर यात्रा करते हुए अब प्रभास आए हुए थे। तीर्थ का तीर्थ और श्रीकृष्ण से भेंट!

तभी रथचक्रों की ध्वनि से अर्जुन का ध्यान भग हुआ। उन्होंने दृष्टि उठाई तो दूर से धूल उड़ती दिखाई दी। ध्यान से देखने पर रथ पर गरुड़ध्वजा फहराती हुई दिखाई दी वे समझ गये श्रीकृष्ण आ रहे हैं।

किन्तु न वासुदेव रथ चला रहे थे, न दारुक। तो किसका है यह विचित्र आकार? एक सुकुमार पुत्तलिका कमर कसे खड़ी होकर एक हाथ में वल्गाएं थामे, दूसरे से प्रतोद फटकार रही थी। यदुबाला कोई? अर्जुन को ज्ञात था कि श्रीकृष्ण यदुनारियों को भी रथ-संचालन व सैन्य-प्रशिक्षण दिलवाते हैं ताकि आवश्यकता होने पर शत्रु के आक्रमण से द्वारका की रक्षा स्त्रियाँ भी कर सकें। रथ वायुवेग से दौड़ता चला जा रहा था। ऐसा कुशल रथ-संचालन देख वे उत्सुक हो और भी ध्यान से सारथी को देखने का प्रयास करने लगे।

अश्वों के झबरे पुच्छ जिस आकार से उठ कर उछलते, उसी आकार में सारथी-बाला के शीश पर कस कर बंधे केश भी उछलते थे। कहीं सुभद्रा तो नहीं? हाँ, शायद वही। माधव कई बार अनुजा के रथ संचालन की प्रशंसा कर चुके हैं। रथ निकट आया। हाँ सुभद्रा ही तो है जिसे उन्होंने आज दिन में बलराम के घर दण्डीस्वामी के रूप में भोजन करते समय देखा था।

रथ थम गया। रथी तो गंभीरता से उतरे किन्तु सारथी स्फूर्ति से कूद पड़ा भूमि पर।

'धनंजय! यह मेरी अनुजा है सुभद्रा। इसके व्यवहार पर आश्चर्य न करना। क्योंकि समूचे यदुकुल के स्नेह की अति से यह वय की तुलना में कुछ अधिक चपल और नटखट है......... ।'

अर्जुन मुस्कुराए।

'यह भी कोई परिचय हुआ? प्रशंसा के स्थान पर आलोचना करते हुए, अतिथि से अनुजा का परिचय कराना तो मेरे अग्रज की ही विशेषता हो सकती है।'—सुभद्रा ने कटाक्ष किया।

'अरे! तू इतनी समझदारी की बातें कब से करने लगी? धनंजय को देखकर ही क्या?'—श्रीकृष्ण ने स्नेह से सुभद्रा के शीश पर हलका सा चपत लगाते हुए पूछा।

'मैं तो सदा से ही ऐसी समझदारी की बातें करती आई हूँ......... किन्तु क्या करूं, प्रारब्ध में प्रशंसा है ही नहीं।'—सुभद्रा ने अभिनय करते हुए अपना कपाल ठोका।

तीनों हंस पड़े।

श्रीकृष्ण आवास-गृह की ओर बढ़ने लगे।

'आओ सखा! देखें भीतर अन्य सब क्या कर रहे हैं।'

'किन्तु माधव! मैं तो आज सूर्यास्त का दृश्य देखने को उत्सुक हूँ। सुनते हैं महोदधि की नील राशि में भगवान भुवनभास्कर का अवतरण बड़ा ही मनोरम होता है......... ।'—अर्जुन ने कहा।

'अहो! मैं तो भूल ही गया था कि तुम प्रथम बार सिंधुतट पर आए हो। जो तुमने सुन रखा है मित्र, वह सत्य है। वह मनोरम दृश्य शब्दातीत है। मैं जब यहाँ प्रथम बार आया था तो सृष्टि की उस अनुपम लीला को मुग्ध होकर निहारता रह जाता था। ऐसे सुन्दर दृश्य का अवलोकन अवश्य करो। किन्तु सिंधुतट तो यहाँ से दूर है और सूर्यास्त होने में अब अधिक विलंब नहीं। ऐसा करो कि रथ द्वारा ही शीघ्र पहुँचो वहाँ, अन्यथा तुम्हारे पहुँचने से पहले ही सूर्यास्त हो जाएगा।'

'हाँ यही उचित रहेगा। अब तो·········'—अर्जुन तुरन्त आगे बढ़कर वल्गाएं हाथ में लेने लगे।

'किन्तु तुम तो सिंधुतट के मार्ग से अनभिज्ञ हो सखे। कैसे पहुँच सकोगे? मेरी इस चंचल अनुजा को रथ संचालन करने दो। यह तुम्हें गंतव्य पर सकुशल ले जा सकेगी। क्यों सुभद्रे? मेरा कहना उचित है न?'

रथ-संचालन सुभद्रा की सर्वाधिक प्रिय क्रीड़ा थी। वह तुरंत तत्पर हो गयी और विद्युत् गति से रथ पर जा खड़ी हुई वल्गाएं और प्रतोद थामकर।

अर्जुन कुछ संकुचित हुए। उन जैसे धुरंधर वीर के रथ की सारथी एक स्त्री!

'शीघ्रता करें आर्य अर्जुन! सूर्यदेव आपके लिये ठहरे नहीं रहेंगे आकाश में·········' सुभद्रा हंसती हुई बोली।

अर्जुन ने एक पल मुग्ध दृष्टि से सुभद्रा को देखा और संकुचित से बैठ गये रथ में। सुभद्रा ने वल्गाएं खीचीं।

'और सुन! छोड़ मत आना मेरे प्रिय सखा को सिंधुतट पर ही, लौटा लाना इन्हें सकुशल'—माधव ने परिहास किया।

'अवश्य! अवश्य ले आऊँगी लौटा कर। नहीं तो घिरते अंधकार में सिंधु का भैरव रूप देखकर वीर अर्जुन भयभीत हो उठेंगे न!'—सुभद्रा ने कटाक्ष किया।

'वाचाल है बहुत। मित्र! बुरा न मानना इसकी बातों का। यह तो सदा कुछ न कुछ बोलती ही रहती है बिना अर्थ-अनर्थ समझे।'

तीनों की परिहास-फुहारों के बीच रथ गड़गड़ाता हुआ चल पड़ा। अश्वों के पुच्छ तालबद्ध हो ऊपर उछलने लगे और किशोर सारथी के स्वर्णमय केश भी वैसे ही तालबद्ध हो उछलने लगे। अस्ताचलगामी सूर्य की स्वर्ण रश्मियों के मध्य सुभद्रा सूर्यबाला सी लग रही थी।

'अरे ऽ ऽ ऽ! यह क्या करने लगा मूर्ख अश्व? जानता नहीं परम वीर अर्जुन की सवारी है·········और तू त्रिताला बजा रहा है।'

एक पल तो अर्जुन समझे नहीं और समझते ही अट्टहास फूट पड़ा उनका। एक अश्व ने अचानक ही तीन पाँवों के बल पर ठुमुक-ठुमुक कर चलना प्रारंभ कर दिया था। बेचारे दूसरे को भी विवशता में अपनी चाल बदल देनी पड़ी और दोनों इस प्रकार त्रिताला बजाते बढ़ने लगे थे।

'यह सुग्रीव है न, आर्य, बड़ा धूर्त है। अग्रज इसे ठीक रखते हैं और मुझे देखते ही तो चाल बिगड़ जाती है इसकी। जब तात बैठे थे रथ में, तब तो ऐसा सीधा-सरल, निरीह और आज्ञाकारी बना सरपट दौड़ रहा था। वल्गा तब भी मेरे ही हाथों में थी। और जहाँ तात उतरे रथ से, बस, इसके नाटक प्रारंभ! देखें, कैसा तीन पाँवों का त्रिताला बज रहा है इसका?'

सुग्रीव ने कनखियों से अपने सुकुमार सारथी को देखा और उच्च स्वर में हिनहिना कर उसने सुभद्रा को और भी चिढ़ा दिया।

अर्जुन हंसी से लोटपोट हुए जा रहे थे रथ में। वर्षों बाद ऐसा हास्य प्रस्फुटित हुआ था। सुभद्रा विस्मित थी उनकी हंसी के प्रबल वेग से। बार-बार पीछे मुड़कर उन्हें आश्चर्य से निहारती।

'हास्य का यह कैसा अनिरुद्ध आवेग, आर्य? परन्तु क्यों?'

'कुछ नहीं! मुझे आनंद आ रहा है सारथी और अश्व के परस्पर खिलवाड़ पर।'

जैसा अनोखा तो सारथी, उसका वैसा ही अनोखा यह त्रितालवादक अश्व! अर्जुन ने सोचा।

'उड़ा चल, उड़ा चल, गरुड़ बन बलाहक।'—सुभद्रा ने प्रतोद फटकारते हुए ललकारा दूसरे अश्व को। बलाहक जितने वेग से नहीं उड़ा, उतने वेग से तो सारथी की चूनर फरफरा उठी, उसके स्वर्ण कुंतल फरफरा उठे।

'आर्य! धृष्टता क्षमा करें। आप सम्राट जरासंध के सम्बंधी तो नहीं न?'—उसने निश्छल कौतूहल से पूछा।

अर्जुन की तनिक थमी हंसी पुनः वेग पकड़ गई। अहो! कैसी भोली निर्लिप्तता जग से! वे मुग्ध थे यदुबाला के भोलेपन पर।

'अरे। आप तो बिना उत्तर दिये केवल हंसे जा रहे हैं। वैसे आप प्रतीत तो नहीं होते जरासंध के पुत्र क्योंकि फिर यदुकुल से मित्रता कैसे संभव होती आपकी? किन्तु यदि सावधानी हेतु पूछ ही लिया मैंने तो क्या अनुचित कर डाला कुछ?'

अर्जुन की हंसी तो रुकने का नाम ही नहीं ले रही थी। सुभद्रा ने स्वयं ही अपनी बात सुधार ली तब तक।

'मैं जानती हूँ कि आप तो हमारी पितृष्वसा यदुनंदिनी देवी कुंती के पुत्र हैं।' और वह खिलखिला कर हंस पड़ी।

अर्जुन सुनें या नहीं, उसकी बात का उत्तर दें अथवा नहीं, इसकी उसे कोई चिन्ता न थी। वह तो निर्लिप्त भाव से बस बोलती जा रही थी कुछ न कुछ। चहकती जा रही थी गौरैया सी।

'वास्तव में आर्य! जरासंध मुझे तनिक नहीं सुहाता। आपको तो ज्ञात न होगा आर्य, उसने हम पर बड़े-बड़े आक्रमण किये हैं। पहले यादव यहाँ सौराष्ट्र में नहीं रहते थे। ज्ञात है कहाँ रहते थे? मथुरा में थे हम पहले। इन्द्रप्रस्थ के निकट। इन्द्रप्रस्थ, जानते हैं कहाँ है। हाँ तो जरासंध के सतत आक्रमणों से आक्रान्त होकर हमने शौरसेन जनपद छोड़ दिया'—सुभद्रा अर्जुन को ऐसे समझा रही थी जैसे अर्जुन कोई अबोध बालक हों।

हास्य वेग से अस्थिर अर्जुन ने उसकी दृष्टि बचाकर अपने कपाल पर हाथ मार लिया हंसते-हंसते। किन्तु सुभद्रा की बातों का अंत कहाँ था।

'जरासंध के बाद दूसरा व्यक्ति जो मुझे कभी नहीं सुहाया, वह है धृतराष्ट्र-सुत दुर्योधन। जरासंध, दुर्योधन........और तीसरा जानते हैं कौन है?........यह दुष्ट—सुग्रीव! इन तीनों ने मेरे मन में बड़ी अशांति मचा रखी है।'

अर्जुन का अट्टहास दुगने वेग से छूट पड़ा। वे दोनों हाथों में अपना सिर थामे प्रबल वेग से हंसे जा रहे थे।

'तात बलराम गोदान करना चाहते हैं ज्ञात है आपको?'

हंसी में भी इस अचानक विषयान्तर पर तुरन्त अर्जुन का ध्यान गया।

'जानते हैं गौ कौन है? मैं! गोदान करने में गौ की इच्छा कौन पूछता है? उसे तो जिसको दान किया जाए उसके पीछे-पीछे पूंछ लटकाए जाना ही पड़ता है। तो हमारे आदरणीय अग्रज उसी दुर्योधन को मेरा दान करना चाहते हैं। आप तो जानते हैं दुर्योधन को। कैसा व्यक्ति है वह? मैंने देखा नहीं। किन्तु मन कहता है.........वह किंचित् भी ठीक नहीं। बल्कि, मुझे लगता है कि दुर्योधन से तो अपना यह सुग्रीव ही ठीक है.......'

अर्जुन हास्यवेग से चित हो गए उपधान पर।

'अहो? यह कैसा विचित्र हास्यवेग आपका आर्य? कहते हैं कि कुंभकर्ण छह माह सोता ही रहता था और आप हैं कि छह माह तक केवल हंसते ही रहेंगे। छह माह बाद.........हास्य-सत्र पूर्ण होने पर ही उत्तरायण होगा क्या? एक तो दुर्योधन आदि ने आपको बहुत कष्ट दिये और आप मेरे यह कहने पर हंसे जा रहे हैं! सच कहें महाभाग.........आपको कहीं निद्रारोग की भाँति हास्य-रोग तो नहीं?'

अर्जुन की हंसी अबाध्य जलधार सी वेगवान थी। आज तो हंसी रुकेगी ही नहीं। आज तो हास्य वेग थमेगा नहीं।

और तभी झटके से रथ रुक गया। सामने महार्णव की नीलिमा लहरा रही थी। ये सिंधु-तरंगें थीं या सैंधव-तरंगों की सेना! सुदूर क्षितिज पर अरुणबिम्ब का हौले-हौले सिंधु-आश्लेष में अवतरण हो रहा था। महागर्जन होते हुए भी महाशांति थी वहां। अर्जुन अवाक् थे। मंत्रमुग्ध थे। सौन्दर्य-उपासे उनके दृग-युगल अपलक पी रहे थे उस भुवनमोहन दृश्य को।

कुछ आगे एक शिला पर सुभद्रा गंभीर होकर खड़ी थी। फरफराते दुकूल और कुंतलों के मध्य अब वह मत्स्यकन्या सी लग रही थी। वह दिव्य आकाशीय-अरुणिमा हौले-हौले सैंधव-नीलिमा में तिरोहित होती गई। सिंधुगान अनवरत चल रहा था।

एकाएक हंसी की ध्वनि से अर्जुन का ध्यान भंग हुआ। संध्या का झुटपुटा फैल चुका था चारों ओर। और.........सुभद्रा कहाँ? आसपास कहीं न थी वह।

न जाने कब वह शिला से उतर कर सिंधु-तरंगों के सुशीतल आश्लेष में पहुँच गई थी। विराट लहरें हरहरा कर आतीं तो सुभद्रा दोनों बाहु फैलाती उन्हें समेट लेने को। वे हा हा हा हा करतीं और उसे भिगो कर तुरंत भाग चलतीं लौट कर तो सुभद्रा ताली बजा कर उन्हें पुनः बुलाती।

अर्जुन अचंभित थे यदुनंदिनी की बाल-सुलभ क्रीड़ाएं देख। कितनी सरलता, अकृत्रिमता, निश्छलता और भोलापन है माधव की लाडिली अनुजा और यदुकुल की परम नेह-भागिनी में। सदा स्फूर्तिमयी है यह.........सदा सद्यः भोरबाला सी। कभी अश्वों से छेड़छाड़ चलती उसकी, तो कभी सिंधु-तरंगों से अठखेलियाँ! प्रकृति से कैसा उन्मुक्त खिलवाड़ करती है यह अनोखी रथ-चालिका!

तभी बाहुओं को फैलाए, उनमें आकाश, पवन, पृथ्वी और सिंधु को पकड़ लेने का प्रयास करती, केशों को लहराती, अधगीली सुभद्रा शिलाओं पर से उछलती, दौड़ती,

हंसती और हांफती आ खड़ी हुई।

कैसा निश्छल सौन्दर्य उसका! और कैसी नितान्त अनभिज्ञ वह अपने सौन्दर्य से! अर्जुन अपलक देखते रह गये।

'चलें आर्य! अंधकार होते ही यह रत्नाकर सिंधु विकट रौद्र रूप धारण कर लेता है। आप भयभीत हो जाएंगे इसकी भयावहता से। चलें अब शीघ्र'—वह चपलता से मुस्कुरा कर बोली।

अर्जुन मुस्कुरा कर रह गये उसके परिहास पर। वह आगे-आगे चल दी शिलाओं पर उछलती, सिंधु सी लहराती, पवन सी बल खाती, केश फरफराती, वस्त्र सरसराती बावरी सी। अनायास एक शिला से दूसरी पर पांव रखते में चूक हो गई·········सुभद्रा डगमगाई और तुरन्त अर्जुन ने आगे बढ़कर थाम लिया बाहुओं में।

क्षण भर में अर्जुन के लिये सब बदल गया। शीतल सुकुमार स्नात-गात! केशों से झरते सिंधु-जल-कण। और सुहानी एकांत सांझ। उनकी बाहुओं में जाने क्या समा गया है। शीतल सिंधु अथवा बावरी सिंधु-समीर!

सुभद्रा संकुचित थी। अर्जुन उद्वेलित थे।

रथ में बैठ जाने के बाद भी अर्जुन स्थिर न थे। हृदय उद्वेलन से चंचल था। किन्तु सुभद्रा प्रतोद और वल्गाएं सम्हालते ही भूल गई घटना को और प्रारंभ हो गया उसका पुनः मनोहारी प्रलाप।

'उड़े चलो वत्स—गरुड़ की चाल! गरुड़ बने उड़े चले·········गरुड़ बने! और जो तुमने चली सुग्रीव की त्रिताला चाल·········तो फिर देखना मेरा यह प्रतोद!'—सटाक्-सटाक् उसने रथचक्र पर प्रतोद फटकारा।

सुग्रीव तथा बलाहक उछल कर सरपट भाग चले।

'अच्छा आर्य! मेरे रथ-संचालन की त्रुटि बताएं कोई।'·········

सौराष्ट्र आने से कुछ वर्ष पूर्व मणिपुर की राजकुमारी चित्रांगदा के धनुर्कौशल पर भी अर्जुन मोहित हुए थे, जिसकी परिणिति विवाह में हो चुकी थी। उसी प्रकार आज सुभद्रा का रथ-संचालन उनका मन हरण किए ले रहा था।

'त्रुटि ?·········नहीं नहीं! श्रेष्ठ सारथी हैं यदुनंदिनी!'

'सत्य कह रहे हैं आर्य?'—उसने पीछे मुड़ कर मुस्कुरा कर पूछा। नेत्र मुस्कुराए, कपोल मुस्कुराए, अधर मुस्कुराए और चिबुक मुस्कुराया।

'सत्य! आज मैंने स्वयं देखा है कृष्णानुजा का सारथित्व। अब तक तो माधव से प्रशंसा ही सुनी थी। तुम्हारा सारथित्व अपूर्व है सुभद्रे।'

'सुभद्रे!' अर्जुन के कहीं अंतर में से, आत्मीयता से भीगा हुआ निकला था वह संबोधन। प्रथम बार उसने अपना नाम सुना उनके मुख से तो अकारण ही जाने कहाँ से कपोलों पर लालिमा बरस पड़ी।

'हूँ! मेरी प्रशंसा तो तात माधव को इसलिए करना ही पड़ता है क्योंकि उनके सिर पर चढ़ी नाचती जो रहती हूँ दिनरात। मुझसे आक्रांत होकर विवशता में मेरी प्रशंसा न

करें तो द्वारका में उन्हें कोई रहने देगा क्या?'

अर्जुन कौतुक से मुस्कुराए।

'किन्तु एक बार निश्चित रूप से सत्य है कि अग्रज न जाने क्यों आपकी प्रशंसा करते कभी नहीं अघाते। जब देखो तब मित्र का गुणगान। और मुझे देखते ही तो जैसे उन्हें ज्वर चढ़ आता है सखाप्रेम का। जैसे मुझे चिढ़ाने को विशेष रूप से आपकी प्रशंसा कर रहे हों। जिस प्रकार यह धूर्त सुग्रीव मुझे देखते ही त्रिताला बजाने लगता है न, वैसे ही इसके स्वामी मुझे देखते ही अर्जुन-राग का आलाप प्रारंभ कर देते हैं।'

अर्जुन का अट्टहास रथचक्रों की गड़गड़ाहट से ऊपर उठकर फैल गया कान्तारों में।

'मैं तो उनकी बड़ी सिरचढ़ी हूँ। जब वे बेचारे तंग आ जाते हैं मुझसे, तब असहाय होकर भय से मेरी प्रशंसा कर देते हैं। किन्तु आपकी इतनी प्रशंसा भला क्यों करते हैं। आप भी उनके सिर पर चढ़े नाचते रहते हैं क्या ?'

'मैं उनके चरणों में लोटता रहता हूँ इसलिये।'

हा हा हा हा ·········

पवन-लय में दोनों का उन्मुक्त हास्य घुलमिल गया।

'उचित ही कहा आपने। चरणों में लोटने वाले शिष्य की मित्रता सदा बनाये रखने को अवश्य अग्रज को उनकी प्रशंसा करनी पड़ती होगी। प्रशंसा न करें तो आप उनके चरणों में लोटना छोड़ देंगे। फिर कौन मिलेगा ऐसा विनम्र उन्हें?'.

तब तक सुग्रीव और बलाहक को दूर से अपने स्वामी का पीताम्बर लहराता हुआ दिखा तो वे हिनहिनां कर उनका अभिनंदन कर उठे। अर्जुन को लगा कि लौटते में मार्ग कितना छोटा हो गया। हंसते हुए वे उतरे। सुभद्रा उतरते ही खिलखिलाती हुई अग्रज के आश्लेष में समा गई।

'बड़े हास्य-मुदित हो तुम दोनों। मुझे भी कुछ बताओ········तो मैं भी हंसूं।'—माधव ने नेह-पूरित दृष्टि डाली दोनों पर।

'अरे तात! आर्य अर्जुन ने बात ही इतनी हास्यपूर्ण कही थी कि हंसी रुक ही न पाई हम लोगों की। ये आपके मित्र, आर्य सव्यसाची कितने मितभाषी हैं। एक ही बात बोले बस! किन्तु जो बोले तो आनंद आ गया। मैंने कहा कि मेरी प्रशंसा तात को इसलिए करनी पड़ती रहती है क्योंकि मैं उनके सिर पर चढ़ कर नाचती रहती हूँ दिनरात, तो ये बोले कि इतनी प्रशंसा आप इसलिए करते हैं क्योंकि ये दिनरात आपके चरणों में जो लोटते रहते हैं।'

हा········हा········हा········हा········तीनों का समवेत उन्मुक्त हास्य प्रभास की शांत संध्या में उल्लास बिखेर गया।

× × ×

दो दिन बाद शरद्-पूर्णिमा को रैवत पर्वत पर यदुवंशी मुक्त आकाश में शरदोत्सव मना रहे थे। छालिक्कगेय नृत्यनाट्य देखने में सब लोग रसमग्न थे। दर्शकों से कुछ हट कर बैठी थीं सुजाता और सुभद्रा। सुजाता पुरुषवेश में थी सुभद्रा स्त्री-वेश में। उन्हें भी कुछ समय बाद रंगमंच पर अभिनय हेतु प्रस्तुत होना था, अतः वे अपनी बारी की प्रतीक्षा

में बैठी नृत्यनाट्य का आनंद ले रही थीं।

अचानक सुजाता ने निकट बैठी अन्यमनस्क सी सुभद्रा का हाथ पकड़कर कस कर दबा दिया। सुभद्रा की तन्मयता भंग हुई। चौंक कर उसने सखी की ओर देखा।

'क्या है री?'

'एक बात बता.........'

'क्या बात?'

'यदुश्रेष्ठ माधव के निकट जो अपरिचित महाभाग बैठे हैं, वे कौन हैं? अरे, जिन की पीठ पर महाभाग वासुदेव अपनी बांह बड़े स्नेह से रखे हुए हैं। बड़े ही धीर-गंभीर और सुन्दर पुरुष लग रहे हैं। मैं क्या करूं.........नाटक देखने में मेरा मन ही नहीं लग रहा। बार-बार ध्यान उन्हीं की ओर आकर्षित हो रहा है। उनके विषय में जानने की बड़ी उत्कंठा हो रही है सुभद्रे, कौन हैं वे?'

सुभद्रा ने भेदभरी दृष्टि से सखी को देखा। मुस्कुरा कर बड़े गर्व से बोली—'वे महापराक्रमी पांडुनंदन आर्य अर्जुन हैं, जिनकी शौर्य-गाथाओं से समूचा आर्यावर्त आप्लावित हो रहा है। वे अग्रज के परम मित्र हैं।'

'सखि! उस पुरुष में कुछ अद्भुत है अवश्य, तभी तो मेरा हृदय चौकड़ी भरते मृग की भाँति उधर ही भाग रहा है निरन्तर। लगते ही हैं वे महावीर। उनके विषय में कुछ और भी बता न। कैसा सौम्य भाव है उनके मुखमंडल पर। कुछ और बता न उनके दिषय में।'

सखि के ऐसे हार्दिक आग्रह से सुभद्रा के मुख पर सन्देह उपजा। शंकालु दृष्टि से उसे देखा ध्यान से।

'और क्या बताऊँ सुजाता। पांचाल नरेश की परम विदुषी एवं तेजस्विनी पुत्री द्रौपदी के स्वयंवर में ये ही तो विजयी हुए थे। जलकुंड में प्रतिबिंब देखकर मत्स्य की आँख वेध की थी इन्होंने। इतनी कठोर परीक्षा में बड़े-बड़े राजा बैठे के बैठे रह गये और इन्होंने वह कार्य निमिष मात्र में कर दिया था।'

'अहो! और भी बता सखी। उनकी ओर देखते तो नयन अघाते नहीं।'

सुभद्रा के मुख का सन्देह भाव अब ईर्ष्या में परिणित हो चला।

'और क्या जानना चाहती है? आर्यावर्त के प्रमुख योद्धा हैं वे।'

'अहो सखि! उस वीर पुरुष से परिचित होने का सौभाग्य मुझे न मिल सकेगा क्या? तू भी उनसे मिली नहीं, आर्य माधव के वे अंतरंग मित्र हैं तो भी?'

सुभद्रा की ईर्ष्या में गर्व का भाव मिश्रित हो गया अनायास।

'मैं तो अभी ही मिली हूँ सखि! अभी दो दिन पूर्व ही तो सन्ध्या बेला पर लगभग तीन घड़ी उन महानुभाव के साथ रही'—दर्प और हर्ष से कहते हुए सुभद्रा ने अब पुनः सखी के मनोभावों को परखने का प्रयास किया।

'सच! कैसे?'

'अग्रज ने आर्य अर्जुन को सूर्यास्त-दर्शन कराने का दायित्व मुझे जो सौंपा था। मैं ही रथ-संचालन करके उन्हें ले गई थी।'

'अहो! तू बड़ी सौभाग्यशालिनी है। फिर क्या हुआ? बस!'—सुजाता ने दीर्घ निःश्वास लेकर पूछा।

'और क्या! बस मैं स्वभाववश बोलती रही। वे मेरे जैसे बकवादी थोड़े ही हैं। बड़े गंभीर हैं और अत्यंत मितभाषी........'—सुभद्रा को वार्ता में गहरी रुचि आने लगी थी।

'तो तू प्रलाप करती रही और वे मौनी बाबा बने रहे?'

'अहो नहीं सखि! वे क्या करते रहे जानती है? वे करते रहे 'हा हा हा हा'—सुभद्रा बोली—'वे हंसते ही रहे। हंसते ही रहते। रथ में लोटपोट होते रहे—'हा हा हा हा करते हुए।'

सुजाता हंस पड़ी सुभद्रा के अभिनय पर।

'मैंने पूछा कि आर्य आपको कहीं हास्यरोग तो नहीं हो गया?'—सुभद्रा के प्रश्न को सुनकर सुजाता पुनः खिलखिला कर हंसी।

'और क्या हुआ?'

'बस! और क्या होता! अब गये लौट कर........।'

'नहीं! मेरा मन नहीं भर रहा। कुछ और भी बता न उस सुन्दर पुरुष के विषय में। उत्कण्ठा से मेरे तो प्राण निकले जा रहे हैं।........'

सुभद्रा की भवों में बल पड़ गये। हृदय में ईर्ष्या और प्रखर हुई। अधरोष्ठ किंचित् दबा कर उसने कनखियों से देखा सखी की ओर और तुरंत नेत्र चमक उठे।

'बताऊं?........सुनेगी?'—चपलता से कटाक्षपूर्वक उसने पूछा।

'हाँ सुना न!'—सुजाता आतुर हो उठी।

'सिंधु तरंगों ने मुझे अधगीला कर डाला था! जब लौट कर एक शिला से दूसरी शिला पर उछल-उछल कर पाँव रखती आ रही थी तो अनायास मेरा पांव चूक गया और मैं वेग से गिरी जाकर........'

'अहो ऽऽ'—सुजाता ने चिन्ता से कहा।

'हाँ! मैं वेग से गिरी जा कर, आर्य अर्जुन की आजानु बाहुओं में'—सुभद्रा की आँखों में अभूतपूर्व विजयभाव था।

'सुभद्राऽऽ!!'

'सच सखि!क्या बताऊँ........आनंद का एक क्षण वह........?'

सुजाता ने लपक कर सुभद्रा के दोनों हाथ कस कर पकड़ कर झकझोर डाले।

'धूर्त! तभी पूरे समय उचक-उचक कर तब से उन्हें निहार रही थी! न स्वयं नाटक देख रही थी, न मुझे देखने दे रही थी। देखा कैसा भेद उगलवा लिया तुझसे! मैं तो बड़े सोच में पड़ गयी थी कि आज इनका नाटक देखने में मन क्यों नहीं लग रहा! तो यह रहस्य है!........'

अब सुभद्रा के चौंकने की बारी थी।

'तो तू तबसे मुझे मूर्ख बनाये जा रही थी आर्य अर्जुन के प्रति अपनी आतुरता दिखा-दिखा कर?'—सुभद्रा भौंचक थी।

'और नहीं तो क्या यदुनंदिनी! मेरा प्रेमी सुनिपुण क्या तेरे अर्जुन से कम है। वह न हो, तो द्वारावती में एक भी शिल्प न बन पाए! मैं भला क्या झांकने-ताकने लगती आर्य अर्जुन को!'

'तो तू मुझे अब तक वास्तव में मूर्ख ही बना रही थी?'—सुभद्रा विश्वास नहीं कर पा रही थी।

'हाँऽऽ! और क्या! मुझे तो आनंद आ रहा था तेरे चढ़ते-उतरते रंगों को देखने में!'—सुजाता ने सुभद्रा की चिबुक पकड़ कर वेग से हिला दी।

'शठ कहीं की! धूर्त! मिथ्यावादिनी.........'—कहते हुए अरर.........रर.........सुभद्रा लुढ़क पड़ी सखी के ऊपर।

'सत्य सुजाता। उस समय तो कुछ नहीं अनुभव हुआ। किन्तु बाद में लगा जैसे कुछ हो गया, कुछ विचित्र सा।'—सुभद्रा पहली बार झेंपती हुई बोली।

सुजाता प्रेम से किलक रही थी। सुभद्रा लजा रही थी। तभी यवनिकापात हुआ और अब अपनी बारी पर सुभद्रा तथा सुजाता रासनृत्य हेतु उठ कर चल दीं।

मृदंग, मंजीर, वेणु की ताल पर गोपीवेश में यदुबालाएं रंग मंच पर आईं। सुभद्रा केन्द्र में थी। सुभद्रा सर्वाधिक सौन्दर्यमती। सुभद्रा सर्वाधिक गौरवर्ण। सुभद्रा सर्वाधिक गहन-रक्त घाघरा पहने। सुभद्रा सर्वाधिक कुशल नृत्यांगना।

छोटे-छोटे रंगबिरंगे काष्ठ-दण्ड हाथों में लिए वे वृत्ताकार हो नृत्य कर रही थीं। एक साथ उनके गोरे चरण थिरकते। एक साथ गोरे तन ठुमुकते। एक साथ गोरी बाहुएं उठतीं और एक साथ काष्ठदण्ड एक दूसरे से टकराते तो एक सी ध्वनि निकलती। घाघरे, लहराते, वेणियाँ बल खातीं और चूनरें लहरा जातीं। सब कुछ कितना तालबद्ध, लयबद्ध था। एक साथ घूमते चक्र में अनायास वे बैठ जातीं पुष्पवत्, रंगबिरंगे घाघरे फैलाकर।

'अपूर्व!'—अर्जुन के मुख से निकला!

सुभद्रा की देह में अनुपम कमनीयता थी। उसका नृत्यकौशल अद्वितीय था यह अर्जुन की कला-पारखी दृष्टि ने तुरन्त पकड़ लिया। नटवर नागर का ही प्रभाव होगा यह — अर्जुन ने सोचा। अर्जुन मंत्रमुग्ध हो नृत्य देख रहे थे। भारी हर्षध्वनि एवं करतल ध्वनि के साथ पटाक्षेप हुआ।

उनके बाद छल्लिकेय अभिनय प्रारंभ हुआ। स्त्रियों द्वारा अभिनीत इस नृत्यनाटिका में सुजाता पुरुष वेश में प्रेमी बनी थी और सुभद्रा उसकी प्रेमिका बनी थी।

लाज संकोच से सकुचाते किन्तु प्रीति ज्वर से उमगते चरणों से प्रेमी के निकट जाने के अभिनय में प्रेम की स्वाभाविक पराकाष्ठा थी। थिरकते हुए मंथर लाजभरी गति से सुभद्रा प्रेमी के निकट पहुँची। प्रेमी बनी सुजाता ने धीमे से कान में फुसफुसाया—'पांडुनंदन की दृष्टि एकटक लगी है तुझ पर।'

सुनते ही लाज की मारी सुभद्रा तुरंत घाघरा के घेर को द्रुत गति से फैलाती, लहराती, बलखाती लाज से दुहरी होती, फिरकी सी थिरकती हुई दूर चली गई। लाज का

ऐसा सुन्दर स्वाभाविक अभिनय था कि धन्य-धन्य की पुकारें गूँज उठीं।

दुबारा पुनः हृदय पर हाथ रखे संकोच से ठुमकते चरणों से हौले-हौले वह हंसगामिनी तैरती सी आई प्रेमी के निकट।

प्रेमी ने दूसरे कान में धीमे स्वर में कहा—'मैं अर्जुन हूँ। तेरे लिए आतुर। उड़ा ले चलूँ·········तुझे?'

कोमल सा 'धत'—निकला सुभद्रा के मुख से और फिर छिटककर लाज से दुहरी होती, उसकी कमनीय देहलता लहराती हंसगामिनी सी तैरती हुई सी दूर हो गई।

पुनः धन्य-धन्य की वर्षा हुई उस स्वाभाविक लाज भरे प्रेम के अभिनय पर।

'अनुपम!'—भाव-विभोर अर्जुन के मुख से निकला। माधव की आँखें चमकीं। मुस्कुराकर वे अर्जुन के और निकट खिसक आये।

'सुभद्रा जितनी चंचल है उतनी ही गुणवती है। नृत्य-संगीत और अभिनय में इसे कोई पार नहीं पा सकता'—अपनी अनुजा की प्रशंसा करते समय माधव के नेत्र स्नेहपूरित थे।

'सत्य है माधव! जितनी भी प्रशंसा की जाए यदुनंदिनी की, कम ही है। अभिनय और सौन्दर्य का अनूठा समन्वय है आपकी भाग्यशालिनी अनुजा में। जैसी सद्यःस्फूर्त नृत्यगति, वैसा ही सद्यःस्फूर्त सौन्दर्य। सदा प्रसन्नवदना, आनंददायिनी यदुबाला ऐसी प्रतीत होती है जैसे प्रत्यूषकाल में ओसभीगा नित्यपुष्पा का कोमल प्रसून हो'—अर्जुन का कवि-हृदय झंकृत हो गया था सुभद्रा के सौन्दर्य से।

वासुदेव ने वंकिम दृष्टि और स्मित हास्य से सखा के मनोभाव पढ़े।

'तो सुभद्रा वास्तव में तुम्हें भा गई क्या धनंजय?'

चोरी पकड़ी गई। अर्जुन संकुचित हो उठे।

'यदुनंदिनी सुन्दर हैं ही, अतः मैंने भी उनके सौन्दर्य की प्रशंसा कर दी माधव'—झेंप मिटाने का प्रयास करते धनंजय बोले।

'बस! इतना ही? ऐसी रूपवान व गुणवान का सम्मान मात्र इतना कह देने से नहीं होता, मेरे भोले मित्र! मुझसे ही छिपाना चाहते हो अपने मनोभाव? अच्छा! छिपा सको तो छिपा लो।'—श्रीकृष्ण ने परिहास से विहंसते हुए सखा पर भेद भरी दृष्टि डाली।

अर्जुन के कर्ण-शिखर आरक्त हो गये। नेत्र झुक गये।

उनके चौड़े स्कंधों पर तभी श्रीकृष्ण का प्रबल स्नेहाघात हुआ।

'भयभीत किससे हो सखा? पांचाली से?'

अर्जुन ने हंसते हुए कहा—'द्रुपदसुता के रोष के लिए तो अब तक कई कारण जुड़ चुके हैं माधव! मणिपुर की राजकन्या चित्रांगदा और नागराजकन्या उलूपी ही पर्याप्त हैं पांचाली के मन को क्लेश पहुँचाने को। अब तो उसके सम्मुख जा सकना भी असंभव प्रायः है मेरा·········।'

'द्रौपदी बहुत निश्छल और सग्ल-हृदय है, धनंजय। उसे तो मैं ही सम्हाल लूंगा। किन्तु तुम स्पष्ट बताओ कि सुभद्रा मे तुम्हारा अनुराग है क्या, तो वैसा प्रबंध किया जाए।'

'किन्तु माधव! सुभद्रा का तो कौरव-कुल में जाना निश्चित हो चुका है?'

'अभी नहीं! अग्रज हलधर चाहते हैं कि सुभद्रा उनके प्रिय शिष्य दुर्योधन को सौंपी जाए किन्तु इस विषय पर कुटुम्ब में भारी मतभेद हैं। मैं भी नहीं चाहता कि सुभद्रा दुर्योधन की भार्या बने। सुभद्रा उससे कहीं अधिक श्रेष्ठ पात्र के योग्य है। तुम तो अपने मन की बात बताओ'—श्रीकृष्ण गंभीर थे।

'मैं.........जनार्दन! किन्तु इससे अब वैमनस्य ही उत्पन्न होगा। मैं नहीं चाहता मेरे कारण यदुकुल में मतभेद उग्र रूप धारण करे।'

'नहीं सखा! व्यावहारिक बनो तनिक। भली-भाँति यह समझ लो कि यदि सुभद्रा का विवाह दुर्योधन से होगा तो यादव और कौरव घनिष्ट सम्बन्ध-सूत्र में सदा-सदा के लिए आबद्ध हो जाएंगे और तब किसी भी रूप में यदुकुल से सहायता, सहयोग, सहानुभूति एवं प्रेम की आशा पांडवों को त्याग देनी पड़ेगी। इसके विपरीत, यदि पांडव-कुल में मेरी अनुजा जाती है तो यदुकुल और पांडुकुल के पुरातन सम्बंध और भी पुष्ट हो जाएंगे, और भी सुदृढ़ होंगे और दोनों कुलों के पुरातन सम्बंधों को नई संजीवनी मिल जाएगी। तब सदा-सदा के लिए पाण्डवों की पीठ पर यदुकुल का हाथ रहेगा।'

बात शत-प्रतिशत सही थी। इतनी दूर की बात सोच भी और कौन सकता था सिवा श्रीकृष्ण के।

'देखो धनंजय! पितृष्वसा यदुनंदिनी कुंती और स्वर्गीय महाराज पांडु के परस्पर विवाह के कारण यदुकुल एवं पांडुकुल एक दूसरे के निकट पहले से ही हैं। किन्तु अब यदि सुभद्रा कौरवों में पहुँच जाती है तो पितृष्वसा कुंती और महाराज पांडु के वैवाहिक सूत्र की पुरातन ग्रंथि निश्चित रूप से शिथिल पड़ जाएगी। नया वैवाहिक सूत्र अधिक दृढ़ होता है। यदुकुल तथा कुरुकुल घनिष्ट रूप से बंध जाएंगे। दूसरी ओर यदि सुभद्रा की पितृष्वसा की भाँति पांडुकुल में ही पहुँचती है, तो यदुकुल व पांडुकुल के मध्य के पुरातन सम्बन्ध और शक्तिशाली हो जाएंगे। अब सम्बन्ध केवल एक ही सूत्र का नहीं रहेगा, दूसरे सूत्र का भी हो जाएगा। इसमें केवल एक ही सम्बन्ध-ग्रंथि नहीं दो-दो सम्बन्ध-ग्रन्थि होंगी। पुरातन सम्बन्ध को नव-संजीवनी मिलेगी; नवजीवन मिलेगा। तुम बुद्धिमान हो अर्जुन! सोचो तनिक कि तुम पाण्डवों का घनिष्ट सम्बन्ध कितने कुलों से है? कौन तुम्हारे हितैषी है, मात्र महाराज पांचाल को छोड़कर? और दूसरी ओर दृष्टिपात करो तो! महाराज धृतराष्ट्र के सौ पुत्रों के वैवाहिक सम्बन्धों के कारण उनके सम्बंध अनेकों राजकुलों से हो चुके हैं। उनका पक्ष बलवान है। तुम्हारा निर्बल है। अर्जुन! मुझे स्पष्ट ज्ञात है कि दुर्योधन इन्द्रप्रस्थ के उत्कर्ष से प्रसन्न नहीं। तुम्हारे हाथ में अपनी स्थिति को सबल बनाने का स्वर्ण-अवसर है, धनंजय। हाथ से न जाने दो यह अवसर।'

'अहो! माधव किन्तु अब तो स्थिति हाथ से निकल ही चुकी है।'

'क्यों?'

'वीर हलधर के क्रोध को कौन नहीं जानता? दुर्योधन उनका कृपापात्र है ही। वे कितने भयंकर रूप से रुष्ट हो उठेंगे! पूरी शक्ति से वे मेरा विरोध करेंगे। और माधव! आपके कुटुम्ब में दुर्योधन के विषय में पक्ष-विपक्ष भले ही हों किन्तु बाहर तो यदुकुल से भावी जामाता के रूप में दुर्योधन का ही नाम चर्चित हो रहा है।'

'उनकी चिन्ता तुम न करो। यह तुम्हारा साधु-स्वभाव है जो तुम पांडुकुल के हितों से भी अधिक महत्व यदुकुल की प्रतिष्ठा व एकता को दे रहे हो। किन्तु समय और परिस्थितियों का सही मूल्यांकन व्यावहारिक कसौटी पर ही हो सकता है। फाल्गुन! यदु एवं पांडु, इन दोनों कुलों के हित में यही है कि सुभद्रा दुर्योधन की नहीं, किरीटी की पत्नी बने।'—श्रीकृष्ण ने बल देते हुए कहा।

अर्जुन मौन रह गये। उनका ध्यान गया रंगमंच पर। सुभद्रा व्याकुलता एवं करुणा के साथ विरह-दुःख का अभिनय कर रही थी। कहाँ वह कुशल रथ-संचालन करने वाली चंचला बाला और कहाँ यह विरहणी। सुभद्रा वियोग का ऐसा मार्मिक चित्रण कर रही थी कि समूचा वातावरण ही वेदनाकुल हो चला। दर्शक मुग्ध थे और अर्जुन अभिभूत।

'माधव! मैं कुछ भी समझ सकने में असमर्थ हूँ। निर्णय लेने में अक्षम हूँ। आपके लिए भी अब पूरे कुटुम्ब को समझाना-बुझाना संभव नहीं। विशेष रूप से आर्य हलधर को मनाना। अब बहुत विलम्ब हो चुका है। वीर बलभद्र के समक्ष इस संदर्भ में मेरे नाम का उल्लेख करना भी मेरे काल को निमंत्रण देना है, क्या ऐसा आप नहीं समझते? जो होना है, घटनाचक्र स्यात् उधर ही जा रहा है। भाग्य पर हमारा वश कहाँ। उत्तम हो कि अब इस विषय पर पटाक्षेप ही कर दिया जाए। अब यह संभव नहीं। अब कोई उपाय नहीं।'—अर्जुन निराशा से बोले।

'नहीं सखा! सब संभव है। एक उपाय है। एक ही मार्ग।'—श्रीकृष्ण गंभीर थे।

'कौन सा उपाय? कौन सा मार्ग?'

'यही……जो सामने रंगमंच पर अभिनीत हो रहा है।'

अर्जुन ने रंगमंच की ओर देखा। वे कुछ समझ न सके। पुनः उन्होंने वासुदेव की ओर देखा। फिर रंगमंच की ओर देखा और उनके नेत्र विस्फारित रह गये! अविश्वसनीय! वे एक बार वासुदेव को देखते, एक बार रंगमंच को।

'हरण?'— अर्जुन ने भारी विस्मय से पूछा।

'हाँ मित्र!'

'हरण? नहीं वासुदेव।'

'हाँ धनंजय! यही तो रंगमंच पर घटित हो रहा है।'

रंगमंच पर प्रेमी वीर भयंकर व्यवधानों और विरोधों के मध्य प्रेमिका का हरण करके ले जा रहा था। दर्शकगण धन्य-धन्य की पुकारों से आकाश-पाताल एक किये दे रहे थे। सबके मन में वासुदेव द्वारा रुक्मिणी के सफल हरण की स्मृति सद्य थी। गर्व, हर्ष, उल्लास और विजय से यदुवंशियों के मुखमंडल प्रदीप्त थे। इसी प्रकार तो जनार्दन ले आये थे विदर्भ-राजपुत्री को जरासंध, शिशुपाल, वक्रदंत, रुक्मी व पौन्ड्रक आदि के मध्य स। यादवगण झूम रहे थे। करतलों से उल्लास बिखर रहा था।

'यही एकमात्र मार्ग है, फाल्गुन। शुभस्य शीघ्रम'

'किन्तु........हरण? माधव! हरण........आपकी अनुजा का और मैं करूं? आप मुझे यह परामर्श दे रहे हैं?'

'बहुत सोच-समझकर!'—माधव मुस्कुराए।

अर्जुन भयंकर अंतर्द्वन्द में पड़े थे—'किन्तु माधव। सुभद्रा की इच्छा........?'

'वह मुझ पर छोड़ो।'

किन्तु........हरण? माधव! हरण होगा कैसे?'

'वह रुक्मिणी पर छोड़ो।'

'देवी रुक्मिणी पर?'—अर्जुन विस्मित थे। माधव को समझ पाना क्या सरल है?

'क्यों सखा, भूल गये क्या कि रुक्मिणी तो स्वयं हरण की भी सफल संयोजिका रही है। वह अनुभवी है। दक्ष है। वही सुभद्रा-हरण की सूत्रधार होगी। किन्तु धनंजय! इससे पूर्व तुम अपने 'किन्तुओं और परंतुओं' को तिलांजलि दे डालो, फिर सब सरल हो जाएगा।'—माधव ने स्नेह से अर्जुन का हाथ पकड़ कर दबाया। अर्जुन के नेत्रों में सपने उतर आए।

× × ×

दूर से सुभद्रा की खिलखिलाहट सुनकर वर्षा से अपनी चूनर बचाती चलती रुक्मिणी सोचती जा रही थी कि कितनी अल्हड़ है! इसकी हंसी में भी कितना अल्हड़पन है अभी तक। प्रांगण में लगे दीर्घ वृक्षों में पड़े झूलों पर यदु-वनिताएं आनंदमग्न थीं। नटखट सुभद्रा जहाँ पहुँच जाए वहीं उल्लासमय कोलाहल गुंजरित हो उठता है। इतनी निर्दयता से झुलाती कि झूला वृक्ष के सर्वोच्च शिखर की ऊँचाई पर जा पहुंचता और उस पर बैठी रमणियाँ मारे भय के हाहाकार मचाती हुई सुभद्रा को कोसने लगतीं। जितना वे कोसतीं, उतनी ही सुभद्रा उच्च स्वर में खिलखिलाती। वे भय से उतरना चाहतीं झूले पर से, किन्तु उनका पाँव भूमि को छू भी न पाता कि उसके पहले ही सुभद्रा पुनः वेग से उन्हें आकाश-विहार करा देती और फिर भय और रोमांच-मिश्रित गुहारें, पुकारें और खिलखिलाहटें गूँज उठतीं। रुक्मिणी ठिठकी खड़ी देखती रही।

अनायास वर्षा वेग पकड़ गई और यदुबालाओं में भगदड़ मच गई। सबकी सब दौड़ चलीं वस्त्राभूषणों को सम्हालती, हंसती, खिलखिलाती, गिरती-पड़तीं वर्षा-मंडपों की शरण में। किन्तु सुभद्रा कहां? सुभद्रा! वह क्या सबसे पहले छू हो गई? रुक्मिणी वर्षा में भीगती उसे चारों ओर ढूंढ रही थी कि उसकी पीठ पर पट्ट से कोई छोटी सी ठोस वस्तु लगी। रुक्मिणी ने चौंक कर देखा कच्ची कैरी! कहाँ से आई। ऊपर वृक्ष की ओर देखा तो आमवृक्ष की नीली झुकी डाल पर शाखामृग बनी बैठी सुभद्रा पत्तों में से झांक कर मुस्कुरा रही थी।

'अरे तू यहाँ बैठी है और मैं वर्षा में भीगी जा रही हूँ तुझे ढूंढ़ती! उतर कर आ नीचे।'

'अरे मैं तो यहाँ बिलकुल नहीं भीग रही। तुम भी शाखा पर आ जाओ भावज। सिंहासन सा सुन्दर है वह शाखासन'—वह पत्तों में से झांकती हुई बोली।

'किन्तु मैं न तेरी भाँति शाखामृग हूँ, न तेरी भाँति चौकड़ी भरने वाली हिरणी। मैं कैसे चढ़ पाऊँगी भला?'—रुक्मिणी ने कहा।

'वास्तव में भावज, तुमने ठीक व्यक्ति का हाथ नहीं थामा, इसीलिये समस्या है। अग्रज का हाथ थामा है न ! अरे, मेरा हाथ थाम लो तो ऊँचे से ऊँचे गिरि भी पल भर में पार करा दूँगी और निमिषमात्र में भवसागर भी तर जाओगी।'

रुक्मिणी खिलखिला पड़ी सुभद्रा की वाचालता पर। सुभद्रा का हाथ पकड़ कर किसी भाँति तने पर पाँव रख कर डरती-डरती चढ़ कर वह उसके निकट ही बैठ गई जा कर।

'अब पकड़ पाई तुझे! ऐसी उड़ी-उड़ी फिरती है आजकल समीरबाला बनी कि हाथ बढ़ाओ·······और छू।'—रुक्मिणी ने स्नेह से सुभद्रा के कंठ में बांह डालते हुए कहा।

'बस, यही तो मुझे भाता नहीं! जब देखो तब मुझे समीरबाला, कभी हिरणबाला, कभी अश्वप्रिया, कहकर सब पुकारते हैं। ये भी कोई नाम हुए। और मैं कहाँ उड़ी-उड़ी फिरती हूँ? उड़कर कहाँ जाऊँगी! मैं तो सिंधु-पोत की पंछी हूँ। उड़ूं भी तो कहीं जाने का ठौर नहीं। थोड़ी दूर मंडरा कर लौट आती हूँ अपनी इसी मानभरी भावज के आश्रम में! और भावज मेरी ऐसी है कि मेरे लिए उसे पल भर भी समय नहीं। जब देखो तो अपने विलक्षण पति की सेवा-चाटुकारिता में ही लगी रहती है। मेरी कोई चिंता भी करता है?'

'अरे तेरी चिन्ता से ही व्याकुल होकर तो वर्षा में भीगती हुई ढूँढ़ रही थी तुझे। चिन्ता हो रही है कि तेरे लिए भी एक विलक्षण वर ढूंढ़ लाऊँ तो यह जो हिरणबाला सी दौड़ती फिरती है न, तब एक स्थान पर टिकी पति की चरण सेवा करती हुई तो दिखाई देगी! और अब उड़ती-फड़फड़ाती सिंधु-पोत की पंछी बनी मंडराती न घूमेगी, क्योंकि तब वही तेरा नव-नीड़ भी होगा न!'

'धत्! मुझे नहीं करनी किसी की चरण सेवा! मैं तो बस अपनी इस भली सी, सुन्दर सी भावज के चरणकमलों को थामे पड़ी रहूँगी जीवन भर और देख लेना, सबसे पहले वैतरणी पार हो जाऊँगी'—सुभ्रद्रा अभिनय करके बोली।

'अच्छा ऽऽ! बातें बनाने और अभिनय करने में तो जैसे तूने अपने बाँके अग्रज से ही प्रशिक्षण लिया है। क्या तात्पर्य हुआ तेरा? तेरे चरण न हुए, गौ की पूंछ हो गई जिससे लटक कर तू वैतरणी पार कर जाएगी। और यह जो तेरा रूप खिला-खिला पड़ रहा है और चारों ओर भ्रमरगण जो गुनगुनाते मंडराते रहते हैं न, इस भ्रमर-व्यूह से भावज के चरण नहीं, बावली, पतिदेव के चरण ही तेरा उद्धार करेंगे। आजकल कुछ अधिक ही सुन्दर दिख रही है·······क्या बात है?'—रुक्मिणी ने कटाक्ष करते हुए पूछा।

'यह भी नहीं समझतीं। मेरी रूपवती भावज जब भी मेरे निकट बैठती है तो मेरा रूप ऐसा ही प्रखर उठता है, जैसे दो बाती संयुक्त होने से प्रकाश बढ़ जाता है।'

'अरे छोड़ चाटुकारिता भावज की, वाक्-पटु ! किन्तु यह एक चिंता का विषय है हमारे लिए कि तेरे रूप की चर्चा करते-करते लोग अब अचेत होने लगे हैं। और तो

और, अब तो अपरिचित, विदेशी, परदेशी सब मोहित हो कर तुझे निहारने को द्वारका में ही डेरा डालने लगे हैं आ-आ कर।'

'क्या तात्पर्य ? कौन अपरिचित परदेशी ?'

'आर्यपुत्र के अनन्य मित्र।'

'वे ऽ ऽ ! उंह!'—सुभद्रा ने उपेक्षा दिखानी चाही सुन कर किन्तु........!

'अरे ठीक है! नयनों की बात तो नयन झुका कर और पलकावली बन्द करके छिपाई जा सकती है। किन्तु इन कपोलों को क्या करेगी जो बिना नाम सुने भी जपाकुसुम होकर तुझे वीरवधूटी बनाये दे रहे हैं ?'—रुक्मिणी ने छेड़ा।

'भावज !'—सुभद्रा ने विवश सी होकर रुक्मिणी के मुख पर हाथ रख दिया।

'अरे, सच री! तूने तो लूट लिया बेचारे परदेशी को। अब उसका क्या होगा बता ?'

'तू भावज........ऐसा मिथ्या संभाषण कब से करने लगी ? मेरे सामने तो पांडुनंदन मौनी बाबा बने रहे और तुझे कहाँ से वह सब ज्ञात हो गया जो मैं स्वयं भी नहीं जानती ?'

'वे भी बड़े मंजे खिलाड़ी हैं। जानते हैं कि कहाँ हृदय खोलना चाहिए। बेचारे मेरे सामने कल सकुचा-सकुचा कर मन का भेद खोल गये। बड़े लज्जित थे अपने ही मित्र-महाभाग की अनुजा के प्रति अपना अनुराग प्रकट करने में।'

सुभद्रा अवाक् थी। फिर हौले से पूछा—'सत्य, भावज ?'

'हाँ सत्य! उधर तात बलभद्र तो तुझे दुर्योधन को सौंपने........'

'उंहूँ ऽऽ ऽ! नाम भी न लेना, भावज, यह।'—कान बन्द करके, आंख बन्द करके सुभद्रा ने वेग से अपना शीश हिलाया।

'तू बिल्कुल आर्यपुत्र के स्वभाव पर गई है। दुर्योधन से वे भी ऐसे ही अप्रसन्न रहते हैं सदा। किन्तु मान ले कि स्वयंवर होता तेरा और तात हलधर के प्रिय शिष्य दुर्योधन तथा आर्यपुत्र के अभिन्न मित्र अर्जुन दोनों आते, तू क्या करती।'

सुभद्रा स्थिर नेत्रों से रुक्मिणी को निहारती रही। अचानक नटखट बिजली चमक गई आँखों में।

'अरे भावज, स्वयंवर होता तो ? स्वयंवर से ठीक एक दिन पूर्व ही उड़ जाती देवी-मन्दिर से अपने राजकुमार के साथ!'

'क्या ऽ ऽ ऽ!'—रुक्मिणी के नेत्र विस्फारित रह गये।

'क्यों ? आश्चर्य कैसा! तुमने तो दृष्टांत रख दिया मेरे समक्ष कि कैसे पत्र में प्रणय-निवेदन किया जाए........फिर कैसे षड्यंत्र रचाया जाए........और फिर कैसे प्रियतम के साथ रथ पर चढ़ कर छू हो जाए'—सुभद्रा ने चपलता से नयन नचाए।

रुक्मिणी ने सुभद्रा का कान पकड़ लिया।

'बड़ी धूर्त है! स्वयं भागने की योजना बनाये बैठी है पहले से और मेरे दृष्टांत की बात कर रही है! अभी आर्य अर्जुन के कान भरती हूँ जाकर कि तुम्हारी यह निठुरा तो दुर्योधन के सपने देखती है........'

'अहो नहीं भावज! अहो नहीं मेरी रानी भावज! तेरे पांव छूती हूँ। वह तो नाम भी न लेना। बड़ी पीड़ा होती है मर्म में।'—अभिनय-पटु सुभद्रा ने अभिनय करते हुए कहा।

'अच्छा! तो अब गंभीरता से बात करें। आर्य अर्जुन सुन्दर सुपुरुष हैं। यह बता कि तुझे कैसे लगते हैं।'

'एव गंधर्वीय व्यक्तित्व।'

'अच्छा ऽ ऽ ऽ।'—रुक्मिणी कटाक्ष से मुस्कुराई—'किन्तु अब और कोई राह भी तो नहीं तेरे लिये, सिवा मेरा मार्ग अनुसरण करने के। गन्धर्व-विवाह ही कर ले।'

'नहीं भावज! परिहास छोड़ अब। मुझे विश्वास नहीं।'—सुभद्रा तनिक विचलित हुई।

'क्या नहीं विश्वास? अपने प्रति अर्जुन के प्रणयाकुल होने में तुझे संदेह है? एक बार उनके मुखमंडल पर छिप कर दृष्टिपात तो कर ले। अरे वे तो बेचारे कब से लगे हैं मेरी और आर्यपुत्र की चाटुकारिता में और आर्यपुत्र ने निश्चय कर लिया है कि सुभद्रा अर्जुन के योग्य है। केवल तेरी इच्छा पूछनी शेष थी। परन्तु महाभाग हलधर तो कुछ और ठाने बैठे हैं। वे तो सुनना भी नहीं सह सकते कि सुभद्रा पांडुकुल में जाए.........'

सुभद्रा चुप बैठी रह गई।

पांडुकुल में सब कुछ उत्तम है किन्तु वहाँ तुझे बड़ी प्रखर ज्येष्ठा को निभाना होगा। द्रुपदसुता को'—रुक्मिणी बोली।

'वही तो सोच रही हूँ। भावज! क्या सत्य ही द्रुपदसुता बहुत उग्र हैं? प्रचण्ड हैं?'

'नहीं। उग्र, प्रचंड नहीं। अत्यंत नीति-परायण, दक्ष और कुशल। उसके सामने तो शिशु समान हैं पाँचों पांडुनंदन जो उसकी मुट्ठी में हैं। आर्या कुंती उसके इंगित पर चलती हैं। आर्य धनंजय पर तो द्रुपदसुता विशेष अनुरागिनी है। तू इन सबको निभा लेगी?'

'नहीं तो क्या, लड़ूंगी वहाँ जाकर? जल में रह कर मगर से वैर करूँगी? अरे जब द्रुपदसुता इतनी कुशल हैं तो उनसे कुछ सीख लूंगी, सेवा करूंगी उनकी, उनके चारों ओर पंछी सी चहकूँगी, मेघ सी डोलूंगी, पवन सी गाऊँगी'—और अचानक वह चुप हो गई।

'और बता कैसे-कैसे मोहेगी श्वसुर-कुल को! चुप क्यों हो गई?'—रुक्मिणी ने आनंद लेते हुए छेड़ा।

'भावज! तो.........क्या.........द्वारावती छोड़ देनी पड़ेगी सदा के लिए? मेरे इतने स्नेहशील अग्रज? माताएं? पिता? भावजें? सखियाँ.......मेरे मृगछौने! सिंधु-तट! यह बावरी सिंधु-समीर! अहो भावज!........यह कैसे होगा?'

'मैं भी तो छोड़ आई सब कुछ। जब लगन लगती है मन में तो मन ऐसे ही पवन में उड़ चलता है सें[illegible]-तुरंग बना।'

'तब तो ये लगन बिल्कुल अगन समान हुई। भावज! और जो है, सो है, किन्तु जब द्वाराव[illegible] छोड़ने की बात आती है तो मेरा मन कभी हवा में नहीं उड़ता। बल्कि उल्टा त्रिताला बजाने लगता है दुष्ट सुग्रीव की भाँति।''

'त्रिताला क्या?'

'तीन टांगों पर लंगड़ाना। मेरा मन भी लंगड़ाने लगता है एक ही टांग पर।'

रुक्मिणी ने हंसते हुए पुनः सुभद्रा का कान पकड़ा—'तुझे गंभीर बातों में भी हंसी सूझती है!'

'अच्छा भावज कान तो छोड़ दे! चली जाऊंगी दूर, तब कहाँ से मेरा कान पकड़ेगी........?'

'अरे जब लौट कर आएगी न गोद में सुन्दर सा पूर्णचन्द्र लिए, तो भी एक हाथ से तेरा कान पकड़े-पकड़े ही दूसरे हाथ से आरती उतारूंगी........'—रुक्मिणी ने हंस कर बात प्रारंभ की थी किन्तु अंत-अंत में नेत्र डबडबा आए।

सुभद्रा व्याकुल हो गई। भावज के अश्रु पोंछे उसने—'विचलित न हो भावज़। हमारा नयनतारक प्रद्युम्न अवश्य मिल जाएगा। अग्रज माधव उसे ढूँढ़ने के लिए आकाश-पाताल एक किये दे रहे हैं।'

रुक्मिणी ने दृढ़ता से अपने अश्रु पोंछे। पुनः मुस्कुराई सुभद्रा पर नेहपूरित दृष्टि डालती हुई।

'अब छोड़ यह त्रिताला और बेताला। समय कम है। आर्य अर्जुन दो दिन में द्वारावती छोड़ देंगे, तुझे अब तत्पर रहना है।'

'दो ही दिन में ऽ ऽ ऽ........? अहो भावज! अहो भावज! यह कैसे होगा?'—और सुभद्रा व्याकुल हो लिपट गई रुक्मिणी से।

× × ×

उस दिन रैवतक पर्वत पर शरदोत्सव का समापन था। सुदूर देशों के व्यापारीगण अवसर का लाभ उठाने वहाँ आकर भाँति-भाँति की वस्तुओं का विक्रय कर रहे हैं। नाना प्रकार के मोती, रत्न, मणि और आभूषणों का संग्रह था उनके पास। चीनांशुक, दक्षिण देशों के चन्दन, मलय, कपूर, मूर्तियाँ, काष्ठ-शिल्प और पाषाण-शिल्प की अद्भुत वस्तुएं थीं वहाँ। सांझ को मेला सा जुट जाता। यादव युवक-युवतियाँ टोलियों में घूम-घूम कर वस्तुओं के अवलोकन व क्रय-विक्रय में मगन हो जाते। प्रतिदिन कभी रथ-स्पर्धा होती, कभी द्यूत-स्पर्धा तो कभी वाद्य, नृत्य और संगीत स्पर्धाएं आदि।

ऐसे ही एक कोलाहल भरे दिन अनायास एक व्यक्ति भीड़ में हाथ-पांव पटकता चीत्कार-पुकार करने लगा। क्या कह रहा है, न लोग समझ पाते, न उसकी ओर ध्यान दे पाते। वह बड़ी-बड़ी आंखें निकाल कर भर्राएं कंठ से हांफता छटपटाता हुआ सिंहद्वार की ओर इंगित करके कुछ दिखा रहा था। धीर-धीरे कुछ यादवों का ध्यान गया उस ओर।

'क्या हुआ? क्या हुआ?'

'अरे यह तो द्वारपाल उद्मूषक है।'

'कहता क्या है तू? धीरज से तो बोल तनिक।'

'शांति से कह कि क्या हुआ।'

'अरे धीरज का समय नहीं यदुश्रेष्ठ! वह........वह ले गए........ले जा रहे हैं यदुनंदिनी सुभद्रा को रथ में बिठाकर........दौड़ो........बचाओ।'

'कौन.........कौन ले गया सुभद्रा को?'

'अरे सुभद्रा को कोई हरण करके ले जा रहा है। चलो.........देखो.........दौड़ो.........कोई शत्रु हमारी कुलबाला का अपहरण कर रहा है।'

'पकड़ो, मारो.........कोई दस्यु घुस आया है।'

'भागने न पाए!'

'कहाँ? कहाँ?.........कौन ले जा रहा है।'

भारी भगदड़ मच गई। यादवगण का रक्त खौल उठा और बिना जाने, बिना समझे, स्वभाववश ही खंग निकालकर दौड़ पड़े। रथचक्र गड़गड़ा उठे। जिसे जिधर समझ आता उधर ही दौड़ा जा रहा था अस्त्र-शस्त्र उठाये। पकड़ो। मारो। भागने न पाए, तुमुल कोलाहल था। सिंह द्वार के बाहर धूल के बवंडर में एक वेगवान रथ दौड़ा जा रहा था। बलराम अपमान और क्रोध से मूर्च्छित हुए जा रहे थे। उन्होंने तुरंत अपना महाकाय शंख बजाया जो संकट काल का द्योतक था। उसे सुनते ही इधर-उधर बिखरे हुए यादवगण भी एकत्रित हो दौड़ चले उस रथ का पीछा करने हेतु।

खड्ग खिंच गये। भाले निकल पड़े। धनुषों की प्रत्यंचाएं तन गईं। शर-संधान होने लगा।

'देखो वह दुःसाहसी नराधम हमारे सामने ही हमारी अनुजा को लिए जा रहा है। आमोदरत यादवों की आँखों में धूल झोंक कर सिंहद्वार से ही ले जा रहा है। यदुकुल को चुनौती है जो वह दस्यु जीवित रहा......'

'पकड़ो! दौड़ो! मारो......।'

गरजते, हुंकारते क्रोधोन्मादी यादव बाणों की वर्षा करते हुए निरंतर दूर होते जाते रथ के पीछे दौड़े जा रहे थे। जैसे-जैसे वे निकट पहुँचने लगे, उस रथ से उनकी दिशा में भी बाणवर्षा होने लगी।

एकाएक सात्यकि चौंके। बड़े ध्यान से एकटक उन्होंने वह रथ देखा और गुहार उठे।

'रुक जाओ। रुक जाओ। तीर मत छोड़ो। यह तो गरुड़ध्वज रथ है। ध्वजा पहचानो। वासुदेव का रथ है। उसमें कहीं वासुदेव तो नहीं हैं?'

'अहो, माधव का रथ?......यह क्या?'

'श्रीकृष्ण का रथ! प्रहार बन्द करो ?

यादवगण किंकर्तव्यमूढ़ हो चले। यादवगण भ्रमित थे। गरुड़ध्वज फहराता जा रहा था रथ पर। रथ दौड़ा चला जा रहा था क्षितिज की ओर।

'किन्तु गरुड़ध्वज को किसने हाथ लगाया? रथ भी हमारा और कन्या भी हमारी! यह कौन दुःसाहसी है?'

'किन्तु श्रीकृष्ण कहाँ?'

'हाँ माधव कहाँ? कहीं रथ में ही तो नहीं?'

स्वेद से लथपथ यादव उस रथ का पीछा करते हुए चकित थे।

'छोड़ो मत! दस्यु को तो पकड़ना ही है। दौड़ो-दौड़ो।'

'महाभाग माधव उसमें नहीं, प्रभु! उसमें केवल उनके वे सखा हैं जो अतिथि बनकर आजकल यहाँ आये हुए हैं। यदुश्रेष्ठ श्रीकृष्ण रथ में नहीं हैं, महाभाग! दौड़ें, रथ को पकड़ें—उद्‌मूषण इतना कह कर हाथ-पांव पटकता हुआ रथों के साथ-साथ दौड़ने लगा। बलराम का क्रोध शत-शत अग्नि ज्वालाओं सा भड़क उठा।

'अर्जुन! उस पांडुनंदन की यह धृष्टता! जो पहले दंडी स्वामी का रूप धरे फिरता रहा! जिसे हमने आतिथ्य-सत्कार दिया! जिसे शीश चढ़ा कर रखा! वह हमारा ऋण इस प्रकार चुका रहा है! रुको मत, वध कर दो उसका। माधव कहाँ हैं? माधव को बुलाओ।'

'माधव! श्रीकृष्ण।'—गुहारें मच उठीं। लोग विभिन्न दिशाओं में दौड़ पड़े श्रीकृष्ण को खोजने।

यादव दौड़ रहे थे। रथों की गड़गड़ाहट। धूल के बवंडर। पुकारें और गुहारें। सिंह की कन्दरा में घुस कर यदुकन्या को जिसने स्पर्श किया वह जीवित न रहेगा। ऐसा अपमान आज तक यदुवंश का नहीं हुआ। यदुमुख पर ऐसा कठोर प्रहार होते कभी सुना भी नहीं गया। अपमान से तिलमिलाए यादवों को कुछ सूझता न था।

कहीं यह वासुदेव की ही कोई कूटनीतिक चाल तो नहीं! सात्यकि का माथा ठनका।

'छोड़ो मत। बाण चलाओ। दया नहीं।'—बलराम दहाड़ उठे—और भयंकर शरवर्षा रथ की दिशा में हो चली।

गरुड़ध्वज उड़ा जा रहा था। सुग्रीव और बलाहक को पकड़ना दुरूह था। वे तो जैसे गरुड़-गति से उड़ रहे थे।

'हम असंख्य होकर भी उस एकाकी को पकड़ नहीं पा रहे'—बलराम क्षोम से भर उठे।

'वे श्रीकृष्ण के प्रशिक्षित अश्व हैं, भूलो मत बलभद्र! उन्हें भला कौन पकड़ सकता है।'

धूल के कारण आधक कुछ स्पष्ट देख पाना संभव नहीं हो रहा था।

'सारथी कौन है? क्या दारुक रथ-संचालित कर रहा है?'

'नहीं महाभाग! पांडुनंदन सव्यसाची मुख से वल्गाएं पकड़ कर, हाथों से शरवर्षा किये जा रहे हैं·····।'

'आज उस धनुर्धर की वीरता यहीं समाप्त कर दो। दस्युओं की भाँति, चोरों की भाँति जो छद्‌मवेश में हमारा अतिथि बना रहा! माधव ने उसे बहुत सिर चढ़ा रखा है तभी आज हमारी यह स्थिति हुई है। यह मित्रता का उपहार मिला है माधव को अपने इस ढोंगी और कायर मित्र से। माधव कहाँ? ·····श्रीकृष्ण कहाँ?'—बलराम रह-रह कर गरज रहे थे।

'वासुदेव! वासुदेव'—पुनः पुकारें गूंज उठीं।

यादवगण शरवर्षा से घायल हुए जा रहे थे। गरुड़-ध्वज पकड़ में न आता था। अनायास यादवों में पुनः खलबली मच गई।

'तीरों का आक्रमण रोको! बाण वर्षा रोकें······सुभद्रा······वह सुभद्रा। सुभद्रा को तीर न लग जाए······।'

हकबकाए हुए यादवों के शस्त्र शीघ्रता से नीचे हो गये। हतप्रभ यादवों ने देखा कि सुभद्रा ने रथ-संचालन का दायित्व सम्हाल लिया है। सुभद्रा सारथी बनी खड़ी हुई थी प्रतोद फटकारती हुई। केश उड़ रहे थे! दुकूल फरफरा रहा था। आज सुग्रीव त्रिताला नहीं बजा रहा। आज तो वह गरुड़ बना पवन से बातें करता उड़ा जा रहा था। रथ-संचालन से मुक्त हो अर्जुन और भी घनघोर बाण वर्षा करने लगे।

यादव भारी असमंजस में पड़ गये। सुभद्रा को बाण न लग जाए। स्त्री! वह भी यदुबाला। वह भी सुभद्रा! अपनी अनुजा! शस्त्र नीचे किये यादवगण दौड़ रहे थे रथ के पीछे-पीछे। रथ से अर्जुन के तीक्ष्ण शर आ-आकर उन्हें आहत कर रहे थे। किन्तु यदुवंशी विवश थे। शस्त्र झुकाए और शर खाते वे रथों पर, अश्वों पर और पैदल दौड़े जा रहे थे अर्जुन को पकड़ने। बलराम के नेत्रों में क्षोभ के अश्रु तैर आए थे। अपमान और विवशता से वे व्याकुल थे।

'षड़यंत्र! विश्वासघात ! पांडुपुत्र अर्जुन ने मेरी अनुजा पर मोहिनी चलाई है। उस भोली बाला के साथ छल किया है। मैं······मैं······मैं पांडुपुत्र को जीवित न छोड़ूंगा।'

सात्यकि को अब समूचे काण्ड में कृष्ण-गंध और भी तीव्र लगने लगी थी। उस अपार भीड़, तुमुल कोलाहल, शस्त्रों, रथों, अश्वों और धूल के बवंडरों में बस वे ही महाराज नहीं दिख रहे, जिनकी रची हुई यह योजना प्रतीत हो रही है!

सुभद्रा पवन हो रही थी। अर्जुन रुद्र हो रहे थे।

यादव आहत हो रहे थे। किन्तु कठोर संयम धारण किये थे स्वयं पर कि उस दिशा में शस्त्र न चला बैठें यदुकुलबाला सारथी खड़ी थी।

'यही वीरता है इस विश्वविजयी पांडुनंदन की जो स्त्री की ओट लेकर हम पर शस्त्र चला रहा है? हमारी कन्या को हमारे ही बाणों के समक्ष खड़ा कर दिया है नराधम ने!'—बलराम की तिलमिलाहट का पार न था।

तभी पीछे से पांचजन्य-शंख का महाघोष सुनकर यादवों को हर्षोन्माद छा गया। हुंकारों से आकाश–पाताल एक हो गया। उनका ध्वस्त मनोबल सहस्र फण फैला कर उठ खड़ा हुआ जैसे।—'वासुदेव श्रीकृष्ण की जय' के प्रचण्ड जयघोष से दिशाएं कांप उठीं। यादव सेनाएं दुगने उत्साह से प्रबल सिंधु तरंगों सी उमड़ पड़ी अर्जुन के रथ को डुबो देने को। पांचजन्य का उद्‌घोष निकट आ गया था। श्रीकृष्ण ने रथ को सेना के मध्य से निकालकर ठीक सामने खड़ा कर दिया। पुनः पांचजन्य का घोष हुआ और हाथ उठाकर उन्होंने सबको रुकने का संकेत किया।

यादव ठिठक गये। कोलाहल शांत हुआ।

'महाबली तात! इतना परिश्रम और रक्तपात क्यों?'—श्रीकृष्ण ने बलराम से पूछा।

'अद्‌भुत है तू माधव! अपनी प्रिय अनुजा को एक दस्यु उठाये ले जा रहा है······घर में घुस कर विश्वासघात करके, छल करके। समूचे यदुकुल के मस्तक पर पांव रख कर······हमारी प्रतिष्ठा धूल में मिलाकर······हमारे जगत् प्रसिद्ध शौर्य को कलंकित

करके······वह दुःसाहसी कुलकलंक हमारी कन्या को हमारे सामने ही हरे ले जा रहा है और तू हमसे हमारे परिश्रम व रक्तपात का औचित्य पूछ रहा है? तो क्या यादवगण पौरुषहीन कायरों की भाँति दुर्ग के भीतर बैठ जाएं द्वार बन्द करके ऐसे अवसर पर?'—बलराम क्रोधावेश में उच्छ्वासें भरते हुए किसी प्रकार बोले।

'किन्तु तात! जिसे आप दस्यु कह रहे हैं, चोर कह रहे हैं, वह कोई पराया तो नहीं! वह अपरिचित तो नहीं! वह कुलहीन तो नहीं ! वह शौर्यशून्य तो नहीं! वह तो अपनी पितृष्वसा वृष्णिनंदिनी पृथा का पुत्र अर्जुन है। वह पार्थ है तात! वह कौन्तेय है! वह दूर का नहीं······हमारे अत्यंत निकट का है।'—श्रीकृष्ण सर्वथा आवेश-शून्य, शांत एवं धीर स्वर में बोले।

'तभी उसने हमसे विश्वासघात किया। वह हमारा निकट का सम्बंधी है इसीलिये उसने यादवों से छल किया है? यादवों के अपराजेय पौरुष का इसीलिए उसने अपमान किया है? हमारा सम्मानित अतिथि है, इसीलिए उसने हमें चुनौती दी है? हमारे आश्रय में आया है, इसीलिए हमारी आँख में धूल झोंकना चाहता है वह?'—बलराम अर्जुन को पकड़ने हेतु आगे बढ़ने को उद्विग्नता से छटपटा उठे।

'किन्तु इस तथ्य पर भी विचार करें तात, कि हमारी भगिनी को किसी श्रेष्ठवीर को ही तो सौंपना चाहेंगे। पृथानंदन अर्जुन निर्विवाद रूप से महापराक्रमी हैं। अर्जुन समूचे भूतल पर योग्यतम वर हैं। वे सुपात्र हैं। वे एक उच्च्व एवं प्रतिष्ठित प्राचीन राजकुल के राजपुत्र हैं। हमें सुभद्रा के उपयुक्त वर में और क्या गुण चाहिये?'

'यह वीर है? धिक्कार है ऐसी वीरता को। हमारी अनुजा बहुत श्रेष्ठ-पात्र के उपयुक्त है। धृतराष्ट्रनंदन महाबली दुर्योधन हस्तिनापुर का युवराज है। कल वह वहाँ का राजा होगा। क्या हम सुभद्रा को हस्तिनापुर राज्य की महारानी बना नहीं देखना चाहेंगे? क्या हम सुभद्रा के पुत्र को हस्तिनापुर के सिंहासन पर आरूढ़ नहीं देखना चाहेंगे? क्या सुभद्रा के पुत्र का वंश आर्यावर्त पर शासन करे, यह हम नहीं चाहेंगे? श्रीकृष्ण! अर्जुन तो न राजा है, न ही युवराज। इन्द्रप्रस्थ पर भी युधिष्ठिर के वंशज राज्य करेंगे। द्रौपदी के पुत्र राज्य करेंगे। नहीं। अर्जुन सुभद्रा के उपयुक्त कदापि नहीं। सुभद्रा हस्तिनापुर की राजरानी बनेगी। मैंने सोच-समझ कर ही दुर्योधन को उसका वर बनाने का निर्णय लिया है।'—बलराम गरजे।

'दुर्योधन! इस निर्मला का पति? तात! जिस दुर्योधन पर स्वयं उसके माता-पिता, पितामह तथा कुलवृद्धों को भी विश्वास नहीं, उसे हम अपनी सर्वगुण-संपन्न कन्या को सौंप दें। दुर्योधन के समान जो महा-क्लेशी, कलह-प्रेमी, अहंकारी, मूढ़ और युद्धोन्मादी होता है, वह तो अपनी मूर्खता से कभी भी स्वयं तथा समूचे कुल को संकट में डाल देता है। यह निश्चयपूर्वक कैसे कहा जा सकता है कि दुर्योधन का वंश ही आर्यावर्त पर शासन करेगा? उसके लक्षणों से तो उसके उज्ज्वल भविष्य का कोई इंगित नहीं मिलता। तात! दुर्योधन विवादास्पद व्यक्ति है।'—श्रीकृष्ण ने संयत भाव से समझाया।

'किन्तु वह वीर है। मेरा शिष्य है! गदा-युद्ध में निष्णात् है। यह तुम्हारा शिष्य अर्जुन कायर है। यह चोरवृत्ति से प्रेरित होकर यदुबाला को चुरा कर ले जा रहा है। इसे मैं

जीवित न छोड़ूंगा। यह चोर है। जाने दो मुझे आगे'—बलराम ने हुंकारते हुए रथ आगे बढ़ाने हेतु प्रतोद हिलाया।

'तात ! आप क्रोध में हैं। यह चोर कैसे? चोरों की भाँति कहाँ, वह तो वीरों की भाँति हरण करके ले जा रहा है! असंख्य वीरों के बीच में से, हमारी आँखों के सामने से, हमें दिखाता हुआ सुभद्रा को हरे ले जा रहा है। चोरों की भाँति कदापि नहीं। वह सिंहद्वार से निकला है तात, पीछे के द्वार से नहीं। गुप्तद्वार से भी नहीं, सिंहद्वार से निकल कर सबको ललकारता हुआ डंके की चोट पर ले जा रहा है! जो इस प्रकार हमारे शौर्य का उपहास करता ले जा रहा है, वह वीर नहीं? वह साहसी नहीं? कौन है ऐसा जिसे अर्जुन का साहस और उसकी वीरता दिखायी नहीं दे रही? उसका शौर्य तो स्वयं-सिद्ध है। वह युद्ध करता हुआ ले जा रहा है। हमारी वीरता और पराक्रम को चुनौती देता हुआ ले जा रहा है। वह क्षुद्र नहीं। वह कायर नहीं। तात! वह चोर नहीं। और यदि यह चोरी है, तो पहले मैं चोर सिद्ध होता हूँ। यदि यह कायरता है, तो पहले मैं कापुरुष सिद्ध होता हूँ क्योंकि मैंने भी इसी प्रकार विदर्भकुमारी का हरण किया था। तात! जब मैंने यही कार्य किया था तब इन ही दुर्धर्ष यादव वीरों और आपने स्वयं मुझे कंधों उठा लिया था। हर्षोन्मादित हो आप उछल नहीं पड़े थे तब? तात! यदि मैं चोर हूँ तो अर्जुन भी चोर है और यदि मैं वीर हूँ तो अर्जुन भी वीर है। महाभाग।······क्रोध त्यागिये। मेरी अनुनय है आपसे। अर्जुन महापराक्रमी है। उच्चकुल का है। हमारा सम्बन्धी है! नीतिवान् है ! धर्मभीरु है! तात! वह हर दृष्टि से सुपात्र है।'

समूचे यदुसमूह में निस्तब्धता छा गई थी।

'और तात! हमारी तो श्रेष्ठ परम्परा रही है कि कन्या स्वयंवरा हो। स्वयं सुभद्रा द्वारा रथ-संचालन क्या अर्जुन के प्रति उसके प्रेम का प्रमाण नहीं? क्या यह इस बात का प्रमाण नहीं कि सुभद्रा अर्जुन को पतिरूप में पाना चाहती है? महाभाग! अच्छा हुआ कि हम एक बड़े पाप और अधर्म करने से बच गये हैं। सुभद्रा की इच्छा न होते हुए भी यदि उसका विवाह धृतराष्ट्र-पुत्र से हो जाता तो क्या ज्ञात कि वह कुरुकुल में जीवित ही मृत्यु को प्राप्त हो जाती! क्या ज्ञात कि उसका जीवन अंबिका अथवा अंबालिका जैसा करुणामय व नैराश्यपूर्ण न हो जाता? उसकी अंतिम परिणिति कहीं अंबा जैसे आत्मघात······।'

'बस! बस ! बस कर माधव ! अब बस कर! श्रीकृष्ण! तू श्रेष्ठ तर्कपंडित है। एक तो सुभद्रा ने ही सारथी बन कर हमारे शस्त्र नीचे करवा दिये थे······ और अब तूने तो हमें पूर्णतः निःशस्त्र ही कर डाला।'—बलराम ने अपनी गदा रथ में पीछे फेंक दी।

'तो चलें तात! हमारी लाडली अनुजा वीर्यशुल्का है। हम आनन्द और उल्लास के साथ पांडुश्रेष्ठ की वीरता के शुल्क के रूप में विधिवत कन्यादान करें। तात अक्रूर! आप हमारा नेतृत्व करें। तात बलराम, विक्रदु, युयुधान, कृतवर्मा और मैं, हम पाँचों, अर्जुन-सुभद्रा को ससम्मान ले आएं चल कर। भावी जामाता के अनुरूप अर्जुन की अभ्यर्थना करके उन्हें लाया जाये। गद! चारुदेष्ण! तुम लोग द्रुत गति से जाकर महाराज उग्रसेन एवं पिताश्री तथा माताओं को सूचित करो कि विवाह मुहूर्त सुधवाएं एवं पाणिग्रहण की तैयारी करें।'

सात्यकि मुस्कुराए। उनके नासापुटों में तो पहले ही कृष्ण-गंध समाई हुई थी। अपनी चमकती खड्ग आकाश की ओर उठा कर वे अपने गुरु अर्जुन का जयघोष कर उठे—

'महावीर पांडुनंदन अर्जुन चिरायु हों। कुंतीनंदन अर्जुन की जय।'

यादव वीरों द्वारा उच्च स्वर में अर्जुन का जयघोष दूर से सुग्रीव और बलाहक ने सुना। वे उछल पड़े। तुरन्त हेषाध्वनि से उन्होंने भी यादवों के जामाता का अभिनंदन किया।

अश्व अपने आप सिंहद्वार की ओर लौट चले थे। अर्जुन अचंभित थे। और सुभद्रा हतप्रभ......सुग्रीव ने फिर त्रिताला बजाना प्रारंभ कर दिया!!

× × ×

अर्जुन और सुभद्रा का विवाह हो गया। यदुकुल की ओर से नवदम्पत्ति को आशीष रूप में भेंट व उपहार लेकर श्रीकृष्ण भी उनके साथ खांडवप्रस्थ आए थे।

अब समस्या यह थी कि सुभद्रा द्रौपदी के सामने कैसे जाए। अर्जुन-सुभद्रा विवाह की बड़ी तीखी प्रतिक्रिया द्रौपदी द्वारा अर्जुन के प्रति व्यक्त की जा चुकी थी। प्रश्न था कि सुभद्रा कैसे द्रौपदी को प्रसन्न करे। श्रीकृष्ण जानते थे कि द्रौपदी पाँचों पतियों में से अर्जुन के प्रति समर्पिता है। अर्जुन द्वारा नववधू ले आना द्रौपदी को मर्माहत कर गया है। मनुष्य-मन के मर्मज्ञ श्रीकृष्ण द्रुपदनंदिनी की पीड़ा बढ़ाना नहीं चाहते थे, उस पर शीतल अनुलेप चाहते थे। अर्जुन, द्रौपदी और सुभद्रा तीनों ही समान रूप से उनके स्नेहभाजन थे। किसी को भी कष्ट होता तो श्रीकृष्ण व्यथा भोगते।

उन्होंने अपनी पत्नियों में परस्पर स्पर्धा, ईर्ष्या और रागद्वेष के कुचक्र देखे थे। वे नहीं चाहते थे कि अर्जुन भी उसी व्यूह में फंस जाएं, जिसमें वे स्वयं फंसे रहते थे। वे यह भी चाहते थे कि द्रौपदी व सुभद्रा आदर्श सपत्नी बनें। सुभद्रा की तो सारी चपलता द्रौपदी की भय के मारे ही छू हो चुकी थी। अर्जुन का साहस न था द्रुपदसुता को समझाने का। अतः यह गंभीर दायित्व पूर्णतः अब श्रीकृष्ण पर ही आ पड़ा था। बहुत सोच समझ कर श्रीकृष्ण ने सुझाव दिया कि द्रुपदनंदिनी के सामने सुभद्रा राजवधू के रूप में नहीं जाए, सीधी सादी ग्वालिनवेश में जाए। द्रौपदी के मान-सम्मान व स्वाभिमान को चोट न पहुँचे। उसकी ज्येष्ठता और श्रेष्ठता पर आंच न आए। उसे ऐसा अनुभव न हो कि कोई प्रतिद्वन्द्वी या कोई चुनौती सामने है। बल्कि उसे यह अनुभव हो कि उसके समक्ष एक भोली, ग्रामीण अनुजा खड़ी है जो उसकी अनुकंपा और उससे मार्गदर्शन चाहती है।

वही हुआ। सुभद्रा ने लाल रंग के घाघरा-चूनर में भोली-भाली ग्वालन बनकर गोल-गोल गोरे हाथों से जब द्रौपदी के पाँव थामे तो द्रौपदी निहाल होकर उसे बाहुओं में भर कर आशीष वर्षा कर उठी—'सदा सुखी रहो। तुम्हारे पति चिरायु हों।'

महामनोवैज्ञानिक की सूझबूझ काम कर गई। अर्जुन, द्रौपदी, सुभद्रा एक दूसरे के प्रति समर्पित रहे। द्रौपदी-सुभद्रा एक रहे, दो नहीं। नीति सफल हुई थी।

× × ×

●●